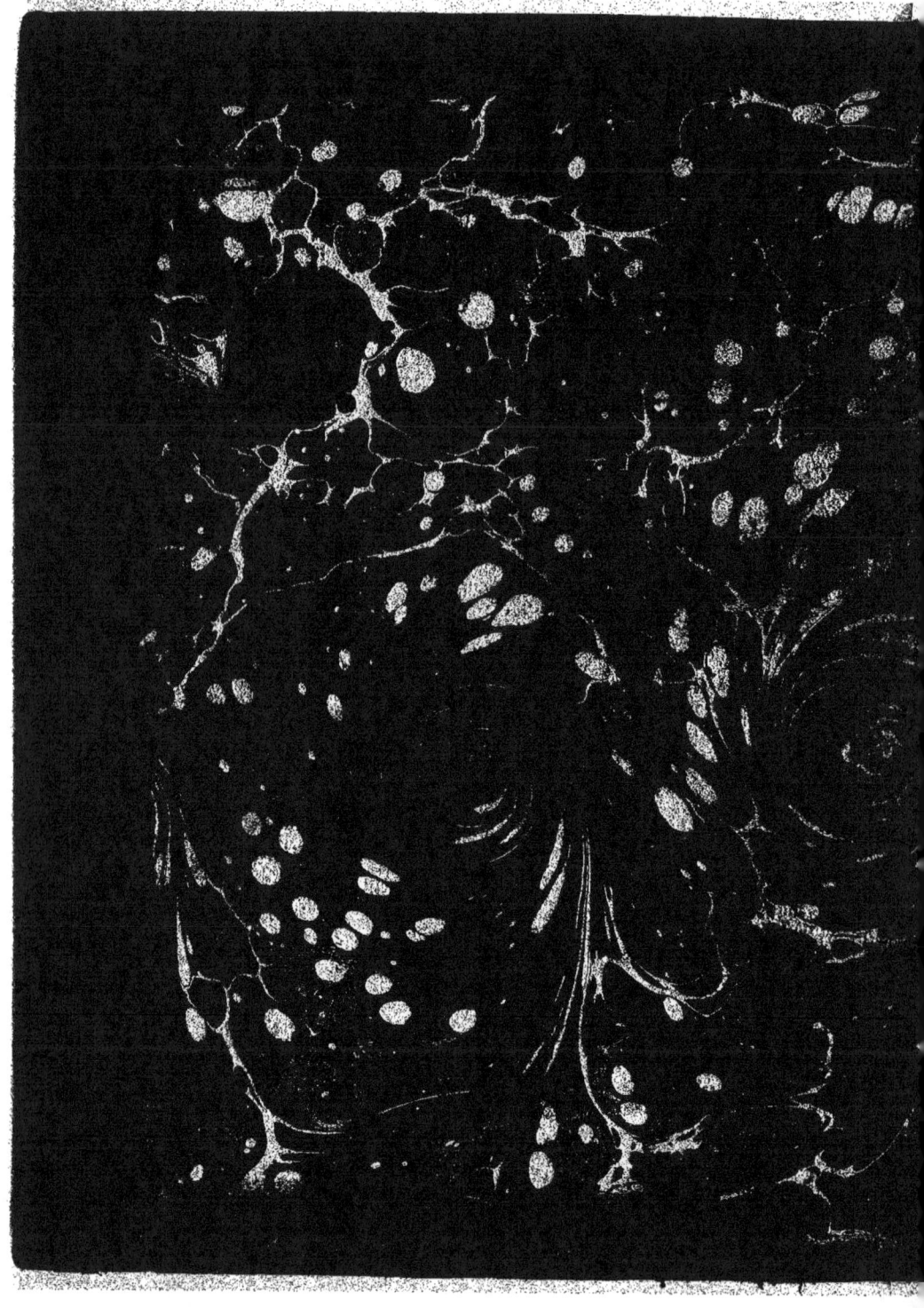

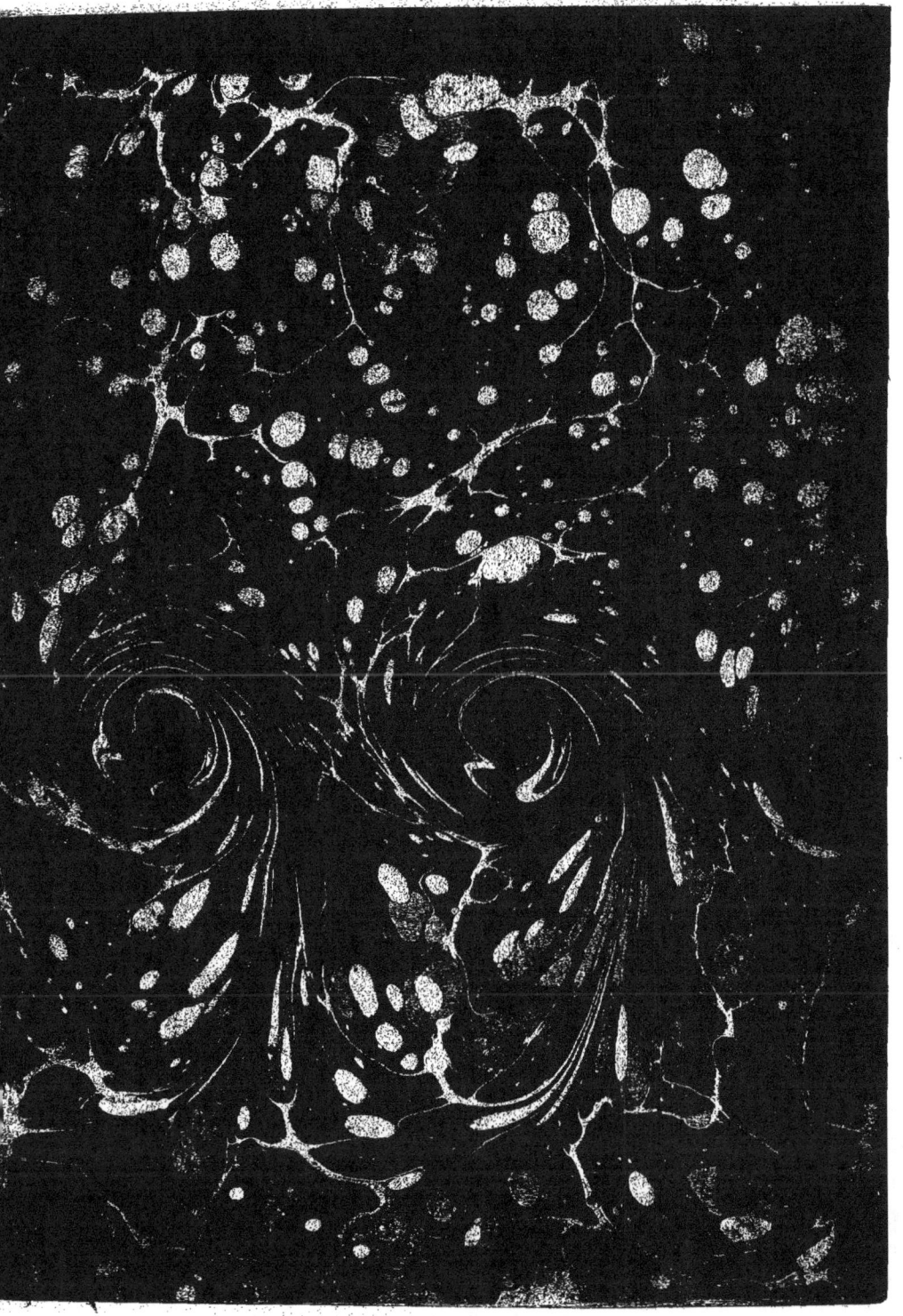

10167
SA

BIBLIOTHEQUE
DES ARTISTES ET DES AMATEURS:
OU
TABLETTES ANALYTIQUES,
ET MÉTHODIQUES,
SUR LES SCIENCES ET LES BEAUX ARTS;
DÉDIÉE AU ROI.

OUVRAGE utile à l'Instruction de la Jeunesse, à l'usage des Personnes de tout âge & de tout état, orné de Cartes & d'Estampes en Taille douce : avec une Table raisonnée des Auteurs, sur l'usage & le choix des Livres.

PAR l'Abbé DE PETITY, Prédicateur de la REINE:

Omnia in Mensurâ, & Numero, & Pondere disposuisti. Sap. cap. 11. v. 21.

TOME II. PART. Ire.

A PARIS,
Chez P. G. SIMON, Imprimeur du Parlement, rue de la Harpe, à l'Hercule.

M. DCC. LXVI.
AVEC APPROBATION ET PRIVILEGE DU ROY.

AVERTISSEMENT.

QUAND j'ai commencé cet Ouvrage, je n'avois que l'intention de m'instruire, & de faire quelques recherches sur les Sciences & Beaux Arts, pour ma propre utilité. Animé du zèle de bon Citoyen, non content de m'appliquer à la connoissance des Beaux Arts, je chercherai toujours autant que je le pourrai, à inspirer le même goût à mes Compatriotes. Les personnes qui en sentent les beautés, trouvent la source véritable de mille plaisirs.

Insensiblement l'Ouvrage s'étant étendu, j'ai cru devoir en faire part au Public, & lui donner une forme analytique, claire & méthodique; sous le titre de Tablettes. Éffectivement on ne peut guères le qualifier autrement, & encore ces Tablettes sont-elles bien superficielles; puisque je n'ai fait qu'effleurer des matières qui demanderoient bien plus de discussion: mais peu de talent, nulle pratique, beaucoup d'occupations indispensables de mon état, ne m'ont pas permis d'aller plus loin. Un goût naturel, un esprit de curiosité, aidé par les circonstances, m'ont seulement mis à portée de m'occuper quelquefois de

AVERTISSEMENT.

ce qui concerne les Sciences & Beaux Arts. Je demande donc à ceux qui me liront, si je puis me flatter d'être lû, un peu d'indulgence pour cette foible production, en faveur des motifs qui me l'ont fait entreprendre.

J'ai voulu prouver dans ces Tablettes, qu'avec quelques dispositions naturelles, aidées d'une bonne Éducation, on pouvoit acquérir bien des lumières; sur-tout en s'appliquant, en réfléchissant, en comparant.

« Un Livre nécessaire, dit M. l'Abbé Bignon, &
» qu'il est surprenant qu'on n'ait point encore entrepris,
» seroit celui qui apprendroit à faire un choix éclairé
» des Auteurs; qui marqueroit les Livres qu'on doit
» étudier à fond, ceux qu'il suffit de lire attentive-
» ment, ceux qu'il est bon de parcourir; & ceux
» enfin, qu'on peut entièrement négliger ».

« Cela ne suffiroit pas. Est-il aisé de trouver un
» Livre, où toutes les parties d'une Science soient
» traitées avec la même solidité, la même force, la
» même profondeur : il faudroit diviser & subdiviser
» chaque Science en toutes ses branches, & pour ainsi
» dire, jusqu'à ses derniers rameaux; tracer comme
» une Carte Topographique de la region qu'il s'agit

AVERTISSEMENT.

« de parcourir ; marquer fur chaque point les con-
» noiffances acquifes, & celles qu'il refte à fe pro-
» curer, la route qui peut y conduire ; indiquer par
» conféquent les Ouvrages, qui fur chaque article
» fourniffent les fecours néceffaires, & par lefquels
» il faut commencer ; n'oublier même pas enfuite,
» ceux qui préfentent des vûës fingulières, parce
» qu'ils peuvent faire naître des idées utiles, & parce
» que quelquefois en éxaminant la voye qui a mené
» à l'Erreur, on découvre le fentier de la Vérité ».

Je m'eftimerois trop heureux, fi mes Tablettes pouvoient produire cet éffèt fur quelques-uns de mes Lecteurs ; & les encourager à fuivre les routes que je n'ai fait qu'indiquer. Ce feroit leur procurer de nouveaux plaifirs, plus honnêtes fans doute que beaucoup d'autres, & peut-être auffi amufants.

Il n'y a rien de fi commode, que les Tables des Auteurs & des Matières ; foit pour ceux qui ont lû les Ouvrages, foit pour ceux qui ne les ont pas lûs. Elles épargnent aux prèmiers, la peine de chercher fouvent pendant long-temps ce qu'ils ont befoin de relire ; elles indiquent aux autres, ce qui eft contenu dans un Ouvrage que fouvent on ne liroit pas, fi l'on

AVERTISSEMENT.

ne comptoit y trouver quelque chofe de relatif à fon objèt.

Voici les Avantages qui établiffent en général l'utilité des Tables des Auteurs & des Matières.

On trouve des faits particuliers, qui n'ont aucun rapport au titre des Sçiences, ou qui n'y ont qu'un rapport très-éloigné. Mais en même temps, on découvre auffi des Règles générales, des Principes, des Axiomes propres à répandre une vive lumière fur les Sçiences.

C'eft je crois rendre fervice au Public, de lui préfenter le précis d'une infinité de Volumes.

Si quelqu'un trouvoit ce Plan défectueux en quelque point, il fera plaifir d'en avertir; & de marquer ce qu'il jugeroit qu'on dût y ajouter ou diminuer, pour le rendre plus parfait. Nous n'avons eû d'autres vûës, que de le rendre le plus utile qu'il fe pourra; nous fommes dans la difpofition de profiter des avertiffemens, qu'on voudra bien nous donner.

Je n'en dirai pas davantage à ce fujèt. Quelques Amis m'ont fouvent répété, que quelquefois je parlois trop peu; & d'autrefois trop longuement fur ces matières. A l'égard du premier reproche, je crois ne devoir pas m'en juftifier; mais ne pourrois-je pas

AVERTISSEMENT.

répondre au second, que l'on est aisément prolixe quand on parle de ce qu'on aime; & qu'il est bien rare de ne pas ennuyer, ceux qui n'ont pas les mêmes inclinations que nous.

Si, entre les Artistes qui verront cette Ébauche, quelques-uns d'eux, pensent, que j'ai eu tort d'écrire sur des Arts que je n'ai point pratiqués; (outre qu'heureusement je ne suis pas le seul;) je puis leur répondre, qu'ils seroient fort à plaindre, s'il n'étoit permis qu'à leurs Confrères de s'y connoître, & d'en parler: souvent leurs Ouvrages ne seroient peut-être pas assez loués à leur gré. Ceux qui courent la même Carrière sont presque toujours rivaux, & souvent rivaux jaloux. Je ne suis pas dans le cas, & j'ai toujours fait un de mes plus chers plaisirs, de voir, d'admirer, de loüer les Ouvrages & les talens de ceux d'entre nos plus Célèbres Artistes, que j'ai eu l'avantage de connoître.

On pourra peut-être dire encore, après la Lecture de cet essai; qu'on n'y trouve rien de neuf, & qui même n'ait été imprimé plusieurs fois; j'en conviendrai sans peine: mais, outre que les mêmes Matières y paroissent sous une autre forme, mon Écrit a du moins le petit mérite de rassembler bien des choses éparses

AVERTISSEMENT.

ailleurs. Par-là, j'épargne la peine de les chercher où elles sont. Du reste, je n'ai pas prétendu Écrire pour ceux qui sont déja Connoisseurs ; mais pour ceux qui veulent le devenir.

> Fungar vice cotis, acutum
> Reddere quæ ferrum valet, exsors ipsa secandi.
>
> *Horat. Art. Poët.*

TABLETTES

SAGESSE.

La Sagesse est représentée par une belle femme en son simple naturel, le corps droit, les pieds joints sur un cube, les bras croisés s'embrassant elle même, signifie Fermeté. Sur la tête une couronne de laurier et d'olivier, c'est Victoire et paix : une espace ou vuide à l'entour, exprime la Liberté : se regardant dans un miroir, soutenu d'une main sortant d'un nuage, c'est-a dire, qu'elle se regarde toujours et se connoit. Quatre petites femmes laides, enchainées au cube qui est sous la Sagesse, elle les méprise et foule aux pieds. l'Opinion, aux yeux égarés et les poingts fermés : la Passion, maigre, au visage tout altéré, les mains derrière le dos : la Superstition au visage transi, joignant les mains comme une servante qui tremble de peur : et la Science, vertu artificielle, pédantesque, au visage enflé glorieux et arrogant, lit un livre où il n'y a écrit : Oui, Non.

L'ove est surmonté d'une clepsidre et deux faulx en sautoir, symbole du Tems. Pour récompenser les bons, une corne d'abondance remplie de fleurs, fruits, richesses, et dignités. Pour punir les méchans, des épines, chardons, peines et supplices.

SAGESSE.

C'est une Déesse presque nue, qui se tient debout sur un gros cube, s'embrassant et se regardant attentivement dans un miroir présenté par une main sortant d'un nuage; une Couronne de laurier assés elevée au dessus de sa tête, entourée de lumière; aux quatre côtés du gros Cube, on apperçoit quatre femmes enchaînées; sçavoir l'Opinion, la Passion, la Superstition, et la Science arrogante. L'ove est surmonté d'un Clepsidre, et deux Fauls en sautoir; deux Cornes d'Abondance sur les côtés; dont l'Une répand des Fleurs, Fruits, Richesses, et marques de Dignités: l'Autre des Épines, Ronçes, Chardons et Fouets.

Unité.
l'Homme en général.

Binaire.
Esprit, Corps.

Ternaire.
Raison, Jugement, Volonté.

Quaternaire.
Passions, Humeurs, Foiblesses, Défauts.

Septénaire.
Sept Vices Capitaux.
Orgueil, Avarice, Luxure, Envie, Gourmandise, Colere, Paresse.
Sept Vertus opposées aux susdits Vices.
Humilité, Libéralité, Continence, Pitié, Sobriété, Modération, Estime du Temps.

Duodénaire.
Les douze fruits de la Sagesse.
Charité, Joye, Paix, Longanimité, Bénignité, Bonté, Sensibilité, Douceur, Bonne foy, Modestie, Retenuë, Chasteté.
Les douze Imperfections opposées aux douze fruits de la Sagesse.
Ingratitude, Tristesse, Bizarrerie, Impatience, Perfidie, Cruauté, Indifférence, Haine, Mensonge, Amour propre, Sensualité, Volupté.

TABLETTES ANALYTIQUES ET MÉTHODIQUES,
SUR
DIVERSES SCIENCES ET BEAUX ARTS.

SAGESSE,
OU
PHILOSOPHIE MORALE.

DISCOURS PRÉLIMINAIRE
SUR LES
PRINCIPES FONDAMENTAUX DE LA PHILOSOPHIE MORALE.

I.

L'Homme a une pente invincible vers son Bien-être, en général.

E contemple ce vaste Univers; j'y vois règner un Ordre invariable, une Harmonie constante. Tout y brille d'une Beauté majestueuse : tout y dévoile une Magnificence sans bornes. Le plus petit insecte déploye à l'œil étonné, les Trésors d'une Intelligence Suprême ; qui, par des moyens aussi simples que sûrs, conduit tout aux fins qu'elle s'est proposée.

Tome II.   A

En vain le Philofophe impie voudroit me perfuader, que tant de Merveilles ne font que l'éffet du Hazard ; les Syftêmes hardis de fon imagination téméraire ne peuvent me fouftraire à la connoiffance d'un Dieu Créateur, dont la Sageffe éclate dans tous les Ouvrages de fes mains.

Or cette Sageffe me découvre une Vérité inconteftable : que l'Auteur de la Nature n'a rien pû créer que pour lui. Un Être auffi parfait, pouvoit-il agir pour une fin qui ne fût pas digne de ce qu'il eft ? Et quelle Fin plus digne d'un Dieu, que lui même ? Dieu eft donc la Fin dernière de tout : nous ne pouvons donc lui refufer le rapport de toutes nos actions, fans la plus grande injuftice : il n'y a donc rien qui ne doive fe porter vers lui, comme vers fon Centre. Et en effet, ces Vaftes Corps qui roulent au-deffus de nos têtes, & dont nous admirons l'Éclat, l'Équilibre, & les Mouvemens fi réguliers ; les Élemens fi féconds en prodiges, les Pluies, les Neiges, les Grêles, les Tonnères ; tout a reçu de la main du Créateur une force, une action puiffante pour la Manifeftation de fa gloire. Les Arbres & les Plantes, les Métaux & les Animaux publient à leur manière fes Grandeurs & fa Bonté, annoncent qu'ils n'ont été tirés du Néant que pour révéler à des Créatures plus heureufes, l'infinité de fes perfections.

Toute la Nature confpire fans ceffe au maintien de l'Ordre, que Dieu y a premièrement établi : tout fuit des Loix vraies, juftes, immuables. Or Dieu n'eft qu'Ordre, Vérité, Juftice, Immutabilité : ainfi tout dans l'Univers eft emporté néceffairement vers fon Auteur. Si cette Vérité ne fouffre aucun doute à l'égard de la Nature corporelle ; fi des êtres inanimés ou vivans, mais auxquels une intelligence réfléchie a été refufée, n'ont pû fortir des mains de Dieu, fans une impulfion invincible vers lui-même : que dirons-nous de l'Homme, que le Créateur a formé à son image ; & à qui il n'a donné un Cœur & un Esprit, que pour le connoître & l'aimer ? Dieu a voulu être, & il ne se pouvoit pas qu'il ne fût la Fin dernière de toutes les autres Créatures, qui ne sont que le Jeu de ses doigts : l'Homme, qui est l'Effort de son bras, le Chef-d'œuvre de sa Puissance, devoit donc se porter continuellement vers son Principe ; & être attiré par de fortes Chaînes vers la Divinité, comme vers son Centre & son terme Unique. Or ces Chaînes sont les Desirs, que le cœur humain forme sans cesse pour son Bonheur ; c'est ce Penchant impétueux qui l'emporte vers son Bien-être : & comme Dieu est la première Source de tout Bonheur, & un Trésor inépuisable de tout bien ; c'est après lui que le Cœur soupire dans tous ses projets, du moins implicitement ; c'est lui qu'il cherche, lors même qu'il s'attache à des objets qui l'éloignent le plus de la Souveraine Béatitude.

Il suit de-là, que l'Homme ne peut jamais refuser le Bien, parce qu'il est Bien, ni desirer le mal, pour le mal. Les Augustins, les Hilarions, les Jérômes, qui se sont arrachés à toutes les Voluptés de la vie, pour se livrer aux rigueurs de la Pénitence, n'étoient guidés dans le Chemin de la Croix, que par l'Amour de la Félicité.

Convaincus qu'ils pouvoient la perdre pour toujours, en prenant l'espèce de miel que le Monde leur présentoit, la Douceur passagère de ce miel leur parut l'Amertume la plus cruelle ; & au contraire, au milieu de leurs souffrances qu'ils regardoient comme le Germe d'une Béatitude sans fin, ils goûtoient des Délices inépuisables qui en étoient l'Avant-goût ou le gage. Ce n'est point l'Amour des mortifications ou des supplices ; c'est l'Espérance d'en recueillir les fruits salutaires, qui a peuplé d'Anachorètes les deserts de la Thébaïde, & fait couler le sang des Martyrs. Mais changeons d'exemples.

Timante vient de refuſer un Emploi brillant, auquel étoient attachés beaucoup de Reſpects, & quarante mille livres de rente. Eſt-ce à la Vénération Publique qu'il a voulu ſe dérober? Ou étoit-il peu flatté d'un Revenu qui lui eût procuré toutes ſes commodités, & qu'il auroit eu le plaiſir de partager avec trente familles dans l'indigence? Non, ſans doute; mais il ſe dit Philoſophe: il aime la liberté, le repos, la tranquillité. L'eſclavage, les fatigues, l'inquiétude ſont inſéparables des Dignités. Il a donc cru par ſon Refus, ſe conſerver un Bien précieux, & éviter un mal véritable.

Pézophile après avoir ruiné par le Jeu, ſa Fortune & ſon crédit; a ſacrifié ſon honneur & ſa probité, à l'Eſpérance d'avoir bientôt une Somme conſidérable. Il a rendu un faux témoignage, dans une affaire de la dernière importance. La Calomnie a été découverte à l'inſtant même, & le Calomniateur jugé ſuivant la rigueur des Loix. Le jour que l'Arrêt devoit s'éxécuter, on le trouva un raſoir à la main, & qui nageoit dans ſon ſang. Eſt-ce la mort, & une mort auſſi cruelle, qu'il avoit deſirée? Vous ne vous le perſuaderez jamais; mais en ſe la donnant, il l'a enviſagée comme la Fin de ſon déſeſpoir & de ſes remords; & comme l'Unique moyen, de ſe ſouſtraire à l'Ignominie la plus affreuſe & la plus accablante.

L'Homme dans toutes ſes actions, ne peut donc avoir en vûë que ſon Bien-être; ou, ce qui revient au même, eſt néceſſité vers ſon Bonheur en général. *Œthologie, ou le Cœur de l'Homme. Part. I.*

II.

L'Homme est véritablement Libre, sur le choix des Biens créés tels & déterminés; & sur celui des différentes Voies, qui peuvent le conduire à la Possession de ces mêmes Biens.

Pour être convaincu de cette Vérité, il ne faut que réfléchir sur la Nature des Biens créés, sur celle du Cœur humain; & sur les Sentimens intérieurs qui nous annoncent d'une manière si claire, le Don précieux de la Liberté dont nous jouissons. Si d'un côté les Créatures présentent à l'esprit du Philosophe, des Beautés & des rapports qui le frappent d'Admiration; de l'autre, elles n'offrent rien au Cœur de l'Homme qui puisse le remplir. Il n'y en a aucune qui ne soit parfaite en son genre, & qui ne se rapporte d'abord à une Fin très-bonne; & en dernier lieu à la meilleure de toutes les Fins, à Dieu même. Mais elles sont toutes tirées du Néant; & ainsi n'étant que Vuide, Privation, Limites; elles n'ont aucune proportion avec des desirs de Plénitude, de Jouissance, & Infinis dans leur étenduë; & pour ne parler que de celles qui enflamment le plus, les Desirs de la plûpart des Hommes; que sont les Richesses, les Honneurs, les Plaisirs?

Les *Richesses* ne cessent d'inviter celui qui les possède, à les répandre dans le Sein de l'indigent. Nous ne sommes pas *votre Bien*, lui disent-elles; mais un Dépôt qui vous est confié, & que les besoins de vos frères vous redemandent. Les *Dignités* crient à celui qui en est revêtu: devenez par nous le Père de l'orphelin, l'Époux de la veuve affligée; l'Appui du foible, le Bouclier de l'innocence persécutée. Si vous êtes des Dieux sur la terre, par la grandeur de l'éclat qui vous environne; soyez-le plus véritablement, par la reſſemblance avec cet Être ſuprême, qui ne dédaigne pas de rendre les Ouvrages de ſes mains participans de ſa Gloire. Ménagez-nous, *diſent les Plaiſirs au cœur qui en eſt avide*, ſi vous voulez goûter nos douceurs ; ne jouiſſez de nous, ou plutôt n'en uſez qu'avec meſure, & lorſque la loi de la Nature & celle de la grace vous le permettent ; ne vous repoſez pas en nous ; nous ne ſommes que l'Ombre du bonheur : Dieu ſeul en eſt la Réalité, la Source, & le Terme.

C'eſt dans ce Cri de toute la Nature pour la gloire du Créateur, que conſiſte tout ce que les Créatures renferment de bon & de parfait en ſoi, d'heureux & de précieux pour l'Homme. Ne nous en ſervons, qu'en les conſidérant ſous ce rapport ; & par elles nous arriverons à la Souveraine Félicité. Mais n'oublions jamais, qu'elles ſont incapables de raſſaſier nos Appétits ſans bornes.

Des Richeſſes qu'on n'acquiert qu'avec beaucoup de fatigues, qu'on ne conſerve qu'avec crainte & danger de les perdre, qui nous ſont ſouvent enlevées à l'inſtant même de leur poſſeſſion : des Honneurs qui nous coûtent les plus grandes humiliations, qui nous attirent l'envie & la haine de nos concurrens ; & dont le ſouvenir, quand nous en ſommes dépouillés, nous cauſe une douleur d'autant plus amère qu'ils nous ont plus vivement affectés : des Voluptés que nous achetons par toutes ſortes de Sacrifices, & qui nous échapent lorſque nous croyons en jouir ; qui enfin ne nous laiſſent que le repentir, & le dégoût : ſont-ce là des Objets qui puiſſent remplir un Cœur auſſi vaſte que le nôtre ?

Mais eſt-il bien vrai, que le Cœur de l'Homme ſoit infini dans ſes deſirs ?

On ne peut douter, qu'il ne ſoupire continuellement après le

Bonheur. Il eſt de la nature de tout ce qui éxiſte, de chercher ſon Bien-être. Le Bien-être eſt une perfection : les Bornes ſont une imperfection. Or, il répugneroit que ce qui tend à la perfection, tendît en même-tems à l'imperfection. Ce ſeroit donc être contradictoire à ſoi-même, que de ſoutenir que le Cœur, en ſouhaitant ſon Bonheur, voulût qu'il fût limité. D'ailleurs, ce ne ſera pas Dieu qui mettra des bornes à nos deſirs; puiſqu'au contraire il nous a donné une pente invincible vers lui-même, qui eſt le Bien par eſſence & le Bonheur infini en tout genre. Quant aux Créatures, elles peuvent bien ſe refuſer à nos Vœux; mais elles ne ſçauroient nous empêcher de les former, bien loin qu'elles ſoient capables d'en fixer la meſure, ou d'en arrêter l'impétuoſité.

Concluons : tout eſt fini dans les Créatures ; les Deſirs du cœur de l'Homme ſont infinis ; nulle proportion entre ce qui reçoit des bornes, & ce qui n'en reçoit point : il ſeroit donc contre la nature de notre cœur, d'être emporté néceſſairement vers quelque Bien créé que ce ſoit, tel & déterminé. Nous ſommes donc libres de rechercher tel ou tel objet, & de prendre telle ou telle voie pour arriver à notre but. Ce que je dis des Biens créés en particulier, doit auſſi s'entendre des Voies différentes qui peuvent nous y conduire ; le moyen de parvenir à quelque Bien, étant un Bien lui-même.

La Vérité que je viens d'établir n'eſt pas ſeulement de Spéculation, mais encore de Pratique ; & je me rappelle ici la première Satyre d'Horace : où ce Poëte nous repréſente un Matelot battu de la Tempête, qui envie le ſort d'un Soldat ; un Soldat accablé d'années & de fatigues, qui eſt jaloux de l'état du Marchand ; un Payſan ébloüi du Luxe & du tumulte des Villes, qui ne croit heureux que ceux qui y habitent ; un Avocat réveillé dès l'aurore, & conſulté par un Plaideur inquiet, &

souvent sur un rien; qui ne trouve point de genre de vie préférable, à celui que l'on mène dans le Silence & le repos des Campagnes. Que Jupiter, ajoute Horace, veuille échanger les conditions de tous ces mécontens; ils s'obſtineront à reſter ce qu'ils ſont. Et moi je dis: qu'ils deviennent ce qu'ils n'étoient pas, ils feront peut-être ſatisfaits pour le jour; mais le lendemain autres Chagrins, autre Inconſtance, autres Deſirs. Pourquoi cela? parce que l'Homme ne prenant un parti que pour être Heureux, & s'appercevant qu'il ne l'eſt point autant qu'il pourroit, & qu'il deſire l'être; il ſe croit ſouvent plus mal où il eſt, & eſpère toujours être mieux où il n'eſt pas. Il a donc une vraie Liberté, de ſouhaiter de changer de place.

Je ſçais que les premiers Mouvemens, qui nous entraînent d'abord vers ce qui nous paroît un bien, ne dépendent point de nous. Ils ſont une ſuite néceſſaire de cette Impulſion, que notre cœur a reçuë de l'Auteur de la Nature vers la Félicité. Mais la Réfléxion vient; & ſi le Deſir preſſe d'un côté, la Raiſon parle de l'autre. Alors nous délibérons, & pouvons terminer tout Combat, en rejettant tel ou tel Bien préſenté; ou en nous y attachant. *Le Chevalier de Cramezel.*

Mais parlons maintenant des Répugnances que nous éprouvons au-dedans de nous-mêmes, à l'inſtant de la Délibération.

I I I.

L'Homme dans l'Éxercice de ſa Liberté, eſt agité de Combats intérieurs; qui peuvent être pour lui, la Source des plus grandes Vertus.

L'Homme depuis ſa Chute, eſt ſujet à bien des Paſſions. Elles ſemblent toutes conſpirer à une même Fin, qui eſt ſon Bonheur; puiſqu'il n'y en a aucun, qui ne lui propoſe la Jouiſ-

fance

SAGESSE.

sance de quelque Bien particulier : mais leurs Intérêts sont souvent opposés, & leurs Objèts absolument incompatibles ; de manière qu'elles ne cherchent alors qu'à se détruire mutuellement. Les Nuages qui s'élèvent de leur sein, ne peuvent éclipser entièrement & pour toujours le Soleil de la Raison humaine. Sa vive Lumière, & l'Expérience que nous faisons de l'insuffisance des Créatures pour nous rendre pleinement heureux, nous découvrent qu'il n'y a aucun des Biens vers lesquels nous nous sentons attirés par la Concupiscence, ou par les charmes de la Séduction, que nous ne puissions envisager sous le rapport ou d'un Néant véritable, ou d'un Malheur certain; voilà les causes de nos Délibérations : voilà pourquoi notre cœur veut; & ne veut pas le même Objèt. Il le desire, comme propre à contenter telle Passion ; il le refuse, comme contraire à telle autre ; ou parce que la Raison lui en défend la recherche. L'Orage s'élève au-dedans de nous-mêmes : un Vent favorable semble nous emporter loin de l'Écueil, lorsqu'un Vent contraire nous y pousse avec violence. Ne craignons point cependant d'échouer, pourvu que nous écoutions la Voix de la Raison, Pilote aussi sûr que sage. Si le bruit des Flots, le fracas de la Tempête, écartent pour quelques instans cette Voix salutaire, ne cessons pas de prêter une Oreille attentive ; elle percera bientôt avec Éclat, & nous fera arriver au Port de la Tranquillité, & conséquemment du Bonheur. Mais souvent nous nous étourdissons sur les Malheurs qui nous menacent, le Rivage trompeur, où nous desirons d'aborder, ne paroît pas éloigné à nos Vœux impatiens ; nous négligeons tout Conseil ; nous ne voulons pas voir le Danger, où nous espérons le franchir ; nous y périssons : n'est-ce pas là un Naufrage volontaire ?

Le grand Corneille dans ses Tragédies, & sur-tout dans les beaux Monologues de Rodrigue & de Polieucte, nous a laissé les peintures les plus vives des combats qui s'élèvent dans notre cœur, lorsque nous délibérons.

Faisons voir présentement, que ces Combats peuvent être pour nous, une Source des plus grandes Vertus. Il est vrai qu'ils sont aussi l'Occasion de plusieurs Vices, pour des Hommes qui se lassent de repousser une attaque à laquelle il leur seroit si doux de succomber; pour des Cœurs qui ne résistent que foiblement, & qui desirent leur propre Défaite : mais des Ames généreuses & qui se sentent de la Noblesse de leur Origine, acquièrent plus de Constance & de Fermeté par la violence des secousses qu'elles reçoivent; plus de Courage & d'Ardeur, par l'impétuosité des chocs qu'elles ont à soûtenir.

Il y a des Personnes nées avec un Caractère heureux, dont le Sang circule dans les veines d'un Cours égal & tranquille; que rien n'émeut, n'agite, ne surprend, dont le Cœur ne sçait ce que c'est que Desirs, Choix, Amour de préférence; & qui vivent dans un Calme si parfait, que quelquefois il dégenère en Insensibilité. Elles ne connoissent point les Vices; d'accord : mais elles n'ont la plûpart que des Vertus de Tempéramment; & celles-ci ne sont pas toujours les plus éclatantes, les plus solides, si toutefois ce sont des Vertus. L'éxistence de la Vertu est tellement attachée à la possibilité du Vice, qu'on n'a jamais dit; *les Vertus*, mais *les Perfections Divines*. Or une Apathie générale est, si vous le voulez, incompatible avec le Vice; si cependant, elle n'est un Vice elle-même.

Ariste a reçu un Outrage; à peine en a-t-il été d'abord un peu ému; quelques heures après il a oublié l'Injure, & ne s'est plus souvenu, que de l'Amitié qu'il avoit vouée à celui qui venoit de l'insulter. La Modération n'est point chez lui Lâcheté; les Cicatrices dont son corps est couvert, & qui lui ont mérité le grade de Maréchal de Camp, sont les Preuves glorieufes de fa valeur. Arifte eft d'un Caractère admirable à la vérité : mais Cléon ne merite-t-il pas plus d'éloges ? Il eft dans le même cas : né vif, emporté, fes premiers Mouvemens iroient jufqu'à la Fureur ; s'il ne veilloit continuellement fur lui-même pour en réprimer la Fougue. Il fent combien la Vengeance la plus cruelle lui feroit douce ; & néanmoins, pour étouffer dans fon cœur jufqu'au Germe de l'Indignation, il comble de Careffes & de Bienfaits le Téméraire qui a ofé l'outrager. Le Pardon des Ennemis n'eft chez Arifte, que l'effet d'un Naturel pacifique & indulgent : chez Cléon, c'eft l'Acte le plus Héroïque de la Vertu la plus fublime.

Polinias devoit fuccéder aux Biens immenfes de fon père ; mais par un revers imprévû, il n'a hérité que de l'éclat de fon Nom, à la faveur duquel le Roi lui a donné un Régiment. Il eft dans l'Ardeur de la Jeuneffe. S'il vient à périr dans les Champs de l'honneur, il n'a ni Époufe, ni enfans à regretter; ce n'eft que par des Actions d'éclat, qu'il peut s'attirer les regards du Prince, & fe frayer une route à la gloire. Loin de craindre les Dangers, il les prévient, il les cherche, il s'y livre. Rien en cela de furprenant ; rien au contraire qui ne foit felon fes vûës, & felon l'état préfent de fes affaires.

Polinias n'eft que Brave : mais Théagènes eft un Héros; lui qui s'arrache à toutes les Douceurs du repos & de l'abondance, aux tendres embraffemens de fa femme & de fes fils, pour voler aux horreurs d'une Guerre fanglante ; dont le fuccès, quelque Glorieux qu'il puiffe être pour lui, n'ajoutera rien à la haute Réputation qu'il s'eft acquife.

Que Parthénie fe réjouiffe ; mais qu'elle ne fe félicite point de fa Chafteté ! Comment y donneroit-elle atteinte, elle qui n'a jamais été acceffible à aucun fentiment de Tendreffe, ou même de pure Amitié ? Cette Vertu n'eft chez elle qu'Indifférence, ou peut-être qu'Orgueil.

L'Héroïne felon moi, de l'Innocence & de la Pureté des Mœurs; c'eft Mélanide: qui contre fon goût & fes inclinations naturelles, s'eft toujours févèrement interdit les plus innocens Spectacles, la lecture des Romans les plus châtiés; qui évite tout entretien avec des Perfonnes d'un fexe différent, quelque grande que foit leur Modeftie & leur retenuë; enfin qui vient de refufer la main d'un Jeune-homme, riche, aimable, & qu'elle eût préféré à tout: fi elle n'eût été convaincuë; qu'il lui feroit plus glorieux & plus avantageux de faire à Dieu l'entier Sacrifice d'elle-même, & de tout ce qui n'eft pas lui.

Il eft donc démontré, que la Répugnance que l'Homme éprouve fouvent lorfqu'il fe confulte fur le choix des Biens créés, eft une occafion pour lui des Actions les plus Vertueufes; & par conféquent, que s'il tombe dans des Actions contraires, c'eft moins cette même Répugnance, que fa molleffe à ne la pas vaincre, qu'il doit accufer.

Mais, me dira-t-on, c'eft parce qu'il place fon bien-être dans cette molleffe, ou du moins dans fes fuites néceffaires; qu'il la chérit, & s'y abandonne. Auffi, me refte-t'il à établir pour quatrième & dernier Principe; que l'Homme mèt fouvent fon Bonheur, où il n'eft pas.

I V.

Le Bonheur de l'Homme n'eft pas toujours, où il le cherche.

L'Homme ne fe trompe jamais dans fes Defirs, mais feulement fur leur Objèt. Il veut toujours être Heureux. Cependant, combien de fois ne trouve-t'il que Peine & Amertume; où il ne cherchoit que Plaifir & Douceur?

Tout ce qui éxifte, peut être confidéré fous le double rapport du Bien ou du Mal; & ce Bien ou ce Mal, est ou réel ou apparent. Pour enflammer notre cœur, l'apparence du Bien suffit: mais la Réalité seule peut le satisfaire pleinement. En poursuivant donc la Jouissance des Créatures, qui, loin d'être la réalité du Bonheur, n'en sont tout au plus que l'Ombre; il peut s'en amuser quelques momens: mais bientôt après, il se voit insolé, vuide, & dénué de tout. Lorsque ces mêmes Créatures viennent à se découvrir du côté peu avantageux, que l'Illusion cesse, & que toute leur laideur est au grand jour; alors il est véritablement malheureux. Son Erreur le désespère; sa prétenduë Félicité s'évanouit: il ne lui reste qu'un Souvenir inutile, & d'éternels Remords.

Un jeune Marquis jouissant de ses droits, & de soixante mille livres de revenu; unissant à beaucoup d'esprit tous les avantages du corps, & qui pouvoit choisir entre vingt filles de Naissance aimables & riches; vient par l'Aveuglement le plus funeste d'épouser une de ces femmes, dont un Cortège d'amans fait tout le mérite. Il n'a pas voulu écouter les conseils de ses amis. Elle a sçu lui tenir rigueur, & l'amener à ses fins; le Mariage s'est conclu. Le premier jour, l'idée de la possession de sa Divinité le transportoit de la plus grande joie. Un mois s'est écoulé: tout-à-coup il parut sombre, réfléchissant, inquiet; & en peu de tems sa Tristesse & ses Regrèts devinrent si vifs, qu'il auroit pris quelque parti violent contre lui-même, si ses amis n'eussent résolu de ne point le quitter; afin de le ramener à sa Raison, & de consulter ensemble, dans le calme & le sein de l'Amitié, sur ce qu'il lui convenoit de faire.

Le beau Sèxe & le nôtre, s'accusent réciproquement d'Inconstance: qu'ils se reprochent plutôt leurs imperfections.

* Une femme est belle, & rien que cela; ou belle, spirituelle & tendre: mais avare, jalouse, capricieuse. A-t-elle raison de

se plaindre de ne pouvoir fixer le Cœur de l'Homme? En est-il qui mette des bornes à ses Desirs? En est-il aussi qui ne voulût, que Dieu fît tout exprès pour lui une femme d'une espèce nouvelle? Cet Homme est grand, bien-fait, plein d'esprit & de graces; mais il est coquet, avantageux, bizarre, emporté, prodigue ou joueur; aussi a-t-il été presque aussi-tôt congédié que bien reçu de toutes les femmes, à qui il a fait la Cour : Preuve incontestable du vuide, qu'il laissoit dans leur Cœur.

Mais, me direz-vous, j'épouse un Homme, ou une Femme accomplie.

Oh! je n'en crois rien; & sûrement vous voyez avec des yeux de prévention. D'ailleurs, je veux que ce soit le Phénix de son Sèxe : un tems viendra que cet objèt si parfait, si chéri, vous sera enlevé; qu'il faudra vous en séparer. Je vous demande dès-à-présent, pour ce moment là : où est votre Bonheur? Il me fuit, me répondrez-vous; il m'échape. En avez-vous jamais joui, ajouterai-je? Jamais, me repliquerez-vous; la certitude où j'étois de le perdre, & l'incertitude du moment d'une séparation aussi cruelle, répandoient les plus vives Amertumes sur le plaisir de sa Possession.

Peut-on se refuser à la vérité du Principe que je développe ici; quand on éprouve continuellement, qu'au milieu des Plaisirs les plus multipliés, les plus variés; on desire toujours au-delà?

Ne concluons pas toutefois, qu'il ne faut prendre aucune inquiétude sur l'acquisition, ou sur la conservation des Biens créés. Dieu les a donnés à l'Homme; non pas afin qu'il s'y reposât : il y a versé trop de Fiel; mais afin qu'il s'en servît comme de Degrés pour s'élever jusqu'à lui, qui est le seul Bien réel & permanent.

Il est donc hors de doute, que quiconque cherche sa Félicité dans les Créatures, se trompe sur le véritable Objèt de ses Desirs : il n'est pas moins certain, que cette Erreur est la Source des plus grands Vices.

Tous ceux qui mettent le Bonheur suprême dans les Objèts créés, dans l'Opulence, par exemple ; ou dans les Dignités, ou dans la satisfaction des Sens ; font ce Raisonnement d'une manière implicite, sinon expresse : les Richesses, les Honneurs, les Plaisirs sensuels, voilà notre Bonheur ; voilà donc aussi notre Fin. Plus nous multiplierons ces Biens, plus nous ferons Heureux ; nous ne devons donc avoir d'autre But, dans toutes nos actions, que la Jouissance & la Multiplication de ces mêmes Biens : c'est où il nous faut tendre de toutes les facultés du corps & de l'âme. Donc, dit l'Avare ; soyons un Usurier, un Injuste, un Usurpateur ; puisque ce sont là des moyens sûrs d'accumuler des Richesses. Donc, dit l'Ambitieux ; employons la Fourberie, la Lâcheté, la Trahison ; si ce sont autant de voies pour arriver aux plus hautes Dignités. Donc, dit le Voluptueux ; ne cherchons qu'à séduire la Simplicité, qu'à corrompre l'Innocence : ne nous faisons aucun scrupule de causer le Trouble & le Deuil des familles ; le Rapport même ne doit pas nous coûter, s'il favorise l'éxécution de nos Projets.

Je frémis à la seule pensée de tant d'horreurs ; mais elles se commettent tous les jours : ce qui prouve la Rareté des exceptions, que pourroit souffrir la Proposition générale que j'ai avancée en dernier lieu.

Des quatre Principes posés ci-dessus, concluons, par une sorte de Récapitulation ; que l'Homme ayant reçu de Dieu une Impulsion nécessaire vers son bien-être en général, & ne pouvant être parfaitement Heureux par la possession d'aucun Bien tel & déterminé ; il est vraiment Libre sur le choix des biens créés en particulier : & que les Répugnances qu'il éprouve dans l'éxercice de fa Liberté, font pour lui des Occafions de Vertus ; comme fon Erreur fur le véritable objèt de fes Defirs, une Source de Vices. *Connoiffances fur le Cœur de l'Homme.*

CHAPITRE PREMIER.
UNITÉ DE LA SAGESSE.

Sageffe,

ou

Connoiffance de nous-mêmes.

Qu'y a-t-il de plus defirable que la Sageffe ? Qu'y a-t-il de meilleur, de plus utile aux hommes, & qui foit plus digne d'eux ? On donne le nom de *Philofophes* à ceux qui la recherchent : & ce mot de *Philofophie* veut dire précifément, *Amour de la Sageffe.* Or la Sageffe, ainfi que les anciens Philofophes l'ont définie, eft la connoiffance des chofes, foit divines, foit humaines, & de ce qui conftitue leur nature. Un homme qui méprieroit cette étenduë, je ne vois pas ce qu'il peut eftimer. Car fi vous cherchez l'Agréable & l'Amufant, peut-on rien comparer à une forte d'Étude, qui tend à nous rendre honnêtes gens, & heureux ? Mais d'ailleurs, ou c'eft à la Philofophie de nous enfeigner les Principes d'une probité folide & conftante, ou il n'y a point d'Art pour cela. Or, de prétendre qu'il n'y ait point d'Art, propre à nous enfeigner l'effentiel; tandis qu'il y a des Arts pour tout le refte : c'eft un difcours peu fûr, & une erreur capitale. Pour apprendre donc la Vertu, à quelle autre École iroit-on, qu'à celle de la Philofophie ?

Quoique la vûë foit le fens le plus fubtil; cependant, dit
Platon,

Platon, l'œil ne sçauroit découvrir la Sageſſe. O! ſi elle étoit viſible, de quel amour les hommes s'enflammeroient pour elle!

A tout Animal, de quelque eſpèce qu'il ſoit, la Nature d'abord lui inſpire de veiller à conſerver ſon être, de fuir ce qui pourroit lui être nuiſible ; & de chercher à ſe procurer des alimens, une retraite, tout ce qui lui eſt néceſſaire pour mettre ſa vie & ſon corps en ſûreté. Tous les Animaux ont encore cela de commun, qu'ils ſe portent à engendrer leur ſemblable ; & qu'ils prennent un certain ſoin de ce qu'ils ont mis au Monde. Mais entre l'Homme & la Bête, il y a cette différence eſſentielle : que la Bête n'ayant pour guide que le ſentiment, ne s'attache qu'aux choſes préſentes, & qui ſont devant ſes yeux, ſans être touchée que bien foiblement, ni du paſſé, ni de l'avenir : que l'Homme, au contraire, eſt doué d'une Raiſon, qui lui montre l'enchaînement des choſes ; par où elles ſont occaſionnées, quelles en ſont les ſuites, le rapport des unes avec les autres ; & pouvant d'un coup-d'œil, qui embraſſe l'avenir avec le préſent, voir tout le cours de ſa vie ; il prend de loin ſes meſures pour ne manquer de rien.

Un goût remarquable, & qui eſt particulier à l'Homme ; c'eſt le deſir de connoître le Vrai. Que nous ayons du loiſir, & l'eſprit libre, nous nous ſentons cette envie de voir, d'entendre, d'apprendre quelque choſe : perſuadés que pour vivre heureux, il nous importe de pénétrer dans ce qui eſt caché, ou qui cauſe une ſorte d'Admiration.

Telle eſt l'Envie d'apprendre & de ſçavoir, avec laquelle nous venons au Monde ; qu'il eſt clair que c'eſt un penchant, qui, toute utilité à part, eſt naturel à l'Homme. Remarquez-vous, que la crainte du châtiment ne peut même quelquefois empêcher les enfans d'être curieux ? Vous les aurez rebutés, ils vous queſtionneront encore. Quelle joie pour eux, d'avoir enfin appris ce qu'ils vouloient ; & quelle démangeaifon de le raconter à d'autres ? Une pompeufe Cérémonie, des jeux Publics, tout ce qui eft Spectacle, les enchante au point qu'ils en foufriront la faim & la foif. Mais ne voyons-nous pas les Gens de lettres fi charmés de leurs études, qu'ils en oublient leur fanté, & leurs propres affaires ? Pour fe rendre Sçavans, ils ne trouvent rien de pénible ; & quelques grands que foient leurs travaux, ils fe croient dédommagés par le plaifir qu'ils goûtent en acquérant des Lumières.

Je m'imagine, que c'eft à-peu-près ce qui a donné lieu à la Fiction d'Homère fur le chant des Sirènes. Car il paroît que ce n'eft point par la douceur de la voix, ni par la nouveauté ; ou par la variété de leurs chants, qu'elles attiroient les Voyageurs à leur écueil ; mais que c'étoit plutôt en leur offrant de partager avec eux les rares connoiffances, dont elles avoient à les en croire, l'efprit orné. Voici en effet, le difcours qu'elles tiennent à Ulyffe : c'eft un des morçeaux que j'ai traduit d'Homère.

> Arrêtez-vous, Ulyffe, au bruit de nos accords.
> Pourriez-vous le premier, dédaignant ce rivage,
> Au charme de nos voix refufer votre hommage ?
> Inftruit par nos leçons, riche de nos tréfors ;
> Le Voyageur les porte au fein de fa Patrie.
> Nous chantons ces travaux, ces illuftres revers,
> Par qui le fier Priam vit fa gloire flétrie.
> Il n'eft rien de caché pour nous dans l'Univers.

Homère comprit, qu'un fi grand Homme s'arrêtant pour entendre de belles voix, la Fiction n'étoit pas reçevable. Mais de promettre la Sçience à un homme amoureux de la Sageffe, il y avoit de quoi lui faire oublier fa Patrie.

Quel fera la vie des Sages, dans ces Ifles qu'on a imaginées pour en faire le féjour des Bienheureux ; & où il n'y a nulle forte de foucis, ni de befoins ? Tout leur temps, difent les anciens Philofophes, ils l'employeront à étudier la Nature ; & à faire, ou tâcher de faire fans ceffe de nouvelles Découvertes.

Pour moi, fi par beaucoup de Préceptes & de bons Livres que j'ai lûs dès ma jeuneffe, je ne m'étois pas convaincu qu'il n'y avoit rien de fort defirable en cette vie, fi ce n'eft l'Honneur & la Vertu ; & qu'il falloit plutôt que de nous en départir, braver les tourmens & les dangers, la mort & l'éxil : jamais je n'aurois rifqué, quand votre falut l'ordonnoit, d'avoir tant d'attaques à foutenir ; & de me voir en butte, comme j'y fuis chaque jour, à la fureur des plus grands fcélérats. Mais tous les livres, tous les difcours des Sages, toute l'Antiquité nous mèt des éxemples devant les yeux : & ces éxemples, fi l'on n'avoit point écrit, feroient enfevelis dans les ténèbres. Combien les Écrivains, foit Grecs, foit Latins, nous ont-ils laiffé d'excellens portraits ; non pour les éxpofer feulement à nos regards, mais pour nous porter à nous y conformer ? Je ne perdois point de vûë ces admirables Modèles, & c'eft de-là que je tirois le Courage & la Prudence, dont j'avois befoin dans le maniement des Affaires.

On me dira : quoi ? Ces grands Hommes eux-mêmes, dont les vertus font célèbres dans l'Hiftoire, avoient-ils cette forte d'Érudition, que vous comblez de louanges ? A l'égard de tous, il ne feroit pas aifé de prononçer. Voici pourtant, ce que j'ai de certain à répondre là-deffus. Je conviens qu'il y a eu plufieurs Hommes d'un Rare mérite, qui grace à un Naturel heureux & prefque Divin, n'ont rien eu à emprunter de l'Étude, pour devenir Vertueux. J'ajoûterai même, qu'un Beau naturel a plus fouvent réuffi fans l'Étude, que l'Étude fans un Beau naturel. Mais d'un autre côté, lorfqu'un Homme qui eft heureufement né, joint à cela de bonnes Études ; je foutiens que la réunion de tous les deux eft ce qui forme ordinairement le Mérite fupérieur, le Mérite fingulier. Voilà par quelle route marchèrent, & l'incomparable Africain que nos pères ont vû; & un Lélius, un Furius, modèles de Sageffe, de Probité; & ce vieux Caton, la Valeur même; & qui avoit pour fon temps, un Profond fçavoir. Auroient-ils cultivé les Lettres avec tant d'ardeur, s'ils avoient jugé que ce fût un fecours inutile pour acquérir la Vertu; & pour en bien remplir les Devoirs?

Quand même les Lettres ne produiroient pas de fi grands fruits, & à n'y chercher que du Plaifir; au moins ne leur refufera-t-on pas, je crois, d'être l'Amufement le plus doux & le plus honnête. Tous les autres plaifirs ne font, ni de tous les temps, ni de tous les âges, ni de tous les lieux. Mais les Lettres font l'Aliment de la Jeuneffe, & la Joie de la Vieilleffe; elles nous donnent de l'Éclat dans la Profpérité, & font une Reffource, une Confolation dans l'Adverfité; elles font les délices du cabinet, fans embarraffer ailleurs; la nuit elles nous tiennent compagnie; aux champs & dans nos voyages, elles nous fuivent.

Que deviennent les Plaifirs de la table, les Spectacles, le Commerce des femmes, mis en comparaifon avec les Douceurs que l'Étude nous offre? Pour les perfonnes fenfées & bien élevées, c'eft un Goût qui croît avec l'âge. Ainfi le vers de Solon, où il dit; *qu'en vieilliffant il apprend toujours*, lui fait honneur. Aucun Plaifir qui flatte l'Efprit, ne peut furpaffer celui-là.

Il y a deux inconvéniens à fuir, en fe livrant à un goût fi naturel & fi louable. L'un, de croire qu'on fçait, ce qu'on ne fçait point; & d'avoir la témérité de s'y opiniâtrer. Pour fe garantir de ce danger, ainfi que nous devons tous le vouloir; il faut donner à l'Éxamen de chaque matière, & l'attention, & le temps qu'elle demande. L'autre inconvénient eft de s'appliquer,

& avec trop d'ardeur ; à des choses obscures, difficiles, & qui ne sont point nécessaires. Qu'on évite ces deux Écueils, on sera vraiment estimable de s'attacher à quelque Science honnête, & digne de curiosité.

Heureux, dit très-bien Platon ; l'Homme qui peut, ne fût-ce que dans sa Vieillesse, parvenir à être Sage ; & à penser sainement. *Cicéron, des Offices. II. 2.*

CHAPITRE II.
BINAIRE DE LA SAGESSE.

Esprit,   Corps.

DE L'ESPRIT.

I. IL est plus de la Nature de notre *Esprit* d'être uni à Dieu, que d'être uni à un Corps ; car l'Ame est unie à Dieu d'une manière bien plus étroite & plus essentielle, qu'elle ne l'est au Corps. Le rapport qu'elle a à Dieu est essentiel. En effet, Dieu ne peut agir que pour lui-même ; il ne peut créer les *Esprits*, que pour le connoître & l'aimer : il a pu ne pas unir à des Corps les *Esprits* qui y sont maintenant unis ; ainsi le rapport que les *Esprits* ont à Dieu, est naturel, nécessaire & absolument indispensable.

Le péché du premier Homme a tellement affoibli l'union de notre *Esprit* avec Dieu, qu'elle ne se fait sentir qu'à des Hommes attentifs, qui sont instruits de la véritable Philosophie ; & qui ont l'*Esprit* éclairé, & le Cœur purifié : mais cette Union paroîtra imaginaire à des *Esprits* de chair & de sang ; & qui ne suivent que le jugement des Sens, & les mouvemens des Passions.

Ce n'est pas qu'ils ignorent entierement qu'ils ont une Ame, & que cette Ame est la principale partie de leur être : ils sont convaincus par la Raison & par l'Expérience, que ce n'est pas un avantage considérable, que d'avoir de la Réputation & des Richesses pour quelques années; & que généralement tous les biens du Corps, & ceux qu'on ne possede que par le Corps, & qu'à cause du Corps, sont des biens périssables. Les Hommes sçavent qu'il vaut mieux être juste, que d'être Riche; être raisonnable, que d'être sçavant; avoir l'*Esprit* vif & pénétrant, que d'avoir le Corps prompt & agile.

Ces Vérités ne peuvent s'effacer de leur *Esprit*, & ils les découvrent infailliblement, lorsqu'il leur plaît d'y penser : car l'Ame, quoique unie au Corps d'une manière fort étroite, ne laisse pas d'être unie à Dieu; & dans le tems qu'elle reçoit par son Corps, ces sentimens vifs & confus que ses Passions lui inspirent, elle reçoit de la Vérité éternelle la connoissance de son Devoir & de ses Dérèglemens. Lorsque son Corps la trompe, Dieu la détrompe; lorsqu'il la blesse, Dieu lui fait intérieurement de sanglans reproches; & il la condamne par la manifestation d'une Loi plus pure & plus sainte, que celle de la chair qu'il a suivie.

Notre Union avec Dieu diminuë & s'affoiblit, à mesure que celle que nous avons avec les choses sensibles augmente & se fortifie : ainsi un Homme qui juge de toutes choses par ses Sens, qui suit en toutes choses le Mouvement de ses Passions; qui n'apperçoit que ce qu'il sent, & qui n'aime que ce qui le flatte, est dans la plus misérable Disposition où il puisse être. Dans cet état, il est infiniment éloigné de la Vérité & de son Bien; mais lorsqu'un Homme ne juge des choses, que par les idées pures de l'*Esprit*; qu'il évite avec soin le bruit confus des Créatures; & que rentrant en lui-même, il écoute son Souverain

Maître dans le silence des Sens & de ses Passions ; il est bien difficile qu'il tombe dans l'Erreur.

Dieu ne trompe jamais ceux qui l'interrogent par une application sérieuse, & par une conversation entière de leur *Esprit* vers lui ; quoiqu'il ne leur fasse pas toujours entendre ses Réponses : mais lorsque l'*Esprit* se détournant de Dieu, se répand au-dehors ; qu'il n'interroge que son Corps, pour s'instruire dans la Vérité ; qu'il n'écoute que ses Sens, son Imagination & ses Passions, qui lui parlent sans cesse ; il est impossible qu'il ne se trompe.

La Sagesse, la Perfection, & la Félicité, ne sont pas des Biens que l'on doive espérer de son Corps : il n'y a que celui-là seul de qui nous avons reçu l'être, qui le puisse perfectionner. Le Corps, selon le Sage, (9. 15.) remplit l'*Esprit* d'un si grand nombre de Sensations, qu'il devient incapable de connoître les Choses les moins cachées. La vûë du Corps éblouit & dissipe celle de l'*Esprit* ; & il est difficile d'appercevoir nettement quelque Vérité par les yeux de l'Ame, dans le tems qu'on fait usage des yeux du Corps pour le connoître. Cela fait voir, que ce n'est que par l'attention de l'*Esprit*, que toutes les Vérités se découvrent, & que toutes les Sciences s'apprennent ; parce qu'en effet l'Attention de l'*Esprit* n'est que son retour & sa conversation vers Dieu, qui est notre seul Maître, & qui seul nous instruit de toute Vérité.

Il est visible par toutes ces Choses, qu'il faut résister sans cesse à l'effort que le Corps fait contre l'*Esprit* ; & qu'il faut s'accoûtumer à ne pas croire les rapports, que nos Sens nous font de tous les Corps qui nous environnent ; qu'ils nous représentent toujours comme digne de notre application & de notre estime ; parce qu'il n'y a rien de sensible, à quoi nous devions nous arrêter. *Recherche de la Vérité.*

Les Personnes qui ont beaucoup d'*Esprit*, doivent témoigner beaucoup de Bonté aux autres : car avoir tant d'*Esprit* n'est pas souvent une Qualité aimable ; elle peut attirer l'Envie ou la Haine, au lieu de l'Affection ; & insensiblement nous aimons moins les Personnes qui nous oppriment par leur *Esprit*. Il faut donc tâcher, que la principale Qualité qui éclate en nous, soit la Bonté ; parce qu'elle ne choque point l'Amour propre des autres. *Nicole.*

On peut avoir l'*Esprit* très-juste, très-agréable, & très-foible en même-tems : l'extrême Délicatesse de l'*Esprit* est une espèce de Foiblesse ; on sent vivement les Choses, & on succombe à ce Sentiment si vif : il y a des gens qui sont douloureux par-tout.

L'*Esprit* de l'Homme étant aussi borné & aussi étroit qu'il l'est, une application le détourne d'une autre : un objèt qui l'occupe, efface peu-à-peu les objèts qui l'occupoient auparavant : les Idées les plus vives s'évanouissent peu-à-peu ; les Passions se chassent l'une de l'autre, & les traces des Choses passées que nous avons dans la Mémoire, deviennent peu-à-peu si obscures, qu'enfin il n'en reste presque rien. *M. de Fontenelle.*

Nous sommes toujours payés avec Usure, du soin que nous prenons de cultiver notre *Esprit*. C'est ce fond que tout Homme, qui sent la Noblesse de son Origine & de sa Destinée, est chargé de mettre en valeur : ce Fond si riche & si fertile, si capable de productions Immortelles, est seul digne de toute son Attention. En effet, l'*Esprit* se nourrit & se fortifie par les sublimes Vérités que l'Étude lui fournit ; il croît & grandit, pour ainsi dire avec les hommes, dont il étudie les Ouvrages ; de même qu'on prend les manières & les sentimens de ceux avec qui l'on vit ordinairement. Il se pique par

une

une noble Émulation d'atteindre à leur gloire, & il l'espère par la vûë du succès qu'ils ont eu : il oublie sa propre Foiblesse, & il fait d'heureux efforts pour s'élever avec eux au-dessus de lui-même. Stérile quelquefois de son propre fond, & renfermé dans des Bornes très-étroites ; il invente peu, & s'épuise aisément : mais l'Étude supplée à sa Stérilité, & lui fait tirer d'ailleurs ce qui lui manque.

Rien ne prouve plus la Foiblesse de notre *Esprit*, si follement entêté de son opinion ; qu'il s'aigrit, & s'irrite contre tous ceux qui le contredisent : on croit voir du Mépris dans ceux qui ne pensent pas comme nous ; & sur le simple soupçon, l'Amour propre se hâte de s'en venger par la Haine. *M. de la Motte.*

Caractère de l'Esprit du jour.

Dans les Cercles il parle en Maître :
Par les gens du bon ton son Pouvoir affermi,
 Reçoit & donne un nouvel être.
Le plus triste séjour s'embellit de ses traits ;
Il se trouve par-tout, jusques dans les Coulisses :
 Il donne de l'âme aux portraits.
Toujours charmant, jusques dans ses caprices,
A la volupté même il prête des attraits ;
Tout en superficie, il s'étend sur tout âge.
Plus volage par air que par tempérament ;
Il attache, il éloigne, il reprend, il dégage :
 Le plaisir est son élément.
Il orne les talens de tous leurs avantages.
 Toujours léger, & toujours varié,
Il rit avec les fous, il pense avec les sages :
Tout est bien à ses yeux, rien n'est contrarié
 Par le triste plaisir de nuire.
Il chante avec Orphée, il danse dans les champs ;

Sagesse, Chap. II.

  Avec les Amans il foupire,
  Il fuit avec les inconſtans :
  Pour chaque Caractère il femble avoir une âme.
  On peut lui reprocher quelques légers défauts ;
  Avec un air riant, fon Cœur eſt un peu faux :
  Il fournit très-fouvent le fel à l'Épigramme.
  Les bienfaits dans fon Cœur n'ont qu'un foible retour ;
  Il brouille les amis, anime leurs querelles :
  Il fépare fouvent, l'Hymen d'avec l'Amour.
  Pour voltiger lui-même, il emprunte fes aîles.
  Voilà l'*Efprit* qui règne, ou bien l'*Efprit* du jour.
        M. Rouſſeau de Touloufe.

 Aimer l'*Efprit*, c'eſt en avoir. *L'Efprit* plaît, il ajoute fouvent au caractère ; il en prend la teinte : le defir de paroître avoir plus d'*Efprit* que les autres, ne fe fatisfait fouvent qu'aux dépens du cœur, de fa propre Réputation, & de la Société : ayez l'*Efprit* juſte & liant, c'eſt tout ce que le monde eſt en droit d'éxiger de vous. Le véritable *Efprit* vient de la Raifon, ou pour mieux dire ; c'eſt la Raifon & le Bon-fens même, qui donnent à nos Idées la juſteſſe & la précifion qu'elles doivent avoir pour plaire. A quoi fert l'*Efprit*, fi on eſt infociable, fier & dédaigneux ? on fe fait des ennemis, de ceux à qui l'on veut faire fentir la fupériorité de fon Génie. S'enorgueillir de fes Talens, c'eſt les avilir : bornez-vous à l'*Efprit* que vous avez, & n'ambitionnez pas de paroître en avoir davantage. L'affectation ne fçauroit remplacer ce qui nous manque ; elle gâte au contraire, par la gêne & par la contrainte, le peu que nous avons. *Amufem. Philofophiques.*

 L'*Efprit* a fes néceſſités & fes maladies ; on ne trouve pas extraordinaire d'avoir des maladies & des infirmités dans le Corps : pourquoi n'en auroit-on pas dans l'*Efprit ?* Perfonne ne trouve étrange d'être obligé à dormir, à boire, à manger ; &

on doit de même être peu surpris, d'avoir l'*Esprit* inquiet, jaloux, irrésolu, emporté, paresseux. Et comme le Corps souffre ses nécessités plus ou moins honnêtes, l'*Esprit* souffre les siennes plus ou moins honteuses. *M. de Réal.*

Les Défauts de l'*Esprit* augmentent en vieillissant, comme ceux du Visage.

On ne plaît pas long-tems, quand on n'a qu'une sorte d'*Esprit*.

L'*Esprit* s'attache par paresse & par constance, à ce qui lui est facile ou agréable : cette habitude mèt toujours des bornes à nos connoissances ; & jamais Personne ne s'est donné la peine d'étendre & de conduire son *Esprit*, aussi loin qu'il pouvoit aller.

Le travail du Corps délivre des peines de l'*Esprit*, & c'est ce qui rend les Pauvres heureux.

Peu d'*Esprit* avec de la Droiture, ennuie moins à la longue ; que beaucoup d'*Esprit* avec du Travers.

L'incertitude de l'*Esprit* vient presque toujours de la corruption du Cœur : on ne peut se résoudre à croire ce qui fait violence à la Nature ; on veut conserver ses Passions, & se défaire de ses Remords.

L'*Esprit* s'use comme toutes choses : les Sciences sont les alimens ; elles le nourrissent & le consument.

Le Stupide environné de ténèbres ne voit rien, & l'Homme d'*Esprit* remarque mille choses à ses côtés.

Il n'y a que la force d'*Esprit*, qui puisse dompter dans les Hommes la Vanité & l'Inquiétude : de-là vient que tous les Hommes médiocres tombent dans ces deux Vices.

On ne peut guères cultiver son *Esprit* & sa Fortune, en même-temps.

Un Homme d'*Esprit* & d'Entendement, est propre à tout.

A mesure qu'on a plus d'*Esprit*, on trouve qu'il y a plus

D ij

d'Hommes Originaux. Les Gens du commun ne trouvent point de différence entre les Hommes.

Un *Esprit* trop facile à écouter, trop prompt à croire, trop rigoureux à éxiger, ne sçauroit être de Bon Commerce.

La dernière perfection de l'*Esprit* humain, est de bien connoître sa Foiblesse, sa Vanité & sa Misère : moins on a d'*Esprit*, plus on s'éloigne de cette Connoissance.

L'une des marques de la Médiocrité de l'*Esprit*, est de toujours conter.

Il n'y a point de véritablement Grand-homme, sans avoir un bon *Esprit*.

Il n'y a point d'*Esprit*, où il n'y a point de Raison ; & il n'y a point de Raison, où il n'y a point de Solidité ni d'Éxactitude : ainsi toutes les Pensées qui brillent d'abord, mais qui s'évanouissent quand on les approfondit, ne méritent que du Mépris.

Le goût du Bel *Esprit* nous a rendus Paresseux & Ignorans : un petit Écrit Ingénieux trouve plus de Lecteurs, qu'un long Ouvrage, quelque Excellent qu'il soit.

On peut beaucoup déplaire, avec beaucoup d'*Esprit* ; lorsqu'on ne s'applique qu'à le faire paroître, aux dépens des autres. *Encyclopédie de Pensées.*

Du Corps.

II. Le *Corps* est cette Substance étenduë, qui compose la seconde partie de nous-mêmes. Si nous n'étions que des Substances spirituelles, nous pourrions ne nous occuper que de ce qui regarde l'Esprit ; mais les besoins de la Nature nous font continuellement sentir la nécessité, de prendre soin de nos *Corps*.

Le *Corps* est l'agent de l'Ame ; ainsi nous devons l'entretenir comme un serviteur Fidèle : mais aussi nous devons le tenir toujours dans la Dépendance ; & prendre garde qu'il ne secouë le joug de la Servitude, & n'ufurpe l'Empire : c'eſt ce qui arrive, lorſque nous nous livrons aux Paſſions violentes ; car encore une fois, nous pouvons réſiſter à leurs efforts. Il eſt plus facile de leur refuſer l'entrée du Cœur, que de s'oppoſer à leurs effets, & d'arrêter leur Progrès.

Le *Corps* eſt compoſé de fibres & de vaiſſeaux, qui ſervent d'Organes à ſes fonctions. C'eſt la Diſpoſition de ces mêmes Organes, qui conſtituë l'eſpèce de notre Eſprit, & le caractère de l'Humeur dominante. Cette Humeur eſt la ſource de nos Senſations & de nos Idées ; les Idées forment nos Paſſions : ainſi la Conſtitution eſt la cauſe des différences qu'on remarque dans l'Homme. Diſpoſitions cependant, que l'Eſprit peut corriger à un certain point.

L'Air, la nourriture, l'âge, la maladie, la ſanté changent ſouvent notre Conſtitution ; & nous donnent de nouvelles idées, & de nouveaux penchants. *Connoiſſances de l'Homme.*

CHAPITRE III.
TERNAIRE DE LA SAGESSE.

Raiſon,   *Jugement,*   *Volonté.*

DE LA RAISON.

I. QUAND on veut être vrai & naturel, on eſt contraint d'avouer; que ſi la Nature nous eſt aſſez dévoilée pour nous préſenter un grand Spectacle, le deſſous & l'intérieur du Spectacle nous demeurent cachés ; le Jeu des machines nous eſt inconnu ; la Structure particulière de chaque pièce & la compoſition du tout, ſont des choſes qui nous paſſent : nous voyons les dehors, & nous en jouiſſons.

Si nous voulons rechercher modeſtement les Raiſons pour leſquelles, il nous a été départi une ſi petite portion de lumière; nous trouverons, que la Meſure en a été prudemment règlée ſur nos Beſoins; que nos Lumières ſont relatives à notre état, & que nous ferions moins propres à la Fin pour laquelle nous ſommes ſur la terre; ſi nos Lumières étoient plus étenduës.

Notre *Raiſon* tient aux Sens, par le miniſtère deſquels elle eſt informée de tout ce qui a rapport à la vie, à laquelle elle préſide : cette *Raiſon* eſt aſſujétie à un Corps, dont les organes ne lui ont pas été donnés pour contempler ; mais pour travailler, pour agir, pour s'éxerçer à tout bien : voilà ſa Fin. Le Voyageur n'a pas beſoin de connoître à fond la Nature de la terre ſur laquelle il marche, ni celle de la Rivière qu'il voit le long de ſon chemin : il n'eſt queſtion pour lui que de ſuivre l'un, & d'éviter l'autre ; autrement, il iroit d'objèt en objèt, & ſon Voyage ne ſe feroit point; c'eſt l'Image de notre vie.

Les Études qui n'opèrent rien, les Spéculations qui ſont ſtériles, & qui ne ſervent ni à perfectionner notre Cœur, ni à règler nos Mœurs, ni à enrichir la Société, ſont des écarts ou des amuſemens qui ne méritent aucune louange; & qui tiennent la place d'un travail néceſſaire. Dieu nous a épargné ces Diſtractions, en donnant des bornes à notre Intelligence. La Lumière & les Couleurs, par éxemple, nous ont été donnés pour nous conduire; & non pour être la matière de notre Éxamen & de nos Diſputes : nous voulons en pénétrer le fond, parce que nous ſommes curieux ; ou en nier l'éxiſtence, parce que nous n'en comprenons pas la Nature : ce ſont deux extrêmités également vicieuſes. Jouiſſons de la Lumière & des Couleurs, ſans trop approfondir ce qu'elles ſont en elles-mêmes; ou ſi nous en voulons *Raiſonner*, que ce ſoit ſelon notre capacité : & toujours, afin qu'il nous en revienne quelque Nouvel avantage. Ainſi, ſans ſçavoir ce que c'eſt que la Lumière, ni le Verre au travers duquel nous la voyons paſſer; nous pouvons façonner ce Verre, & modifier le paſſage de la Lumière : de ſorte que nous ſoulagions les vûës les plus foibles, que nous rapprochions les objèts les plus éloignés, que nous groſſions ceux que leur petiteſſe nous dérobe.

Mais s'il eſt juſte de ſentir l'impuiſſance de la *Raiſon* à certains égards, il n'eſt pas moins juſte de connoître le Prix de cette *Raiſon* ; & de l'éxercer ſelon ſon étenduë & ſa portée. Après la Foi, qui nous apprend *ſans raiſonnement* ce que nous avons à Croire, à Faire, & à Eſpérer ; nous n'avons point de Tréſor plus précieux que la *Raiſon* : ſi elle ne pénètre pas le Fond & la Nature même des objèts, au moins elle en connoît l'Excellence : elle apprend à ne les pas confondre ; elle en diſcerne les rapports, le nombre, les propriétés, l'utilité. Si elle n'a pas des Idées bien claires ; elle a du moins des Connoiſſances diſtinctes, dont elle ſçait faire un Profit merveilleux.

Elle n'eſt pas comme dans les Animaux une impreſſion d'Adréſſe & de Force, pour produire une certaine Opération uniforme par des Organes : elle eſt dans l'Homme, un Principe actif & fécond qui connoît, & qui voudroit ſans fin augmenter ſes connoiſſances ; qui délibère, qui veut, qui choiſit avec liberté, qui crée pour ainſi dire, tous les jours de Nouveaux Ouvrages. La *Raiſon* fait bien plus, elle fait connoître à l'Homme la beauté de l'Ordre ; enſorte que l'Homme peut aimer cet Ordre, le goûter ; & le mèttre dans tout ce qu'il fait : il peut imiter Dieu même, & ſa *Raiſon* fait de lui l'*Image de Dieu ſur la Terre.*

A des Avantages ſi précieux, la *Raiſon* joint des droits qui l'annobliſſent encore plus ; elle eſt le Centre des ouvrages de Dieu ſur la terre : elle en eſt la Fin ; elle en fait l'Harmonie.

Otons un moment la *Raison* de deſſus la terre, & ſuppoſons que l'Homme n'eſt point : dès-lors la Terre eſt aveugle, & n'a pas beſoin de la Lumière du Soleil. Avec la chaleur de ce bel Aſtre, les pluies & la roſée feront germer les ſemences, & couvriront ſi on veut, les Campagnes de moiſſons & de fruit; mais ce ſont des Richeſſes perduës; il n'y a perſonne pour les recueillir, ni pour les conſommer : les différentes qualités & & propriétés des Animaux deviennent inutiles. C'eſt en vain que le Cheval & le Bœuf ont reçu des Forces, qui les mettent en état de traîner ou de porter les plus lourds fardeaux; l'Inutilité & la Contradiction ſe trouvent répanduës par-tout. Rendons l'Homme à la Nature, remettons la *Raiſon* ſur la Terre : auſſi-tôt l'Intelligence, les rapports, l'Unité règnent par-tout : l'Homme rapproche tous les êtres, ils tendent tous à lui : ſa préſence forme un Tout, de tant de parties différentes.

Enfin par ſa *Raiſon*, l'Homme eſt non-ſeulement le Centre des Créatures qui l'environnent; mais il en eſt encore le Prêtre. Il eſt le Miniſtre & l'Interprète de leur connoiſſance : c'eſt par ſa bouche qu'elles acquittent le Tribut de louanges, qu'elles doivent à celui qui les a faites. Les Animaux ne connoiſſent pas celui qui les habille, & qui les nourrit; le Soleil ignore même ſon auteur : la *Raiſon* ſeule le connoît. Placée entre Dieu & les Créatures inſenſibles, elle ſçait qu'en jouiſſant de celles-ci, elle eſt chargée envers Dieu de l'Action de gracés, de la Louange, & de l'Amour : ſans elle toute la Nature eſt muette; par elle toutes les Créatures publient la Gloire de leur Auteur. *M. Pluche.*

La dernière Démarche de la *Raiſon*, c'eſt de connoître qu'il y a une infinité de Choſes qui la ſurpaſſent : elle eſt bien foible, ſi elle va juſques-là.

Il faut ſçavoir douter où il faut, aſſurer où il faut, ſe ſoumettre

mettre où il faut. Qui ne fait ainsi, n'entend pas la Force de la *Raison.*

La *Raison* est lente à s'introduire, pour venir à bout de calmer les Esprits : il faut d'abord qu'elle soit établie dans les principales têtes ; elle descend aux autres de proche en proche, & gouverne enfin le Peuple même qui ne la connoît pas ; mais qui voyant que ses Supérieurs sont modérés, apprend aussi à l'être : il est vrai que c'est un Ouvrage du temps. *M. de Voltaire.*

Voici le Portrait de la *Raison*, que M. de Boissi a envisagée par ses Avantages, & ses Abus ; dans la charmante Comédie de l'Homme du jour.

LE MARQUIS.

Pour moi, je reconnois une saine *Raison.*
Loin d'être un préjugé, Madame, elle s'occupe
A détruire l'Erreur, dont le Monde est la dupe ;
Nous aide à démêler le vrai d'avec le faux ;
Épure les Vertus, corrige les Défauts ;
Est de tous les états, comme de tous les âges,
Et nous rend à la fois Sociables & Sages.

LA COMTESSE.

Moi, je soutiens qu'elle est elle-même un Abus ;
Qu'elle accroît les Défauts, & gâte les Vertus,
Étouffe l'Enjoûement, forme les Sots scrupules,
Et donne la Naissance aux plus grands Ridicules ;
De l'âme qui s'élève, arrête les Progrès ;
Fait les Hommes communs, & les Pédans parfaits :
Raison qui ne l'est pas, que l'Esprit vrai méprise,
Que l'on nomme Bon sens, & qui n'est que Bêtise.

LE MARQUIS.

Le Bon sens n'est pas tel.

Tome II. E

Sagesse, Chap. III.

LE BARON.

Mais il en est plusieurs.
Chacun a sa *Raison* qu'il peint de ses couleurs.
La Comtesse a beau dire ; elle-même a la sienne.

LA COMTESSE.

J'aurois une *Raison ?*

LE BARON.

Oui, la chose est certaine :
Sous un Nom opposé vous respectez ses loix.

LA COMTESSE.

Quelle est cette *Raison*, qu'à peine je connois ?

LE BARON.

Celle du premier Ordre ; à qui la bourgeoisie
Donne vulgairement le titre de Folie ;
Qui mèt sa grande Étude à badiner de tout,
Est Mère de la Joie, & Source du Bon goût ;
Au milieu du grand Monde établit sa Puissance,
Et de plaire à ses yeux enseigne la Sçience ;
Prend un Effort hardi, sans blesser les égards,
Et sauve les dehors jusques dans ses écarts ;
Brave les Préjugés & les Erreurs grossières,
Enrichit les Esprits de nouvelles Lumières,
Échauffe le Génie, éxcite les Talens ;
Sçait unir la Justesse aux traits les plus brillants ;
Et se mocquant des sots dont l'Univers abonde,
Fait le vrai Philosophe & le Sage du Monde.

Je ne puis mieux finir cet Article, que par cette belle Strophe de M. Rousseau, sur l'Abus de la *Raison :*

Loin que la *Raison* nous éclaire,
Et conduise nos Actions ;

SAGESSE, CHAP. III.

Nous avons trouvé l'Art d'en faire,
L'Orateur de nos Paſſions.
C'eſt un Sophiſte, qui nous jouë ;
Un Vil Complaiſant, qui ſe louë
A tous les fous de l'Univers ;
Qui, s'habillant du nom de Sages,
La tiennent ſans ceſſe à leurs gages,
Pour autoriſer leurs travers.

Du Jugement.

II. Le *Jugement* eſt une Faculté active de l'Eſprit, qui compare les Idées, & en tire des Conſéquences. Il ſe forme par la Réfléxion, c'eſt le *Jugement* qui fait les Philoſophes & les Politiques.

Le *Jugement* doit nous ſervir de Guide dans la conduite de la vie. Auparavant de rien entreprendre, nous devons nous repréſenter la Perſonne qui agit, pour ſçavoir ſi elle doit le faire ; pour trouver les moyens de faire réuſſir la choſe ſur laquelle on veut agir, & la perſonne pour laquelle on agit ; afin de conſulter ſi elle en eſt digne.

Le *Jugement* ſupplée aux défauts de nos Connoiſſances ; il préſume que les Choſes ſont d'une certaine façon, ſans l'apperçevoir certainement.

Le naïf la Fontaine nous fait ſentir par la Fable ſuivante, le peu de cas que le Sage doit faire des *Jugemens* de certaines gens ; & combien il eſt fou de prétendre plaire à tout le Monde.

Fable.

Le Meûnier, ſon fils, & leur âne.

Un Meûnier & ſon fils,
L'un vieillard, & l'autre enfant, non pas des plus petits,
Mais garçon de quinze ans, ſi j'ai bonne mémoire ;
Alloient vendre leur âne, un certain jour de foire.

Afin qu'il fût plus frais & de meilleur débit,
On lui lia les pieds, on vous le fufpendit ;
Puis cet homme & fon fils le portent comme un luftre.
Pauvres gens ! idiots ! couple ignorant & ruftre !
Le premier qui les vit de rire s'éclata :
Quelle farçe, dit-il, vont jouer ces gens-là ?
Le plus âne des trois n'eft pas celui qu'on penfe.
Le Meûnier, à ces mots, connut fon ignorance ;
Il mèt fur pied fa bête, & la fait détaler.
L'âne, qui goûtoit fort l'autre façon d'aller,
Se plaint en fon patois. Le Meûnier n'en a cure ;
Il fait monter fon fils, il fuit ; & d'aventure
Paffent trois bons Marchands. Cet objet leur déplût.
Le plus vieux au garçon s'écria tant qu'il pût :
Ah ! là ! ho ! defcendez, que l'on ne vous le dife
Jeune homme, qui menez laquais à barbe grife
C'étoit à vous de fuivre, au vieillard de monter.
Meffieurs, dit le Meûnier, il faut vous contenter.
L'enfant mèt pied à terre, & puis le vieillard monte
Quand trois filles paffant, l'une dit : c'eft grand honte
Qu'il faille voir clocher ainfi ce jeune fils,
Tandis que ce nigaud, comme un Évêque affis,
Fait le veau fur fon âne, & penfe être bien fage.
Il n'eft, dit le Meûnier, plus de veau à mon âge.
Paffez votre chemin, la fille, & m'en croyez.
Après maints colibèts, coup fur coup renvoyés,
L'homme crût avoir tort, & mit fon fils en croupe.
Au bout de trente pas, une troifième troupe
Trouve encore à glôfer, l'un dit : ces gens font fous ;
Le baudet n'en peut plus, il mourra fous leurs coups.
Eh quoi ! charger ainfi cette pauvre bourique ;
N'ont-ils point pitié de leur vieux domeftique ?
Sans doute qu'à la foire ils vont vendre fa peau.
Parbleu ! dit le Meûnier, eft bien fou de cerveau ;
Qui prétend contenter tout le monde & fon père !
Effayons toutefois, fi par quelque manière,

Nous en viendrons à bout. Ils defcendent tous deux.
L'âne, fe prélaffant, marche feul devant eux.
Un quidam les rencontre, & dit : eft-ce la mode
Que baudet aille à l'aife, & Meûnier s'incommode ?
Qui de l'âne ou du maître, eft fait pour fe laffer ?
Je confeille à ces gens de le faire enchaffer :
Ils ufent leurs fouliers, & confervent leur âne.
Nicolas au rebours ; car, quand il va voir Jeanne,
Il monte fur fa bête, & la chanfon le dit.
Beau trio de baudets ! le Meûnier repartit :
Je fuis âne, il eft vrai ; j'en conviens, je l'avouë ;
Mais que dorénavant on me blâme, on me louë ;
Qu'on dife quelque chofe, ou qu'on ne dife rien,
J'en veux faire à ma tête. Il le fit, & fit bien.

La plûpart des *Jugemens* des Hommes ne leur font diétés, que par leurs Paffions & leur tempérament : ils ne Jugent des Chofes que par le rapport qu'elles ont avec eux ; ce qui porte naturellement à croire, que ce qu'on appelle Raifon, Vertus, eft arbitraire. Cependant il eft une Raifon indépendante du Caprice & de l'Opinion : mais quelle eft-elle ? C'eft celle qui nous enfeigne les moyens de nous rendre Heureux.

Dans les Chofes purement intellectuelles, dit M. Duclos, nous ne ferions jamais de *Faux Jugemens*, fi nous avions préfentes les Idées qui regardent le fujèt dont nous voulons Juger. L'Efprit n'eft jamais faux, que parce qu'il n'eft pas affez étendu, au moins fur le fujèt dont il s'agit. Dans celles où nous avons intérêt, les Idées ne fuffifent pas à la Juftefle de nos fentimens ; la Juftefle de l'Efprit dépend alors de la droiture du Cœur. Si nous fommes affectés pour ou contre un Objèt, il eft bien plus difficile d'en Juger fainement ; notre intérêt, plus ou moins bien entendu, mais toujours fenti, fait la règle de nos *Jugemens*.

Toutes nos Affections, nos Senfations, nos Paffions ne reçoivent leur Force, que de l'Efprit qui les Juge bonnes ou mauvaifes, fuivant fes Lumières; & qui, fuivant ce *Jugement*, les affoiblit ou leur donne une nouvelle activité. Par Éxemple: je me livre à l'Ambition des honneurs & de la gloire ; parce que je regarde l'eftime des hommes, comme quelque chofe de néceffaire au Bonheur de ma vie : mais, fi j'envifage l'Ambition comme un mal, je fais tous mes efforts pour la détruire. Ce qui prouve de quelle Importance il eft pour notre Bonheur, de s'accoutumer de bonne heure à penfer ; & à prendre une idée jufte de chaque chofe. *M. Duclos.*

DE LA VOLONTÉ.

III. La *Volonté* eft l'effet du confentement, que nous donnons au jugement de l'Efprit. C'eft un Mouvement de l'âme, qui nous porte à l'action en conféquence de la détermination de l'efprit ; foit que nous foyons déterminés par la conviction, ou entraînés par la perfuafion.

Notre *Volonté* détermine toujours nos actions ; mais fouvent notre *Volonté* eft incertaine, parce que notre Raifonnement n'eft pas clair. Le Raifonnement eft obfcur, lorfque les Idées ne font pas nettes. Ce défaut de netteté vient de notre ignorance. Par Éxemple ; je veux devenir Heureux : & pour parvenir à la Félicité, je me livre au Plaifir des fens ou de la table; parce que je crois que ces Plaifirs me la procureront, & que j'ignore le Chemin qui y conduit.

Si quelquefois nous paroiffons agir contre notre *Volonté*, c'eft que plufieurs Raifons combattent ce qui la déterminera. Quelquefois la plus foible l'emporte, & détermine la *Volonté ;* qui, dans l'inftant même détermine l'Action : laquelle Action n'eft pas plutôt faite, que l'autre Raifon qui nous a tenu quel-

SAGESSE, CHAP. III. 39

que tems en fufpens, paroît alors la meilleure ; & nous fait dire, que nous avons agi contre notre *Volonté* : ce qui eft comme on voit, très-faux.

Quel que foit le Penchant des Paffions, la *Volonté* peut réfifter à leur fugeftion ; ainfi nous fommes toujours Libres d'agir : mais il n'eft pas moins vrai, que, lorfque la *Volonté* cède aux impulfions du fentiment, elle eft pour lors déterminée par la Séduction ; & il faut convenir que la Séduction eft une efpèce de Violence, qu'il eft bien difficile de furmonter : cependant quoique plus à plaindre, nous n'en fommes pas moins coupables ; parce que les Paffions ne peuvent s'emparer de notre âme, qu'avec notre Confentement.

Nous avons plus de Force, que de *Volonté* ; & c'eft fouvent pour nous excufer à nous-mêmes, que nous nous imaginons que les Chofes font impoffibles. Rien n'eft impoffible ; il y a des voies qui conduifent à toutes Chofes : & fi nous avions affez de *Volonté*, nous aurions affez de moyens. On ne veut pas affez. *M. de la Rochefoucault.*

CHAPITRE IV.
QUATERNAIRE DE LA SAGESSE.
Paffions, Humeurs, Foibleffes, Défauts.
DES PASSIONS.

I. LA *Paffion* eft tout ce qui affecte l'Ame vivement & profondément ; à la différence du Goût dont les impreffions font plus légères. Elle prend fa Source dans le Tempérament & l'Amour propre. C'eft l'Opinion qui a donné la naiffance aux *Paffions*, qu'on peut envifager comme les Maladies de l'Efprit. Je n'en connois qu'une, qui foit indépendante

& qui vienne du Tempérament & des Sens immédiatement ; c'eſt cette eſpèce d'Amour qu'on peut mettre au nombre de nos beſoins. Toute autre *Paſſion* s'émeut ſur l'apparence, ou l'Opinion d'un Bien ou d'un Mal : ſi c'eſt d'un Bien, ce mouvement ſe nomme Amour ; ſi c'eſt d'un mal, il s'appelle Haine.

Le Bien eſt préſent ou futur : le préſent eſt Plaiſir ; le futur eſt Deſir : le mal préſent eſt Triſteſſe ; le mal futur eſt Crainte. Ainſi toutes les *Paſſions* roulent ſur le Plaiſir & la Douleur, l'Amour, la Haine & la Crainte.

On compte parmi les *Paſſions*, l'Amour, l'Ambition, l'Amour de la gloire, l'Avarice ou l'amour des richeſſes, l'Envie, la vengeance & la Colère. Ces trois dernières *Paſſions* ſont les effèts de la Haine, qui eſt elle-même une *Paſſion*.

La *Paſſion* du jeu naît des autres *Paſſions* : c'eſt l'Avarice, l'Amour du luxe & des grandeurs, qui l'inſpirent.

Il faut s'y prendre de bonne heure, dit Madame Lambert, pour ſe préſerver des *Paſſions* ; dans les commençemens elles obéiſſent, & dans la ſuite elles commandent : elles ſont plus aiſées à vaincre, qu'à contenter.

Le fruit le plus certain des *Paſſions*, eſt l'ennui & la douleur ; qui naiſſent de l'agitation, du trouble & de l'inquiétude qu'elles cauſent. Au reſte, les *Paſſions* ont leur avantage : elles nous portent aux Grandes actions, quand elles ſont bien règlées ; elles fertiliſent le Cœur & l'Eſprit, elles nous excitent à nous rendre utiles à la Société, par l'appas de l'eſtime & de la conſidération. Les *Paſſions* même les plus folles ſont utiles à l'Harmonie de l'Univers ; elles ne nuiſent qu'à ceux qu'elles poſſèdent, & ne ſont jamais mauvaiſes que par leur excès.

Admirons, dit le Père Brumoy, les talens & l'importance des *Paſſions*. Que ſeroit-on ſans elles ? Le Laboureur oiſif laiſſeroit feroit le foc inutile ; le Pilote auroit horreur des dangers ; le Riche infenfible armeroit fon cœur d'un bouclier de fer ; le Vulgaire impuiffant périroit ; les Mères, oui, les tendres mères oublieroient leur tendreffe & leurs enfans. Mais, graces aux *Paffions*, les Cœurs fçavent être fenfibles malgré eux. La Mère s'attendrit fur fes enfans ; fa tendreffe dévore tout ; fa douleur même lui plaît, elle eft maternelle. Les noms de Père, d'Époux, de Frère, de Femme, d'Ami, ne font plus de vains noms. Ce ne font pas plus des Fables, que l'Humanité & la Bonne-foi : elles font connuës des plus barbares nations, qui, fenfibles aux mêmes revers que nous, témoignent ou feignent de témoigner que l'Humanité ne leur eft point étrangère, qu'elles font prêtes de nous fecourir dans nos malheurs ; & que du moins elles ne veulent pas nuire, à qui ne leur nuit pas.

Otez les *Paffions* ; que deviennent les Arts ? tout l'Univers retombe dans l'Antique Cahos. Rendez-les à l'Homme ; les Villes & les Temples renaiffent de leur ruine ; la Vertu même revient : Vertu née pour habiter avec les *Paffions* ; Vertu qui fçait prendre d'elles fes plus brillantes couleurs, la Tendreffe dans les Ames tendres, la Vigueur dans les fortes, la Douceur dans les cœurs bien placés, la Hardieffe dans les âmes guerrières, l'Égalité fi précieufe dans tous ; & cette efpèce d'Immutabilité, qui la met au-deffus des circonftances de l'Humeur.

Tout le monde connoît les *Paffions* des hommes, jufqu'à un certain point : au-delà c'eft un Pays inconnu à la plûpart des gens, mais où tout le monde eft bien-aife de faire des Découvertes. Combien les *Paffions* ont-elles d'effèts délicats & fins, qui n'arrivent que rarement ; ou qui, quand ils arrivent, ne trouvent pas d'Obfervateurs affez habiles ? il fuffit de plus qu'elles foient extrêmes, pour nous être nouvelles. Nous ne les voyons prefque jamais que médiocres. Où font les Hommes parfaitement

Amoureux, ou Ambitieux, ou Avares ? nous ne sommes parfaits sur rien, non pas même sur le mal.

Toutes les *Passions* roulent sur le Plaisir & la Douleur; comme dit M. Locke : c'en est l'essence & le fond.

Nous éprouvons en naissant ces deux états : le Plaisir, parce qu'il est naturèlement attaché à être ; la Douleur, parce qu'elle tient à être imparfaitement.

Si notre Éxistence étoit parfaite, nous ne connoîtrions que le Plaisir; étant imparfaite, nous devons connoître le Plaisir & la Douleur : or c'est de l'expérience de ces deux contraires, que nous tirons l'idée du bien ou du mal.

Mais comme le Plaisir & la Douleur ne viennent pas à tous les hommes par les mêmes choses, ils attachent à divers objèts l'idée du Bien & du Mal ; chacun selon son expérience, ses passions, ses opinions, &c.

Il n'y a cependant que deux Organes de nos biens & de nos maux ; les Sens, & la Réfléxion.

Les impressions qui viennent par les Sens sont immédiates, & ne peuvent se définir; on n'en connoît pas les ressorts : elles sont l'effèt du rapport qui est entre les choses & nous ; mais ce rapport secrèt ne nous est pas connu.

Les *Passions* qui viennent par l'organe de la Réfléxion, sont moins ignorées : elles ont leur principe dans l'Amour de l'Être, ou de la perfection de l'Être ; ou dans le sentiment de son imperfection, & de son dépérissement.

Nous tirons de l'expérience de notre Être, une idée de Grandeur, de Plaisir, de Puissance; que nous voudrions toujours augmenter : nous prenons dans l'imperfection de notre Être, une idée de petitesse, de sujettion, de misère ; que nous tâchons d'étouffer : voilà toutes nos *Passions*.

Il y a des hommes en qui le Sentiment de l'Être est plus fort, que celui de leur imperfection ; de-là l'Enjouëment, la Douceur, la Modération des desirs.

Il y en a d'autres, en qui le Sentiment de leur imperfection est plus vif que celui de l'Être; de-là l'Inquiétude, la Mélancholie, &c.

De ces deux Sentimens unis ; c'est-à-dire, celui de nos forces & celui de notre misère, naissent les plus grandes *Passions* ; parce que le Sentiment de nos Misères nous pousse à sortir de nous-mêmes, & que le sentiment de nos Ressources nous y encourage, & nous y porte par l'Espérance. Mais ceux qui ne sentent que leur misère, sans leur force, ne se *passionnent* jamais tant ; car ils n'osent rien espérer : ni ceux qui ne sentent que leur force, sans leur impuissance ; car ils ont trop peu à desirer. Ainsi il faut un mélange de Courage & de Foiblesse, de Tristesse & de Présomption. Or cela dépend de la chaleur du sang & des esprits ; & la Réfléxion qui modère les Velléités des gens froids, encourage l'Ardeur des autres, en leur fournissant des Ressources qui nourrissent leurs Illusions. D'où vient que les *Passions* des hommes d'un esprit profond sont plus opiniâtres & plus invincibles : car ils ne sont pas obligés de s'en distraire, comme le reste des hommes, par Épuisement de pensées ; mais leurs Réfléxions au contraire sont un Entretien éternel à leurs desirs qui les échauffe : & cela explique encore, pourquoi ceux qui pensent peu, ou qui ne sçauroient penser long-tems de suite sur la même chose, n'ont que l'Inconstance en partage.

Le premier degré du sentiment agréable de notre Éxistence, est la gayeté : la Joie est un sentiment plus pénétrant. Les hommes enjoués n'étant pas d'ordinaire si ardens que le reste des hommes, ils ne sont peut-être pas capables des plus vives Joies ; mais les Grandes Joies durent peu, & laissent notre âme épuisée.

La Gayeté, plus proportionnée à notre foiblesse que la Joie, nous rend confians & hardis, donne un Être & un Intérêt aux choses les moins importantes, fait que nous nous plaisons par instinct en nous-mêmes, dans nos possessions, nos entours, notre esprit, notre suffisance malgré d'assez grandes misères. Cette intime satisfaction nous conduit quelquefois à nous estimer nous-mêmes, par de très-frivoles endroits; & il me semble que les Personnes Enjouées sont ordinairement un peu plus vaines que les autres.

D'autre part, les Mélancholiques sont ardens, timides, inquiets; & ne se sauvent la plûpart de la Vanité, que par l'Ambition & l'Orgueil.

La *Passion* de la Gloire, & la *Passion* des Sçiences se ressemblent dans leur principe; car elles viennent l'une & l'autre, du Sentiment de notre Vuide & de notre Imperfection. Mais l'une voudroit se former comme un nouvel Être hors de nous; & l'autre s'attache à étendre, & à cultiver notre fonds. Ainsi la *Passion* de la Gloire, veut nous aggrandir au-dehors; & celle des Sçiences au-dedans.

On ne peut avoir l'Ame Grande, ou l'Esprit un peu pénétrant, sans quelque *Passion* pour les Lettres. Les Arts sont consacrés à peindre les traits de la Belle Nature; les Sçiences à la Vérité. Les Arts ou les Sçiences, embrassent tout ce qu'il y a dans la pensée de Noble ou d'Utile; de sorte qu'il ne reste à ceux qui les rejèttent, que ce qui est indigne d'être peint ou enseigné, &c.

La plûpart des Hommes honorent les Lettres, comme la Religion & la Vertu; c'est-à-dire, comme une Chose qu'ils ne peuvent ni connoître, ni pratiquer, ni aimer.

Personne néanmoins n'ignore que les bons livres sont l'essence des meilleurs esprits, le précis de leurs connoissances; & le fruit de leurs longues veilles. L'Étude d'une vie entière s'y peut recueillir dans quelques heures ; c'eſt un grand ſecours.

Deux inconvéniens ſont à craindre dans cette *Paſſion* : le Mauvais choix, & l'Excès. Quant au Mauvais choix ; il eſt probable que ceux qui s'attachent à des connoiſſances peu utiles, ne feroient pas propres aux autres : mais l'Excès ſe peut corriger.

Si nous étions Sages, nous nous bornerions à un petit nombre de connoiſſances, afin de les mieux poſſéder. Nous tâcherions de nous les rendre familières, & de les réduire en pratique : la plus longue & la plus laborieuſe Théorie n'éclaire qu'imparfaitement. Un Homme qui n'auroit jamais danſé, poſſéderoit inutilement les Règles de la Danſe ; il en eſt ſans doute de même des Métiers d'eſprit.

Je dirai bien plus ; rarement l'Étude eſt utile, lorſqu'elle n'eſt pas accompagnée du Commerce du monde. Il ne faut pas ſéparer ces deux Choſes : l'une nous apprend à Penſer, l'autre à Agir ; l'une à Parler, l'autre à écrire ; l'une à diſpoſer nos Actions, & l'autre à les rendre faciles.

L'Uſage du Monde nous donne encore de penſer naturellement, & l'habitude des Sçiences de penſer profondément.

Par une ſuite néceſſaire de ces Vérités, ceux qui ſont privés de l'un & l'autre Avantage par leur condition, fourniſſent une preuve inconteſtable de l'Indigence naturelle de l'Eſprit humain. Un Vigneron, un Couvreur, reſſerrés dans un petit cercle d'Idées très-communes, connoiſſent à peine les plus groſſiers uſages de la Raiſon ; & n'éxercent leur Jugement, ſuppoſé qu'ils en ayent reçu de la Nature, que ſur des objets très-palpables. Je ſçais bien que l'Éducation ne peut ſuppléer le Génie : je n'ignore pas que les Dons de la Nature, valent mieux que les Dons de l'Art. Cependant l'Art eſt néceſſaire, pour faire fleurir les Talens. Un Beau Naturel négligé ne porte jamais de fruits mûrs. Peut-on regarder comme un Bien, un Génie à-peu-près stérile ? Que servent à un Grand Seigneur les Domaines qu'il laisse en friche ? Est-il riche de ces Champs incultes ?

Les *Passions* s'opposent aux *Passions*, & peuvent se servir de contrepoids : mais la *Passion Dominante* ne peut se conduire que pour son propre Intérêt, vrai ou imaginaire ; parce qu'elle règne despotiquement sur la Volonté, sans laquelle rien ne se peut.

Je regarde humainement les Choses, & j'ajoûte dans cet esprit : toute Nourriture n'est pas propre à tous les Corps ; tous Objèts ne sont pas suffisans pour toucher certaines âmes. Ceux qui croient les hommes Souverains Arbitres de leurs Sentimens, ne connoissent pas la Nature. Qu'on obtienne qu'un Sourd s'amuse des sons enchanteurs de Muret ; qu'on demande à une Joueuse, qui fait une grosse partie, qu'elle ait la Complaisance & la Sagesse de s'y ennuyer ; nul Art ne le peut.

Les Sages se trompent encore, en offrant la Päix aux *Passions*. Les *Passions* lui sont ennemies. Ils vantent la Modération à ceux qui sont nés pour l'Action, & pour une Vie agitée : qu'importe à un homme malade, la Délicatesse d'un Festin qui qui le dégoûte ?

Nous ne connoissons pas les Défauts de notre âme ; mais, quand nous pourrions les connoître, nous voudrions rarement les vaincre.

Nos *Passions* ne sont pas distinctes de nous-mêmes ; il y en a, qui sont tout le Fondement & toute la Substance de notre âme. Le plus Foible de tous les Êtres voudroit-il périr, pour se voir remplaçé par le plus Sage ? Qu'on me donne un Esprit plus juste, plus aimable, plus pénétrant, j'accepte avec joie tous ces Dons ; mais, si l'on m'ôte encore l'âme qui doit en jouir, ces présens ne sont plus pour moi.

Cela ne dispense Personne de combattre ses Habitudes, &

SAGESSE, CHAP. IV. 47

ne doit inspirer aux hommes, ni Abattement, ni Tristesse. Dieu peut tout : la Vertu sincère n'abandonne pas ses amans ; les Vices mêmes d'un homme bien né, peuvent se tourner à sa Gloire. *M. de Vauvenargue.*

DES HUMEURS.

II. L'*Humeur* est la qualité dominante du Tempérament : elle vient de la disposition des Organes & de la qualité des Liqueurs qui circulent avec le Sang, & donne souvent la naissance aux Passions, aux Vices, & à la plûpart des Vertus.

On entend aussi par ce terme, qu'on prend alors en mauvaise part, cette Disposition du tempérament Mélancolique, qui nous porte à la Tristesse & à l'Antipathie.

La Fortune & l'*Humeur* gouvernent le monde, dit M. de la Rochefoucault. Les *Humeurs* du corps ont un cours ordinaire & règlé, qui tourne imperceptiblement notre Volonté : elles roulent ensemble, & éxercent successivement un Empire secrèt en nous ; de sorte qu'elles ont une part considérable à toutes nos Actions, sans que nous le puissions connoître.

DES FOIBLESSES.

III. La *Fragilité* est le penchant du Tempérament, qui force pour ainsi dire, nos Actions ; malgré les efforts de la Raison qui s'y oppose. Elle entraîne notre Volonté, plutôt qu'elle ne la détermine : c'est pourquoi elle est en quelque sorte excusable ; car il est constant que nous pourrions vaincre nos Penchans, si la Passion ne les entretenoit par une lâche Complaisance. La *Fragilité* qui naît des besoins de la Nature mérite seule notre Indulgence.

La *Fragilité* est une disposition à céder aux Penchans de la Nature, malgré les Lumières de la Raison. Il y a si loin de ce que nous naiſſons, à ce que nous voulons devenir ; l'Homme tel qu'il eſt, eſt ſi différent de l'Homme qu'on veut faire ; la Raiſon univerſelle & l'Intérêt de l'eſpèce gênent ſi fort les Penchans des individus ; les Lumières reçuës contrarient ſi ſouvent l'inſtinct ; il eſt ſi Rare, qu'on ſe rappelle toujours à propos ces Devoirs qu'on reſpecteroit ; il eſt ſi Rare, qu'on ſe rappelle à propos ce plan de Conduite dont on va s'écarter, cette Suite de la Vie qu'on va démentir ; le Prix de la Sageſſe que montre la Réfléxion, eſt vû de ſi loin ; le Prix de l'Égarement que peint le Sentiment, eſt vû de ſi près ; il eſt ſi facile d'oublier pour le Plaiſir, & les devoirs & la raiſon, & le bonheur même ; que la *Fragilité* eſt du plus au moins, le caractère de tous les Hommes.

On appelle *Fragiles*, les malheureux entraînés plus fréquemment que les autres au-delà de leurs Principes, par leur Tempérament & par leur Goût.

Une des cauſes de la *Fragilité* parmi les hommes, eſt l'Oppoſition de l'état qu'ils ont dans la Société, où ils vivent avec leur caractère. Le Hazard & les convenances de Fortune les deſtinent à une place, & la Nature leur en marque une autre : ajoutez à cette cauſe de la *Fragilité*, les Viciſſitudes de l'âge, de la ſanté, des paſſions, de l'humeur, auxquelles la Raiſon ne ſe prête peutêtre pas toujours aſſez : on eſt ſoumis à certaines Loix qui nous convenoient dans un temps, & ne font que nous déſeſpérer dans un autre.

Quoique nous nous connoiſſions une ſecrette Diſpoſition à nous dérober fréquemment à toute eſpèce de Joug ; quoique très-ſûrs, que le regrèt de nous être écartés de ce que nous appellons nos Devoirs, nous pourſuivra long-temps : nous nous laiſſons ſurcharger de Loix inutiles, qu'on ajoute aux Loix néceſſaires à la Société ; nous nous forgeons des Chaînes, qu'il eſt

preſque

presqu'impossible de porter. On sème parmi nous les occasions des petites fautes, & des grands remords.

L'homme Fragile diffère de l'homme Foible, en ce que le premier cède à son cœur, à ses penchans; & l'homme Foible a des impulsions étrangères. La *Fragilité* suppose des Passions vives; & la Foiblesse, l'inaction & le vuide de l'âme. L'homme Fragile pèche contre ses Principes; & l'homme Foible les abandonne; il n'a que des Opinions. L'homme Fragile est incertain de ce qu'il fera; l'homme Foible de ce qu'il veut. Il n'y a rien à dire à la Foiblesse, on ne la change pas: mais la Philosophie n'abandonne pas l'homme Fragile, elle lui prépare des secours, & lui ménage l'indulgence des autres; elle l'éclaire, elle le conduit, elle le soutient, elle lui pardonne. *M. de Fontenelle.*

Des Défauts.

IV. Il faut mettre à profit ses *Défauts*; il n'y en a point, qui ne tienne à quelques Vertus, & qui ne les favorise.

Défauts du Corps, ou du Visage.

Il me semble qu'il est honnête & digne de louange, de soutenir avec constance nos *Défauts*; ainsi que la Laideur qu'apporte la vieillesse: un grain de Sensibilité sur cet article, est une des plus grandes Foiblesses de l'Amour propre. Nous ne devons point avoir honte de notre mine & de notre taille, ni des autres *Défauts* qui ne sont pas criminels; nous devons bannir toute Inquiétude sur cet article. Celui qui a quelque *Défaut* de cette nature est heureux, s'il est aussi prompt à s'en railler lui-même; que les autres le pourroient être. *Spectateur Anglois.*

CHAPITRE V.
SEPTÉNAIRE DE LA SAGESSE.

Sept Vices Capitaux :

Sçavoir,

Orgueil, Avarice, Luxure, Envie, Gourmandife, Colère, Pareffe.

Sept Vertus oppofées aux fept Vices :

Sçavoir,

Humilité, Libéralité, Continence, Pitié, Sobriété, Modération, Occupation.

DE L'ORGUEIL.

I. L'ORGUEIL eſt une bonne Opinion de nous-mêmes, & une Prévention de notre mérite. Il n'y a point d'homme qui ne ſoit atteint de ce Défaut : mais il eſt plus ou moins odieux, ſelon l'Amour plus ou moins déréglé que l'on ſe porte à ſoi-même ; car c'eſt l'Amour propre qui l'enfante : & tous les hommes en naiſſant ont puiſé dans cette Source corrompuë, le germe des Paſſions qu'on voit éclorre avant l'âge au fond de leurs Cœurs. Nous ne reſpirons la Volupté, la Haine, la Vengeance ; que par Amour propre. Les tranſports de la Tendreſſe la plus vive ont moins pour objèt une Beauté accomplie, que le Plaiſir qu'on ſe promet dans la poſſeſſion de ſes charmes ; la Haîne que nous portons à ceux dont nous croyons avoir reçu quelque inſulte, n'eſt qu'un Amour exceſſif pour nos prétenduës perfections; & nous ne penserions point à les en punir, si nous ne goûtions un Plaisir délicieux dans le projèt même de la Vengeance. Nos Afflictions, nos Joies, nos Craintes, nos Desirs, nos Espérances, tous les mouvemens de notre âme, ont l'Amour propre pour premier mobile : l'Envie & la Jalousie en font le désespoir. Quel Contraste monstrueux ! s'aimer éperduëment, lors même qu'on ne peut s'aveugler sur l'infériorité de son mérite !

Mais revenons. Il y a deux espèces d'*Orgueil*, l'un simple & naïf : on pense avantageusement de soi, & on en parle comme on en pense. On dit uniment qu'on a de l'esprit & des talens ; & on le dit plutôt parce qu'on se le persuade, que pour en persuader les autres. On tolère volontiers cette prétenduë sorte d'*Orgueil*, s'il est fondé : s'il ne l'est pas, il n'est que Ridicule, & excite plus de mépris que de haîne.

L'autre *Orgueil* est Fourbe & dissimulé. On sent malgré soi le peu que l'on vaût, on ne peut se faire illusion sur ses Vices. On est intimement convaincu de son Insuffisance ; cependant on desire ardemment l'Estime des autres hommes ; il faut donc afin de la gagner, mettre tout en usage pour les tromper, pour paroître à leurs yeux ce qu'on n'est pas ; & leur dérober la connoissance de ce qu'on est effectivement. Mais est-on démasqué ? On est haï, détesté & fui de tout le monde. On se donne bien de garde d'être soi-même son Panégyriste : ce seroit une mal-adresse insoutenable. On paroît au contraire souffrir impatiemment les Éloges. On sçait qu'en se louant on s'établit juge de soi-même, ce qui est une sorte d'Injustice & d'aveuglement qui n'est point du goût de l'*Orgueil*, qui veut qu'on le croye juste & éclairé. Aussi imite-t-on les dehors des personnes les plus modestes ; mais c'est toujours l'*Orgueil*, qui est le principe caché de cette Modestie apparente. A-t-on fait quelque

Grande Action, on garde un profond filence devant ceux qui en parlent ; on éloigne même adroitement les difcours qui en rappèllent le fouvenir, ou l'on feint de ne les point entendre : mais on ne manque point de mettre fûrement en vûë fes belles Actions, & fes bonnes Qualités ; lorfqu'elles font ignorées, & que perfonne ne les publie.

L'Arrogance eft une troifième efpèce d'*Orgueil* ; elle affecte & vante avec Hauteur & impudence, une fupériorité qui n'éxifte fouvent, que dans l'Imagination de celui qui ne s'en fait tant accroire ; qu'à deffein d'en impofer aux autres. Ce Vice affreux attire l'Indignation de chacun, & quoique le plus contraire à la Société, il eft cependant le moins dangereux ; parce qu'il fe montre dans toute fa laideur, & qu'il ne peut tromper qui que ce foit.

Le plus grand plaifir qu'on puiffe faire à un Arrogant, n'eft pas toujours de le louer ; mais d'écouter l'étalage pompeux qu'il fait de fon propre mérite : car outre qu'il croit fe connoître, & par conféquent pouvoir parler de lui mieux que perfonne ; il goûte une double fatisfaction, celle de vous entretenir de ce qui le flatte le plus ; & celle de croire, qu'il va vous apprendre à l'eftimer davantage. D'ailleurs, votre Attention eft felon lui, une Approbation tacite des Éloges qu'il fe donne.

La Préfomption, fille de l'*Orgueil*, confifte non-feulement à nous croire un Mérite furéminent ; & que l'Amour propre groffit à nos yeux au point, que nous n'en appercevons aucun dans les autres qui puiffe en approcher : mais encore à nous imaginer que dans nos entreprifes, les événemens dociles à nos projèts refpecteront nos lumières, & ne pourront tenir contre la fûreté de nos démarches. Ce Vice ne peut être que détefté, quand même il feroit accompagné d'un certain Mérite ; parce qu'il enfante le Dédain, pour ceux qui nous environnent. Mais s'il se trouve chez un sot, qui ne cesse de présumer des talens, du mérite & des forces qu'il se croit; & qu'il n'a point : c'est alors une Folie plus digne de compassion, que de haine ou de mépris.

Si nous nous connoissions nous-mêmes, si nous réfléchissions souvent sur notre Néant, sur notre Origine, & sur notre Fin; si nous sçavions discerner le vrai Mérite des gens droits & éclairés, nous serions bien éloignés de tout sentiment d'*Orgueil*, d'Amour propre, d'Arrogance ou de Présomption. On tombe d'accord que dans la Nature, il n'y a point de Contraste plus bisarre, qu'un homme pauvre & orgueilleux; ignorant & plein de l'Amour de lui-même; dans l'impuissance de tout, & arrogant ou présomptueux : hé, que sommes-nous ? qu'Indigence, Aveuglement, Foiblesse, Imperfection totale.

Mais ne confondons point la Fièrté, avec aucun des Vices dont je viens de parler. Quoiqu'on fasse abus du terme, il ne doit se prendre dans sa véritable acception, que pour ce sentiment d'Honneur qui veut que nous ne dérogions jamais; ou à la dignité de notre Naissance, ou à la décence de notre État.

On veut donner pour Époux à Virginie un homme obscur, mais qui a amassé de gros biens dans la Finance : indignée de la proposition, elle préfère une étroite Médiocrité, à une Riche alliance indigne de son nom. Ce n'est chez elle ni *Orgueil*, ni aucune des branches de ce Vice; c'est noble Fierté.

Herman pourroit sortir de l'indigence où il est plongé; mais il lui faudroit approuver les Ridicules de Protecteurs parvenus, souffrir les Caprices & les hauteurs de valèts singes de leurs Maîtres; & ce qui seroit plus honteux encore, mandier l'Appui des femmes que l'honneur désavouë. Herman a des talens & du mérite : il est incapable de pareilles bassesses; loin d'être orgueilleux, il n'est que fier. *M. le Chevalier de Cramezel.*

De l'Humilité.

1. L'*Humilité* est un sentiment de l'imperfection de notre être, qui est ordinairement le fruit d'une longue & infructueuse recherche de la Vérité. Dans l'Ardeur de s'instruire, l'Homme se trouve à chaque instant arrêté par l'impossibilité de découvrir les secrets de la Nature, les Principes des êtres, l'Essence de ce que l'on nomme esprit, âme, &c. A chaque pas, il rencontre les bornes de l'entendement ; & après une pénible étude ; il reste persuadé que, ce que l'Homme peut sçavoir est bien peu de chose : cette connoissance lui fait sentir sa foiblesse ; & ce sentiment est ce qu'on nomme *Humilité*. Il n'appartient qu'à un Philosophe d'être humble ; l'ignorant n'imagine pas qu'on puisse aller au-delà de ses connoissances. L'*Humilité* est quelquefois l'effèt du Tempérament mélancholique.

L'*Humilité* est aussi une Vertu chrétienne, qui nous fait sentir notre néant devant Dieu ; & qui lui rapporte la Gloire de nos connoissances, de nos succès & de nos talens.

L'*Humilité* diffère de la Modestie, en ce que celle-ci se contente de ne point s'élever ; & celle-là se plaît même à se rabaisser.

On ne peut guères dire ; que, qui s'Humilie, sera élevé pour ce monde : on peut dire au contraire ; que, qui s'Humilie, sera Humilié : car on n'y considère ordinairement, que ceux qui se font valoir ; & l'on y laisse Humilier les gens, tant qu'ils veulent. Voulez-vous être mal-logé, mal-servi, mal-traité dans une communauté, on ne s'y opposera pas ; il se trouvera toujours des Personnes adroites qui sçauront profiter de votre retenuë, & qui s'accommoderont à vos dépens : mais tant s'en faut qu'il faille se plaindre de cette Humeur du Monde, que ceux qui sont vraiment Humbles, doivent être bien-aises que le Monde foit de cette Humeur; autrement, fi l'*Humiliation* étoit toujours suivie de l'élévation, ce feroit une espèce d'Hypocrisie de s'*Humilier*. M. *Nicole*.

De l'Avarice.

II. L'*Avarice* est plutôt une foiblesse du Cœur, qu'une erreur de l'Esprit. Je ne m'arrêterai donc point ici, à déclamer sur la peine qu'on se donne pour amasser des richesses, sur les anxiétés que leur possession cause, sur le vuide qu'elles laissent dans le Cœur; ni sur les regrets dont leur perte est suivie. L'*Avare* n'ignore rien de tout cela : il en fait une épreuve continuelle ; il sçait qu'en elles-mêmes les richesses ne sont pas un bien; mais seulement un moyen pour se procurer, tout ce qui paroît contribuer au bien-être de la Vie. Mais il est assez Pusillanime pour ne pouvoir se rassurrer contre les frayeurs de l'Avenir, & l'incertitude des évènemens.

Le Desir de vivre, lui fait envisager une longue suite d'années. Il calcule le nombre des jours d'une Vieillesse infirme, & celui des Personnes qu'il sera contraint de s'attacher à prix d'argent. Il projette de bâtir & de planter, pour charmer ses ennuis ; & une ridicule Prévoyance pour des besoins passibles, l'oblige à manquer d'un nécessaire actuel. C'est un autre Tantale, qui devant une table chargée de mets délicats & de vins exquis, meurt de faim & de soif. Comme il fait consister son Bonheur non pas à jouir, mais à pouvoir jouir ; & qu'il recule la réalité de la jouissance, jusqu'à l'avenir le plus éloigné; il ne cesse de mettre écu sur écu. Il ne dit jamais c'est assez, la soif qu'il a de l'or est une véritable hydropisie : plus il en a, plus il en veut avoir; & c'est une espèce de Prodige, si ce desir insatiable d'acquérir ne le porte pas aux injustices les plus violentes : quoiqu'au reste, cette Avidité soit elle-même une injustice ; aussi contraire au bien de la Société, qu'elle l'eſt à la Félicité de celui qui en eſt poſſédé. Un Argent enfoui, & qui ne circule point, eſt un Argent mort pour le public. Il n'exiſte pas même pour l'inſenſé, qui ne s'en ſert jamais. Autant de fois que l'*Avare* entaſſe, autant de Vols faits à l'État.

Plutarque compare les *Avares*, à certains Rats qui vivent dans des mines d'Or; & d'autres Philoſophes les mettent en paralèlle avec des Pourçeaux: ſemblables à l'une & l'autre eſpèce de ces animaux, ils ne ſont utiles qu'après leur mort; encore n'eſt-ce qu'à des héritiers, qui la deſiroient depuis long-tems.

En condamnant l'*Avarice*, je ne blâmerai point l'Œconomie. Je la louërai au contraire: mais j'obſerverai en même-tems, que plus éloignée de la Prodigalité que la Libéralité, elle approche davantage de l'*Avarice*; & que ſans beaucoup de Diſcernement dans la conduite, d'Intelligence dans le ménage, & d'Attention ſur ſoi-même; il eſt à craindre, qu'elle ne dégénère en ce vice déteſté de Dieu & des hommes. Ordinairement quand on aime le Vin, on ſe livre avec le tems à l'habitude de l'Yvreſſe; l'Amour des femmes devient bientôt un libertinage; & qui n'aime point à donner, ne tardera pas à recevoir; & mettra enfin tout en uſage pour amaſſer du bien aux dépens de la Société, de ſon propre Bonheur en ce monde, & du Salut éternel de ſon âme. *Œthologie.*

L'*Avare* eſt un Fripon, qui détourne un effèt qui doit circuler dans le Commerce; & qui, par cette circulation, porte la Fertilité & l'Abondance dans la Société: ſemblables à ces Vapeurs que le Soleil attire à lui, pour les répandre ſur toute la terre. Les Richeſſes nous ſont données, pour les diſtribuer à ceux qui n'en ont point. C'eſt un Dépôt, que la Providence a confié aux Riches. Combien en eſt-il, qui en ſçachent faire un bon Uſage?

Jettez les yeux ſur un Génie abhorré, c'eſt celui de l'inſa-
tiable

tiable *Avarice*. Ses jouës creusées & livides décèlent son éternelle Soif: les Soucis cuisans y sont tracés. Il ne s'occupe qu'à chercher un lieu sûr, pour y déposer son Trésor: il ne se fie pas à lui-même. Voyez-le parcourir les Forêts d'un œil attentif; voyez sa Crainte pour son Fardeau chéri. Une Ombre l'épouvante, un Souffle le fait trembler. Il craint que sa pensée ne le trahisse. Il est toujours sa Victime & son Boureau. *P. Brumoy*.

L'Avarice est dans l'homme un oubli de l'honneur & de la gloire, quand il s'agit d'éviter la moindre Dépense. Si un tel homme a remporté le Prix de la Tragédie, il consacre à Bacchus des Guirlandes ou des Bandelettes, faites d'écorce de bois ; & il fait graver son nom sur un Présent si magnifique. Quelquefois, dans les temps difficiles, le Peuple est obligé de s'assembler pour règler une Contribution capable de subvenir aux besoins de la République ; alors il se lève, & garde le silence, ou le plus souvent il fend la presse, & se retire. Lorsqu'il marie sa Fille, & qu'il sacrifie selon la Coutume ; il n'abandonne de la Victime que les parties seules qui doivent être brûlées sur l'Autel, il réserve les autres pour les vendre : & comme il manque de Domestiques pour servir à table, & être chargés du soin des noces, il loue des Gens pour tout le temps de la Fête, qui se nourrissent à leurs dépens, & à qui il donne une certaine somme. S'il est Capitaine de Galère, voulant ménager son lit ; il se contente de coucher indifféremment avec les autres sur de la natte, qu'il emprunte de son Pilote.

Vous vèrrez une autre fois cet Homme Sordide acheter en plein Marché des Viandes cuites, toutes sortes d'Herbes, & les porter hardiment dans son Sein & sous sa Robe : s'il l'a un jour envoyée chez le Teinturier pour la détacher, comme il n'en a pas une seconde pour sortir ; il est obligé de garder sa chambre. Il sçait éviter dans la rencontre, un ami pauvre qui pourroit lui demander, comme aux autres, quelques secours; il se détourne de lui, il reprend le chemin de sa Maison. Il ne donne point de Servantes à sa Femme, content de lui en louer quelques-unes, pour l'accompagner à la Ville toutes les fois qu'elle sort. Enfin ne pensez pas que ce soit un autre que lui, qui balaye le matin sa Chambre, qui fasse son Lit, & le nettoye. Il faut ajouter qu'il porte un Manteau usé, sale, & tout couvert de taches; qu'en ayant honte lui-même, il le retourne quand il est obligé d'aller tenir sa Place dans quelqu'Assemblée.

Pour faire connoître davantage ce Vice, il faut dire que c'est un Mépris de l'Honneur dans la vûë d'un vil Intérêt. Un Homme que l'*Avarice* rend éffronté, ose emprunter une somme d'Argent à celui à qui il en doit déjà, & qu'il lui retient avec Injustice. Le jour même qu'il aura sacrifié aux Dieux, au lieu de manger religieusement chez soi une partie des Viandes consacrées, il les fait saler pour lui servir à plusieurs Repas, & va souper chez l'un de ses Amis; & là à table, à la vûë de tout le monde, il appelle son Valet, qu'il veut encore nourrir aux dépens de son Hôte; & lui coupant un Morçeau de Viande lui mèt sur un quartier de pain; tenez, mon ami, lui dit-il; *faites Bonne Chère*.

Il va lui-même au Marché acheter des Viandes cuites; & avant que de convenir du Prix, pour avoir une meilleure composition du Marchand, il le fait ressouvenir qu'il lui a autrefois rendu Service. Il fait ensuite peser ces Viandes, & il entasse le plus qu'il peut, s'il n'en est empêché par celui qui les lui vend; il jette du moins quelques os dans la Balance, si elle peut tout contenir, il est satisfait; sinon il ramasse sur la Table des morçeaux de rebut, comme pour se dédommager, sourit, & s'en va.

Une autre fois sur l'Argent qu'il aura reçu de quelques Étrangers, pour leur louer des Places au Théâtre ; il trouve le Secrèt d'avoir sa place franche du Spectacle, & d'y envoyer le lendemain ses Enfans, & leur Précepteur.

Tout lui fait Envie. Il veut profiter des Bons Marchés, & demande hardiment au premier venu une chose qu'il ne vient que d'acheter.

Se trouve-t'il dans une Maison Étrangère ? Il emprunte jusqu'à l'Orge, & à la Paille ; encore faut-il que celui qui les lui prête, fasse les frais de les faire porter jusques chez lui.

Cet Éffronté en un mot, entre sans payer dans un Bain Public ; & là, en présence du Baigneur qui crie inutilement contre lui, prenant le premier Vase qu'il rencontre, il se plonge dans une Cuve d'Airain qui est remplie d'eau, se la répand sur tout le Corps. *Me voilà lavé*, ajoute-t'il, *autant que j'en ai besoin, & sans avoir Obligation à Personne.* Il remèt sa robe, & disparoît. *Caractères de Théophraste.*

De la Libéralité.

2. La Raison & la Religion ne défendent point d'acquérir du Bien ; elles condamnent seulement l'avidité des Desirs, l'injustice des Moyens, & l'abus des Richesses. On ne doit estimer l'Opulence, qu'autant que par elle on est en état de subvenir à ses propres besoins, & de procurer le Bonheur de ses frères. Ce désintéressement comprend tout ce qui est nécessaire, pour bien user des Richesses

En effèt, un Homme qui ne les aime point, ne concevra jamais de leur possession un ridicule Orgueil ; & sera fort éloigné de se faire un Mérite, de ce qu'il ne regarde pas comme un Bien. Il se préservera donc également, & d'une sordide Avarice qui amasse, & enfouit ; & d'une aveugle Prodigalité, qui se répand en Dépenses inutiles. Il n'emploiera ce qu'il a acquis, que pour fa véritable Utilité ; pour le Bien de ceux qui lui font unis par les liens du Sang & de l'amitié, & pour le plus grand avantage de la Société ; & c'est un bon Usage des Richesses, qui lui fera donner le nom de *Libéral*.

La *Libéralité* étant une Vertu dégagée de tout motif de vaine Gloire, elle ne se propose point pour But l'estime des Hommes ; mais l'Accomplissement du devoir, le Soulagement des malheureux, & le Bien de toute la Société. C'est par rapport au Corps, qu'elle prend soin des membres ; & elle a en vûë l'Utilité Publique, dans les bienfaits qu'elle verse sur les Particuliers. Elle cesseroit d'être Vertu, si elle n'étoit pas dans l'Ordre : ainsi non-seulement elle agit avec Désintéressement, mais encore avec Discernement & Justice.

Le Vulgaire ne voit pas ordinairement, les plus importans effets de la sage Disposition des Richesses. Ce Marchand a rétabli sa Fortune à la faveur d'un Don considérable, que lui a fait un ami véritablement *Libéral* ; qu'il lui a peut-être déguisé, sous l'Apparence d'un Prêt. Voilà ce qui frappe les yeux de ses voisins. Mais ils ne voyent pas, que cet ami par sa *Libéralité* a peut-être prévenu bien des injustices, qu'auroit pû commettre le Commerçant pour réparer ses pertes ; & qu'il est devenu pour lui une Occasion de Vertus, en lui inspirant l'Amour & la pratique de la Bienfaisance, lorsqu'il sera devenu riche. On ne peut mieux reconnoître un Bienfait, qu'en tâchant d'imiter son Bienfaiteur.

Un homme *Libéral* porte toujours son intention, au-delà des Desirs de l'indigent : il s'en tient au Plaisir secrèt de faire du Bien. Il tait ses Largesses, qui n'ont souvent pour témoins, que Dieu ; & celui qui les reçoit : il donne de si Bonne grace, qu'on ne sçait si l'on doit être plus reconnoissant de la *Libéralité*, que de la manière dont elle est faite.

Comme ici-bas rien n'eſt moins ſtable que les Richeſſes, & que le moindre Vent contraire les fait ſouvent refluer loin du Rivage, où le caprice de la Fortune les avoit d'abord accoutumées; un cœur *Libéral* ne s'y attache point. Toujours préparé aux Revers, s'il vient à perdre ſes Biens il ne les regrètte, que parce qu'il ſe trouve alors dans l'impuiſſance de ſecourir les malheureux; au reſte il eſt rare d'être dépourvû de tout, au point de ne pouvoir éxercer aucune *Libéralité*. Cette Vertu ne conſiſte pas à répandre beaucoup de Richeſſes; mais à faire, & à bien faire tout ce qu'on peut, pour le Soulagement du prochain. Il y a même plus de Mérite à retrancher du peu que l'on a, dont la Totalité ſeroit quelquefois néceſſaire; qu'à donner d'une Abondance toujours ſuperfluë, & ſouvent même embarraſſante. *M. le Chevalier de Cramezel.*

DE LA LUXURE.

III. Hercule, dit la Fable, arriva un jour à un endroit où s'ouvroient deux chemins; l'un en Pente, large & uni, ſemé de fleurs, bordé des arbres les plus beaux; l'autre Eſcarpé, étroit, inégal, & hériſſé de ronces & d'épines. A l'entrée de ces deux Routes, étoient aſſiſes deux Belles femmes; la première étoit vêtuë d'une robe légère & galante, une couronne de Myrthes ſur la tête, & des guirlandes de Roſes autour d'elle: la ſeconde, d'un Air plus ſérieux & d'un maintien plus grave, étoit habillée modeſtement; elle tenoit de la main gauche un Appui d'airain, & de la droite un Glaive tranchant. Celle-là par des Diſcours emmiéllés engageoit Hercule à la ſuivre dans le chemin des Fleurs: celle-ci d'une Voix forte & animée lui promettoit un Sort bien plus heureux, s'il marchoit ſur ſes pas dans la Route difficile & épineuſe.

Laiſſons Hercule ſe déterminer, & découvrons la Vérité

cachée sous l'écorce de cette Fiction ingénieuse. Les deux Chemins sont, celui des Passions, & celui de la Raison. Les deux femmes représentent la Volupté & l'Honneur : les Myrthes & les Roses sont les Amorces des faux plaisirs : l'Appui d'airain signifie la Constance, dont la Vertu doit s'armer ; & le Glaive tranchant, son zèle ardent pour écarter tout Obstacle. Hercule, c'est notre âme qui n'ayant pas encore goûté les délectations des Sens, ni les charmes de la Vertu, reste suspenduë & incertaine sur le Choix de ces objèts. Mais enfin il faut se déterminer : les invitations sont trop pressantes. Combien hélas ! séduits par la Voix enchanteresse de la Volupté, préfèrent des jours délicieux peut-être, mais pour quelque temps seulement, dont les deux tiers ne sont qu'amertume & regrèts : & la Fin, le Commencement d'un malheur éternel, à une vie marquée il est vrai dans son aurore par des travaux & par des combats, mais soutenuë dans son midi par l'heureuse habitude des succès & de la victoire ; & dont le Crépuscule n'est que le passage des ténèbres de ce séjour à la Gloire de l'Immortalité ! Des hommes créés raisonnables, peuvent-ils s'aveugler au point de préférer les fleurs aux fruits ; l'apparence, à la réalité : & de se porter la mort dans le sein, sous la douceur trompeuse d'un breuvage empoisonné ? Mais parmi les *Voluptueux*, ceux dont l'état est le plus déplorable, sont ces Furieux qui ne pouvant étouffer en eux la voix puissante de la Raison, éxcitent pour l'affoiblir le Cri tumultueux de leurs Passions ; en donnant tête baissée dans toutes sortes de Désordres. Car il n'est que trop de ces harpies insatiables ; qui plus on leur donne, plus elles demandent.

Il ne faut que jetter un coup-d'œil sur les effèts les plus ordinaires de la *Volupté*, pour en concevoir de l'Horreur ; aveuglement dans l'esprit, illusions, fantômes chimériques dans l'imagination, dépravation de goût, bassesse de sentimens, corruption du cœur, abandon de tous ses devoirs, inquiétudes continuelles, intrigues, fatigues, jalousies, fureurs, duëls, désespoir si l'on échouë, dégoûts après la possession ; caprices dans le changement des objèts de sa Passion, toujours là même pour les plaisirs des Sens : à tous ces maux ajoutons les maladies honteuses, & presque toujours certaines, qui sont les avant coureurs des châtimens sévères qu'un Dieu vengeur réserve aux *Voluptueux* dans l'autre vie ; & saisis d'un salutaire fremissement, Fuyons, détestons jusqu'à l'ombre de la *Volupté*.... Les incontinens ont coutume de s'excuser sur la Force du penchant & des tentations, sur la Foiblesse de notre Nature : mais est-ce en s'abandonnant à ce malheureux Penchant, en se rendant aux sollicitations de l'Esprit Séducteur, qu'ils en amortiront la Violence ? Est-ce en éteignant de plus en plus par des Dissolutions continuelles les lumières de leur esprit, en étouffant dans leur cœur le Germe de la Vertu, & y tarissant la Source des graces du Ciel, qu'ils parviendront à fortifier cette Nature dont ils se plaignent ? Ils épuiseront, à la vérité, les forces de leur Tempérament : le Péché pourra enfin quitter leur Corps ; mais leur âme renonçera-t-elle au Péché ? Ne sera-t-elle pas toujours dévorée de Desirs d'autant plus vifs, qu'il sera plus difficile, ou plus impossible de les satisfaire ?

Il y a des Libertins assez pervers, assez audacieux pour dire hautement ; que l'Œuvre de la chair avec des personnes libres & consentantes à leurs desirs, n'est point un Péché ; ni un mal moral. Je ne leur opposerai point ici, les Anathêmes que l'Évangile lance contr'eux. Ils n'en reconnoissent point les augustes Sacremens ; puisqu'ils soutiennent que celui du Mariage n'est qu'une vaine Cérémonie, invention de la Politique des Souverains pour le maintien & le bon Ordre de leurs États. Je me contenterai de leur faire voir en peu de mots, que leur Principe contredit la Loi Naturelle, fur laquelle ils prétendent l'appuyer. Cette Loi ordonne de ne faire aucun tort ; mais les fuites d'un Commerce illicite, ne perdent-elles pas la réputation de la mère ? Diront-ils qu'ils apporteront tous leurs foins, pour tenir la Chofe fecrètte ? Mais n'éprouve-t-on pas tous les jours l'inutilité de femblables Précautions ? Accuferont-ils d'injuftice les Loix d'un État ? Mais tous les États du Monde ont-ils donc confpiré contre celle de la Nature ? Ils font les premiers à débiter en toute occafion, cette Maxime : SI FUERIS ROMÆ, ROMANO VIVITO MORE : *à Rome, vivez comme à Rome*. Maxime en effèt très-fage, quant à l'obfervation des Loix d'un Royaume ; & à laquelle il n'y a que Dieu & fa Religion, qui puiffent nous ordonner de déroger. Les Martyrs ne l'ont tranfgreffée, en prêchant l'Évangile malgré la défenfe des Empereurs, que pour obéir à la Divinité. J'ai vû des Incrédules & des Déiftes même répondre ; en difant : qu'il y avoit des moyens de mettre à l'abri la Réputation de l'Objèt aimé, & de ne point bleffer ouvertement les Ufages reçus. Quelle Monftrueufe Contradiction avec eux-mêmes ! Leur Syftême odieux ne tend-il pas directement à l'Anéantiffement, & des Loix naturelles, & de la Nature entière ?

La *Volupté* ne déshonore pas feulement la Perfonne qui condefcend à nos lâches Defirs, mais elle nous avilit nous-mêmes ; elle nous fait décheoir en un inftant du plus haut degré de gloire, auquel nous ayons jamais pu parvenir. Salomon en eft la preuve fenfible. L'indignation, que l'Amour honteux qu'il a eu pour les Femmes a excité chez la Poftérité, a toujours été d'autant plus vive, que fa Sageffe avoit eu plus d'Éclat & de Sublimité.

Heureux celui, qui fçait fe défendre des Appas trompeurs & perfides de la *Volupté !* fa Victoire eft illuftre & complette ; il triomphe

SAGESSE, CHAP. V. 65

triomphe d'une partie de lui-même qui s'étoit révoltée contre l'autre, en abufant de la pente invincible qui entraîne l'Homme vers fon bien-être; & en le lui faifant chercher, où il ne peut fe trouver.

Le feul Remède aux attaques de la *Volupté* eft, je l'ai dit, de recourir à la Miféricorde Divine ; & de fuir tout ce qui peut en allumer les Flammes dans notre Cœur. Si notre Tempérament nous paroît un obftacle trop difficile à furmonter, fuivons le Confeil de S. Paul : contractons des Nœuds légitimes; & nous pouvons goûter dans la Paix d'une Confcience pure, le Plaifir & la gloire de donner des citoyens à l'Etat, & des Cohéritiers à J. C, *M. le Chevalier de Cramezel.*

De la Continence.

3. La *Continence* eft une modération dans l'ufage des Plaifirs ; c'eft une Vertu morale, qui ne donne aux Befoins de la Nature, précifément que ce qu'il leur faut pour les fatisfaire.

Ce mot s'entend auffi fouvent *de la Privation Volontaire des Plaifirs*; alors c'eft une Vertu Chrétienne.

La *Continence* eft une Vertu morale, par laquelle nous réfiftons aux Impulfions de la Chair. Il femble qu'il y a entre la Chafteté & la *Continence*, cette différence; qu'il n'en coûte aucun effort pour être Chafte : & que c'eft une des fuites naturelles de l'Innocence ; au lieu que la *Continence* paroît être le fruit d'une Victoire remportée fur foi-même.

Je penfe que l'Homme Chafte ne remarque en lui aucun mouvement d'efprit, de cœur & de corps, qui foit oppofé à la Pureté ; & qu'au contraire, l'état de l'Homme *Continent* eft d'être tourmenté par ces mouvemens, & d'y réfifter. D'où il s'enfuivroit, qu'il y auroit réellement plus de Mérite à être *Continent*, qu'à être Chafte. La Chafteté tient beaucoup à la

Tome II. I

Tranquillité du tempérament; & la *Continence* à l'Empire qu'on a acquis fur fa fougue.

Le cas qu'on fait de cette Vertu n'eft pas indifférent dans un État populaire. Si les Hommes & les Femmes affichent l'*Incontinence* publiquement, ce vice fe répandra fur Tout; même fur le Goût : mais ce qui s'en reffentira particulièrement, c'eft la Propagation de l'Efpèce, qui diminuera néceffairement; à proportion que ce Vice augmentera. Il ne faut que réfléchir un moment fur fa Nature, pour trouver des caufes Phyfiques & Morales de cet effèt. *L'Ami des Hommes.*

DE L'ENVIE.

IV. L'*Envie* eft de tous les Vices, celui qui trouble davantage le Repos de l'homme. C'eft une trifteffe de la profpérité d'autrui, une Douleur fecrètte du Triomphe de la vertu & du mérite; prefque toujours accompagnée d'un Defir infatiable de nuire. Je dis prefque toujours : en effèt, il pourroit fe trouver des gens très-affligés d'avoir brigué inutilement des places, & qui feroient au défefpoir de commettre la moindre injuftice, qui tendît à en dépofféder ceux qu'on leur auroit préférés. Mais comme l'*Envie* ne va pas ordinairement fans Malignité, je ne m'arrêterai point à une exception auffi rare. Or rien de plus malheureux, de plus injufte, & de plus vil qu'un homme fujèt à l'*Envie*. Rien de plus malheureux que l'*Envieux*; parce qu'il ne fe paffe point de jour, qui ne lui fourniffe un nouveau motif de chagrins; la Fortune fe plaifant à faire fans ceffe de nouveaux favoris. Rien de plus injufte que lui : pour être heureux lui fait-on quelque tort? Rien enfin de plus vil : car fi l'*Envieux* s'attrifte de notre Bonheur, il fe réjouit de notre Malheur; peut-on imaginer une baffeffe d'âme plus digne de mépris? L'*Envieux* n'entend point les intérêts de fon Amour propre;

car *Envier* le bonheur de quelqu'un, c'eſt ſouvent avouër qu'on n'en eſt pas digne.

L'*Envieux* devroit être banni de la Société ; comme un homme qui vit avec auſſi peu de zèle pour l'Utilité Publique, que s'il étoit né uniquement pour lui-même ; qui ne prend aucune part dans les affaires les plus importantes de ſes Concitoyens, qui eſt inſenſible aux Beſoins des autres ; il y a mieux : qui s'inquiète nuit & jour pour oppoſer des obſtacles à leur Bonheur, pour faire échouer toutes leurs Entrepriſes ; & qui n'ouvre ſon âme au Plaiſir, que lorſqu'il voit périr ſon Prochain.

On peut le comparer à la Pierre : la Pierre eſt dure & inſenſible ; l'*Envieux* eſt infléxible & impitoyable : il ne ſert de rien à la Pierre de frapper ceux qu'elle atteint ; l'*Envieux* ne tire aucun avantage de ſon *Envie* : enfin la Pierre ſe briſe quelquefois contre ceux qu'elle heurte ; l'*Envieux* ſe fait toujours plus de mal, qu'il n'en cauſe à ceux qu'il attaque : ſon *Envie* accroît ſes peines, ſans altérer la Proſpérité des autres.

La Médiſance, la Calomnie, l'Impoſture & la Ruſe ſont les compagnes inſéparables de l'*Envie*. Elle employe auſſi la Flatterie ; & tandis qu'elle vous accable de Louanges & de Careſſes, elle répand ſecrètement de Faux Diſcours contre vous, & cherche mille Souterreins pour vous perdre. Un *Envieux* s'apperçoit-il, que ſes paroles envenimées ne diminuent rien de l'Eſtime dont on récompenſe votre Mérite ? il fait adroitement tomber la Converſation ſur les éminentes qualités de quelqu'un, qui attire ſur lui les yeux de tout le monde ; & il s'efforce de donner du Poids à ce qu'il a dit contre vous, par l'Éloge qu'obliquement il fait d'un autre. Ce qu'il y a de certain, c'eſt qu'en mettant en avant un parallèle où vous perdez ; il réuſſit du moins à effacer pour l'inſtant, & à affoiblir pour toujours, l'idée qu'avoient conçuë de vos Vertus ou de vos Talens, ceux qui l'écoutent. Mais ne vous vengez de l'*Envieux* & de fes rufes; qu'en vous étudiant à agir d'autant mieux, que vous le voyez plus fouffrir de l'Éclat de vos Bonnes Actions. *Connoiffance du Cœur de l'Homme. Pag.* 225.

De la Pitié.

4. Notre vûë eft frappée d'un fpectacle de miféres & de fouffrances, & nous fentons à l'inftant naître dans notre Cœur une tendreffe pour le malheureux qui en eft accablé : nos entrailles fe remuent ; nous déplorons fon fort : voilà un fentiment de *Pitié*. Jufques-là notre Compaffion n'eft que ftérile, & ne mérite pas le nom de Vertu. Mais nous Volons au fecours de l'affligé ; nous cherchons à le confoler, à le foulager ; nous avons une *Pitié* active : nous fommes vraiment Miféricordieux.

On pourroit ici agiter une queftion. La *Pitié* eft-elle toujours intéreffée ? Lorfque nous répandons des Aumônes dans le fein de l'indigent, que nous nous montrons officieux envers un Malade, que nous confolons un Père de la perte d'un fils accompli, un Plaideur de celle d'un procès confidérable : il eft bien vrai qu'extérieurement, nous avons Compaffion d'eux ; mais peut-être qu'intérieurement, nous n'avons *Pitié* que de nous-mêmes : non pas que nous foyons dans aucune de ces pofitions fâcheufes ; mais nous connoiffons l'Inconftance des chofes humaines. Un revers de Fortune peut enlever au Riche fon opulence, au Puiffant fon crédit & fes dignités : l'homme le plus Robufte & le plus fain peut être tout-à-coup attaqué d'une maladie incurable ; il n'y a perfonne de nous, qui ne craigne la Mort prochaine d'un parent ou d'un ami tendrement chéri : *Et quel eft le Plaideur qui malgré fon bon droit*, ne foit dans le Trouble & l'inquiétude ? Or fi nous tombions dans quelqu'un de ces cas affligeans, nous ferions charmés qu'on fût touché de notre État. Ainsi pouvons-nous assurer, que notre *Pitié* actuelle à l'égard des autres, ne quête point pour l'avenir la Compassion des autres pour nous-mêmes ; & par conséquent, qu'elle ne soit point intéressée ? Voilà le doute, & la raison de douter : Voici ma solution.

La Compassion chrétienne n'est point Désintéressée, du moins par rapport à l'Éternité ; que le Chrétien se propose toujours pour Fin dernière dans toutes ses actions... faites le bien, dit David, *propter retributionem ;* en vûë de la Récompense. Réjouissez-vous, nous dit la Loi nouvelle, du Bien que vous faites ; parce qu'une grande Récompense vous est réservée dans les Cieux. *Merces vestra magna erit in Cœlis.*

Pour ce qui est de la Compassion naturelle, il est certain que chez beaucoup de gens elle est intéressée : ce n'est pas alors une Vertu, quoique ses effèts ne tendent pas moins d'eux-mêmes au soulagement des particuliers, & au bon Ordre de la Société ; que si elle étoit un sentiment exempt de toute vûë d'intérêt. Mais on voit tous les jours des Grands ; dont la Puissance & les richesses sont pour eux un État si bien affermi, qu'ils n'appréhendent rien des Caprices du Sort ; courir avec empressement au Secours des foibles, prévenir les besoins des indigens, & taire leurs Bienfaits. Certainement leur *Pitié* n'est point du tout intéressée : ce sont des âmes Compatissantes par l'Amour de leurs devoirs, dans l'Ordre de la nature ; & qui, si elles y ajoutent des motifs surnaturels, accomplissent pleinement le précèpte de la Charité ; en quoi consiste la Loi & les Prophêtes. *Œthologie. Part. II. pag. 272.*

DE LA GOURMANDISE.

V. Il y a long-tems qu'on a proposé pour la première fois aux hommes, cette belle Maxime : *Mangez pour vivre, & ne*

Vivez pas pour manger. Cependant combien s'en trouve-t-il, qui semblent n'avoir d'autre Dieu que leur Ventre ; pour me servir de l'expression de S. Paul ?

Gastrolare n'est pas plutôt éveillé, qu'il pense à faire un ample Dîner : il a encore l'Estomach chargé du Souper de la veille, & ce ne sera que des vins exquis & des liqueurs fines, qui pourront opérer une Coction même assez imparfaite de mèts si différens, & pris en si grande quantité. Il voudra enfin quitter la Table, mais inutilement ; & la tête appesantie par les plus noires fumées, il ne se sentira pas emporter dans son lit, où son corps demeurera jusqu'au lendemain enseveli dans un Sommeil profond ; dont il ne sortira, que pour se plonger dans la même Crapule. Est-ce-là la vie d'un Homme ? c'est à-peine, celle des Animaux les plus voraces.

Mais quels seront les effèts d'une Intempérance si monstrueuse ? D'abord l'Altération, & bientôt la Destruction totale de la Santé. Un Estomach qui regorge de viandes, envoie continuellement des tourbillons de Vapeurs, qui obstruent l'Organe du Goût ; de manière que les mèts les mieux assaisonnés, deviennent à la fin insipides, & ne font plus aucune sensation ; de-là l'Inappétence, & les maladies qui la suivent nécessairement.

C'est entendre au plus mal les intérêts mêmes de sa Passion dominante, que de travailler à émousser son Goût en voulant le satisfaire ; à abréger sa Vie, lorsqu'on ne peut en envisager le terme qu'avec horreur.

A la vérité il semble qu'aujourd'hui il règne dans les Repas, une Délicatesse tout-à-fait opposée à la Profusion. On ne veut que l'Élixir des Mèts les plus exquis. Pour peu qu'une Nourriture ait de consistance, elle n'est digne que de la bouche du simple Bourgeois.

La bonne Compagnie ne sçait plus ce que c'est, que de boire un verre de vin de Bourgogne pur; il est Ignoble de n'y mettre pas les trois quarts d'eau : n'êtes-vous pas tenté de prendre tous les Convives, pour autant de Modèles d'une Sobriété parfaite ? Mais attendez le Deffert ; on y fablera à l'envi le Champagne, auquel on fera fuccéder le vin de Chypre, ou de Syracufe. Encore fi ces Dieux de la terre ne vendoient pas fi chèr au refte des hommes, ce Vin qu'ils cueillent fur leurs côteaux, & dont ils font fi peu de cas ! mais il nous faut bien payer les frais du Coût & de tranfport, des différens Nectars dont ils s'enyvrent fi délicieufement ; ou plutôt fi dangéreufement pour leur Santé, & pour leur Vie même. Car trop d'épices dans les viandes, trop de feu dans le vin ou dans les liqueurs, eft autant nuifible au Tempérament ; que tout excès dans la quantité feule des Mèts, ou de la boiffon.

Le Bourgeois & l'Artifan ne font pas moins atteints, proportion gardée dans la dépenfe, du vice de la *Gourmandife*; dont je ne détaillerai point ici toutes les autres fuites funeftes. On n'éprouve que trop, qu'elle allume le feu de la Concupifcence : le Corps engraiffé ne cherche qu'à rompre les liens qui le tiennent afferVi fous l'Empire de la Raifon ; & fi les Hommes n'euffent jamais fait qu'un Ufage modéré du Vin, les Faftes du monde n'offriroient pas à nos regards tant d'horribles Scènes ; où la Colère & la Fureur dignes enfans de l'*Yvreffe*, ont joué les rôles les plus cruels & les plus honteux. *M. de Fontenelle.*

De la Sobriété.

5. La *Sobriété* confifte à ne faire aucun excès dans le Boire, ni dans le Manger. Il eft dans l'Ordre de Dieu, que notre âme veille à la confervation de fon Corps. C'eft pour cette Fin, que nos Sens nous ont été donnés. La Providence a attaché des

Saveurs délicieuses aux différens mèts destinés pour la nourriture de l'Homme ; afin de l'éxciter à y recourir, pour réparer ses Forces affoiblies par les fatigues, & par la continuité du Travail. Il doit toujours se mèttre à Table dans cette vûë ; & lorsqu'il tire sa subsistance des Sucs des animaux & des fruits créés pour son Usage, élever son âme vers le Ciel ; pour y chercher une Nourriture bien plus précieuse, & qui soit le Germe de l'Immortalité.

La Frugalité est la gardienne de la Chasteté, & la mère de la bonne Santé. Par elle on dompte la Chair, en lui refusant ce qui pourroit la faire révolter contre l'Esprit : & l'on maintient l'Équilibre entre les solides & les fluides du Corps ; d'où dépendent l'Uniformité de ses mouvemens, la bonté de l'Organisation, la Perfection & la durée de l'Œconomie animale.

Une trop grande *Sobriété*, qui iroit jusqu'à nous interdire une certaine qualité ou quantité de mèts, nécessaire pour le recouvrement ou pour la conservation de la Santé, ne seroit plus une Vertu humaine ; mais une Pénitence Chrétienne. On a vû de saints Personnages ne manger, que lorsque leurs Forces les abandonnoient entiérement ; & précisément pour s'empêcher de mourir. Conduite bien Louable, digne de notre Admiration ; mais que je ne proposerai pour Modèle à personne. C'est aux âmes Vertueuses & pénitentes, à se consulter dans le Silence de la Prière sur les inspirations de l'Esprit saint ; & à prendre le parti d'une Obéissance aveugle aux avis de Directeurs éclairés. *M. Nicole.*

De la Colère.

VI. La *Colère* est une courte Fureur ; mais dont les effèts sont de longues Folies. Elle offusque le Jugement, & aveugle la Raison ; rend souvent pour un rien, l'Homme malheureux le

reste

reſte de ſes jours, fait perdre en peu de minutes des Amis qu'on n'avoit acquis, qu'après bien du tems & des épreuves. Indiſcrète, elle révèle les Secrèts les plus importans ; Ridicule, elle fait des menaces extravagantes ; Fougueuſe, elle s'abandonne à des excès toujours ſuivis de Repentir, & quelquefois punis du dernier ſupplice. Elle n'entend point la Voix des conſeils ; elle s'irrite de la Sageſſe des remontrances ; & avec tout cela, c'eſt le Caractère particulier d'un Cœur foible, & puſillanime : auſſi voyons-nous que les Femmes ſe fâchent plus aiſément que les Hommes, les vieux que les jeunes, les malades que les gens ſains.

La *Colère* eſt engendrée par l'Impatience ; ou par l'habitude de ſe courroucer à propos des plus petites choſes. Elle cède aux premiers Mouvemens qui l'éxcitent ; & de léger Emportement, elle devient par degrés ; Aigreur, Amertume, deſir de Vengeance, Feu, Violence & Rage. Alors elle ne s'éxprime que par des Juremens, des Imprécations, & des Blaſphêmes ; & l'Homme qu'elle tranſporte n'a plus rien de l'Homme, pas même la Figure en quelque ſorte. Ses yeux étincellans, ſa bouche écumante, ſes veines gonflées de ſang, & prêtes à ſe rompre ; n'eſt-ce pas là le Tableau d'une Lionne, à qui l'on auroit enlevé ſes petits ?

Les remèdes contre la *Colère* ſont, 1°. de ſe dépouiller de tout ſentiment d'Orgueil : nous eſtimant moins, nous nous trouverons moins offenſés. 2°. De ne pas chercher à nous faire Illuſion à nous-mêmes, & de ne jamais ſoupçonner Perſonne ſur de légères Apparences de nous mépriſer, ou de nous braver. 3°. Si nous ne pouvons nous cacher une Inſulte reçuë, de l'imputer à l'Inadvertance, à l'Ignorance, ou au peu d'Expérience de celui qui nous l'a faite ; plutôt qu'à une Volonté réfléchie de ſa part de nous choquer. 4°. Enfin de ne point ſuivre la

Violence des premiers Mouvemens toujours indélibérés ; d'appeler la Raifon à notre fecours, de faire éxpirer fur le bord de nos lèvres, les réponfes que la Paffion nous fuggère ; & de ne jamais nous juftifier, que d'un ton de Voix doux & mefuré, la Sérénité peinte fur le front, & la Modération fur tout le vifage. *Caractères de Théophrafte.*

De la Modération.

6. La *Modération* eft une difpofition de l'âme, qui la porte naturèlement & fans effort à fuir tous les Excès : elle vient du Tempérament.

Les jeunes gens qui ont le Sang bouillant, & ceux qui font agités de quelque Paffion, ne la connoiffent pas : elle eft volontiers le Partage de l'âge mûr, & de la Vieilleffe.

La Raifon, l'Habitude de réfléchir & de combattre nos Paffions, peuvent auffi nous la donner. Socrate en eft une preuve : il étoit né violent & emporté ; & la Philofophie le rendit le plus doux, & le plus modéré de tous les Hommes. *M. Nicole.*

La *Modération* eft le tréfor du Sage. C'eft elle qui nous rend Heureux en bornant nos Defirs. C'eft elle qui nous inftruit, en règlant nos Études : car cette avidité de tout fçavoir, de tout connoître, eft le plus grand obftacle à la Sçience ; elle fait des demi-Sçavans, qui deviennent infupportables à la Société par leur fuffifance. L'Univerfalité des talens & des connoiffances eft donnée à très-peu de Perfonnes ; & rien n'annonce plus la *Médiocrité*, que la prétention d'être Univerfel. Corneille n'étoit que Poëte ; Locke n'étoit que Philofophe ; la Fontaine ne fçavoit faire que des Fables. Le Génie n'a qu'un talent marqué ; l'Efprit veut les avoir tous. *M. de Voltaire.*

L'homme pour vivre heureux, doit mettre un Frein aux De-

SAGESSE, CHAP. V.

firs qui l'invitent à la recherche des Biens particuliers, qui s'offrent ici-bas à ses regards. C'est ce Frein que j'appelle *Modération*. Le Penchant qui nous entraîne vers notre Bien-être en général, n'en peut être susceptible. Or, sur quel fondement porte le Précepte de la *Modération*; & jusqu'où s'étend-il ?

1°. Il est de la Justice, & de notre Intérêt, de ne rien desirer avec Excès sur la Terre : de la Justice ; parce que rien excepté Dieu, n'est digne de l'homme : de notre Intérêt ; parce qu'il n'y a que Dieu qui puisse nous procurer une Félicité pure, entière, & immuable ; & que la Possession de tout ce qui n'est pas Dieu lui laisse un Vuide affreux dans notre Cœur. D'ailleurs le Desir suppose l'Espérance, & l'Espérance l'Incertitude.

Or desirer avec Violence ce qui peut nous fuir, c'est en cas de Privation nous préparer les plus rudes peines ; nous exposer aux plus vifs regrets. Nous devons donc, si nous nous aimons nous-mêmes, règler la nature de nos Desirs sur celle de leurs objets ; & comme les choses temporelles sont fragiles & périssables, qu'elles n'ont aucune Perfection absolue, aucun Attrait invincible ; qu'au contraire, elles ne sont le plus souvent qu'un Mêlange monstrueux de Biens apparens, & de Maux réels : qu'y a-t-il de plus directement opposé, & à la droite Raison, & à nos vrais Intérêts ; que de prodiguer pour des Frivolités & des néants, les soupirs d'un Cœur fait pour jouir de la Plénitude de l'être, dans le sein même de la Divinité ?

2°. Être *Modéré* dans ses Desirs, ce n'est pas n'en former aucun. *Nil admirari* ; ne rien souhaiter, a dit Horace : c'est la seule chose qui peut faire notre Bonheur. Mais n'en déplaise à un Homme qui avoit une Connoissance si éxacte du Cœur humain, qui en sçavoit si bien Anatomiser les fibres même les plus imperceptibles, n'être ému, n'être touché de rien ; c'est tomber dans une Apathie ou insensibilité tout-à-fait contradictoire à son Bien-être, & à celui de la Société. Que penseroit-on d'un Indigent, à qui l'on ouvriroit les Voyes légitimes d'une Fortune raisonnable, & qui dédaigneroit d'y entrer ; qui aimeroit mieux souffrir tout ce que les Besoins les plus pressans ont de rude & d'amèr, que de vivre au milieu d'une honnête *Médiocrité*, qui lui seroit offerte à la seule condition qu'il parût le desirer ? Il ne seroit excusable, qu'autant qu'il auroit le Dessein de pratiquer à la Lettre le Conseil de l'Évangile, sur le Renoncement total au monde, à soi-même, aux aisances de la Vie ; & alors, sa Conduite loin d'être exempte de tout Desir ne seroit qu'Ardeur, que Feu ; pour le plus grand de tous les Bonheurs.

Il n'y a ni Raison, ni Religion qui ne permètte ; ou même n'ordonne à un Père de famille, de desirer l'avancement de sa Fortune pour l'Éducation de ses enfans, & pour leur Établissement plus sûr & plus prompt ; & celui qui seroit Sourd à la Voix de motifs aussi puissans, ne mériteroit point le nom respectable de Père. L'Homme doit donc Desirer, tout ce qui est dans l'ordre de Dieu, de ses Devoirs, & de ses véritables Intérêts.

Dieu ne se refuse jamais aux vœux sincères & assidus que nous formons, pour obtenir des Biens surnaturels. Si quelque Circonstance insurmontable nous empêche d'éxécuter certains projèts d'une Obligation étroite, le seul Desir tient lieu de l'accomplissement de nos Devoirs : mais ne desirons jamais des Avantages temporels, qu'en nous résignant entièrement à la Volonté du premier Moteur ; & en nous préparant à tout évènement. *Instruction d'un Prince.*

DE LA PARESSE.

VII. La *Paresse* est la haine, & la fuite du Travail,

Toute la Nature eſt en action, & ne ſubſiſte que par l'action. L'Homme ſur-tout en a beſoin, & doit chercher à ſe rendre Utile, tant pour le Bien de la Société, que pour ſon propre Bonheur : ainſi la *Pareſſe* qui eſt une fuite de tout Travail, ſoit à l'égard du corps ou de l'eſprit, eſt un des plus grands Obſtacles à notre Bonheur. Elle nous cauſe une Langueur, un Abattement qui nous rend incapables de tout ; elle s'oppoſe à l'Accompliſſement de nos devoirs ; & bien loin de nous procurer du Repos & de la Tranquillité, elle ne produit que l'Ennui & le *Méſaiſe*. Dans quelque ſituation du corps que ſe trouve un Pareſſeux, il n'eſt jamais bien. La *Pareſſe* nuit à la Santé, & aux Connoiſſances qu'on pourroit acquérir, empêche les bonnes Actions que nous pourrions faire : & nous fait ſouvent manquer le ſuccès des Projets les plus utiles, en retardant nos démarches.

Les Démons irrités de l'heureuſe Innocence
 Qui règnoit parmi les Mortels,
(L'oubli des mœurs & l'indécence
 N'avoient point encore d'Autels),
Songèrent aux moyens d'envoyer dans le Monde
 La Licence en maux ſi féconde.
On s'aſſemble, on conſulte ; & contre les humains
 Chacun dans l'infernal Empire,
 Rêve, délibère, conſpire.
Jugez ſi notre Sort étoit en bonnes mains.
 Enfin, la Troupe vengereſſe
A toutes les Vertus crut faire aſſez de mal,
 En concluant l'Hymen fatal
 De l'Orgueil & de la *Pareſſe*.
On ne la dota point ; Article capital :
Ce fut pour les Démons, une fort bonne affaire.
Ils eurent bientôt lieu de s'en féliciter.
L'Orgueil voulut briller ; & pour ſe ſatisfaire,

La *Pareſſe* ne put ſe réſoudre à rien faire.
Il fallut pour ſe contenter,
Oublier la Décence, & même la Droiture :
Et de cet Hymen dangereux
Nâquit au bout de l'an, une Progéniture
Dont l'homme devint amoureux ;
La Licence en un mot, créature ennemie,
Qui forma au crime, à l'infamie,
Ceux qui n'étoient que malheureux.
Dès que vous mettez en Ménage
La *Pareſſe* & l'Orgueil, ſans fonds ni revenu,
Comptez ſur le Libertinage ;
Car il ſera bientôt venu.

M. *Peſſellier.*

La *Pareſſe* eſt l'effèt de l'Orgueil, & le Travail eſt ſouvent une ſuite de la Vanité : l'Orgueil d'un Eſpagnol le portera à ne point travailler ; la Vanité d'un François le portera à ſçavoir mieux travailler que les autres.

Toute Nation *Pareſſeuſe* eſt grave ; car ceux qui ne travaillent pas, ſe regardent comme Souverains de ceux qui travaillent.

Le *Pareſſeux* rend l'Ouvrage du Créateur inutile dans ſa perſonne : il me paroît moins eſtimable que ſon (cher Couſin) le Pourçeau ; car celui-ci en ne faiſant que manger & ronfler, s'engraiſſe au moins, & devient par-là utile pour la nourriture de l'Homme ; au lieu que le Fainéant n'eſt bon à rien, ni pendant ſa vie, ni après ſa mort.... On fait la Cour à Dieu à genoux : aux Grands de la terre debout ; & au Diable, couché & étendu ſur un Canapé ſans rien faire.

La plus chère Sœur de la Luxure eſt la *Pareſſe* : ſans elle celle-ci ne trouveroit pas ſi facilement accès chez les Grands, ni ne ſeroit pas ſi bien ſervie par le Commun. C'eſt la *Fai-*

néantife, qui fans l'affiftance du Corps, a trouvé le fecrèt d'offenfer Dieu par toutes fortes de penfées impies & fales ; & qui nous procure outre cela, diverfes fortes d'Indifpofitions & de Maladies. *Oxenftin.*

De l'Occupation.

7. Dans le monde il y a bien des *Occupations* différentes. Les uns fe donnent beaucoup de foins & de mouvemens, afin de contenter leurs Paffions. Les jours entiers ne leur fuffifent pas, pour préparer & faifir les moyens les plus prompts d'arriver à leur But : ils y penfent pendant le tems deftiné au Repos ; & fi les Fatigues du corps dérobent à leurs Méditations profondes quelques momens de fommeil, leur efprit veille fans ceffe ; ils ne rêvent que Projèts, Intrigues, Cabales, Artifices.

D'autres ne *s'occupent* jamais, qu'en s'amufant. Les Spectacles, la lecture des Romans, ou de ces Avortons de littérature frivole, que le même inftant voit naître & mourir dans les mains du Sage ; les Converfations enjouées, le Jeu en ne le fuppofant que de fimple Commerce, les Promenades, les longs Repas fe fuccèdent tour-à-tour, & rempliffent tout le Cours de leur vie.

Ce n'eft point de ces fortes d'*Occupations* criminelles ou inutiles, dont il eft ici queftion. Je parle d'une *Occupation* vertueufe, d'un Travail avantageux au particulier & à la Société : car il eft à propos d'avertir ici, que l'Homme ne peut guères être Vertueux ou Vicieux pour lui feul.

Travailler ainfi, nous voilà tous entiers : nous ne naiffons que pour cela. Chaque Homme fait partie d'un tout organifé, qui eft le Genre Humain ; & par conféquent qui eft deftiné à quelque Fonction : c'eft un Reffort qui doit avoir fon action déterminée.

Le Travail est une Justice. Il n'y a Personne pour qui toute la Société n'agisse & ne s'intéresse. Chacun de nous doit donc contribuer de toutes ses forces, au maintien de l'Harmonie de toute la Société. 1°. Si le Marchand fournit du drap à l'Architecte pour le couvrir, ou des meubles pour les divers usages de la vie; l'Architecte élève des Magasins, ou des maisons commodes au Marchand. 2°. Si le Magistrat, par l'autorité qui lui est confiée, conserve au Laboureur son champ; le Laboureur y recueille une ample moisson, pour la nourriture du Magistrat. 3°. Si un Riche Gentilhomme devient l'hôte & l'ami d'un Sçavant dans l'indigence; il est par celui-ci distrait utilement pendant quelques minutes d'idées fâcheuses, ou dont la présence continuelle deviendroit accablante par la multitude ou par l'importance de leurs objèts. Cette Réciprocité de travaux & de secours n'est-elle pas l'Équité même ?

Le *Travail* est encore d'une nécessité absoluë, tant pour la Société dont il est l'âme & le nerf, que pour chacun des Membres qui la composent; & dont il est la force & la vie. De même que dans un Corps naturel, un membre sans mouvement est réellement mort; de même aussi dans tout Corps Politique, une personne qui croupit dans l'inaction, peut être regardée comme privée de la véritable Vie. A juger de l'*Occupation* par ses effèts, combien doit-elle nous être chère ? C'est un *Travail* assidu, qui nous fait perdre de vûë les objets de nos Passions; en n'y pensant point, on ne peut les desirer : les Passions affoiblies ou détruites, le Vice fuit; la Vertu paroît, & établit son Empire dans les cœurs. Sans le *Travail*, la surface de la terre n'eût été qu'un vaste desert; où les Hommes auroient vêcu, moins en Hommes qu'en Bêtes sauvages.

Combien de campagnes seroient demeurées stériles, si elles n'eussent été arrosées des sueurs de leurs habitans ! Les Royaumes

mes & les États ne se sont affermis, que par des loix mûrement réfléchies ; avant que d'être sagement portées. L'*Occupation* a été la source féconde de tous les Arts ; ou si nous devons l'invention de quelqu'un d'eux, à ce qu'on nomme vulgairement le hazard, on ne peut nier que sa perfection ne soit l'effet d'un *Travail* opiniâtre.

C'est le *Travail* qui sur des Vaisseaux habilement conduits, nous transporte au-delà des Mèrs ; pour apporter des Contrées les plus éloignées, des Richesses en tout genre que nos Climats nous refusent. C'est lui qui élève ces fortes Citadelles, pour soustraire de tranquilles Citoyens aux irruptions subites d'Ennemis furieux. C'est lui aussi qui par les Forces combinées de différentes machines de Guerre, fait tomber les orgueilleux Remparts de Sujèts révoltés, ou d'Étrangers injustement aggresseurs. C'est lui qui sous des toîts humbles ou Magnifiques, mèt le Prince & les sujèts à l'abri des injures des Saisons, dépouille les Animaux pour revêtir les Hommes ; qui apprête à ceux-ci les Mèts dont ils se nourrissent d'une manière qui satisfait, excite, ou réveille leur Appétit. C'est lui enfin qui décide leurs différends, fait revivre la Paix dans les familles, calme les Esprits, convertit les Cœurs ; & ranime souvent avec le secours de Dieu, cette fragile Poussière que nous appellons notre Corps, lorsqu'elle semble prète à se dissiper dans la nuit du Tombeau.

On peut dire que le *Travail* est Père de nos espérances, & de nos avantages ; & qu'il est Fils de nos craintes, & de nos besoins. Voulez-vous réussir dans quelque Affaire ? Travaillez-y sérieusement ; vous pourrez raisonnablement compter avoir un bon Succès ; & rien ne rend les Hommes plus industrieux, que l'épreuve des Dangers, & que la Nécessité.

Mais que faire, pour bien *s'occuper* ? Il faut employer utilement le Tems. La Vie est un Talent, que l'Auteur de la nature nous a donné : nous devons le faire valoir. Connoissons le Prix de tous les instans, & nous n'en laisserons passer aucun sans le mettre à profit.

Or, quel bon emploi doit-on faire du tems ? Il faut le consacrer à la Perfection de son esprit & de son cœur ; & cela par l'Étude des connoissances utiles, & par la Pratique des bonnes mœurs. *M. le Chevalier de Cramezel.*

CHAPITRE VI.
DUODÉNAIRE DE LA PHILOSOPHIE MORALE.

Les douze Fruits de la Sagesse;

Sçavoir,

Charité, *Joye*, *Paix*, *Longanimité*,
Bénignité, *Bonté*, *Sensibilité*, *Douceur*,
Bonne-Foi, *Modestie*, *Retenuë*, *Chasteté*.

Douze Imperfections opposées aux douze Fruits de la Sagesse;

Sçavoir,

Ingratitude, *Tristesse*, *Bizarrerie*, *Impatience*,
Perfidie, *Cruauté*, *Apathie*, *Haïne*,
Mensonge, *Amour-propre*, *Sensualité*, *Volupté*.

DE LA CHARITÉ.

I. LA *Charité* couvre une multitude de péchés; Vertu toute céléste, Vertu toute aimable; tantôt elle se déguise sous la Figure humaine, d'une Mère tendre; elle est chargée d'une troupe d'Enfans qui ne font que de naître; peut-on leur refuser des Alimens? Tantôt elle prend le Génie vif & le Caractère véhément d'un Orateur patétique; elle plaide pour tous les malheureux : elle excite la Compassion; les Cœurs sont attendris; sa cause est gagnée. Ici en Suppliante, elle tient à la main les Requêtes de l'Orphelin opprimé, de la Veuve timide &

tremblante; elle les préfente aux Grands de la Cour, aux Magiftrats de la Ville; ils lui font favorables. Toujours en mouvement pour foulager le Genre humain, toujours louable devant Dieu & devant les Hommes; que ne fait-elle pas? Que ne mérite-t-elle point?

La *Charité* eft la douce Confolation des fidèles, le Gage affuré de notre Salut, le fondement folide de notre Efpérance, le Bouclier impénétrable de notre Foi, le Remède efficace de nos péchés. C'eft un des plus Grands Dons de Dieu, néceffaire aux foibles, glorieux aux forts, & utile à tous les Chrétiens.

L'Obligation de donner l'*Aumône*, eft fondée fur deux Principes; fur la Souveraineté de Dieu, & fur l'Indigence du Prochain. Principes inconteftables, d'où il réfulte pour les Riches du Siècle une Obligation fi étroite, que l'*Aumône* n'eft pas feulement à leur égard un Précepte; mais un Précepte de Droit Naturel; mais un Précepte de Droit Divin: & par conféquent un Précepte, dont nulle Puiffance fur la terre ne les peut difpenfer.

Dieu eft le Souverain Maître de vos biens, il en eft le Seigneur, il en eft même abfolument le vrai Propriétaire; & vous n'en eftes que les Œconomes & les Adminiftrateurs: c'eft ce que la Raifon & la Foi nous démontrent évidemment. Or, puifque vos biens font à Dieu par droit de Souveraineté; vous lui en devez le Tribut, l'Hommage, la Reconnoiffance. Dieu affecte ce Tribut & les Fruits à la fubfiftance du Pauvre; donc l'*Aumône* eft par rapport au Pauvre un Devoir de *Charité* & de Miféricorde; & par rapport à Dieu, un Devoir de Juftice, un Devoir de Dépendance & de Sujettion.

Cela pofé, il eft certain que nous devons donner l'*Aumône*. L'Humanité nous y oblige, la Religion nous l'ordonne, nos Péchés l'éxigent: comme Homme, comme Chrétien, comme

Pécheur. La *Charité* fait le bonheur de la Société. La *Charité* constituë l'essence de la Religion. La *Charité* expie nos péchés, appaise ce Tribunal redoutable, devant lequel nous devons être cités. Ainsi pratiquer le Devoir de la *Charité*, donner l'*Aumône* : c'est être *Citoyen fidèle*, *Chrétien véritable*, *Criminel absous*.

La Nature nous a formés pour la Société ; n'est-ce pas afin que nous puissions nous aider les uns les autres, par un Commerce de *Charité* ? Nous sentons que la vûë toute seule des malheureux nous attendrit, & nous touche de Compassion : or la Compassion qu'est-elle autre chose qu'un Cri de la Nature, qui nous avertit & nous presse de les secourir. Quelle inhumanité ! si comme les Pauvres servent les Riches, les Riches ne servoient à leur tour au Soulagement des Pauvres. Peut-on violer les Loix, que les Hommes ont faites entr'eux ; lorsqu'ils ont bâti des Villes, & formé des États. Car dans ces Établissemens, les Hommes ont fait ces tacites Conditions ; qu'ils se secoureroient mutuellement ; qu'ils récompenseroient leurs soins par d'autres soins : mais que quand Quelqu'un d'entr'eux seroit destitué du Pouvoir d'aider ses semblables, il ne seroit point rejetté ; & que chacun lui fourniroit des Secours auxquels il auroit prétendu lui-même, s'il se fût trouvé dans le même cas.

Ainsi tout Homme Riche qui refuse d'assister les Pauvres, viole la Loi Naturelle ; par conséquent il sape les Fondemens de la Société. *En Bonne Politique*, il faudroit procéder vigoureusement contre un Avare ; il faudroit le loger avec des Animaux furieux, & lui refuser les Douceurs qui naissent de cet Assemblage d'Hommes ; puisqu'il refuse d'y contribuer, & qu'il ne veut vivre que pour lui-même.

Au défaut des Loix Humaines, il y a je ne sçai quelle malédiction attachée à ceux qui violent la *Charité*. On les regarde avec Horreur ; on s'entretient de leur Dureté ; on s'en avertit mutuellement, comme pour se précautionner contre des Gens, qui ont des Principes si odieux. On sçait très-bien distinguer une Personne charitable, d'avec celle qui manque de *Charité.* On marque d'une Notte d'Infamie cette dernière ; & l'on se dit les uns aux autres : Voyez cet Avare qui possède lui seul plus de Bien que dix Familles entières ; voyez comme il entasse avec avidité, & comme il refuse cruellement aux pauvres quelque Portion de ces biens, que la Mort va lui enlever. Voyez comme il est impatient, chagrin, soupçonneux & bizarre ; il est à charge à toutes sortes de Gens, haï de ses Domestiques qu'il ne paye pas ; regardé avec horreur par les Pauvres, auxquels il ne donne pas ; abandonné de ses Proches, qu'il n'assiste pas ; odieux à ses propres Enfans, à l'Établissement desquels il ne pense pas ; détesté par une Femme, qui se voit traitée en Étrangère dans sa propre Maison : enfin le Jouèt & la Fable des compagnies, jusqu'à n'oser se montrer ; ennemi de lui-même, jusqu'à se refuser le nécessaire. Voyez cette Femme si superbe & si orgueilleuse, qui étale avec tant de Faste, sa Vanité aux yeux de tout un Grand Peuple ; voyez comme elle fait expier aux Pauvres les crimes de son Orgueil ; & comme elle retranche de leur substance, de quoi fournir à sa Mondanité. On fait plus ; on compte, on calcule, on assemble ; chacun dit son mot : chacun rapporte son histoire ; & de tous les traits ramassés, résulte un Portrait Odieux que chacun déteste. *M. Saurin.*

De l'Ingratitude.

1. A considérer la Rareté des gens qui aiment à Obliger, le nombre des ingrats est fort petit. Il y a cependant des *Ingrats,* & je le dirai à la honte de la Nature Humaine, presqu'autant que de Bienfaiteurs. Mais distinguons-en de trois sortes. Les

SAGESSE, CHAP. VI.

premiers sont ceux qui ne peuvent plus soutenir la présence des Personnes, de qui ils ont reçu quelque Service : il y a chez eux plus d'Orgueil, que d'*Ingratitude* ; & leur mauvaise honte les rend plutôt dignes de Compassion, que de Colère. Les Seconds sont des Méchans, qui pouvant user de Retour laissent leurs Bienfaiteurs dans l'Embarras d'affaires fâcheuses, ou dans le Feu des besoins urgens, & leur refusent tout Secours. Ils mériteroient d'être bannis de toute Société. Les derniers sont des Monstres dignes du dernier supplice, qui rendent le Mal pour le bien, qui se servent contre nous des Bienfaits dont nous les avons comblés. Hélas ! voilà ce que nous sommes tous à l'égard de Dieu, notre Créateur, notre Conservateur, notre Rédempteur.

L'Amour-propre (*comprenez toujours suivant nos principes, un Amour-propre mal entendu*,) est la Source de toute espèce d'*Ingratitude*. On n'aime point à dépendre : tout ce qu'on appelle Devoir, moleste. Un Bienfaiteur est un Créancier que l'on craint ; & le bienfait reçu, de Rose qu'il étoit en passant dans les mains de l'*Ingrat*, est devenu un Chêne dont il ne peut qu'avec peine supporter le Poids. Cet État lui paroît si incommode, que l'Envie d'en sortir le dispose peu-à-peu à se mettre au-dessus de toute Obligation ; & sans la crainte de ruiner ses nouvelles Espérances, son *Ingratitude* paroîtroit sans doute à la première occasion. Mais il a des Ménagemens à garder ; voilà ce qui l'engage à publier hautement des générosités qui le déchirent, & l'accablent dans le secret. Trouve-t-il ailleurs que chez son ancien Bienfaiteur un plus grand Avantage, il change tout-à-coup ; & va droit où son Intérêt l'appelle : & s'il conserve quelque chose de ses premiers Égards purement extérieurs ; c'est afin qu'on ne lui donne point dans le Monde un nom, qu'il sent bien mériter à tant de titres.

Dracon, Législateur chez les Athéniens, vouloit qu'on punît de mort les *Ingrats*. Je ferois volontiers un autre Dracon, pour ceux de la troisième espèce, suivant la distinction apportée ci-dessus. Mais du moins il seroit à souhaiter, que toutes les Nations établissent des Loix qui excluffent de la Société les *Ingrats* de toute nature; puisque rien n'est plus opposé à l'Union & au Bonheur des hommes, que l'*Ingratitude*.

En effèt, d'où naissent les Dissentions au sein des Familles, & les Guerres entre les Souverains ? Souvent de l'*Ingratitude* : si l'on éxamine les choses de près, les Fils manquent de reconnoiffance pour leurs Pères, & les Frères se dispensent sans peine de l'Obligation respective dûë à des bienfaits réciproques. Un Roi ne sera-t-il pas naturèlement courroucé contre un autre Souverain, à qui il aura envoyé des Troupes auxiliaires, pour soutenir & augmenter ses Forces; & qui lui en refusera dans une Occasion pressante ? Au reste, on ne doit jamais rendre de Services, ni témoigner sa Reconnoiffance ; qu'en agiffant toujours suivant la Raison, & l'Équité.

Si l'*Ingratitude* cause des malheurs, l'Ingrat est malheureux lui-même : toujours Mécontent de sa condition présente, il ne fait que se plaindre, & se consumer d'ennui ; c'est ce que Pitagore appelle, *Dévorer son Cœur, & desfécher son âme*.

Estimons tout Bienfait plus grand qu'il ne paroît, ou qu'il n'est effectivement; & si un Bienfaiteur vient à avoir quelque tort avec nous : Gravons, contre ce qu'on a coûtume de faire, *les injures sur l'Onde, & les bienfaits sur l'Airain* : alors nous éviterons les reproches dûs à un Ingrat, qu'on peut regarder comme un Abrégé de toutes les Bassesses, & la plus indigne de toutes les Créatures.

Les Anciens Romains avoient une si grande horreur de l'*Ingratitude*, qu'ils ne croyoient pas pouvoir traiter quelqu'un

avec

avec plus de Mépris & d'indignation, qu'en l'appellant *Ingrat*.

Il y a des gens qui ayant été une fois payés d'*Ingratitude*, ne veulent plus Obliger personne ; c'est une Injustice condamnable. L'*Ingratitude* d'un mal-honnête homme ne doit jamais faire tort aux Besoins réels de quelqu'un, dont on ne connoît pas encore les véritables Sentimens. *Œthologie. Part. II. p. 249.*

DE LA JOIE.

II. La *Joie* est un plaisir que l'âme ressent, lorsqu'elle considère la Possession d'un Bien présent, ou d'un Bien futur qu'elle regarde comme assuré.

Quand on ne s'est pas gâté l'Esprit & le cœur, par les Sentimens qui séduisent l'Imagination, ni par aucune Passion ardente, la *Joie* se trouve aisément ; la Santé & l'Innocence en sont les vraies Sources. Mais dès qu'on a eu le malheur de s'accoutumer aux Plaisirs vifs, on devient insensible aux Plaisirs modérés.

La *Joie* est un sentiment plus vif & plus fort, que la gayeté ; il est moins d'habitude & de caractère. La *Joie* ne se trouve guères que dans le Peuple ; non parce qu'il est pauvre, mais parce qu'il a peu pensé.

Contemplez ce jeune Ambitieux, dit le Père Brumoy, dont les Projèts ont réussi. Yvre de *Joie*, il ne marche plus, il vôle ; il est porté sur le char de ses desirs satisfaits. Il va, revient, tourne, s'arrête. Incertain de sa route, il cherche un Dépositaire de son bonheur. L'a-t-il trouvé ? Quel Enthousiasme ! Quelle Effusion de cœur ! Accablé de son poids, il s'en décharge sur un Confident, il ouvre son sein. Les paroles coulent, non pas avec cet air emprunté que fournit l'Artifice ; mais sous cette Couleur simple que la Nature leur donne. Dupe de l'Amour de lui-même, il s'imagine que tout ce qu'il voit est plein de ſes penſées, & de ſes ſentimens. C'eſt à eux ſeuls qu'il parle, & qu'il répond. Quiconque l'écoute, ne l'entend point; on le croit Inſenſé : mais il eſt ſouvent trop entendu. Il dira ſon Secrèt; à qui ? à ſon Ennemi même. Il lui échappera mille choſes, que la Réfléxion dans le refroidiſſement de ſa *Joie*, lui retracera avec douleur. Ah! dira-t-il alors en gémiſſant, la Vérité fatale eſt échappée ſans Retour. Foibles Hommes, nous nous blèſſons par nos propres armes! Cruelle *Joie*, vous m'avez perdu! Bergères, qui croyez vos ſecrèts en ſûreté au milieu de vos Troupeaux, ou dans la diſtraction des Ouvrages de vos mains; gardez-vous d'épancher vos Cœurs en des entretiens qu'inſpire une trompeuſe *Joie*. Pholoé parle; le Berger qui s'en croit aimé, ſe déguiſe : il entend des Expreſſions qui ne ſont pas pour lui; & l'Éloge d'un rival préféré. Il ſe retire le trait dans le Cœur.

> La *Joie* eſt naturelle aux âmes innocentes,
> Autant que la Triſteſſe aux âmes malfaiſantes.
> Un Méchant n'eſt jamais aſſuré ni content;
> L'homme de bien eſt Gai, quoiqu'il ſoit Pénitent.
> Le calme de ſon Cœur paroît ſur ſon Viſage;
> Rien ne le peut troubler, rien ne lui fait outrage;
> Il ſçait rendre le Bien pour le Mal qu'on lui fait;
> Sain, malade, par-tout égal & ſatisfait.
> *Anonyme.*

De la Triſteſſe.

2. La *Triſteſſe* eſt un Abattement que l'âme éprouve, lorſqu'elle a perdu; ou qu'elle craint de perdre un Bien qu'elle poſſède.

Il eſt peu de Biens, dont la privation doive nous cauſer cette Langueur mortelle, qui dégrade l'Homme; & marque la Foibleſſe de ſon eſprit.

Saisissons, dit *le Père Brumoy*, un modéle qui n'est, hélas! que trop commun. Le plus tendre des Pères perd le fils le plus chéri. Voici, ce semble, la Marche & les progrès de la Douleur. l'Horrible nouvelle a-t-elle frappé son oreille ? il croit sentir un poignard qui lui perce le sein. Il demeure stupide : il devient presque Statuë, comme Niobé par le serrement de Cœur; ou comme Phinée à l'aspect de Méduse. Un nuage couvre à l'instant ses yeux. Une subite Horreur serpente par-tout son Corps, & pénètre ses os. Ses bras tombent. Ses genoux se dérobent. Tous ses Membres frémissent, comme une Moisson battuë des vents ; ou comme un Ormeau enveloppé par un Tourbillon. Il s'évanouit. L'âme ne tient plus qu'à un léger fil. Il respire encore ; c'est tout ce qui paroît de Vie : le reste est une Apparence de mort. Le cœur est serré. Les veines oublient leur Ministère : une Humeur glutineuse arrête leur jeu. La Bile ronge les entrailles. Le Sang s'aigrit tout-à-coup.

A-t-on contraint les Esprits de se ranimer ? Il revient à lui, il gémit, il lance d'ardens regards vers le Ciel. La Voix lui manque. Les Paroles expirent sur sa Langue. La playe est trop profonde ; les Larmes, cette dernière ressource des affligés, n'accourent point à son aide. La Force du mal est renfermée au-dedans, & y fait sentir sa cruelle Activité. Un Poids énorme de bile âcre, entoure & presse la Poitrine.

Si le Corps se délivre enfin du Fardeau dont il est accablé, & du Venin dont il est dévoré ; c'est alors, que cet infortuné Père se frappe violemment le sein ; se tord les bras, se déchire le visage, s'en prend au Ciel qu'il insulte, puis s'en repent ; & retombe sur lui-même. « Ah ! c'est moi, s'écrie-t-il, c'est moi » seul que je dois accuser. Si je t'avois aimé en Père, tu vivrois ; » & je ne mourrois pas de Douleur. Je t'ai causé le Trépas ». Un morne Silence succède à ses cris. Il aime à rassasier son esprit du Poison qui le tuë. Son œil immobile est l'image de la Stupeur. Il rappelle les Vertus, les Graces, & les talens du fils qu'il pleure. Ce triste Portrait est gravé profondément dans son Cœur, pour le déchirer; car la Blessure s'irrite d'autant plus, qu'on fait plus d'Efforts pour la guérir. « Quoi! la Mort barbare m'aura ravi un Trésor si précieux; & je ne pleurerois pas? Ah! foibles Consolateurs, portez ailleurs vos frivoles Avis; qu'ils adoucissent la Douleur des pertes légères. J'ai tout perdu; hélas! & vous ignorez ce que c'est, qu'être Père ». Sa Fureur se ralentit : des torrens de Larmes inondent son sein.

La Nuit survient. C'est pour lui, qu'elle couvre le Ciel & ses malheurs. Son Désespoir revit, & se nourrit dans les Ténèbres. Il appelle à son secours les Enfers & la Mort, qui se rendent sourds à ses cris. Il se sent entraîner vers elle. Il y voleroit, si un reste de Raison ne suspendoit encore l'effèt de sa Rage. Mais il savoure l'idée du Trépas. Le Fer ou les Précipices lui semblent doux. Il compte pour rien une perte, après laquelle il soupire. Il foule aux pieds la crainte de l'Averne; & la mort s'offre à sa vûë, comme le dernier des maux. Un moment après, son Esprit frémit d'un si funeste Projèt. Il desiroit le Trépas; il l'abhorre: il tremble, comme s'il voyoit l'Achéron répandre ses ténèbres, & envelopper sa maison d'un Crêpe affreux. Il croit entendre des Cris aigus, des Bruits nocturnes, & des Vents sortis du sein des Montagnes. Il gémit, comme si le Ciel étoit prêt à l'écraser par sa Chûte, tant est forte l'impression des Spectres que la Terreur fait voler autour de lui! Cependant le Ciel, loin de s'armer de Foudre est tranquille. Le Silence règne sur la Terre. Un doux Sommeil verse ses pavots bienfaisans sur les corps fatigués. Quadrupèdes, Oiseaux, Humains, tout dort; hormis cette malheureuse Victime de la douleur. Son Cœur se repaît des craintes funestes, & ne se prête pas plus au Repos, que fes yeux au Sommeil. Il décharge fa Rage fur ce qu'il rencontre, fur fa Couche même : tout lui paroît l'objèt de fon Courroux. Il leur impute une Perte, dont ils font innocens : mais fa Douleur en eft foulagée.

Que fi le Sommeil fe gliffe furtivement dans fes Sens accablés; c'eft un Sommeil d'Airain. Son Imagination eft bourelée par les pâles Ombres. Les Euménides armées de leurs torches, l'infeftent d'Idées funéraires : Mânes & Simulacres verfent l'Horreur dans fon efprit. Abandonné de tout l'Univers, tantôt il vogue fur une Mèr orageufe, au milieu d'inacceffibles Écueils; où il entend des Voix terribles qui l'appellent en hûrlant; tantôt il fe trouve tranfporté dans d'affreux Deferts. Son Fils lui-même l'effraye, plus que tout autre objèt. Il lui apparoît, non tel qu'il fut autrefois, mais tout couvert de Pouffière & de Cendre. « Eft-ce toi (s'écrie le Père)? eft-ce toi, cher Enfant! » que mes empreffemens cherchent dans tous les Climats? Approche cette main : vole dans mes embraffemens. Tu te tais! » Tu ne m'embraffe point! Ah! du moins un mot! & je fuis » confolé. » Il dit : l'Ombre & le Sommeil s'envolent à l'inftant, pour le rendre tout entier à fa Douleur.

Les Jours ne font pas moins affreux, que les fombres Nuits. Il veut revoir la Lumière; il la revoit, il gémit. Il fouhaite la préfence des Amis; font-ils préfens? Il les fuit. Ses Vœux s'entre-détruifent, comme ceux de la fille Pafiphaé. Elle ofe concevoir un Amour, qui devoit faire Horreur aux fiècles futurs : furieufe de fa Paffion elle fe fait parer, & détefte fa parure.

La Démence fuit la Douleur. Ce Père abyfmé dans fon Affliction, fait deffein de paffer fes jours dans un Antre; du moins il cherche les Bois & les lieux folitaires, pour remplir de fes Gémiffemens les montagnes infenfibles. Il ne fonge qu'à entretenir fa Playe; de forte que fa Douleur devient auffi longue, qu'elle eſt inépuiſable. C'eſt ainſi que deux Déeſſes pleurent leurs fils. L'une Memnon, l'autre Achille. Elles étoient Immortelles, & mères : qu'on diſe encore, qu'il n'eſt point d'éternelle Douleur. Véritablement il faut l'avouer ; le Temps eſt le Remède. Sur les aîles du Temps, la *Triſteſſe* s'envole ; c'eſt l'ordinaire. Mais quand une *Triſteſſe* opiniâtre a piqué le Cœur au vif, & s'eſt cachée dans ſa profondeur ; le Temps ne ſert qu'à l'accroître. Nul Souhait d'un meilleur Deſtin ne la peut déraciner ; l'Eſpérance même eſt contrainte de fuir avec effroi. Il fut des jours ſereins pour ce malheureux Père ; ils ne ſont plus : ils ne reviendront plus. Retiré dans ſa Solitude, il abandonne tout ; il s'abandonne lui-même : ſemblable à un Nautonnier, qui a long-temps lutté avec l'implacable Mèr. Il voit ſes Vœux trompés, & ſes Efforts ſuperflus. Il jette un long regard, ſur le rivage trop éloigné. Il s'aſſied ſur la Poupe, & ſe livre à la fureur des Flots.

DE LA PAIX.

III. Entre les Moyens humains capables de conſerver la *Paix* avec les hommes, il ſemble qu'il n'y en ait point de plus propre ; que de s'appliquer à bien connoître les cauſes ordinaires des Diviſions, qui arrivent entre les Hommes : afin de les pouvoir prévenir. Or, en les conſidérant en général ; on peut dire qu'on ne ſe brouille avec les Hommes, que parce qu'en les bleſſant, on les porte à ſe ſéparer de nous ; ou parce qu'étant bleſſés par leurs Actions ou par leurs Paroles, nous venons nous-mêmes à nous éloigner d'eux ; & à renoncer à leur Amitié. L'un & l'autre ſe peut faire, ou par une rupture manifeſte, ou par un Refroidiſſement inſenſible. Mais de quelque manière que cela ſe faſſe ; ce ſont toujours les Mécontentemens réciproques, qui ſont les cauſes des Diviſions : & l'unique Moyen de les éviter ; c'eſt de ne faire jamais rien qui puisse blesser Personne, & de ne se blesser jamais de Rien.

Il n'y a rien de plus facile, que de prescrire cela en général; mais il y a peu de Choses plus difficiles à pratiquer en particulier: car il faut d'abord éxaminer par quels moyens, on peut éviter de blesser les Hommes; & pour cela, il faut sçavoir ce qui les choque : or c'est

1°. de contredire leurs Opinions.

2°. Celui qui contredit un autre, prétend en cela avoir plus de Lumière que lui; & ainsi il lui présente en même-tems deux Idées désagréables : l'une qu'il manque de Lumière ; l'autre, que lui qui le reprend le surpasse en Intelligence : la première l'humilie, la seconde excite sa Jalousie. De plus, il y a certaines Opinions, auxquelles il faut avoir plus d'égard : ce sont celles qui ne sont pas particulières à une seule Personne du lieu où l'on vit; mais qui y sont établies par une Approbation universelle : car en tout Corps & en toute Société, il y a d'ordinaire certaines Maximes qui règnent.

3°. Il faut réprimer l'Impatience, qui nous porte à contredire les autres avec Chaleur; ce Défaut vient de ce que nous ne souffrons qu'avec peine, qu'ils ayent des Sentimens différens des nôtres.

4°. Il faut avoir égard à l'État où l'on est dans l'esprit des autres, pour les contredire. Ainsi, si nous sentons que nous n'ayons pas le Crédit & l'Estime nécessaires, pour faire bien recevoir nos Avertissemens ; nous devons nous dispenser de dire ce que nous pensons, sur les choses qui nous paroissent blâmables.

5°. Eviter en contredisant les autres, l'air d'Ascendant, le ton Décisif, la chaleur à soutenir son Opinion, les termes Méprisans : il y a des gens qui sont plus obligés que d'autres, à éviter ces Défauts ; car pour parler avec Autorité & décisivement, il faut être Supérieur aux autres par la plaçe, ou l'âge, ou la qualité ; & avoir la Sçience & la Créance tout ensemble : il s'enfuit de-là, que les Gens dont l'extérieur n'a rien moins d'Impofant, & tous ceux qui ont des Défauts naturels, quelque habiles qu'ils foient ; font plus obligés que les autres à parler Modeftement.

6°. Tâcher de propofer fes fentimens d'une manière fi douce, fi retenuë, & fi agréable ; que perfonne ne s'en puiffe choquer. Les Gens du monde le pratiquent admirablement à l'égard des Grands ; parce que l'Intérêt qu'ils ont à ne pas déplaire, leur en fait trouver les Moyens.

7°. Il faut éviter de s'oppofer à leurs Paffions ; c'eft-à-dire, à leurs Inclinations vives : à l'égard de celles qui font vifiblement Injuftes, on ne doit pas y applaudir ; mais il n'eft pas toujours Néceffaire de s'y oppofer. Lorfqu'on le fait, il faut toujours comparer le Bien & le Mal ; & voir fi l'on a fujèt d'efpérer un plus Grand bien de cette Oppofition, que le mal qu'elle pourra caufer. Car il n'eft pas queftion ici, des Moyens de Plaire aux hommes ; mais feulement de ne leur pas Déplaire, & de ne pas attirer leur Averfion ; parce que cela fuffit à l'entretien de la *Paix*.

Il ne fuffit pas pour conferver la *Paix* avec les Hommes, d'éviter de les bleffer ; il faut encore fçavoir fouffrir d'eux, lorfqu'ils font des fautes à notre égard. Il faut s'abftenir de fe plaindre de leur Procédé ; ou en faifant remarquer leurs Défauts, ou pour les corriger de ce qui Déplaît en eux : ce Deffein d'établir la *Paix* fur la Réformation des autres, eft Ridicule & prefqu'impoffible : plus nous nous plaindrons des autres, plus nous les aigrirons contre nous fans les corriger. Il vaudroit infiniment, mieux tâcher d'établir la *Paix* & le Repos fur
notre

notre propre Réformation, & Modération de nos Paſſions. *M. Nicole.*

Tous les Hommes cherchent inutilement la *Paix* dans la Créature, parce qu'elle ne ſe trouve qu'en Dieu : il n'y a que la Religion Chrétienne qui découvre, & qui donne à l'Homme la *Paix* du Cœur.

Celui qui ſe rend Maître de ſes paſſions, a trouvé le Repos que tout le monde cherche. *De l'Imitation de Jeſus-Chriſt.*

De la Bizarrerie.

3. Il eſt dangereux de s'acquerir la Réputation de *Bizarre*; parce qu'il n'y a rien, qui détruiſe tant la Confiance qu'on pourroit avoir en nous; & qui nous faſſe plus regarder, comme des gens avec qui il n'y a aucune Meſure à prendre. La raiſon en eſt, que le Fondement de la confiance qu'on a en certaines Gens, c'eſt qu'on les croit incapables de s'écarter de l'Honnêteté & de la Raiſon. Or, on a une juſte Défiance des perſonnes *Bizarres*, parce qu'elles ſe conduiſent par des Principes déraiſonnables. *M. le Tourneux.*

La *Bizarrerie* eſt le goût des choſes ſingulières : elle eſt la Marque d'un eſprit faux. Elle prend auſſi quelquefois ſa Source dans l'Amour propre, dans le Deſir de ſe diſtinguer à quelque Prix que ce ſoit. *M. de S. Aman.*

De la Longanimité.

IV. La *Longanimité* eſt un Don du Saint Eſprit. C'eſt une Patience qui vient de Bonté, & de Grandeur d'âme; qui conſiſte à ſupporter long-tems les plus dures Offenſes, ſans s'irriter; & ſans ſonger à les punir. *Trévoux.*

De l'Impatience.

4. L'*Impatience* eſt un vif ſentiment de Deſir, qui s'annonce par le Trouble & l'Agitation. Elle prend ſa ſource dans le Tempérament. Les Perſonnes qui ont l'Imagination vive & le Sang bouillant, ſont ordinairement *Impatientes*.

> Qu'eſt-ce qu'*Impatience* ? Un Bouillon de Jeuneſſe,
> Des vives paſſions impétueux Enfant,
> Dont le bruſque Tranſport nous entraîne ſouvent;
> Mais qui d'un bon eſprit n'eſt pas moins le Partage :
> Qui n'eſt que paſſager, & que tempère l'âge;
> Douce Imperfection, excuſable Défaut,
> Dont on eſt après tout corrigé que trop tôt.
>
> M. de Boiſſy.

DE LA BÉNIGNITÉ.

V. La *Bénignité*, ou l'*Humanité* eſt l'amour des Hommes : c'eſt un Sentiment de bienveillance qui nous excite à faire leur Bonheur, ſoit par nos conſeils, ſoit par notre exemple ou nos bienfaits; c'eſt le Principe du Bien moral.

La *Bénignité* eſt le Fruit d'une bonne Éducation, & d'un Amour-Propre éclairé qui raiſonne ſur ſes véritables Intérêts : c'eſt auſſi ſouvent l'effet d'un Heureux Tempérament. Les Perſonnes douces & éclairées ſont naturellement portées à l'Amour de l'*Humanité* : l'effet du Bonheur eſt de chercher à ſe communiquer.

L'*Humanité*, ce ſentiment noble qui nous affecte de Compaſſion ou d'Amour pour nos ſemblables, nous fait participer en quelque ſorte au Bonheur de la Divinité; qui ſe plaît à chérir, à conſerver, à ſecourir la Nature Humaine. *M. de Fontenelles.*

De la Perfidie.

5. Au feul nom de *Perfidie*, croiroit-on que ce Vice ait eu fes Panégyriftes & fes Docteurs ? Machiavel cependant ne ceffe de le préconifer, lorfqu'il donne aux Rois des leçons de Politique, & qu'il tâche de leur faire entendre que pour fe conferver, & s'aggrandir ; tout leur eft permis : & que ce qui feroit Diffimulation, Fourberie, Trahifon chez de fimples particuliers, n'eft chez eux que Prudence, Adreffe, fage Précaution. Si par impoffible, Dieu étoit capable de nous tromper, de nous trahir, de manquer à fes promeffes, ne cefferoit-il pas d'être Dieu ? Comment donc les Rois, qui approchent le plus de fon Image, pouroient-ils fans Injuftice fe livrer aux Vices qu'il a le plus en Horreur ?

La *Perfidie* a toujours été déteftée de toutes les Nations ; comme une Infidélité préméditée, une Impofture atroce, une Léfion totale des droits divins & humains, & un Mépris infigne de la Religion & de la Probité ; dont fouvent elle emprunte le voile pour cacher fes Deffeins, & porter des Coups d'autant plus dangereux, qu'il eft moins poffible de les prévoir.

On aime les fruits de la Trahifon ; mais on a en horreur, & la Trahifon & le Traître.

Lafthène, Citoyen de la ville d'Olinthe, aida Philippe Roi de Macédoine à s'en emparer ; & fe plaignant un jour à ce Prince de ce qu'on l'appelloit *Traître* : les Macédoniens, *lui répondit Philippe*, font des gens naturellement Groffiers, qui nomment toutes les chofes par leurs noms.

La *Perfidie* eft un Monftre dans un État : plus il fe déguife, plus il eft à craindre. Il eft capable de toutes fortes de crimes. Le Parjure ne lui coûte rien ; la cruauté lui eft familière : les Prétextes ne lui manquent jamais. Il ne connoît rien de Sacré ;

il immolera à son ambition, à son avarice, à ses débauches; l'honneur, la réputation, la vie de ses concitoyens : celle de son Prince même, s'il est en son pouvoir de la lui ôter. Mais il y a une Providence particulière de Dieu, qui permèt rarement le succès d'une *Perfidie*; ou qui ne tarde pas à tirer une Vengeance éclatante de son Auteur.

N'est-ce pas le bras même du Très-Haut, qui arrêta il y a quelques années les funestes effèts de la plus noire *Perfidie*, tramée contre les Malthois par des Turcs; qu'ils regardoient plutôt comme leurs domestiques, que comme leurs esclaves?

Les Payens étoient si persuadés, que les Dieux ne pouvoient pas laisser une Trahison impunie; que Thissaphernès, Lieutenant général des Armées du Roi de Perse, ayant rompu une Trève qu'il avoit faite avec les Grecs; ceux-ci le remercièrent par son Hérault même, de ce qu'il avoit mis les Dieux du parti de la Grèce, en violant une Foi jurée en leur nom.

La *Perfidie* emprunte quelquefois les traits de la Calomnie; & l'innocent qui en est frappé perd l'Estime Publique, survit à sa Réputation, sent tout son mal : mais comme il n'en connoît point l'Auteur, il passe le reste de ses jours à déplorer son Infortune, & à se plaindre amèrement de l'Arrêt que le Public faussement prévenu porte contre lui. Il n'y a qu'une vive Confiance en Dieu, qui puisse l'empêcher de tomber dans l'Abbatement & le Désespoir; & souvent Dieu n'attend pas le jour de la Révélation, pour faire briller dans toute sa Splendeur l'Innocence auparavant méconnuë & flétrie.

Il y auroit un Moyen sûr d'anéantir la Calomnie; ce seroit de témoigner de l'Horreur, ou même de l'Indifférence pour le Calomniateur. Il ne prendroit pas tant de plaisir à accommoder ses Railleries à notre goût, à leur donner un Tour & une cadence propres à flatter l'oreille si agréablement, qu'elles parviennent aifément à l'efprit, plus difpofé alors à les approuver; il auroit plus de Refpect, plus de Réferve dans les Cercles où il fe trouveroit, & dont il fe retireroit confus, ou peut-être contrit; dès qu'il voudroit attaquer la Réputation de quelqu'un : & par ce moyen, on fauveroit tout ; & l'honneur du calomnié, & la Confcience du calomniateur.

Un Homme qui écoute tranquillement une Calomnie, eft le Receleur d'un vol qu'on fait à la Réputation du prochain. Dire une Calomnie, c'eft une *Perfidie*; la laiffer dire, c'eft une Foibleffe; ne la pas contredire, c'eft une Lâcheté : ce n'eft pas feulement à la Calomnie; mais encore à la Médifance & à tous Propos défavantageux pour le Prochain, qu'il faut fermer l'oreille. Mais hélas ! il n'y a point de Précèpte plus fouvent violé que celui-ci. Si dans une Compagnie on vient à parler mal de quelqu'un, la Converfation pendant des heures entières ne roule fur aucun autre fujet ; & lorfqu'un Honnête Homme commence un difcours à la louange d'un autre, le filence & l'ennui s'emparent auffi-tôt de toute l'Affemblée.

Au refte, ce n'eft pas Médire d'un méchant ; que d'avertir une Société de n'avoir avec lui, ni liaifon, ni commerce : encore ne faut-il pas entrer dans le Détail de fes méchancetés. Les Avis d'un Honnête Homme doivent être écoutés ; & fa Probité reconnuë eft la plus forte Preuve de ce qu'il avance. *M. le Chevalier de Cramezel.*

DE LA BONTÉ.

VI. La *Bonté* eft une Difpofition du cœur qui nous porte à faire du Bien, & à en rechercher l'Occafion. Elle diffère de la *Bienveillance*; en ce qu'elle eft d'une fignification plus générale, & que la *Bienveillance* a un objèt particulier : l'une eft la Caufe, & l'autre l'Effèt.

Rien n'eſt plus rare que la véritable *Bonté* : ceux-mêmes qui croyent en avoir, n'ont d'ordinaire que de la Complaiſance, ou de la Foibleſſe. Nul ne mérite le titre de Bon, s'il n'a pas la hardieſſe de devenir Méchant. Toute autre bonté n'eſt le plus ſouvent qu'une Pareſſe, ou une Impuiſſance de la volonté.

La vraie *Bonté* conſiſte dans l'Inclination qu'on a à aimer les Hommes, à excuſer leurs Défauts, à leur pardonner leurs Vices, à interprèter ce qu'ils font de la manière la moins Défavorable, à les ſupporter, à leur faire du Bien ; lors même qu'il n'y a aucun Retour à en attendre. Voilà ce qui rend les hommes *Bons*. Quelque eſprit, quelques talens qu'ayent un Homme ou une Femme ; on ne peut s'attacher à eux s'ils ne ſont, outre cela, un Homme *Bon*, une Femme *Bonne*. Pour déprimer la qualité de *Bon ;* les méchants ont imaginé d'appeller *un Bonhomme*, *une Bonne-femme*, les Foibles & les Imbécilles. Cette Mauvaiſe façon de s'exprimer a été adoptée par grand nombre de Gens, qui ne réfléchiſſent point.

La *Bonté* de l'âme fait qu'on ne ſe porte à la Sévérité contre un coupable, qu'à regrèt ; & pour ne point manquer au Devoir.

C'eſt cette *Manſuétude*, qui réprimera en nous ces mouvemens de Colère, ces ſaillies d'Humeur, qui n'accompagnent que trop ſouvent les Châtimens que nous faiſons ſubir à ceux qui ont mérité, je le veux, d'être punis. Mais qui a tort, le ſent doublement ; & par la Peine ſoufferte, & par la Manière dont elle lui eſt infligée. C'eſt cette Douceur de Caractère qui conſerve en nous le Sang froid & la Tranquillité d'eſprit, abſolument néceſſaires pour voir les choſes comme elles ſont ; & qui modérant l'Impreſſion qu'elle pourroit faire ſur nous au premier abord, nous empêche de nous prévenir ; & nous laiſſe la Liberté d'entendre en chaque Circonſtance, la Voix diſtincte de la Raiſon.

C'est par la *Clémence*, ou la *Bonté* de l'âme enfin ; que nous nous infinuons dans l'efprit & dans le cœur de ceux qui fe font écartés de leurs Devoirs, & que nous les ramenons infenfiblement dans les voyes de la Juftice & de l'Ordre. Elle eft donc effentiellement requife au Bonheur de la Société. En effèt, elle en raffemble les Membres égarés. Elle éloigne les Troubles qui pouroient furvenir dans le Commerce de la vie ; puifqu'elle ne permèt pas que les Efprits fe rébèllent, & que les Cœurs s'aigriffent : ce qui ne tarderoit pas à fe faire, fi on fe traitoit fans Indulgence. Nous fommes tous Vicieux : le Meilleur de nous eft celui qui a le moins de Défauts. Il eft donc d'une Obligation jufte & raifonnable, de nous fupporter réciproquement : & de ne jamais Punir, que malgré nous ; & que pour le Bien particulier du coupable, & l'Intérêt général de la Société. Or, en ne perdant pas de vûë ce double motif ; on ne rifquera pas de transgreffer les Loix de la *Clémence*. Cette même Vertu fait tout le Charme de l'Amitié, & en refferre les nœuds : *Si je veux que mon Ami me paffe ma loupe, je ne dois pas m'offenfer des Taches de fon Vifage ;* fuivant l'expreffion d'Horace.

Il faut cependant prendre garde que la *Clémence*, ou l'*Indulgence* ne dégénère en lâche Complaifance ; & la *Manfuétude* en une Douceur cruelle pour le Particulier, & en une vicieufe Indifférence pour l'Ordre & pour le repos de la Société. Ce feroit avoir une *Bonté* fauffe & mal-entenduë, dont on auroit tôt ou tard lieu de fe repentir. *M. de la Rochefoucault.*

De la Cruauté.

6. On peut diftinguer deux efpèces de *Cruautés* : l'une, de ces Fléaux du genre Humain, qui prennent un fingulier Plaifir à le Tyrannifer ; l'autre, de ces Cœurs infenfibles ; qui fans être la caufe directe des Malheurs d'autrui, les contem-

plent d'un œil fêc & tranquille ; & ne penfent point à les adoucir.

1°. Auroit-on jamais pu croire, fi les Faftes de l'Hiftoire de tous les fiècles n'en étoient une preuve convaincante, qu'il y eût des Hommes affez féroces pour fe faire un Délice de la peine de leurs femblables ; pour aimer à les tourmenter, à multiplier leurs Supplices, à en inventer de nouveaux ; quelquefois même fans être excités à tant de Fureurs, par aucune vûë d'Intérêt ou de Vengeance ? Il y a plus : combien de Monftres de *Cruauté* ne fe font pas mis en peine de chercher à couvrir du moindre prétexte, les Barbaries qu'ils éxerçoient ! Mahomet fut Cruel par un motif d'Ambition ; & par la Néceffité où il fe trouvoit, relativement à fes vûës, de détruire promptement tous les Obftacles qui pouroient les traverfer.

Les Perfécutions du Chriftianifme naiffant prétextoient la crainte d'une Ufurpation prochaine, de la part de ceux qui le profeffoient. Motifs ou Prétextes, vains & criminels fans doute ? Mais fous quel Voile fpécieux, dans quelle Vûë plaufible Phalaris fit-il brûler vif dans le ventre d'un Taureau d'Airain, celui qui l'avoit fabriqué ? Si c'eft un fait inconteftable, que Néron fut l'Incendiaire de la Ville de Rome ; quelle excufe, ou quelle raifon de fa Fureur pouvoit-il alléguer ? L'Envie d'être moins grand, moins puiffant ? Nos Provinces méridionales fe fouviennent encore des *Cruautés gratuites* d'une foule de petits Seigneurs, qui s'érigeoient en Defpotes, vis-à-vis leurs vaffaux. Mais un Sage Miniftre en a délivré la France ; & a cimenté de plus en plus fur leur ruine, la Souveraineté de fes Monarques.

Il faut avouer qu'aujourd'hui, la *Cruauté* de la première efpèce eft plus rare & plus retenuë qu'autrefois. Les Hommes deviennent moins féroces, à proportion qu'ils cultivent leur efprit ; & fans doute ils en ont l'obligation en partie aux Gens

de

SAGESSE, CHAP. VI.

de lettre, qui poliçent la Société, & métamorphofent la Rufticité d'une vie animale, en une Politeffe de mœurs douces & raifonnables. Mais c'eft fur-tout la Religion qui peut éffaçer dans les Cœurs, la Rudeffe que la nature y a laiffée.

2°. C'eft encore une *Cruauté* de ne point fecourir, celui que l'on voit plongé dans l'Infortune. Vous n'avez pas nourri les Pauvres, dit un Père de l'Églife ; eh ! bien, vous les avez tués : *non pavifti, occidifti*. Rien n'eft plus commun parmi nous, que cette feconde forte de *Cruauté* : on ne voit d'un côté que Fafte, Richeffes, Somptuofité, Magnificence, Jeu ; & de l'autre, qu'indigence, nudité, humiliation, befoins. On ne peut pas dire, que les Grands & les riches de cette Capitale ignorent qu'il y ait tant de Citoyens, dans la Privation des chofes les plus néceffaires à la Vie. Les Cris de la faim & de la foif font trop perçans ; & du Sein de leurs fuperbes Équipages, ces Dieux de la terre ne peuvent avoir les yeux toujours fermés, fur le Spectacle fi fouvent répété de tout ce que les Calamités ont de plus hideux & de plus éffrayant. D'où vient donc leur Infenfibilité ? C'eft de l'Inexpérience où ils font de l'amèrtume d'une Situation malheureufe ; ou (ce qui eft le Comble de la Férocité,) du Plaifir fecrèt dont ils jouiffent, en voyant fouffrir les autres ; Plaifir qui naît du parallèle que leur Orgueil aime à faire entre leur grandeur, leur joie, leur indépendance ; & la baffeffe, les afflictions, l'anéantiffement des indigens qui les environnent. Ils deviendroient bientôt Compatiffans, s'ils réfléchiffoient que tous les Hommes font de la même Famille ; & qu'il n'y en a point qui ne tienne à tout autre par les liens de la Nature, & plus encore par ceux de la Religion. *Œthologie. Part. II. pag. 277.*

Tome II.

DE LA SENSIBILITÉ.

VII. La *Senſibilité*, dit M. l'Abbé Roubaud, tient plus à la Senſation, la Tendreſſe au ſentiment : celle-ci a un Rapport plus direct aux Tranſports d'une âme qui s'élance vers les Objets ; elle eſt active : celle-là a une Relation plus marquée aux Impreſſions que les Objets font ſur l'âme ; elle eſt paſſive. On s'attache au Cœur Senſible, le Cœur tendre s'attache lui-même.

La chaleur du Sang nous porte à la Tendreſſe ; la Délicateſſe des Organes entre dans la *Senſibilité* : les jeunes gens ſeront donc plus Tendres que les vieillards, les vieillards plus Senſibles que les jeunes gens ; les Hommes peutêtre plus Tendres que les femmes, les Femmes plus Senſibles que les hommes.

La Tendreſſe eſt un foible ; la *Senſibilité* une foibleſſe. La première eſt un État de l'âme ; la ſeconde n'eſt qu'une Diſpoſition. Le Cœur tendre éprouve toujours une ſorte d'Inquiétude, analogue à celle de l'Amour ; il eſt calme & tranquille, tant qu'il ne reſſent pas les atteintes de cette Paſſion.

La *Senſibilité* nous oblige à veiller autour de nous, pour notre Intérêt perſonnel. La Tendreſſe nous engage à agir, pour l'Intérêt des autres.

L'Habitude d'Aimer n'éteint point la Tendreſſe ; l'Habitude de ſentir émouſſe la *Senſibilité*.

Il y a, dit M. Duclos, une eſpèce de *Senſibilité* vague ; qui n'eſt que l'effèt d'une Foibleſſe d'organe, plus digne de Compaſſion, que de Reconnoiſſance. La vraie *Senſibilité* ſeroit celle qui naîtroit de nos Jugemens, & qui ne les formeroit pas.

L'Homme Senſible eſt ſouvent d'un Commerce fort difficile ; il faut toujours ménager ſa Délicateſſe. L'Homme Tendre eſt d'une Humeur aſſez égale, ou du moins dans une Diſpoſition toujours favorable ; il veut toujours vous intéresser, & vous Plaire.

Le cœur Sensible ne sera pas méchant ; car il ne pourroit blesser autrui, sans se blesser lui-même. Le cœur Tendre est Bon, puisque la Tendresse est une *Sensibilité* agissante. Je veux bien, que le cœur Sensible ne soit pas l'Ennemi de l'Humanité ; mais je sens que le cœur Tendre en est l'âme.

Le Sensible est affecté de tout, il s'agite : le Tendre n'est affecté que de son Objèt, il y tend. Le Cœur Sensible est Compatissant ; le Cœur Tendre est de plus Bienfaisant. Il est peu d'âmes assez dures, pour n'être pas touchées des Malheurs d'autrui : la plûpart ne sont pas assez Humaines pour en être attendries. On plaint les Malheureux, on ne les soulage guères ; la Sensibilité s'allie donc avec une espèce d'Inhumanité : & si cela n'étoit pas, détourneroit-on si-tôt les yeux de dessus l'Infortuné souffrant ? Iroit-on si vîte en perdre l'Idée, dans des Distractions frivoles, ou même agréables ? Vous l'avez vû avec émotion, vous en avez été affecté jusques aux larmes : & qu'importe ? Vous pouviez le secourir, & vous ne l'avez pas fait. C'est à cet Homme ; qui, peut-être d'un œil sec, mais avec une Ardeur inquiète, vôle lui chercher des Remèdes à quelque prix que ce soit, revient avec une Ardeur impatiente les lui appliquer ; & ne cesse de lui donner ses Soins, que quand ils lui sont inutiles : c'est à cet Homme, que la Nature a donné un Cœur tendre ; c'est lui que j'embrasse au nom de l'Humanité.

Il est assez ordinaire de voir des gens se plaindre & se blâmer, d'être trop Sensibles ; c'est un tour qu'ils prennent pour vous dire, *j'ai le Cœur excellent.* Je ne décide point si la *Sensibilité* est un Vice, comme le prétendoient les Stoïciens ; il est certain au moins, que c'est en général une Qualité fort équivoque ; & par conséquent, qu'elle n'est pas toujours la marque d'un Cœur Bienfait. Elle répondra par exemple, aux Services qu'on vous rendra ; mais elle groſſira les Offenſes que vous reçevrez : elle prendra part aux Maux d'autrui ; mais elle aggravera le Poids des vôtres. Parcourez ainſi les différentes Veines ; vous y trouverez avec de l'Or, un alliage bien impur. Cependant on lui fait grâce ; on lui applaudit quelquefois : & pourquoi ? Parce qu'elle eſt voiſine de pluſieurs belles Qualités, avec leſquelles elle eſt ſouvent unie ; & avec leſquelles on la confond preſque toujours : parce qu'elle n'offenſe pas directement la Société, & qu'elle eſt directement oppoſée à un des Vices dont la Société s'offenſe le plus.

Le beau Défaut, que celui d'être trop Tendre ! Avec ce Défaut, nous fermerons volontiers les yeux ſur les Défauts d'autrui ; nous ſerons attentifs ſur nous-mêmes, pour nous corriger des nôtres : nous ſerons Officieux & Reconnoiſſans ; nous pardonnerons avec plaiſir ; nous ne nous offenſerons même pas, dès que nous aimerons les Hommes. Ah ! que la Nature ſeroit ingrate, ſi le Cœur qui l'honore le plus, n'étoit pas fait pour être heureux !

Suivant le principe d'Attraction, par lequel la Nature nous fait graviter les uns vers les autres, les Cœurs s'attirent réciproquement en Raiſon de leur tendreſſe ; les âmes tendres par Excellence, ſont auprès du Centre de la Société : les âmes qui ne ſont que Senſibles, en ſont auſſi éloignées, que les âmes Inſociables ſont éloignées d'elles.

Les âmes Senſibles, ou plutôt Tendres, ont plus d'éxiſtence que les autres ; les Biens & les Maux ſe multiplient à leur égard. Elles ont encore un Avantage pour la Société ; c'eſt d'être perſuadées des Vérités, dont l'eſprit n'eſt que convaincu. La Conviction n'eſt ſouvent que Paſſive : la Perſuaſion eſt toujours Active ; & il n'y a de Reſſorts, que ce qui fait agir. *M. Duclos.*

De l'Indifférence, ou Apathie.

7. L'*Indifférence* est l'État d'un homme qui n'est affecté que très-foiblement : c'est l'effet de la Stupidité, & la marque de peu d'esprit. Il n'est pas possible, dit M. l'Abbé de Condillac, de trouver un état Indifférent : à la première Sensation, quelque foible qu'elle soit, l'Homme est nécessairement Bien ou Mal ; mais lorsqu'il a ressenti successivement les plus vives Douleurs & les plus grands Plaisirs, il juge Indifférentes les sensations les plus foibles, qu'il a comparées avec les plus fortes.

Apathie.

L'*Apathie* est une certaine Paralysie de cœur, qui le rend Insensible ; mais il n'y a point de cœur qui le soit à tout égard. Nous naissons tous avec un germe d'amour propre & de cupidité, qui se développe avec l'âge ; & qui jette dans l'âme, des Racines plus ou moins profondes. Heureux celui qui vivroit dans une *Indifférence* totale sur les Choses défendues par la Loi, ou dangereuses pour son repos & pour son salut. Ce ne seroit point Défaut, qu'une telle Insensibilité. Mais il en est *une*, que je regarde comme fort opposée aux Avantages de la Société. C'est l'*Indifférence* d'Alcidor ; il n-est touché, ni des bonnes qualités, ni des intérêts de qui que ce soit. Présentez-lui un Jeune Homme bien-fait, plein d'esprit, bien éduqué, des mœurs douces & pures ; priez-le de contribuer à son Avancement, en s'intéressant pour lui auprès de quelque Ministre : il vous le promettra, & oubliera tout un instant après. Pourquoi cela ? C'est que rien ne l'affecte que son Repos & sa Tranquillité ; il n'y a point autour de lui de Mobiles assez forts, de Ressorts assez puissans, pour vaincre la Pésanteur de son âme ; & l'arracher à la Léthargie, où elle est plongée. N'allez point lui proposer la vûë d'une Femme accomplie, ou le Spectacle des plus grands Chefs-d'œuvres des Arts libéraux. Rien ne peut l'émouvoir; il ne voit dans une Belle tête, que ce qu'elle a de commun avec le plus laid Visage; des yeux, un front, une bouche, &c. sans appercevoir la Délicatesse des traits, la Petitesse de la bouche, la Couleur & la vivacité des yeux, la Finesse & l'ensemble de toute la Physionomie.

Nos plus grands Poëtes l'ennuyent, les tableaux des Raphaëls, des Titiens ne lui paroissent que de la toile & des couleurs; & il ne voit que du Marbre dans les Statuës auxquelles il ne manque, comme on dit, que le Soufle; & tout cela, parce qu'il est né sans Goût, & qu'il passe sa Vie dans une Molesse continuelle.

Rien encore un coup de plus contraire à la Société, que l'*Apathie*. Elle fait d'un être Intelligent & Raisonnable, un Poids entièrement inutile sur la terre. Il est vrai qu'Alcidor n'est point sorti de son Engourdissement, dans les Circonstances où le plus Sage auroit succombé à sa Douleur, & où le plus Modéré auroit volé à la Vengeance; c'est un Avantage. Mais c'est le seul que puisse enfanter son Caractère; avec lequel, si quelquefois on n'est pas Vicieux; on ne peut jamais être Vertueux. *M. le Chevalier de Cramezel.*

De la Douceur.

VIII. La *Douceur* est un fond de Complaisance, qui nous fait déférer à la Volonté d'autrui; c'est une qualité du Tempérament, que l'Éducation & la Réfléxion fortifient.

Elle nous rend attentifs & prévenans, dans le Commerce de la Société; elle nous fait dissimuler les Offenses; elle chasse l'esprit de Contradiction & l'esprit Satyrique; elle nous donne ce Ton affectueux, ce Ton du sentiment, qui nous concilie ceux qui vivent avec nous ; elle nous inspire la Bienveillance, la Bonté, la Sensibilité, la Reconnoissance, & l'Amour de l'humanité.

Cette Qualité est aimée de tout le monde, & bien moins commune qu'on ne pense. Il y a une *Douceur* d'esprit, une *Douceur* de cœur, une *Douceur* de mœurs, une *Douceur* de conversation, une *Douceur* de conduite, &c.

La *Douceur* d'Esprit consiste à juger des choses sans Aigreur, sans Passion ; sans Préoccupation de son propre mérite, & de sa prétendue Infaillibilité.

La *Douceur* de Cœur, à vouloir les choses sans entêtement, & d'une manière Juste ; qui ne nuise, ni au Droit des autres, ni à l'Ordre public.

La *Douceur* des Mœurs, à se conduire par les grands Principes, sans vouloir réformer les autres ; spécialement ceux dont on n'est pas chargé.

La *Douceur* de Conversation, à proposer ses Sentimens sans vouloir contraindre Personne à penser comme nous, & sans Mépriser les vûës qu'ils peuvent avoir.

La *Douceur* de Conduite, à agir avec Simplicité, Droiture, sans entreprendre de Contredire les autres.

On regarde la *Douceur* comme une Vertu opposée à la Fermeté : c'est un Préjugé. Un Homme peut être Doux, & fort attaché aux Règles ; mais il ménage ceux qui s'en écartent.

De la Haine.

8. Il y a des Philosophes qui prétendent que l'Amour, la *Haine* & l'Inimitié, ne sont à proprement parler qu'une même Chose ; & que toutes les Passions se réduisent à l'Amour. La *Haine* du mal, disent-ils, n'est que l'Amour du bien ; & cette Aversion naturelle qui nous éloigne de tout ce qui pourroit

nous détruire, n'eft que le Penchant inné qui nous entraîne vers les Objèts propres à la Confervation de notre être. Selon eux le Defir, eft l'amour qui languit ; le Plaifir, l'amour qui poffède ; l'Efpérance, l'amour qui fe flatte ; le Défefpoir, l'amour qui perd ; la Crainte, l'amour qui fuit ; &c.

Mais que l'Amour & la *Haine* ne foit qu'une même Paffion dans le principe, ou que ce foit deux Sentimens effentiellement différens ; la diverfité de leurs Objèts nous empêchera toujours de les confondre : ce qui nous fuffit pour en faire deux Articles féparés. Il y a deux fortes de *Haine* ; l'une, de Tout ce qui peut être nuifible à notre Confervation ; & l'autre, de Tout ce qui choque notre Amour propre.

La première eft Bonne, & dans l'Ordre de la nature : & fans elle nous ferions malheureufement néceffités à fouffrir tous les Maux qui nous attaqueroient, fans chercher à les repouffer, & fans efpérer d'en venir à bout.

La feconde eft fouvent Injufte & déraifonnable ; nous ne jugeons ordinairement des Chofes, que relativement à nousmêmes : & comme nous confultons plutôt notre Intérêt particulier, que le Bien général ; nous concevons des Averfions auffi déréglées, que nos Affections font peu modérées. Au lieu de ne *Haïr* que ce qui eft véritablement *Haïffable*, nous déteftons ce qui bleffe nos Humeurs, quelque bizarres qu'elles foient ; nous fouhaiterions que les Chofes changeaffent de qualité, & fe conformaffent à nos Defirs : en un mot, nous nous regardons comme le Centre auquel doivent tendre toutes les Créatures qui nous environnent ; & nous n'eftimons rien de Bon ou de Mauvais en elles, que par le Contentement ou le plaifir qu'elles nous caufent.

La *Haine*, comme l'Amour, fe forme dans la Volonté ; avant que la Raifon & le Jugement puiffent lui en interdire l'entrée :

Mais

Mais c'est une Paſſion bien plus ſenſible que l'Amour. L'Amour ſe gliſſe, s'accroît dans l'âme par des Degrés imperceptibles, & ce n'eſt que la Réfléxion ſur nous-mêmes qui nous découvre l'état de notre Cœur ; mais la *Haine* n'eſt pas plutôt conçuë, qu'elle ſe fait vivement ſentir, & que dans un inſtant elle devient *Fureur*. Pourquoi cela ? C'eſt qu'elle nous eſt inſpirée par un Objèt, qui ne nous touche qu'en nous bleſſant ; & que la *Douleur* eſt le ſentiment qui nous affècte le plus. Auſſi la *Haine* eſt-elle prompte à s'enflammer ? Elle s'irrite, ſe nourrit des plus légères Circonſtances, & porte l'Incendie dans toutes les Facultés de l'âme. Elle eſt ſi Tenaçe, qu'il faut pour la déraciner du Cœur, réïtérer ſans relâche les Efforts les plus généreux ; & ſi Cruelle, qu'elle perſuade aux Hommes d'expoſer leurs jours, pour courir à la Vengeance.

 La fureur des Duels ne le prouve que trop évidemment. Combien ſont contens de périr ; pourvû qu'en mourant, ils goûtent le Plaiſir d'avoir arraché la Vie à leurs ennemis. Voilà juſqu'où l'Amour propre nous aveugle ; nous eſpérons nous venger, & nous devenons les premières Victimes de notre Vengeance. C'eſt ainſi que Dieu nous punit de nos Déſordres, par nos Déſordres même.

 La *Haine* a été de tous les temps, la Source funèſte des Actions les plus Noires ; & un Cœur qui s'eſt une fois livré à l'Inimitié, eſt capable des plus grands crimes. Les Aſſaſſinats, les Incendies, les empoiſonnemens ; rien ne coûte au Malheureux, qui ne reſpire que la Vengeance. Ce ſont les Inimitiés, qui ont rendu des Souverains de père de leurs ſujèts, les Fléaux de la Nature Humaine ; & qui ont armé les frères, contre les frères.

 Les Légiſlateurs ont-ils donc pû porter des Loix trop ſévères contre la *Haine*, & ſes Cruels effèts ? Pour fermer toute Entrée de notre cœur, à l'Inimitié....

Tome II.   P

1°. Il faut se conduire à l'égard de tout le monde avec tant de Circonspection, que nous n'offensions jamais personne ; car nous sommes naturellement portés à *Haïr*, ceux qui ont raison de nous en vouloir ; & dont la Présence est un continuel Reproche de notre Injustice.

2°. Si nous avons été offensés ? Réfléchissons, ou sur la légèreté de l'offense ; ou sur l'Occasion que nous y avons peut-être donnée nous-mêmes : & loin de vouloir nous venger, nous avouërons souvent, que c'est nous qui devrions être punis.

3°. Aucun Tort ne fût-il de notre côté ? Ayons la Générosité de *pardonner* : remportons sur notre Ressentiment, une Victoire complette. Ne craignons point d'être accusés de lâcheté : ce Reproche ne peut nous être fait que par des hommes Mols, Éfféminés, & qui se sentent incapables d'atteindre à notre Grandeur d'âme. Au reste, quiconque médite de se Venger, est doublement Injuste ; il l'est envers Dieu, à qui seul appartient la Vengeance, & dont il veut usurper les Droits : il l'est envers son Ennemi même Agresseur ; parce qu'il portera toujours la Punition au-delà de l'Offense, dont il envisage la Griéveté à travers le Microscope de son amour propre : ah ! que l'Amour propre est un bien mauvais Juge. Se sont-ils éffleurés par quelque Parole indiscrète ou imprudente, il prononce à l'instant un *Arrêt de Mort* ; *quelle proportion entre le Châtiment & l'Offense !* Œthologie. *Part. II. pag. 177.*

De la Bonne Foi, ou Sincérité.

IX. Il ne faut pas confondre la *Sincérité*, avec la Vérité. Celle-ci, est à l'autre ; ce que la Cause, est à l'effet ; la Source, au ruisseau. Un Homme vrai est incapable du moindre Déguisement. Il est Sincère dans toutes ses paroles, & dans toutes ses actions. Il n'a besoin de prouver ce qu'il dit ; on l'en croit sur sa seule Affirmation. Ses Promesses passent pour des effets ; & quand il agit, c'est toujours conformément à ce qu'il pense. Il n'est point de Vertu plus aimable aux yeux des Honnêtes Gens, que la *Sincérité* ; & il est certain que sans elle, une Société ne peut subsister long-temps. Où trouver de l'Union, où il n'y a point de Candeur ; où le Cœur n'est jamais ouvert, où les Lèvres n'en sont que des Truchemens infidèles.

Si la véritable Amitié est inséparable de la Vertu, elle l'est aussi de la *Sincérité*. Car un Ami cesseroit de l'être, s'il cherchoit à gâgner notre Bienveillance par d'autre route, que par celle du Devoir.

Il faut craindre plus de tromper un Ami, que de lui Déplaire. On déplaît quelquefois, étant innocent : mais on ne trompe jamais, sans être Coupable. Le Rang, la Dignité, la Puissance attirent des hommages de respect & de crainte ; & c'est à la *Sincérité* seule, que l'on paye un Tribut volontaire d'Estime & d'Amitié.

Les maximes du Siècle sont bien contraires à celle-ci dans le Monde ; il semble qu'on ne se réunisse, que pour s'immoler réciproquement à la Défiance & à la Contrainte : on s'accueille de la meilleure Grace, & on se déteste au fond du Cœur ; on n'ose rien dire, de ce qu'on fait ; & on ne fait jamais, ce qu'on doit. Voilà ce qu'on appelle *Politique*.

A la vérité, il est de la Prudence de ne pas révéler ses Desseins à tous ceux qu'on fréquente ; de se taire souvent sur ses Démarches : de soupçonner la plûpart des Hommes, de fourberie, de trahison ? Mais on peut s'ouvrir aux Gens avec qui l'on s'est lié intimément ; après un mur Éxamen, & une longue Épreuve. C'est même un Devoir d'amitié, de n'avoir rien de caché pour eux.

La Prudence veut encore, que nous ne disions pas tout ce

que nous penſons, ſur les procédés que nous blâmons dans les autres ; lorſque les liens de la Société pouroient en être rompus : ou même que l'Harmonie qui doit y règner, courroit riſque d'en être troublée ; ou enfin que notre diſcours ſeroit capable de cauſer quelque Dommage : néanmoins il ne faut jamais qu'une baſſe Flatterie, & qu'une lâche Condeſcendance nous faſſe trahir la Vérité. Mais on peut ſans y contrevenir, ne pas dire préciſément ce qu'on prévoit, qui porteroit Préjudice à quelqu'un ; C'eſt une Réſerve pour autrui, que la Raiſon & la Religion éxigent également de chacun de nous. *Connoiſſances du Cœur de l'Homme.*

Du Menſonge.

9. De toutes les Habitudes vicieuſes, celle de *Mentir* eſt ſans contredit la plus Indigne de l'Homme ; elle le dégrade entièrement, le couvre de Honte & de Confuſion, lui attire la Haine univerſelle. Il y a des Défauts qu'on tolère, qu'on excuſe dans les autres ; mais le *Menſonge* excite dans les eſprits une telle Horreur, qu'il éfface toutes les Bonnes Qualités qui pouroient ſe trouver chez le Menteur. Le Monde ordinairement aſſez peu équitable, n'eſt jamais un mauvais Juge à l'égard d'un Menteur ; il ſçait lui infliger le Châtiment qu'il mérite : il ſuffit de *Mentir* une ſeule fois, pour n'être jamais crû ; même quand on diroit ſcrupuleuſement la Vérité.

Rien n'eſt plus contraire aux Intérêts & aux Liens de la Société, que le *Menſonge* ; il tend à détruire toute Amitié, tout Commerce : qui oſera jamais ſe faire un Ami d'un homme ſans bonne foy, ou traiter, ou contracter avec lui ? On ne ſçait à quoi s'en tenir avec un Menteur. Suivra-t-on des Avis qu'on ſoupçonne infidèles ? Et riſquera-t-on des Démarches fauſſes ou dangereuſes ?

La baffeffe du Menfonge ne fçauroit mieux paroître, qu'en le mettant en oppofition avec le vif reffentiment d'un Homme d'honneur, qu'on accufe de Mentir; & avec le Refpect qu'il doit avoir pour fa Parole : c'eft avoir menti, & fe deshonorer; que de ne pas tenir ce qu'on a promis. Auffi les gens Sages & Prudens ne promettent-ils, qu'avec Réfléxion & lenteur; perfuadés que quiconque fe hâte de Promettre, ne tarde pas à fe repentir.

On ne ment pas feulement de Paroles, mais encore d'Actions. Regardez cet Homme aux cheveux gras, à la face blême & allongée, aux yeux éteints & baiffés vers la terre. Vous le voyez dans le Temple du Dieu de Vérité, verfer des torrents de larmes. Vous entendez fes Soupirs & fes Sanglots; & vous le prenez fans doute à fes Attitudes panchées, à fes fréquentes Proftrations, à tout fon extérieur; pour un Miroir de pénitence & de charité. Revenez de votre erreur; c'eft un Impofteur: & ces dehors fi pieux, fi faints, font d'odieux *Menfonges* ; par lefquels il veut tromper la piété de fon protecteur, attirer fur lui fes regards; & fe faire accorder une place avantageufe, où fon Hypocrifie feroit bientôt démafquée.

L'Hypocrifie eft le plus détestable de tous les *Menfonges* d'Action ; mais il en eft encore d'autres : toute la Perfonne de cette vieille Coquette, par Éxemple ; fes cheveux & fes dents poftiches, fon fard, fon rouge & fes mouches : ne voilà-t-il pas autant de *Menfonges* Ridicules; qui lui prêtent une blancheur, un tein, & des Agrémens qu'elle n'a peut-être jamais eus ?

Le Fafte des fimples particuliers dans leurs Ameublemens & dans leurs habits, ne femble-t-il pas nous dire qu'ils vivent au milieu de l'Abondance ? Mais c'eft une Affiche trompeufe. Beaucoup d'entr'eux n'ont rien, ou doivent tout ce qu'ils ont.

Les grands Seigneurs eux-mêmes n'en impofent-ils jamais au Peuple, par l'Éclat dont ils l'éblouiffent ? Leur Fortune eft-elle toujours fupérieure ; ou du moins égale à la Magnificence, & au Luxe qu'ils déployent ?

Je ne dirai rien de la Calomnie. Ce n'eft pas feulement un *Menfonge* qui mérite la Haîne & le mépris de tout le monde ; c'eft un Vol, c'eft un Affaffinat digne en lui-même du dernier Supplice. Imputer à un Membre de la Société, le Mal qu'il n'a pas fait ? Quelle horreur ! Et cependant, la Calomnie fait moins de tort que la Médifance ; parce que le Médifant dit vrai, & qu'il ne peut fe rétracter : il eft obligé lors de la Réparation, d'avoir recours à des phrafes vagues ; où il dit tout le bien qu'il fçait de la Perfonne, dont il a mal parlé ; où il confeffe avoir eu tort. Mais il ne peut faire entendre que fon Tort a été, d'avoir bleffé la Vérité : & fi l'on n'interprète pas en ce fens fa Réparation ; comment l'Honneur de la Perfonne offenfée fera-t-il rétabli ? Rien n'eft égal à l'embarras, où fe trouve un Médifant qui veut réparer. Ce qu'il y a de fûr, c'eft que jamais la Médifance ne doit fe réparer par le *Menfonge*.

On fçait que depuis long-temps, il eft décidé que le *Menfonge Officieux* n'eft pas permis ; par la raifon, qu'il ne faut pas faire le plus petit mal, en dût-il réfulter le plus grand bien. Quant au Calomniateur, il doit fans héfiter, avouër fon crime, ruiner fa Réputation ; pour rétablir celle qu'il a méchamment, & fauffement attaquée.

Vous priez un Ami de vous prêter de l'Argent, il vous dit qu'il n'en a point : il en a cependant. Vous vous préfentez à la porte d'un Duc, ou même d'un fimple Bourgeois : vous demandez s'il eft au logis ; on vous répond qu'il n'y eft point, quoiqu'il y foit. Ces deux Réponfes font d'un Ufage fi univerfellement reçu & connu ; que je n'oferois pas les traiter de *Menfonges. Connoiffance du Cœur de l'Homme.*

De la Modestie.

X. Ce n'est point *Modestie* que d'ignorer ce qu'on peut être, ou valoir. C'est un Défaut de discernement, qui expose souvent à juger mal de soi-même & des autres. C'est une Borne de Mérite, & non un nouveau Degré de Perfection. L'Homme véritablement *Modeste* se connoît ; il manqueroit de Sincérité, s'il se disoit inférieur aux Personnes qu'il sçait ne pouvoir lui être comparées en Mérite. Mais quoiqu'il n'ignore point son Prix, il n'en conçoit aucun Orgueil : il ne méprise point ceux qu'il efface ; il ne cherche point à faire sentir aux autres sa Supériorité : il s'apprécie ce qu'il vaut, & se donne pour moins ; non par des paroles, mais par ses Manières & par sa Conduite.

Un Riche sçait bien qu'il est riche ; un Grand ne peut se cacher à lui-même sa Grandeur : une Belle Personne n'ignore pas, qu'elle est Belle. Mais il est des Riches & des Grands *Modestes* au sein de l'Opulence, & au sommet de la Grandeur : qui loin de dédaigner ceux que la Fortune a le moins favorisés, sont Doux, Affables à leur égard ; & les honorent de leur Amitié, s'ils la méritent.

On voit des Belles ne point tirer vanité de leurs Attraits, & ne point se prévaloir sur celles qui leur sont inférieures en Beauté ; elles sont en cela véritablement *Modestes*.

Il y a une *Modestie* de langage, qui est d'une Obligation indispensable ; mais elle consiste plutôt à ne point se Louer, qu'à se rabaisser.

Je ne parle point ici de l'Humilité Chrétienne. Tout Homme qui pensera qu'il est Pécheur, ne peut qu'entrer dans des Sentimens du plus profond Anéantissement ; & ne risque jamais rien à se regarder, comme la plus vile de toutes les Créatures. Il s'est révolté contre son Dieu ; il a encouru son Inimitié : il a cessé d'être l'Objèt de ses Complaisances ; ce qui ne peut se dire de l'insècte le plus méprisable à nos yeux : hélas ! le plus grand Scélérat mérite peut-être plus que moi les Miséricordes Divines. Ai-je Connoissance de la mesure des Graces, qu'il plaît au Seigneur de départir à chacun de nous ? Et c'est sur-tout, cet Abus criminel de ses Bienfaits, qui nous rend dignes de sa Colère & de ses Vengeances.

Je ne dirai rien de la *Modestie* dans les habits & dans les Ameublemens ; on doit la-dessus consulter ses Facultés, & sur-tout ne jamais sortir de son État. M. le Chevalier de Cramezel.

De l'Amour propre.

10. L'*Amour propre* est cet Amour de nous-mêmes, qui veille continuellement à notre Conservation, & aux soins de nous rendre heureux. Cet *Amour propre* bien entendu, est la Source de toutes nos Vertus ; mais s'il est mal placé, il devient aussi la Cause des plus grands Vices. Les Philosophes l'appellent *Amour de nous-mêmes*, pour le distinguer de cet *Amour propre* aveugle, qui fait tout pour soi ; & qui produit les Vices & les Forfaits qui règnent sur la Terre.

Ainsi l'*Amour propre* étant le Principe de toutes nos Actions, & faisant conséquemment notre Bonheur ou notre Malheur ; il est très-important de le bien règler : ce qui ne se peut faire, que par la Connoissance de nous-mêmes, & de nos Devoirs.

Les trois grands Mobiles de toutes les Actions des Hommes, L'AMOUR DE LA GLOIRE, L'AMOUR DES PLAISIRS, L'AMOUR DES RICHESSES ; sont les différens Moyens, que l'*Amour propre* employe pour parvenir au Bonheur : l'Amour de Dieu & du Prochain sont les seuls qui puissent nous y conduire.

Deux Puissances dans l'Homme éxèrcent leur Empire ;
L'une est pour l'éxciter, l'autre pour le conduire.

L'Amour

SAGESSE, CHAP. VI.

L'*Amour propre* dans l'âme enfante le Desir,
Lui fait fuir la Douleur, & chercher le Plaisir;
La Raison le retient, le guide, le modère;
Calme des Passions la Fougue téméraire.
L'un & l'autre d'Accord nous donne le Moyen,
Et d'éviter le Mal, & d'arriver au Bien.
Bannissez l'*Amour propre*, écartez ce Mobile;
L'Homme est enseveli dans un Repos stérile.
Otez-lui la Raison, tout son Effort est vain;
Il se conduit sans Règle, il agit sans Dessein :
Il est tel qu'à la terre une Plante attachée,
Qui végète, produit, & périt desséchée;
Ou tel qu'un Météore enflammé dans la nuit,
Qui courant au Hazard, par lui-même est détruit.
L'*Amour propre* en secrèt nous remuë & nous presse,
Et toujours agité, nous agite sans cesse.
La Balance à la main, la Raison pèse tout,
Compare, réfléchit, délibère, & résout.
Par l'objèt éloigné la Raison peu frappée,
Est d'un Bien à venir foiblement occupée ;
Par le Plaisir présent l'*Amour propre* excité
Le desire, & s'y porte avec vivacité.
Tandis que la Raison conjecture, éxamine ;
L'*Amour propre* plus prompt, veut & se détermine.
Du Penchant naturel les secrèts Mouvemens
Sont plus fréquens, plus forts que des Raisonnemens.
La Raison dans sa Marche, est prudente & timide ;
Le Vol de l'*Amour propre* est ardent & rapide.
Mais, pour en modérer la vive Impulsion,
La Raison le combat, par la Réfléxion :
L'Habitude, le Temps, les Soins, l'Expérience
Répriment l'*Amour propre*, & règlent sa Puissance.

Essai sur l'homme ; de Pope, Trad. de l'Abbé du Resnel.

L'*Amour propre* bien entendu, suppose la Connoissance & la Pratique de nos devoirs.

Tome II.

Sagesse, Chap. VI.
De la Retenue.

XI. La *Retenuë* est une Sagesse, une Modestie, une Circonspection, une Prudence en ses paroles, en ses jugemens, en ses actions. Il faut parler des Choses Saintes, ou des Affaires des Princes; avec une grande *Retenuë*. La Modestie & la *Retenuë* sont bienséantes à la Jeunesse. Il faut avoir la *Retenuë* & la Prudence, de ne pas juger témérairement de ce qu'on ne connoît pas bien. On évite bien des Inconvéniens; en gardant une *Retenuë* générale, presqu'à l'égard de tout le monde. *M. Nicole*.

La *Retenuë* d'une Femme qui a du mérite, est une espèce de frein, pour contenir les plus hardis dans le devoir. La *Retenuë* ne doit rien avoir de farouche, de hautain, & de rebutant. *M. Bellegarde*.

C'est la Froideur du Tempérament qui est le Principe le plus ordinaire de la *Retenuë*; elle est aussi une Délibération des moyens qui peuvent nous conduire au But, que nous nous proposons: elle renferme l'Examen, la Résolution, l'Exécution, & la Circonspection. La Circonspection règle notre croyance, nos sentimens, nos paroles & nos actions. La Circonspection dans nos Sentimens règle l'Amour propre qu'on doit étouffer; en se comparant avec des gens au-dessus de nous, pour les Avantages que nous croyons posséder : elle règle les Desirs du cœur, qui deviennent Passions, si on ne leur tient la bride; les Appétits corporels, qui nous procurent les Plaisirs, quand on les satisfait avec ménagement; les Passions, qui nous portent à acquérir des Richesses ou des Honneurs; qui sont si utiles à la Société, & ne deviennent nuisibles que par leur excès.

La *Retenuë* dans les paroles & dans les actions, est ordinairement le Fruit de la Circonspection dans les pensées & dans les sentimens ; & celle même des Sentimens vient de notre façon de penser : ainsi il est très-important d'apprendre à *Bien Penser*. Elle bannit la médisance, la raillerie, l'indiscrétion, & la liberté cynique des propos.

La *Retenuë* dans nos actions ne nous laisse rien faire, qui ne porte un caractère de Droiture & de Vertu ; & elle nous prescrit la manière de les faire, qui est celle des autres : elle nous prescrit l'étude des usages, les bons exemples, les bienséances, & la pudeur.

La Circonspection est aussi une *Retenuë*, que nous apportons dans le Jugement que nous portons des actions des Hommes. Pour en bien Juger, il faudroit en connoître le motif ; & c'est ce dont nous ne pouvons jamais nous flatter : c'est pourquoi, nous ne pouvons être trop circonspects ; lorsqu'il s'agit de louer ou de blâmer quelqu'un, sur de simples Apparences. *Introduction à la Connoissance de l'Homme.*

De la Sensualité.

11. La *Sensualité* est une disposition de l'âme, à être facilement affectée des Objets Sensibles ; à la différence de la Sensibilité, qui n'est affectée que des choses morales.

La grande Sensibilité & la grande *Sensualité* sont le Principe des fortes Passions, & la Source du Génie.

On prend assez communément le mot de *Sensualité* en mauvaise part ; lorsqu'on l'employe pour exprimer le Plaisir que ressent un Gourmand, & un homme qui a du Tempérament. Mais, encore une fois, la *Sensualité* n'est point un mal : elle ressemble aux plus grands Biens ; il n'y a que leurs Abus de condamnable.

Cependant, si la *Sensualité* contribuë au Bonheur, & au Génie ; il faut convenir qu'elle nuit aux Connoissances. L'Homme

Senfuel fent plus qu'il ne penfe. Fortement occupé de la Senfation préfente, il éxèrce moins fes autres facultés, la Mémoire, & la Réfléxion. Trop concentré en lui-même, Heureux par fon éxiftence actuelle, il s'y complaît; jufqu'à ce que le Befoin, l'Inquiétude, & le Defir qui en font les fuites; le portent vers d'autres Objèts. *M. de Fontenelles.*

DE LA CHASTETÉ.

XII. La *Chafteté* eft une Vertu morale, qui confifte à ne rien dire, & à ne rien faire, qui puiffe bleffer la Pudeur, & la Fidélité Conjugale.

La *Chafteté* eft une Vertu morale, par laquelle nous modérons les Defirs déréglés de la Chair. Parmi les Appétits que nous avons reçus de la Nature, un des plus violens eft celui qui porte un Sèxe vers l'autre: Appétit qui nous eft commun avec les Animaux, de quelque efpèce qu'ils foient; car la Nature n'a pas moins veillé à la confervation des Animaux, qu'à celle de l'Homme; & à la confervation des animaux Malfaifans, qu'à celle des animaux que nous appellons Bienfaifans. Mais il eft arrivé parmi les Hommes, cet Animal par excèllence; ce qu'on n'a jamais remarqué parmi les autres Animaux: c'eft de tromper la Nature, en joüiffant du Plaifir qu'elle a attaché à la Propagation de l'efpèce Humaine, & en négligeant le But de cet attrait; c'eft-là précifément ce qui conftituë l'effence de l'Impureté: & par conféquent, l'effence de la Vertu oppofée confiftera à mettre fagement à profit, ce qu'on aura reçu de la Nature; & à ne jamais féparer la Fin, des Moyens. La *Chafteté* aura donc lieu hors le Mariage, & dans le Mariage: dans le Mariage, en fatisfaifant à tout ce que la Nature éxige de nous; & que la Religion & les Loix de l'État ont autorifé: dans le Célibat, en réfiftant à l'Impulfion de la Nature, qui nous preſſant ſans égard pour les tems, les lieux, les circonſtances, les uſages, le culte, les coûtumes, les loix; nous entraîneroit à des Actions proſcrites.

Il ne faut pas confondre la *Chaſteté* avec la Continence. Tel eſt Chaſte, qui n'eſt pas Continent; & réciproquement, tel eſt Continent, qui n'eſt pas Chaſte. La *Chaſteté* eſt de tous les tems, de tous les âges, & de tous les états: la Continence n'eſt que du Célibat; & il s'en manque beaucoup, que le Célibat ſoit un état d'Obligation. L'âge rend les vieillards néceſſairement Continens; il eſt rare qu'il les rende Chaſtes.

Voilà tout ce que la Philoſophie ſemble nous dicter ſur la *Chaſteté*: mais les Loix de la Religion Chrétienne ſont beaucoup plus étroites; un mot, un regard, une parole, un geſte mal-intentionnés, flétriſſent la *Chaſteté* Chrétienne. Le Chrétien n'eſt parvenu à la vraie *Chaſteté*, que quand il a ſçu ſe conſerver dans un état de Pureté Angélique; malgré les Suggeſtions perpétuelles du Démon de la Chair. Tout ce qui peut favoriſer les efforts de cet ennemi de notre Innocence, paſſe dans ſon eſprit pour autant d'Obſtacles à la *Chaſteté*; tels que les excès dans le boire & le manger, la Fréquentation de perſonnes déréglées, ou même d'un autre ſexe; la vûë d'un objet indécent, un diſcours équivoque, une lecture deshonnête, une penſée libre; &c. *M. Diderot.*

De la Volupté.

12. Il y a peu de terme dans notre Langue, dont la ſignification ſoit plus vague & moins déterminée. On le prend aſſez communément en mauvaiſe part; parce qu'on n'en a pas l'idée, qu'on doit en avoir. Eſſayons donc de la définir. C'eſt, comme je l'ai dit, le ſeul moyen de parvenir à la connoiſſance de la Vérité.

La *Volupté* est le sentiment réfléchi du Plaisir. Il naît de la Modération de l'âme, qui jouit sans trouble, sans inquiétude, sans emportement : car sans Modération, le plaisir n'est qu'une Ivresse, qu'un Trouble machinal, qui n'affecte que les Sens; & qui les fatigue plus, qu'il ne les satisfait. Or, qui est-ce qui peut procurer cette Modération si rare & si précieuse ? La Nature y contribue sans doute beaucoup, par la bonne Constitution des Organes; mais c'est l'Estimation des choses seule, qui nous la donne. Ainsi la *Volupté* suppose donc nécessairement des Principes bons ou mauvais ; c'est-à-dire, une façon de Penser stable & décidée : car l'Incertitude est toujours accompagnée de trouble & d'inquiétude. Ainsi, la *Volupté* devient un bien ou un mal, suivant la justesse ou la fausseté de ses Principes.

La véritable *Volupté* est celle qui n'est suivie d'aucun regret ni repentir, & dont la Jouissance se renouvelle encore par le Souvenir, & par le secours de l'Imagination ; qui la multiplie, pour ainsi dire, & en augmente la force & la durée ; en ajoutant à l'impression que l'Objèt a déja faite sur les Organes du sentiment, une nouvelle Impression plus vive & plus pénétrante.

L'idée de la Perfection dans un Objèt, & le véritable Amour, nous procurent la *Volupté*. Elle diffère des Plaisirs, en ce que les Plaisirs ne viennent que des Sens ; & que la *Volupté* n'appartient qu'à l'âme.

Voici le portrait de la *Volupté*, peint par M. l'Abbé d'Alainval dans la petite piéce de l'Hyver ; Comédie, jouée au Théâtre Italien.

Je suis la *Volupté* ;
Et fille de la Liberté,
Mais non pas du Libertinage.
Mon enjouëment & ma gayté,

Et mon aimable Badinage,
Viennent de ma tranquillité.

L'Hyver.

Vous êtes Philosophe ?

La Volupté.

Oh non : mais le vrai Sage
Quand il touche au midi de l'âge,
Trouve en moi sa Félicité.
Je fuis la fougueuse Jeunesse,
Ses soins impétueux & ses distractions ;
Je hais, & la Folie & l'austère Sagesse :
J'ai des Plaisirs, & non des Passions.
Libre de soin, libre d'inquiétude,
De crainte, de desirs,
De remords & de repentirs,
Dans une douce Étude
Je trouve d'innocens Plaisirs,
Sans être plus précieuse.
Voilà la *Volupté*, Seigneur, telle qu'elle est ;
Si son Caractère vous plaît....

L'Hyver.

Non, vous êtes trop sérieuse :
Pardonnez, je suis franc, & peut-être brutal.

La Volupté.

Je ne vous en veux point de mal :
Tous ne sçavent pas me connoître.
Adieu, je vois quelqu'un paroître.
Vous visez au Terrestre, & je cours à l'Esprit.

Fin de la Sagesse : ou Philosophie Morale.

TABLETTES

MYTHOLOGIE DES ENFERS.

Ce Médaillon représente l'Antre ou Caverne des Enfers. Les trois Juges; sçavoir, Radamanthe et Eaque tous deux fils de Jupiter, Minos est au dessus d'eux, pour décider souverainement en cas d'obscurité et d'incertitude. Leur Tribunal fort simple, est placé dans un endroit appelé le **Champ de la Vérité** *; parceque le mensonge et la calomnie n'en peuvent approcher: il aboutit d'un côté au Tartare, et de l'autre aux Champs Elixées. On apperçoit en avant le fleuve Stix, et le Chien Cerbère a trois testes; aulieu de poil son col est environné de Serpents.*

L'ove est surmonté de la Couronne et du sceptre de Pluton, ou fourches à deux pointes, avec des flambeaux allumés. Deux grosses Clefs, pour signifier que le Royaume de Pluton étoit si bien fermé, qu'on n'en revenoit jamais. Les deux côtés de l'Ove représentent des Chaînes, carcans, et liens de captivité entrelassés de branches de Cyprès, de Genièvre, arbustes consacrés aux Euménides.

Tome II.

MYTHOLOGIE DES ENFERS.

Les Anciens étoient persuadés que ceux qui avoient mené une vie vertueuse, et réglée sur les principes de la raison, et de l'équité, étoient récompensés de leurs bonnes actions en l'autre monde; et qu'au contraire ceux qui avoient méprisé les dieux, et fait des injustices criantes, ou commis quelques grands crimes, étoient punis de leurs forfaits.

Unité.
Les Dieux Mânes.
Autre Unité. Les Funérailles.
Autre Unité. Les Ombres.

Binaire.
Le Tartare, Les Champs Élisées.

Ternaire.
Les trois Juges de l'Enfer.
Minos, Eaque, Radamanthe.
Autre Ternaire. Le Chien Cerbère.

Quaternaire.
Les quatre Fleuves de l'Enfer.
Phlégéton, Cocyte, Stix, Achéron.

Septénaire.
l'Envie, la douleur, la pauvreté, le destin, le travail, la discorde, la fraude.

Autre Septénaire.
la nuit, le sommeil, la mort, tantale, ixion, les danaides, Sisyphe.

Duodénaire.

Les trois Parques.	Les trois Furies.	Les trois Gorgones.	Les trois Harpies.
Clotho, lachésis, atropos.	Mégère, tisiphone, alecton.	Méduse, Euryale, Sthéno.	Aëllo, ocypété, célæno.

TABLETTES ANALYTIQUES
ET MÉTHODIQUES,
SUR
DIVERSES SCIENCES ET BEAUX ARTS.

MYTHOLOGIE DES ENFERS.

DISCOURS PRÉLIMINAIRE
Sur la Mythologie des Enfers.

ES Enfers font des lieux deſtinés à la demeure des âmes après la mort. Dans le ſentiment des Philoſophes, l'*Enfer* étoit également éloigné de tous les endroits de la Terre ; & Cicéron pour marquer qu'il importe peu de mourir en un lieu plutôt qu'en un autre, dit : en quelque lieu que l'on ſoit, on a autant de chemin à faire pour aller en *Enfer*. Les Poëtes ont établi certains paſſages pour les *Enfers;* comme le fleuve Léthé du côté des Syrthes, en Épire la caverne Achéruſia, la bouche de Pluton près de Laodicée, & la caverne du Ténare auprès de Lacédémone.

Ulyſſe pour deſcendre aux *Enfers*, alla dit Homère, par l'Océan au pays des Cimmériens : Énée y entra par l'Antre du

Tome II. R

Lac Averne : Xénophon dit qu'Hercule entra aux *Enfers* par la Péninsule nommée Achérusiade, près d'Héraclée du Pont. A Hermione, dit Strabon, il y avoit un chemin fort court pour aller aux *Enfers :* c'est pour cela que ceux du pays, ne mettoient pas dans la bouche du mort le Prix du Passage pour Charon....

La Demeure des *Enfers* est décrite diversement par les Anciens. Apulée fait passer Psyché par la caverne du Ténare, pour aller jusqu'au Trône de Pluton : au bout de la caverne elle trouve le Fleuve Achéron, où elle passe la Barque de Charon ; & va de-là droit au Trône, gardé par le Cerbère. Voici en abrégé, la description que Virgile fait des *Enfers*.

« Au milieu d'une ténèbreuse Forêt, & sous d'affreux Ro-
» chers, est un Antre profond, environné des noires eaux d'un
» Lac...... A l'entrée de ce Goufre infernal sont couchés le
» Chagrin, & les Remords vengeurs. Là résident les pâles Ma-
» ladies, la triste Vieillesse, la Peur, la Faim, l'Indigence, le
» Travail, la Mort, le Sommeil son frère, & les Joies funestes.
» Ensuite on voit la Guerre meurtrière, les Euménides, & la
» Discorde insensée ».

« Là sont encore plusieurs autres Monstres, tels que les Cen-
» taures, les deux Scylles, le Géant Briarrée, l'Hydre de Ler-
» ne, la Chimère, les Gorgones, les Harpies, & le Géant Gé-
» ryon. Après cela commence le chemin qui conduit à l'Aché-
» ron, sur lequel règne le redoutable Charon, Nocher des
» *Enfers* ».

« Son air hideux inspire la terreur ; sa barbe est blanche &
» hérissée : ses yeux sont vifs & perçans. Couvert d'un sale vê-
» tement, noué sur une de ses épaules, il conduit lui-même sa
» Barque noire avec une perche & des voiles ; & passe les
» Morts d'une rive à l'autre. Il est vieux, mais sa vieillesse est

» verte & vigoureuse. Il reçoit dans sa Barque tantôt les uns,
» tantôt les autres, & en rebute un grand nombre qu'il chasse
» loin du Rivage ; ce sont ceux qui n'ont pas reçu les honneurs
» de la Sépulture ».

« Là *Charon* passoit celles qui le payoient, & qui avoient eu
» les Honneurs de la Sépulture, & laissoit les autres errer
» cent ans sur les bords du Fleuve ; après quoi il les passoit
» aussi. C'étoit un Vieillard à barbe blanche, hideux dans sa
» personne, dans ses habits ; & dont les yeux sembloient jetter
» feu & flammes : implacable envers tout le Monde, il rece-
» voit avec la même rudesse les Rois & les Sujets, les Pauvres
» & les Riches ».

« Il exigeoit le *Naule*, (ainsi appelloit-on une piéce de
» Monnoye,) de tous ceux qui passoient : voilà pourquoi les
» Payens mettoient dans la bouche du Mort une piéce d'Or
» ou d'Argent, pour payer le passage ».

« Le Fleuve passé, on entre dans le Séjour des Ombres ; que
» Virgile divise en Sept demeures » :

« La première est celle des Enfans morts en naissant, qui gé-
» missent de n'avoir fait qu'entrevoir la Lumière du jour «.

« La seconde étoit occupée par les Victimes d'un faux Juge-
» ment, qui les a condamnés à une Mort injuste ».

« Dans la troisième étoient ceux qui sans être coupables,
» vaincus par le Chagrin & les Misères de la vie, ont attenté
» à leurs jours ».

« La quatrième appellée le Champ des Larmes, étoit le Sé-
» jour de ceux qui avoient éprouvé les rigueurs de l'Amour ;
» Phèdre, Procris, Didon, &c. «

« La cinquième le Quartier des Fameux Guerriers, qui avoient
» péri dans les Combats : l'affreux Tartare prison des scélérats,
» faisoit la sixième demeure ; environnée du bourbeux Cocyte

» & du brûlant Phlégéton : là règnoient les Parques & les
» Furies ».

« La septième demeure étoit le Séjour des Bienheureux, les
» Champs Élisées «.

Dans le partage du Monde, les *Enfers* furent assignés à Pluton ; c'est-à-dire, selon la plûpart des Mythologues, qu'il eut pour sa part du vaste Empire des Titans, les Pays Occidentaux qui s'étendoient jusqu'à l'Océan ; & que l'on croit être beaucoup plus bas que la Gréce.

D'autres disent, que Pluton s'appliqua à faire valoir les Mines d'Or & d'Argent qui étoient dans l'Espagne, où il fixa sa demeure ; & comme ceux qui sont destinés à ce travail, sont obligés de fouiller bien avant dans la terre, & pour ainsi dire, jusqu'aux *Enfers* ; on a dit que Pluton habitoit au Centre de la Terre.

Ajoutons que ceux qui travaillent aux Mines ne vivent pas long-temps, & meurent assez souvent dans leurs souterreins ; ainsi Pluton pouvoit être regardé comme le Roi des Morts. Les Cyclopes lui avoient donné un casque, qui le rendoit invisible : comme ce Dieu étoit difforme, & que son Empire étoit fort triste ; il ne trouva aucune Femme qui voulût le partager avec lui : il fut donc obligé d'user de surprise, & d'enlever de force celle qui n'auroit jamais voulu de lui, si on l'avoit laissée à sa liberté.

Proserpine se promenant un jour dans les Agréables Prairies d'Enna en Sicile, qu'arrosoient des fontaines d'eau vive ; cueillant des fleurs avec les Nymphes & les Syrènes qui l'accompagnoient : Pluton la vit, en devint amoureux ; & l'enleva malgré les remontrances de Pallas.

Cette Déesse émuë des cris & des plaintes de Proserpine, qui imploroit son assistance, vient au secours ; & tient ce discours

à son Oncle : « ô Dompteur d'un peuple lâche & sans force !
» ô le plus méchant des trois frères ! quelles Furies vous agi-
» tent ? Et comment osez-vous, quittant le Siége de votre Em-
» pire, venir avec vos quadriges infernales profaner jusqu'au
» Ciel même ».

Pluton tenant entre ses bras Proserpine toute échevelée, répond à Pallas ; *les Chevaux galopent* : Cupidon qui vôle audessus d'eux tient un flambeau pour l'Hyménée ; & Mercure qui est au service des vivans & des morts, Grand Négociateur du Ciel & de l'*Enfer*, précède le Char pour préparer les voyes. Arrivé près de Syracuse, Pluton rencontre un Lac ; frappe la terre d'un coup de son Trident, & s'ouvre un chemin qui le conduit dans son Royaume Sombre.

Cérès accablée de la plus vive douleur, chercha sa fille par mèr & par terre ; & après l'avoir cherchée pendant tout le jour, elle alluma deux flambeaux aux flammes du Mont-Ætna, & continua de la chercher. Elle découvrit enfin par le moyen de la Nymphe Aréthuse, que Pluton l'avoit enlevée : elle monte aussi-tôt vers le Palais de Jupiter, lui expose ses plaintes avec la douceur la plus amère ; & demande justice de cet enlèvement.

Le Père des Dieux tâche de l'appaiser, en lui représentant qu'elle ne doit pas rougir d'avoir Pluton pour gendre, le frère de Jupiter ; que cependant si elle veut que Proserpine lui soit renduë, il y consent : mais à condition qu'elle n'aura rien mangé, depuis qu'elle est entrée dans les *Enfers* ; c'est ainsi que l'ont ordonné les Parques.

Par malheur Proserpine se promenant dans les Jardins du Palais infernal, avoit cueilli une Grenade dont elle avoit mangé Sept grains : Ascalaphe, le seul qui l'eût vû, l'avoit rapporté à Pluton. Tout ce que put faire Jupiter, fut d'ordonner que Proserpine demeureroit chaque année six mois avec son mari, & six mois avec sa mère.

Voilà donc Proserpine femme de Pluton ; & en cette qualité Reine des *Enfers*, & Souveraine des Morts. Personne ne pouvoit entrer dans son Empire sans sa permission ; & la mort n'arrivoit à qui que ce soit, que lorsque la Déesse infernale avoit coupé un certain Cheveu Fatal ; dont dépendoit la vie des hommes. C'est ainsi que Didon, dans Virgile, après s'être percée le sein, ne pouvoit mourir ; parce que Proserpine ne lui avoit pas encore coupé le Cheveu Fatal.

La plûpart des Mythologues ne regardent l'Enlèvement de Proserpine, que comme une Allégorie qui a rapport à l'Agriculture : « Proserpine, dit Porphire, est la Vertu des Semences » cachées dans la terre. Pluton est le Soleil, qui fait son cours » au-dessous de la terre, au Solstice d'Hyver. C'est pour cela » que l'on dit, qu'il enlève Proserpine ; que Cérès va chercher, » lorsqu'elle est sous la terre ». Le grain qu'on jètte dans le sein de la terre ; & qui, après y avoir demeuré environ six mois, en sort par la Moisson ; c'est Proserpine qui est six mois sur la terre, & six mois aux *Enfers*. D'Anciens Historiens croyent, que Proserpine fille de Cérès Reine de Sicile, fut réellement enlevée par Pluton ou Aidonnée Roi d'Épire ; parce qu'elle lui avoit été refusée par sa mère. *Diction. de la Mythologie.*

CHAPITRE PREMIER.
UNITÉ DE LA MYTHOLOGIE DES ENFERS.

Les Dieux Mânes.

MAnes, Divinités des Anciens, que la plûpart croyoient être les Ames féparées des corps : & d'autres, les Dieux Infernaux ; ou les Dieux des Morts. Les *Mânes*, dit Servius, font les âmes féparées des corps humains, qui fe plaifent à faire du mal aux hommes ; étant ainfi appellés par antiphafe, du mot *Manum*, qui en vieux latin fignifie *Bon* : de même que les Parques font nommées *Parcæ*, *quòd nemini parcant* ; de ce qu'elles ne pardonnent à perfonne : & que la Guerre eft appellée *Bellum*, parce qu'elle n'eft point du tout *Belle*.

Quelques-uns croyent, (continuë ce même Auteur,) que ce mot de *Mânes*, vient de *Manare* ; découler, ou fortir : parce qu'ils occupent l'air qui eft entre la Terre & le Cercle Lunaire, d'où ils defcendent pour venir tourmenter les hommes. Il y en a qui diftinguent les *Mânes*, d'avec les Dieux Infernaux : d'autres, qui difent, que les Dieux Céleftes font les Dieux des Vivans ; & les *Mânes*, les Dieux des Morts. Quelques-uns s'imaginent, que les *Mânes* font des Dieux Nocturnes qui règnent entre le Ciel & la Terre ; & qui préfident fur l'Humidité de la nuit : ce qui a donné lieu d'appeller le Matin, *Mane*.

Cette diverfité de fentimens rapportée par Servius, montre de combien de nuages étoit enveloppée la Théologie des Payens. Apulée explique ainfi les *Mânes*. L'Ame de l'homme, dit-il, détachée des liens du corps, devient une efpèce de Démon ou de Génie, qu'on appelloit autrefois *Lemures*. De ces Lémures, ceux qui étoient bienfaifans à leurs familles, étoient nommés *Lares familiares,* Lares domeſtiques. Ceux qui pour les crimes qu'ils avoient commis pendant leur vie, étoient condamnés à errer continuellement ſans trouver aucun lieu de repos, & qui épouvantoient les vivans ; étoient vulgairement appellés *Larvæ*. Or, comme il étoit incertain ſi les Ames ſéparées des corps étoient du nombre des Lares, ou de celui des Larves ; on les appella du nom de *Mânes* : & par honneur, on leur donna le titre de Dieux.

Ces Lares nommés auſſi Pénates, étoient adorés dans les maiſons des Particuliers ſous la figure de certains Marmouzets d'Argent, de bronze ou de terre cuite. Feſtus dit, que les *Mânes* étoient invoquées par les Augures du Peuple Romain ; parce qu'on croyoit qu'ils favoriſoient les hommes. Les conſidérant donc comme des Dieux Bienfaiſans, on les appelloit *Mânes ;* du mot ancien *Manus*, qui ſignifioit *Bon* : ſans qu'il faille recourir à l'antiphraſe de Servius.

De ce que je viens de dire, on peut recueillir que les Anciens Payens ſe faiſoient une idée des Ames, comme de certaines ſubſtances légères, à la manière des Ombres ; néanmoins viſibles, & ayant les mêmes organes & les mêmes fonctions qu'elles avoient dans les corps qu'elles animoient : puiſque ſelon eux ; elles voyoient, elles parloient, elles entendoient, & faiſoient de ſemblables actions : de ſorte que ſuivant leur Imagination ; ce n'étoient que des corps plus ſubtils, & qui tenoient de la qualité de l'Air. Cette Erreur paſſa parmi quelques-uns des premiers Chrétiens ; & il y eut des Hérétiques, qui donnèrent même à Dieu un corps à-peu-près de cette façon : c'eſt pourquoi on les appella *Anthropomorphites ;* parce qu'ils croyoient que Dieu avoit la forme d'un homme. Tant il eſt vrai, que nous avons de la peine à conçevoir les choſes ſpirituelles. *Recherches Curieuſes de l'Antiquité.*

AUTRE

Autre Unité de la Mythologie des Enfers.

Les Funérailles.

Les *Funérailles* font les derniers devoirs que l'on rend aux Morts. Voici quelles en étoient les Cérémonies chez les Anciens. Ayant fermé les yeux à celui qui venoit de rendre l'âme, ils l'appelloient plusieurs fois à haute voix, par divers intervalles; pour connoître s'il n'étoit pas tombé dans quelque Léthargie. Ensuite ils le lavoient avec de l'eau chaude, & le frottoient de Parfums. Après, ils lui mettoient une robe blanche, & l'exposoient sur le pas de la porte, ayant les pieds du côté de la ruë. Alors on plantoit un Cyprès à l'entrée de la maison, parce que cet arbre étoit un Symbole de la Mort.

Cette Cérémonie se continuoit pendant Sept jours: & le huitième, après avoir acheté les choses nécessaires aux *Funérailles*, (qui se vendoient dans le Temple de la Déesse *Libitina*;) on portoit le corps au lieu où il devoit être brûlé. Ce Convoi étoit précédé d'un Joueur de Flûte, qui jouoit d'une manière lugubre, & publioit de temps en temps les Louanges du Défunct.

Ceux qui étoient Riches, étoient portés sur un Lit couvert de Drap de Pourpre: & les autres dans une Bière découverte. C'étoient ordinairement les Parens, qui portoient le Lit, ou le Cercueil: mais dans les *Funérailles* des Empereurs & des Consuls, les Sénateurs & les Magistrats de la République faisoient cet Office. A l'égard des Personnes du menu Peuple; ils étoient portés par des gens destinés à cette fonction, que l'on appelloit *Vespiliones*.

Dans le Convoi de ceux qui étoient d'une Ancienne Noblesse, qui avoient exercé de grandes Charges, & qui s'étoient rendus célèbres par des Actions Illustres; on portoit devant leur

Cercueil les marques de leur Dignité : comme les Faifçeaux Confulaires, les Images de leurs Ancêtres en cire, élevées fur des Piques, ou portées dans des Chariots : les Dépouilles qu'ils avoient remportées fur les Ennemis : les Couronnes qu'ils avoient méritées, & tout ce qui pouvoit contribuer à leur Gloire.

Les Affranchis du défunct fuivoient cette Pompe, portant le Bonnèt ; qui étoit la marque de leur liberté. Enfuite marchoient les Enfans, les Parens & les Amis, vêtus d'habits noirs : les Fils du défunct portoient un Voile fur la tête : & les Filles avoient les cheveux épars fans coëffures. Plutarque dit, qu'elles étoient vêtuës de blanc ; peut-être parce que l'on donnoit au Mort une robe de cette couleur. Il y avoit des Femmes, dont le Métier étoit de faire des Lamentations fur la Mort du Défunct, qu'ils appelloient *Præficæ* : & que nous pouvons nommer *Pleureufes*. Ces Femmes entonnoient des Airs Lugubres, que le Peuple répétoit.

Si le Défunct étoit une Perfonne Illuftre, on portoit premièrement fon Corps dans la Place Romaine ; où l'un de fes Fils, ou bien quelqu'autre Parent faifoit fon Oraifon Funèbre. De-là on alloit au lieu, où le Bucher étoit préparé ; s'il falloit brûler le corps : ou bien au lieu qui étoit choifi pour fa Sépulture, fi on l'enterroit fans le brûler : car cela s'éxécutoit felon la Volonté du Défunct qui l'avoit ordonné, ou des Parens qui avoient foin des *Funérailles*.

Servius dit, que dans les premiers tems de la République, on enterroit les Morts dans quelque endroit de leur Maifon ; mais que par la Loi des Douze Tables, il fut défendu d'enterrer, ni de brûler les corps dans la Ville de Rome. Depuis néanmoins, on accorda la Sépulture dans la Ville à plufieurs Perfonnes Illuftres : & les Veftales furent éxemptes de cette

Loi, auffi-bien que les Empereurs. Les autres avoient leurs Sépulcres dans leurs terres, ou fur les Grands Chemins hors de la Ville. Lorfque le Corps devoit être brûlé, on le mettoit fur le Bucher, qui étoit un tas de bois de Pins, d'Ifs, de Mélèfes, & d'autres Arbres femblables arrangés l'un fur l'autre en forme d'Autel. Le Corps vêtu de fa Robe, & arrofé de liqueurs précieufes étoit couché dans un Cercueil fait exprès; ayant le vifage vers le Ciel, & tenant une piéce d'Argent dans fa bouche, qu'ils difoient être le droit de paffage dû à Charon. Tout le Bucher étoit environné de Cyprès, parce que c'étoit un Arbre funefte. Alors les plus proches Parens tournant le dos au Bucher, y mettoient le feu avec un Flambeau qu'ils tenoient par derrière; & pendant que le feu s'allumoit, ils jettoient dans le bucher les Habits, les Armes, & les autres Chofes que le Défunct avoit le plus aimées durant fa vie: même de l'Or & de l'Argent. Anciènement, on avoit coûtume de Sacrifier des Captifs auprès du Bucher: on y fit faire enfuite des Combats de Gladiateurs.

Le Corps étant brûlé, on lavoit fes Os & fes Cendres avec du lait & du vin; & on les enfermoit dans une Urne. Le Sacrificateur qui étoit préfent à cette Cérémonie, jettoit trois fois de l'Eau fur les affiftans, avec une manière d'afpergès fait de branche d'Olivier; pour les purifier. Puis la Principale Pleureufe congédioit la Compagnie par ce mot *Ilicet*, qui fe difoit pour *ire licet*; & fignifioit, il eft permis de s'en aller. Alors les Parens & les Amis difoient à haute voix des paroles, dont voici le fens: (*Adieu, Adieu, Adieu: nous te fuivrons, quand notre rang viendra.*)

On portoit l'Urne où étoient les Os & les Cendres, dans le Sépulcre deftiné pour le Défunct; devant lequel il y avoit un petit Autel, où l'on brûloit de l'Encens & d'autres Parfums. On terminoit la Cérémonie des *Funérailles* par un Feftin, que l'on faifoit aux Parens & aux Amis ; & quelquefois on diftribuoit des viandes au Peuple. Le Deuil duroit dix Mois, qui étoit l'Année Romaine du tems de Romulus : mais il pouvoit finir par quelque Réjoüiffance Publique, ou par quelque Bonheur extraordinaire qui arrivoit dans la Famille des furvivans. *Antiq. Rom. Liv. 5. C. 39.*

Autre Unité de la Mythologie des Enfers.

Les Ombres.

Dans le Syftême de la Théologie Payenne ; ce qu'on appelloit *Ombre*, n'étoit ni le Corps, ni l'Ame : mais quelque chofe qui tenoit le milieu entre le Corps & l'Ame, qui avoit la figure & les qualités du Corps de l'homme ; & qui fervoit comme d'Enveloppe à l'Ame.

C'eft ce que les Grecs appelloient *Idolon*, ou *Phantafma* ; & les Latins, *Umbra*, *Simulacrum*. Ce n'étoit donc ni le Corps, ni l'Ame qui defcendoit dans les Enfers ; mais cette *Ombre*. Uliffe voit l'*Ombre* d'Hercule dans les Champs Élifés, pendant que ce Héros eft dans les Cieux. Il n'étoit pas permis aux *Ombres* de paffer le Styx, avant que leurs Corps euffent été mis dans un Tombeau ; mais elles étoient errantes, & voltigeoient fur le Rivage pendant Cent Ans : au bout defquels, elles paffoient enfin à cet autre Bord fi defiré. *Noël le Comte.*

CHAPITRE II.

BINAIRE DE LA MYTHOLOGIE DES ENFERS.

Le Tartare,   Les Champs Élisés.

TARTARE.

I. LE *Tartare* étoit dans les Enfers, la Prison des impies & des scélérats, dont les crimes ne pouvoient s'expier; Prison d'une telle profondeur, dit Homère; qu'elle est aussi éloignée des Enfers, que les Enfers le sont du Ciel.

Virgile en donne une autre idée : le Tartare est une Vaste Prison dans les Enfers, qui est fortifiée de trois enceintes de murailles, & entourée du Phlégéton : une haute Tour en défend l'entrée ; les Portes en sont aussi dures que le Diamant; tous les efforts des Mortels, & toute la Puissance des Dieux ne pourroient les briser ; Tisiphone veille toujours à la Porte, & empêche que personne n'en sorte ; tandis que Rhadamante y livre les criminels aux Furies.

C'étoit l'Opinion commune ; qu'il n'y avoit point de retour ni de grâce à espérer, pour ceux qui étoient une fois précipités dans le *Tartare*. Ce n'étoit pas le Sentiment de Platon, qui parle en ces termes : » ceux qui ont commis de grands Crimes,
» mais qui ne sont pas sans Remède ; comme ceux qui sont
» coupables d'Homicide, mais qui en ont eu ensuite du regret ;
» ceux-là sont nécessairement précipités dans le *Tartare* : &
» après qu'ils y ont passé une année, un flot les en retire.
» Alors ils passent par le Cocyte ou le Péryphlégéton, & de-là
» au Lac Achérusia ; où ils appellent par leur Nom, ceux qu'ils
» ont tués : & les supplient instamment de souffrir qu'ils sortent

» de ce Lac, & de leur faire la grace de les admettre en leur
» Compagnie.

» S'ils peuvent obtenir cela d'eux, ils font d'abord délivrés
» de leurs maux : finon ils font de nouveau rejettés dans le
» *Tartare*, & enfuite reviennent aux Fleuves comme ci-devant;
» & réitèrent toujours, jufqu'à ce qu'ils puiffent fléchir ceux
qu'ils ont offenfés. C'eft la peine établie par les Juges.

On croit, que l'Idée du *Tartare* a été formée fur le Tarteffe
des Anciens, qui étoit une petite ifle à l'embouchure du Bétis;
aujourd'hui Guadalquivir en Efpagne : on envoyoit peut-être
dans cette Ifle les Criminels d'État.

CHAMPS ÉLISÉS.

II. Les *Champs Élifés* étoient dans l'Idée des Payens, la
Demeure des Ames Juftes après leur mort. Là, dit Homère,
les hommes mènent une Vie douce & tranquille. Les Neiges,
les Pluyes, les Frimats n'y défolent jamais les Campagnes : en
tout tems on y refpire un air tempéré ; d'aimables Zéphirs qui
s'élèvent de l'Océan, rafraîchiffent continuellement cette Délicieufe Contrée.

Là, dit Virgile ; règne un Air pur, & une douce lumière
eft répanduë fur les Campagnes : les Habitans de ces lieux ont
leur Soleil & leurs Aftres. Héfiode & Pindare ajoutent que
Saturne eft le Souverain des *Champs Élifés* : qu'il y règne
avec fa femme Rhéa; & qu'il y fait règner le Siècle d'Or, qui
a été fi court fur la terre.

Homère & Virgile n'y admettent que des Jeux innocens,
& des Occupations dignes des Héros qui y habitent. Dans le
Poëte Grec, l'ombre d'Achille fait la guerre aux bêtes féroces;
& dans le Poëte Latin, les Héros Troyens s'y éxèrçent à manier
des chevaux, à faire des armes, au Combat de la lutte. Les

uns danfent; les autres récitent des vers. Mais les Poëtes voluptueux y font trouver des Occupations & des plaifirs plus conformes à leurs inclinations.

Refte à fçavoir, en quel endroit du Monde étoit cette *Demeure Fortunée*; c'eft fur quoi les Anciens n'étoient point dutout d'accord. Les uns plaçent les *Champs Élifés* au milieu des Airs : d'autres dans la Lune, ou dans le Soleil; d'autres dans le centre de la Terre. Platon dit qu'ils font fur la Terre; c'eft-à-dire, dans l'Hémifphère de la Terre diamétralement oppofé au nôtre, ou aux Antipodes.

Homère les établit à l'extrémité de la Terre : d'autres veulent que ce foit dans les Ifles de l'Océan, qu'ils appelloient *Fortunées*; & que nous croyons être les Canaries, inconnuës alors. Enfin chez quelques-uns, c'étoit le Charmant Pays de la Bétique, où les Phéniciens avoient fouvent voyagé; & qu'ils trouvoient un Pays admirable, arrofé de Fleuves, de Ruiffeaux & de Fontaines, entrecoupé de Plaines Charmantes, de Bois & de Bocages enchantés; les Montagnes enfermant des mines d'Or & d'Argent : & la Terre fourniffant par-tout abondamment, tout ce qui eft Néceffaire à la Vie.

Comme ils ne connoiffoient rien de plus Beau, ils fouhaitoient d'y faire un Éternel féjour; & fournirent peut-être aux Grècs, la première Idée de leurs *Champs Élifés* : je dis peut-être; car des Sçavans prétendent, que cette Idée a été prife d'une Coûtume des Égyptiens, qui enterroient les Corps de ceux qu'ils vouloient honorer dans un Bocage Délicieux; audelà du Lac Querron. *Dictionn. de Mythologie. Fol. 5.*

On croit que les *Champs Élifiens* font de l'invention des Grècs; mais je ne doute point, qu'ils ne viennent plutôt des Égyptiens & des Hébreux.

Nous trouvons dans les Prophètes quelques defcriptions de

l'État des âmes des Héros après leur mort ; qui ont beaucoup de rapport, à ce que les Profanes nous difent des *Champs Élifiens* ; par éxemple : *Le jour qu'Affur eft defcendu dans l'Enfer, j'ai ordonné un Deüil Général*, dit le Seigneur ; *j'ai fermé fur lui l'Abîme, j'ai arrêté le Cours de fes Fleuves, & des Grandes Eaux qui l'arrofoient.* (Voilà l'Achéron, & les autres Fleuves de l'Enfer.) *Le Liban & tous les Arbres de la campagne ont été ébranlés de fa Chûte ; toutes les Nations ont été frappées d'étonnement, lorfqu'il eft defcendu dans le Tombeau ; tous les Bois d'Éden*, (ou tous les Arbres du Jardin Délicieux,) *qui font au plus profond de la Terre, ont été comblés de Joye : avec lui font defcendus tous les plus Beaux Arbres du Liban, qui étoient fon Bras & fa Force, & qui fe repofoient fous fon Ombre. A qui reffemblez-vous maintenant parmi tous les Arbres, vous qui étiez fi grand ? Vous voilà enfin réduit au fond de la Terre, avec les Arbres d'Éden ; vous y dormirez avec tous ceux qui ont été tués par l'Épée. Là fera Pharaon avec toutes fes Troupes.*

On voit dans toute cette Defcription ; que le Roi d'Affyrie eft comparé à un Cèdre du Liban, qui ébranle de fa chûte tous les Arbres de cette montagne ; que les Rois & les Princes qui étoient tributaires au Roi d'Affyrie, font comparés aux Arbres du Pays d'Éden. Tous ces Arbres font defcendus en Enfer, pour y former une Forêt ; ou un Jardin Délicieux.

Ifaïe nous repréfente les Rois des Nations affis fur des Trônes dans l'Enfer, qui viennent au-devant du Roi de Babylone. *L'Enfer a été troublé à ton arrivée*, dit-il au Roi de Babylone ; *les Géans fe font levés pour venir au-devant de toi : les Princes de la Terre & les Rois des Nations font defcendus de leurs Trônes,* (pour te faire honneur ;) *& t'ont adreffé la parole, en difant : tu as donc été percé de playes auffi-bien que nous ; tu es devenu comme l'un de nous ; ton Orgueil a été précipité dans l'Enfer ;*

(ou dans le Tombeau.) *ton Lit sera la pourriture, & ta Couverture feront les vers ; &c.*

De même que dans l'Idée des Payens, les *Champs Élisés* étoient séparés du Tartare & de la demeure des méchans, par des Murs insurmontables & un Fleuve de Feu ; qui empêchoient que l'on ne pût passer de l'un dans l'autre : ainsi selon l'Idée de l'Écriture, il y a un Abîme profond qui sépare les Bienheureux qui sont dans le sein d'Abraham, des méchans qui sont dans l'Enfer. Cela n'empêchoit pas toutefois, que les Méchans ne vissent le Bonheur des Gens de Bien ; & cela même faisoit une partie de leur Supplice. Ainsi nous voyons le Mauvais Riche qui parle à Abraham ; & le prie de faire avertir ses frères, de se donner de garde de tomber dans ce lieu de tourmens : ainsi dans le Livre de la Sagesse, les Méchans sont témoins de la Gloire des Gens de Bien.

Il est dit dans Virgile ; qu'on entend les cris & les gémissemens des Damnés, les Coups qu'on leur donne, & le Mouvement des Chaînes dont ils sont chargés.

De même que les Juifs croyent, que les Ames de ceux qui ne sont pas enterrés, rodent sur la Terre ; & ne peuvent avoir de Repos, que leurs Corps ne soient dans la Sépulture : ainsi chez les Payens, ceux qui n'étoient pas enterrés, ne pouvoient être reçus dans la Barque de Charon, ni passer dans le lieu où ils étoient destinés.

Les Rabins croyent aussi, que les Ames des Morts peuvent revenir & reviennent en effèt ; sur-tout pendant les douze mois qui suivent leur trépas, puis retournent en Enfer, ou dans les lieux où les Ames attendent la Résurrection Générale. Ainsi les Profanes croyoient que les Apparitions, sur-tout des Personnes mortes depuis peu, étoient fréquentes ; que les Ames sortoient de l'Enfer, & y rentroient assez souvent, à l'Excèption toute-

Tome II.   T

fois des Grands Scélérats, à qui l'on n'accordoit pas cette Liberté. D'où vient qu'Ézéchiel dit, que Dieu ferma la porte de l'Abîme fur le Roi d'Affur, quand il fut defcendu dans l'Enfer; & que dans le Livre d'Énoch, Dieu ordonne à S. Michel de charger de chaînes les Anges Rébelles, & de les précipiter dans le fond de la Terre : & dans l'Apocalypfe l'Ange defcend du Ciel ayant en main la Clef de l'Abîme, faifit le Démon, l'enchaîne, le jette dans l'Abîme, ferme la Porte fur lui, & la fçèlle afin qu'il n'en puiffe jamais fortir. Le Mauvais Riche dans Saint Luc ne peut fortir du Lieu des Supplices. *Dictionn. de D. Calmet.*

CHAPITRE III.
TERNAIRE DE LA MYTHOLOGIE DES ENFERS.

Les trois Juges.

Sçavoir,

Minos, *Éaque,* *Rhadamante.*

MINOS.

I. MINOS, Roi de Créte, étoit fils de Jupiter & d'Europe : il gouverna fon peuple avec beaucoup d'équité & de douceur. Les Loix qu'il donna aux Crétois l'ont toujours fait regarder, comme un des plus grands Légiflateurs de l'Antiquité. Pour donner plus d'Autorité à fes Loix, il fe retiroit fouvent dans un Antre : où il difoit, que Jupiter fon père les lui dictoit; il n'en revenoit jamais, qu'il n'en rapportât quelque Nouvelle Loi.

La Sageffe de fon Gouvernement, & fur-tout fon équité, lui

ont fait donner après sa mort par les Poëtes, la fonction de Juge Souverain des Enfers. *Minos* étoit regardé proprement comme le Président de la Cour Infernale ; & les deux autres Juges, Éaque & Radamante, n'étoient pour ainsi dire, que ses Lieutenans.

Homère nous le représente avec un Scèptre à la main, assis au milieu des Ombres, dont on plaide les causes en sa présence. Virgile dit qu'il tient à la main, & qu'il remuë l'Urne Fatale où est renfermé le Sort de tous les Mortels : il cite les Ombres muettes à son Tribunal ; il éxamine leur vie, & recherche tous leurs crimes. *M. l'Abbé Banier.*

ÉAQUE.

II. *Éaque*, fils de Jupiter & d'Égine, naquit dans l'Isle d'Égine, dont il fut Roi. La réputation qu'il s'acquit d'être le Prince le plus équitable de son tems, lui mérita chez les Poëtes une place parmi les Juges d'Enfer ; entre Minos & Radamante. Il fut chargé, dit-on, de Juger les morts de l'Europe.

Ce qui augmenta la réputation de ce Prince, c'est que l'Attique étant affligée d'une grande sécheresse, on recourut à l'Oracle ; qui répondit que ce Fleau cesseroit, dès qu'*Eaque* deviendroit l'Intercesseur de la Grèce. Ce Prince offrit des sacrifices à Jupiter ; & il survint une grande abondance de pluye. Les Éginètes pour conserver la Mémoire de cet événement, qui faisoit tant d'honneur à leur Prince, élevèrent un Monument nommé l'*Éacée*, où étoient les Statuës de tous les Députés de la Grèce, qui vinrent pour ce sujèt dans leur Isle.

Les Athéniens se préparant à une expédition contre Égine, dont les habitans ravageoient les côtes de l'Attique, envoyèrent à Delphes consulter l'Oracle sur le succès de leur entreprise. Apollon les menaça d'une ruine entière, dit Hérodote, s'ils faisoient la Guerre aux Éginètes, plutôt que dans trente ans; mais les trente ans passés, ils n'avoient qu'à bâtir un Temple à *Éaque*, & entreprendre la Guerre; alors tout leur devroit réussir.

Les Athéniens qui brûloient d'envie de se venger, coupèrent l'Oracle par la moitié: ils n'y déférèrent qu'en ce qui regardoit le Temple d'*Éaque*, & ils le bâtirent sans retardement; mais pour les trente ans, ils s'en moquèrent. Ils allèrent aussi-tôt attaquer Égine, & eurent tout l'avantage. *M. de Lavaur.*

RHADAMANTE.

III. *Rhadamante*, fils de Jupiter & d'Europe, étoit frère de Minos. Il s'acquit la réputation d'un Prince d'une grande Vertu; le plus modeste & le plus sobre de son tems. Il alla s'établir dans quelqu'une des Isles de l'Archipel, sur les côtes d'Asie; où il fit plusieurs conquêtes, moins par la Force de ses armes, que par la Sagesse de son gouvernement.

C'est cette Équité & cet amour pour la Justice, qui le firent mettre au nombre des Juges d'Enfer; où on lui donna pour son partage, les Asiatiques & les Africains. C'est lui, dit Virgile, qui préside au Tartare; où il éxerce un pouvoir formidable : c'est lui qui informe des crimes, & qui les punit; il force les coupables de révéler eux-mêmes les horreurs de leur vie, d'avouer les Crimes dont ils ont vainement joui, & dont ils ont différé l'expiation jusqu'à l'heure du Trépas. *Mélange Curieux.*

AUTRE TERNAIRE DE LA MYTHOLOGIE DES ENFERS.

Le Chien Cerbère.

Le *Cerbère* étoit un Chien à trois têtes, né du Géant Typhon

& du monstre Échidna : au lieu de poil, son cou étoit environné de Serpens. Couché dans un Antre sur la rive du Styx, il gardoit la porte du Palais de Pluton & des Enfers ; & n'en laissoit sortir personne.

Là est un Chien furieux à trois têtes, dit Lucien, qui regarde de bon œil & fait un accueil favorable à tous ceux qui entrent ; mais qui aboye horriblement, & qui fait des hurlemens épouvantables quand quelqu'un veut s'échapper.

Hercule l'enchaîna, lorsqu'il retira Alceste des Enfers. Orphée l'endormit au son de sa Lyre, lorsqu'il alla chercher sa chère Euridice. La Sibylle qui conduisoit Énée aux Enfers, l'endormit aussi avec une pâte assaisonnée de Miel & de Pavot.

Il y avoit un Affreux Serpent dans une Caverne du Promontoire de Ténare, qui ravageoit tous les environs : comme cet Antre passoit pour la Porte des Enfers, on dit que le Serpent en étoit le Portier. On lui donna trois langues ; parce que la langue des Serpens est comme un dard à trois pointes. Enfin on dit, que c'étoit le Chien des Enfers ; parce que quiconque en étoit piqué, mouroit aussi-tôt. La première Idée de cette Fable peut être venue de la Coûtume des Égyptiens, de faire garder les Tombeaux par des Dogues. *Noël le Comte.*

Ce Chien à trois têtes exprime le Tems Passé, le Présent, & l'Avenir qui reçoit tout & le dévore, pour ainsi dire. Hercule le surmonte, pour faire voir que les Actions Héroïques sont victorieuses de l'Age & des Saisons ; parce qu'elles sont toujours présentes dans la Mémoire de la Postérité. Les autres assûrent, que ce Chien à trois têtes est l'Image de trois ennemis de l'Homme ; & que le Héros qui l'enchaîne, est la Figure d'une Grande Ame, qui surmonte par sa Générosité les desseins de ses ennemis déclarés. *Moréry.*

CHAPITRE IV.

QUATERNAIRE DE LA MYTHOLOGIE DES ENFERS.

Les quatre Fleuves de l'Enfer :

Sçavoir,

Phlégéton,   *Cocyte*,   *Styx*,   *Achéron.*

PHLÉGÉTON.

I. PHLÉGÉTON selon les Poëtes, étoit un Fleuve d'Enfer, qui rouloit des torrens de flammes, & environnoit de toutes parts la Prison des Méchans.

COCYTE.

II. Le *Cocyte* étoit un des Fleuves d'Enfer, dont les marais bourbeux environnoient le Tartare : ses eaux ne grossissoient, que des Larmes des malheureux qui étoient dans les Enfers. Son nom signifie en effèt *Pleurs, Gémissemens* : car le *Cocyte* est un Fleuve de la Thesprotie en Épire ; ou plutôt un marais bourbeux qui se déchargeoit dans le marais d'Achérusie. Il y a un autre *Cocyte* dans la Campanie en Italie, qui se décharge dans le Lac Lucrin.

STYX.

III. *Styx* étoit fille de l'Océan, & mère de l'Hydre de Lerne, selon les Poëtes ; qui la changèrent ensuite en Fleuve d'Enfer. Le *Styx*, dit Virgile, se repliant neuf fois sur lui-même, tient les Morts pour toujours emprisonnés sur ses bords. Le nom du *Styx* imprimoit tant de terreur, que le Serment le plus inviolable étoit de Jurer par le *Styx* ; & les Dieux mêmes étoient trèsreligieux à le garder. La Punition de ceux qui se parjuroient après ce Serment, étoit très-rigoureuse : Jupiter leur faisoit présenter une Coupe pleine de l'eau empoisonnée de ce Fleuve, qui les laissoit sans âme, dit Hésiode ; ou sans vie pendant un an : & leur Divinité étoit suspenduë pour neuf ans. Lorsque les Dieux juroient par le *Styx*, ils devoient avoir une main sur la Terre, & l'autre sur la Mer.

Styx étoit une Fontaine de l'Arcadie, près du Mont Cyllène; qui dégoutoit d'un rocher extrêmement élevé. Après s'être fait une route à travers les Rochers, elle tomboit dans le Fleuve Crathis. Cette eau, dit Pausanias, est mortelle aux Hommes & à tout Animal. Souvent des chèvres sont mortes pour en avoir bû ; mais l'on a été du tems à s'en appercevoir. Une autre qualité fort surprenante de cette eau ; c'est qu'aucun vase soit de verre, soit de crystal, soit de terre cuite, soit même de marbre, ne la peut contenir sans se casser. Elle dissout ceux qui sont de corne ou d'or ; elle dissout même le fer, le cuivre, le plomb, l'étain, l'ambre, l'argent, & même l'or : quoiqu'au rapport de Sapho, la rouille ne l'altère jamais ; ce qui est aussi confirmé par l'expérience. Mais cette même eau du *Styx* n'agit point sur la corne du pied des chevaux. On a dit qu'Aléxandre, fils de Philippe, a été empoisonné avec cette eau.

C'est sans doute cette mauvaise qualité de l'eau de la Fontaine de *Styx*, qui a donné lieu aux Poëtes d'en faire un Fleuve, ou un Marais d'Enfer. Quant au Serment des Dieux par le Styx, on croit que l'Idée en est venuë, de ce qu'on se servoit anciennement de l'eau du *Styx*, pour faire les épreuves des coupables & des innocens. *M. l'Abbé de Claustre.*

ACHÉRON.

IV. *Achéron* fils de Titan & de la Terre, eut tant de peur

des Géans, qu'il se cacha sous Terre; & descendit même jusques dans l'Enfer, pour se dérober à leur fureur. D'autres disent, que Jupiter le précipita dans l'Enfer; parce que son eau avoit servi à étancher la soif des Titans.

Selon Bocace, *Achéron* étoit un Dieu qui nâquit de Cérès dans l'Isle de Crète; & qui ne pouvant soutenir la Lumière du Jour, se retira aux Enfers. Ce Fleuve de la Thesprotie, prenoit sa source au marais d'Achéruse; & se déchargeoit près d'Ambracie dans le Golfe Adriatique. Son eau étoit amère & mal saine: première raison pour en faire un Fleuve d'Enfer. Il demeure long-temps caché sous Terre, ce qui a fait dire qu'il alloit se cacher aux Enfers. Le nom d'*Achéron* a aussi contribué à la Fable; car il veut dire *Angoisse*, *Hurlement*. *Dictionnaire de la Fable.*

CHAPITRE V.

SEPTÉNAIRE DE LA MYTHOLOGIE DES ENFERS.

L'Envie, la Douleur, la Pauvreté, le Destin, le Travail, la Discorde, la Fraude.

L'ENVIE.

I. IL ne paroît pas qu'on ait jamais érigé des Autels, ni des Statuës à l'*Envie*. Lucien & Ovide en ont fait des Descriptions Poëtiques, prises sur les Envieux mêmes. Voici comme parle Ovide: « une Triste Pâleur est peinte sur son visage, » elle a le corps entièrement décharné, le regard sombre & » égaré, les dents noires & mal-propres, le cœur abreuvé de fiel, » & la langue couverte de venin. Toujours livrée à des souhaits » inquièts & chagrins, jamais elle n'a ri qu'à la vûë de quelques
» maux,

» maux, jamais le Sommeil ne ferma ses paupières. Tout ce qui
» arrive d'heureux dans le Monde l'afflige, & redouble sa fu-
» reur: elle mèt toute sa joye à se tourmenter, à tourmenter
» les autres; & elle est elle-même son triste bourreau.

La Douleur.

II. La *Douleur* étoit fille de l'Érèbe & de la Nuit, selon Ci-céron.

La Pauvreté.

III. Il paroît par le Plutus d'Aristophane, que la *Pauvreté* avoit été mise au rang des Dieux. Les Habitans de Gadura l'honoroient d'un Culte particulier; parce qu'ils la regardoient comme la Mère de l'Industrie, & de tous les Arts. Platon lui donne l'Amour pour fils. Plaute la fait fille de la Débauche, parce que ceux qui s'y livrent aboutissent assez souvent à la *Pauvreté*.

Le Destin.

IV. Le *Destin* est une Divinité aveugle qui règloit toutes choses par une Puissance, dont on ne pouvoit ni prévenir, ni empêcher les effèts. Toutes les autres Divinités étoient soumises à celle-ci. Les Cieux, la Terre, la Mèr & les Enfers étoient sous son Empire; & rien ne pouvoit changer ce qu'il avoit ré-solu: ou pour parler avec les Stoïciens, le *Destin* étoit lui-même cette *Fatale Nécessité*, suivant laquelle tout arrivoit dans le Monde. Jupiter a beau vouloir sauver Patrocle, il faut qu'il examine sa Destinée, qu'il ne connoît pas: il prend des Balan-ces, le pèse, & le côté qui décidoit de la mort de ce Héros étant le plus pesant; il est obligé de l'abandonner à son *Destin*. Ce Dieu se plaint dans le même Poëte, de ne pouvoir fléchir le *Destin* pour son fils Sarpédon, ni le garantir de la mort.

Ovide fait dire à Jupiter qu'il est soumis à la Loi du *Destin*, & que s'il pouvoit la changer; Éaque, Rhadamante & Minos ne seroient pas accablés sous le poids de leur vieillesse. Diane dans Euripide, pour consoler Hyppolite mourant, lui dit, qu'elle ne sçauroit à la vérité changer l'Ordre du *Destin* : mais que pour le venger, elle tuera de sa propre main un des Amans de Vénus.

Quelques inévitables que fussent les Arrêts de cette aveugle Divinité; Homère dit cependant qu'ils pensèrent une fois être sans exécution, tant les idées qu'on avoit à ce sujet étoient peu nettes. Ces Destinées étoient écrites de toute éternité, dans un lieu où les Dieux alloient les consulter. Jupiter y alla, dit Ovide, avec Vénus, pour y voir celles de Jules César. Ce Poëte ajoute, que celles des Rois étoient gravées sur le Diamant.

Les Ministres du *Destin* étoient les trois Parques; que l'on chargeoit du soin de faire exécuter les Ordres de l'aveugle Divinité. Un Mythologue moderne dit, qu'elles étoient les Secrétaires de son cabinet, & les Gardes de ses Archives : l'une dictoit les Ordres de son Maître, l'autre les écrivoit avec exactitude, & la dernière les exécutoit en filant nos Destinées. Selon Hésiode, la Nuit seule engendra l'affreux *Destin*.

LE TRAVAIL.

V. Hésiode dit, que le *Travail* est fils de l'Érèbe & de la Nuit; comme tous les Maux qui arrivent aux hommes, & à qui il donne la même Origine.

LA DISCORDE.

VI. La *Discorde* est une Divinité malfaisante, à laquelle on attribuoit non-seulement les Guerres; mais aussi les Querelles entre les Particuliers, les Brouilleries dans les ménages, les Dissensions dans les familles.

La *Discorde*, sœur & compagne de Mars, dit Homère, dès qu'elle commence à paroître, s'élève insensiblement : & bientôt, quoiqu'elle marche sur la Terre, elle porte sa tête orgueilleuse jusques dans les Cieux. Pétrone la dépeint les cheveux épars & en désordre, la bouche ensanglantée, les yeux battus & fondant en larmes, grinçant des dents qu'elle avoit toutes noires : dont la langue distilloit une liqueur infectée & puante, la tête hérissée de serpens, portant un habit tout déchiré; & agitant une torche de sa main sanglante.

Virgile dit aussi, que sa chevelure étoit composée de Serpens. C'est elle qui aux noces de Pelée & de Thétis jetta dans l'Assemblée des Dieux, la Fatale Pomme qui occasionna entre les Déesses, la fameuse contestation dont Paris fut le Juge : les Dieux ayant refusé de l'être, de crainte d'entrer eux-mêmes par des sentimens de partialité, dans les Débats & les Altercations qui sont toujours les suites de la *Discorde*.

LA FRAUDE.

VII. Hésiode compte la *Fraude*, parmi les nombreux enfans de la Nuit & des Ténèbres. Voici le portrait que fait Bocace de cette Divinité malfaisante. Elle a la phisionomie d'un Homme de bien, le corps d'un Serpent ; dont la peau laisse voir différentes couleurs agréables, pendant que la partie inférieure se termine en queuë de Poisson : elle nâge dans les eaux du Cocyte, dont elle tire tout son venin ; & ne laisse apperçevoir que sa tête. *Moréry*.

AUTRE SEPTÉNAIRE DE LA MYTHOLOGIE DES ENFERS.

Sçavoir,

La Nuit,   le Sommeil,   la Mort,   Tantale,
Ixion,   les Danaïdes,   Sifyphe.

DE LA NUIT.

I. On a fait de la *Nuit* une Divinité, & la plus ancienne de toutes; parce que les Ténèbres ont précédé la Lumière. Elle étoit fille du Cahos, dit Héfiode; l'Auteur que nous avons fous le nom d'Orphée, l'appelle la Mère des Dieux & des Hommes. Théocrite dit, qu'elle alloit fur un Chariot précédé par les Aftres: d'autres lui donnent des aîles comme à Cupidon, & à la Victoire. Enfin Euripide la dépeint vêtuë & couverte d'un grand Voile noir, accompagnée des Aftres; & allant en cet équipage fur fon char. C'eft là la manière la plus ordinaire dont elle eft repréfentée.

Quelquefois on la voit fur fon Char, tenant un grand Voile tout parfemé d'Étoiles, étendu fur la tête. D'autrefois on la trouve fans Chariot, ayant auffi un grand Voile qu'elle tient d'une main; & tourne de l'autre fon Flambeau vers la terre pour l'éteindre.

La *Nuit* avoit des enfans dont le Père étoit l'Érèbe, au fentiment de quelques Anciens rapporté par Cicéron: c'étoit l'Éther & le Jour. Outre cela, la *Nuit* toute feule & fans le commerce d'aucun Dieu, engendra dit Héfiode; l'odieux Deftin, la noire Parque, la Mort, le Sommeil & tous les Songes, la Crainte, la Douleur, l'Envie, le Travail, la Vieilleffe, la Mifère, les Ténèbres, la Fraude, l'Obftination, les Parques, les Hefpétides : en un mot, tout ce qu'il y avoit de fâcheux & de pernicieux dans la vie, paſſoit pour une production de la *Nuit*. Énée avant de deſcendre dans les Enfers immole une jeune Brebis noire à la *Nuit*, comme Mère des Euménides. *Trévoux*.

Du Sommeil.

II. Homère & Héſiode font le *Sommeil* fils de l'Érèbe & de la Nuit, frère de la Mort ; dont il eſt la plus parfaite image. Junon voulant endormir Jupiter, pour l'empêcher de voir ce qui ſe paſſoit dans le camp des Grecs & des Troyens ; va trouver le *Sommeil* à Lemnos ſon ſéjour ordinaire : & le prie d'aſſoupir les yeux trop clairvoyans de Jupiter, en lui promettant de beaux préſents ; & l'appellant le Roi des Dieux & des Hommes.

Le *Sommeil* s'en défendit un peu, en diſant qu'il craignoit la Colère de Jupiter : « je me ſouviens, lui dit-il, d'une ſembla-
» ble prière que vous me fîtes au ſujèt d'Hercule : je m'inſinuai
» auprès de Jupiter, je fis couler mes douceurs les plus puiſſan-
» tes dans ſes yeux & dans ſon eſprit ; & vous profitâtes de ces
» momens, pour perſécuter ce Héros. Jupiter s'étant éveillé,
» entra dans une ſi grande Colère, qu'il me chercha par-tout
» pour me punir. J'étois perdu ſans reſſource, il m'auroit jetté
» dans les Abyſmes les plus profonds de la Mèr ; ſi la Nuit qui
» dompte les Dieux comme les Hommes, ne m'eût ſauvé. Je
» me jettai entre ſes bras ſecourables, & Jupiter quelqu'irrité
» qu'il fût, s'appaiſa ; car il craignoit la Nuit, & n'oſoit forcer
» cet aſyle. Et aujourd'hui, vous venez m'expoſer encore au
» même péril ? Cependant Junon le gâgna, en lui promettant en mariage la plus jeune des Graces.

Ovide établit le domicile du *Sommeil* dans le pays des Cimmériens, que les Anciens croyoient être plongé dans les plus

épaisses ténèbres. « Là est une vaste Caverne, dit-il, où les
» rayons du Soleil ne pénètrent jamais. Toujours environnée
» de nuages sombres & obscurs, à peine y jouit-on de cette
» foible Lumière, qui laisse douter s'il est jour ou nuit ; jamais
» les Coqs n'y annoncèrent le retour de l'Aurore ; jamais les
» Chiens ni les Oyes qui veillent à la garde des maisons, ne
» troublèrent par leurs cris importuns, le tranquille repos qui y
» règne ; nul Animal ni féroce, ni domestique ne s'y fit jamais
» entendre. Le Vent n'y agita jamais, ni les feuilles, ni les
» branches. On n'y entend ni querelles, ni murmures ; c'est le
» séjour de la Douce Tranquillité. Le seul bruit qu'on y en-
» tend est celui du Fleuve d'Oubli, qui, coulant sur de petits
» cailloux fait un doux murmure qui invite au repos. A l'en-
» trée de ce Palais naissent des pavots & une infinité d'autres
» Plantes, dont la Nuit ramasse soigneusement les sucs assou-
» pissans, pour les répandre sur la terre. De crainte que la Porte
» ne fasse du bruit en s'ouvrant ou en se fermant, l'Antre de-
» meure toujours ouvert ; & on n'y voit aucune garde. Au
» milieu de ce Palais est un lit d'Ébène, couvert d'un rideau
» noir : c'est là que repose sur la plume & sur le Duvet le tran-
» quille Dieu du *Sommeil*.... Iris envoyée par Junon s'étant
» approchée de ce lit, le *Sommeil* frappé de l'éclat de ses ha-
» bits, ouvre ses yeux appesantis, fait un effort pour se relever,
» & retombe aussi-tôt : enfin après avoir laissé souvent tomber
» son menton sur son estomac, il fait un dernier effort, & s'ap-
» puyant sur le coude, demande à Iris, quel étoit le sujet de son
» arrivée ».

On représentoit ce Dieu, comme un enfant enseveli dans
un Profond *Sommeil*, qui a la tête appuyée sur des Pavots.
Tibulle lui donne des aîles : un autre Poëte lui fait embrasser
la tête d'un Lion qui est couché. Les Lacédémoniens au rapport

de Paufanias joignoient enfemble dans leurs Temples ; la repréfentation du *Sommeil*, & celle de la Mort. Lorfqu'on invoquoit le *Sommeil* pour les Morts, il s'agiffoit alors du *Sommeil Éternel*, qui étoit la Mort. *Dićtion. de la Fable.*

DE LA MORT.

III. Les Anciens ont fait de la *Mort*, une Divinité engendrée par la Nuit feule, fans le commerce d'aucun autre Dieu : on lui donnoit pour frère le Sommeil, & avec raifon : puifqu'elle eft véritablement le Grand Sommeil, le Sommeil Éternel, dont le Sommeil des vivans n'eft que l'image. Paufanias parle d'une Statuë de la Nuit, qui tenoit entre fes bras fes deux enfans, le Sommeil & la Mort ; l'un noir, & l'autre blanc : l'un qui dort tout-à-fait, & l'autre qui ne fait que femblant de dormir ; & tous deux contrefaits.

On attribuoit toutes les Morts fubites à la colère d'Apollon & de Diane ; avec cette différence, qu'on mettoit fur le compte du Dieu, celles des hommes ; & fur le compte de la Déeffe, celles des femmes : parce qu'on croyoit, qu'elles étoient l'effet des Influences malignes du Soleil & de la Lune. *Antiquités Grecques & Romaines.*

TANTALE.

IV. *Tantale* Roi de Lydie, eft un des Princes à qui l'Antiquité a reproché d'avoir offert aux Dieux des victimes humaines ; ce qui l'a fait mettre par les Poëtes, au nombre des fameux Scélérats condamnés aux fupplices du Tartare. » Là je » vis le célèbre *Tantale*, (dit Ulyffe dans l'Odiffée,) en proye » à des douleurs qu'on ne fçauroit exprimer. Confumé par une » foif brulante, il étoit au milieu d'un étang, dont l'eau plus » claire que le cryftal montoit jufqu'à fon menton, fans qu'il

» pût en prendre une goute pour se défaltérer; car toutes les
» fois qu'il se baiffoit pour en boire, l'eau difparoiffoit tout au-
» tour de lui; & il ne voyoit plus qu'un fable aride, qu'un
» Dieu ennemi deffechoit. Ce n'étoit-là que la moitié de fon
» Supplice: également dévoré par la faim, il étoit environné
» de beaux arbres, d'où pendoient fur fa tête des fruits déli-
» cieux; des poires, des grenades, des oranges, des figues,
» des olives. Mais toutes les fois que ce malheureux levoit les
» bras pour en cueillir, un vent jaloux les élevoit jufqu'aux
» nuës »; ce qu'Ovide exprime en moins de mots, quand il
dit, » que *Tantale court après l'Onde, qui le fuit; & tâche vai-*
» *nement de cueillir le Fruit d'un Arbre qui s'éloigne.*

Les Anciens ne font pas d'accord fur la nature du châtiment de *Tantale*; & Cicéron après avoir fuivi Homère & Virgile, en fa première Tufculane ch. 5. adopte en la quatrième Tufculane, ch. 16. la Tradition d'Euripide, de Pindare & de Platon; qui repréfente *Tantale* ayant la tête au-deffous d'un Rocher, dont la chûte le menace à tout moment. Ce Philofophe parlant de la douleur que caufe la crainte, dit: » c'eft de ce
» Supplice que les Poëtes ont voulu nous tracer l'image; en
» nous peignant *Tantale* dans les Enfers, avec un Rocher au-
» deffus de fa tête toujours prêt à tomber, pour le punir de
» fes Crimes.

Quels étoient fes Crimes? Les Poëtes font encore moins d'accord fur ce point; les uns l'accufent d'avoir fait fervir aux Dieux dans un Feftin, les membres de fon propre fils qu'il avoit égorgé, pour éprouver leur Divinité: c'eft-à-dire, comme l'explique un Mythologue moderne; d'avoir voulu faire aux Dieux le barbare Sacrifice de fon fils. D'autres l'accufent d'avoir révélé le fecret des Dieux, dont il étoit Grand Prêtre; c'eft-à-dire, d'avoir découvert les Myftères de leur Culte.

Selon

Selon Pindare, il ne mérita ce Supplice, que, parce qu'ayant été admis à la Table des Dieux, il déroba le Nectar & l'Ambrosie pour en faire part aux mortels ; ou enfin selon Lucien, parce que *Tantale* avoit volé un Chien que Jupiter lui avoit confié, pour garder son Temple dans l'Isle de Crète : le Dieu lui ayant fait demander ce qu'étoit devenu ce Chien, il répondit qu'il n'en sçavoit rien. Cicéron, sans exprimer aucun des Crimes de *Tantale* en particulier ; dit qu'il est puni de ses Forfaits, de sa Fureur & de son Orgueil ; *ob scelera, animique impotentiam, & superbiloquentiam.* Horace trouve le portrait de l'Avare dans le supplice de *Tantale* au milieu des eaux, qui fuyent sitôt qu'il veut boire : » Avare, de qui pensez-vous rire ?
» C'est de vous, dit-il, que parle la Fable sous un nom em-
» prunté.

Tantale fils de Thyeste, fut le premier mari de Clytemnestre, selon Euripide : » quel époux ai-je trouvé dans Aga-
» memnon ? *dit Clytemnestre ;* un ravisseur, qui m'enlève contre
» mon gré ? aprés avoir tué Tantale mon premier époux, après
» avoir arraché de mon sein un fils ; après l'avoir écrasé en le
» précipitant à mes yeux » ? Homère dit au contraire, que Clytemnestre avoit été mariée en premières nôces au Roi Agamemnon. *Histoire des Oracles.*

IXION.

V. *Ixion* Roi des Lapithes en Thessalie, devoit le jour à Jupiter & à la Nymphe Mélète. Selon Diodore, son père s'appelloit Antion ; & selon Hygin, Léonte. Il établit sa demeure à Larisse, aux environs du Mont Pélion. Ayant épousé Dia, fille de Déjoné, il en eût *Pirithoüs.* Comme c'étoit alors la coutume, que lorsqu'on épousoit une fille ; au lieu d'en recevoir une Dot, l'époux faisoit de grands avantages à la fille

Tome II. X

qu'il vouloit épouser, & de riches préfens aux père & mère pour l'obtenir ; Déjoné ayant fouvent follicité fon gendre d'accomplir les promeffes qu'il lui avoit données en époufant fa fille, & voyant qu'il ne faifoit que l'amufer par de belles paroles, lui fit un jour enlever fes jumens qui paiffoient à la campagne. *Ixion* piqué au vif de cet affront, feignit de vouloir entrer en accommodement avec lui, & l'invita à un Feftin. Déjoné fe rendit à Lariffe, & y fut reçu avec beaucoup de magnificence. Mais *Ixion* ayant fait creufer à l'entrée de la Salle où l'on devoit manger, une Foffe où il avoit fait jetter beaucoup de bois & de charbons ardens ; Déjoné à qui il donnoit le pas par honneur, y tomba, & y perdit la vie. Tout le monde eut horreur de ce Crime; & comme il étoit alors fans éxemple, on n'avoit point de Formulaire pour l'expier. En vain *Ixion* follicita tous les Princes de la Grèce ; perfonne ne voulut même lui accorder les Droits de l'Hofpitalité : & il erra longtems fans trouver aucun afile. A la fin il fut reçu chez un Prince, qui avoit peut-être le furnom de Jupiter ; & qui moins délicat que les autres, l'admit à fa table ; & confentit à lui faire les Cérémonies de l'Expiation. Mais l'ingrat *Ixion* oubliant ce Bienfait, fongea à féduire la femme de fon Hôte. Le Roi qui en fut averti, voulant éclaircir le fait, fit habiller une efclave nommée Néphélé des habits de la Reine, & la mit à portée d'*Ixion*. Celui-ci non-feulement fatisfit fa Paffion ; mais il eut l'audace de fe vanter d'avoir eu les Faveurs de la Reine : ce qui le fit chaffer honteufement.

La Fable dit, que Jupiter voyant *Ixion* abandonné de tout le monde, eut pitié de lui ; le reçut dans le Ciel, & lui permit même de manger à la Table des Dieux. Un Bienfait fi fignalé ne fervit qu'à faire un Ingrat & un Téméraire : touché des charmes de la Reine du Ciel, *Ixion* eut l'infolence de lui déclarer sa passion. La Sévère Junon offensée de sa témérité, s'en plaignit à Jupiter, qui n'en parût pas irrité ; regardant *Ixion* comme un Insensé, à qui le Nectar & l'Ambrosie avoient troublé la raison.

Lucien dit, que le Dieu proposa même à Junon un moyen pour satisfaire *Ixion*, sans blesser l'honneur de la Déesse : je suis d'avis, dit-il, de former une Nuée qui ait votre ressemblance, & de l'abandonner à *Ixion*. Comment, dit Junon, ce seroit le récompenser au lieu de le punir ; & de plus tout l'Affront retomberoit sur moi, parce qu'il croiroit m'embrasser, & pourroit même s'en vanter. Si cela arrive, répond Jupiter, je le précipiterai dans les Enfers. En effet *Ixion* adressa ses vœux à la Fausse Junon : & se vanta ensuite hautement d'avoir deshonoré le Souverain des Dieux. A ce dernier trait, la Colère de Jupiter s'alluma contre le Perfide ; il le frappa d'un coup de Foudre, & le précipita dans le Tartare : où Mercure par son ordre l'attacha à une Roue toute environnée de Serpens, qui devoit tourner sans relâche.

Pindare dit, qu'*Ixion* en tournant continuellement sur sa Roue rapide, crie sans cesse aux Mortels ; qu'ils soient toujours disposés à témoigner leurs Reconnoissances à leurs Bienfaiteurs, pour les graces qu'ils en ont reçues.

Le Supplice d'*Ixion* n'est qu'une Parabole ingénieuse, qui exprime son Caractère. On a voulu marquer par les Serpens qui environnoient la Roue ; les Remords d'une Conscience agitée du Souvenir d'un Crime affreux. Par le Mouvement éternel de sa Roue ; l'inquiétude continuelle où ce Prince vécut depuis son Parricide, cherchant par-tout le repos dont il ne pouvoit jouir ; & trouvant tous les jours dans le fond de son cœur, de nouveaux motifs de se fuir lui-même. Lorsque Proserpine fit son entrée au Royaume de Pluton, *Ixion* fut délié pour la première fois, dit Ovide. Du commerce d'*Ixion* avec la Nuée ou avec Néphélé, naquirent les Centaures.

Ixion Prince du sang des Héraclides, règna à Corinthe après la mort de son père Alétès. *Diction. de la Fable.*

Les Danaïdes.

VI. Les *Danaïdes* étoient les cinquante filles de Danaüs, Roi d'Argos. Ce Prince règna d'abord en Égypte avec son frère Égyptus : mais celui-ci après neuf ans d'union & de concorde, se rendit l'unique maître, & soumit son frère à ses Loix. Égyptus avoit cinquante fils, & Danaüs cinquante filles. Le premier voulut donner pour épouses à ses fils, leurs cousines germaines. La proposition effréya les *Danaïdes*, de manière qu'elles s'enfuirent à Argos ; afin d'éviter un Mariage qui leur paroissoit impie. Argos étoit en quelque sorte leur terre natale; puisque la maison de Danaüs étoit issuë d'Io, qui étoit Argienne. Pelasgus Roi d'Argos, les reçut favorablement ; & leur accorda sa protection contre les poursuites d'Égyptus.

Cette arrivée des *Danaïdes* à Argos, fait le sujet d'une Tragédie d'Eschile, intitulée *les Supliantes*. Le Poëte représente les *Danaïdes* avec leur père, venant demander un asile à Argos en qualité de Supliantes. Pelasgus juge qu'il seroit inhumain de rejetter les prières de ces Illustres Filles : mais il lui paroît aussi dangereux en même-tems de les recevoir, par la crainte des armes d'Égyptus. Cette Délibération fait tout le fond de la Tragédie Gréque.

L'Histoire de Danaüs & d'Égyptus paroît bien différente dans le Poëte Tragique, de celle que racontent les autres Poëtes. Selon eux, Danaüs ne voulant point que ses filles épousassent les fils de son frère, soit qu'il en fût détourné par un

Oracle, qui lui avoit prédit qu'il feroit tué par un de ses gendres ; ou plus vraisemblablement, qu'il se flattât de faire des alliances plus utiles pour ses intérêts, s'enfuit d'Égypte avec sa famille ; & se retira à Rhodes, puis à Argos. Il y disputa le scèptre à Gélanor, en qualité de desçendant d'Épaphus fils d'Io. Tandis qu'il faisoit valoir ses prétentions devant le Peuple, un Bœuf qui paissoit aux pieds des murs de la Ville, fut dévoré par un Loup. On interpréta cet évènement en sa faveur : on crût voir dans cèt étranger image du Loup, un signe de la volonté des Dieux ; & la Couronne lui fut adjugée.

Égyptus jaloux des accroissemens que la puissance de son frère reçevoit des alliances qu'il alloit contraêter, en choisissant cinquante gendres parmi les Princes de la Grèce, envoya ses fils à Argos à la tête d'une Armée, pour réitérer la demande de leurs cousines. Danaüs trop foible pour leur résister, consentit au mariage de ses cinquantes filles, avec ses cinquante neveux ; mais sous condition secrètte, que les Danaïdes armées d'un poignard caché sous leurs robes, massacreroient leurs maris la première nuit de leurs nôces. Ce projèt s'éxécuta ; & la seule Hyperméneftre épargna son mari Lyncée. Jupiter, pour punir ces Filles Cruelles de leur inhumanité, les condamna à remplir éternellement dans le Tartare un *Tonneau percé*.

Ce qui a fait imaginer ce Châtiment Fabuleux ; c'est qu'on prétend que les *Danaïdes* communiquèrent aux Argiens, *l'Invention des Puits ; qu'elles avoient apportée d'Égypte, où les eaux étoient rares.*

D'autres disent, que c'est l'Invention des Pompes : & comme on tiroit peut-être continuellement de l'eau par le moyen de ces Pompes, pour les différens usages des *Danaïdes ;* ceux qui étoient employés à ce pénible travail, dirent apparemment, que ces Princeſſes étoient condamnées à remplir un Vaiſſeau Percé; pour conſommer tant d'eau. *M. l'Abbé de Clauſtre.*

Sisyphe.

VII. *Siſyphe* deſcendant d'Éole, & frère de Salmonée, règna à Corinthe après que Médée ſe fut retirée. On dit qu'il avoit enchaîné la Mort, & qu'il la retint juſqu'à ce que Mars la délivra à la prière de Pluton, dont l'Empire étoit deſert; à cauſe que les Hommes ne mouroient plus.

Homère explique comment *Siſyphe* avoit lié la mort : c'eſt parce qu'il aimoit la Paix, & que non-ſeulement il la gardoit avec ſes voiſins; mais travailloit encore à la maintenir entre ſes voiſins mêmes. C'étoit auſſi, dit le Poëte, le plus Sage & le plus Prudent des mortels. Cependant les Poëtes unanimement le mettent dans les Enfers, & le condamnent à un Supplice particulier, qui eſt de rouler inceſſamment une Groſſe Roche au haut d'une montagne; d'où elle retomboit auſſi-tôt par ſon propre poids : & il étoit obligé ſur le champ de la remonter, par un travail qui ne lui donnoit aucun relâche.

On donne pluſieurs Raiſons de ce Supplice. Les uns ont dit, que c'étoit pour avoir révélé les Secrèts des Dieux. Jupiter ayant enlevé Égine, la fille d'Aſopus, celui-ci s'adreſſa à *Siſyphe* pour ſçavoir ce qu'étoit devenuë ſa fille. *Siſyphe* qui avoit connoiſſance de l'enlèvement, promit à Aſopus de l'en inſtruire; à condition qu'il donneroit de l'eau à la Citadelle de Corinthe. *Siſyphe* à ce prix révéla ſon Secrèt, & en fut puni dans les Enfers. Selon d'autres, ce fut pour avoir débauché Tyro ſa niéce, fille de Salmonée.

Noël-le-Comte en donne une autre Raiſon plus ſingulière; d'après Démétrius, Ancien Commentateur de Pindare ſur les Olympiques. *Siſyphe* étant prêt de mourir, dit-il, ordonna à fa femme dé jetter fon corps au milieu de la place fans Sépulture; ce que la femme éxécuta très-ponctuellement. *Sifyphe* l'ayant appris dans les Enfers, trouva fort mauvais que fa femme eût obéi fi fidèlement à un ordre qu'il ne lui avoit donné, que pour éprouver fon amour pour lui. Il demanda à Pluton la permiffion de retourner fur la terre, uniquement pour châtier fa femme de fa dureté. Mais quand il eût de nouveau goûté l'Air de ce Monde, il ne voulut plus retourner en l'autre; jufqu'après bien des années. Mercure en éxécution d'un Arrêt des Dieux, le faifit au collet, & le ramena de force aux Enfers; où il fut puni, pour avoir manqué à la parole qu'il avoit donnée à Pluton.

Ce retour de *Sifyphe* à la Vie fignifie peut-être, que ce Prince revint d'une Maladie qu'on avoit jugée mortelle; & qu'ayant recouvré la Santé dans le tems qu'on le croyoit mort, il avoit enfuite vêcu jufqu'à une extrême Vieilleffe.

D'autres Mythologues, fans avoir égard au portrait avantageux qu'Homère fait de *Sifyphe*, ont dit; qu'il exerçoit toutes fortes de Brigandages dans l'Attique, & qu'il faifoit mourir de divers Supplices tous les Étrangers qui tomboient entre fes mains: que Théfée Roi d'Athènes, lui fit la Guerre, le tua dans un Combat; & que les Dieux le punirent avec raifon dans le Tartare, pour tous les Crimes qu'il avoit commis fur la Terre. Ce Rocher qu'on lui fait rouler inceffamment, eft l'Emblême d'un Prince Ambitieux, qui roula long-tems dans fa tête des Deffeins qui n'eûrent point d'éxécution. *Noël le Comte.*

CHAPITRE VI.
DUODÉNAIRE DE LA MYTHOLOGIE DES ENFERS.

Les trois Parques :

Sçavoir,

Clotho ;   *Lachéfis ,*   *Atropos.*

Les trois Furies :

Sçavoir,

Mégère ,   *Tifiphone ,*   *Alecton.*

Les trois Gorgones :

Sçavoir,

Méduse ,   *Euryale ,*   *Sthéno.*

Les trois Harpies ;

Sçavoir,

Aëllo ;   *Ocypété ,*   *Céleno.*

LES TROIS PARQUES;

Sçavoir,

Clotho ;   *Lachéfis ,*   *Atropos.*

IL n'y avoit point de Divinités dans le Paganifme, qui euffent un pouvoir plus abfolu que les *Parques*. Maîtreffes du Sort des Hommes, elles en règloient les Deftinées : tout ce qui arrivoit dans le Monde étoit foumis à leur Empire.

Elles

Elles étoient trois sœurs, appellées *Clotho*, *Lachesis*, & *Atropos*. Les Mythologues varient extrêmement fur leur Origine. Héfiode dit qu'elles étoient filles de la Nuit & de l'Érèbe; pour nous marquer par-là, l'Obfcurité impénétrable de notre Sort. Un autre les faifoit filles de la Néceffité & du Deftin. Quelques-uns les ont dit filles de Jupiter & de Thémis.

Leurs noms particuliers défignent affez bien leurs différentes fonctions : car comme toute la Deftinée des Hommes qu'on croyoit être foumife à la Puiffance des *Parques*, regardoit ou le tems de la Naiffance, ou celui de la Vie, ou celui de la Mort; *Clotho*, la plus jeune des trois fœurs, avoit le foin de préfider au Moment que nous venons au Monde, & de tenir la Quenouille : *Lachéfis* filoit tous les Événemens de notre vie; & Atropos, la plus âgée des trois, coupoit avec des cizeaux le Fil, & en terminoit ainfi le Cours; fuivant cet ancien Vers.

Clotho colum retinet, Lachefis net, & Atropos occat.

Clotho, fignifie filer : *Lachéfis*, tirer au fort; & *Atropos*, immuable, inconvertible ; ou bien qui change tout, qui renverfe tout. Cette Épithète convient bien à la *Parque*, qui renverfe fouvent l'Ordre des chofes ; lorfqu'elle enlève des gens, qui, ou par leur jeuneffe, ou par le befoin qu'on avoit d'eux, fembloient devoir vivre long-tems.

Les Poëtes nous décrivent de différentes manières, ce Miniftère des *Parques*. Tantôt ils les exhortent à filer des jours heureux, pour ceux que le Deftin veut favorifer : tantôt ils nous apprennent, qu'elles prefcrivent le Tems que nous devons demeurer fur la terre; tantôt ils difent qu'elles révèlent quelquefois une partie de nos Deftinées, cachent le refte fous un Secret impénétrable ; qu'elles fe fervent quelquefois du Miniftère des Hommes, pour ôter la Vie à ceux dont les Deftinées font accomplies. Selon Claudien, elles font les Maîtreffes abfoluës de tout ce qui vit dans le monde. Enfin ce font elles, qui diftribuent à leur gré tout le Bien & le Mal qui nous arrive; fi nous en croyons Héfiode.

Les Mythologues leur donnent encore d'autres fonctions. Les uns regardent les *Parques*, comme les Miniftres du Deftin. L'une dicte les Ordres de fon maître : l'autre les écrit avec Éxactitude ; & la dernière les éxécute en filant nos Deftinées. D'autres font fervir les *Parques* fous les Ordres de Pluton. Claudien les repréfente aux pieds du Dieu des Enfers, pour le détourner de faire la Guerre à fon frère Jupiter. Mais l'Opinion la plus générale, eft, que les *Parques* fervoient fous les Ordres du Deftin, à qui les autres Dieux & Jupiter même étoient foumis.

Les Philofophes à leur tour donnent aux *Parques*, des fonctions différentes des Poëtes & des Mythologues. Ariftote dit, que *Clotho* préfidoit au Tems Préfent ; *Lachéfis*, à l'Avenir ; & *Atropos*, au Tems Paffé.

Platon fait voir ces trois Déeffes au milieu des Sphères Céleftes, avec des habits blancs couverts d'Étoiles, portant des couronnes fur la tête, & affifes fur des Trônes éclatans de Lumière, où elles accordent leur Voix au chant des Sirènes. C'eft-là, dit-il, que *Lachéfis* chante les chofes Paffées : *Clotho*, celles qui arrivent à chaque inftant ; & *Atropos*, celles qui doivent arriver un jour. Selon Plutarque, *Atropos* placée dans la Sphère du Soleil, répand fur la Terre les premiers Principes de la Vie ; *Clotho* qui fait fa réfidence dans le Ciel de la Lune, forme les nœuds qui lient les Semences Éternelles ; & *Lachéfis*, dont le féjour eft fur la Terre, préfide aux Deftinées qui nous gouvernent.

Comme les *Parques* paffoient pour des Déeffes inéxorables,

qu'il étoit impossible de jamais fléchir ; on ne crut pas qu'il fût nécessaire, de se mettre en dépense pour les honorer. Pausanias nous parle de quelques Temples qu'elles avoient dans la Grèce : les Lacédémoniens leur en avoient élevé un dans leur Ville, auprès du Tombeau d'Oreste ; & les Sicyoniens leur en avoient dédié un autre dans un bois sacré, où ils les honoroient du même Culte que les Furies ; c'est-à-dire, qu'on leur y immoloit des Brebis noires. Dans la Ville d'Olympie il y avoit un Autel consacré à Jupiter, *Conducteur des Parques*, auprès duquel ces Déesses en avoient un autre.

Les Anciens représentoient ces Déesses, sous la figure de trois femmes accablées de Vieillesse ; avec des Couronnes faites de gros flocons de laine blanche, entremêlées de fleurs de Narcisse : une robe blanche leur couvroit tout le corps ; & des rubans de la même couleur noüoient leurs Couronnes. L'une tenoit la Quenouille, l'autre le Fuseau, & la troisiéme les Cizeaux pour couper le Fil ; lorsque le Tems de la Mort, que Virgile appelle le Jour des *Parques*, étoit arrivé. *Histoire des Oracles, de M. de Fontenelle.*

La grande Vieillesse des *Parques* dénotoit l'Éternité des Decrèts Divins : la Quenouille & le Fuseau apprenoient que c'étoit à elles, à en règler le Cours ; & ce Fil mystérieux, le peu de fond qu'on devoit faire sur une Vie qui tenoit à si peu de chose. On disoit, que pour filer une Vie longue & heureuse, elles employoient de la Laine Blanche ; & la Laine noire, pour une Vie courte ou malheureuse. Les Couronnes qu'on leur mettoit sur la tête, annonçoient le Pouvoir Absolu qu'elles avoient sur tout l'Univers, dont elles règloient les Événemens. *Moréry.*

Pausanias place auprès du Tombeau d'Éthéocle & de Polynice, une des trois *Parques ;* à qui il donne un air farouche, de grandes dents, des mains crochuës : en un mot une figure qui la rendoit plus éffroyable, que les Bêtes les plus féroces; pour nous apprendre, qu'on ne pouvoit rien imaginer de plus affreux, que la Deftinée de ces deux malheureux frères; & que leurs jours avoient été filés par la plus terrible des *Parques*.

LES TROIS FURIES.

Sçavoir,

Mégère,   *Tifiphone*,   *Alecton*.

Les *Furies* étoient des Divinités Infernales, que les Payens avoient imaginées pour fervir de Miniftres à la vengeance des Dieux contre les Méchans; & pour éxécuter fur eux les Sentences des Juges de l'Enfer. Selon Apollodore, les *Furies* avoient été formées dans la Mer, du fang qui fortit de la playe que Saturne avoit faite à fon Père Célus.

Héfiode qui les fait plus jeunes d'une génération, les fait naître de la Terre, qui les avoit conçuës du fang de Saturne. Mais le même Poëte dit ailleurs, qu'elles étoient filles de la Difcorde ; & qu'elles étoient nées le cinquième de la Lune, affignant à un jour que les Pythagoriciens croyoient confacré à la Juftice, la naiffance des Déeffes qui devoient la faire rendre à la dernière rigueur. Efchille les fait filles de la Nuit & de l'Achéron : Sophocle, de la Terre & des Ténèbres; d'autres enfin de Pluton & de Proferpine, & fœurs des Parques : c'eft-à-dire, que chacun a donné à ces Divinités, les Parens qui paroiffoient le mieux convenir à leur Caractère. Mais la véritable Origine de ces Déeffes fe tire de l'Idée naturelle qu'ont tous les hommes, qu'il devoit y avoir après cette Vie, des Châtimens comme des Récompenfes. Et quoi de plus propre que des *Furies*, pour éxercer ces Châtimens.

On en nomme ordinairement Trois ; *Tisiphone*, *Mégère*, *Alecto* ; & ces noms qui signifient, Rage, Carnage, Envie, leur conviennent parfaitement.

Quant à leurs Fonctions, elles ont toujours été regardées comme des Ministres de la Vengeance des Dieux ; & comme des Déesses sévères & inéxorables, dont l'unique Occupation étoit de punir le Crime ; non-seulement dans les Enfers, mais même dans cette Vie : poursuivant sans relâche les scélérats par des Remords, qui ne leur donnoient aucun repos ; & par des Visions éffrayantes, qui leur faisoient souvent perdre le sens.

On sçait avec quel trait, Virgile peint le Désordre que causa une de ces *Furies* à la Cour du Roi Latinus ; ce que fit *Tisiphone* à l'égard d'Éthéocle & Polinice dans Stace : Quel Ravage causa à Thèbes, la *Furie* que Junon avoit envoyée pour se venger d'Athamas ; & tout ce que fit endurer à Isis une autre *Furie*, que la même Déesse avoit suscitée pour la persécuter dans Ovide : enfin ces terribles Persécutions que firent les *Furies*, au malheureux Oreste dans Euripide.

Cicéron nous apprend ce qu'on pensoit de son tems sur ces Noires Divinités : « ne vous imaginez pas, dit-il, que les Impies » & les Scélérats soient tourmentés par les *Furies*, qui les pour- » suivent réellement avec des torches ardentes ; les Remords » qui suivent les Crimes, sont les véritables *Furies* dont parlent » les Poëtes. »

Des Déesses si redoutables s'attirèrent des Hommages particuliers. En effèt, le Respect qu'on leur portoit étoit si grand, qu'on n'osoit presque les nommer, dit Euripide ; ni jetter les yeux sur leurs Temples. On regarda comme une impiété, si nous en croyons Sophocle, la démarche que fit Œdipe ; lorsqu'allant à Athènes comme suppliant, il se retira dans un bois qui leur étoit consacré. Elles eurent des Temples dans plusieurs endroits de la Grèce : les Sicyonniens, selon Pausanias, leur sacrifioient tous les Ans au jour de leur Fête, des Brebis pleines; & leur offroient des Couronnes & des Guirlandes de fleurs, fur-tout de Narciffe. Elles avoient auffi un Temple en Achaïe, dans la Ville de Lorgne; où l'on voyoit leurs Statuës, qui étoient de bois, & affez petites. Ce lieu étoit fi Fatal à ceux qui étoient coupables de quelques crimes ; que dès qu'ils y étoient entrés, ils étoient faifis d'une fureur fubite qui leur faifoit perdre l'efprit : tant la préfence de ces Déeffes, jointe au Souvenir du Crime, leur caufoit de Trouble.

Orefte leur fit bâtir un Temple à Athènes, près l'Aréopage, où Démofthène avoue, qu'il a été Prêtre de ces Déeffes. Tous ceux qui paroiffoient devant l'Aréopage, étoient obligés d'offrir un Sacrifice dans le Temple, & de jurer fur l'Autel des *Furies*, qu'ils étoient prêts à dire la Vérité. Il leur confacra deux autres Temples dans le Péloponèfe : le premier, au lieu même où les *Furies* avoient commencé à fe faifir de lui après fon Crime ; & l'autre, à l'endroit où elles s'étoient montrées plus favorables.

Les Temples des *Furies* étoient un afile affuré, pour ceux qui s'y retiroient. Dans les Sacrifices qu'on leur offroit, on employoit le Narciffe, le Safran, le Genièvre : on leur immoloit des Brebis & des Tourterelles; & on obfervoit toutes les mêmes Cérémonies, que dans les Sacrifices des autres Divinités Infernales.

Dans les premiers tems, les Statuës de ces Déeffes n'avoient rien de différent de celles des autres Divinités. Ce fut Efchile qui les fit paroître le premier dans une de fes Tragédies, avec cet air hideux & éffrayant, qu'on leur a donné depuis. Il falloit en effèt que leur figure fût extrêmement hideufe ; puifqu'on rapporte, que dès que les *Furies* qui paroiffoient endormies autour d'Orefte, vinrent à fe réveiller, & à paroître tumultuairement sur le Théâtre ; quelques femmes enceintes furent blessées de surprise, & des enfans en moururent d'effroi.

L'Idée du Poëte fut suivie, & le Portrait des *Furies* passa du Théâtre dans les Temples. On les représenta donc avec un visage triste & un air effrayant, avec des habits noirs & ensanglantés; ayant au lieu de cheveux, des Serpens entortillés autour de leur tête, avec une Torche ardente à une main, & un Fouèt de Serpens à l'autre ; & pour Compagnes la Terreur, la Rage, la Pâleur, & la Mort. C'est ainsi qu'assises autour du Trône de Pluton, elles attendent ses Ordres avec une impatience, qui marque toute la Fureur dont elles sont possédées. *Diction. de Mythologie.*

Les *Furies* des Anciens ne sont que les Passions de l'âme. Elles sont Trois, pour exprimer Trois Sources malheureuses des maux qui se font ordinairement dans le Monde ; sçavoir, la Colère, la Convoitise déréglée des biens, & la Volupté. La Colère, qui est la cause de la Vengeance, n'inspire que des actions funestes & lugubres; ce qui nous est marqué par *Tisiphone*, qui signifie Vengeance & Meurtre. La seconde, *Mégère*, qui veut dire *Envie*, exprime cette Convoitise de *Richesses*, qui fait regarder avec dépit le bonheur du prochain, & inspire toutes sortes de Crimes pour s'y opposer; & lui ravir avec injustice ce qu'il possède. Enfin *Alecton*, qui signifie *Sans Repos*, représente la Concupiscence & la Volupté, qui est toujours dans des Agitations violentes, & dans des Emportemens tumultueux; quand il s'agit de s'abîmer dans les Ordures du Crime & de la Dissolution.

Au reste les *Furies* sont filles de la Nuit ; parce que c'est ordinairement l'Ignorance & l'Erreur qui déchaîne les Passions. On leur donne Plutus, Dieu des Richesses, pour Père; afin de montrer que les Biens nous portent le plus souvent au mal.

Leurs Flambeaux marquent l'Ardeur infatiable des Paſſions, & les Serpens de leur coëffure, la Malice des penſées que les Crimes inſpirent; & cette Syndéréſe ſecrette, qui eſt un Ver dévorant qui ne laiſſe jamais la Conſçience en repos. *Moréry.*

Les trois Gorgones.

Sçavoir,

Méduſe,   *Euryale,*   *Sthéno.*

Les trois *Gorgones*, filles de Phorcus, Dieu marin, & de Céto, ſe nommoient *Sthéno, Euryale,* & *Méduſe*; elles demeuroient, dit Héſiode, au-delà de l'Océan à l'extrémité du Monde, près du ſéjour de la Nuit. Elles n'avoient à elles trois qu'un Œil & une Dent, dont elles ſe ſervoient l'une après l'autre: mais c'étoit une Dent, plus longue que les défenſes des plus forts Sangliers: leurs mains étoient d'airain; & leurs cheveux hériſſés de Serpens: de leurs ſeuls regards elles tuoient les Hommes; & ſelon Pindare, les pétrifioient.

Après la défaite de Méduſe leur Reine, elles allèrent habiter, dit Virgile, près des Portes de l'Enfer; avec les Centaures, les Harpyes, & les autres Monſtres de la Fable. Diodore prétend, que les *Gorgones* étoient des Femmes guerrières, qui habitoient la Lybie près du Lac Tritonide; qu'elles furent ſouvent en guerre avec les Amazones leurs voiſines; qu'elles étoient gouvernées par Méduſe leur Reine du tems de Perſée; & qu'elles furent entièrement détruites par Hercule.

Selon Athénée c'étoient des Animaux terribles, qui tuoient de leur ſeul regard: » il y a, dit-il, dans la Lybie un Animal » que les Nomades appellent *Gorgonne*, qui reſſemble à une » Brebis; & dont le ſouffle eſt ſi empoiſonné, qu'elle tuë ſur » le champ tous ceux qui l'approchent. Une Longue Crinière lui
                                                              » tombe

MYTHOLOGIE DES ENFERS, CHAP. VI.

» tombe fur les yeux ; & elle eft fi pefante, que l'Animal a bien
» de la peine à l'écarter, pour voir les objets qui font autour
» d'elle : mais quand elle s'en eft débarraffée, elle tuë tout ce
» qu'elle voit. Quelques foldats de Marius en firent une trifte
» expérience, dans le tems de la Guerre contre Jugurtha ; car
» ayant rencontré une de ces *Gorgones* & ayant voulu la tuer,
» elle les prévint, & les fit mourir par fes regards. Enfin quel-
» ques Cavaliers Nomades ayant fait une enceinte, la tuèrent
» de loin à coup de flèches.

Quelques Auteurs prétendent que les *Gorgones* étoient de Belles Filles, qui faifoient fur les Spectateurs des impreffions fi furprenantes, qu'on difoit qu'elles les changeoient en Rochers. D'autres au contraire, qu'elles étoient fi laides, que leur vûë pétrifioit pour ainfi dire ceux qui les regardoient. Pline en parle, comme de Femmes Sauvages. « Près du Cap Occidental, dit-
» il, font les Gorgates, ancienne demeure des *Gorgones*. Han-
» non, Général des Carthaginois, pénétra jufques-là, & y
» trouva des Femmes ; qui, par la vîteffe de leur courfe, éga-
» lent le vol des Oifeaux. Entre plufieurs qu'il rencontra, il ne
» put en prendre que deux ; dont le corps étoit fi hériffé de
» crins, que pour en conferver la mémoire comme d'une chofe
» prodigieufe & incroyable, on attacha leurs peaux dans le
» Temple de Junon ; où elles demeurèrent fufpenduës jufqu'à
» la Ruine de Carthage. »

Paléphate rapporte, que les *Gorgones* régnoient fur trois Ifles de l'Océan : qu'elles n'avoient qu'un feul Miniftre, qui paffoit d'une Ifle à l'autre ; (c'étoit-là l'Œil qu'elles fe prêtoient tour-à-tour,) & que Perfée qui couroit alors cette Mèr, furprit ce Monftre au paffage de ces Ifles ; & voilà l'Œil enlevé dans le tems, que l'une d'elles le donne à fa fœur : que Perfée offrit de le rendre, fi pour fa rançon on vouloit lui livrer la *Gor-*

gone; c'eſt-à-dire, une Statuë d'Or de Minerve haute de quatre coudées, que ces filles avoient dans leur Tréſor; mais que Méduſe n'ayant pas voulu y conſentir, fut tuée par Perſée.

Parmi les Modernes qui ont expliqué cette Fable, il y en a qui prennent les *Gorgones* pour des cavales de la Lybie qui furent enlevées par des Phéniciens; dont le chef avoit le nom de Perſée. Ce ſont-là, diſent-ils, ces Femmes toutes veluës de Pline, qui devenoient fécondes ſans la participation de mari : ce qui convient aux Jumens, ſelon la Croyance Populaire, dont Virgile fait mention dans ſes Géorgiques; où il dit qu'elles conçoivent en ſe tournant du côté du Zéphire.

M. Fourmont ayant recours aux Langues Orientales, trouve dans le nom des trois *Gorgones*, celui de trois Vaiſſeaux de charge qui faiſoient Commerce ſur la Côte d'Afrique; où l'on trafiquoit de l'Or, les Dents d'Éléphans, des Cornes de divers animaux, des yeux d'Hyènes, & d'autres pierres précieuſes. L'Échange qui ſe faiſoit de ces marchandiſes, en différens ports de la Phœnicie & des Iſles de la Grèce; c'eſt le Myſtère de la Dent, de la Corne & de l'Œil, que les *Gorgones* ſe prêtoient mutuellement : ces Vaiſſeaux pouvoient avoir quelques noms, & quelques figures de Monſtres. Perſée qui couroit les Mers, s'empara de ces Vaiſſeaux marchands, & en apporta les Richeſſes dans la Grèce. *Antiquités Grecques & Romaines.*

De Méduſe.

Méduſe l'une des trois Gorgones, étoit mortelle, dit Héſiode; au lieu que ſes deux ſœurs Euryale & Sthéno, n'étoient ſujettes ni à la vieilleſſe ni à la mort. C'étoit une très-Belle fille : mais de tous les attraits dont elle étoit pourvûë, il n'y avoit rien de ſi beau que ſa chevelure. Une foule d'Amans s'empreſſèrent de la rechercher en mariage. Neptune en devint aussi amoureux : & s'étant métamorphosé en Oiseau, enleva *Méduse* ; & la transporta dans un Temple de Minerve, qu'ils profanèrent ensemble.

Noël le Comte dit seulement, que *Méduse* osa se disputer de la Beauté avec Minerve, & se préférer même à elle. La Déesse en fut si irritée, qu'elle changea en affreux Serpens les beaux cheveux dont *Méduse* se glorifioit ; & donna à ses yeux la force de changer en pierres tous ceux qu'elle regardoit. Plusieurs sentirent les pernicieux effèts de ses regards ; & grand nombre de gens autour du Lac Tritonis furent pétrifiés.

Les Dieux voulant délivrer le Pays d'un si grand Fléau, envoyèrent Persée pour la tuer. Minerve lui fit présent de son Miroir, & Pluton de son Casque : ce Casque & ce Miroir avoient, dit Hygin, la propriété de laisser voir tous les objèts, sans que celui qui le portoit, pût être vû lui-même

Persée se présenta donc devant *Méduse* sans en être apperçu ; & sa main conduite par Minerve même, coupa la tête de la Gorgonne, qu'il porta depuis avec lui dans toutes ses expéditions. Il s'en servit pour pétrifier ses ennemis. C'est ainsi qu'il en usa à l'égard des habitans de l'Isle de Sériphe, qu'il changea en Rochers ; & à l'égard d'Atlas, qui devint par-là une Grosse Montagne.

Du Sang qui sortit de la playe de *Méduse*, quand sa tête fut coupée, naquit *Pégase* & *Chrysaor* ; & lorsque Persée eut pris son vol par-dessus la Libye, toutes les gouttes de sang qui découlèrent de cette fatale tête, se changèrent en autant de Serpens. C'est de-là, dit Apollodore, qu'est venuë la quantité prodigieuse de ces Animaux Venimeux, qui depuis ont infecté toute cette Contrée.

Persée vainqueur de tous ses ennemis, consacra à Minerve la tête de *Méduse* ; qui depuis ce tems-là fut gravée avec ses serpens sur la redoutable Égide de la Déesse : « On voyoit au » milieu de l'Égide, dit Homère, la tête de la Gorgone ; ce » Monstre affreux, tête énorme & formidable, Prodige éton- » nant du Père des Immortels. »

Virgile la place aussi sur la cuirasse de Minerve, à l'endroit qui couvroit la poitrine de la Déesse. Il y a même apparence, que c'étoit l'Ornement le plus ordinaire des boucliers du tems des Héros : car Homère dit encore, que cette même Tête étoit gravée sur le bouclier d'Agamemnon, environnée de la Terreur & de la Fuite ; c'est-à-dire, qu'on y gravoit cet Affreux Objet pour épouvanter ses ennemis.

Cependant toutes les *Méduses* que les Anciens Monumens nous ont conservé, n'ont pas ce Visage affreux & terrible : il y en a qui ont un Visage ordinaire de femmes ; il s'en trouve même assez souvent qui sont très-gracieuses, tant sur l'Égide de Minerve que séparément.

On en voit une entr'autres assise sur des Rochers, accablée de douleur de voir, que non-seulement ses beaux cheveux se changent en serpens ; mais aussi que des serpens viennent sur elle de tous côtés, & lui entortillent les bras, les jambes & tout le corps : elle appuye la tête sur sa main gauche. La Beauté & la Douceur de son visage fait que malgré la bizarrerie de cette Fable, on ne sçauroit la regarder sans s'intéresser à son malheur.

» Sans m'arrêter aux Fables qu'on débite sur *Méduse*, dit » Pausanias ; voici ce que l'Histoire en peut apprendre. Quel- » ques-uns disent qu'elle étoit fille de Phorécus ; qu'après la » mort de son père, elle gouverna les Peuples qui habitent aux » environs du Lac Tritonis ; qu'elle s'exerçoit à la Chasse ; & » qu'elle alloit même à la guerre avec les Libyens qui étoient » soumis à son Empire : que Persée à la tête d'une Armée » Grecque s'étant approché, *Méduse* se présenta à lui en Ba-

» taille rangée; que ce Héros la nuit fuivante lui dreffa une
» embufcade où elle périt; que le lendemain ayant trouvé fon
» corps fur la place, il fut furpris de la Beauté de cette femme,
» lui coupa la tête, & la porta en Grèce pour y fervir de
» fpectacle; & comme un Monument de fa Victoire.

» Mais un autre Hiftorien en parle d'une manière qui paroit
» plus vraifemblable. Il dit que dans les Deferts de la Libye,
» on voit affez communément des Bêtes d'une forme & d'une
» grandeur extraordinaire; que les Hommes & les Femmes y
» font fauvages, & tiennent du prodige comme les Bêtes: enfin
» que de fon tems on amena à Rome un Libyen, qui parut fi
» différent des autres hommes, que tout le monde en fut furpris.
» Sur ce fondement, il croit que *Médufe* étoit une de ces Sau-
» vages, qui en conduifant fon troupeau, s'écarta jufqu'aux
» environs du Marais Tritonis; où fière de la force du corps
» dont elle étoit, elle voulut maltraiter les Peuples d'alentour,
» qui furent enfin délivrés de ce monftre par Perfée. Ce qui a
» donné lieu de croire, ajoute-t-il, que Perfée avoit été aidé
» par Minerve; c'eft que tout ce Canton eft confacré à cette
» Déeffe, & que les Peuples qui l'habitent font fous fa Pro-
» tection. »

Le même Paufanias nous apprend encore une Circonftance fingulière fur *Médufe*: c'eft que l'on gardoit dans un Temple à Tégée des cheveux de *Médufe*, dont Minerve, difoit-on, fit préfent à Céphée fils d'Aléus, en l'affurant que par-là Tégée deviendroit une Ville imprenable. Ce qui a rapport à ce que dit Apollodore, que l'on attribuoit aux Cheveux de *Médufe* une Vertu toute particulière; & qu'Hercule donna à Stérope fille de Céphée, une boucle de Cheveux de *Médufe*, en lui difant; qu'elle n'avoit qu'à montrer cette Boucle aux ennemis, pour les mettre en fuite. *M. l'Abbé de Clauftre.*

LES TROIS HARPYES.

Sçavoir,

Aëllo, *Ocipété*, *Cæléno*.

Les *Harpyes* étoient certains Monstres, filles de Neptune & de la Terre, ainsi appellées d'un mot grec qui signifie *Ravir*. Elles avoient un Visage de filles, & un Corps de vautour, avec des aîles aux côtés, des Griffes aux mains & aux pieds, & des oreilles d'Ours. Virgile en met trois, *Aëllo*, *Ocypété*, *& Cæléno*; qu'Homère nomme *Podarges*. Comme elles infectoient & enlevoient les viandes de la table de Phinée, selon la fiction des Poëtes : Zéthès & Calaïs, deux fameux Argonautes qui étoient aîlés, les chassèrent jusqu'aux Isles Strophades. Comme les Argonautes n'étoient que des Marchands Phéniciens, qui alloient en Colchide pour y acheter des moutons : les *Harpyes* qu'ils rencontrèrent chez le Roi Phinée, n'étoient autre chose que des *Sauterelles*; dont voici des preuves aussi considérables qu'on les puisse demander, en des choses de cette nature.

On les appelle en Hébreu *Arbeh*; qui signifie une *Sauterelle*. La principale des *Harpyes* s'appelloit *Cæléno*, ou *Celæmo*; parce que *Solamo* est une espèce de Sauterelle, en Syriaque : une autre s'appelloit *Acholoë*, qui vient d'Achal, *Manger*; & en effèt les Sauterelles dévorent toute la Verdure. Les Poëtes disent qu'elles étoient filles de Typhon; c'est-à-dire, d'un Vent Orageux : parce que ce sont souvent des Vents tempestueux, qui apportent les Sauterelles dans les lieux qu'elles incommodent; comme l'Écriture nous l'apprend. C'est pour la même Raison que les Poëtes ont dit, que Cæléno étoit sœur d'Aëllo, c'est-à-dire de la *Tempête*. Les *Harpyes* furent chassées par Zéthès & Calaïs, fils de Borée; c'est-à-dire, par des Vents Septentrionaux : ce qui arriva aussi aux Sauterelles d'Égypte. Les *Harpyes* causoient la famine chez Phinée ; & l'on sçait que les Sauterelles dévorent en peu de tems des Provinces entières. Les *Harpyes* causoient une grande Puanteur dans les lieux où elles étoient ; de même, lorsque les Sauterelles n'ont plus rien à manger, elles meurent & remplissent l'air d'une Odeur, qui produit souvent la Peste. Les *Harpyes* corrompoient ce qu'elles avoient touché, comme le témoigne Apollonius dans ses Argonautiques : on dit la même chose des Sauterelles. Les *Harpyes* venoient dévorer les viandes de Phinée avec un si grand bruit, qu'on les entendoit de loin : les Sauterelles font aussi beaucoup de bruit avec les Dents lorsqu'elles mangent, & avec les aîles en vôlant. Il étoit impossible à Phynée de chasser les *Harpyes* : toute l'adresse humaine ne sçauroit empêcher le dégât que les Sauterelles font à la Campagne. Les *Harpyes* entroient dans la maison de Phynée malgré lui : c'est aussi ce que font les Sauterelles : *elles marcheront par la Ville*, dit Joël en menaçant les Juifs d'un semblable dégât, *elles monteront par les fenêtres, elles entreront dans les Maisons, comme un Larron*. Les *Harpyes* s'échappoient sans peine au travers des épées & des traits : Joël dit de même des Sauterelles, qu'*elles passent au travers des traits sans recevoir de blessure*. Moréry.

FIN DE LA MYTHOLOGIE DES ENFERS.

TABLETTES

ARITHMÉTIQUE.

C'est la Science des nombres qui fait partie des Mathématiques. Pithagore, Platon et d'autres anciens Philosophes l'ont jugé utile à toute sorte de Composition, parce que l'Être suprême a tout composé par Nombre, Poid, et Mesure. Sa robe est bordée de quelques notes de Musique, et de figures de Géométrie, pour indiquer qu'elle ouvre le chemin à toutes ces Sciences. Le mot PAR ET IMPAR écrit sur un Livre, dénote les diversités accidentelles qui se trouvent dans les opérations. Le Port de Mer, les vaisseaux, les ballots, les Caissons, et les tonnes remplies de marchandises, expriment sensiblement la nécessité de cette Science pour le commerce.

Les balances, le litron, le Peson, les p'tits sacs de grenaille, la pinte ou chopine, entrelassé de feuilles de lierre: voila les divisions et diverses mesures de liquide, de grenaille, de Statique &c. qu'elle enseigne aux hommes.

ARITHMÉTIQUE ET ALGÈBRE.

C'est une Déesse assise devant un Bureau garni de plusieurs livres de Compte; la teste appuyée sur sa main gauche, calculant et écrivant de la main droite; à ses pieds on apperçoit plusieurs registres, et vaisse a argent. Le Loingtain representé un Port de Mer, on y voit plusieurs Vaisseaux, des Ballots, Caissons et Tonnes remplies de Marchandises. l'Ove est surmonté d'un Encrier et Registre; dans la partie droite est une Balance, un Litron, et de petits Sacs de grenaille: dans la partie gauche on apperçoit un Pezon ou Balance Rom.^{ne}, avec une Pinte ou Chopine; le tout entrelassé de feuilles de Lierre.

Unité.
nombre.
Binaire.
quantité, qualité.
Ternaire.
Livre, Sol, Denier.
Quaternaire.
les quatre premières Règles:
Sçavoir,
Addition, Soustraction, Multiplication, Division.
Septénaire.
Règle de trois, de compagnie, d'alliage, de fausse position, fractions, extractions des racines quarrées, parties aliquotes.
Duodénaire.
Douze Notes, ou Marques Algébriques:
Sçavoir,
+ *plus.* − *moins.* × *multiplié par.* = *est égal.* > *plus grand.* < *plus petit.* ∞ *infini.* :: *4 termes en proportion géométrique.*
÷ *proportion continue.* : *proportion arithmétique.* ÷ *proportion arithmétique continuë.* √ *racine.*

Table de
Douze
par

Pythagore.
multiplié
Douze.

TABLETTES ANALYTIQUES
ET MÉTHODIQUES,
SUR
DIVERSES SCIENCES ET BEAUX ARTS.

ARITHMÉTIQUE.

DISCOURS PRÉLIMINAIRE,
Sur l'Arithmétique.

'*ARITHMÉTIQUE* est l'Art de bien Supputer, & avec facilité ; Science qui fait partie des Mathématiques, qui enseigne à compter, & qui considère la valeur & les propriétés des Nombres. L'*Arithmétique* & la Géométrie sont les fondemens de toutes les Mathématiques.

Les Indiens sont assez versés dans l'*Arithmétique* ; mais ce n'est que dans ce qui regarde la Pratique. Ils apprennent l'Art de compter dès leur plus tendre jeunesse ; & sans se servir de la plume, ils font par la seule force de l'Imagination toutes sortes de Comptes sur leurs doigts.

Les Chinois n'employent point le zero dans leur *Arithmétique*. Ils n'en pratiquent guères les Règles par le Calcul ; mais ils se servent d'un Instrument composé d'une petite Planche d'un pied & demi de long, sur le travers de laquelle ils passent dix ou douze petits Bâtons coulants : en les assemblant, ou en les retirant les uns des autres, ils comptent à-peu-près comme nous ferions avec des Jettons ; & avec tant de facilité, qu'ils suivent sans peine un homme quelque vîte qu'il lise un Livre de Compte. A la fin on trouve l'Opération toute faite, & ils ont leur manière d'en faire la preuve. *Trévoux*.

L'*Arithmétique* est donc la Science des Nombres : . . . . . Et les nombres sont composés d'une multitude d'Unités.

Cette Science est nécessaire à tous les états, elle consiste en quatre Règles ; mais avant d'en parler, il convient de commencer par la connoissance des Chiffres tant anciens que modernes.

CHAPITRE PREMIER.
UNITÉ DE L'ARITHMÉTIQUE.

Le Nombre.

LE *Nombre* est une multitude, ou assemblage de plusieurs Unités.

Chiffres Arabes.

Nous avons adopté ces *Chiffres* originaires d'Arabie, & nous n'en employons point d'autres, pour tous les calculs arithmétiques ; à cause de la facilité qu'ils donnent pour les faire : les voici. 1. *un*, 2. *deux*, 3. *trois*, 4. *quatre*, 5. *cinq*, 6. *six*, 7. *sept*, 8. *huit*, 9. *neuf*, 0. *zéro* : c'est ce qui s'appelle les nombres, qui ne vont que jusqu'à neuf ; après quoi viennent les dixaines jusqu'à quatre-vingt-dix-neuf, puis les centaines jusqu'à

ARITHMÉTIQUE, CHAP. I.   187

neuf cent quatre-vingt-dix-neuf ; ici les nombres recommencent par mille, puis dixaines de mille, centaines de mille, &c.

La mesure la plus simple des Nombres, est celle qu'on nomme *Unité* : & les *Nombres* sont les divers assemblages de plusieurs unités, ou les idées que nous avons de diverses multitudes.

Le caractère 1 exprime & marque l'unité . . . . . comme 1 un Œuf.
Le caractère 2 signifie l'assemblage de deux unités, comme 2 deux Noix.
Le caractère 3 signifie le nombre de trois . . . . . comme 3 Pommes.
Le caractère 4 représente le nombre de quatre . . . comme 4 Figues.
Le caractère 5 signifie l'assemblage de cinq unités . . comme 5 Prunes.
Le caractère 6 signifie le nombre de six . . . . . comme 6 Chateignes.
Le caractère 7 marque le nombre de sept . . . . . comme 7 Marons.
Le caractère 8 signifie le nombre de huit . . . . . comme 8 Poires.
Le caractère 9 signifie le nombre de neuf . . . . . comme 9 Noisettes.

La marque, ou le caractère *o* que l'on nomme *zéro*, signifie ce qui n'a ni grandeur, ni propriété ; c'est-à-dire le *Rien*.

Par Exemple.

O Raisins, *zéro Raisins*, point de Raisins.

Ces dix Caractères 0, 1, 2, 3, 4, 5, 6, 7, 8, 9, empruntés des Arabes, & qu'on nomme des *Chiffres ;* changent encore leurs noms & leurs valeurs, selon la variété de leurs dispositions ou arrangemens ; parce qu'en les disposant consécutivement, ou selon divers rangs comptés de droit à gauche, on les fait valoir dix fois autant en chaque rang, que dans celui qui les précède immédiatement.

Dénomination des Nombres & Dixaines.

20 vingt.	10 dix.	0 zéro.
30 trente.	11 onze.	1 un.
40 quarante.	12 douze.	2 deux.
50 cinquante.	13 treize.	3 trois.

A a ij

60 soixante.	14 quatorze.	4 quatre.
70 soixante-dix.	15 quinze.	5 cinq.
80 quatre-vingt.	16 seize.	6 six.
90 quatre-vingt-dix.	17 dix-sept.	7 sept.
100 cent.	18 dix-huit.	8 huit.
200 deux cent, &c.	19 dix-neuf.	9 neuf.

Exemple.

345467983425.

Pour lire ce nombre écrit, on en supposera tous les *Chiffres* tranchés, ou séparés de trois en trois de droit à gauche; & on trouvera que chaque tranche contient, 1°. les *unités*; 2°. les *dixaines*; 3°. les *centaines* de ce que l'on voudra compter.

La première tranche est donc pour les unités. . . . . . 425 unités.
La seconde tranche est pour les mille. . . . . . . 983 mille.
La troisième tranche est pour les millions. . . . . 467 millions.
La quatrième tranche est pour les milliars. . . . 345 milliars.

Milliars.	Millions.	Mille.	345 467 983 4 2 5.
345.	467.	983.	centaines.. dixaines... unités.....
			4 2 5.

Chiffres Romains.

Les Romains tiroient leurs *Chiffres* de leurs lettres; ainsi *i*. I marquoit les unités. *v*. V. marquoit cinq. Il marquoit aussi quatre, mis après I. *x*. X. marquoit dix, & aussi neuf mis après I. *l*. L marquoit cinquante, & aussi quarante mis après X. *c*. C marquoit cent, & aussi quatre-vingt-dix mis après X. *d*. D marquoit cinq cent. *m*. M marquoit mille.

Nous ne nous servons point de ces *Chiffres* dans les calculs;

ARITHMÉTIQUE, CHAP. I.

mais feulement pour cotter, foit le quantième des noms des Souverains, les pages d'un livre, les quantièmes des chapitres, les années de l'impreffion; en un mot, ils fervent beaucoup plus dans l'Imprimerie que par-tout ailleurs. Les voici.

I.	II.	III.	IV.	V.	VI.	VII.
un.	deux.	trois.	quatre.	cinq.	fix.	fept.
VIII.	IX.	X.	XX.	XXX.		XL.
huit.	neuf.	dix.	vingt.	trente.		quarante.
L.		LX.		LXX.		LXXX.
cinquante.		foixante.		foixante-dix.		quatre-vingt.
XC.	C.	D.	M.	XM.		CM.
quatre-vingt-dix.	cent.	cinq-cent.	mille.	dix-mille.		cent-mille.

Chiffres de Finance.

On nomme *Chiffres de Finance*, une efpèce de Chiffres tirant fur le Chiffre Romain; anciennement en ufage, & même jufqu'à nos jours, qui fervent principalement dans tous les comptes de Finance; on ne reçevoit fouvent qu'eux à la Chambre des Comptes, laquelle avoit l'embarras confacré par l'Antiquité, de rédiger les calculs des fommes avec des jettons, ne pouvant en venir à bout autrement; on eft enfin depuis peu défabufé de ce refpect, & maintenant la Chambre des Comptes reçoit les Chiffres arabes ou communs. Voici les *Chiffres de Finance.*

1.	ႡႡ.	ႡႡႡ.	ႡႡႡႡ.	ქ.	ქႡ.
un.	deux.	trois.	quatre.	cinq.	fix.

ქႡႡ.	ქႡႡႡ.	ix.	x.	xჸ.	xႡႡ.
fept.	huit.	neuf.	dix.	onze.	douze.

xႡႡႡ.	xႡႡႡႡ.	xℓ.	xx.	xxx.	xl.
treize.	quatorze.	quinze.	vingt.	trente.	quarante.

L.   *Lx.*   *Lxx.*   *iiij.^{xx}*

cinquante.   soixante.   soixante-dix   quatre-vingt.

iiij. $^{xx}_{x.}$ *C.*   *ij. C*   *₰.*   *ij. ₰.*

quatre-ving-dix.   cent.   deux-cent.   mille.   deux-mille.

C. ₰.   *1.*   *₰^{on}*   *C.*   *sond*   *&a*

cent-mille.   un million.   cent millions.   &c.

CHAPITRE II.
BINAIRE DE L'ARITHMÉTIQUE.

Sçavoir,

Quantité & Qualité.

QUANTITÉ.

I. LA *Quantité* est l'objèt de l'Arithmétique, & de l'Algèbre.

QUALITÉ.

II. La *Qualité* est ce qui rend une chose sensible à nos Sens.

CHAPITRE III.
TERNAIRE DE L'ARITHMÉTIQUE.

Sçavoir,

Livre,   *Sol,*   *Deniers.*

DE LA LIVRE.

I. LA *Livre* en matière de Compte se prend pour vingt sols, qui est la valeur d'une monnoye qu'on appelle encore *Franc* ; & qui est le synonime de *Livre*. La *Livre* tournois

ARITHMÉTIQUE, CHAP. III.

eft de vingt fols ; la *Livre* Parifis eft de vingt-cinq : elle augmente du quart en fus. En Angleterre, les *Livres* Sterling valent treize à quatorze francs.

DU SOL.

II. Le *Sol* qu'on prononçe maintenant *fou*, eft une pièce de menuë monnoye qui vaut douze deniers.

DU DENIER.

III. Le *Denier* petite monnoye, qui eft la douzième partie d'un Sol ; il fe fubdivife en deux Mailles, ou Oboles.

CHAPITRE IV.
QUATERNAIRE DE L'ARITHMÉTIQUE.

Les quatre premières Règles :

Sçavoir,

Addition, Souftraction, Multiplication, Divifion.

DE L'ADDITION.

Table fur l'Addition.

1 & 1 font 2.	2 & 1 font 3.	3 & 1 font 4.
1 & 2 font 3.	2 & 2 font 4.	3 & 2 font 5.
1 & 3 font 4.	2 & 3 font 5.	3 & 3 font 6.
1 & 4 font 5.	2 & 4 font 6.	3 & 4 font 7.
1 & 5 font 6.	2 & 5 font 7.	3 & 5 font 8.
1 & 6 font 7.	2 & 6 font 8.	3 & 6 font 9.
1 & 7 font 8.	2 & 7 font 9.	3 & 7 font 10.
1 & 8 font 9.	2 & 8 font 10.	3 & 8 font 11.
1 & 9 font 10.	2 & 9 font 11.	3 & 9 font 12.

* *   * *   * *

4 & 1 font 5.	7 & 1 font 8.	10 & 1 font 11.
4 & 2 font 6.	7 & 2 font 9.	10 & 2 font 12.
4 & 3 font 7.	7 & 3 font 10.	10 & 3 font 13.
4 & 4 font 8.	7 & 4 font 11.	10 & 4 font 14.
4 & 5 font 9.	7 & 5 font 12.	10 & 5 font 15.
4 & 6 font 10.	7 & 6 font 13.	10 & 6 font 16.
4 & 7 font 11.	7 & 7 font 14.	10 & 7 font 17.
4 & 8 font 12.	7 & 8 font 15.	10 & 8 font 18.
4 & 9 font 13.	7 & 9 font 16.	10 & 9 font 19.
* *	* *	* *
5 & 1 font 6.	8 & 1 font 9.	11 & 1 font 12.
5 & 2 font 7.	8 & 2 font 10.	11 & 2 font 13.
5 & 3 font 8.	8 & 3 font 11.	11 & 3 font 14.
5 & 4 font 9.	8 & 4 font 12.	11 & 4 font 15.
5 & 5 font 10.	8 & 5 font 13.	11 & 5 font 16.
5 & 6 font 11.	8 & 6 font 14.	11 & 6 font 17.
5 & 7 font 12.	8 & 7 font 15.	11 & 7 font 18.
5 & 8 font 13.	8 & 8 font 16.	11 & 8 font 19.
5 & 9 font 14.	8 & 9 font 17.	11 & 9 font 20.
* *	* *	* *
6 & 1 font 7.	9 & 1 font 10.	12 & 1 font 13.
6 & 2 font 8.	9 & 2 font 11.	12 & 2 font 14.
6 & 3 font 9.	9 & 3 font 12.	12 & 3 font 15.
6 & 4 font 10.	9 & 4 font 13.	12 & 4 font 16.
6 & 5 font 11.	9 & 5 font 14.	12 & 5 font 17.
6 & 6 font 12.	9 & 6 font 15.	12 & 6 font 18.
6 & 7 font 13.	9 & 7 font 16.	12 & 7 font 19.
6 & 8 font 14.	9 & 8 font 17.	12 & 8 font 20.
6 & 9 font 15.	9 & 9 font 18.	12 & 9 font 21.
* *	* *	* *

ARITHMÉTIQUE, CHAP. IV.

13 & 1 font 14.	16 & 1 font 17.	19 & 1 font 20.
13 & 2 font 15.	16 & 2 font 18.	19 & 2 font 21.
13 & 3 font 16.	16 & 3 font 19.	19 & 3 font 22.
13 & 4 font 17.	16 & 4 font 20.	19 & 4 font 23.
13 & 5 font 18.	16 & 5 font 21.	19 & 5 font 24.
13 & 6 font 19.	16 & 6 font 22.	19 & 6 font 25.
13 & 7 font 20.	16 & 7 font 23.	19 & 7 font 26.
13 & 8 font 21.	16 & 8 font 24.	19 & 8 font 27.
13 & 9 font 22.	16 & 9 font 25.	19 & 9 font 28.
* *	* *	* *
14 & 1 font 15.	17 & 1 font 18.	20 & 1 font 21.
14 & 2 font 16.	17 & 2 font 19.	20 & 2 font 22.
14 & 3 font 17.	17 & 3 font 20.	20 & 3 font 23.
14 & 4 font 18.	17 & 4 font 21.	20 & 4 font 24.
14 & 5 font 19.	17 & 5 font 22.	20 & 5 font 25.
14 & 6 font 20.	17 & 6 font 23.	20 & 6 font 26.
14 & 7 font 21.	17 & 7 font 24.	20 & 7 font 27.
14 & 8 font 22.	17 & 8 font 25.	20 & 8 font 28.
14 & 9 font 23.	17 & 9 font 26.	20 & 9 font 29.
* *	* *	* *
15 & 1 font 16.	18 & 1 font 19.	21 & 1 font 22.
15 & 2 font 17.	18 & 2 font 20.	21 & 2 font 23.
15 & 3 font 18.	18 & 3 font 21.	21 & 3 font 24.
15 & 4 font 19.	18 & 4 font 22.	21 & 4 font 25.
15 & 5 font 20.	18 & 5 font 23.	21 & 5 font 26.
15 & 6 font 21.	18 & 6 font 24.	21 & 6 font 27.
15 & 7 font 22.	18 & 7 font 25.	21 & 7 font 28.
15 & 8 font 23.	18 & 8 font 26.	21 & 8 font 29.
15 & 9 font 24.	18 & 9 font 27.	21 & 9 font 30.
* *	* *	* *

Tome II.

22 & 1 font 23.	25 & 1 font 26.	28 & 1 font 29.
22 & 2 font 24.	25 & 2 font 27.	28 & 2 font 30.
22 & 3 font 25.	25 & 3 font 28.	28 & 3 font 31.
22 & 4 font 26.	25 & 4 font 29.	28 & 4 font 32.
22 & 5 font 27.	25 & 5 font 30.	28 & 5 font 33.
22 & 6 font 28.	25 & 6 font 31.	28 & 6 font 34.
22 & 7 font 29.	25 & 7 font 32.	28 & 7 font 35.
22 & 8 font 30.	25 & 8 font 33.	28 & 8 font 36.
22 & 9 font 31.	25 & 9 font 34.	28 & 9 font 37.

* * * * * *

23 & 1 font 24.	26 & 1 font 27.	29 & 1 font 30.
23 & 2 font 25.	26 & 2 font 28.	29 & 2 font 31.
23 & 3 font 26.	26 & 3 font 29.	29 & 3 font 32.
23 & 4 font 27.	26 & 4 font 30.	29 & 4 font 33.
23 & 5 font 28.	26 & 5 font 31.	29 & 5 font 34.
23 & 6 font 29.	26 & 6 font 32.	29 & 6 font 35.
23 & 7 font 30.	26 & 7 font 33.	29 & 7 font 36.
23 & 8 font 31.	26 & 8 font 34.	29 & 8 font 37.
23 & 9 font 32.	26 & 9 font 35.	29 & 9 font 38.

* * * * * *

24 & 1 font 25.	27 & 1 font 28.	30 & 1 font 31.
24 & 2 font 26.	27 & 2 font 29.	30 & 2 font 32.
24 & 3 font 27.	27 & 3 font 30.	30 & 3 font 33.
24 & 4 font 28.	27 & 4 font 31.	30 & 4 font 34.
24 & 5 font 29.	27 & 5 font 32.	30 & 5 font 35.
24 & 6 font 30.	27 & 6 font 33.	30 & 6 font 36.
24 & 7 font 31.	27 & 7 font 34.	30 & 7 font 37.
24 & 8 font 32.	27 & 8 font 35.	30 & 8 font 38.
24 & 9 font 33.	27 & 9 font 36.	30 & 9 font 39.

* * * * * *

ARITHMÉTIQUE, CHAP. IV.

31 & 1 font 32.	34 & 1 font 35.	37 & 1 font 38.
31 & 2 font 33.	34 & 2 font 36.	37 & 2 font 39.
31 & 3 font 34.	34 & 3 font 37.	37 & 3 font 40.
31 & 4 font 35.	34 & 4 font 38.	37 & 4 font 41.
31 & 5 font 36.	34 & 5 font 39.	37 & 5 font 42.
31 & 6 font 37.	34 & 6 font 40.	37 & 6 font 43.
31 & 7 font 38.	34 & 7 font 41.	37 & 7 font 44.
31 & 8 font 39.	34 & 8 font 42.	37 & 8 font 45.
31 & 9 font 40.	34 & 9 font 43.	37 & 9 font 46.

* *   * *   * *

32 & 1 font 33.	35 & 1 font 36.	38 & 1 font 39.
32 & 2 font 34.	35 & 2 font 37.	38 & 2 font 40.
32 & 3 font 35.	35 & 3 font 38.	38 & 3 font 41.
32 & 4 font 36.	35 & 4 font 39.	38 & 4 font 42.
32 & 5 font 37.	35 & 5 font 40.	38 & 5 font 43.
32 & 6 font 38.	35 & 6 font 41.	38 & 6 font 44.
32 & 7 font 39.	35 & 7 font 42.	38 & 7 font 45.
32 & 8 font 40.	35 & 8 font 43.	38 & 8 font 46.
32 & 9 font 41.	35 & 9 font 44.	38 & 9 font 47.

* *   * *   * *

33 & 1 font 34.	36 & 1 font 37.	39 & 1 font 40.
33 & 2 font 35.	36 & 2 font 38.	39 & 2 font 41.
33 & 3 font 36.	36 & 3 font 39.	39 & 3 font 42.
33 & 4 font 37.	36 & 4 font 40.	39 & 4 font 43.
33 & 5 font 38.	36 & 5 font 41.	39 & 5 font 44.
33 & 6 font 39.	36 & 6 font 42.	39 & 6 font 45.
33 & 7 font 40.	36 & 7 font 43.	39 & 7 font 46.
33 & 8 font 41.	36 & 8 font 44.	39 & 8 font 47.
33 & 9 font 42.	36 & 9 font 45.	39 & 9 font 48.

* *   * *   * *

40 & 1 font 41.   40 & 4 font 44.   40 & 7 font 47.
40 & 2 font 42.   40 & 5 font 45.   40 & 8 font 48.
40 & 3 font 43.   40 & 6 font 46.   40 & 9 font 49.

I. L'*Addition* est le moyen d'ajouter plusieurs quantités de la même chose l'une à l'autre, en les écrivant avec des chiffres, en Colonne l'une sur l'autre, pour connoître promptement la somme totale qu'elles forment toutes ensemble; par exemple, je veux ajouter trois cent vingt-quatre perches avec cinq mille trente-sept perches, & encore avec sept mille six cent perches; j'écris:

     324 perches.
     5037
     7600
TOTAL......... 12961 perches.

Première Colonne.

Je dis 7 & 4, ou 4 & 7 font 11 onze, qui est une unité & une dixaine; je place donc 1 sous la Colonne des nombres, & je retiens ou réserve la dixaine pour la compter avec les dixaines de la seconde Colonne que je vais calculer.

Seconde Colonne.

Je dis 2 & 3 font 5 cinq, & la dixaine de la première Colonne que je viens de réserver, font six dixaines; j'écris 6 sous ma seconde Colonne, je passe à la troisième Colonne.

Troisième Colonne.

Je dis 3 & 6 font 9 neuf, ainsi je n'ai point dix, & par conséquent point de dixaine à retenir pour la Colonne suivante;

ARITHMÉTIQUE, CHAP. IV.   197

j'écris donc fous cette troisième Colonne, qui est celle des centaines, le chiffre 9 ; je passe à la quatrième Colonne.

Quatrième Colonne.

Je dis 5 & 7 font 12 douze, voici dix & deux ; j'ai donc une dixaine à transporter à la cinquième Colonne, s'il y en a une ; j'écris toujours 2 fous cette quatrième Colonne, & j'avance ma dixaine pour terminer le compte, attendu que je ne trouve plus de Colonne, ni de chiffres à additionner : & mon total est douze mille neuf cens soixante-une perches.

ADDITION DE FRACTIONS.

Je prends ici pour exemple les Fractions qui se rencontrent le plus souvent ; telles sont celles de la livre de 20 sols, & de la toise de 6 pieds.

On additionne les Fractions comme les choses entières ; mais lorsqu'on a à additionner des Fractions dont le nombre additionné va au-delà de la chose entière, on met au total sous leur Colonne, le surplus de l'entier qu'on réserve pour ajouter aux entiers : que si le nombre des Fractions ne compose pas la chose entière, on l'écrit au total sous la Colonne des Fractions ; puis on passe aux nombres entiers.

De la Livre de vingt Sols.

Une Livre en monnoye est de 20 sols tournois, & le Sol est de douze deniers.

	1 livre	10 sols	9 deniers.
	2	15	11
TOTAL..	4 livres	6 sols	8 den.

Je commence par la Colonne des deniers, & je dis 9 & 11

deniers font 20 deniers; 12 deniers font un fol, il y a fûrement dans 20 deniers un fol & 8 deniers au-delà; car 12 & 8 font 20. Je réferve donc le fol, pour l'ajouter aux fols quand je les calculerai; & j'écris au total 8 fous la première Colonne des deniers: & puis je vais aux fols.

Je dis 5, font 5 cinq fols; & un fol que j'ai trouvé entier dans mes deniers, étant ajouté à cinq, fait 6 fols: j'écris 6 au total de la première Colonne des fols, (il n'y en a jamais que deux, ainfi qu'aux deniers); je vais aux dixaines de fols, je trouve 1 & 1 l'un fous l'autre, qui font deux fois dix fols; or comme deux fois dix fols font vingt fols, & par conféquent une livre; je réferve ou retiens cette livre, pour l'ajouter aux livres que je vais calculer; & je n'écris rien au bas de la feconde Colonne des fols. J'arrive aux livres.

Je dis 1 & 2 font 3 trois, j'y joins la livre que je viens de réferver, ce qui fait 4 livres; je n'ai plus rien à calculer: & je trouve mon total, être, quatre livres fix fols huit deniers.

De la Toife.

Une Toife a 6 pieds de long, le pied a 12 pouces, le pouce a 12 lignes.

6 toifes.	4 pieds.	9 pouces.	10 lignes.
24	5	13	1
31 toif.	4 pi.	10 pouc.	11 lig.

Je commence par les lignes, & je dis 10 & 1 font 11, il faut 12 lignes pour un pouce; je ne trouve qu'onze, ainfi j'écris 11 fous la Colonne des lignes. J'arrive aux pouces.

Je dis à la première Colonne 9 & 3 font 12 douze, 12 pouces font un pied; je retiens ce pouce, & mèt un 0 zéro fous cette Colonne. Je trouve à la feconde Colonne 1 qui eft une dixaine, j'y mets ce 1 au total, après le zéro ; ce qui fait 10 pouces. J'arrive aux pieds, avec le pied que j'ai réservé.

Je dis 4 & 5 font neuf 9. J'ajoute le pied réservé, cela fait 10 pieds ; dans dix pieds il y a une toise, qui est six pieds sous la Colonne des pieds. J'arrive aux toises, avec la toise réservée.

Je dis 6 & 4 font 10 dix, j'ajoute ma toise réservée, cela fait 11 toises ; je pose 1 sous la première Colonne, & je réserve la dixaine pour joindre aux deux dixaines ; j'écris 3 au total, & je trouve qu'il est trente-une toises quatre pieds dix pouces onze lignes.

DE LA SOUSTRACTION.

Table sur la Soustraction.

De 10 ôtés 1 reste 9.
De 10 ôtés 2 reste 8.
De 10 ôtés 3 reste 7.
De 10 ôtés 4 reste 6.
De 10 ôtés 5 reste 5.
De 10 ôtés 6 reste 4.
De 10 ôtés 7 reste 3.
De 10 ôtés 8 reste 2.
De 10 ôtés 9 reste 1.
De 10 ôtés 10 reste 0.
* *
De 9 ôtés 1 reste 8.
De 9 ôtés 2 reste 7.
De 9 ôtés 3 reste 6.
De 9 ôtés 4 reste 5.
De 9 ôtés 5 reste 4.
De 9 ôtés 6 reste 3.

De 9 ôtés 7 reste 2.
De 9 ôtés 8 reste 1.
De 9 ôtés 9 reste 0.
* *
De 8 ôtés 1 reste 7.
De 8 ôtés 2 reste 6.
De 8 ôtés 3 reste 5.
De 8 ôtés 4 reste 4.
De 8 ôtés 5 reste 3.
De 8 ôtés 6 reste 2.
De 8 ôtés 7 reste 1.
De 8 ôtés 8 reste 0.
* *
De 7 ôtés 1 reste 6.
De 7 ôtés 2 reste 5.
De 7 ôtés 3 reste 4.
De 7 ôtés 4 reste 3.

De 7 ôtés 5 reste 2.   De 5 ôtés 5 resté 0.
De 7 ôtés 6 reste 1.   * *
De 7 ôtés 7 reste 0.   De 4 ôtés 1 reste 3.
    * *   De 4 ôtés 2 reste 2.
De 6 ôtés 1 reste 5.   De 4 ôtés 3 reste 1.
De 6 ôtés 2 reste 4.   De 4 ôtés 4 reste 0.
De 6 ôtés 3 reste 3.   * *
De 6 ôtés 4 reste 2.   De 3 ôtés 1 reste 2.
De 6 ôtés 5 reste 1.   De 3 ôtés 2 reste 1.
De 6 ôtés 6 reste 0.   De 3 ôtés 3 reste 0.

    * *   * *

De 5 ôtés 1 reste 4.   De 2 ôtés 1 reste 1.
De 5 ôtés 2 reste 3.   De 2 ôtés 2 reste 0.
De 5 ôtés 3 reste 2.   * *
De 5 ôtés 4 reste 1.   De 1 ôtés 1 reste 0.

II. La *Souſtraction* est la seconde Règle de l'Arithmétique, qui apprend à déduire un petit nombre d'un plus grand ; pour sçavoir ce qui doit rester du plus grand nombre. Il faut mettre au-dessus le nombre duquel la *Souſtraction* doit être faite, & au-dessous celui qui est à souſtraire. On commence l'éxécution par la fin ; en remontant de la droite vers la gauche, de Colonne en Colonne. Pour s'assurer, si l'on ne s'est point trompé dans l'éxécution de cette Règle ; il n'y a qu'à joindre ensemble le nombre que l'on a souſtrait, & celui qui est resté. Ces deux nombres doivent produire un nombre égal, à celui duquel la *Souſtraction* a été faite. Autrement on a mal calculé. La *Souſ-traction* est donc une opération, par laquelle on ôte d'un plus grand nombre un plus petit ; & l'on marque ce qui reste après cette *Souſtraction* : lequel reste, est la différence de ces nombres,

ARITHMÉTIQUE, CHAP. IV.

bres, comme il est évident ; ayant ôté 8, de 12, le reste qui est 4, est la différence de 8, & de 12. Ainsi deux nombres étant donnés pour soustraire du plus grand le plus petit, & connoître ce qui reste, ou la différence de ces deux nombres.

1°. Il faut placer la somme qui est la plus petite, sous la grande ; les unités, sous les unités ; les dixaines, sous les dixaines, &c. Après commençant cette opération par le premier rang de droit à gauche, il faut retrancher du plus grand, le plus petit ; & marquer ce qui reste : si ce sont des unités qui restent, marquer ces unités, sous les unités ; &c. Et ce reste sera la différence, qu'il y a entre les deux nombres donnés.

Par éxemple, les deux sommes données sont 869, & 234. Il faut retrancher la seconde de la première, après les avoir disposées comme il a été dit 234, sous 869. De 9, j'ôte donc 4, il reste 5, que je marque sous le premier rang ; ensuite je dis de 6, ôtez 3, il Reste 3, que j'écris sous le deuxième Rang ; enfin de 8 j'ôte 2, le reste est 6, que j'écris sous le troisième Rang. Ainsi après avoir ôté 234, de 869 ; il reste 635, qui est la différence de 869, avec 234. Éxemple ci-contre . . .

$$\begin{array}{r} 869 \\ 234 \\ \hline 635 \end{array}$$

2°. Lorsqu'un chiffre que l'on veut retrancher est plus grand, que celui de qui on veut le Retrancher ; il faut emprunter une dixaine dans le Rang suivant. Supposons que les sommes 672, & 489 sont données ; il faut retrancher la plus petite de la plus grande : je ne puis pas ôter 9 de 8, c'est pourquoi selon la Règle, j'emprunte une dixaine du Rang suivant au lieu de 7, écrivant un 6 ; & après je dis de 18, ôtant 9, il reste 9, que je place dans son Rang ; ensuite je viens au deuxième rang où est 6, duquel ne pouvant encore ôter 8, j'emprunte comme ci-dessus une dixaine du Chiffre suivant ; & je dis de

Tome II. C c

16, ôtant 8, il reste 8 : enfin venant au dernier
Chiffre qui ne vaut plus que 5, je retranche 4,   678
& il Reste 1 ; ainsi Retranchant de 678 cette   489
somme de 489 ; il reste 189, qui est la différence ——
de ces deux sommes. Exemple   189

3°. Quand il se trouve dans le nombre qui est dessous un zéro, on met entre les nombres Restans celui sous lequel le zéro est placé ; puisque d'un tel nombre n'ôtant Rien, ce nombre doit être tout entier. Soient données ces deux sommes 842, & 405 ; Retranchez la plus petite de la plus grande, après avoir placé 405, sous 842 ; je considére qu'on ne peut ôter 5, de 2, le plus grand nombre du plus petit ; j'emprunte donc du deuxième Rang une dixaine écrivant 3 au lieu de 4 ; & puis je dis de 12 ôtez 5, Reste 7 ; ensuite de 3 ôtez zero, c'est-à-dire rien ; reste le nombre entier, sous lequel zéro est placé ;
selon la Règle je marque donc 3 au deuzième   3
Rang ; enfin de 8 je retranche 4, le reste est 4.   842
De cette *Soustraction* vient 437, qui est le Reste   405
de 842, dont on a retranché 405 ; ainsi 437 est la ——
différence de ces deux nombres.   437

4°. Quand le nombre qui doit être Retranché, est égal à celui de qui on le Retranche ; on met un zéro, puisqu'il ne Reste Rien, dont zéro est la marque. Ainsi s'il falloit ôter
246, de 346, puisque 46 est égal à 46, selon la   346
Règle je marque donc zéro ; & retranchant 2, de   246
3, donc il Reste 1 : l'Opération me donne 100, ——
qui est le nombre que je cherchois.   100

5°. Quand sous un zéro, il se trouve un zéro ; il faut mettre un zéro pour Conserver la Valeur des caractères, qui suivent,

ARITHMÉTIQUE, CHAP. IV. 203

& qui précèdent. Par éxemple ces deux sommes sont données 800 & 200 ; je Retranche simplement du Chiffre 8 le Chiffre 2, il reste 6 ; après lequel Chiffre je mèts deux zéro, pour faire voir que ce 6, est le Reste de 8 cens ; dont on a Retranché deux cens.

```
800
200
———
600
```

6°. Lorsque dans le nombre dont on Retranche un autre nombre, il y a plusieurs zéro de suite ; de sorte qu'on ne peut emprunter une dixaine du Rang suivant pour faire la *Souftraction* des nombres qui doivent être retranchés ; il faut exprimer le nombre d'un autre maniére : ensorte qu'il y ait d'autres caractères que des zéro, comme si ce nombre étoit 10000 ; il faut ainsi éxprimer cette somme 9990 plus 10, ce qui est la même chose ; car neuf mille neuf cens quatre-vingt-dix, plus dix, font dix mille. Soient données ces deux sommes 900, & 432. On veut sçavoir ce qui restera de 900, après en avoir souftrait 432 ; pour cela il faut Retrancher cette petite somme de la plus grande 900, je ne puis Rien souftraire de deux zéro ; pour donc Résoudre cette question, au lieu de 900, j'écris huit cens nonante, & je conserve dix en ma mémoire pour le premier Rang ; je Retranche 2 de ce nombre 10 que j'ai Retenu, il Reste 8 que je mèts sous le premier Rang ; de 9 je Retranche 3, & je pose le Reste qui est 6, sous le deuxième Rang ; de 8 je Retranche 4 que j'écris sous le troisième ; ainsi le Reste de 900 après en avoir ôté 432, est 468 ; ce que l'on cherchoit.

```
  10
 890
 900
 432
 ———
 468
```

7°. Les deux sommes 5782, & 3456, sont données pour être Retranchées de cette troisième somme 68386 ; il faut ajou-

C c ij

ter par la première propofition les deux premières fommes dans une fomme qui fera 9238. Après qu'on s'eft beaucoup éxèrcé à faire ces Opérations, on peut faire cette addition en fon efprit; mais dans les commençemens il eft bon de la faire avec la plume.

Je plaçe 9238 fait de l'addition de 5782, avec 3456, fous la fomme 68386 ; comme dans les autres queftions. Enfuite commençant par les unités du premier Rang, je dis de 6 on ne peut ôter 8 ; j'emprunte donc une dixaine du Rang fuivant, qui avec les unités font 16 ; de 16 ôtant 8, Refte 8 que je marque fous ce premier Rang des unités.
Après venant au deuxième Rang ; je dis de 7 dixaines, ôtez 3 Refte 4, je dis de 7 ; car vous fçavez que nous avons ôté une dixaine de ce Rang. Au troifième Rang je dis de 3 ôtez 2, Refte 1. Au quatrième Rang de 8 je ne puis ôter 9, j'emprunte du Rang fuivant, qui eft celui des dixaines de mille, une dixaine

     5   7
68386
9238
―――
59148

de mille, qui avec les 8 mille de ce quatrième Rang, font 18 mille ; je dis donc de 18 mille, ôtez neuf mille, Refte neuf mille. Enfin venant au cinquième Rang, puifqu'il n'y a Rien qui en doive être retranché, je marque avec les autres ce que je trouve dans ce Rang ; fçavoir 5, car des 6 dixaines de mille qui Reftoient, j'en avois déja retranché une dixaine. Le Refte donc de 68386, après en avoir retranché les deux fommes 5782, & 3456 ; le Refte dis-je eft 59148.

La *Souftraction* & l'*Addition* font oppofées l'une à l'autre ; l'une défait ce que l'autre a fait, & elles fe fervent réciproquement de Preuve. Le tout étant égal à fes parties, fi on ôte les parties du tout, il ne doit Rien Refter ; par conféquent pour être affuré que 432 ajoutés avec 245, fait éffectivement 677;

c'eſt-à-dire, que ces deux ſommes ſont les parties du tout 677. Il faut Retrancher ces deux ſommes de 677 ; & s'il ne Reſte rien, c'eſt une marque qu'elles ſont véritablement les parties de ce tout ; & par conſéquent que l'Addition a été bien faite.

Les parties ſont égales à leur tout, donc pour être aſſuré que véritablement deux ou pluſieurs ſommes ſont les parties d'une ſomme donnée, il faut voir ſi ces ſommes ajoutées enſemble ſont égales à cette ſomme donnée. Je veux être aſſuré qu'en Retranchant de 677 cette ſomme 432, le Reſte eſt 245 ; c'eſt-à-dire que 232 & 245, ſont les parties du tout 677 ; j'ajoute ces deux ſommes 432 & 245, & ſi elles font 677 ; je conclus qu'elles ſont véritablement les parties de 677 : & par conſéquent que mon Opération eſt bonne.

De la Multiplication.

Table ſur la Multiplication.

1	fois	1	fait	1.	2 fois	4	font	8.
1	fois	2	fait	2.	2 fois	5	font	10.
1	fois	3	fait	3.	2 fois	6	font	12.
1	fois	4	fait	4.	2 fois	7	font	14.
1	fois	5	fait	5.	2 fois	8	font	16.
1	fois	6	fait	6.	2 fois	9	font	18.
1	fois	7	fait	7.	2 fois	10	font	20.
1	fois	8	fait	8.	* *			
1	fois	9	fait	9.	3 fois	1	font	3.
1	fois	10	fait	10.	3 fois	2	font	6.
* *					3 fois	3	font	9.
2	fois	1	font	2.	3 fois	4	font	12.
2	fois	2	font	4.	3 fois	5	font	15.
2	fois	3	font	6.	3 fois	6	font	18.

ARITHMÉTIQUE, CHAP. IV.

3	fois	7	font	21.	6	fois	5	font	30.
3	fois	8	font	24.	6	fois	6	font	36.
3	fois	9	font	27.	6	fois	7	font	42.
3	fois	10	font	30.	6	fois	8	font	48.
		* *			6	fois	9	font	54.
4	fois	1	font	4.	6	fois	10	font	60.
4	fois	2	font	8.			* *		
4	fois	3	font	12.	7	fois	1	font	7.
4	fois	4	font	16.	7	fois	2	font	14.
4	fois	5	font	20.	7	fois	3	font	21.
4	fois	6	font	24.	7	fois	4	font	28.
4	fois	7	font	28.	7	fois	5	font	35.
4	fois	8	font	32.	7	fois	6	font	42.
4	fois	9	font	36.	7	fois	7	font	49.
4	fois	10	font	40.	7	fois	8	font	56.
		* *			7	fois	9	font	63.
5	fois	1	font	5.	7	fois	10	font	70.
5	fois	2	font	10.			* *		
5	fois	3	font	15.	8	fois	1	font	8.
5	fois	4	font	20.	8	fois	2	font	16.
5	fois	5	font	25.	8	fois	3	font	24.
5	fois	6	font	30.	8	fois	4	font	32.
5	fois	7	font	35.	8	fois	5	font	40.
5	fois	8	font	40.	8	fois	6	font	48.
5	fois	9	font	45.	8	fois	7	font	56.
5	fois	10	font	50.	8	fois	8	font	64.
		* *			8	fois	9	font	72.
6	fois	1	font	6.	8	fois	10	font	80.
6	fois	2	font	12.			* *		
6	fois	3	font	18.	9	fois	1	font	9.
6	fois	4	font	24.	9	fois	2	font	18.

ARITHMÉTIQUE, CHAP. IV.

9	fois	3	font	27.	11 fois 2 font 22.
9	fois	4	font	36.	11 fois 3 font 33.
9	fois	5	font	45.	11 fois 4 font 44.
9	fois	6	font	54.	11 fois 5 font 55.
9	fois	7	font	63.	11 fois 6 font 66.
9	fois	8	font	72.	11 fois 7 font 77.
9	fois	9	font	81.	11 fois 8 font 88.
9	fois	10	font	90.	11 fois 9 font 99.
		* *			11 fois 10 font 110.
10	fois	1	font	10.	* *
10	fois	2	font	20.	12 fois 1 font 12.
10	fois	3	font	30.	12 fois 2 font 24.
10	fois	4	font	40.	12 fois 3 font 36.
10	fois	5	font	50.	12 fois 4 font 48.
10	fois	6	font	60.	12 fois 5 font 60.
10	fois	7	font	70.	12 fois 6 font 72.
10	fois	8	font	80.	12 fois 7 font 84.
10	fois	9	font	90.	12 fois 8 font 96.
10	fois	10	font	100.	12 fois 9 font 108.
		* *			12 fois 10 font 120.
11	fois	1	font	11.	

III. Pour faire la *Multiplication* l'on doit poser les deux nombres l'un sur l'autre indifféremment, sans se mettre en peine lequel des deux est le multiplié, ou le multipliant; parce que 8 multiplié par 5, fait aussi bien 40; que 5 multiplié par 8. Néanmoins comme il est plus facile de multiplier par un petit nombre que par un grand, il sera plus à propos de mettre le petit dessous. Après avoir disposé les deux nombres l'un sur l'autre, & tiré une ligne dessous; il faut que chaque Chiffre du nombre inférieur multiplie à son tour, tous ceux du supérieur, l'un après l'autre : où il est à Remarquer que lorsqu'un Chiffre commence à multiplier, il faut poser son premier produit au degré dudit Chiffre ; de sorte que s'il est simple, on doit poser son premier produit sous le simple ; s'il est dixaine, il faut le poser sous la dixaine ; &c. & Additionner tous les produits ; comme dans l'Éxemple ci-dessous.

multiplié . . . . 213 muids de vin
multipliant à . . . . . 32 l. le muid

426 . . . .
639 . . . .

produit . . 6816 l. . . . . .

Pour faire donc cette *Multiplication*, je dis 2 fois 3 font 6, que je pose sous le 2 ; 2 fois 1 font 2, que je pose en Reculant ; & 2 fois 2 font 4, que j'avance.

Secondement je dis 3 fois 3 font 9, que je pose sous le 3 ; 3 fois 1 font 3, que je pose en Reculant ; & 3 fois 2 font 6, que j'avance.

Troisièmement j'additionne les produits qui font entre deux lignes pour avoir 6816 livres.

Autre Éxemple.

Je veux sçavoir la valeur de 564 arpens de terre, à trois cens vingt-cinq livres l'arpent.

564 . . . . . multiplié
325 . . . . . multipliant

2820
1128
1692

183300 l. . . . produit

Pour

ARITHMÉTIQUE, CHAP. IV.

Pour faire cette *Multiplication*, je dis 5 fois 4, font 20 ; puis e pose zéro sous le 5, & Retiens 2 ; 5 fois 6 font 30, & 2 de Retenus font 32, j'avance 2 d'un degré, & Retiens 3 ; 5 fois 5 font 25, & 3 de Retenus font 28 ; que j'avance.

En second lieu, je dis 2 fois 4 font 8, que je pose sous le 2 ; 2 fois 6 font 12, je pose 2, & Retiens 1 ; 2 fois 5 font 10, & 1 font 11 ; que j'avance.

En troisième lieu, je dis 3 fois 4 font 12, posant 2 sous le 3 ; & Retenant 1 ; 3 fois 6 font 18, & 1 font 19 ; je pose 9, & Retiens 1 ; 3 fois 5 font 15, & 1 font 16 ; que j'avance.

Finalement j'additionne les produits compris entre deux lignes, & je trouve 183300 livres.

Quand après une figure multipliée il suit un zéro, il faut avancer les dixaines au lieu de les Retenir, sans faire mention du zéro.

Exemple.

```
           309
à . . . .  56 l. piéce
        ─────────
          1854
          1545
        ─────────
font . . . . 17304 livres.
```

Je dis 6 fois 9 font 54, je pose 4, & avance 5 ; 6 fois 3 font 18, je pose 8, & avance 1.

Puis je dis 5 fois 9 font 45, je pose 5 sous son degré, & avance 4 ; 5 fois 3 font 15, je pose 5, & avance 1 ; les deux produits additionnés font 17304 livres.

Quand il y a des zéros au bout du nombre multipliant, il faut les poser simplement, & multiplier par les Figures significatives comme l'Éxemple qui suit.

Éxemple.

$$352 \text{ arpens}$$
$$à \ldots 300 \text{ l. chacun}$$
$$\text{font} \ldots 105600 \text{ livres.}$$

Lorsque les zéros du multipliant ne le terminent pas, il faut les laisser; & multiplier seulement par les Figures significatives.

Éxemple.

$$3245$$
$$3007$$
―――――
$$22715$$
$$9735$$
―――――
$$975775$$

Quand plusieurs zéros se suivent immédiatement, tant au multiplié qu'au multipliant; on multipliera par les Figures significatives, & au bout du produit, on ajoutera les zéros de part & d'autre.

Éxemple.

Pour multiplier 5000 par 700 livres, il faut dire 7 fois 5 font 35, au bout desquels on posera les cinq zéros pour avoir 3500000.

Remarquez que multipliant par Livres, il vient des Livres; par des Sols, des Sols; & par des Deniers, des Deniers: c'est pourquoi il est nécessaire de sçavoir Réduire les Sols en Livres, & les Deniers en Sols.

ARITHMÉTIQUE, CHAP. IV.

Réduction des Sols en Livres.

Pour faire cette Réduction, il faut séparer le dernier Chiffre à main droite, & prendre la moitié des autres en commençant par l'autre Bout, cette moitié fera des Livres ; & le Chiffre séparé fera des Sols.

Exemple.

864 | 2 sols

font ... 432 l. 2 s.

Il faut dire, la moitié de 8, est 4 ; la moitié de 6, est 3 ; & la moitié de 4, est 2 ; Reste 2 qu'on pose au rang des sols.

Si le nombre dont on prend la moitié est impair, il faut compter 10 pour le demi, & ajouter ces 10 au Chiffre suivant.

Exemple.

575 | 3 sols

font ... 287 l. 13 s.

Il faut dire la moitié de 5, est 2 & demi ; la moitié de 17, est 8 & demi ; la moitié de 15, est 7 & demi ; avec 3 fait 13 sols.

Autre Exemple.

1015 | 2 sols

font ... 507 l. 12 s.

Il faut dire la moitié de 10, est 5 ; la moitié de 1 est zéro ; la moitié de 15 est 7 ; & le demi, avec 2 sols ; fait 12 sols.

Autre Exemple.

7000 fols.
───────────
font... 350 livres.

On dira, la moitié de 7, eſt 3 ; la moitié de 10, eſt 5 ; la moitié de zéro, eſt zéro.

La raiſon pour laquelle, on Réduit ainſi les Sols en Livres ; c'eſt que ſéparant la dernière figure, le Reſte eſt un nombre de pièces de 10 ſols, dont on prend la moitié pour faire des Livres ; ce qui ſe voit clairement, dans le nombre de 100 ſols ; donc ſi vous ſéparez le dernier zéro, il Reſtera 10 pièces de 10 ſols, qui font 5 Livres. Sçachant réduire les Sols en Livres, il ſera facile de multiplier par les Sols.

Exemple.

Voulant ſçavoir la valeur de 342 aunes à 7 ſols l'aune, on la trouvera ci-deſſous.

342
7
───────────
339 | 4 qui
───────────
font.... 119 l. 14 f.

Pour ſçavoir combien 17 ſols par jour, font par an ; l'on multipliera les 365 jours de l'année, par 17 ſols ; & le produit étant au nombre des Sols, ſera Réduit en Livres.

Arithmétique, Chap. IV.

Éxemple.

```
    365 jours
     17 sols
    ─────────
    2555
    365
    ─────────
    6205 sols qui
```

font... 310 l. 5 f.

Pour sçavoir la valeur de 13 écus d'or; on les multipliera par 114 sols.

```
    114 sols
     13 écus d'or
    ─────────
    342
    114
    ─────────
    148 | 2 sols qui
```

font.... 74 l. 2 f.

ARITHMÉTIQUE, CHAP. IV.

Sur la Multiplication.

Le nombre de 789. unités. multiplié par ... 1. unité.	Le nombre de 654. unités. multiplié par .... 1. unité.
produit celui de 789. unités. multiplié par .. 2.	produit celui de 654. unités. multiplié par ... 2.
produit le N^e. 1578. multiplié par .. 3.	produit ... 1308. multiplié par ... 3.
produit ... 4734. multiplié par .. 4.	produit ... 3924. multiplié par .. 4.
donne le N^e. 18936. multiplié par .. 5.	produit .. 15696. multiplié par .. 5.
fait celui de 94680. multiplié par .. 6.	produit ... 78480. multiplié par .. 6.
produit .. 568080. multiplié par .... 7.	produit ... 470880. multiplié par .. 7.
produit .. 3976560. multiplié par .... 8.	produit ... 3296160. multiplié par ... 8.
produit . 31812480. multiplié par ... 9.	produit . 26369280. multiplié par .... 9.
produit 286312320. unités.	produit 237323520. unités.

Le nombre de .. 3456. multiplié,
ou pris ..... 279. fois.

Propriété de la Multiplication.

La propriété de la *Multiplication* eft de Réduire les grandes efpèces aux moindres; & ainfi pour réduire les toifes courantes en pieds, il faut les multiplier par 6.

ARITHMÉTIQUE, CHAP. IV.

Pour Réduire les écus Blancs en Livres, on les multipliera par 3.

Pour Réduire les Livres en Sols, on les multipliera par 20 ; posant zéro, & doublant chaque Chiffre.

Pour Réduire les Sols en Deniers, la *Multiplication* se fera par 12.

Pour Réduire les années en jours, par 365 ; les jours & heures par 24, &c.

Exemple.

Voulant sçavoir en 100 ans, combien il y a de quarts d'heure ; & sçachant qu'en un an, il y a 365 jours, & près de six heures ; je multiplierai les 365 jours par 24, & au produit ajoutant 6 heures ; l'addition donnera 8766 heures, lesquelles multipliées par 4 ; donneront 35064 quarts d'heure pour un an ; lequel nombre je multiplierai par 100, ce qui sera facile en ajoutant deux zéros au bout ; & je trouverai qu'en 100 ans, il y a 3506400 quarts d'heure.

Un Commis général des Vivres desire sçavoir combien un muid de farine doit Rendre de Rations, à Raison de 24 par Boisseau ; & a Remarqué qu'une Ration est le pain pour la journée d'un Soldat. Pour cet effèt il faut multiplier les 12 septiers du muid par 12 Boisseaux, & multiplier le produit par 24 ; comme ci-dessous.

```
        12 Septiers
        12 Boisseaux.
        ─────────────
         24
         12
        ─────────────
        144 Boisseaux d'un muid
         24
        ─────────────
        576
        288
        ─────────────
        3456 rations que doit Rendre un muid de farine.
```

De la Division.

IV. La *Division* est le partage d'un nombre en plusieurs parties égales, ou la recherche de combien de fois un moindre nombre est compris dans un plus grand. Comme pour sçavoir, combien 36 livres, à neuf hommes font pour chacun ; il faut partager 36, en neuf parties égales ; ou bien chercher combien de fois 9, est compris en 36 ; & trouvant qu'il y est 4 fois, je dis, c'est 4 livres pour chacun. Remarquez que le nombre que l'on divise se nomme *Dividende*, celui par lequel on divise est nommé *Diviseur* ; & ce qui vient de la *Division* s'appelle *Quotient*, du mot Latin *quoties* ; qui signifie combien de fois le petit nombre est Compris dans le grand : comme ci-dessus 36, est le Dividende ; 9, le Diviseur ; & 4, le Quotient ; parce que 9, est compris 4 fois en 36.

Pour faire la *Division*, il faut commencer par le Bout du Dividende à main gauche, sous lequel on doit disposer le Diviseur, ensorte qu'il puisse être compris dans le nombre supérieur correspondant.

Secondement, il faut chercher combien de fois le Diviseur est Compris dans le nombre supérieur Correspondant ; supposé qu'il y soit 2 fois, il faut poser ce 2, que nous appellons Quotient ; au bout du Dividende, derrière un tiret.

Troisièmement, on doit multiplier le Diviseur par le Quotient, & du nombre supérieur Soustraire le produit, posant le Reste au-dessus, & éffaçant d'un petit trait les Chiffres qui se trouvent directement sous ce Reste ; & Remarquez que toute la *Division* consiste en ces quatre Opérations, qui sont de disposer le Diviseur, chercher, multiplier, & soustraire ; car il faut les Réitérer autant de fois qu'il y a de Chiffres à Expédier.

Table

ARITHMÉTIQUE, CHAP. IV.

Table de la Division.

Dividende.	Diviseur.	Quotient.							
En 4 Comb. de fois	2	Rép. 2	16 C. de fois	4	Rép. 4	49 C. de fois	7	Rép. 7
6	2	3	20	4	5	56	7	8
8	2	4	24	4	6	63	7	9
10	2	5	28	4	7	64	8	8
12	2	6	32	4	8	72	8	9
14	2	7	36	4	9			
16	2	8				81	9	9
18	2	9	25	5	5			
			30	5	6	100	10	10
			35	5	7	1000	10	100
9 C. de fois	3	3	40	5	8			
12	3	4	45	5	9			
15	3	5						
18	3	6	36	6	6			
21	3	7	42	6	7			
24	3	8	48	6	8			
27	3	9	54	6	9			

Sur la Division.

Pour prendre la moitié du nombre de . . . . . 8462 unités ;
ou le Diviser par . . . . 2 .
Quotient . . . . 4231 unités.

Pour prendre la moitié du nombre de . . . . 1578 unités ;
ou le Diviser par . . . . 2 . . .
Q. . . . . 789.

Diviser . . . . 96393 unités ;
par . . . . 3 . .
Q. . . . . 24131.

Diviser . . . . 4734 unités ;
par . . . . 3 . .
Q. . . . . 1578.

Tome II.   Ee

Diviser . . . . 8484 unités;
    par . . . . 4 . .
Q. . . . . 2121.
Diviser . . . . 18936 unités;
    par . . . . 4 . .
Q. . . . . 4734.
Diviser . . . . 65705 unités;
    par . . . . 5 . .
Q. . . . . 13141.
Diviser . . . . 17280 unités;
    par . . . . 5 . .
Q. . . . . 3456.
Diviser . . . . 568080 unités;
    par . . . . 6 . .
Q. . . . . 94680.
Diviser . . . . 3976560 unités;
    par . . . . 7 . .
Q. . . . . 568080.
Diviser . . . . 31812480 unités;
    par . . . . 8 . .
Q. . . . . 3976560.
Diviser . . . . 286312320 unités;
    par . . . . 9 . .
Q. . . . . 31812480.
Prendre la $\frac{1}{2}$ de . . . . 3456 unités;
    c'est . . . . 1728.
Prendre le $\frac{1}{3}$ de . . . . 1794 unités;
    c'est . . . . 598.

ARITHMÉTIQUE, CHAP. IV. 219

Prendre le $\frac{1}{4}$ de . . . . 3516 unités;
c'est . . . . 879.

Prendre le $\frac{1}{5e}$ de . . . . 9875 unités;
c'est . . . . 1975.

Prendre le $\frac{1}{6e}$ de . . . . 3534 unités;
c'est . . . . 589.

Prendre le $\frac{1}{7e}$ de . . . . 3486 unités;
c'est . . . . 498.

Le $\frac{1}{8e}$ de . . . . 4608 unités;
est . . . . 576.

Le $\frac{1}{9e}$ de . . . . 8883 unités;
est . . . . 987.

La $\frac{1}{10e}$ partie de . . . . 987540 unités;
est . . . . 98754.

Exemple.

Je veux diviser 952 livres à quatre personnes.

PREMIÈRE OPÉRATION.

Dividende . . . . $\underline{952}$ } 2. Quotient.
Diviseur 4

En premier lieu, je pose le 4 sous le 9.

En second lieu, je cherche en 9, combien il y a de fois 4; & l'y trouvant 2 fois, je pose 2 au bout du tiret.

En troisième lieu, je multiplie le 4, par le 2; le produit est 8.

En quatrième lieu, j'ôte 8 de 9, & il Reste 1; que je pose sur le 9, lequel j'efface d'un petit trait, & aussi le 4.

E e ij

SECONDE OPÉRATION.

$$\begin{array}{c} 1 \\ \cancel{952} \\ \cancel{4} \end{array} \Big\} 2 \qquad \begin{array}{c} 13 \\ \cancel{952} \\ \cancel{44} \end{array} \Big\} 23$$

Dans cette seconde Opération, je pratique la même qu'à la première ; car après avoir avancé d'un degré mon Diviseur, je cherche en 15, combien de fois 4 ; & l'y trouvant 3 fois, je pose le 3, après le 2 ; puis je dis 3 fois 4 font 12, que j'ôte de 15, & il Reste 3, sur le 5 ; puis j'éfface 15 & 4.

TROISIÈME OPÉRATION.

$$\begin{array}{c} 13 \\ \cancel{952} \\ \cancel{44} \end{array} \Big\} 23 \qquad \begin{array}{c} 13 \\ \cancel{952} \\ \cancel{444} \end{array} \Big\} 238 \text{ l. pour chacun.}$$

En cette dernière Opération je fais comme dans les autres ; car après avoir transféré d'un degré mon Diviseur, je cherche en 32 combien il y a de fois 4 ; & l'y trouvant 8 fois, je pose 8, après le 3 ; puis je dis 8 fois 4 font 32, que j'ôte du nombre supérieur ; & il ne reste rien.

Quand le Diviseur est de plusieurs Chiffres, ce seroit une chose difficile de trouver combien de fois il est compris dans le nombre supérieur correspondant ; mais il faut seulement faire comme s'il n'y avoit au Diviseur, que le premier Chiffre à gauche, dont le Quotient sera Commun à tous les autres Chiffres suivans ; c'est pourquoi il faudra les multiplier par le Quotient l'un après l'autre, & soustraire les produits, comme on voit ci-dessous ; où je divise 1757 livres à 583 personnes.

$$\begin{array}{c} 218 \\ \cancel{1757} \\ 583 \end{array} \Big\} 3 \text{ l.}$$

Je cherche en 17, combien de fois 5 ; & l'y trouvant 3 fois, je pose le 3 pour Quotient ; disant 3 fois 5, font 15 ; que j'ôte de 17, & il Reste 2 sur le 7 ; puis je dis 3 fois 8, font 24 ; que j'ôte de 25, & il Reste 1 sur le 5 ; finalement je dis, 3 fois 3, font 9 ; que j'ôte de 17, & il Reste 8.

Lorsqu'on a emprunté des Dixaines pour soustraire le produit d'une Figure multipliée, les Dixaines Restantes doivent être mises sur la Figure ; d'où s'est fait l'emprunt, comme on verra ci-dessous.

$$\begin{array}{r} 11 \\ 245 \\ \underline{1863} \end{array} \bigg\} 4 \\ 437$$

Trouvant qu'en 18, il y a 4 fois 4 ; je pose 4, pour Quotient ; & je dis 4 fois 4, font 16 ; que j'ôte de 18, & il reste 2.

4 fois 3, font 12 ; que j'ôte de 16, empruntant une dixaine au 2 ; il reste 4, & le 2 ne vaut plus que 1 ; c'est pourquoi ayant rayé le 2, je mets 1 au-dessus.

4 fois 7 font 28, que j'ôte de 33, empruntant trois dixaines au 4 ; il reste 5, & le 4 reste pour 1.

Il reste 115 livres à partager ; mais nous traiterons des restans, quand toutes les difficultés de la *Division* seront éclaircies.

Quelquefois le Quotient doit être diminué de 1, de 2, de 3, ou de plus ; afin qu'il reste assez pour soustraire le produit des figures du Diviseur multipliées par le Quotient, comme en l'Exemple ci-après ; où je ne compte que 6 fois 2 en 18, parce que si je l'y mettois seulement 7 fois, il ne resteroit que 4 ; puis disant 7 fois 9 font 63, je ne pourrois pas soustraire ce nombre, parce qu'il ne resteroit que 42.

$$\begin{array}{r} 48 \\ \underline{282} \end{array} \bigg\} 6 \\ 29$$

Quand il n'y a pas affez de dixaines, pour fouftraire le produit d'une figure multipliée ; il faut emprunter dix dixaines à la première figure fuivante.

Exemple.

$$\begin{array}{r} 3 \\ \cancel{1}\cancel{1}6 \\ \underline{\cancel{3}\cancel{8}\cancel{7}} \\ 3\cancel{8} \end{array} \Big\} 9$$

Je dis 9 fois 3 font 27, que j'ôte de 28, refte 1, & le 3 pour 1.

Puis je dis, 9 fois 9 font 81, que j'ôte de 87, il refte 6 ; & comme j'ai pris 8 dixaines fur 11, il en refte 3, que je pofe au-deffus.

N'ayant pas de figure plus haute que le 9, on ne peut faire monter le Quotient plus haut ; comme dans l'Éxemple précédent, où je ne compte que 9 fois 3 en 38.

Lorfque le Divifeur n'eft pas compris dans le nombre fupérieur correfpondant, on pofera zéro pour quotient, effaçant les figures du Divifeur pour les avancer d'un degré, s'il y a d'autres Chiffres à expédier.

Exemple.

$$\begin{array}{r} \cancel{1}28 \\ \cancel{3}\cancel{6}48 \\ \underline{\cancel{3}\cancel{8}\cancel{8}\cancel{8}} \\ \cancel{3}\cancel{3} \end{array} \Big\} 104$$

S'il y a des zeros au bout du Divifeur, ils feront mis au bout du Dividende à main droite, pour divifer par les figures fignificatives ; comme fi l'on vouloit divifer 75348 livres à

ARITHMÉTIQUE, CHAP. IV.

300, il faudroit poſer les 3 ſous le 7, & les deux zéros à l'autre bout.

$$\frac{75348}{3\ 00} \}\qquad \frac{7\overset{2}{8}348}{33300} \} 251 \text{ liv.}$$

Les 48 liv. reſtantes de la *Diviſion* ci-deſſus, ne pouvant être diviſées à 300 en qualité de livres, doivent être réduites en ſols, les multipliant par 20, ce qui ſe fait en poſant zéro ; & doublant chaque Chiffre : car ſi l'on dit 2 fois 8 ſont 16 ; poſant 6 & retenant 1, 2 fois 4 ſont 8, & 1 ſont 9, avec le zéro au bout ; l'on aura 960 ſols.

$$\frac{960}{300} \} 3 \text{ ſols}$$

Les 60 Sols reſtans de cette *Subdiviſion*, ne pouvant être diviſés à 300 en qualité de Sols, doivent être réduits en Deniers en les multipliant par 12, il viendra 720 Deniers, que l'on diviſera comme ci-deſſous.

$$\frac{\overset{1}{720}}{300} \} 2 \text{ den.}$$

Il reſte 120 Deniers indiviſibles à 300, c'eſt pourquoi l'on n'y a pas d'égard ; parce que deux cinquièmes parties d'un Denier à chacun, ne font pas une conſéquence.

Quand il ne reſte rien au Dividende, & qu'il y a encore des zéros à expédier ; on les poſera au bout du Quotient, & la *Diviſion* ſera faite, comme dans l'Éxemple ſuivant ; où je diviſe 91800 livres, à 34 perſonnes.

$$\begin{array}{r}\cancel{22}\\ \cancel{33}\\ \cancel{91800}\\ \cancel{344}\\ \cancel{3}\end{array} \Big\} 2700 \text{ liv.}$$

La Preuve de la *Division* se fait par la Multiplication; car si l'on multiplie le Quotient par le Diviseur, & qu'on ajoute le reste de la *Division*, s'il y en a, la somme qui aura été divisée, reviendra; comme on voit dans l'Exemple qui suit, où toutes les difficultés de la *Division* se rencontrent.

$$\begin{array}{r} 15573427 \\ \overline{7680} \end{array}\Big\}$$

$$\begin{array}{r}\cancel{5}\\ \cancel{56}\\ \cancel{600}\\ \cancel{2796}\\ \cancel{13186}\\ \cancel{15873427}\end{array}\Bigg\} \begin{array}{l} 2027 \text{ Quotient.}\\ 7680 \text{ Diviseur.} \end{array}$$

$$\begin{array}{r}\cancel{7688880}\\ \cancel{7666}\\ \cancel{77} \quad 162160\\ 12162\\ 14189\\ 6067 \text{ Restants.}\end{array}$$

$$\overline{15573427 \text{ Preuve.}}$$

Division

ARITHMÉTIQUE, CHAP. IV.

Division à l'Espagnole.

Ayant bien entendu l'Explication ci-deſſus, pour l'Opération de la *Division* ſelon la méthode à la Françoiſe ; il ſera bien facile d'entendre comment il faut opérer par cette ſeconde, laquelle ne diffère point de la précédente pour la prévoyance & la poſition des figures du Quotient : elle ſe fait ainſi ; il faut diſpoſer les figures du Diviſeur ſous le Nombre à diviſer, comme il a été enſeigné, & chercher de même façon combien de fois le Diviſeur eſt contenu dans le Nombre à diviſer, & poſer au Quotient pour chaque Opération la figure qui exprime la quantité de fois que le Diviſeur eſt contenu dans le Dividende ſupérieur ; comme il ſe voit par l'Opération ci-deſſous.

Exemple.

On veut Diviſer 6754 livres à 357 perſonnes ; on demande combien chacun aura pour ſa part.

$$\text{Somme à Diviſer.} \quad \overset{318}{\cancel{6754}} \Big\} \text{ 1 Quotient.}$$

$$\text{Diviſeur} \quad \cancel{357}$$

La Somme à diviſer étant ainſi poſée, & le Diviſeur au-deſſous, il faut voir combien de fois 3 eſt contenu en 6 ; on voit qu'il y eſt deux fois naturellement, mais qu'il n'y peut entrer qu'une fois ; parce que deux fois 357 font plus que 675 qui ſont deſſus : il faut donc poſer 1 au Quotient.

Le Quotient 1 étant ainſi poſé, on dira en rétrogadant de la droite à la gauche, ſelon l'ordre de la Multiplication, 1 fois 7 eſt 7, qui de 5 ôte 7, cela ne ſe peut ; mais qui de 15 ôte 7, il reſte 8 que j'écris ſur le 5, lequel nombre de 15 eſt compoſé d'une dixaine empruntée ſur la Colonne prochaine, & du 5 ; on dira donc je retiens une dixaine.

226 ARITHMÉTIQUE, CHAP. IV.

Enfuite il faut dire 1 fois 5 eſt 5, & une dixaine empruntée font 6, qui de 7 ôte 6, il reſte 1 que j'écris ſur 7.

Enfin je dis 1 fois 3 eſt 3, qui de 6 ôte 3 il reſte 3.

Seconde Opération.

La première Opération étant ainſi achevée, on écrira le Diviſeur 357 à l'ordinaire ſous le Nombre à diviſer, en avançant d'un degré, & le 3 du Diviſeur ſe rencontrera ſous 1 de 31.

Puis cherchant combien de fois 3 ſont contenus dans 31, on voit qu'ils y ſont 10 fois naturellement; mais qu'ils ne peuvent y entrer que 8 fois, comme il a été examiné ci-devant, il faut donc poſer 8 au Quotient.

$$\begin{array}{r} 32 \\ \not{3}\not{1}88 \\ \not{6}\not{7}\not{8}\not{4} \end{array}$$

——— [18 Quotient. Reſte 328.

$3\not{8}\not{7}\not{7}^*$ enſuite de la Figure 1 déja poſée, puis mul-
$\not{3}\not{8}$ tipliant 357 par le Quotient 8 ſelon l'ordre de la Multiplication; on dira 8 fois 7 font 56, ôtés de 64 compoſés de 4 ſupérieur & de 6 dixaines que l'on emprunte dans ſon Eſprit ſur le degré ſuivant, reſte 8 qu'il faut écrire au-deſſus de 4, & on retiendra dans ſa Mémoire les 6 dixaines empruntées, pour les rendre & ajouter au produit de la Multiplication ſuivante.

Enſuite on dira 8 fois 5 font 40, & les 6 dixaines retenuës font 46, ôtés de 48 compoſés du 8 ſupérieur, & de 4 dixaines que l'on emprunte ſur le degré ſuivant, reſte 2, qu'il faut écrire ſur 8, & retenir les 4 dixaines empruntées.

Enfin on dira 8 fois 3 font 24, & les 4 dixaines retenuës font 28, ôtés de 31 qui ſont au-deſſus, reſte 3 que l'on écrira ſur 1 de 31, & partant le reſte ſera 328, comme par la Mé-

ARITHMÉTIQUE, Chap. IV.

thode à la françoise ci-devant, lequel Reste sera écrit sur une ligne, & feront $\frac{328}{357}$ ou 328 livres, qui ne se peuvent pas diviser par 357, que l'on réduira en sols, &c ; comme il se voit dans la *Division* par Livres, Sols & Deniers. *M. Le Gendre.*

Division à l'Italienne.

Cette troisième Méthode de *Diviser* ne diffère en rien des deux précédentes, quant à la prévoyance qu'il faut garder pour la position du Quotient ; car quoique le Diviseur ne soit pas mis directement sous le Nombre à *Diviser* comme ci-devant, & qu'il soit mis à l'écart en quelqu'endroit où l'on voudra, comme il se voit par l'Éxemple ci-dessous, de 6754 à diviser par 357, dont j'ai fait ci-devant l'Opération, il faut néanmoins sçavoir à chaque Opération combien de fois le Diviseur est contenu dans le Nombre supérieur à *Diviser*.

Comme dans l'Éxemple dont je me sers à-présent, il faut sçavoir combien il y a de fois 357 dans 675, ayant trouvé qu'il y est une fois, il faut poser 1 au Quotient, puis multipliant le Diviseur 357 par cet 1, vient 357 qu'il faut écrire sous 675, & le soustraire, le Reste est 318 que l'on écrit sous 357.

Pour seconde Opération il faut abaisser le 4 du Nombre à *Diviser*, & le poser à la suite de 318, il vient 3184 ; & après sçavoir combien de fois le Diviseur 357 est contenu dans 3184, disant en 31 combien de fois 3, on trouve qu'il y est 8 fois ; on posera donc 8 au Quotient : ensuite multipliant 357 par 8, il vient 2856 que l'on écrit au-dessous de 3184 ; puis ôtant l'un de l'autre, le Reste est 328 qui ne se peuvent *Diviser*, comme il a été prouvé ci-devant. S'il y avoit davantage de figures, on continueroit à *Diviser* de même ordre, abaissant pour châque Opération une figure du Nombre à *Diviser*.

Si l'on faisoit la Réduction des Livres restantes en Sols, &

F f ij

de Sols en Deniers, & que l'on en voulût faire la *Division*, on garderoit le même ordre à l'égard de la *Division*.

Preuve de la Division de l'autre part.

Pour Preuve, il faut ajouter le Reste 328 avec les figures barrées au-dessus, & viendra la somme à *Diviser*.

Opération de l'Exemple de la Division ci-dessus, où il a été proposé de Diviser 6754 par 357.

Somme à *Diviser* . . . 6754 [18 Quotient.
Diviseur 357

Otés . . . . 357 de 6754;
Reste . . . . 3184.
Otés . . . . 2856 de 3184;
Reste . . . . 328 à *Diviser*; ainsi des autres.

Divers Exemples de Division, dont l'Opération se fera de différentes Manières.

Premier Exemple.

On veut *Diviser* 898108 par 999.

Première Opération à la Françoise.

    8
   198
   979
   9888
  27699 7
  898108 ——— [899 & reste 7.
  99999
   999
    9

ARITHMÉTIQUE, CHAP. IV.

Même Opération à l'Espagnole.

~~997~~
~~898108~~
────── [899 reste 7.
~~99999~~
~~999~~
~~9~~

Même Opération que les précédentes à l'Italienne.

Nombre à *Diviser.* 898108 [899 Quotient.
Diviseur .. 999. ~~7992~~
9890
~~8991~~
8998
~~8991~~

Reste ... 7

Autre Exemple de Division pratiquée à la Franç. & à l'Espag.
On veut *Diviser* 199991 00007 , par 99999.

Opération à la Françoise.

~~12~~
~~97~~
~~912~~
~~1829~~
~~9990~~
~~00182~~
~~188299~~
~~999900~~
~~001882~~
~~1888299~~
~~99991882~~
~~000029999~~
~~19999100007~~
────── [199993. Quotient.
~~999999999~~
~~99999999~~
~~999999~~
~~9999~~
~~99~~

Opération à l'Espagnole.

$$\frac{\begin{array}{r}19999\\19999199997\\\overline{9999999999}\\9999999\\99999\\9999\\99\end{array}}{}\ [\ 199993.\ \text{Quotient.}$$

Par les Opérations de *Division* ci-dessus, chacun peut juger de la briéveté ou facilité, & choisir pour son usage la Méthode qui lui sera plus facile ; pour moi je me sers toujours de celle qu'on appelle à l'*Espagnole*.

Remarques sur la Division.

Quand on *Divise* par un Nombre qui a un ou plusieurs zéros à la fin, il faut poser celui, ou ceux s'il y en a plusieurs, sous les derniers Caractères du Nombre à *Diviser*, & faire la *Division* par les autres Caractères significatifs, jusqu'à ce que l'on ait rejoint les zéros, comme en cet Éxemple.

$$\frac{47688.}{4\ \ 00.}\ [\ \text{à Diviser par } 400.$$

Et s'il y a des zéros, tant au Nombre à *Diviser*, qu'au Diviseur, on retranchera autant de zéros de l'un que de l'autre ; puis divisant le reste de l'un par le reste de l'autre, on aura même Quotient que si on avoit divisé le tout par le tout ; comme en l'Éxemple suivant de 45000 à diviser par 300.

Arithmétique, Chap. IV.

Exemple.

45000 à diviser par 300.

C'est autant que de diviser 450 par 3 : ainsi des autres.

Abbréviation sur la Division.

Toute *Division* se peut abréger selon la Nature du Diviseur.

Comme si on veut *Diviser* quelque Nombre que ce soit par 10, il n'y a qu'à retrancher la dernière figure du nombre à *Diviser* à main droite, & le reste à main gauche, c'est le Quotient requis.

Comme si on vouloit sçavoir combien 270 livres valent de pistoles à 10 livres piéce ; il faut *Diviser* 270 par 10, ce qui se fait en retranchant le zéro de 270, & restera 27 pour le Quotient, c'est-à-dire, 27 pistoles.

Si on *Divise* par 100, on retranchera les deux dernières Figures du nombre à *Diviser* à main droite, & les autres seront le Quotient.

Si on *Divise* par 1000, on retranchera les trois dernières Figures du nombre à *Diviser*, & le reste sera le Quotient.

Il y a une autre Méthode de *Diviser* en abréviation, lorsque le Diviseur est composé de Parties Aliquotes, dont il sera parlé ci-après.

Propriétés de la Division.

La *Division* au contraire de la Multiplication, sert pour réduire les moindres Espèces en plus grandes, comme pour réduire des deniers en sols, des sols en livres, des livres en Écus de 60 sols, des pouces en pieds, des pieds en toises, &c. lesquelles réductions se verront en leur lieu.

Si la grandeur ou la superficie d'une piéce de terre rectangulaire étoit donnée avec la longueur d'icelle, fi on veut fçavoir la largeur; on la trouvera en Divifant la fuperficie donnée par la longueur.

Par Éxemple, fi un Champ de terre avoit 144 toifes ou perches quarrées en fuperficie, & que la longueur fût ainfi 16 toifes ou perches, il faudroit *Divifer* 144 par 16, & le Quotient feroit 9, c'eft-à-dire, 9 toifes ou perches pour la largeur de ladite pièce de terre.

De même s'il étoit propofé un nombre d'hommes à mettre en Bataillon, & que le nombre de la file fût donné, pour avoir le nombre des hommes du front, il faudroit *Divifer* le Nombre total des hommes par ceux de la file, & le Quotient donneroit le Nombre des hommes du front.

Comme s'il y avoit 576 hommes à ranger en Bataillon, & que l'on voulût que la file fût de 12 hommes; il faudroit *Divifer* 576 par 12, & le Quotient feroit 48 pour le nombre des hommes de front.

Ufage de la Divifion.

La *Divifion* fert pour trouver par le prix de plufieurs chofes la valeur d'une.

Comme fi on difoit, une pièce de toile de 49 aunes a coûté 196 livres pour tous frais; on demande combien vaut l'aune ? Il faut *Divifer* 196 livres par 49 aunes, & il viendra 4 livres pour la valeur de l'aune.

De plus, fi par le prix d'une pièce, on *Divife* quelque fomme, le Quotient de la *Divifion* donnera le nombre des pièces valant ladite fomme.

La *Divifion* fert, outre ce que je viens de dire, pour réduire des petites Efpèces en plus grandes. *Arithmétique en fa Perfection.*

CHAPITRE

CHAPITRE V.
SEPTÉNAIRE DE L'ARITHMÉTIQUE.

LEs Sept lettres Numérales des Romains, & que nous avons prises d'eux : C. D. I. L. M. V. X. Toutes ces lettres Numérales se trouvent formées, si vous faites un cercle, & le divisez par deux lignes ; une Transversale, & l'autre Perpendiculaire, qui viennent à se croiser en droiture par le Centre.

AUTRE SEPTÉNAIRE DE L'ARITHMÉTIQUE :

Sçavoir,

Règle de Trois, Règle de Compagnie,
Règle d'Alliage, Règle de fausse Position,
Fraction, Racine Quarrée, Parties Aliquotes.

RÈGLE DE TROIS.

I. LA *Règle de Trois* est ainsi nommée, parce qu'elle contient trois Nombres ; par le moyen desquels on découvre un quatrième Nombre inconnu, lequel garde la même proportion avec le second, que le troisième avec le premier ; de sorte que si le troisième est double, triple ou quadruple du premier, le quatrième sera double, triple ou quadruple du second ; c'est pourquoi on la nomme Directe, parce qu'elle procède du plus au plus, ou du moins au moins : par Exemple, si 8 hommes ont gagné 15, 24 hommes qui font plus gagneront plus, à sçavoir 45 livres, qui font le triple de 15 livres, comme 24 font le triple de 8 hommes : & si ces 8 gagnent 15 livres, 4 qui font moins gagneront moins, à sçavoir 7 livres 10 sols, en quoi la proportion est toujours gardée; car le quatrième nombre qui est 7 livres 10 sols, est moitié du second; comme le troisième qui est 4, est moitié du premier comme ci-dessous.

Hommes.	Livres.	Hommes.	Livres.
8-	15-	24-	45.
Hommes.	Livres.	Hommes.	Livres.
8-	15-	4-	7 10 s.

Toute la difficulté de cette Règle ne consiste qu'en la manière de la disposer; & pour cet effet on commencera par (Si), en remarquant que le troisième nombre doit être de même nature que le premier, & le quatrième de même nature que le second; comme vous voyez ci-dessus.

Autre Exemple.

On veut sçavoir combien de toises d'ouvrages feront 24 hommes, à proportion de ce que 37 hommes ont fait 481 toises.

Pour disposer la Règle, on dira, si 37 hommes ont fait 481 toises, combien feront 24?

La Règle étant disposée on multipliera les deux derniers nombres l'un par l'autre, & divisant le produit par le premier, le Quotient sera le quatrième nombre requis; comme ci-dessous.

Hommes	Toises.	Hommes.
37-	481-	24-
	24	

$$\begin{array}{r}1924\\962\\\hline11544\end{array}$$

$$\frac{11544}{37}\Big\} \; 312 \text{ Toises. Nombre requis.}$$

La Preuve de cette Règle se fait par une autre *Règle de Trois directe*, que l'on peut disposer en trois manières, en faisant semblant d'ignorer les nombres connus ; car premièrement on dira, si 24 hommes font 312 toises ; combien 37 hommes ? & il doit venir 481 toises pour Preuve.

Secondement, on peut tourner l'actif en passif ; disant, si 481 toises sont faites par 37 hommes, par combien d'hommes seront faites 312 toises ? Et on aura pour réponse 24 hommes.

Troisièmement, on peut dire, si 312 toises sont faites par 24 hommes, par combien d'hommes seront faites 481 toises ? Et on trouvera pour Preuve 37 hommes.

S'il restoit quelque chose de la Division, il faudroit l'ajouter au produit de la Multiplication faite dans la *Règle de Trois*, dont on se sert pour la Preuve. *Trésor de l'Arithmétique.*

Règle de Compagnie.

II. Le Nom de cette Règle lui sert de définition ; parce qu'il est aisé de voir que c'est une Association de plusieurs particuliers, qui partagent le gain commun entr'eux ; selon l'argent que chacun a mis en la communauté.

Cette Règle, est une Règle de Trois simple & directe, réitérée autant de fois qu'il y a d'associés.

Pour la disposer, il faut que la Mise commune soit le premier nombre, le gain commun le second ; & les Mises particulières étant posées l'une sur l'autre en forme d'Addition, tiennent le troisième lieu de la Règle de Trois.

Exemple.

Trois Marchands se sont associés : le premier a mis 6425 livres : le second 3200 livres : & le troisième 2550 livres : ils ont gagné 4342 livres; sçavoir ce qu'il appartient à chacun, à proportion de sa Mise.

Disposition de la Règle.

Mise commune. Gain commun.   6425 Mise du premier.
    12175.   4342.   3200 Mise du second.
                                2550 Mise du troisième.

La Règle étant ainsi disposée, on dira si 12175 livres, ont gagné 4342 livres; combien gagneront 6425 livres que le premier a mis? combien les 3200 du second? & combien les 2550 du troisième? De sorte que multipliant le gain commun par la mise d'un chacun, & divisant chaque produit, par la mise commune: on trouvera que le premier doit avoir 2291 livres, 7 sols 3 deniers; le second 1141 livres, 4 sols 5 deniers; le troisième 909 liv. 8 sols 3 deniers.

1 denier indivisible.

Rapport du Bénéfice.

1er . . . . 2291 . . . 7 . . . 3
2e . . . . 1141 . . . 4 . . . 5
3e . . . . 909 . . . 8 . . . 3
―――――――――――――――――
Preuve . . . 4342 liv.

RÈGLE D'ALLIAGE.

III. Il y a deux sortes de *Règles d'Alliage*; la première est un mélange de plusieurs choses de différentes valeurs, pour en sçavoir le prix commun. Par exemple, un Marchand de bled en a de trois sortes; sçavoir du Froment à 16 sols le boisseau; du Méteil à 14 sols; & du Seigle à 11 sols: pour voir combien vaudra le boisseau, s'il en mêle autant de l'un que de l'autre; il faut mettre les trois prix ensemble, qui font 16, 14 & 11;

ARITHMÉTIQUE, CHAP. V.   237

l'addition donnera 41 fols, dont on prendra le tiers, à cause qu'il y a de trois fortes de bled ; & l'on aura 13 fols 8 deniers, pour la valeur du boisseau.

Si au lieu d'en mettre autant de l'un que de l'autre, il en mettoit par exemple 24 boisseaux de celui à 16 fols, 20 de celui à 14 fols, & 16 de celui à 11 fols; il faudroit les multiplier par leur valeur, sçavoir les 24 par 16, les 20 par 14, & les 16 par 11 ; l'addition des trois produits donnera 840 fols, que l'on divisera par 60, nombre des boisseaux; & il viendra 14 fols pour la valeur de chacun.

La Preuve en sera facile ; car multipliant les 60 boisseaux par 14 fols, il viendra 840 fols.

La seconde *Règle d'Alliage*, est un mélange de plusieurs choses de différentes valeurs ; pour sçavoir la quantité qu'il faut de chacune, afin de les réduire à tel nombre & prix que l'on veut. Celle-ci est plus difficile que la première ; & de tous les Auteurs qui ont traité de l'Arithmétique, il ne s'en trouve aucun qui se soit bien expliqué sur cette seconde espèce d'Alliage : je veux bien croire qu'ils n'en ignoroient pas le moyen ; mais ils n'ont pas voulu se donner la peine de s'étendre sur une matière, où il y a plus de curiosité que de nécessité.

Pour donc faire cette Règle sûrement & sans peine, il faut séparer les valeurs de deux en deux, & il n'importe pas lesquelles on mètte les premières ou les dernières; pourvû qu'on les dispose ensorte qu'il y en ait toujours une qui excède le prix auquel on veut faire alliage ; & une autre qui soit moindre que ce prix; parce que, par exemple, on ne peut pas mêler de l'Argent à 22 livres le marc, avec d'autre à 24 livres, pour en faire qui revienne à 25 livres le marc; ni de l'Argent à 26 livres, avec celui de 27 livres ; pour en faire à 25 livres : mais on en peut bien mêler à 27 livres, & à 19, pour en faire qui revienne à 25 livres. Ayant donc féparé les nombres de deux en deux, on remarquera les différences qu'il y a de chaque premier & fecond nombres, à celui de l'Alliage; mettant à côté du fecond la différence du premier, & à côté du premier, la différence du fecond; comme on verra dans l'Éxemple qui fuit.

Un Orfèvre a 8 lingots d'Argent, fçavoir à 18-19-21-23-26-27-28 & 29 livres le marc; il en veut faire un ouvrage pefant 174 marcs à 25 livres le marc; & pour cet effet il defire fçavoir combien il en prendra de chaque lingot.

Premier	18 .. 1 ..	Différence de 26 .. à .. 25.
Second	26 .. 7 ..	Différence de 18 .. à .. 25.
Premier	19 .. 2 ..	Différence de 27 .. à .. 25.
Second	27 .. 6 ..	Différence de 19 .. à .. 25.
Premier	21 .. 3 ..	Différence de 28 .. à .. 25.
Second	28 .. 4 ..	Différence de 21 .. à .. 25.
Premier	23 .. 4 ..	Différence de 29 .. à .. 25.
Second	29 .. 2 ..	Différence de 23 .. à .. 25.

Chaque différence fait connoître combien il faut prendre de marcs, du prix qui eft à côté; par éxemple, 1 montre qu'il en faut prendre 1 à 18 livres le marc. 7 montre qu'on doit prendre 7 à 26 livres; 2 marque qu'on en doit prendre 2 à 19 livres, & ainfi des autres; de forte que toutes ces différences enfemble, font 29 marcs à 25 livres le marc; ce qui fe peut vérifier en les multipliant féparément par leur valeur, & divifant l'addition des produits par 29; car il viendra 25 livres. Mais parce que l'Orfèvre a befoin de plus de 29 marcs; puifqu'il lui en faut 174, l'on divifera 174 par 29, & il viendra 6; par lequel nombre multipliant chacune des différences 1-7-2-6-3-4-4-2, l'on trouvera que l'Orfèvre doit prendre

   6 Marcs d'argent à 18 livres le marc.
  42 à 26
  12 à 19
  36 à 27
  18 à 21
  24 à 28
  24 à 23
  12 à 29.
  ―――――
  174 Marcs.

Pour faire la Preuve, on additionnera tous les marcs, pour voir s'ils font au nombre de 174, & on les multipliera tous par leur valeur ; sçavoir 6 par 18, 42 par 26, 12 par 19, & ainsi des autres ; tous les produits feront ensemble 4350 livres, lesquelles divisées à 174 marcs, donneront pour chacun 25 livres ; comme il est requis. *M. le Roux.*

RÈGLE DE FAUSSE POSITION.

IV. Cette Règle est ainsi nommée, parce que par le moyen des nombres faux supposés, on découvre la vérité que l'on cherche. Les Arithméticiens en admettent de deux sortes, l'une simple & l'autre double ; mais je ne ferai mention que de celle-ci, d'autant que par son moyen l'on peut rendre raison de toutes questions proposées ; & non pas par l'autre, laquelle a recours à la Règle de Trois, qui est pour l'ordinaire plus embarrassante qu'un second nombre supposé ; outre qu'il est souvent difficile de connoître si la question est d'une ou de deux fausses positions.

Pour donc découvrir le nombre ignoré, il en faut premièrement supposer un à sa fantaisie, & procéder suivant l'état de la queſtion ; & au bout de l'opération, marquer la première erreur en défaut, ou en èxcès.

Secondement, on ſuppoſera un autre nombre indifféremment ; & procédant comme auparavant, on marquera la ſeconde erreur en défaut ou en èxcès. Troiſièmement, ſi les deux erreurs ſont en èxcès ou en défaut, on multipliera le premier nombre ſuppoſé par l'erreur du ſecond nombre, & le ſecond par l'erreur du premier ; & du plus grand produit ayant ôté le moindre, le Reſte ſera diviſé par ce qui Reſtera de la moindre erreur ôtée de la plus grande, & le Quotient de la Diviſion ſera le nombre Requis; comme on verra dans l'Éxemple qui ſuit.

Un Vigneron dit, que s'il vend ſon vin 46 livres le muid, il aura pour acheter la Maiſon où il demeure, & encore 200 liv. de Reſte ; mais que s'il ne le vend que 38 livres, il faudra qu'il emprunte 136 livres pour payer la maiſon ; ſçavoir combien il a de muids de vin, & par conſéquent combien vaut cette maiſon ?

Suppoſons en premier lieu, qu'il ait par Éxemple, 8 muids à 46 livres ; ce ſont 368 livres ; & puiſqu'il doit avoir 200 liv. de Reſte, la maiſon ne doit valoir que 168 livres. Mais s'il ne les vend que 38 livres le muid, il aura 304 livres, leſquelles avec les 136 livres qu'il doit emprunter pour payer la maiſon, font 440 livres ; & cependant elle n'eſt ſuppoſée valoir que 168, leſquelles ôtées de 440 livres, il Reſte 272 d'erreur en èxcès : je mets donc en cette manière & à part.

8 plus 272.

Suppoſons en ſecond lieu, qu'il ait 12 muids à 46 livres ; ce ſont 552 livres : & puis qu'il doit avoir 200 livres de reſte, la maiſon ne vaudra que 352 livres. Mais s'il ne les vend que

38

ARITHMÉTIQUE, CHAP. V.

38 livres le muid, il aura 456 livres, lesquelles avec les 136 livres qu'il doit emprunter, font 592 livres; & néanmoins la maison n'est supposée valoir que 352 livres, lesquelles ôtées de 592, il Reste d'erreur en excès 240 livres : je mets donc en cette manière.

8 plus 272
12 plus 240

Ces opérations faites, multipliant 272 ci-dessus par 12, il viendra 3264 : multipliant aussi 240 par 8, il viendra 1920; lesquels ôtés de 3264, il Restera 1344; puis de 272 ôtant 240, le Reste sera 32; par lesquelles divisant 1344, on aura pour Quotient 42 muids, que doit avoir le Vigneron. Et pour Preuve multipliez les 42 muids, par 46 livres; ce sera 1932 livres : & ainsi la maison doit valoir 1732 livres; mais s'il ne les vend que 38 livres le muid, il n'aura que 1596 livres; de sorte qu'il faudra qu'il emprunte 136 livres, pour faire les 1732 livres que vaut la maison.

Quand une des deux erreurs est en défaut, & l'autre en excès; ayant multiplié le premier nombre supposé par l'erreur du second, & le second par l'erreur du premier; on additionnera les deux produits, dont la somme sera divisée par celle des deux erreurs, & le Quotient de la Division sera le nombre Requis. *M. le Roux.*

FRACTION.

V. La *Fraction* est une, ou plusieurs parties d'un entier; comme 5 sols qui font le quart d'une Livre, que l'on exprime ainsi $\frac{1}{4}$. 11 sols font les onze vingtièmes d'une livre; ainsi marquées $\frac{11}{20}$, & qui voudroit parler en termes plus intelligibles; diroit que ce sont 11 parties, dont il faut 20 pour faire l'entier :

& $\frac{19}{32}$ de toise signifient 19 parties, dont il faut 32 pour faire une toise, &c.

Le nombre supérieur de la *Fraction* se nomme *Numérateur*, & l'inférieur est appellé *Dénominateur*, comme trois cinquièmes ; ainsi marqués $\frac{3}{5}$ $^{Numérateur.}_{Dénominateur.}$

Pour sçavoir la valeur d'une *Fraction*, l'on multipliera le Numérateur par la valeur de l'entier ; & le produit sera divisé par le Dénominateur. Par Éxemple, voulant sçavoir ce que valent $\frac{5}{7}$ de toise, je multiplie 5 par 6, ce sont 30 pieds ; que je divise par 7, & il vient 4 pieds : je multiplie les 2 pieds Restans par 12, pour avoir 24 pouces ; lesquels divisés par 7, donnent 3 pouces : il Reste 3 pouces, faisant 36 lignes, que je divise par 7, pour avoir 5 lignes ; & trouve que $\frac{5}{7}$ de toise font 4 pieds, 3 pouces, 5 lignes, & $\frac{1}{7}$ de ligne qui est très-peu de chose. *Trésor de l'Arithmétique.*

Sur les Fractions.

Addition.

$\frac{1}{2}$	plus	$\frac{1}{3}$	égal	$\frac{5}{6}$		$\frac{1}{3}$	+	$\frac{1}{8}$	=	$\frac{11}{24}$
$\frac{1}{2}$	plus	$\frac{1}{4}$	égal	$\frac{3}{4}$		$\frac{1}{3}$	+	$\frac{1}{9}$	=	$\frac{4}{9}$
$\frac{1}{2}$	plus	$\frac{1}{5}$	=	$\frac{7}{10}$		$\frac{1}{3}$	+	$\frac{1}{10}$	=	$\frac{13}{30}$
$\frac{1}{2}$	+	$\frac{1}{6}$	=	$\frac{2}{3}$		*	*	*	*	*
$\frac{1}{2}$	+	$\frac{1}{7}$	=	$\frac{9}{14}$		$\frac{1}{4}$	+	$\frac{1}{5}$	=	$\frac{9}{20}$
$\frac{1}{2}$	+	$\frac{1}{8}$	=	$\frac{5}{8}$		$\frac{1}{4}$	+	$\frac{1}{6}$	=	$\frac{5}{12}$
$\frac{1}{2}$	+	$\frac{1}{9}$	=	$\frac{11}{18}$		$\frac{1}{4}$	+	$\frac{1}{7}$	=	$\frac{11}{28}$
$\frac{1}{2}$	+	$\frac{1}{10}$	=	$\frac{3}{5}$		$\frac{1}{4}$	+	$\frac{1}{8}$	=	$\frac{3}{8}$
*	*	*	*	*		$\frac{1}{4}$	+	$\frac{1}{9}$	=	$\frac{13}{36}$
$\frac{1}{3}$	+	$\frac{1}{4}$	=	$\frac{7}{12}$		$\frac{1}{4}$	+	$\frac{1}{10}$	=	$\frac{7}{20}$
$\frac{1}{3}$	+	$\frac{1}{5}$	=	$\frac{8}{15}$		*	*	*	*	*
$\frac{1}{3}$	+	$\frac{1}{6}$	=	$\frac{1}{2}$		$\frac{1}{5}$	+	$\frac{1}{6}$	=	$\frac{11}{30}$
$\frac{1}{3}$	+	$\frac{1}{7}$	=	$\frac{10}{21}$		$\frac{1}{5}$	+	$\frac{1}{7}$	=	$\frac{12}{35}$

ARITHMÉTIQUE, Chap. V.

$\frac{1}{5} + \frac{1}{8} = \frac{13}{40}$

$\frac{1}{5} + \frac{1}{9} = \frac{14}{45}$

$\frac{1}{5} + \frac{1}{10} = \frac{3}{10}$

*

$\frac{1}{6} + \frac{1}{7} = \frac{13}{42}$

$\frac{1}{6} + \frac{1}{8} = \frac{7}{24}$

$\frac{1}{6} + \frac{1}{9} = \frac{5}{18}$

$\frac{1}{6} + \frac{1}{10} = \frac{4}{15}$

*

$\frac{1}{7} + \frac{1}{8} = \frac{15}{56}$

$\frac{1}{7} + \frac{1}{9} = \frac{16}{63}$

$\frac{1}{7} + \frac{1}{10} = \frac{17}{70}$

*

$\frac{1}{8} + \frac{1}{9} = \frac{17}{72}$

$\frac{1}{8} + \frac{1}{10} = \frac{9}{40}$

*

$\frac{1}{9} + \frac{1}{10} = \frac{19}{90}$

Soustraction.

$\frac{1}{2}$ moins $\frac{1}{3} = \frac{1}{6}$

$\frac{1}{2}$ moins $\frac{1}{4} = \frac{1}{4}$

$\frac{1}{2} - \frac{1}{5} = \frac{3}{10}$

$\frac{1}{2} - \frac{1}{6} = \frac{1}{3}$

$\frac{1}{2} - \frac{1}{7} = \frac{5}{14}$

$\frac{1}{2} - \frac{1}{8} = \frac{3}{8}$

$\frac{1}{2} - \frac{1}{9} = \frac{7}{18}$

$\frac{1}{2} - \frac{1}{10} = \frac{2}{5}$

*

$\frac{1}{3} - \frac{1}{4} = \frac{1}{12}$

$\frac{1}{3} - \frac{1}{5} = \frac{2}{15}$

$\frac{1}{3} - \frac{1}{6} = \frac{1}{6}$

$\frac{1}{3} - \frac{1}{7} = \frac{4}{21}$

$\frac{1}{3} - \frac{1}{8} = \frac{5}{24}$

$\frac{1}{3} - \frac{1}{9} = \frac{2}{9}$

$\frac{1}{3} - \frac{1}{10} = \frac{7}{30}$

*

$\frac{1}{4} - \frac{1}{5} = \frac{1}{20}$

$\frac{1}{4} - \frac{1}{6} = \frac{1}{12}$

$\frac{1}{4} - \frac{1}{7} = \frac{3}{28}$

$\frac{1}{4} - \frac{1}{8} = \frac{1}{8}$

$\frac{1}{4} - \frac{1}{9} = \frac{5}{36}$

$\frac{1}{4} - \frac{1}{10} = \frac{3}{20}$

*

$\frac{1}{5} - \frac{1}{6} = \frac{1}{30}$

$\frac{1}{5} - \frac{1}{7} = \frac{2}{35}$

$\frac{1}{5} - \frac{1}{8} = \frac{3}{40}$

$\frac{1}{5} - \frac{1}{9} = \frac{4}{45}$

$\frac{1}{5} - \frac{1}{10} = \frac{1}{10}$

*

$\frac{1}{6} - \frac{1}{7} = \frac{1}{42}$

$\frac{1}{6} - \frac{1}{8} = \frac{1}{24}$

$\frac{1}{6} - \frac{1}{9} = \frac{1}{18}$

$\frac{1}{6} - \frac{1}{10} = \frac{1}{15}$

*

$\frac{1}{7} - \frac{1}{8} = \frac{1}{56}$

$\frac{1}{7} - \frac{1}{9} = \frac{2}{63}$

$\frac{1}{7} - \frac{1}{10} = \frac{3}{70}$

*

$\frac{1}{8} - \frac{1}{9} = \frac{1}{72}$

$\frac{1}{8} - \frac{1}{10} = \frac{1}{40}$

*

$\frac{1}{9} - \frac{1}{10} = \frac{1}{90}$

Multiplication.

la $\frac{1}{2}$ de la $\frac{1}{2}$ = $\frac{1}{4}$
la $\frac{1}{2}$ du $\frac{1}{3}$ = $\frac{1}{6}$
la $\frac{1}{2}$ du $\frac{1}{4}$ = $\frac{1}{8}$
la $\frac{1}{2}$ du $\frac{1}{5}$ = $\frac{1}{10}$
la $\frac{1}{2}$ du $\frac{1}{6}$ = $\frac{1}{12}$
la $\frac{1}{2}$ du $\frac{1}{7}$ = $\frac{1}{14}$
la $\frac{1}{2}$ du $\frac{1}{8}$ = $\frac{1}{16}$
la $\frac{1}{2}$ du $\frac{1}{9}$ = $\frac{1}{18}$
la $\frac{1}{2}$ du $\frac{1}{10}$ = $\frac{1}{20}$

* * * *

le $\frac{1}{3}$ du $\frac{1}{3}$ = $\frac{1}{9}$
le $\frac{1}{3}$ du $\frac{1}{4}$ = $\frac{1}{12}$
le $\frac{1}{3}$ du $\frac{1}{5}$ = $\frac{1}{15}$
le $\frac{1}{3}$ du $\frac{1}{6}$ = $\frac{1}{18}$
le $\frac{1}{3}$ du $\frac{1}{7}$ = $\frac{1}{21}$
le $\frac{1}{3}$ du $\frac{1}{8}$ = $\frac{1}{24}$
le $\frac{1}{3}$ du $\frac{1}{9}$ = $\frac{1}{27}$
le $\frac{1}{3}$ du $\frac{1}{10}$ = $\frac{1}{30}$

* * * *

le $\frac{1}{4}$ du $\frac{1}{4}$ = $\frac{1}{16}$
le $\frac{1}{4}$ du $\frac{1}{5}$ = $\frac{1}{20}$
le $\frac{1}{4}$ du $\frac{1}{6}$ = $\frac{1}{24}$
le $\frac{1}{4}$ du $\frac{1}{7}$ = $\frac{1}{28}$
le $\frac{1}{4}$ du $\frac{1}{8}$ = $\frac{1}{32}$
le $\frac{1}{4}$ du $\frac{1}{9}$ = $\frac{1}{36}$
le $\frac{1}{4}$ du $\frac{1}{10}$ = $\frac{2}{40}$

* * * *

le $\frac{1}{5}$ du $\frac{1}{5}$ = $\frac{1}{25}$
le $\frac{1}{5}$ du $\frac{1}{6}$ = $\frac{1}{30}$
le $\frac{1}{5}$ du $\frac{1}{7}$ = $\frac{1}{35}$
le $\frac{1}{5}$ du $\frac{1}{8}$ = $\frac{1}{40}$
le $\frac{1}{5}$ du $\frac{1}{9}$ = $\frac{1}{45}$
le $\frac{1}{5}$ du $\frac{1}{10}$ = $\frac{1}{50}$

* * * *

le $\frac{1}{6}$ du $\frac{1}{6}$ = $\frac{1}{36}$
le $\frac{1}{6}$ du $\frac{1}{7}$ = $\frac{1}{42}$
le $\frac{1}{6}$ du $\frac{1}{8}$ = $\frac{1}{48}$
le $\frac{1}{6}$ du $\frac{1}{9}$ = $\frac{1}{54}$
le $\frac{1}{6}$ du $\frac{1}{10}$ = $\frac{1}{60}$

* * * *

le $\frac{1}{7}$ du $\frac{1}{7}$ = $\frac{1}{49}$
le $\frac{1}{7}$ du $\frac{1}{8}$ = $\frac{1}{56}$
le $\frac{1}{7}$ du $\frac{1}{9}$ = $\frac{1}{63}$
le $\frac{1}{7}$ du $\frac{1}{10}$ = $\frac{1}{70}$

* * * *

le $\frac{1}{8}$ du $\frac{1}{8}$ = $\frac{1}{64}$
le $\frac{1}{8}$ du $\frac{1}{9}$ = $\frac{1}{72}$
le $\frac{1}{8}$ du $\frac{1}{10}$ = $\frac{1}{80}$

* * * *

le $\frac{1}{9}$ du $\frac{1}{9}$ = $\frac{1}{81}$
le $\frac{1}{9}$ du $\frac{1}{10}$ = $\frac{1}{90}$

* * * *

le $\frac{1}{10}$ du $\frac{1}{10}$ = $\frac{1}{100}$

ARITHMÉTIQUE, CHAP. V.

Division.

Quotient.

$\frac{1}{2}$ par $\frac{1}{2}$	=	1		
$\frac{1}{2}$ par $\frac{1}{3}$	=	$\frac{3}{2}$		
$\frac{1}{2}$ par $\frac{1}{4}$	=	2		
$\frac{1}{2}$ par $\frac{1}{5}$	=	$\frac{5}{2}$		
$\frac{1}{2}$ par $\frac{1}{6}$	=	3		
$\frac{1}{2}$ par $\frac{1}{7}$	=	$\frac{7}{2}$		
$\frac{1}{2}$ par $\frac{1}{8}$	=	4		
$\frac{1}{2}$ par $\frac{1}{9}$	=	$\frac{9}{2}$		
$\frac{1}{2}$ par $\frac{1}{10}$	=	5		
* * * * *				
$\frac{1}{3}$ par $\frac{1}{3}$	=	1		
$\frac{1}{3}$ par $\frac{1}{4}$	=	$\frac{4}{3}$		
$\frac{1}{3}$ par $\frac{1}{5}$	=	$\frac{5}{3}$		
$\frac{1}{3}$ par $\frac{1}{6}$	=	2		
$\frac{1}{3}$ par $\frac{1}{7}$	=	$\frac{7}{3}$		
$\frac{1}{3}$ par $\frac{1}{8}$	=	$\frac{8}{3}$		
$\frac{1}{3}$ par $\frac{1}{9}$	=	3		
$\frac{1}{3}$ par $\frac{1}{10}$	=	$\frac{10}{3}$		
* * * * *				
$\frac{1}{4}$ par $\frac{1}{4}$	=	1		
$\frac{1}{4}$ par $\frac{1}{5}$	=	$\frac{5}{4}$		
$\frac{1}{4}$ par $\frac{1}{6}$	=	$\frac{3}{2}$		
$\frac{1}{4}$ par $\frac{1}{7}$	=	$\frac{7}{4}$		
$\frac{1}{4}$ par $\frac{1}{8}$	=	2		
$\frac{1}{4}$ par $\frac{1}{9}$	=	$\frac{9}{4}$		

$\frac{1}{4}$ par $\frac{1}{10}$	=	$\frac{5}{2}$		
* * * * *				
$\frac{1}{5}$ par $\frac{1}{5}$	=	1		
$\frac{1}{5}$ par $\frac{1}{6}$	=	$\frac{6}{5}$		
$\frac{1}{5}$ par $\frac{1}{7}$	=	$\frac{7}{5}$		
$\frac{1}{5}$ par $\frac{1}{8}$	=	$\frac{8}{5}$		
$\frac{1}{5}$ par $\frac{1}{9}$	=	$\frac{9}{5}$		
$\frac{1}{5}$ par $\frac{1}{10}$	=	2		
* * * * *				
$\frac{1}{6}$ par $\frac{1}{6}$	=	1		
$\frac{1}{6}$ par $\frac{1}{7}$	=	$\frac{7}{6}$		
$\frac{1}{6}$ par $\frac{1}{8}$	=	$\frac{4}{3}$		
$\frac{1}{6}$ par $\frac{1}{9}$	=	$\frac{3}{2}$		
$\frac{1}{6}$ par $\frac{1}{10}$	=	$\frac{5}{3}$		
* * * * *				
$\frac{1}{7}$ par $\frac{1}{7}$	=	1		
$\frac{1}{7}$ par $\frac{1}{8}$	=	$\frac{8}{7}$		
$\frac{1}{7}$ par $\frac{1}{9}$	=	$\frac{9}{7}$		
$\frac{1}{7}$ par $\frac{1}{10}$	=	$\frac{10}{7}$		
* * * * *				
$\frac{1}{8}$ par $\frac{1}{8}$	=	1		
$\frac{1}{8}$ par $\frac{1}{9}$	=	$\frac{9}{8}$		
$\frac{1}{8}$ par $\frac{1}{10}$	=	$\frac{5}{4}$		
* * * * *				
$\frac{1}{9}$ par $\frac{1}{9}$	=	1		
$\frac{1}{9}$ par $\frac{1}{10}$	=	$\frac{10}{9}$		
* * * * *				
$\frac{1}{10}$ par $\frac{1}{10}$	=	1		

Fractions Quarrées.			Racines Quarrées.		
Le Quarré de $\frac{1}{2}$	=	$\frac{1}{4}$	à Racine de $\frac{1}{4}$	=	$\frac{1}{2}$
$\frac{1}{3}$	=	$\frac{1}{9}$	$\frac{1}{9}$	=	$\frac{1}{3}$
$\frac{1}{4}$	=	$\frac{1}{16}$	$\frac{1}{16}$	=	$\frac{1}{4}$
$\frac{1}{5}$	=	$\frac{1}{25}$	$\frac{1}{25}$	=	$\frac{1}{5}$
$\frac{1}{6}$	=	$\frac{1}{36}$	$\frac{1}{36}$	=	$\frac{1}{6}$
$\frac{1}{7}$	=	$\frac{1}{49}$	$\frac{1}{49}$	=	$\frac{1}{7}$
$\frac{1}{8}$	=	$\frac{1}{64}$	$\frac{1}{64}$	=	$\frac{1}{8}$
$\frac{1}{9}$	=	$\frac{1}{81}$	$\frac{1}{81}$	=	$\frac{1}{9}$
$\frac{1}{10}$	=	$\frac{1}{100}$	$\frac{1}{100}$	=	$\frac{1}{10}$

Fractions Cubiques.			Racines Cubiques.		
Le Cube de $\frac{1}{2}$	=	$\frac{1}{8}$	La Rac. cub. de $\frac{1}{8}$	=	$\frac{1}{2}$
$\frac{1}{3}$	=	$\frac{1}{27}$	$\frac{1}{27}$	=	$\frac{1}{3}$
$\frac{1}{4}$	=	$\frac{1}{64}$	$\frac{1}{64}$	=	$\frac{1}{4}$
$\frac{1}{5}$	=	$\frac{1}{125}$	$\frac{1}{125}$	=	$\frac{1}{5}$
$\frac{1}{6}$	=	$\frac{1}{216}$	$\frac{1}{216}$	=	$\frac{1}{6}$
$\frac{1}{7}$	=	$\frac{1}{343}$	$\frac{1}{343}$	=	$\frac{1}{7}$
$\frac{1}{8}$	=	$\frac{1}{512}$	$\frac{1}{512}$	=	$\frac{1}{8}$
$\frac{1}{9}$	=	$\frac{1}{729}$	$\frac{1}{729}$	=	$\frac{1}{9}$
$\frac{1}{10}$	=	$\frac{1}{1000}$	$\frac{1}{1000}$	=	$\frac{1}{10}$

RACINE QUARRÉE.

VI. Tout nombre multiplié par lui-même, produit un nombre quarré ; comme 8 fois 8, font 64 ; nombre quarré, dont la *Racine* est 8. 7 fois 7, font 49 ; nombre quarré, dont la *Racine* est 7.

Observations qu'il faut faire avant que d'Extraire la Racine Quarrée.

En premier lieu, on comptera les Chiffres ; & s'ils font

nombre pair, on prendra les deux premiers; & on ne prendra que le premier, s'ils font nombre impair.

En fecond lieu, de ce Chiffre ou de ces deux, on prendra la *Racine*; laquelle on pofera comme Quotient au bout du tiret, en forme de divifion; & auffi fous le nombre dont on Extrait la *Racine*.

En troifième lieu, on multipliera cette *Racine* par elle-même, & on aura un nombre quarré; lequel il faudra Souftraire du nombre que l'on aura pris au bout à gauche.

En quatrième lieu, pour trouver un nouveau Quotient, on doublera ce qui eft au bout du tiret, & on divifera par ce nombre; & Remarquez que lorfqu'on pofe un Quotient au bout du tiret, on le pofe auffi fous la première place vuide de la fomme dont on extrait la *Racine*; & que n'ayant plus de Quotient, on double toujours ce qui eft au bout du tiret, en pratiquant le même jufqu'à ce qu'on foit parvenu au bout de la fomme.

Cettte manière de tirer la *Racine quarrée*, approche fort de la Divifion; comme on verra dans l'Exemple fuivant. ¶

Je veux extraire la *Racine quarrée* de 119059; je compte les Chiffres, & voyant qu'il y en a fix qui font nombre pair, je prends les deux premiers à gauche, qui font 11; dont je tire la *Racine*, qui eft 3; & ne peut pas être 4, parce que 4 fois 4, font 16; qui excèdent 11 : je pofe donc ce 3 au bout du tiret, & fous 11. Puis je dis, 3 fois 3 font 9; que j'ôte de 11, & il Refte 2; comme on voit dans la première Opération ci-deffous.

$$\begin{array}{r} 2 \\ \overline{119059} \} \ 3 \\ 3 \end{array}$$

Pour seconde Opération, je double le 3 pour avoir 6, par lequel je divise en la manière qui suit ; & remarquez que le Quotient que je mets au bout du tiret, doit être aussi sous la première place vuide.

$$\begin{array}{r} 234 \\ \underline{119059} \\ 364 \end{array} \Big\} 34$$

Pour troisième Opération je double 34, pour avoir 68, par lequel nombre je divise ; & Remarquez que je pose mon Quotient 5 au bout du tiret, & sous la dernière place de la somme ; comme ci-dessous.

$$\begin{array}{r} 23434 \\ \underline{119059} \\ 36488 \\ 6 \end{array} \Big\} 345$$

Pour faire la preuve, on multipliera 345 par lui-même, & au produit on ajoutera les 34 Restans ; & il doit venir 119059, comme ci-dessous.

$$\begin{array}{r} 345 \\ 345 \\ \hline 1725 \\ 1380 \\ 1035 \\ 34 \text{ Restans.} \\ \hline \end{array}$$

Preuve . . . . 119059.

Trésor de l'Arithmétique.

TABLE
Sur les Parties Aliquotes.

* * * *.
2 étant un tout,
la $\frac{1}{2}$ de 2 est 1.
3 étant un tout,
le $\frac{1}{3}$ de 3 est 1.
4 étant un tout,
la $\frac{1}{2}$ de 4 est 2.
le $\frac{1}{4}$ de 4 est 1.
5 étant un tout,
le $\frac{1}{5}$ de 5 est 1.
6 étant un tout,
la $\frac{1}{2}$ de 6 est 3.
le $\frac{1}{3}$ de 6 est 2.
le $\frac{1}{6}$ de 6 est 1.
7 étant un tout,
le $\frac{1}{7}$ de 7 est 1.
8 étant un tout,
la $\frac{1}{2}$ de 8 est 4.
le $\frac{1}{4}$ de 8 est 2.
le $\frac{1}{8}$ de 8 est 1.
9 étant un tout,
le $\frac{1}{3}$ de 9 est 3.
le $\frac{1}{9}$ de 9 est 1.
10 étant un tout,
la $\frac{1}{2}$ de 10 est 5.
le $\frac{1}{5}$ de 10 est 2.
le $\frac{1}{10}$ de 10 est 1.

11 étant un tout,
le $\frac{1}{11}$ de 11 est 1.
12 étant un tout,
la $\frac{1}{2}$ de 12 est 6.
le $\frac{1}{3}$ de 12 est 4.
le $\frac{1}{4}$ de 12 est 3.
le $\frac{1}{6}$ de 12 est 2.
le $\frac{1}{12}$ de 12 est 1.
13 étant un tout,
le $\frac{1}{13}$ de 13 est 1.
14 étant un tout,
la $\frac{1}{2}$ de 14 est 7.
le $\frac{1}{7}$ de 14 est 2.
le $\frac{1}{14}$ de 14 est 1.
15 étant un tout,
le $\frac{1}{3}$ de 15 est 5.
le $\frac{1}{5}$ de 15 est 3.
le $\frac{1}{15}$ de 15 est 1.
16 étant un tout,
la $\frac{1}{2}$ de 16 est 8.
le $\frac{1}{4}$ de 16 est 4.
le $\frac{1}{8}$ de 16 est 2.
le $\frac{1}{16}$ de 16 est 1.
17 étant un tout,
le $\frac{1}{17}$ de 17 est 1.
18 étant un tout,
la $\frac{1}{2}$ de 18 est 9.

le $\frac{1}{3}$ de 18 est 6.   le $\frac{1}{5}$ de 25 est 5.
le $\frac{1}{6}$ de 18 est 3.   le $\frac{1}{25}$ de 25 est 1.
le $\frac{1}{9}$ de 18 est 2.   26 étant un tout,
le $\frac{1}{18}$ de 18 est 1. la $\frac{1}{2}$ de 26 est 13.
19 étant un tout,   le $\frac{1}{13}$ de 26 est 2.
le $\frac{1}{19}$ de 19 est 1. le $\frac{1}{26}$ de 26 est 1.
20 étant un tout,   27 étant un tout,
la $\frac{1}{2}$ de 20 est 10. le $\frac{1}{3}$ de 27 est 9.
le $\frac{1}{4}$ de 20 est 5.   le $\frac{1}{9}$ de 27 est 3.
le $\frac{1}{5}$ de 20 est 4.   le $\frac{1}{27}$ de 27 est 1.
le $\frac{1}{10}$ de 20 est 2. 28 étant un tout,
le $\frac{1}{20}$ de 20 est 1. la $\frac{1}{2}$ de 28 est 14.
21 étant un tout,   le $\frac{1}{4}$ de 28 est 7.
le $\frac{1}{3}$ de 21 est 7.   le $\frac{1}{7}$ de 28 est 4.
le $\frac{1}{7}$ de 21 est 3.   le $\frac{1}{28}$ de 28 est 1.
le $\frac{1}{21}$ de 21 est 1. 29 étant un tout,
22 étant un tout,   le $\frac{1}{29}$ de 29 est 1.
la $\frac{1}{2}$ de 22 est 11. 30 étant un tout,
le $\frac{1}{11}$ de 22 est 2. la $\frac{1}{2}$ de 30 est 15.
le $\frac{1}{22}$ de 22 est 1. le $\frac{1}{3}$ de 30 est 10.
23 étant un tout,   le $\frac{1}{5}$ de 30 est 6.
le $\frac{1}{23}$ de 23 est 1. le $\frac{1}{6}$ de 30 est 5.
24 étant un tout,   le $\frac{1}{10}$ de 30 est 3.
la $\frac{1}{2}$ de 24 est 12. le $\frac{1}{15}$ de 30 est 2.
le $\frac{1}{3}$ de 24 est 8.   le $\frac{1}{30}$ de 30 est 1.
le $\frac{1}{4}$ de 24 est 6.   31 étant un tout,
le $\frac{1}{6}$ de 24 est 4.   le $\frac{1}{31}$ de 31 est 1.
le $\frac{1}{8}$ de 24 est 3.   32 étant un tout,
le $\frac{1}{12}$ de 24 est 2. la $\frac{1}{2}$ de 32 est 16.
le $\frac{1}{24}$ de 24 est 1. le $\frac{1}{4}$ de 32 est 8.
25 étant un tout,   le $\frac{1}{8}$ de 32 est 4.

ARITHMÉTIQUE, CHAP. V.

le $\frac{1}{16}$ de 32 eſt 2.
le $\frac{1}{32}$ de 32 eſt 1.
33 étant un tout,
le $\frac{1}{3}$ de 33 eſt 11.
le $\frac{1}{11}$ de 33 eſt 3.
le $\frac{1}{33}$ de 33 eſt 1.
34 étant un tout,
la $\frac{1}{2}$ de 34 eſt 17.
le $\frac{1}{17}$ de 34 eſt 2.
le $\frac{1}{34}$ de 34 eſt 1.
35 étant un tout,
le $\frac{1}{5}$ de 35 eſt 7.
le $\frac{1}{7}$ de 35 eſt 5.
le $\frac{1}{35}$ de 35 eſt 1.
36 étant un tout,
la $\frac{1}{2}$ de 36 eſt 18.
le $\frac{1}{3}$ de 36 eſt 12.
le $\frac{1}{4}$ de 36 eſt 9.
le $\frac{1}{6}$ de 36 eſt 6.
le $\frac{1}{9}$ de 36 eſt 4.
le $\frac{1}{12}$ de 36 eſt 3.
le $\frac{1}{18}$ de 36 eſt 2.
le $\frac{1}{36}$ de 36 eſt 1.
40 étant un tout,
la $\frac{1}{2}$ de 40 eſt 20.
le $\frac{1}{4}$ de 40 eſt 10.
le $\frac{1}{5}$ de 40 eſt 8.
le $\frac{1}{10}$ de 40 eſt 4.
le $\frac{1}{20}$ de 40 eſt 2.
le $\frac{1}{40}$ de 40 eſt 1.
45 étant un tout,

le $\frac{1}{3}$ de 45 eſt 15.
le $\frac{1}{5}$ de 45 eſt 9.
le $\frac{1}{9}$ de 45 eſt 5.
le $\frac{1}{15}$ de 45 eſt 3.
le $\frac{1}{45}$ de 45 eſt 1.
48 étant un tout,
la $\frac{1}{2}$ de 48 eſt 24.
le $\frac{1}{3}$ de 48 eſt 16.
le $\frac{1}{4}$ de 48 eſt 12.
le $\frac{1}{6}$ de 48 eſt 8.
le $\frac{1}{8}$ de 48 eſt 6.
le $\frac{1}{12}$ de 48 eſt 4.
le $\frac{1}{16}$ de 48 eſt 3.
le $\frac{1}{24}$ de 48 eſt 2.
le $\frac{1}{48}$ de 48 eſt 1.
56 étant un tout,
la $\frac{1}{2}$ de 56 eſt 28.
le $\frac{1}{4}$ de 56 eſt 14.
le $\frac{1}{7}$ de 56 eſt 8.
le $\frac{1}{8}$ de 56 eſt 7.
le $\frac{1}{14}$ de 56 eſt 4.
le $\frac{1}{18}$ de 56 eſt 2.
le $\frac{1}{56}$ de 56 eſt 1.
60 étant un tout,
la $\frac{1}{2}$ de 60 eſt 30.
le $\frac{1}{3}$ de 60 eſt 20.
le $\frac{1}{4}$ de 60 eſt 15.
le $\frac{1}{5}$ de 60 eſt 12.
le $\frac{1}{6}$ de 60 eſt 10.
le $\frac{1}{10}$ de 60 eſt 6.
le $\frac{1}{12}$ de 60 eſt 5.

ARITHMÉTIQUE, CHAP V.

le $\frac{1}{15}$ de 60 est 4.
le $\frac{1}{20}$ de 60 est 3.
le $\frac{1}{30}$ de 60 est 2.
le $\frac{1}{60}$ de 60 est 1.

64 étant un tout,
la $\frac{1}{2}$ de 64 est 32.
le $\frac{1}{4}$ de 64 est 16.
le $\frac{1}{8}$ de 64 est 8.
le $\frac{1}{16}$ de 64 est 4.
le $\frac{1}{32}$ de 64 est 2.
le $\frac{1}{64}$ de 64 est 1.

70 étant un tout,
la $\frac{1}{2}$ de 70 est 35.
le $\frac{1}{5}$ de 70 est 14.
le $\frac{1}{7}$ de 70 est 10.
le $\frac{1}{10}$ de 70 est 7.
le $\frac{1}{14}$ de 70 est 5.
le $\frac{1}{35}$ de 70 est 2.
le $\frac{1}{70}$ de 70 est 1.

72 étant un tout,
la $\frac{1}{2}$ de 72 est 36.
le $\frac{1}{3}$ de 72 est 24.
le $\frac{1}{4}$ de 72 est 18.
le $\frac{1}{6}$ de 72 est 12.
le $\frac{1}{8}$ de 72 est 9.
le $\frac{1}{9}$ de 72 est 8.
le $\frac{1}{12}$ de 72 est 6.
le $\frac{1}{18}$ de 72 est 4.
le $\frac{1}{24}$ de 72 est 3.
le $\frac{1}{36}$ de 72 est 2.
le $\frac{1}{72}$ de 72 est 1.

75 étant un tout.
le $\frac{1}{3}$ de 75 est 25.
le $\frac{1}{5}$ de 75 est 15.
le $\frac{1}{15}$ de 75 est 5.
le $\frac{1}{25}$ de 75 est 3.
le $\frac{1}{75}$ de 75 est 1.

80 étant un tout,
la $\frac{1}{2}$ de 80 est 40.
le $\frac{1}{4}$ de 80 est 20.
le $\frac{1}{5}$ de 80 est 16.
le $\frac{1}{8}$ de 80 est 10.
le $\frac{1}{10}$ de 80 est 8.
le $\frac{1}{16}$ de 80 est 5.
le $\frac{1}{20}$ de 80 est 4.
le $\frac{1}{40}$ de 80 est 2.
le $\frac{1}{80}$ de 80 est 1.

81 étant un tout,
le $\frac{1}{3}$ de 81 est 27.
le $\frac{1}{9}$ de 81 est 9.
le $\frac{1}{27}$ de 81 est 3.
le $\frac{1}{81}$ de 81 est 1.

84 étant un tout,
la $\frac{1}{2}$ de 84 est 42.
le $\frac{1}{3}$ de 84 est 28.
le $\frac{1}{4}$ de 84 est 21.
le $\frac{1}{6}$ de 84 est 14.
le $\frac{1}{7}$ de 84 est 12.
le $\frac{1}{12}$ de 84 est 7.
le $\frac{1}{14}$ de 84 est 6.
le $\frac{1}{21}$ de 84 est 4.
le $\frac{1}{28}$ de 84 est 3.

le $\frac{1}{42}$ de 84 eft 2.   le $\frac{1}{6}$ de 96 eft 16.
le $\frac{1}{84}$ de 84 eft 1.   le $\frac{1}{8}$ de 96 eft 12.
90 étant un tout,   le $\frac{1}{12}$ de 96 eft 8.
la $\frac{1}{2}$ de 90 eft 45.   le $\frac{1}{16}$ de 96 eft 6.
le $\frac{1}{3}$ de 90 eft 30.   le $\frac{1}{24}$ de 96 eft 4.
le $\frac{1}{5}$ de 90 eft 18.   le $\frac{1}{32}$ de 96 eft 3.
le $\frac{1}{6}$ de 90 eft 15.   le $\frac{1}{48}$ de 96 eft 2.
le $\frac{1}{9}$ de 90 eft 10.   le $\frac{1}{96}$ de 96 eft 1.
le $\frac{1}{10}$ de 90 eft 9.   100 étant un tout,
le $\frac{1}{15}$ de 90 eft 6.   la $\frac{1}{2}$ de 100 eft 50.
le $\frac{1}{18}$ de 90 eft 5.   le $\frac{1}{4}$ de 100 eft 25.
le $\frac{1}{30}$ de 90 eft 3.   le $\frac{1}{5}$ de 100 eft 20.
le $\frac{1}{45}$ de 90 eft 2.   le $\frac{1}{10}$ de 100 eft 10.
le $\frac{1}{90}$ de 90 eft 1.   le $\frac{1}{20}$ de 100 eft 5.
96 étant un tout,   le $\frac{1}{25}$ de 100 eft 4.
la $\frac{1}{2}$ de 96 eft 48.   le $\frac{1}{50}$ de 100 eft 2.
le $\frac{1}{3}$ de 96 eft 32.   le $\frac{1}{100}$ de 100 eft 1.
le $\frac{1}{4}$ de 96 eft 24.   le &c.

Parties Aliquotes.

VII. On entend par ce terme, les Parties qui font comprifes plufieurs fois dans un nombre ; ou dans une autre quantité : ou qui mefurent leur tout éxactement. 2 eft une *Partie Aliquote*, de 8 : il y eft compris quatre fois. 16 eft un nombre compofé de quatre *Parties Aliquotes*, dont chacune eft 4 ; ou de deux *Parties Aliquotes*, dont chacune eft 8. Les nombres de 7, de 11, de 19 & autres femblables, n'ont point de *Parties Aliquotes* ; car ils ne fe peuvent divifer en parties égales. M. *le Gendre*.

CHAPITRE VI.

DUODÉNAIRE DE L'ARITHMÉTIQUE.

TABLE de Pytagore, ou Table de Multiplication, & Division.

1	2	3	4	5	6	7	8	9	10	11	12
2	4	6	8	10	12	14	16	18	20	22	24
3	6	9	12	15	18	21	24	27	30	33	36
4	8	12	16	20	24	28	32	36	40	44	48
5	10	15	20	25	30	35	40	45	50	55	60
6	12	18	24	30	36	42	48	56	60	66	72
7	14	21	28	35	42	49	56	63	70	77	84
8	16	24	32	40	48	56	64	72	80	88	96
9	18	27	36	45	54	63	72	81	90	99	108
10	20	30	40	50	60	70	80	90	100	110	120
11	22	33	44	55	66	77	88	99	110	121	132
12	24	36	48	60	72	84	96	108	120	132	144

Usage de la Table.

Cette Table sert, pour trouver le produit de deux nombres multipliés, l'un par l'autre.

Par Exemple, si on veut trouver le produit de 7, multiplié par 9; il faut chercher 7, dans la première colonne qui commençe par 1; puis multipliant ce 7, par le 9 de la première ligne; on dira 7 fois 9, font 63; que l'on trouvera à la colonne, vis-à-vis du 7; & ainsi des autres.

PETITE DISSERTATION

SUR la valeur des Poids, des Mesures, & des Monnoyes.

§. 1.

1 millier	pèse	10	quintaux.
1 quintal	pèse	100	livres.
1 livre	pèse	2	marcs.
1 marc	pèse	8	onces.
1 once	pèse	8	gros.
1 gros	pèse	3	deniers.
1 denier	pèse	24	grains.
1 grain	pèse	24	primes.
1 prime	pèse	24	secondes.

§. 2.

1 livre de soie pèse		15	onces.
* *	* *	* *	* *
1 livre d'Apoticaire		12	onces,
1 once	pèse	8	dragmes.
1 dragme	pèse	3	scrupules.
1 scrupule	pèse	2	oboles.
1 obole	pèse	3	siliques.
1 silique	pèse	4	grains.

§. 3.

1 marc d'or fin doit tenir		24	karats.
1 karat	est de	8	deniers.

1 denier	est	de	24	grains.
1 grain	est	de	24	primes.
1 prime	est	de	24	secondes, &c.

§. 4.

Un marc d'argent fin			12	deniers.
1 denier	est	de	24	grains.
1 grain	est	de	24	primes, &c.

§. 5.

Le *karat de fin* est $\frac{1}{24}$ degré de bonté, de quelque portion d'or que ce soit.

Le *karat de prix* est $\frac{1}{24}$ de la valeur d'un marc fin d'or.

Il y a aussi le *karat* de poids & de prix.

Titre, degré, bonté, poids, prix de l'Or.

Le *karat* marque le titre de l'Or.

Le *denier* divise le fin de l'Argent.

§. 6.

Le karat de 4 grains sert à peser les Diamans.

§. 7.

A Paris.

Le Muid de Bled vaut	12 Septiers.
1 Septier est de	2 Mines.
1 Mine est de	2 Minots.
1 Minot est de	3 Boisseaux.
1 Boisseau est de	4 Quarts.
1 Quart est de	2 Litrons.

§. 8.

ARITHMÉTIQUE, CHAP. VI.

§. 8.

Le Muid d'Avoine est de . . . . 12 Septiers.
Le Septier est de . . . . . 24 Boisseaux.
Le Boisseau est de . . . . . 16 Litrons.

§. 9.

1 Muid de Sel est de . . . . . 12 Septiers.
1 Septier est de . . . . . 4 Minots.
1 Minot est de . . . . . 64 Litrons.

§. 10.

Pour les Bourgeois.

1 Muid Charbon de Bois . . . 20 Mines, ⎫
1 Mine vaut   2 Minots   Sacs ou ⎬
1 Minot   8 Boisseaux.   Charges. ⎭
1 Boisseau   16 Litrons.

§. 11.

Le Muid pour le Marchand est de . . . 16 Mines.

§. 12.

1 Voie Charbon de Terre . . . . 15 Minots.
1 Minot . . . . 6 Boisseaux.

§. 13.

1 Muid de Chaux . . . . . . 48 Minots.
1 Minot . . . . 3 Boisseaux.

§. 14.

1 Muid de Plâtre . . . . 36 Sacs.
1 Sac de Plâtre . . . . 3 Boisseaux.

§. 15.

1 Muid de Vin . . . . 3 Feuillettes.
1 Feuillette . . . . 100 Pintes,
                                            avec la lie.

§. 16.

1 Muid Vin clair . . . . . 2 demi-Muids.
1 Demi-Muid . . . . . . 2 Quarteaux.
1 Quarteau . . . . . . 2 demi-Quarteaux.
2 Demi-Quarteaux . . . . . 9 Septiers.
1 Septier . . . . . . 4 Quarts.
1 Quarte . . . . . . 2 Pintes.
1 Pinte . . . . . . 2 Chopines.
1 Chopine . . . . . . 2 demi-Septiers.
1 Demi-Septier . . . . . 2 Poissons.

§. 17.

Queuë ou Pipe d'Anjou tient deux demi-Queuës d'Orléans, Blois, Dijon, &c.
1 Pipe . . . . 54 Septiers.

§. 18.

Vins de Champagne.

1 Demi-Queuë . . . . . . 2 Quarteaux.
1 Quarteau . . . . . . 12 Septiers, &c.

ARIHTMÉTIQUE, CHAP. VI.

§. 19.

Mesure de la Terre.

1 Toise vaut . . . . 6 Pieds.
1 Pied vaut . . . . 12 Pouces.
1 Pouce vaut . . . . 12 Lignes.
1 Ligne vaut . . . . 12 Points.

§. 20.

1 Pas commun est de . . 2 ½ Pieds.
1 Pas géométrique . . . . 5 Pieds.

§. 21.

1 Lieuë de France . . . 2000 Toises.
1 Lieuë commune . . . 13300 Pieds.
1 Petite Lieuë . . . . 2000 Pas communs.
1 Mille est de . . . . 1000 Pas géométriques;
ou 5000 Pieds, ou 8 Stades de 125 pas géométriq. chacune.

§. 22.

Réduction des Milles ou Lieuës des Provinces de l'Europe, conformément aux Pieds Romains, qui sont égaux aux Pieds Rhénaux dont on se sert par-tout le Septentrion.

Le Mille, *ou Lieuës*	Pieds.
D'Italie	5000.
De France	15750.
D'Angleterre	5454.
De Bourgogne	18000.
D'Égypte	25000.
De Flandres	2000.

D'Allemagne la petite . . . . . 20000.
           la moyenne . . . . 22500.
           la plus grande . . . . 25000.
D'Hollande . . . . . . 24000.
De Suisse . . . . . . 26666.
D'Espagne . . . . . . 21270.
De Lithuanie . . . . . . 28500.
De Pologne . . . . . . 19850.
De Perse . . . . . . 18750.
De Moscovie . . . . . . 3750.
D'Écosse . . . . . . 6000.
De Suede . . . . . . 30000.

§. 23.

1 Grande Coudée . . . . . 13 Pieds 6 pouces.
1 Coudée simple . . . . . 1 Pied 6 pouces.
1 Coudée géométrique . . . 9 Pieds.
1 Embrassade . . . . . 6 Pieds.
1 Démarche . . . . . 2 $\frac{1}{2}$ Pieds.

1 Arpent . . . . $\left\{\begin{array}{l}\text{10 perches en long.}\\ \text{100 perches quarrées.}\\ \text{900 toises quarrées.}\end{array}\right.$

1 Perche . . . . . . 3 toises.

$\left.\begin{array}{l}\text{grande}\\ \text{moyenne}\\ \text{petite}\end{array}\right\}$ Selon le Pays.

§. 24.

1 Aune de Paris, Lyon, Rouen, est de
                3 pieds 7 pouces 8 lignes.
1 Aune de Troye, 2 pieds 5 pouces 1 ligne.
1 Aune d'Amst. 2 pieds 1 pouce 2 lignes.

§. 25.

Le Doigt est le $\frac{1}{3}$ d'un pouce.
1 Doigt contient 4 grains d'orge.
1 Doigt Mesure Romaine, 9 lignes.
1 Doigt écliptique $\frac{1}{12}$ du Disque de l'Astre.

§. 26.

Division du Tems.

1 Siècle est de	100 ans.
1 Indiction de	3 lustres.
1 Lustre de	5 ans.
1 Olympiade de	4 ans.
1 An est de	12 mois.
1 Mois de	30 jours.
1 Mois a	4 semaines.
1 Semaine	7 jours.
1 Jour	24 heures.
1 Heure	60 minutes.
1 Minute	60 secondes.
1 Seconde	60 tierces.

§. 27.

Différence des Poids entre les Méteaux, & autres Matières.

Le Pouce cube.	Onces.	Gros.	Grains.
D'Or pèse	12	2	52.
De Vif-Argent	8	6	18.
De Plomb	7	3	30.

D'Argent . . .	6 . .	5 . .	28.
De Cuivre . . .	5 . .	6 . .	36.
De Fer	5 . .	1 . .	24.
D'Étain	4 . .	6 . .	17.
De Marbre blanc .	1 . .	6 . .	
De Pierre de Taille	1 . .	2 . .	24.
D'Eau de Seine . .	. . .	5 . .	12.
De Vin	. . .	5 . .	5.
De Cire	. . .	4 . .	65.
D'Huile	. . .	4 . .	43.
De, &c.			

§. 28.

Monnoyes de France.

12	Deniers valent	1 sol.
1	Sol vaut	12 deniers.
1	Livre vaut	20 sols.
20	Sols valent	1 livre.
1	Livre vaut	240 deniers.
240	Deniers valent	1 livre
3	Livres valent	1 écu.
1	Écu vaut	3 livres.
10	Livres valent	1 pistole.
1	Pistole vaut	10 livres.

* * * * * *

3	Deniers valent	1 liard.
4	Liards valent	1 sol.
20	Sols valent	1 livre.
3	Livres valent	1 écu.
10	Livres valent	1 pistole.

* * * * * *

Les Pièces de Monnoye ont souvent leur $\frac{1}{2}$, leur $\frac{1}{3}$, leur $\frac{1}{4}$, leur $\frac{1}{5}$, leur $\frac{1}{6}$, &c.

§. 29.

Le Poids de Marc.

Le Marc se divise en	8 onces.
	64 gros.
	192 deniers.
	160 esterlins.
	320 mailles.
	640 felins.
	& 4608 grains.
L'Once est divisée en	8 gros.
	24 deniers.
	20 esterlins.
	40 mailles.
	80 felins.
	& en 576 grains.
Le Gros est divisé en	3 deniers.
	$2\frac{1}{2}$ esterlins.
	5 mailles.
	10 felins.
	& 72 grains.
Le Denier est	24 grains.
L'Esterlin en	$28\frac{4}{5}$ de grain.
La Maille en	$14\frac{2}{5}$ de grain.
Le Felin en	$7\frac{1}{5}$ de grain.
Et le Grain en $\frac{1}{2}\,\frac{1}{4}\,\frac{1}{8}$	&c. de grain.

Remèdes sur les Poids de Marc.
Remèdes sur les Espèces.

§. 30.

Des Monnoyes anciennes.

1 Drag. attique valant, dix fols de notre monnoye.
L'*Obole* attique eſt $\frac{1}{6}$ de la dragme.
La *Drag.* attique vaut un denier romain, ou 6 oboles.
La *Mine* attique vaut 100 dragmes.
Le *Talent* attique vaut 60 mines.
Miryade vaut dix mille.
Le *Stater* attique d'Or pèſe deux dragmes, vaut 20 dragmes d'Argent.
Le *Darique*, *Philippei* valent le ſtater attique.
Le *Sicle* des Hébreux valoit 4 dragmes attiques.
L'As romain; *libra* ou *pondo* $\frac{1}{10}$ du denier romain.
Le *petit Seſtèrce* ou *Nummus* $\frac{1}{4}$ du denier romain.
Le Denier valoit 10 as & 4 ſeſtèrces, ou 10 fols de France.
Le *grand Seſtèrce*, *Seſtertium* valoit mille petits Seſtèrces.
Aureus, *Solidus*, monnoye d'Or de 25 deniers d'Argent.
Le Talent d'Argent valoit trois mille livres.
Le Talent d'Or trente mille livres.
Proportion de l'Or à l'Argent de 10 à 1 pour l'antiquité.
Proportion de 15 à 1 pour notre Siècle.

ARITHMÉTIQUE, CHAP. VI. 265

De la Différence & de la Réduction des Poids des principales Villes de l'Europe.

§. 1.

100 livres poids de Paris font à

Lille, livres ..	$113 \frac{1}{2}$
Tournay	$112 \frac{1}{3}$
Ypres, Aire, Saint-Omer, } ..	$113 \frac{1}{3}$
Courtray	$112 \frac{1}{2}$
Arras, Bergh, Dunkerque, } ..	$113 \frac{1}{2}$
Bruges, ...	$105 \frac{7}{9}$
Gand	$112 \frac{1}{3}$
Oudenarde ...	$112 \frac{1}{2}$
Anvers, Brux. Malines, } ..	$103 \frac{2}{3}$
Ostende	$105 \frac{1}{2}$
Valenciennes ...	$105 \frac{2}{3}$
Mons, Camb. Liége, } ..	$105 \frac{1}{8}$
Cologne	$100 \frac{2}{3}$
Amsterdam, Roterdam, } ...	$98 \frac{3}{4}$
Flessingue, Midelbourg, } ...	$103 \frac{2}{3}$
Strasbourg ...	$98 \frac{1}{2}$
Leyptzic	$103 \frac{2}{3}$
Dannemarc ...	$107 \frac{1}{6}$
Hambourg ...	$100 \frac{3}{5}$
Dantzic	$124 \frac{2}{3}$
Castille	$105 \frac{3}{4}$
Troyes	$93 \frac{3}{4}$
Diepe	$94 \frac{5}{2}$
Lyon	114
Nantes	$98 \frac{3}{4}$
Rouen	95
Marseille	$120 \frac{3}{4}$
Bordeaux	$119 \frac{1}{4}$
Londres, petit poids. } ...	$109 \frac{1}{16}$
Londres, grand poids. } ...	$96 \frac{6}{7}$
Francfort, grand poids. } ...	$96 \frac{6}{7}$
Francfort, petit poids. } ...	$103 \frac{2}{3}$
Nuremberg, grand poids. } ...	$96 \frac{6}{7}$
Nuremberg, petit poids. } ...	$103 \frac{2}{3}$

§. 2.

100 livres de Lyon rendent à

Rouen	83 l.
Montpellier ...	104 l.
Toulouse	102 l.
Marseille	106 l.

Tome II.

La Rochelle . . . . 85 l.
Genève . . . . . 76 l.
Venise . . . . . . 156 l.
Anvers . . . . . . 90 l.
Bâle, Berne,⎫
Francfort,   ⎬ . . 84 l.
Nuremberg, ⎭
Gênes . . . . . . 138 l.
Milan . . . . . . 144 l.
Bourg-en-Bresse . . . 89 l.
Londres . . . . . 94 l.
Livourne, Pise . . 131 l.
Naples,   ⎫
Bergame, ⎬ . . . 147 l.
Turin,   ⎫
Modène, ⎬ . . . 129 l.
Bologne, ⎭

§. 3.

100 livres de Montpelier rendent à
Rouen . . . . . 80 l.
Toulouse . . . . . 99 l.
Marseille . . . . . 147 l.
La Rochelle . . . . 82 l.
Genève . . . . . 74 l.
Venise . . . . . 151 l.
Anvers . . . . . 87 l.
Bâle, Berne,⎫
Francfort,   ⎬ . . 81 l.
Nuremberg, ⎭
Gênes . . . . . 135 l.
Milan . . . . . . 140 l.
Bourg-en-Bresse . . 86 l.
Londres . . . . . 91 l.

§. 4.

Réduction des Aunages, &c.

7 Aunes de Paris rendent 9 Verges de Londres.
4 Aunes de Paris rend.   7 Aun. de Holande.
7 Aun. de Paris rend.   12 Aun. de Flandres.
7 Vares de Castille rend. 5 Aun. de France.
100 Rats de Piémont   50 Aun. de France.
100 Brasses de Lucques   50 Aun. de France.
5 Aun. de Par. rend.   3 Canes de Montpellier.
3 Aun. de Par. rend.   2 Canes de Toulouse.
32 Aun. de Paris rend.   17 Aunes de Naples.

5	Aun. de Par. rend.	7	Vares de Caſtille.
2	Aun. de Par. rend.	3	Vares d'Aragon.
8	Aun. de Par. rend.	15	Braſſes de Boulogne.
8	Aun. de Par. rend.	15	Braſſes de Modène.
5	Aun. de Par. rend.	24	Palmes de Gènes.
49	Aun. de Par. rend.	100	Braſſes de Florence.
5	Aun. de Par. rend.	9	Braſſes de Bergame.
3	Aun. de Par. rend.	5	Pieds de Conſtantinop.
8	Aun. de Par. rend.	15	Braſſes de Veniſe.
8	Aun. de Par. rend.	15	Braſſes de Mantoue.
10	Aun. de Par. rend.	13	Vares de Valence.
4	Aun. de Par. rend.	9	Braſſes de Milan.

§. 5.

Meſures & Poids ſervant au Commerce de la Holande.

L'Aune d'Amſterdam contient 2 pieds, 1 pouces, 2 lignes du pied de France; qui eſt de 1 pouce & 7 lignes plus long que le pied de Holande.

L'Aune de Brabant ou d'Anvers contient 2 pieds, un pouce, 7 lignes du pied de France.

L'Aune d'Amſterdam eſt pour la vente, & celle d'Anvers pour l'achat.

101 $\frac{1}{2}$ Aunes d'Amſterdam font 100 Aunes d'Anvers; & 100 Aunes d'Amſterdam ne font que 98 $\frac{1}{4}$ Aunes d'Anvers, ou environ.

§. 1.

Des Poids de Holande.

Le Poids de Hólande ſe diviſe par Quintaux ou Centaines,

par Wage ou Chariot, par Schippont, par Charges, par Lyſ-
pont, par Pierres; &c.

Le Quintal fait	100 Livres.
Le Wage ou Chariot	165 Livres.
Le Schippont	300 Livres.
Le Lyſpont	15 Livres.
La Pierre	8 Livres.
La Livre	16 Onces.
L'Once	8 Gros.
L'Once fait auſſi	2 Loots.
Le Marc fait	8 Onces.
L'Once fait	20 Engels.
L'Engel fait	32 As.

§. 2. *Des Meſures des Corps liquides.*

Pour les Vins.

Le Tonneau ou *Voéder* d'Allemagne contient 6 Aunes, meſure d'Allemagne, ou	168 Pots.
Le Tonneau de Bordeaux	2 Pipes.
ou 4 Bariques 360 Stops	720 Mingles.
Le Tonneau contient	6 Tierçons.

§. 3.

Compris la Futaille.

La Barique pèſe environ	500 Livres.
La Pipe environ	1000 Livres.
Le Tonneau environ	2000 Livres.
La Botte ou Pipe d'Eſpagne, de Séville, Malaga ou Canaries	340 Mingles.

ARITHMÉTIQUE, CHAP. VI.

& pése avec la futaille environ . . .   950 Livres.
Les Poinçons de France . . . . .   240 Mingles;
  & pèsent avec la futaille env. . . .   666 Livres.
Les Bariques s'appellent aussi Quarteaux.

§. 4.

Pour les Eaux-de-vie.

Piéces ou grosses Pipes depuis   50 à   80 Virtils.
Le Virtil ou la Verge contient . . .   6 Mingles.
La Mingle contient . . . . . .   2 Pintes.
30 Verges cont. 180 Ming. 90 Stops   360 Pintes.
Piéces de Bordeaux de . . . . 70 à 80 Verges.
Barique de Bordeaux . . . . .   32 Verges.
Pipes de Nantes de . . . . . 60 à 70 Veltes.
Barique de Nantes . . . . . .   29 Veltes.
Piéce de la Rochelle de . . . . 60 à 80 Veltes.
Barique de la Rochelle . . . . .   27 Veltes.
Cognac, l'Isle de Rhé, &c. comme à la Rochelle.

§. 5.

Pour l'Huile d'Olive.

Tonneau d'Huile . . . . . .   217 Mingles.
Les Pipes contiennent de . . 20 à 25 Ste-kans.
Le Ste-kan contient . . . . .   16 Mingles.

§. 6.

Pour l'Huile de Baleine, ou de Poisson.

La Barique contient de . . . 15 à 20 Ste-kans.
On compte pour la Barique . . . . 12 Ste-kans.

§. 7.

Pour la Bierre.

La Tonne contient	128 Mingles.
La demi-Tonne	64 Mingles.
Le quart de Tonne	32 Mingles.
La Tonne contient	1 Ames.

§. 8.

Pour le Miel.

Les tonneaux & bariques de Miel contiennent plus ou moins, selon les lieux d'où il vient; la vente s'en fait par livres de gros le tonneau, & par florins la barique.

§. 9.

Des petites Mesures.

L'Amen ou Ame d'Amsterdam . . .	64 Stops.
Le Stop contient	2 Mingles.
La Mingle	2 Pintes.
L'Ancre 16 Stops ou	32 Mingles.

§. 10.

Des Mesures des Corps ronds.

Le Last d'Amsterdam 27 Muddes . .	108 Schépels.
Le Mudde contient	4 Schépels.
Le Last contient aussi	36 Sacs.
Le Last contient aussi	24 Bar. étroits.
Le Laste de farine de Froment . . .	12 Barils.

Le Last de Dantzick contient plus que celui d'Amsterdam.

§. 11.

Des Mesures des Vaisseaux, ou Navires.

Les Vaisseaux ou Navires se mesurent par Last ou *Lest*, afin de sçavoir la charge de leur port.

Le Last pèse . . . . 4000 livres.
Le Last fait 2 Tonneaux de France.

§. 12.

De la Mesure du Sel.

Le Sel se vend par cent, de 104 mesures, à tant de livres de gros le cent.

Les achats & les ventes font connoître les autres mesures des différentes Villes.

Nota. Le Lecteur est prié d'observer que ce supplément, qui contient plusieurs articles sur les Poids, sur les Mesures, sur les Monnoyes, &c. sont donnés pour rendre l'enfant plus fort dans toutes ses lectures ; & pour lui donner en même tems des idées générales des nombres, de la grandeur, des dimensions, des tems, de l'étenduë, des rapports, des proportions, &c. sans garantir néanmoins la vérité des faits qu'on rapporte. On a trouvé de la contrariété dans les Livres, il seroit très-difficile d'avoir l'éxactitude sur tous ces articles. Les Auteurs se copient, & ajoutent leurs fautes à celles des autres. Cet avis servira pour le passé, & pour l'avenir.

FIN DE L'ARITHMÉTIQUE.

TABLETTES

ÉCRITURE.

Cet Art ingénieux,
De peindre la parole, et de parler aux yeux ;
Et par les traits divers des Figures tracées,
Donner de la Couleur et du Corps aux pensées : Brébeuf.

Se trouve ici allégorisé, sous la figure d'une Déesse assise sur un pied-d'estal, dans lequel on apperçoit des Caractères Égiptiens : sa robe artistement plissée désigne les beaux traits de l'Écriture. l'attention singulière d'écrire sur une tablette, et de transmettre à la postérité les Caractères hiérogliphiques tirés des Pyramides de l'Égipte, nous démontre son ancienne origine. Plusieurs Rouleaux d'écorce d'arbre et de parchemin, jettés à ses pieds, désignent naturellement les Écrits des Anciens. Trois Génies sont rangés autour d'une table : le 1.er étudie les principes de l'Art, le 2.^d taille sa plume, le 3.e écrit.

L'Ovale est surmonté d'une Écritoire, d'une Règle, d'un Compas, d'un Canif, d'un Gratoir, sans vaque, plusieurs plumes et Exemples ; instruments de l'Art connus de tout le monde. Les guirlandes de feuille de chesne, de noix de Galle qui décorent l'ovale, nous enseignent la Composition de l'Encre.

TABLETTES ANALYTIQUES
ET MÉTHODIQUES,
SUR
DIVERSES SCIENCES ET BEAUX ARTS.

DE L'ÉCRITURE.

MANIÈRE AISÉE DE TAILLER LA PLUME.

E Bout d'Aîle vieux est de toutes les Plumes, celle à qui je donne la préférence. Pour la *Bien Tailler*, je me sers d'un Ganif, dont la lame soit un peu cambrée.

Je fais une légère ouverture à la Plume sur le ventre ; & sur le dos, je pose la lame sur le dos de ladite Plume, pour faciliter le chemin de la fente : puis j'y insère le bout du manche du Ganif, en le levant ; & quand elle se fend avec bruit, cela dénote sa netteté.

J'ouvre ensuite le ventre de ma Plume, qu'on appèlle Grand Tail : je forme des Hanches à ladite Plume ; & en évidant peu-à-peu de l'un & de l'autre côté, je forme un Bèc composé de deux Angles ; je fais toujours l'Angle du côté du pouce quand on écrit, plus large & plus oblique : parce que toutes les Liaifons, foit Rondes, Bâtardes, & Coulées, fortent de cet Angle; & quand ledit Bèc eft bien formé ; je retourne ma Plume fur le dos, j'ôte un peu de fon épaiffeur en inclinant mon Ganif; je la coupe de la groffeur requife, en tenant mon Ganif à plomb. *Roffignol.*

POSTURE DU CORPS EN ÉCRIVANT.

Pour Écrire aifément, il eft néceffaire que les deux coudes foient hors de la Table ; afin que le Corps ne foit point appuyé. Le Corps s'inclinant un peu fur la gauche, pour donner plus de Liberté au bras droit ; éxige que le Pied gauche foit moins avancé, que le droit.

Il faut pofer très-légèrement le Bras & le Poignèt, quand on écrit ; afin que la fermeté de l'Écriture ne provienne que de la flexibilité du pouce, & du mouvement des doigts. *Roland.*

INSTRUCTIONS ET AVIS SUR L'ÉCRITURE.

Tout le Monde fçait de quelle utilité eft l'*Écriture* ; c'eft un Point Capital de l'Éducation des Enfans. On fent auffi combien une belle *Écriture* eft avantageufe, & l'on ne dira point, qu'il ne faille en acquérir l'Ufage le plutôt qu'il eft poffible. Mais il n'y a rien, dit un Célèbre Auteur, qui rende un Enfant fi pareffeux, & qui lui foit fi préjudiciable ; que quand on éxige en un âge foible & tendre, qu'il peigne comme un Maître. On augure encore le dégoût de l'Enfant, par l'éxercice des thèmes felon la Méthode vulgaïre.

Voici d'ailleurs les Précèptes les plus généraux, pour montrer & apprendre un Art fi néceffaire. On ne doit pas d'abord fe mettre fort en peine de la Beauté du Caractère ; pourvû qu'un Enfant qu'on veut appliquer aux Humanités ait la main légère, cela fuffit ; c'eft le fentiment d'un Grand Humanifte : & felon

P. 274. bis.

Ronde { i u a b c d e f ſ g / g h y l m n o p q r / o ſ a t u v x y z & i

Batarde { i u a b c d e f ſ g g h / y l m n o p p q r v ſ s / t u v x y y z &

Coulée { i u a b c d e f ſ g h / y l m n o p p q r n ſ c / t u v x y q z &

Laurent Sculp.

Tome II.

lui, quand on peint fort bien à cet âge, ce n'est pas toujours une fort Bonne Marque pour l'Esprit.

Le meilleur Avis que l'on puisse donner sur l'*Écriture*, c'est que le Maître ne se lasse point, de tenir & de guider long-tems la main de l'Enfant ; & de ne lui rien passer sur tout ce qui concerne la Posture du Corps, & la Manière de tenir son papier, sa main & sa plume. Il y a d'Excellentes Leçons sur cette Matière & sur les suivantes, dans les Livres & dans les Éxemples de Messieurs *Poiret, Roilet, Rossignol, Sauvage*, &c.

L'essentiel est d'Éxerçer beaucoup un Enfant, pour lui rendre la main légère, hardie, & capable d'imiter tous les Caractères & tous les Traits qui lui seront présentés. Sçavoir pratiquer toutes les Lignes droites, circulaires, spirales, mixtes, horizontales, perpendiculaires, diagonales, transversales, de haut en bas, de bas en haut, de droit à gauche, & de gauche à droite ; toutes les Lettres qui n'ont ni tête, ni queuë, & comprises entre deux Parallèles ; celles qui ont des têtes & des queuës, allant par génération & par gradation, d'une espèce à l'autre ; & commençant par les Élémens ou parties des Lettres, qui servent à la formation des autres ; par Éxemple, avec les Lettres *o, i, f ;* on peut former toutes les autres de l'*a, b, c,* &c.

Je crois qu'au Commencement on peut se servir des poncis, des transparans, des règles & des crayons pour *Écrire* droit sur une ligne, ou entre deux parallèles ; sur-tout si l'Enfant est de ceux, que l'on ne peut presque pas faire aller droit d'eux-mêmes. Car pour les autres, ils peuvent se passer de ces petits secours. Chacun en peut imaginer selon son Goût & son Génie ; comme d'*Écrire* avec de l'eau sur le parchemin noir d'un porte-feuille ; d'*Écrire* sur du sable fin tamisé sur une table ; d'*Écrire* sur une ardoise avec de la craye, sur une toile cirée ;

ayant un Carton ou une petite planche mobile pour s'appuyer. On peut s'éxercer fur des Lettres & des Caractères à jour, ou fur des Planches gravées; des Imprimés en rouge: on peut *Écrire* auſſi avec un crayon, ou fur des Lettres au crayon; &c.

Mais il eſt peut-être à craindre, que la plûpart de ces Éxercices ne rendent la main peſante; & je penſe que le meilleur moyen eſt de travailler de bonne heure, avec des Caractères manuſcrits & de belle *Écriture*: l'imagination ſçachant une fois *Écrire* ou former les Lettres, guidera peu-à-peu la main novice, en fait d'*Écriture*.

La Méthode des Maîtres qui font faire de pleines pages d'*o*, d'*a*, d'*i*, &c: c'eſt-à-dire d'un ſeul Caractère, ne me paroît pas la meilleure; un Enfant s'ennuie, il ſe dégoûte, & ſe néglige; n'ayant que la même Lettre à faire dans la même page: il ne regarde plus l'Éxemple du Maître, & au lieu de former les Lettres de mieux en mieux, c'eſt tout le contraire: j'en appelle à l'Expérience; & je crois même qu'il eſt mieux de commencer par la Lettre *d*, que par la Lettre *o*; parce que les Enfans font des pâtés, en finiſſant cette Lettre ſur le commencement qui n'eſt pas encore ſec; au lieu que le *d* paſſe pardeſſus hardiment, & ſans limites déterminées.

Il faut donc varier le plus qu'il eſt poſſible, paſſer du *d* à l'*o*, à l'*i*, & au *f*, qui eſt plus difficile; faire voir enſuite que l'*o* & l'*i* mis enſemble, font un *a*; & ainſi de toutes les autres Remarques indiquées dans les Livres des Bons Maîtres Écrivains: N'éxigés donc qu'une ligne ou deux, de la même Lettre; ſauf à y revenir.

Voici des Éxemples des Lettres ſuivant leurs diſtinctions. Dans le mot *Caʒuſminortex*, les petites Lettres ſont entre deux parallèles, & ailleurs les quatre Lettres liées *d, l, h, b*, qui ont des têtes ſans queuë; les cinq Lettres *g, j, p, y, q*, qui

Passes pour délier les doigts.

Chiffres de Bureau.

1. 2. 3. 4. 5. ʃ. 6. 7. 8. 9. 10. 11. 12.

Chiffres Romains.

Un.	Deux.	Trois.	Quatre.	Cinq.
I.	II.	III.	IV.	V.

Six.	Sept.	Huit.	Neuf.	Dix.
VI.	VII.	VIII.	IX.	X.

Vingt.	Trente.	Quarante.	Cinquante.	Soixante.
XX.	XXX.	XL.	L.	LX.

Quatre-vingt.	Quatre-vingt-dix.	Cent.	Cinq cens.	Mille.
LXXX.	XC.	C.	D.	M.

Laurent Sculp.

DE L'ÉCRITURE. 277

ont des queuës fans tête : & les Mots mêlés, *Infaillibilité*, *Recouvrement*, *Confcientieufement*, *Extraordinairement*, *Commémoraifon*, *Philofophiquement*, &c. Mots fur lefquels on pourra s'éxercer, après s'être bien affuré de la formation des Lettres ; des fyllabes, des monofyllabes, & de petits mots élémentaires.

Obfervés que l'*a* eft un *o* & un *i* ; ou un *c* & un *i* rapprochés : que le *d* eft un *a*, dont la tête eft plus haute & comme un *l* ; ou que c'eft un *o* dont la fin paffe par-deffus & en crochet, *d* ; que le *f* eft comme le *ſ*, avéc un petit trait horizontal qui le coupe à la hauteur des petites Lettres ; le *g* comme un *a* à queuë dit confonne : le *j* confonne comme la queuë du *ſ* fans tête ; ou comme la moitié du *f* & depuis le petit trait. Les Jambages des *m* & des *n* font la moitié de l'*Écriture*, & donnent les traits perpendiculaires ou inclinés de toutes les Lettres *b*, *d*, *h*, *l* à tête ; & les petites *i*, *r*, *n*, *m*, *u*, *t*, faifant voir que le *r* eft un *n* non achevé ; que le *m* eft de la nature du *n* ; que l'*u* eft comme deux *ii* liés fans points ; que l'*o* peut fe commencer de droit à gauche, ou de gauche à droit ; comme dans les Lettres *b*, *d*, *c*, *e*, *g*, *o*, *p*, *q*, *x*. Il s'agit de bien combiner toutes ces Lettres avec des liaifons initiales ou finales, feintes ou réelles, foit pour les petites, foit pour les grandes Lettres.

Avant que de paffer aux Lettres, on pourroit effayer de former des Lignes Spirales de quatre manières ; commençant ou finiffant par le centre, de droit à gauche, ou de gauche à droit, en-dehors ou en-dedans ; & variant les Lignes droites & les Points dans de petits quarrés pour le Gueule, l'Azur, le Pourpre, le Sinople, le Sable, l'Or ; & autres Traits obliques, mixtes, & héraldiques ; &c.

Quand un Enfant fçaura bien former fes Lettres, & qu'il commencera à *Écrire* des mots ; on pourra lui donner pour Éxemples, les Paradigmes des Déclinaifons en françois & en latin ; & lui montrer la manière de copier lentement & proprement, les Déclinaisons & les Conjugaisons qu'il aura pû lire dans le Rudiment de la Langue Latine.

Pour la Commodité de l'Enfant, il faudra mettre le papier en travers, selon la Figure oblongue des Livres de Musique ; diviser la Page en deux ; l'une pour le singulier, & l'autre pour le pluriel ; &c.

Première Déclinaison, *Luna*, la Lune.

Singulier.   *Pluriel.*

Nominatif. *Luna*, la Lune.   Nominatif. *Lunæ*, les Lunes.

Ainsi en apprenant à *Écrire*, un Enfant s'instruit insensiblement d'autre chose ; & fait des progrès considérables qui ne lui coûtent presque rien.

J'estime qu'il est fort à propos de se servir de deux sortes d'Encre, l'une Noire, & l'autre Rouge ; pour la distinction de deux Langues aux yeux, pour plaire à l'Imagination, & pour le soulagement de la Mémoire : Faute d'Encre Rouge on peut employer deux Caractères, dont l'un soit plus nourri & perpendiculaire ; & l'autre moins nourri & un peu incliné. Pour imiter l'Italique, & donner par-là une espèce de distinctif pour les deux Langues, ayez deux plumes taillées, l'une pour le Latin, l'autre pour le François ; & écrivez tout le François avec le Latin : parce que le François occupe plus d'espace, & donne aussi plus de facilité à Ranger les Mots latins sous les Mots françois. Cet Exemple rend l'Enfant plus attentif ; & lui donne du goût pour l'Ordre, & pour la Propreté de l'ouvrage.

Il est aisé de voir par ce moyen, quels Avantages on peut tirer de l'Écriture, non-seulement en copiant & recopiant les Listes des mots indéclinables ; comme des adverbes, des prépositions, des conjonctions, des interjections en François & en Latin : des Mots déclinables ; comme des noms, des pronoms, des substantifs, des adjectifs de chaque déclinaison, des nombres, des degrés de comparaison, des genres ; &c. Enfin des Listes des Verbes de toute conjugaison ; mais encore des Exemples de toute la Sintaxe, afin de varier l'Exercice de l'Écriture ; & de faire apprendre en même tems quelque chose de plus que l'*Écriture*. Cette Méthode comprend l'Histoire, & les Élémens de toutes les Sciences ; & vaut mieux sans doute, que celle qui se borne à ne faire Écrire pendant plusieurs années que des Mots longs, & qui ne signifient rien. Du moins, si au lieu du Mot *Mommirammontois*, & autres semblables pour apprendre à former les jambages des Lettres, on donnoit des Mots Historiques ; comme *Memnon*, *Clytemnestre*, *Mimnermes-myrnées*, *Memmins*, *Mammone*, *Ammoniac*, *Mnémosine* ; &c. On apprendroit pour lors plus, qu'à former des jambages ; car le sujet de l'Éducation consiste à compliquer tant qu'on peut, l'Utilité des Exercices.

J'aurois encore mille choses à dire sur cet Article, & en particulier sur l'Ortographe, l'un des objets le plus commun des Maîtres d'*Écriture* ; & cependant le plus négligé, quant à ce qui s'appèle Principes, Justesse, Méthode suivie & régulière. J'avertis que l'on prenne bien garde à ne point se servir ; comme mille gens mal instruits, & même comme bien des Gens de Lettres, de capitales, de majuscules qu'ils jèttent avec prodigalité jusques dans le milieu des Mots ; ni des *i* & des *u* voyelles, pour des *j* & des *v* consonnes : Exemples, *jl*, *ie*, *vn*, *uous* ; au lieu de *il*, *je*, *un*, *vous*. *Religjeux*, *jnconstance*, au lieu de *Religieux*, *inconstance* ; N'employez non plus aucune lettre imparfaite, équivoque & bisarre ; ni aucunes liaisons inutiles, ni aucuns traits trop longs. Tout cela ne fait qu'embarrasser, &

défigurer l'*Écriture*. Bien des Écrivains Publics confondent l'ufage de certaines Lettres, & les plaçent mal-à-propos; lorfqu'ils mettent au commencement ou au milieu d'un mot, des *r* de Lettre ronde qui ont la figure d'un *v* confonne; comme dans les mots *vengés, rangés; couuant, courant, il fe voit, il feroit, vive, rire; il pouvoit, il pourroit;* en François : Et *ovatio, oratio, ovis, oris; ovo, oro*; &c. en Latin.

Si l'Ufage des Lettres initiales, médiales & finales, eft fondé en raifon; il ne faut donc pas confondre l'ufage de ces mêmes Lettres : mais on doit regarder comme une Imperfection de la Langue & de l'*Écriture*, d'avoir plufieurs Caractères pour un même fon; pendant qu'on eft obligé d'éxprimer avec un feul Caractère équivoque & captieux, plufieurs Sons différens de la Langue Françoife : à quoi bon le Superflu ou l'Abondance inutile, quand on manque du Néceffaire.

Ne vous arrêtés donc point à ces vaines Pratiques d'*Écriture* variée & brillante, qui femble n'être faite que pour les yeux; ou pour ceux qui fe deftinent à cette Profeffion : la plûpart ne fe fouçient que de la Beauté du Caractère & des Traits hardis. Tâchés néanmoins d'acquérir une main libre, légère, prompte, fûre, & capable d'imiter tels Caractères que vous le voudrés. Il ne s'agit effentiellement que d'être lifible; & de peindre avec corrèction fes idées aux yeux de l'âme, par le fecours de ceux du corps. Accoutumés-vous à vous tenir droit, à ne faire aucune grimaçe en écrivant; que votre papier ne foit jamais chiffoné, ni barbouillé. Tenés votre plume un peu longue, & n'appuyés deffus que le moins que vous le pourrés. Enfin écrivés beaucoup, éxèrçés-vous fouvent, vous écrirés fans peine; & auffi vîte que vous le voudrés pour votre ufage, & pour toute votre vie. *Bibliothèque des Enfants.*

AVIS

DE L'ÉCRITURE.
AVIS GÉNÉRAUX
Sur l'Écriture.

1. La Santé, l'âge, & le fçavoir de l'Enfant déterminent l'époque du Deffein, & de l'Écriture.

2. L'Enfant de 7 à 10 ans qui ignore les Lettres doit apprendre à Écrire & à Lire en même tems.

3. L'Action d'écrire rebute moins un Enfant, que l'éxèrcice de la fauffe dénomination, & de la fauffe fyllabifation; l'Enfant aime mieux être Artifan, que fimple Auditeur.

4. Il faut d'abord éxaminer la Plume, la taille, la fente, le Caractère convenables à l'Enfant : ainfi de l'encre, du papier, de la forme des pages & des lignes.

5. Règler les Lignes avec du crayon, ou à fec en blanc, pour la plûpart des Enfans; & jamais avec la Plume & l'encre noire : encore moins plier & replier le papier, pour marquer les Lignes; ce que bien des Perfonnes pratiquent mal-à-propos.

6. La hauteur du Caractère & des corps de lettres, peut être déterminée entre deux parallèles.

7. Commencer par les Traits les plus faciles à imiter, & par les plus fimples.

8. Dénouër les doigts par des Capitales; & par des Traits élémentaires, choifis exprès pour cela.

9. S'éxèrcer beaucoup fur les Traits, qui fervent à former les autres Lettres qui les fuppofent.

10. Ne point embarraffer un Enfant d'abord, des Liaifons initiales, finales, réelles, ou feintes.

11. Rendre fenfible le fort & le foible, le délié & le plein des Lettres, par le moyen de la Plume à deux bècs.

12. La Lettre perpendiculaire ifolée ou fans liaifon, paroît d'abord préférable à la Lettre inclinée & liée.

Tome II.   N n

13. Commençer par les Lettres qui n'ont qu'un corps entre deux parallèles.

14. Il est indifférent ensuite de continuer par des Lettres à tête, ou par des Lettres à queuë.

15. Les Lettres à tête & queuë sont plus difficiles, & bonnes pour la fin.

16. Montrés les Capitales à proportion de leur rapport avec les autres Lettres.

17. Ne jamais donner des pages entières de la même lettre.

18. Donner à propos & au commençement l'Éxemple à la marge en colonne, & ensuite au haut de la page; faisant observer les lignes & les colonnes qui répondent aux mots de l'Éxemple.

19. Faire tenir proprement les Pages corrigées, & n'éffaçer jamais aucun mot, ni aucune lettre; un trait suffit pour trancher & indiquer la correction.

20. Sçavoir couler la main sur le papier, & le papier sous la main selon l'occasion; le lieu, la matière, la figure; &c.

21. Ne faire lier les lettres, les syllabes & les mots, qu'après avoir bien montré la formation des Lettres.

22. Il est mieux d'écrire sur une table un peu inclinée, que sur un Plan horizontal.

23. Préférer en général les Lettres d'un seul tems, aux mêmes Lettres faites à reprise.

24. Préférer les Lettres simples élégantes, aux Lettres bizarres, monstrueuses, & défigurées de l'usage vulgaire; dont il ne faut jamais embarrasser le Caractère des jeunes Demoiselles.

25. La Multiplicité d'A, B, C, variés, n'est propre qu'aux écrivains de profession.

26. L'Essentiel est d'être Lisible; & de plaire aux yeux de l'esprit, plutôt qu'à ceux du corps.

P. 282. bis.

Alphabeth
de Lettres Capitales.

A A B B B
C C D E E F
G H I J L L M
M M N O P
Q R S T V
X Y Z Z &

Rossignol.

Laurent Sculp.

Tome II.

27. Que les Enfants n'écrivent guères seuls au commencement.

28. Bien déterminer la hauteur de la Table, ou de la Chaise ; la Posture du corps, de la main ; la tenuë des doigts & de la plume.

29. User au commencement de Plumes foibles ou bien fendues, selon la Main ou le Caractère.

30. Tenir la Plume un peu longue, au-dessous & au-delà des trois doigts qui la tiennent.

31. Pousser le quatrième & le cinquième doigt un peu éloignés des trois autres doigts qui la tiennent.

32. Au commencement écrire à sec, ou avec de l'eau sur un parchemin noir, & sur le papier avec la plume à deux becs.

33. Exercer sa main par le mouvement & l'infléxion des doigts, même sans écrire, pour les tenir souples.

34. Donner des Mots & des Exemples utiles en l'une & en l'autre Langue, & non des Exemples stériles.

35. Employer le feuillet *verso* pour la formation des lettres, & pour les mouvemens, quand on a écrit dans le *recto*.

36. Ne point discontinuer l'usage des lettres que l'on n'ait appris à les bien former.

37. Dater tous ses Exemples du jour de la semaine, du quantième du mois, du millésime, bien former les Chiffres, & sa Signature.

38. Essayer du bras, de faire des Lettres difficiles & des Traits variés ; mais toujours dans des quarrés & des bornes prescrites.

39. S'accoûtumer à Écrire sans régler le papier, & sur-tout au coup-d'œil.

40. Observer l'égalité & la proportion des espaces entre les lettres, les mots & les lignes.

41. Ne point faire un mauvais ufage des Majufcules, ou Minufcules.

42. Ne point ufer ordinairement de longues têtes, ni de longues queues embarraffantes, & de mauvais goût.

43. Purger fon écriture & fon ortographe des fuperfluités, & des équivoques.

44. Prendre pour Modèles le beau Manufcrit ou les bons Imprimés, & les meilleures Gravures.

45. Se faire un goût; qui donne le caractère approchant du Deffein, & de la Mignature.

46. Ne jamais copier d'après de vilaines Exemples ou des écritures fingulières, & de mauvais goût.

47. Écrire quelquefois fous la dictée.

48. Ufer d'écriture liée ou non liée; fuivant l'expédition, l'occafion, & la matière.

49. Effayer quelquefois d'imiter les Caractères d'impreffion & des livres; pour s'en fervir dans les figures de Géométrie, & dans le befoin.

50. Étudier le rapport entre les Lettres manufcrites, & celles de l'impreffion.

51. Approcher fon Caractère de la beauté, de la rondeur, & de l'élégance du Romain.

52. Apprendre l'ufage & le diftinctif du Romain, de l'Italique, & du fous-ligné.

53. Connoître par Principes & par fentiment, la Pratique des accents & des points.

54. Écrire du moins affez correctement, pour ne point paroître mal élevé.

55. Préférer un Caractère gros, nourri & moyen, au Caractère maigre; & fur-tout à l'égard des Demoifelles.

56. Apprendre à bien tailler fa plume pour tous les Caractères: c'eft l'effentiel.

P. 284. bis.

On ne Souhaite jam-
ardament. ce qu'on ne
Souhaite q. par raison.

Il s'en faut bien que no-
connoissions toute-
nos Passions.

Notre humeur met le
prix à tout ce qui nous
vient de la fortune.

Laurent Sculp.

Tome II.

DE L'ÉCRITURE.

57. Les Enfants doivent Écrire peu, & souvent; le trop nuit à leur santé.

58. On doit leur inspirer le Goût & la propreté en tout ce qu'ils font; sur-tout dans l'écriture.

59. Les obliger à écrire dans des quarrés, & sans en sortir; pour aller dans les marges.

60. Exiger par jour quelques Lignes pleines, vers ou prose; Arithmétique, &c.

61. Règler les Colonnes avec une Patte à cinq pointes, pour les Règles d'Arithmétique.

62. Corriger les Fautes autant qu'on le pourra, avec de l'encre rouge.

63. Donner des mots & des lignes, qui comprennent l'essentiel de l'écriture.

64. Faire entrer dans les Exemples du jour, les lettres & les mots déja corrigés.

65. Pour juger du Progrès de son écriture, dans les enterlignes précédentes.

66. Sur-tout point de liaisons, ni de traits inutiles, dans le Caractère d'un homme de Lettres.

67. Être plus scrupuleux que l'on ne l'est, sur l'usage & le choix des Lettres.

68. On trouve bien des écrivains pour le Gros Caractère posé; & peu pour le petit.

69. Est-il plus aisé de passer du Petit au grand, que du Grand au petit Caractère.

70. Asserviffez-vous exactement pour vos lignes à des bornes prescrites, comme au Dessein.

71. Se deshabituer des grandes lettres, & se réduire à la proportion convenable.

72. A force de confondre certaines lettres, comme l'*e*, le *c*,

l'*a*, l'*ei*; les *l*, *t*, *f*; on donne lieu à deviner, plutôt qu'à lire.

73. Peut-on appeller belle écriture, celle dont les mots ne font devinés, que par le fens de la phrafe?

74. On trouve tant de beaux caractères hors d'ufage & de fervice, qu'il faut s'attacher à l'utile.

75. Tout caractère lifible, quoique vilain, eft plus utile qu'un beau caractère qu'on ne peut lire.

76. Le Caractère dont les Lettres diftinctes font ferrées, tient moins d'efpace; il eft plus lifible, & plaît davantage.

77. Les Liaifons facilitent l'écriture, mais elles la rendent moins lifible.

78. Le Caractère menu convient à l'Homme de Lettres, qui remplit de notes les marges des livres.

79. Pour attraper le Caractère menu, ferré, & de Deffein ou de Goût; il faut fouvent s'abftenir de lier les Lettres, & les mots.

80. L'Art de copier toutes fortes d'Ouvrages, d'Ortographe, de Langues, &c. n'appartient qu'à peu d'écrivains.

81. Lifés, copiés, & apprenés par cœur, les Leçons élémentaires de l'Arithmétique.

82. N'écrivés que les Chofes utiles, & convenables à votre âge & à votre état.

83. Tenés vos Cayers avec ordre, avec propreté; & d'une manière à pouvoir être reliés enfemble.

84. Raifonnés en pratiquant; & pratiqués en raifonnant: &c.

85. Apprenés à raifonner fur l'A, B, C, fur l'Arithmétique, & fur l'écriture; &c. *M. Dumas*.

PRINCIPES sur l'Art d'Écrire par M.' PAILLASSON, Expert Écrivain Juré Vérificateur, et Ancien Professeur de l'Académie Royale d'Écriture.

RÈGLES PRÉPARATOIRES.

L'Écriture est l'Art de peindre les pensées et les expressions de la parole, par des Élémens convenus entre chaque Nation. Cet Art a des principes sur lesquels je vais succintement parler, et relativement aux Pieces gravées qui en présentent les principales Démonstrations.

Trois choses sont nécessaires pour bien écrire, un beau jour, une table solide et un siege commode. La Table et le Siege doivent être en telle proportion, que la personne assise puisse couler aisément ses coudes dessus la table sans se baisser.

Il y a deux manières de se poser pour écrire, celle des Hommes, et celle du Sexe. Celle des hommes est d'avancer le corps sur la table du côté gauche, ainsi que le bras, afin que le droit ait plus de liberté pour agir. Ce dernier doit être posé légèrement, et n'avancer que des deux tiers de l'avantbras. Le Corps doit se baisser un peu sur le devant du papier; la tête obéir à cette inclination et ne pancher sur aucune épaule; les yeux se porter continuellement sur l'extrémité du bec de la plume. les jambes se poser à terre, la gauche vis à vis le corps, et l'autre s'éloigner sur la droite. Celle des femmes ne differe qu'en ce que le corps est droit, ne panche d'aucun côté; que les bras sont également écartés, que les coudes débordent de la table d'un tiers de l'avantbras; que les jambes sont droites, l'une contre l'autre pour la décence et les pieds en dehors. L'objet de cette attitude est d'empêcher que l'épaule droite ne pousse; c'est à dire, ne devienne plus haute que la gauche, à cause du corps de baleine que les jeunes Demoiselles sont dans l'usage de porter. Passons à la tenuë de la plume.

De la Tenuë de la plume.

On tient la plume avec trois doigts de la main droite; le pouce, l'index et le major. Ils s'arrangent dans une forme circulaire, et de manière que l'extrémité du major à côté de l'ongle, la soutient par en bas et au milieu de sa grande ouverture. Le pouce la conduit perpétuellement, en la soutenant sans la couvrir entre la première jointure du doigt index, et l'extrémité de ce même doigt; et par le haut elle doit passer entre la seconde et la troisième jointure du même doigt index. On doit éviter le jour, entre la plume et les doigts index et major. Les doigts ne doivent encore ni trop serrer la plume, ni être allongés avec trop de roideur. Les deux de dessous qui sont l'annullaire et l'auriculaire, doivent s'éloigner un peu du major; pour ne point gêner les autres dans leurs flexions. Le Poignet doit être placé dans la même ligne oblique du bras, ne posant que foiblement sur le papier. Une Observation importante, c'est que tous les doigts concourent à la formation de l'Écriture. Le pouce en est le principal; c'est lui qui est l'âme des opérations de la plume; l'index, quoique la couvrant par dessus, aide infiniment à donner les coups de force de concert avec le pouce; celui-ci les produit en montant, et celui-la en descendant. Le major soutient la plume, et fait que la main peut écrire longtems sans se fatiguer. Les deux autres portent la main en la conduisant de la gauche à la droite, par le moyen du dégagement. Ce Dégagement consiste à les retirer de lettre à lettre dans les parties angulaires, sans quitter le papier et toujours en coulant le bras sur la droite.

Des diverses sortes d'Écritures.

Il se fait en France trois sortes d'Écritures. La Ronde ou la Françoise, qui dérive de ces Caractères, que les Antiquaires ont appellé Gothiques. La Batarde ou l'Italienne, qui provient des lettres minuscules Romaines. La Coulée ou de permission, qui participe des deux dernières Écritures; et qui a commencée à paroître dans les premières années du présent Siècle. Venons maintenant aux Démonstrations, qui sont sur les trois Planches.

Tome II. partie Iere

SITUATIONS DE LA PLUME.

Il y a trois situations de plume principales, à face, oblique, et de travers. Dans la première, la plume est droite devant le corps, et les angles placés sur la ligne horizontale ne sont pas plus élevés l'un que l'autre, tant au sommet qu'à la base d'un jambage. Chaque extrémité de ce jambage présente deux angles. Celui qui est à droite, s'appelle l'angle des doigts, l'autre par la même raison se nomme l'angle du pouce. Si l'on jette les yeux sur la première démonstration, on connoîtra, que les lignes horizontales A B, passent au sommet et à la base du jambage à jour sans aucun excédent, et on distinguera par les Chiffres 1 et 2 les angles du pouce pour le haut et le bas; de même par le 3 et le 4 les angles des doigts au sommet et à la base. Cette situation n'est affectée à aucune Ecriture. Elle ne sert uniquement que pour la terminaison de plusieurs lettres finales, et autres effets de plume. Son principal mérite est de donner l'intelligence des angles.

Dans la seconde situation, la plume est placée de manière, que l'angle des doigts surmonte celui du pouce de la moitié de l'épaisseur de la plomb; au lieu qu'à la base, l'angle du pouce est plus bas que celui des doigts de la moitié de l'épaisseur du même à plomb. La seconde démonstration rend cette situation sensible. Les lignes A B, qui sont en obliquité parallèle renferment la plomb à jour dans le biais qu'il exige; et les lignes C D, horizontales font voir au sommet l'angle des doigts 1. qui excède de la moitié, comme à la base l'angle du pouce 2 qui descend de même de la moitié. Cette seconde situation est employée pour l'Ecriture Ronde, qui étant droite demande plus d'oblique. Elle est aussi destinée pour les Ecritures Bâtarde et Coulée; mais comme on est obligé de rapprocher un peu le bras du corps pour donner à ces deux dernières Ecritures la pente qu'elles doivent avoir, il arrive que l'angle des doigts pour le haut, et l'angle du pouce pour le bas, sont moins sensibles.

La troisième situation est de travers, parceque la plume placée presque de côté, produit un à plomb de gauche à droite en descendant. Les lignes A B. obliques parallèles qui renferment le jambage à jour, démontrent combien la plume doit être tournée sur le côté du pouce; et les lignes horizontales C.D. font voir que l'angle des doigts 1. est élevé considérablement sur celui du pouce, de même que celui du pouce 2. descend en même proportion au dessous de celui des doigts. Cette troisième situation qui n'est propre à aucune Ecriture, est cependant utile pour plusieurs lettres tant mineures que majeures; et pour placer les pleins soit courbés ou quarrés, en dessus et en dessous.

Positions de la Plume à traits.

La Plume qui sert à produire les traits est taillée en fausset ou en pointe perdue; elle doit être continuellement dans l'encre. Son usage est de servir pour les Cadeaux et les lettres Capitales, et sa bonté consiste à n'être ni trop dure ni trop foible par le bout. La plume à trait a trois positions.

La première est à face, parceque elle est tenue presque vis à vis le corps, et de manière qu'elle produit dans les lignes courbes ou perpendiculaires des pleins en descendant soit à gauche, ou à droite. C'est ce qui se manifeste par les lettres A. B.

La seconde est de côté, parceque la plume est tenue de façon que le bec est dans la direction de la ligne horizontale, pour produire des pleins dans cette même ligne ainsi qu'au dessus, et au dessous des parties courbes; comme on peut le remarquer par les Caractères A. B. Cette position est la plus usitée.

La troisième est appellée inverse, parceque la plume, de la manière dont elle est tenue, produit des pleins en remontant. Les lignes A. B. expriment cette position qui est la moins en usage.

Il convient encore au sujet de faire connoître que les traits et les lettres capitales, se font à la volée, et que le bras est plus près du corps dans la première position, plus éloigné dans la seconde, et d'avantage dans la troisième.

Figures Radicales.

Les Figures Radicales renfermées dans les lignes horisontales A B. soit droites ou obliques, courbes ou circulaires et mixtes, ces Figures forment toutes les lettres en général.

La première C. se fait en descendant, et en pliant les doigts: la seconde D. en descendant, pliant et en retirant les doigts sur la droite: la troisième E. qui est mixte, en descendant, courbant, pliant les doigts, et en allant à gauche vers le bas; la quatrième F. en remontant, courbant et allant à gauche vers le haut; et la cinquième G. en remontant et allongeant les doigts. Ce qui regarde particulièrement la ligne mixte, c'est qu'elle est composée de trois parties distinctes: deux courbes, la première et la troisième; et une droite, qui est la seconde ou celle du milieu. Cette dernière figure est l'Origine de toutes les lettres à têtes et à queues.

On remarquera en passant que toutes les figures radicales, se font du plein de la plume; selon la position convenable à l'Ecriture que l'on exécute.

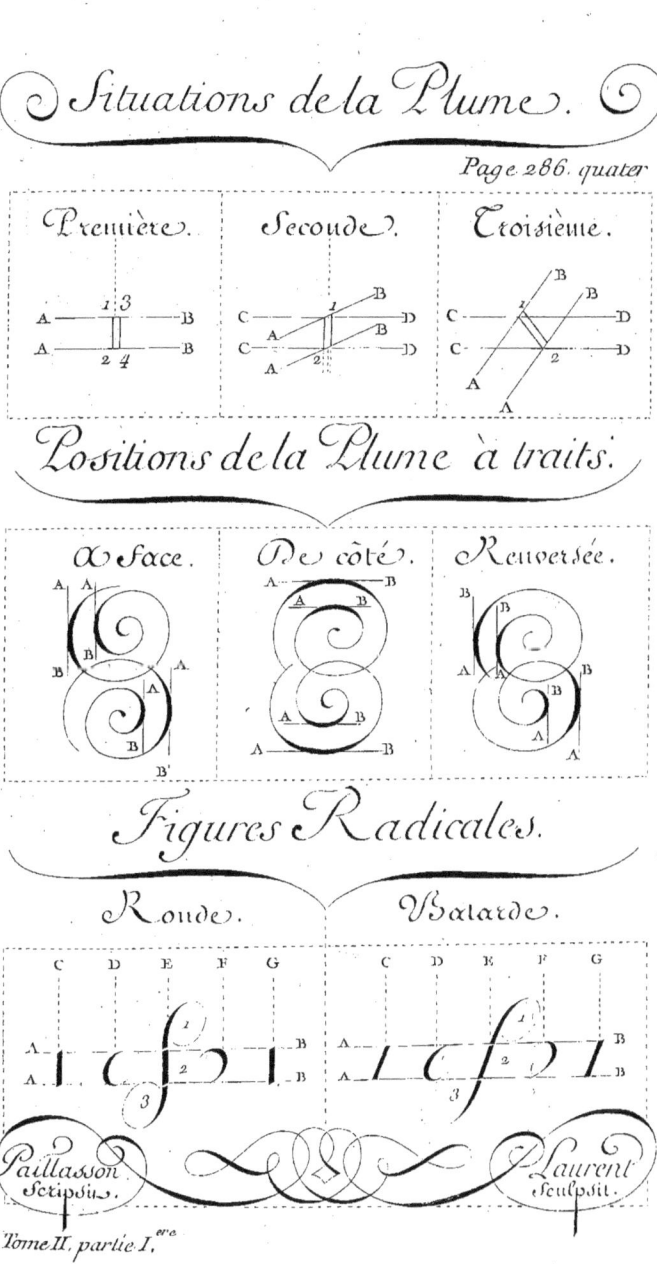

Hauteur, Largeur, et Pente des Écritures.

Chaque Écriture en usage parmi les François a ses dimensions particulières. La Ronde est droite; c'est à dire, qu'elle n'incline d'aucun côté. La démonstration A. fait voir la ligne perpendiculaire depuis 1. jusqu'à 2. qui traverse l'A plomb et le coupe en parties égales. Les lignes obliques B.A.C. prouvent que l'A plomb est juste, et qu'il ne panche ni à droite ni à gauche.

La Ronde porte quatre becs de plume d'élévation; C'est ce qui se manifeste par le jambage où cette hauteur est exprimée. Ces quatre becs joints ensemble font ce que les Écrivains appellent un corps de hauteur en ronde. Le bec de la plume n'est autre chose en tout genre d'Écriture, que la production en quarré de l'extrémité de la plume. On peut remarquer ce point au dessous du jambage qui marque la hauteur précise de la Ronde.

La Ronde a une largeur égale à sa hauteur, parcequ'elle est quarrée. Ce Principe se fait sentir par les deux jambages mis l'un à côté de l'autre. On voit d'abord la largeur de quatre becs de plume en dehors, et ensuite que la distance entre deux jambages ou entre deux lettres différentes, est toujours de deux travers de bec.

La Pente de la Batarde et de la Coulée est de trois becs de plume relativement à la perpendiculaire 1. 2. En regardant la démonstration A. cette règle se développe aisément. Au dessous, on voit d'un côté que la Batarde porte sept becs de plume d'élévation, et de l'autre qu'elle a cinq becs de largeur dans l'extérieur, et trois seulement dans l'intérieur.

Principes des O.

L'O rond pourroit se démontrer par le quarré A. coupé en deux par la ligne perpendiculaire 3. et 4. mais il vaut mieux se fixer à la démonstration B. L'O tel qu'il se fait en ronde commence par un délié courbe, en pliant les doigts en descendant, et en les allongeant en remontant. Cette lettre se forme de suite, sans changer la plume de situation, elle doit être finie au milieu de sa largeur par un plein et présenter dans tout son contour deux déliés. Le premier 1. commence la rondeur descendante à gauche, et le second 2. celui de la rondeur remontante à droite.
La ligne perpendiculaire 3. et quatre, fait voir qu'il faut absolument autant de largeur d'un côté que de l'autre.

Le Quarré long ou Parallélograme A. en coupant les angles conduit à la formation de l'O batard. La figure B. expose ce Caractère tel qu'il se forme ordinairement, il commence par un délié courbe en descendant d'abord, et en remontant pour le finir au milieu de sa largeur. Cette lettre se fait sans interruption et sans tourner la plume dans les doigts. La ligne oblique 3 et 4 qui la partage également, est pour montrer qu'il faut autant de courbe à la gauche qu'à la droite; et que le délié 1. commence la partie courbe descendante, comme le délié 2 commence celle qui est montante.

Exercices pour la Ronde.

Ces Exercices qui peuvent servir pour la Batarde et la Coulée en les penchant sur la gauche, sont d'une grande utilité pour donner de la flexibilité aux doigts, et pour conduire à la configuration de toutes les lettres.

Le Célèbre Rossignol dont je suis l'elève commençoit ses Écoliers par ces mêmes Exercices.

La première ligne s'exécute par l'action simple des doigts, en les pliant et en les allongeant.

La seconde renfermée entre les lignes horisontales parallèles A.B. demande plus de fléxion et d'extension dans les doigts, et moins d'appuy dans le poignet; parceque toutes les lettres qui la composent ont trois corps d'élévation c'est à dire trois fois la hauteur de la Lettre O.

Hauteur, Largeur et Pente des Écritures.

Pag. 286. Sex.

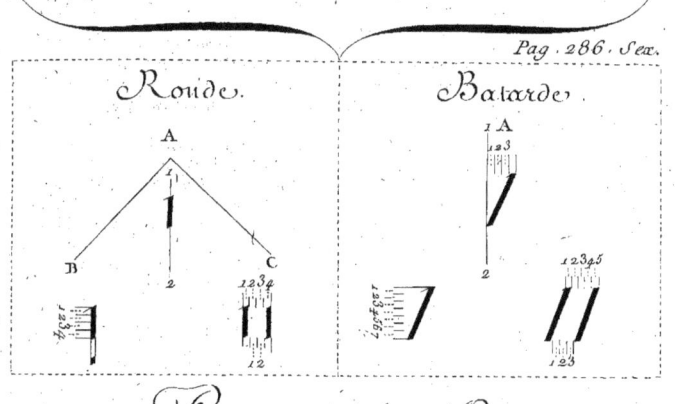

Principes des O.

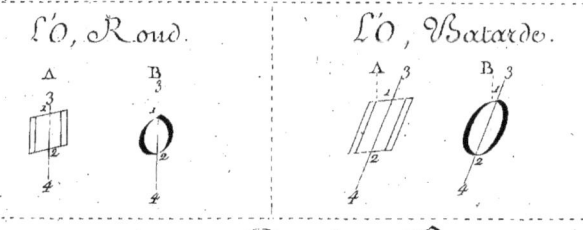

Exercices pour La Ronde.

Paillasson scrip. Laurent sculp.

Tome II. partie I.ere

Hauteur des Têtes.

En toute Écriture les têtes des Lettres B.H.F.L. et autres, excèdent au dessus de la ligne d'un corps; et un travers de bec de plume. Les Lignes horisontales A.B. expriment cette hauteur et font voir deux corps et un bec en tout. Celui du bas indique l'élévation des Caractères, qui n'ont ni têtes ni queües.

Longueur des Queües.

De même en telle Écriture que ce puisse être; les queües des lettres F.G.Q.P.Y. et autres, passent au dessous de la ligne d'un corps et demi. Les lignes horisontales rendent ce principe assez sensible aux yeux, pour ne pas en dire d'avantage.

Distance entre chaque Lettre.

Les Distances varient de bien des manières. Pour ne point multiplier les êtres, je ne m'arrêterai qu'à trois principales.

La première, marque, que dans le Général, on donne entre deux lettres, la largeur qui se trouve dans l'intérieur de l'O. En Ronde, c'est deux becs; en Batarde, c'en est trois.

La seconde, que lorsqu'il y a deux rondeurs qui se suivent, la règle ne demande de distance entr'elles qu'un demi corps. En ronde, c'est un bec; en batarde, c'est un bec et demi.

La troisième, c'est que d'une lettre à tête, à une autre lettre aussi à tête; on ne donne qu'un corps de largeur.

Distance entre les Mots.

Soit dans l'Écriture posée, soit dans celle qu'on expédie; la distance ordinaire entre les mots est de deux corps seulement. Cette largeur fixée depuis longtems par les plus grands Maîtres est suffisante: plus grande, elle laisseroit trop de vuide; plus petite, elle fatigueroit le coup d'œil.

Distance entre les Lignes.

Comme on doit rechercher dans l'Écriture la simplicité, et éviter la confusion; on a décidé qu'il n'y auroit de distance entre chaque ligne, que quatre corps en ronde; trois en batarde et Coulée. La raison de cette distance est pour empêcher, que les queües d'une ligne ne touchent aux têtes des lettres qui se trouveroient dans la suivante. On observera que dans la Batarde, les lignes sont moins éloignées, parceque cette Écriture est toute unie et ne peut souffrir d'Ornements. C'est le contraire dans la Ronde, qui est une Écriture riche; elle exige quelquefois des effets piquants et majestueux.

Hauteur des têtes.

La Ronde.   *La Batarde.*

Longueur des queues.

Distance entre chaque Lettre.

Distance entre les Mots.

Distance entre les Lignes.

comme   *comme*

comme   *comme*

Paillasson Scrip. Laurent Sculp.

DISSERTATION

SUR le Change, Billets à Ordre, Parties doubles, & Tenuë des Livres de Compte.

IL est très-ordinaire de plaçer son Argent; c'est-à-dire, d'aliéner son Fond en faisant passer dans les mains d'un autre une somme ou quelqu'effèt : à condition qu'on ne pourra obliger l'Acquéreur au remboursement de la somme, ou à rendre l'effèt ; mais que ledit Acquéreur du fond payera une Rente par An, jusqu'à ce qu'il rende en entier l'éffèt ou la Somme à lui délivrée. Cette Valeur se nomme *le Principal*, & la Rente se dit *Rente Perpétuelle*.

D'autres espèces de Rentes nommées *Rentes viagères*, sont celles dont le Principal ne se rembourse jamais, & qui s'éteignent ; c'est-à-dire, ne se payent plus aussi-tôt le Décès de celui qui en a fourni le fond ; mais aussi la Rente en est bien plus forte.

Une seconde espèce de Rente Viagère est nommée *Pension Alimentaire*. Ces sortes de Rentes s'accordent le plus communément aux Domestiques qu'on veut récompenser de leurs bons & longs services, & aux Bâtards ; elles s'éteignent à leurs décès, & rentrent dans les Successions.

Du Denier, de tant pour Cent ; & du Change.

Ce qu'on nomme *le Denier*, est la Somme qu'on doit rendre par An à la personne qui a donné & aliéné son Fond, à charge d'une Rente Annuelle. Cette Rente doit absorber le Fond au bout de plus, ou moins d'Années ; suivant les conventions.

Exemple.

On nomme *Rente au Denier* 20, celle qui eſt 20 ans à uſer le Principal ; au *Denier* 15, celle qui eſt 15 ans, &c. Si le Principal eſt de 1000 livres, & la Rente au denier 20 ; elle ſera de 50 livres par an : car 20 fois 50 livres font 1000 livres, qui eſt la Somme du Principal. Si elle eſt ſtipulée au *Denier* 25, ſéparés le Principal en 25 parties égales ; vous aurés 40 livres par an ; &c.

Si la Rente eſt perpétuelle, on la reçevra toujours, & de Père en fils tant qu'on ne ſera pas rembourſé ; ſi elle eſt Viagère, le Denier ſera plus fort ; comme *Denier* 7. 10. &c ; parce que le fond ne s'en rembourſe jamais.

Une autre façon d'éxprimer les *Intérêts* ou *Rentes*, eſt de les calculer à tant pour Cent ; ainſi au lieu de dire 1000 livres au denier 20, on dira 100 piſtoles à 5 pour Cent ; c'eſt-à-dire, à 5 piſtoles pour 100 piſtoles, ce qui revient au même : car 5 piſtoles font 50 livres, & 1000 livres font 100 piſtoles ; de même 1000 livres au denier 20, font 50 livres ; &c.

Les Commerçants principalement ont cette manière de calculer les profits à tant pour Cent ; c'eſt-à-dire, que ſi on a mis dans le Commerce ou ſur les Vaiſſeaux une ſomme ; par Exemple 1000 livres, & qu'on retire à leur retour ſon Principal de 1000 livres, & encore autre 1000 livres ; on a gagné Cent pour Cent, c'eſt-à-dire, 100 piſtoles pour 100 piſtoles. On calcule de même par livres, ſi on retire 100 livres pour 100 livres ; on peut auſſi ne retirer que 40 livres, 50 livres pour Cent ; &c.

Le Change.

On trafique en échange des marchandiſes pour d'autres ; ce qui s'appelle le *Change* en marchandiſes, ſur leſquelles on peut gâgner ou perdre.

Le

DE L'ÉCRITURE. 289

Le *Change* en argent eſt la Comparaiſon des monnoyes d'un Pays à celles d'un autre ; il peut être *au pair, pour* ou *contre*.

Il eſt au *pair* quand les monnoyes portées d'un Pays dans un autre y ſont reçuës pour égale valeur, poids & métail ; ſi elles ſont priſes à moins, il eſt *contre* ; s'il a plus, il eſt *Pour*.

Des Papiers de Commerce qui contraignent par Corps ; c'eſt-à-dire, par la Priſon.

Les Lettres de Change, & ſur la Conſervation de Lyon.
Les Billets de Change.
Les Billets d'Honneur.

La Conſervation de Lyon eſt un Tribunal des Conſuls de cette Ville ; mais les Lettres de Change tirées ſur ce Tribunal, ſont bien plus dangereuſes que les autres. On peut arrêter un Homme quelque part où il ſoit ; même, dit-on, chez le Roi.

On n'arrête jamais pour dettes, perſonne chez lui, ni les Fêtes & Dimanches, à moins d'un Ordre exprès ; c'eſt pourquoi on dit de celui qui ne ſort que les Fêtes & Dimanches, qu'il a la *Goutte Conſulaire* ; c'eſt que les Papiers de Commerce qui contraignent par Corps reſſortiſſent aux Juriſdictions des Conſuls.

Les Lettres de Change ont été imaginées par les Commerçants & Marchands, pour ſe garantir des frais de Voiture, des voleurs en voyage, & autres accidents. Par Éxemple, je ſuis à Rouen, je dois aller à Paris ; & je ne voudrois pas y porter avec moi une certaine ſomme, à cauſe des riſques du voyage, ou par quelqu'autre raiſon que ce ſoit ; pour cet effet, je m'adreſſe à un Banquier de Rouen ou autre, auquel je délivre cette ſomme, pour m'être renduë quand je ſerai à Paris. Il me fait une Lettre de Change adreſſée à un Correſpondant, qu'il charge de me remettre ladite ſomme dans les tems convenus entre

Tome II. O o

nous, & exprimés dans ladite Lettre, dont il me rend Porteur. Ou bien moi Fabriquant à Paris, j'ai fait tenir à un Marchand de Rouen, les Marchandifes qu'il m'aura demandées ; ce Marchand les ayant reçuës, m'envoyera pour Payement une Lettre de Change adreffée à un fien Correfpondant ou Ami ; pour qu'il m'en paye le Prix fur le Champ, ou à l'Échéance des délais qui y font exprimés ; &c.

Le tems du Payement d'une Lettre de Change fe défigne en trois façons.

1°. A vûë ; 2°. à plufieurs jours de vûë ; 3°. à une Ufançe, à double Ufançe ; &c.

A vûë, doit fe payer en préfentant la Lettre.

A plufieurs jours de vûë ; ils ne commençent à courir que du jour que la Lettre eft accèptée, par celui qui doit la payer.

A une ou plufieurs Ufançes ; ce terme *Ufançe* veut dire au bout d'un Mois, & le Mois eft toujours de 30 jours. A double Ufançe, au bout de deux mois ; &c.

S'il eft dit dans la Lettre (*Valeur reçuë comptant*), le Délai eft le dixième jour après l'Échéance. S'il y a (*Valeur reçuë en Marchandifes*), le Délai eft d'un Mois de 30 jours.

DE L'ÉCRITURE.

LETTRE DE CHANGE.

A Versailles ce 15 Juillet 1765.

Monsieur,

A vûe

au 10 d'Août prochain,

à Usance,

Il vous plaira payer par cette Lettre de Change à M. le Blanc, ou à son Ordre ;

(c'est-à-dire, à celui qui en fera le Porteur.)

la Somme de 400 livres, Valeur reçuë en Marchandises de mondit Sieur, que vous passerez en Compte sans autre avis de

Votre très-humble & très-obéïssant Serviteur. Le Roux.

A Monsieur Le Brun,

Marchand à Rouen.

Le Porteur de ladite Lettre arrivé, va trouver le sieur le Brun ; s'il l'accèpte, il mèt au bas *accèpté*, & *signé* ; alors cette Lettre peut devenir un Papier de Commerçe jusqu'au jour de son Échéance ; c'est-à-dire, passer en Payement, de l'un à l'autre ; chacun qui la reçoit, l'endosse à l'envers & en travers de l'Écriture qui est de l'autre côté ; ainsi, payés pour moi à l'Or-

dre de M....... la Somme de
l'autre part, à ce en mil fept cent ; &c.

Si le Correfpondant, loin d'accepter la Lettre, en refufe le Payement ; on doit la protèfter fur le champ par un Huiffier & deux Recors.

Si la Lettre a paffé par plufieurs Endoffeurs ; celui qui l'aura reçuë le dernier, en cas de refus de payement à l'échéance, peut pourfuivre de tous les Endoffeurs celui qu'il jugera à propos ; & contraindre par corps : c'eft-à-dire, par la Prifon jufqu'à parfait Payement.

Quand la Lettre de Change eft payée ; celui qui l'a reçuë l'endoffe, au-deffous des Endoffements, s'il y en a ; comme il fuit : *Pour Acquit*, & *Signe*.

En cas de Protèft, l'Huiffier qui l'écrit fur du Papier Timbré, commence par tranfcrire la Lettre de Change en entier ; puis fait la Formule du Protèft.

Protèft.

Au dix Octobre prochain je payerai à l'Ordre de M. *le Noir* la Somme de quatre cent livres, Valeur reçuë comptant dudit Sieur ; à Paris, ce 12 Février 1700, *figné Le Rouge. Bon pour 400 livres* ; & au dos eft écrit, Payés à l'Ordre de M. *le Beau*, Valeur en compte audit Sieur ; à Paris ce 20 Janvier 1700, *figné le Noir.*

L'An mil fept cent, le vingtième jour d'Octobre après midi, à la Requête du fieur le Beau, Maître Épinglier à Paris, demeurant ruë des Aiguilles, où il a fixé fon domicile ; Nous Louis le Fort, Huiffier ordinaire du Roi en fa Chambre des Comptes & Tréfor, à Paris, y demeurant, fouffigné, avons fommé & interpellé le fieur le Rouge, Maître Ébénifte à Paris, demeurant ruë Beaubourg, où il a élu fon Domicile, de payer préfentement audit ſieur le Beau ou à Nous Huiſſier pour lui la Somme de quatre cent livres, pour le montant du contenu en ſon Billèt, dont Copie eſt ci-deſſus, lequel nous lui avons montré, préſenté, éxhibé & offert de lui remettre endoſſé & quittançé, lequel Sieur le Rouge ſurvenu, a fait réponſe qu'il ne pouvoit payer ledit Billèt, dont copie eſt ci-deſſus, attendu qu'il eſt en Inſtance avec le Sieur le Noir pour la reſtitution dudit Billèt & autres effèts qu'il avoit certifiés audit Sieur le Noir, & dont il n'a point reçu de Valeur, & a ſigné; laquelle réponſe nous avons priſe pour refus, & déclaré audit Sieur le Rouge que ledit Sieur le Beau renvoyera ledit Billèt, & prendra pareille Somme de plaçe en plaçe, à Change & Rechange par-tout où beſoin ſera, au riſque, péril & fortune de qui il appartiendra, & proteſte de tout ce qui eſt à proteſter en pareil cas, requérant intérêts & dépens, & avons laiſſé audit Sieur le Rouge, parlant comme deſſus, copie, tant dudit Billèt, ordre & endoſſement, que Copie du préſent, en préſence & accompagné de Jean Violet, demeurant à Paris, ruë Quinquempoix, Paroiſſe Saint Méderic; & d'Antoine le Jaune, demeurant à Paris, ruë Saint Honoré, Paroiſſe Saint Roch, Témoins qui ont avec nous Souſſigné tant en ladite copie, qu'au préſent.

Signé, VIOLET, LE JAUNE, LE FORT.

De l'Écriture.
Billet de Change.

Le Billet de Change contient Promesse, de payer en Lettres de Change.

J'ai reçu comptant de Monsieur   la somme de trois mille livres, pour laquelle je promets lui fournir Lettres de Change payables à lui ou à son Ordre en la ville de Lyon, au prochain payement d'Août. Fait à &c.

Billet à Ordre.

Je payerai au vingt du mois prochain à Monsieur   ou à son Ordre, la Somme de trois cent livres, valeur reçue de lui en deniers comptants. Fait à &c.

Billet d'Honneur.

Les Billets d'Honneur se font entre Gentilshommes, & se jugent au Tribunal des Maréchaux de France.

Je promets d'honneur payer à Monsieur   dans trois mois, à compter de ce jour, la Somme de quatre cent livres, valeur reçue dudit Sieur. A Paris, le &c.

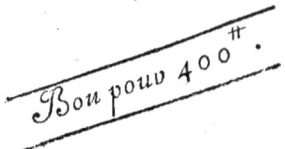
Bon pour 400 ₶.

De l'Écriture.
LES PARTIES DOUBLES.

Les *Parties Doubles* sont des Livres que tiennent les Commerçants, Marchands & Gens d'Affaires ; pour sçavoir & se rendre compte à eux-mêmes de ce qu'ils doivent, & de ce qui leur est dû de quelque façon que ce soit ; Argent, Marchandises, &c. afin d'éviter la Confusion dans leur Commerce.

On doit tenir au moins dix Livres.

Les trois Livres Principaux.

Le Mémorial ou Brouillard.
Le Journal.
Le Grand Livre, ou le Livre de Raison.

Les autres Livres.

L'Alphabeth, ou la Table du Grand Livre, Index ou Répertoire.
Le Livre des Bordereaux de Caisse.
Le Livre des Factures.
Le Livre des Comptes courans.
Le Livre des Mois, Traites & Remises.
Le Livre des Numéros.
Le Livre de la Dépense.

Du Mémorial, ou Brouillard.

On y écrit généralement toutes les Affaires, avec leurs Circonstances ; sçavoir :
Le Jour, le Mois & l'An.
La Négociation ou Vente.
Le Nom de l'Acheteur.

Le Prix, l'Espèce & le Terme du payement.

Du Journal.

On y mèt toutes les Parties du Brouillard.
Le Jour, le Mois & l'An.
Le Nom du Débiteur.
Le Nom du Créancier.
La Somme de l'Article.
La Quantité & Qualité de la Marchandise, & la Négociation ou Vente.
Le Prix & les Conditions, ou Termes; quand & comment Payables.

Du Grand Livre.

Ce Livre étant ouvert, présente les deux Pages.
La Page à main gauche a en Titre le mot *devoir* ou *doit*.
La Page à main droite a en Titre le mot *avoir*.
On mèt aux Pages *devoir* tous les Articles qui doivent.
Et aux Pages *avoir*, tous les Articles auxquels il est dû; ou de Créance.
Le Tout extrait des autres Livres, & reporté sur ledit Grand Livre.

Autres.

L'Alphabèth du Grand Livre.

Cet Alphabèth est composé de 22 Pages, à châque Page une grande Lettre Romaine, depuis A pour la première, jusqu'à Z. On y écrit les noms & les numéros des Feuilles, des Personnes inscrites sur le Grand Livre.

DE L'ÉCRITURE.

Livre des Bordereaux de Caiſſe en Débit & Crédit.

Ce Livre ouvert, préſente les 2 Pages $\begin{cases} \text{à gauche, } \textit{Caiſſe doit.} \\ \text{à droite, } \textit{Avoir.} \end{cases}$

On mèt à gauche l'Argent reçu, en quelles eſpèces, de qui, pourquoi, pour le compte de qui.
On mèt à droite tous les Payements que l'on fait, en quelles eſpèces, à qui, pourquoi, pour qui.

Livre de Factures, en Débit & Crédit.

Ce Livre ouvert préſente les 2 pages $\begin{cases} \text{à gauche, } \textit{Doit.} \\ \text{à droite, } \textit{Avoir.} \end{cases}$

A gauche, on mèt tous les frais qu'on fait à raiſon des Marchandiſes, pour ſoi ou pour autres.
A droite, on mèt la Vente, on ſolde le Compte; & du Reſtant, on en porte l'Article au Mémorial.

Livre des Comptes Courans.

Ce Livre ne ſe tient guères que pour les Comptes des Particuliers; on réſerve au commencement une ou deux Pages, pour mettre les Noms par Ordre Alphabétique; afin de les trouver plus facilement.
A gauche en Titre de la Page, on écrit *Devoir* ou *Doit.*
A droite, *Avoir.*
A gauche, ce dont ils ſont Débiteurs.
A droite, ce dont ils ſont Créanciers.

Livre des Mois, Traites & Remiſes.

Les Lettres tirées à *Uſo* ou *Uſances*, châque *Uſance* ſignifiant un Mois de 30 jours, doivent être payées à leur Échéance. Il y a encore 9 jours francs après l'Échéance pour payer lesdites Lettres de Change, ou pour les protèfter ; fans quoi le Porteur est à fes rifques, à moins d'Ordre par écrit de celui qui remèt la Lettre, de ne point protèfter ; alors c'eft lui qui en décharge le Porteur, & qui en court les rifques.

On note dans ce Livre les 12 Mois de l'Année, laiffant 5 ou 6 feuilles à châqne Mois ; & on fépare châque Mois en jours.

A gauche, on mèt *à Reçevoir*.

A droite, on mèt *à Payer*.

A gauche, on cotte devant l'Article, le jour qu'on accèpte la Traite ou Remife.

Quand les Traites & Lettres font payées, on mèt *P.* avant la Somme acquittée.

A droite, on mèt les Sommes qu'on doit payer.

Livre des Numéros.

A droite, on mèt toutes les marchandifes qu'on a, & on écrit leurs Numéros.

A gauche, on écrit le Débit ; ou ce qu'on fait defdites Marchandifes, avec le quantième du Mois.

Livre de la Dépenfe.

Ce Livre contient les Frais & autres Dépenfes pendant plufieurs Mois, & quand on veut, on en fait l'Addition, qu'on porte en un Article au Mémorial ; & on mèt au-devant de l'Addition qu'on vient de faire, le Folio du Mémorial où l'Article eft porté.

On peut avoir encore deux Livres.

DE L'ÉCRITURE.

L'un des Copies des Lettres d'Affaires.

L'autre d'Ordres; où on mèt tous les Ordres qu'on a reçus; & à la Marge *Éxécutés*, *Remis*, *Envoyés*, *&c*.

Il faut mettre les Noms de châque Livre sur la couverture, & quand on les redouble, on les marque par un Chiffre; comme A. 2. B. 4. &c. *M. de Garsault*.

FIN DE L'ÉCRITURE.

TABLETTES

Page 300.

ARCHITECTURE.

Cette Déesse vêtuë noblement semble nous inspirer par ses regards, l'infinité des Connoissances qu'exige ce bel art. Sa main droite appuyée sur une Colonne est l'indice de Fermeté et Solidité, but principal de cette Science; ainsi que son plus bel Ornement. Le Compas, la Règle, le Niveau, pour marquer que ses Documents doivent éclairer les différentes sortes d'Ouvriers, qui travaillent sous ses ordres. l'Hirondelle qui voltige au dessus d'elle, est selon P. Val. Liv. 22. le Hiérogliphe de la connoissance des Lieux et des situations ou elle doit construire ses Ouvrages. Les Desseins différents de constructions posés sur ses genoux, expriment la variété des Édifices qu'elle embrasse. Villes, Temples, Palais, Places publiques, Hôtels, Maisons, Ponts, Acqueducs, Cirques, &c.

L'Ove du Médaillon est surmonté d'un Graphomètre, Jalons, Maillet, Ciseau, Truelle, Compas d'Appareilleur, Règle de Poseur, Niveau, Plomb avec son Chas; tous Instruments principaux de ce bel Art, entrelassés de feuilles de chesne; qui signifient Force, Durée, et Conservation.

Tome II. partie I.ere

ARCHITECTURE.

C'est une Déesse assise sur un monceau de pierres brutes, sa main droite est appuyée sur une petite colonne; on apperçoit une hirondelle qui voltige autour d'elle; sa main gauche soutient plusieurs desseins de constructions différentes, lesquels sont appuyés sur ses genoux. A ses pieds on voit aussi une équierre, un compas, un marteau à tailler la pierre, avec plusieurs règles de différ.^{tes} grandeurs. Le lointain est orné d'édifices qui ne sont pas encore parachevés, et qui sont surmontés de plusieurs grues, chèvres, échelles, et capestans.

l'Hirondelle.

Unité.
Édifice.

Binaire.
Les deux Ordres Romains.
Toscan, Composite.

Ternaire.
Les trois Ordres Grecs.
Dorique, Ionique, Corinthien.

Quaternaire.

Baze.	Colonne.	Entablement.	Fronton.
Plinthe, le Socle, le Dé, la Corniche.	Baze, Fust, Chapiteau {Volutes oeillets, rentrants, cendés, fleurons}	Architrave, Frise {Triglyphes, metopes}, Corniche {modillons, doucine, moulure, dentelé}.	Tympan, Corniche, Acrotères.

Septenaire.

Arc.	Voûte.	Pilastre. Pilier.	Obélique, ou Pyramide.	Statuë.	Basrelief, ou Demy-bosse.

Les Sept Merveilles du Monde. | Les Sept Arts employés par l'Architecture.

Murailles et Jardins de Babylone, Pyramides d'Égypte, Phare d'Alexandrie, Mausolée du Roy Carie, Temple de Diane, Temple de Jupiter Olympien, Colosse de Rodes. | Sculpture, Peinture, Dorure, Glaces, Marbres, Serrurerie, Menuiserie.

Duodénaire.
Douze Sortes d'Architecture.
Rustique, Toscane, Dorique, Ionique, Corinthienne, Composite, Militaire, Sacrée, Profane, Publique, Privée, Navale.

Douze espèces de Matériaux propres à l'Architecture.
Pierres, Sable, Chaux, Plâtre, Bois, Brique, Thuile, Ardoise, Bardeau, Carreau, Pavé, Plomb.

Douze sortes d'Ouvriers servans à la Construction.
Entrepreneurs, Appareilleurs, Sculpteurs, Tailleurs de pierre, Maçons, Carreleurs, Charpentiers, Menuisiers, Vitriers, Serruriers, Couvreurs, Plombiers.

TABLETTES ANALYTIQUES ET MÉTHODIQUES,
SUR
LES SCIENCES ET LES BEAUX ARTS.

ARCHITECTURE.

N doit faire remonter l'Origine de l'*Architecture* au temps où les injures de l'air & la férocité des Animaux, ont fait sentir à l'Homme sa misère. L'*Architecture* doit son invention à la Nécessité ; l'Industrie la perfectionna, & le Faste la décora. Enfin les Réfléxions jointes à l'Expérience conduisirent à la connoissance des règles certaines de la proportion. L'Écriture-Sainte fait mention d'une Ville bâtie par Cain, depuis que Dieu l'eut maudit pour avoir tué son frère Abel. Les plus Superbes Villes dont il soit parlé dans l'Histoire, Babylone & Ninive, furent l'Ouvrage de Nemrod, l'arrière petit-fils de Noé, & le plus

Ancien des Conquérans. On fçait avec quel fuccès les Égyptiens fe font appliqués à l'*Architecture*. Les Perfes en voulant prodiguer les Ornements dans leurs Édifices, ont trop négligé le Goût & la noble Simplicité de la Nature. *Dictionnaire des beaux Arts*.

Les Romains apprirent des Grècs l'excellence de l'*Architecture*. Avant cela leurs Édifices n'avoient rien de remarquable que leur folidité, & leur grandeur; parce qu'ils ne reconnoiffoient que l'Ordre Tofcan. Mais la bonne *Architecture* fe trouva dans un état floriffant, fous Augufte. La Magnificence de ce Prince fit éclater tout ce que l'Art a de plus excellent, & il fit élever un grand nombre de Beaux Édifices dans tous les lieux de fon Empire. Tibère n'eut pas le même goût, & négligea fort la culture des beaux Arts. Néron parmi la foule effroyable de fes vices, eût une grande paffion pour les Bâtimens; mais le Luxe & la Diffolution y eurent plus de part, qu'une véritable Magnificence. Apollodore excella dans l'*Architecture* fous Trajan, & mérita la faveur de cet Empereur. Ce fut lui qui éleva la fameufe Colonne de Trajan, qui fubfifte encore aujourd'hui. Dans la fuite, l'*Architecture* déchut beaucoup de la perfection où on l'avoit vûë. Les foins & la magnificence d'Alexandre Sévère la foutinrent quelque temps: mais elle fuivit la décadence de l'Empire Romain, & retomba dans une corruption d'où elle n'a été tirée que douze Siècles après. Les Ravages des Vifigoths dans le cinquième Siècle, abolirent les plus beaux Monumens de l'Antiquité.

Dans les Siècles fuivans l'*Architecture* devint fi groffière, que l'on n'avoit aucune intelligence du Deffein, qui en fait toute la beauté. On ne penfoit qu'à faire de folides Bâtimens. Charlemagne n'oublia rien pour relever l'*Architecture*. Les François s'employèrent à cet Art avec un fuccès extraordinaire, auffi-tôt que H. Capèt fut monté sur le Trône. Son fils Robert le cultiva de même ; & enfin autant que l'ancienne *Architecture* Gothique fut pesante & grossière, autant la Moderne passa dans un excès de délicatesse. Les Architectes du treizième ou quatorzième Siècle, qui avoient quelque connoissance de la Sculpture, sembloient ne faire consister la Perfection que dans la délicatesse, & la multitude des ornemens qu'ils entassoient avec beaucoup d'Art & de soin ; quoique souvent d'une manière fort capricieuse. L'*Architecture* Ancienne est la plus excellente par l'Harmonie de ses Proportions, & par la Richesse de ses Ornemens ; elle a subsisté chez les Romains jusqu'à la décadence de l'Empire, & elle a succédé à la Gotique depuis le Siècle passé. *Trévoux.*

DISCOURS PRÉLIMINAIRE
Sur l'Architecture.

COmme les Connoissances générales doivent précéder les particulières, l'on sent combien il est nécessaire, avant de traiter des Ordres, d'en donner la Définition : nous allons tâcher de le faire de la manière la plus intelligible.

Le mot d'*Ordre*, qui est opposé à celui de *Confusion*, ne signifie autre chose, qu'un Arrangement régulier de parties pour composer un beau tout ensemble ; cette Définition est si étenduë, que dans toutes choses s'il n'y a de l'Ordre, de l'Arrangement & de la Régularité, il se forme un Cahos qui les rend impénétrables à l'Intelligence : mais il suffit de sçavoir qu'il y a cinq Ordres ; dont il y en a Trois Grècs qui sont, le *Dorique*, l'*Ionique*, & le *Corinthien* : Deux Italiens, le *Toscan* & le *Composite*. Que les Trois Grècs représentent les trois manières de Bâtir, la *Solide*, la *Délicate*, & la *Moyenne*; & que les deux Italiens font des productions imparfaites de ces Ordres. Les Romains ont fait connoître le peu d'eſtime qu'ils en faiſoient, en ne les employant jamais conjointement avec les autres Ordres Grècs, du moins n'en trouve-t-on point d'Exemple Antique; car quoique le Dorique du Colizé à Rome n'ait point de Triglyphes ni de Métopes, ſans leſquels il ſemble que le Dorique ne peut pas être appellé de ce nom; cependant le Profil en eſt Dorique, plutôt que Toſcan. L'abus que les Modernes ont introduit dans le mêlange des Ordres Grècs & Latins, vient de leur peu de Réfléxion ſur l'uſage qu'en ont fait les Anciens.

L'Origine des Ordres eſt preſqu'auſſi ancienne, que la Société des Hommes. La rigueur des Saiſons leur fit d'abord inventer de petites Cabanes, pour ſe retirer & avoir du jour, à la différence des Cavernes des bêtes féroces qui ſont obſcures. Ils les firent au commencement moitié dans la terre, & moitié dehors; ils les couvrîrent de Perches avec du chaume ou de la terre, comme ſont couvertes les Glacières; enſuite devenus plus Induſtrieux, ils plantèrent des Troncs d'Arbres debout, & en mîrent d'autres en travers pour porter la Couverture, ce qui donna la première idée de l'Architecture; car les Troncs d'Arbres debout repréſentent les Colonnes: les Liens ou Hares de bois verd qui ſervoient pour empêcher les Troncs de s'éclater, expriment les Baſes & les Chapiteaux: les Sommiers de travers ont donné lieu aux Entablemens, ainſi que les couvertures en pointes l'ont donné aux Frontons. Les Conjectures de Vitruve, ſur cette Origine de l'Architecture ſont fort vraiſemblables; & M. Blondel Directeur de l'Académie Royale d'Architecture les a miſes dans un beau jour, dans le Cours d'Architecture qu'il a compoſé.

Architecture.

Il y en a d'autres qui ont crû, que les Pyramides que les Anciens élevoient fur les Tombeaux, avoient donné naiffance aux Colonnes ; & que le Chapiteau couronné de fon Tailloir avoit été formé fur le modèle des Urnes dans lefquelles on renfermoit les cendres, & qu'on avoit coûtume de couvrir d'une brique. Mais l'opinion de Vitruve eft plus reçevable que celle-ci, qui eft plus éloignée de la nature & de l'Ordre de la conftruction. Les Grècs plus éclairés que les autres Peuples, réglèrent enfuite la hauteur des Colonnes fur les proportions du corps humain. Le Dorique repréfente la taille d'un Homme d'une nature forte, l'Ionique celle d'une Femme, & le Corinthien celle d'une Fille. Leurs Bafes & leurs Chapiteaux éxpriment en quelque façon leur chauffure & leur coëffure. Ces Ordres ont tiré leurs noms des Peuples qui les ont inventés. Scamozzi fe fert de termes fignificatifs pour éxprimer leur caractère, lorfqu'il nomme le Tofcan, le *Gigantefque* ; le Dorique, l'*Herculéen* ; l'Ionique, le *Matronal* ; le Compofite, l'*Héroïque* ; & le Corinthien, le *Virginal*.

Notre Deffein étant de parler, non-feulement pour les perfonnes de l'Art, mais d'inftruire auffi ceux, qui n'étant pas de la Profeffion, fe contentent d'en avoir affés de connoiffance pour en parler jufte ; il eft à propos de donner une idée générale des Ordres. Sur ce Principe nous commençerons par établir que tout Ordre eft compofé de deux parties au moins, qui font la *Colonne* & l'*Entablement* ; & de quatre parties au plus, lorfqu'il y a un Piédeftal fous la Colonne, & un Acrotère ou petit piédeftal au-deffus de l'Entablement ; que la Colonne a trois parties, fçavoir la *Bafe*, le *Fuft* ou la *Tige*, & le *Chapiteau* ; que l'Entablement en a trois auffi ; l'*Architrave*, la *Frife*, & la *Corniche* : ces parties font différentes dans tous les Ordres. Le *Tofcan* qui eft le plus fimple, n'a de hauteur que sept Diamètres de sa Colonne. Le *Dorique* qui en a huit, a son Chapiteau plus riche de Moulures, avec des Métopes & des Triglyphes dans la Frise, & des Goutes dans l'Architrave. L'*Ionique* qui a neuf Diamètres, se distingue par sa Base, qui est différente des précédentes, par son *Chapiteau* qui a des Volutes, & par les *Denticules* de sa Corniche ; & le *Corinthien* qui en a dix, par sa Base & son Chapiteau avec *deux rangs de feuilles*, des *Volutes* & des *Modillons* dans sa Corniche ; enfin le *Composite* qui a aussi dix Diamètres, est différent des autres par sa *Base* & son *Chapiteau* qui participent des beautés de l'Ionique, dont il a les volutes; & de la richesse du Corinthien, dont il retient le nombre de feuilles ; ayant des *Denticules* ou des *Modillons* dans sa Corniche.

Il y a des Bâtimens sans Ordre de Colonnes, qui ne laissent pas d'en reçevoir les noms, parce qu'ils ont quelques parties qui les caractérisent, & qui sont parties des Ordres ; comme les *Entablemens, Couronnemens de Façade, Chambranles*, &c. Par exemple, le Palais Farnèse est Corinthien par dehors, parce qu'il retient la Corniche de cet Ordre, & ainsi des autres. *Daviler.*

CHAPITRE PREMIER.
UNITÉ DE L'ARCHITECTURE.
Édifice.

MOzanam dit, qu'un *Édifice* ou maison est un Ouvrage d'Architecture composé de murailles, de chambres, de portes, de fenêtres, d'un toit, de tout ce qui est nécessaire pour le rendre habitable, & se mettre à couvert. Mais il me semble qu'il faut donner au mot d'*Édifice*, une signification plus étenduë. Une Porte de Ville, une Tour, une Orangerie, un Pont, un Aqueduc, & autres Ouvrages un peu confidérables de l'Architecture Civile, font des *Édifices*. *Trévoux*.

Les Édiles de Rome avoient foin des *Édifices Publics*, comme le marque le mot *Ædes*, maifon, *Édifice*, d'où il vient. Il falloit paffer par cette Charge, pour arriver à une autre plus confidérable. Les Édiles dont le foin n'alloit d'abord qu'aux Maifons, réglèrent enfuite la Police de la Ville ; & c'étoit à eux à prendre garde, que les Spectacles & les Jeux Publics, qui étoient fort ordinaires, ne caufaffent aucun défordre. Ces Magiftrats furent premièrement tirés au nombre de deux, d'entre le Peuple ; & enfin on en prit deux autres dans les Familles Patriciennes. On appelloit ces derniers *Curules*, à caufe que pour Marque de leur Dignité, ils avoient droit de fe mettre fur un petit Chariot dont le fiége étoit d'yvoire ; & qui étoit appellé *Curule* par les Romains. *Diction. de l'Académie*.

CHAPITRE II.

BINAIRE DE L'ARCHITECTURE.

Les deux Ordres Romains :

Sçavoir,

Tofcan, Compofite.

ORDRE TOSCAN.

I. ON appelle *Ordre Tofcan*, le plus fimple & le plus dépourvû d'Ornemens de tous les Ordres. Il eft même fi groffier, qu'on le mèt fort rarement en ufage, fi ce n'eft pour quelque Bâtiment Ruftique ; où il n'eft befoin que d'un feul

Ordre, ou pour quelque Amphithéâtre, ou autre Ouvrage de même nature. On tient qu'il a pris son origine dans la Toscane, & que c'est de-là qu'on lui a donné le nom de *Toscan*. Cet Ordre a sa Colonne de sept diamètres de hauteur & son Chapiteau & sa Base, avec peu de moulures & sans ornemens, comme son Entablement. *Voyés la planche.* A.

Il n'y a point de Monumens Antiques, où l'on puisse trouver un *Ordre Toscan* régulier. La Colonne Trajane qui a huit diamètres sans entablement, & dont le piédestal est Corinthien, ne peut servir de modèle pour cet Ordre ; c'est un composé de plusieurs parties d'autres Ordres, qu'on pourroit plutôt appeller un Dorique dont les proportions sont altérées, qu'un *Toscan* ; les Amphithéâtres de Verone, de Pole & de Nismes sont trop rustiques, pour servir de règle à la *Composition Toscane* ; & pour avoir rang entre les autres Ordres.

Les proportions que Vitruve a établies sont les plus convenables ; cependant Serlio l'un de ses Sectateurs ne fait la Colonne haute, que de six Diamètres : Palladio en donne un profil à-peu-près comme celui de Vitruve, & un autre trop riche ; comme est aussi celui de Scamozzi : c'est pourquoi celui de Vignole qui a rendu cet Ordre régulier, a été le plus suivi des Modernes. Quoique d'ordinaire on ne se serve point de cet Ordre dans les Villes, mais seulement aux maisons de Campagne & aux Grottes ; toutefois MM. de Brosse & le Mercier, deux des plus considérables Architectes du Siècle passé, l'ont employé ; le premier au Palais de Luxembourg, & l'autre au Palais Royal : & M. Mansard l'a mis en œuvre à l'Orangerie de Versailles, où l'on peut juger qu'il n'est pas indigne des Bâtimens les plus magnifiques. *Diction. d'Architecture.*

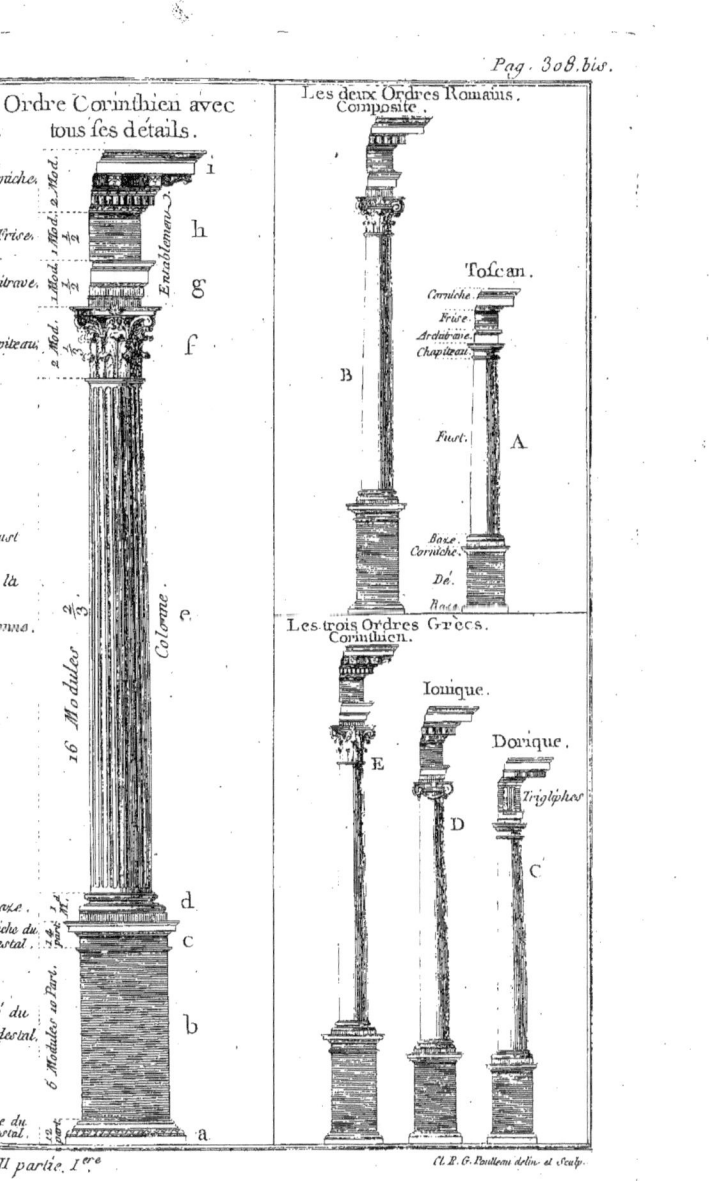

ARCHITECTURE, CHAP. II.
ORDRE COMPOSITE.

II. Les Romains qui se sont rendus recommandables par leur Politique & par leurs Armes, se voulant aussi distinguer des autres Nations dans leurs Édifices, inventèrent l'*Ordre Composite*, que l'on appelle *Italien* ; & que Scamozzi nomme avec plus de raison l'*Ordre Romain*, qui est son véritable nom : car le nom de *Composé* peut être donné à toute autre Composition d'Architecture, ou *Capricieuse*, ou *Régulière*. Le Corinthien avoit toujours été l'ornement des Temples & des Palais, & les Architectes de cette République l'avoient toujours employé dans leurs ouvrages, jusqu'à ce que Titus ayant ruiné la Ville de Jérusalem, il lui fut élevé par le Sénat & le Peuple Romain un Arc de Triomphe ; qui fut un genre de Bâtiment aussi nouveau, que l'Ordre dont ils en décorèrent les Façades.

Cet Ordre restraint dans les mesures Corinthiennes, en retint encore la Base & l'Entablement ; il ne se distingua que par le Chapiteau, qui n'étant qu'un *Composé* de l'Ionique & du Corinthien, loin de faire honneur à ses Inventeurs, ne servit qu'à faire mieux connoître leur peu de génie ; & à assurer à la Grèce cette supériorité qu'elle s'étoit si justement acquise dans les Arts. Les Romains en restèrent eux-mêmes si persuadés, qu'ils n'osèrent presque jamais mêler leur nouvel Ordre, avec les Ordres Grècs. Il est néanmoins vrai, que dans la grande salle des Thermes de Dioclétien, de huit grandes colonnes de granite de quatre pieds quatre pouces de diamètre qui s'y trouvent, il y en a quatre Corinthiennes & quatre Composites ; dont les Chapiteaux font la seule différence. Les Chapiteaux composites de cet Édifice ayant été ruinés, ils furent restaurés par Michel Ange ; lorsque ces Thermes furent donnés aux PP. Chartreux pour en faire leur Église.

Michel Ange est un des premiers, qui a pris la même liçence dans l'Églife de Saint Pierre ; de trois Chapelles qu'il y a dans chaque Cul de four, celle du milieu a des colonnes dont les chapiteaux font *Compofites* ; & celles des côtés en ont de Corinthiennes, fous un même Entablement : ce que Charles Maderne a continué de faire, dans la prolongation de la Nef de cette Églife ; où de trois Chapelles qui font dans trois Arcades, celle du milieu eft d'*Ordre Compofite* ; & les deux autres d'Ordre Corinthien. Cette Compofition eft, comme on l'a vû, autorifée par l'Antique ; mais il n'en eft pas ainfi de la manière dont les Modèrnes en ont ufé, lorfqu'ils ont mis le *Compofite* fur le Corinthien. Il eft conftant que le *Compofite* eft moins délicat que le Corinthien ; & que c'eft avec raifon que Scamozzi le mèt après l'Ionique, & qu'il prétend que le Corinthien eft le comble de la perfection & de la richeffe de l'Architecture ; mais l'ufage prévaut fouvent, fur les meilleures Maximes & fur les Raifons les plus folides.

Les Grands Maîtres de l'Art, & les perfonnes d'un goût éclairé fe plaignent de ce qu'on employe trop fouvent cet Ordre, qui s'éloigne de la belle Architecture des Grècs.

L'*Ordre Compofite* a fon Chapiteau Orné de deux rangs de feuilles imitées de l'Ordre Corinthien, & de Volutes prifes de l'Ordre Ionique. Sa Colonne eft de dix diamètres de haut ; & fa Corniche a des denticules, ou modillons fimples.

Vitruve qui prétend avec raifon, que l'Ordre Corinthien eft le terme de la magnificence, fait mention de certains Ordres qu'on pourroit, felon lui, nommer *Compofés* ; mais comme il ne leur attribuë point d'autres proportions que celles de l'Ordre Corinthien, & qu'il ajoute que ces fortes de *Compofitions* ne font diftinguées que par les divers Chapiteaux qu'on peut mettre fur le fuft de la Colonne Corinthienne ; il eft indubitable qu'il n'a point eu connoiffance du *Compofite régulier*, qui en effet a été employé pour la première fois, à l'Axe de Titus bâti depuis la mort de cet Auteur.

Palladio donne moins de hauteur au Corinthien, que l'Antique; pour en donner davantage au *Compofite*. Mais Vignole, qui a toujours fuivi l'Antique le plus fcrupuleufement qu'il lui a été poffible, a attribué au *Compofite* les proportions du Corinthien : parce qu'il a crû avec Vitruve, qu'il ne changeoit que par la figure du Chapiteau ; & s'il lui a donné un Entablement différent & d'autres parties, il les a renfermées dans les mefures Corinthiennes. Les Denticules que cet Architecte a placé dans la Corniche, demandent à être diftribuées avec encore plus de précifion que dans l'Ordre Ionique; parce que le Membre où elles font taillées eft plus fort, & il ne faut jamais manquer de faire tomber à plomb une Denticule, fur l'Axe de la Colonne ; comme il a été obfervé à l'Arc de Septime Sévère. *Daviler.*

Le *Compofite* de Vitruve peut fervir de modèle en ce genre. On y verra comme on peut s'accommoder des parties effentielles à chacun des ordres, pour en faire un tout nouveau, qui acquière un caractère propre. Ce *Compofite* a pourtant encore des défauts que nous remarquerons avec foin, afin qu'on les évite.

Le *Compofite* de Vitruve a la même Baze que le Corinthien. Son Chapiteau a de grande reffemblance avec le Chapiteau Corinthien, & il en diffère par des endroits très-fenfibles. C'eft également un vafe couvert de deux rangs de feuilles d'Acanthe, difpofées de même manière que dans le Corinthien. Au lieu de Tigettes ou Caulicoles, il y a de petits fleurons collés au vafe, & contournés vers le milieu de la face du Chapiteau. Le Vafe eft terminé par un Filèt, un Aftragale & un Ove. Du dedans de ce Vafe fortent de grandes volutes femblables à celles de l'Ordre Ionique. Ces Volutes font ornées d'une grande feuille d'Acanthe qui fe recourbe comme pour foutenir les coins du Tailloir, & laiffe tomber de deffous elle fur chaque rebord de Volute, un Fleuron qui le recouvre prefque tout entier. Le Tailloir eft entièrement femblable à celui du Chapiteau Corinthien. *Voyés la gravure, page 308. B.*

Ce Chapiteau *Compofite* n'a pas la même délicateffe, ni la même légereté, que le Corinthien : mais il eft encore plus riche, & il faut convenir que l'enfemble a de la Nobleffe & de l'Agrément. La Beauté de ce Chapiteau a rendu ce *Compofite* extrèmement célèbre. Il y a eu même des gens de peu d'efprit qui ont ofé lui donner la préférence fur le Corinthien. Les gens de bon goût, ont toujours eu foin de fe défendre d'un pareil aveuglement.

L'Entablement *Compofite* ne répond pas à la Beauté de fon Chapiteau. L'Architrave n'a que deux façes de hauteur inégale : la première eft couronnée d'un Talon, la feconde d'un Aftragale, d'un Ove, & d'un Cavet. C'eft trop de Moulures entaffées pour une auffi petite partie, que la face d'une Architrave. Le Cavet fur-tout ne fait pas un bon effèt ; parce qu'il rend le Couronnement de l'Architrave trop délicat & trop fragile ; & que le Profil n'en eft point gracieux.

La Frife eft unie ou taillée comme dans le Corinthien. La Corniche eft compofée d'un Aftragale, d'un Talon, d'un arrière corps à deux façes ; fur lequel font appuyés les Modillons auffi à deux façes, dont la première eft couronnée d'un Talon, la feconde d'un Filèt & d'un Ove ; fuit un Larmier dont la Sofite eft creufe, un Talon & une Doucine. Cette Corniche eft très-pefante ; le même membre y eft trop fouvent répété. La forme des Modillons eft gauche & chétive. La faillie du Lar mier au-delà des Modillons est impertinente, & rend l'usage des Modillons tout-à-fait inutile. Il y auroit donc beaucoup à réformer à cette Corniche, pour la rendre parfaite ; ou plûtôt, il en faudroit composer une toute différente. *Essai sur l'Architecture.*

CHAPITRE III.
TERNAIRE DE L'ARCHITECTURE.

Les trois Ordres Grecs :

Sçavoir,

Dorique, *Ionique*, *Corinthien*.

ORDRE DORIQUE.

I. LA *Colonne Dorique* a huit diamètres ; son Chapiteau & sa Base sont un peu plus riches de Moulures, que la Colonne Toscane. Le *Dorique* a pour ornement les Métopes & les Triglyphes ; Dorus Roi d'Achaïe, ayant bâti le premier dans Argos un Temple de cet ordre, qu'il dédia à Junon, donna occasion de l'appeller *Dorique. Voyés la gravure, page 308.* C.

Ce qui rend le *Dorique* considérable, est qu'il a donné la première idée de l'Architecture Régulière ; & que toutes ses parties sont fondées sur la position naturelle des corps solides. Quelque tems après que l'*Ordre Dorique* eut été inventé, on lui donna la Proportion, la Force, & la Beauté du corps de l'Homme ; & comme le pied de l'Homme est la sixième partie de sa hauteur, on donna à la colonne *Dorique*, en y comprenant le chapiteau, six de ses diamètres ; c'est-à-dire, qu'on la fit six fois aussi haute qu'elle étoit grosse : ensuite on y ajouta un septième diamètre. Alors on pouvoit dire, qu'elle avoit la proportion du Corps d'un Homme ; car le pied d'un Homme n'est point, du moins aujourd'hui, la sixième partie de sa hauteur ; mais environ la septième.

Les Anciens avoient deux sortes d'*Ordre Dorique*, un plus massif pour les Temples ; & un plus léger & plus délicat, pour les Portiques des Théâtres. Vitruve trouve l'*Ordre Dorique* embarrassant, à cause des Métopes & des Triglyphes, qui sont l'ornement de sa Frise ; de sorte qu'on ne peut guères employer l'*Ordre Dorique* que dans les Pyénostyles, en mettant un Triglyphe entre châque colonne ; ou dans l'Aræostyle, en mettant trois Triglyphes entre châque colonne. *Trévoux.*

L'*Ordre Dorique* est ainsi appellé, parce qu'il a été inventé par les Doriens, Peuple grèc. Si ses colonnes sont simples & unies sans pilastres, Palladio dit qu'elles doivent être de sept modules & demi, ou de huit modules ; & que leur Entre-colonnement doit être d'un peu moins de trois diamètres de la colonne ; & Vitruve appelle cette manière de bâtir *Diastyle*. Que si les Colonnes *Doriques* ont des pilastres, leur hauteur en y comprenant leur bâse & leur chapiteau, doit être de 17 modules plus $\frac{1}{3}$; sur quoi il faut remarquer en passant, que quoique dans les autres Ordres le module soit le diamètre divisé en 60 parties égales ; néanmoins dans celui-ci, le module, selon Palladio, n'est que le demi-diamètre, & qu'il ne se divise qu'en 30 parties égales.

La Colonne *Dorique* n'a point de bâse propre ; ainsi dans plusieurs anciens bâtimens, elle n'en a point du tout, comme on le peut voir au Temple de Marcellus à Rome ; mais quand on lui donne une Bâse Attique, elle augmente beaucoup sa beauté. La hauteur de cette bâse est $\frac{1}{2}$ diamètre de la colonne. La hauteur du chapiteau est d'un demi-diamètre de la colonne à sa bâse. L'Architrave est de même hauteur. La frise a un module & demi, & la corniche un module & ⅓. Les Triglyphes ont un module, & leur chapiteau une sixième partie de module ; les métopes, ou les espaçes qu'il y a d'un triglyphe à l'autre, doivent être de la longueur d'un triglyphe.

Cet Ordre est solide, & ne doit point s'employer que dans des bâtimens grands & solides. L'entablement en est plus massif & plus haut, que celui d'aucun autre Ordre ; à cause que la colonne est beaucoup plus forte, & il est ordinairement du quart de la colonne. La Corniche ne doit point avoir de feuillage, ni aucune garniture ; & si l'on y mèt des modillons, il faut qu'ils soient quarrés & unis. La Frise a pour ornement des triglyphes. Les Métopes, ou l'espaçe qui est entre les triglyphes, doit être éxactement quarré. L'Architrave a aussi un ornement particulier, ce sont des espèces de gouttes qui pendent des triglyphes, & qui semblent y être attachées. *Diction. de l'Académie.*

L'*Ordre Dorique* aura toujours la prédilection des Architèctes, qui aiment à signaler leur habileté, en s'engageant dans des voyes difficiles & épineuses. Il y a des contraintes, dont nul autre n'approche. Aussi rarement le trouve-t-on éxécuté avec éxactitude. Ce qui fait la grande difficulté de cet Ordre ; c'est le mélange alternatif des Triglyphes & des Métopes, qui décorent sa Frise. Les Triglyphes doivent toujours avoir la forme d'un quarré long, & les Métopes celle d'un quarré parfait. Cette division est extrêmement gênante ; parce qu'il en résulte, 1°. qu'on ne peut jamais accoupler les Colonnes dans l'*Ordre Dorique.* Il faudroit pour les accoupler, ou que les Bazes & même les Chapiteaux des Colonnes se pénétrassent l'un avec l'autre ; ou que la Métope qui se rencontreroit entre les deux Colonnes accouplées, fût beaucoup plus large que haute ; deux fautes qui ne doivent jamais se tolérer. 2°. Qu'on ne fçait plus comment se tirer d'affaire dans les angles rentrans. On ne peut éviter l'un de ces deux inconvéniens, ou de plier un Triglyphe mutilant ces deux Métopes voisines ; ou de joindre deux Métopes ensemble, sans aucun Triglyphe intermédiaire. Jusqu'ici les ignorans n'ont point été arrêtés par ces deux difficultés ; parce qu'ils n'ont point senti les inconvéniens dont je parle. Nous ne manquons pas d'Édifices où l'*Ordre Dorique* est employé : mais il n'en est aucun où l'on ne trouve, ou des Triglyphes pliés, ou des demi Triglyphes, ou des Métopes mutilées, ou des Métopes beaucoup plus larges que hautes. L'Église du Noviciat des Jésuites, ruë Pot de Fèr, que l'on mèt avec raison au nombre de nos Édifices les moins défectueux, cette Église est elle-même dans le cas.

Quand il s'agira donc d'employer l'*Ordre Dorique*, il faudra que l'Architècte plein de la difficulté de l'entreprise, s'arme de beaucoup de constance ; pour étudier avec précision cette embarassante, cette périlleuse division de triglyphes & de métopes. Comme l'éxécution ne peut être éxacte, sans être infiniment laborieuse ; le succès n'en sera que plus glorieux.

La Colonne *Dorique* a la plus belle & la plus parfaite des Bazes. C'est la Baze Attique ou *Atticurge*. Ses deux Tores de module différent réunis par une Scotie, font un très bel effèt : parce que la solidité s'y trouve jointe à l'agrément. De-là vient que les Architèctes ne font pas difficulté d'emprunter de l'*Ordre Dorique* sa belle Baze, pour la rendre commune à tous les autres Ordres. On ne peut les blâmer d'en user ainsi ; & il sera toujours permis de prendre dans un Ordre ce qu'il y a d'excellent, & de le transporter dans un autre ; pourvû qu'on ne touche jamais aux parties qui caractérisent l'Ordre essentiellement : car alors ce seroit confondre deux Ordres dans un. Cette liberté avec les bornes que je lui prescris, n'a rien de contraire

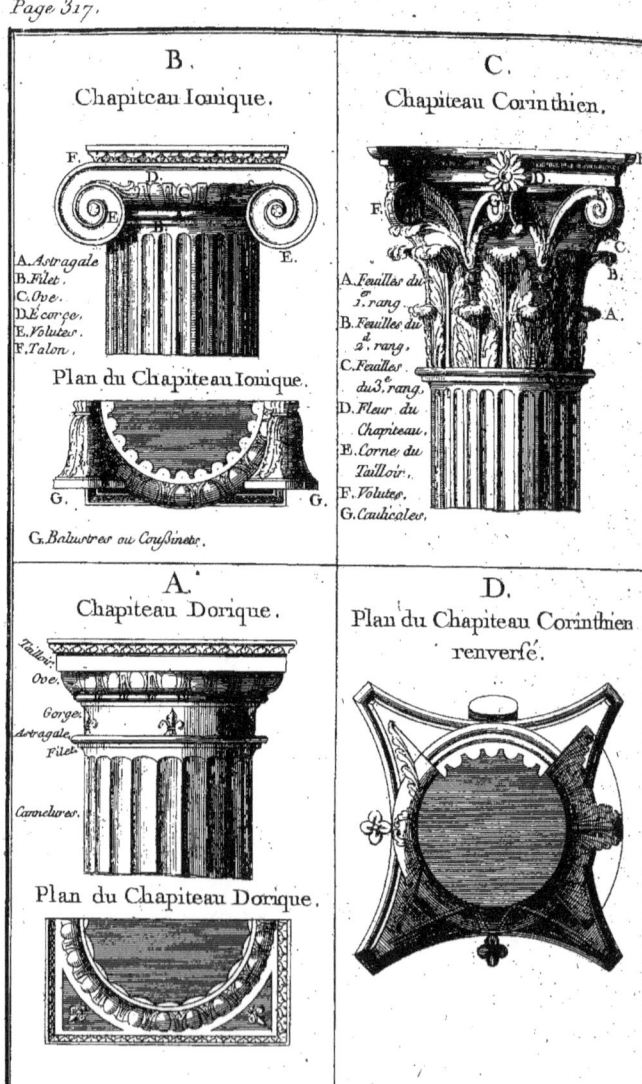

au véritable esprit de l'Art ; elle peut même servir beaucoup à sa perfection.

Le Chapiteau *Dorique* est le plus simple & le moins élégant de tous les Chapiteaux. Un Tailloir quarré, un Ove soutenu de trois Armilles, ou mieux encore d'un Astragale & son Filet, suivis d'un membre uni qu'on nomme Gorge, en font toutes les richesses. Rien de moins fastueux, rien même de plus sec & de plus pauvre. Ce Chapiteau est cependant une des parties qui caractérisent entièrement l'*Ordre Dorique* ; & on ne peut lui en substituer un autre sans altérer, & corrompre entièrement le caractère de l'Ordre. *Voyés la Planche A.*

Ordre Ionique.

II. On doit aux Ioniens l'invention de cet Ordre. Rivaux des Doriens, ils changèrent quelque chose dans la proportion & dans les ornemens des colonnes doriques ; & la règle qu'ils suivirent en cette occasion, fut nommée *Ordre Ionique*. Entre les Temples célèbres bâtis par le Peuple d'Ionie, le plus mémorable est le Temple de Diane construit à Éphèse. Cet Ordre tient le milieu entre la manière solide & la délicate ; sa colonne y compris sa bâse & son chapiteau, est de neuf diamètres de hauteur ; son chapiteau est orné de volutes, & sa corniche de denticules. *Voyés la gravure, pag. 308. D.*

L'*Ordre Ionique* est le second des trois Ordres Grècs ; il est distingué des autres particulièrement, parce qu'il a des Volutes, ou des Cornes de Bélier qui ornent son chapiteau ; & que le fust des colonnes est le plus souvent cannelé. Les colonnes *Ioniques* sont ordinairement cannelées de 24 cannelures. Il y en a qui ne sont creuses & concaves, que jusqu'à la troisième partie du bas de la colonne ; & cette troisième partie a ses cannelures remplies de baguettes, ou bâtons ronds ; à la différence du surplus du haut, qui est strié, cannelé, creux, & entièrement vuide.

Les Anciens voulant rendre cet Ordre plus agréable que le Dorique, augmentèrent la hauteur de la colonne, en y ajoutant une bâse qui n'étoit point en usage dans l'Ordre Dorique. Il y en a qui croyent, que l'*Ordre Ionique* a été formé sur le modèle du Corps d'une Femme; & que ces deux Ordres ont entr'eux la même proportion de solidité & de délicatesse, que le Corps d'un Homme & celui d'une femme; ils ajoutent que les volutes du Chapiteau *Ionique* représentent les Boucles de cheveux que les Femmes portent de châque côté du visage, quand elles sont coëffées en Cheveux. *Trévoux.*

L'*Ordre Ionique* plus léger & plus délicat que le précédent, quoiqu'il n'ait pas d'ailleurs des perfections bien relevées; a l'Avantage d'être presque sans défaut. Ce n'est plus ce je ne sçais quoi de ferme & de mâle qui distingue l'Ordre Dorique; ce n'est point encore cette richesse, cette magnificence qui est le propre de l'Ordre Corinthien. C'est une de ces beautés médiocres, dont les traits ni trop grossiers ni trop fins, plaisent par leur régularité; ils n'ont rien de frappant ni en bien, ni en mal; mais il y règne un accord si éxact, & une douceur si picquante, que sans avoir le don de surprendre & d'enchanter, ils n'en ont peut-être que plus sûrement celui d'intéresser & de plaire. Le Mérite essentiel de l'*Ordre Ionique* consiste donc, dans une certaine médiocrité d'Agrément; dont le charme n'est altéré par aucune imperfection trop sensible. Entrons dans le détail.

Vitruve a donné à l'*Ordre Ionique* une Baze, qui, selon moi & bien d'autres, est l'unique chose qu'il faille retrancher. Cette Baze est informe, & blesse ouvertement les vrais principes de la Nature. Ce grand Tore qui n'a pour appui, que deux foibles Scoties interrompuës par deux légers Astragales, est horriblement défectueux. En bonnes règles, le plus pefant doit toujours être au-deſſus. Icy cet Ordre Naturel eſt renverſé, & conféquemment la Solidité en ſouffre. Cette Baze bien loin d'avoir ſa diminution par le haut, eſt au contraire diminuée par le bas. Plus étroite auprès de ſon Plinthe, elle s'élargit monſtrueuſement du côté par où elle ſe joint au Fuſt de la Colonne. Ces défauts qui ſont réels & éclatans, ont engagé la plûpart des Architectes anciens & modernes, à proſcrire cette Baze *Ionique* de Vitruve; pour lui ſubſtituer la belle Baze Attique : & leur éxemple en ce point ne peut être trop fidèlement imité.

Le Chapiteau *Ionique* eſt la partie de tout l'Ordre, où il règne plus d'invention; & qui en marque plus vivement le caractère. Un Aſtragale, un Ove, une Écorce qui ſe replie en Volute par les deux extrémités, & qui eſt ſurmontée d'un Talon & d'un Tailloir quarré, en font toutes les richeſſes. La grande Beauté de ce Chapiteau vient de deux Volutes, qui le cantonent d'une manière infiniment graçieuſe. *Pag. 317. B.*

L'Entablement *Ionique* répond à l'élégante ſimplicité de tout le reſte. Son Architrave eſt diviſée en trois façes chacune, de hauteur différente : on commence par la plus petite, & on finit par la plus grande, qui eſt agréablement couronnée d'un Talon. La Friſe eſt communément toute unie, elle peut auſſi être taillée en Sculpture, ſelon que la bienſéance demande, que l'Ordre ſoit plus ou moins enrichi. La Corniche eſt charmante, & n'a qu'une médiocre ſaillie; & cette Saillie eſt encore ſi naturellement effacée par les Membres qui ſoutiennent le Larmier, qu'elle n'a rien de périlleux, rien de tranchant. Elle eſt compoſée d'un Talon, d'un Denticule, d'un Aſtragale, d'un Ove, d'un Larmier, d'un Talon & d'une Douçine. Ici peu de Membres quarrés; & par conſéquent point de dureté, point

S ſ ij

de sécheresse. Les dissonances sont rares, elles sont éxactement préparées & sauvées ; & par conséquent, il règne dans le tout une Harmonie tendre.

Il est à remarquer que dans la Corniche, il y a deux Membres qui caractérisent essentiellement l'*Ordre Ionique*. Le premier, c'est le Denticule toujours taillé en dents ; le second, c'est le Larmier dont la Sofite est creuse.

La Corniche *Ionique* est sans comparaison la mieux prise & la plus avantageuse de toutes. Elle n'a que des Ornemens simples : mais elle est d'ailleurs d'une légèreté, d'une commodité, d'un accord qui la rend à bien des égards préférable à toutes les autres. Aussi les Bons Architectes ne manquent presque jamais d'en faire choix ; lorsqu'ils se trouvent trop gênés, par les incommodités des autres Corniches ; & qu'ils ont des motifs capables d'excuser, de justifier même cette Licence. *Auteur Anonyme.*

ORDRE CORINTHIEN.

III. Une jeune Fille de Corinthe étant morte, sa nourrice mit sur son Tombeau un Panier, dans lequel étoient renfermés quelques petits Vases qu'elle avoit aimés pendant sa Vie ; & pour empêcher que la pluïe ne les endommageât, elle couvrit le Panier d'une Thuile. Il se trouva par hazard une racine d'Achante à l'endroit sur lequel le Panier fut posé ; la Plante vint à pousser au Printems, & ce Panier se trouva environné de feuilles & de branches, qui continuant à s'étendre, se recourbèrent sous les coins de la Thuile ; & formèrent une manière de Volutes. Le Sculpteur Callimachus, surnommé *l'Industrieux* par les Athéniens, en conçut l'idée d'un Chapiteau ; qui dans les mains de cet ingénieux Artiste, prit ce tour gracieux & cette noblesse, qui règne dans sa magnifique composition. C'est

Architecture, Chap. III.

ainſi que Vitruve rapporte l'invention de l'*Ordre Corinthien*; mais Villalpande traite de Fable, l'Hiſtoire de Callimachus; & aſſure, que le Chapiteau Corinthien a tiré ſon Origine de ceux du Temple de Salomon, dont les feuilles étoient de Palmier. Quoi qu'il en ſoit, il eſt conſtant que l'*Ordre Corinthien* eſt le chef-d'œuvre de l'Architecture.

Vitruve ne lui donne point d'autres proportions que celles de l'Ordre Ionique; ainſi le fuſt de ſa colonne ne paroît plus grand, qu'à cauſe que le Chapiteau en augmente la hauteur. Cet Auteur ne lui affecte point non plus d'autre Entablement, que celui de l'Ordre Ionique; & il prétend que la Bâſe Attique y peut ſervir, auſſi-bien qu'au Dorique: mais ce ſentiment de Vitruve eſt d'autant moins reçevable, qu'il n'eſt appuyé ſur aucun éxemple Antique. Bien loin de cela, les plus beaux *Ordres Corinthiens* qui nous reſtent, ont une Bâſe particulière; leur colonne avec la bâſe & le chapiteau, qui eſt de feuilles d'Olive, a dix diamètres; le Chapiteau eſt plus haut d'un tiers de module, que celui de Vitruve qui eſt de feuilles d'Achante: & l'Entablement qui a des modillons en conſoles, & quelquefois des denticules avec des modillons, eſt bien différent de l'Entablement Ionique. *Voyés la gravure, pag. 308. E.*

L'*Ordre Corinthien* eſt ſans contredit le plus magnifique des Ordres, il a été employé au-dehors & au-dedans du Panthéon; & à la plûpart des Temples Antiques, au moins ceux qui ſont d'une excellente Architecture des bons Siècles. C'eſt pourquoi il ne faut pas s'étonner, ſi Michel-Ange n'a point fait de difficulté, non-ſeulement d'en faire le principal Ornement de la magnifique Égliſe de Saint Pierre; mais auſſi de le répéter dans le même lieu: puiſque les *Ordres* du dehors & du dedans de cette Égliſe, la plûpart de ceux des Autels, & ceux de la Coupole ſont *Corinthiens*. Son éxemple a été ſuivi par la plus grande partie des meilleurs Architectes, & l'on ne voit guères d'Églises considérables, bâties à Rome ou à Paris depuis le dernier Siècle ; où cet Ordre n'ait été employé avec succès.

En effet, l'Architecture n'a jamais rien produit de plus grand, de plus auguste que l'*Ordre Corinthien ;* il forme un de ces spectacles frappans, dont le simple coup-d'œil saisit, & enlève l'âme hors d'elle-même. Il est réservé à cet Ordre bien exécuté, de faire les grandes impressions par la noblesse de son caractère, & la grande manière de ses ornemens. Les Poëtes n'ont connu que trois Graces : nos trois Ordres d'Architecture ont chacun la leur. La Simplicité est le partage de l'Ordre Dorique, la Gentillesse distingue l'Ionique ; les Graces nobles sont pour l'Ordre Corinthien.

Vitruve donne à cet Ordre une baze moins vicieuse à la vérité que la baze Ionique, mais qui a encore de grandes imperfections. C'est la base Ionique augmentée d'un grand Tore immédiatement au-dessus du Plinthe. Le grand défaut de cette baze, c'est qu'elle est de beaucoup trop délicate, qu'elle manque d'un certain air de solidité si convenable & si nécessaire à toute baze. Les Moulures en sont si fines, qu'au moindre effort elles doivent se briser. Revenons-en donc encore à notre charmante baze attique, qui seule est exempte de tous les défauts, & dont l'invention est infiniment sensée.

Le Chapiteau Corinthien est un chef-d'œuvre, & c'est surtout par cet endroit que l'*Ordre Corinthien* est sensiblement au-dessus de tous les autres. Il a une grace parfaite, & il est de la plus grande richesse. C'est un grand vase rond couvert d'un tailloir recourbé sur les quatre faces. Le vase est couvert dans le bas de deux rangs de feuilles, dont les courbures ont une médiocre saillie. Du sein de ces feuilles sortent des tigettes ou caulicoles, qui vont former de petites volutes sur les coins du

ARCHITECTURE, CHAP. III. 323

tailloir, & fur les quatre milieux. Tout est admirable dans cette Composition : ce vase qui sert de champ sur lequel les feuilles sont artistement disposées ; les courbures de ces feuilles, dont la saillie va par gradation ; les tigettes qui s'élèvent naturellement, & dont la fléxibilité semble se prêter au dessein de l'Ouvrier qui les plie en volutes, pour donner à la saillie du tailloir un appui des plus élégans. Il règne dans tout cet assortiment une Douceur, une Harmonie, un Naturel, une Variété, une Grâce qu'en vain voudrois-je éxprimer, & que le goût seul peut faire sentir. *Voyés la gravure, pag. 317. C.*

L'Entablement *Corinthien* a beaucoup de ressemblance avec l'Ionique : mais les Ornemens y sont plus multipliés, & la Corniche n'en est pas à beaucoup près si parfaite.

L'Architrave est divisée en trois faces d'inégale hauteur, comme dans l'Ionique : mais chacune de ces faces a une moulure qui la décore ; la première est couronnée d'un Astragale, la seconde d'un Talon, la troisième de ces deux Moulures ensemble. Cette Architrave est la plus parfaite de toutes. Rien n'y est dur, & tout y va par gradation.

La Frise peut être ou toute simple, ou servir de champ à un grand morceau de Sculpture ; en cela elle est parfaitement semblable à la frise Ionique.

La Corniche est composée d'un Talon, d'un Denticule qui ne doit jamais être taillé en dents, d'un Astragale, d'une Échine ou Ove, des Modillons avec leur arrière corps couronnés d'un talon, d'un larmier, d'un talon & d'une doucine. La Composition de cette Corniche est sans dureté. Les Moulures quarrées y sont toujours précédées & suivies d'une moulure ronde. *Essai sur l'Architecture.*

Enfin si le Desir de se singulariser a fait produire dans ces derniers tems quelque Ordre Nouveau, tels par éxemple, que des Ordres Symboliques deſtinés à certains uſages ; & en particulier l'Ordre François, ſur lequel une infinité de nos Architèctes ſe ſont éxercés à l'envi l'un de l'autre : on les a vû imaginer des Ornemens ſinguliers, propres à caractèriſer le Nouvel Ordre ſur lequel ils travailloient ; mais ils ne ſe ſont jamais crû permis de s'éloigner dans ces Nouvelles Compoſitions, ni de la forme générale, ni des proportions & des meſures de l'*Ordre Corinthien* : Préjugé, bien favorable pour cet Ordre d'Architècture ; & qui fait bien voir, qu'il eſt impoſſible d'atteindre à un plus haut degré de perfection.

L'on n'ignore pourtant pas qu'il y a des Eſprits, qui ne pouvant ſouffrir aucune contrainte, débitent hardiment que c'eſt une Timidité mal placée, de n'oſer s'écarter des Productions des Anciens ; & qu'il eſt indigne de s'en rendre ainſi le ſervile adorateur. Mais, qu'ont-ils donc à oppoſer à cette Simplicité Majeſtueuſe, qui eſt inſéparable de la Beauté dans les ouvrages de ces premiers Maîtres de l'Art ? Sont-ce ces Licences éffrénées, ces Compoſitions bizares, dans leſquelles une trop grande Vivacité de Génie, & peut-être trop de Mépris pour l'Antique, ont fait tomber le Chevalier Boromini ; & tous ceux qui ont eu le malheur de le ſuivre ? *Daviler.*

Page 325.

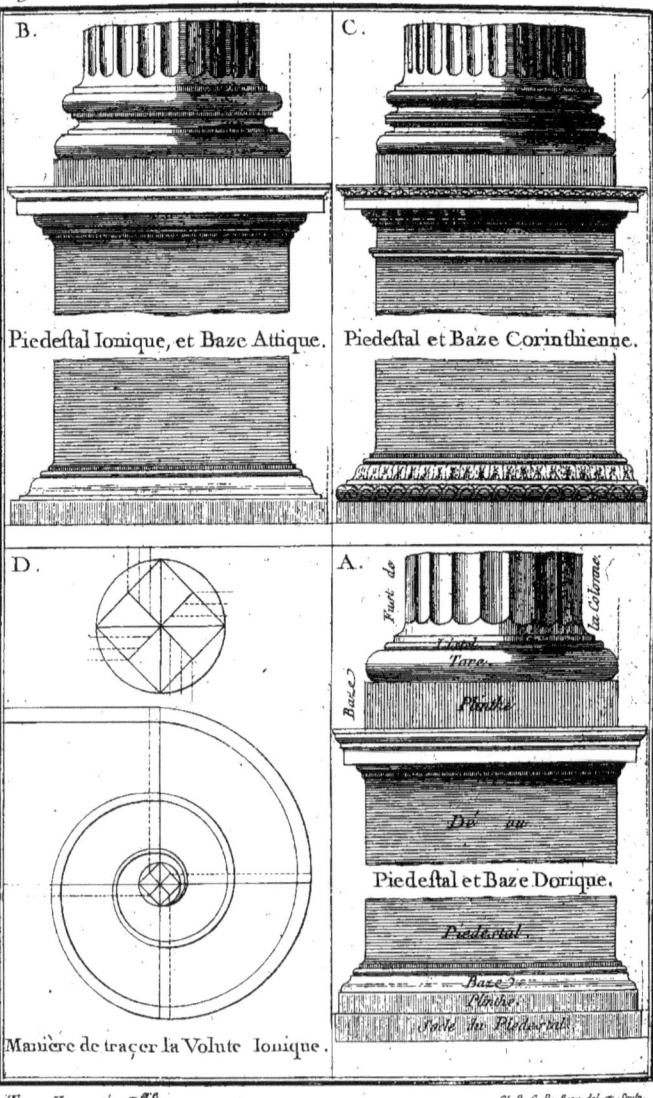

B. Piedeftal Ionique, et Baze Attique.
C. Piedeftal et Baze Corinthienne.
D. Manière de tracer la Volute Ionique.
A. Piedeftal et Baze Dorique.

Tome II. partie I.re   Cl. R. G. Poulleau del. et Sculp.

CHAPITRE IV.
QUATERNAIRE DE L'ARHITECTURE.
Baſe,   Colonne,   Entablement,   Fronton.
BASE.

I. **B**AZE, ſe dit en termes d'Architecture de tout membre & de tout corps, qui ſert d'Appui à un autre : on l'entend particulièrement du Pié-deſtal d'une colonne, d'une ſtatuë, &c. *Voyés la gravure ci-jointe*. A-

Les *Bazes* ſont différentes, ſuivant les différens Ordres : dans l'Ordre Toſcan, la *Baze* n'a qu'un Tore.

Dans le Dorique, elle a un Tore & un Aſtragal.

Dans l'Ionique, elle a un gros Tore, avec deux Scoties, ſéparées par deux Aſtragales. *Voyés la gravure*, B.

Dans le Corinthien, elle a deux Tores, deux Scoties, & deux Aſtragales. *Voyés la gravure*, C.

Dans le Compoſite, elle a auſſi deux Tores, deux Scoties; mais elle n'a qu'un Aſtragal, &c.

La *Baze* de la colonne Ionique, (qui eſt celle de Vitruve), ne ſe rencontre à aucun édifice antique. Les Architectes modernes ſont aſſez partagés ſur le choix entre cette *Baze*, & la *Baze Attique*. Les ſectateurs de Vitruve, tels que Serlio, Barbaro, Cataneo, Viola & Bulant ſe ſont ſervis de la *Baze* de Vitruve, comme étant eſſentielle à l'Ordre Ionique ; De Lorme l'a auſſi employée, & y a ajouté deux Aſtragales au-deſſous du filet ſur la plinthe. Mais ceux qui ſe ſont fait une Loi de ſuivre l'Antique, ont préférés la *Baze Attique ;* autoriſés par l'éxemple du Temple de la Fortune Virile, du Théâtre de Marcellus, & du Colisée. Michel-Ange, Palladio, Scamozzi, & la plus grande partie de ceux qui ont employé l'Ordre Ionique moderne, ont aussi mis en œuvre la *Baze Attique* dans tous les bâtiments qu'ils ont fait, & où cet Ordre s'est rencontré ; toutefois il se trouve à Paris beaucoup d'éxemples, où la *Baze* de Vitruve a été pratiquée dans des édifices considérables ; de ce nombre sont, le Palais des Thuilleries, le Portail des Feuillans, les Églises des Petits Pères & des Barnabites ; & le Palais Brion dans la ruë de Richelieu. Cependant il faut convenir, quoiqu'en dise Vitruve, qui est seul de son opinion, qu'il n'y a nul parallèle à faire entre ces deux *Bazes*; la *Baze Attique* est parfaite dans toutes ses parties, & l'autre est un assemblage de Moulures, qui n'ont aucune proportion entr'elles. *M. le Pautre*. *Voyés la gravure, pag. 325. B.*

La Baze est composée de quatre parties :

Sçavoir,

La Plinthe,   le Socle,   le Dé,   la Corniche.

1. La *Plinthe* est une partie inférieure de la baze d'une colonne, d'un pilastre, ou d'un pié-destal ; & qui est une pièce platte & quarrée, comme une brique.

2. Le *Socle* est un corps quarré moins haut que large, il se mèt sous les bazes des pié-destaux, des statuës, des vases, &c.

3. Le *Dé* est la partie du *Pié-destal* qui tient le milieu entre la baze & la corniche. Ce nom lui a été donné, parce qu'elle a la figure d'un Cube, comme un *Dé*. *Voyés pag. 325. A.*

Le *Pié-destal* de l'Arc de Titus est un des plus beaux qu'on puisse proposer, & particulièrement la baze qui est la même que Scamozzi donne au Corinthien, & qui est riche de moulures. Il arrive rarement que cet Ordre soit placé au rez de chaussée ; mais quand il y est mis, il faut nécessairement poser un Socle fous le *Pié-deftal* pour l'élever ; & il eft alors prefque impoffible de fe fervir des proportions de Vignole : parce que le *Dé* ne peut plus être de la hauteur qu'il lui a donné.

Mais il faut prendre garde auffi de ne pas faire un Socle fi haut, qu'il diminuë trop confidérablement la hauteur du *Pié-deftal*, dont le *Dé* n'a pas même autant de hauteur que de largeur ; & lorfque le *Pié-deftal* ne peut pas être plus haut que la fixième partie de la colonne, il vaut mieux ne mettre qu'un Socle fous la colonne, comme au Portail du Louvre. Le *Pié-deftal* compofite de la Fontaine des Saints Innocents ruë Saint Denis, eft un des mieux proportionnés.

La plûpart des Architectes mettent des Tables ou en Saillie, ou renfoncées dans le *Dé* des *Pié-deftaux*, fans confidérer fi le caractère de l'Ordre le demande. Celles en faillie ne conviennent qu'aux Ordres Tofcan & Dorique ; & celles des trois autres Ordres doivent être renfermées ; mais ni l'une ni l'autre de ces manières n'ont prefque jamais été pratiquées par les Anciens. En effèt elles femblent répugner à la folidité, & convenir davantage à des Acrotères de Frontons, & à des *Pié-deftaux* de Baluftres ou de Figures. Pour la Baze de cette colonne, elle paroît plus belle que la Corinthienne, parce que cette double Aftragale, qui a quelque chofe de chétif, ne s'y trouve plus ; & c'eft en quoi confifte toute la différence qui eft entre ces deux Bazes : celle-ci étoit à un Ordre Corinthien des Thermes de Dioclétien. Or il eft bon dans tous les Ordres, que les Bazes & autres parties concourent à le diftinguer, ainfi que les Chapiteaux. *M. de Chambray.*

4. *Corniche*, ce mot vient du latin *Coronis*, qui veut dire Couronnement ; & on donne le nom de *Corniche* à toute Saillie profilée, qui couronne un corps. *Diction. de l'Académie.*

COLONNE.

II. La *Colonne* est une sorte de Pilier de forme ronde, qui sert à soutenir, ou à orner un Bâtiment; & qui est composée d'une *Baze*, d'un *Fust*, & d'un *Chapiteau*. *V. la grav. p. 308. e.*

La différence des Ordres fait la différence des *Colonnes*. La Toscane qui est la plus courte & la plus simple, a sept diamètres de hauteur. *Voyés la gravure, pag. 308. A.*

La Dorique en a huit, son chapiteau & sa base sont un peu plus riches de moulures. *Voyés la gravure, pag. 308. C.*

La *Colonne* Ionique a neuf diamètres, son chapiteau a des volutes. C'est en quoi elle diffère des autres, aussi-bien que par la baze qui lui est particulière. *Voyés la grav. p. 308. D.*

La Corinthienne est la plus riche de toutes. Deux rangs de feuilles font l'ornement de son chapiteau avec des caulicoles, d'où sortent de petites volutes. Elle a dix diamètres ainsi que le Composite, qui a son chapiteau comme la Corinthiene avec les volutes angulaires de l'Ionique. *V. la grav. p. 388. E & B.*

Le fameux Temple que Diane avoit à Éphèse, étoit orné de cent vingt-sept *Colonnes*, toutes d'une pièce, & hautes de soixante pieds. Ce mot vient de *Columen*, qui signifie une *Pièce de Bois* posée à plomb, pour soutenir le faîte d'un bâtiment.

Colonne se dit aussi d'une construction faite *en forme ronde*, & qui est séparée d'un bâtiment, soit qu'elle soit d'une ou plusieurs pierres. Cette sorte de *Colonne* est un Monument pour quelque action, dont on veut que la Postérité garde la mémoire. La *Colonne* de Trajan est un ouvrage de Sculpture qui est admiré des Curieux. *Trévoux.*

Architecture, Chap. IV.

La Colonne est composée de trois parties :

Sçavoir,

Baze, Fust, Chapiteau.

1. On appelle la *Baze* de la *Colonne*, la partie qui est au-dessous du Fust, & qui pose sur le Pié-destal ou Socle, quand il y en a. *Voyés la gravure, pag. 368. q. & 325. A.*

La *Baze* que Vitruve appelle *Attique* au chapitre troisième de son troisième livre, parce que les Athéniens l'ont inventée, & s'en sont servis les premiers, se met en œuvre indifféremment sous les Colonnes Corinthiennes, Composites, Ioniques & Doriques ; néantmoins elle convient mieux à l'Ordre Composite qu'à aucun autre : & qui n'empêche pas qu'on ne puisse la tolérer dans l'Ordre Ionique, quand on n'y employe pas celle qui lui est propre. Pour ce qui est des autres Ordres, j'éstime qu'elle ne leur convient en aucune manière ; & il ne me seroit pas difficile d'appuyer mon sentiment par beaucoup de bonnes raisons, mais je ne veux pas contredire une licence si généralement reçuë. *Voyés la gravure, pag. 325. B.*

Cette *Base* est d'une beaucoup plus belle forme que la Corinthiene, quoi qu'elle ne soit pas si riche de moulures ; & l'on voit par quantité d'éxemples que nous fournissent les Édifices Antiques, qu'elle a servi encore plus à l'Ordre Corinthien qu'à tous les autres Ordres. Elle se trouve au Temple de Vesta, de la Paix d'Antonin & de Faustine, au frontispice de Neron & aux Thermes de Dioclétien : outre qu'elle est encore à l'Arc de Constantin, & à la Basilique d'Antonin avec un astragale au-dessus du tore supérieur.

Les Modernes fondés sur ces éxemples, l'ont employée dans tous les Ordres indifféremment, éxcepté au Toscan. Michel

Ange s'en eſt ſervi dans les dehors de l'Égliſe de Saint Pierre, & lui a donné une Proportion admirable : elle eſt auſſi au-dehors & au-dedans du Val de Grace. La Scotie, qui eſt une des principales moulures de cette *Baze*, eſt tracée ſur le modèle de pluſieurs *Bazes* Antiques, & Vignole a donné la pratique pour en traçer le contour géométriquement ; mais cette cavité qui entre dans le liſtel ſur le gros tore, réuſſit mal dans les ouvrages de pierre ; parce que l'arrête de ce liſtel devient ſi vive, qu'elle n'a plus de ſoutien, & ſe caſſe aiſément ; auſſi ſe trouve-t-elle rarement conſervée dans les *Bazes* qui ſont au rez de chauſſée, & à portée de la main ; & c'eſt ce qui fait qu'on ne voit preſque plus de liſtel aux *Bazes* des pilaſtres des Égliſes des Pères de l'Oratoire & des Petits Pères à Paris. *Daviler.*

2. Le *Fuſt* eſt le corps de la *Colonne* compris entre ſa Baze & ſon Chapiteau. Cette partie de la *Colonne* eſt encore appellée le *Vif de la Colonne. Voyés la gravure, p. 308. e.* Il y a des Architectes qui veulent que les *Colonnes* ſoient plus groſſes au tiers de leur hauteur, qu'au bas de leur *Fuſt*. D'autres font ce *Fuſt* de la même groſſeur du bas au tiers, & les diminuent depuis le tiers juſqu'au haut ; d'autres enfin ſont d'avis de commencer la diminution dès le bas.

Il y a deux choſes à remarquer dans le *Fuſt* ou tige de la *Colonne* ; ſçavoir, la *Diminution* & le *Renflement*.

La *Diminution* imite le tronc des Arbres, dont apparemment les premières *Colonnes* étoient faites ; & le *Renflement* imite le Corps humain, qui eſt plus large vers le milieu que vers les extrêmités.

La *Diminution* ſe fait en deux manières, ou dès le pied, comme ſont la plûpart des *Colonnes* Antiques de Granite ; ou du tiers en haut, comme le ſont généralement toutes les *Colonnes* de marbre & de pierre. Quant à celle de Granite, il ne s'en trouve guères qui ayent un contour agréable, parce qu'on les envoyoit des carrières d'Égypte toutes taillées sans exactitude; l'on peut juger du peu de soin des ouvriers qui les tailloient, par la manière dont l'Astragale & les Ceintures du haut & du bas, ainsi que les Congés sont profilés. La *Diminution* depuis le bas est la plus naturelle, mais elle est moins agréable que celle qui se fait depuis le tiers. Les Architectes Gothiques n'ont point observés la *Diminution*, & leurs *Colonnes* sont Cylindriques; aussi elles sont appellées *Piliers*, à la distinction des *Colonnes*. Or cette *Diminution* est plus ou moins sensible, selon la grosseur ou la délicatesse des *Colonnes*. Les Toscanes sont plus resserrées par le haut que les Doriques, & ainsi des autres.

Pour ce qui est du *Renflement* des *Colonnes*, les Architectes sont fort partagés sur ce sujèt; & comme il ne s'en trouve point d'éxemple antique, & qu'il n'est pas même sûr que Vitruve en ait voulu parler, lorsqu'il a dit qu'il faut ajouter quelque chose au tiers de la *Colonne*; on peut croire que les Anciens ne l'ont point connu.

Henri Woton dans ses Élémens d'Architecture, traite ce *Renflement* du plus absurde Abus de l'Architecture; toutefois l'usage de Renflér les *Colonnes* à leur tiers est si pratiqué parmi les Modernes, qu'on ne voit presque point de *Colonnes* qui ne soient *Renflées*. C'est pourquoi on a cherché plusieurs manières pour rendre ce *Renflement* agréable; mais il faut sur-tout observer, que moins il est sensible, & plus il est beau; & par conséquent il fait un très-mauvais effèt, lorsqu'il est trop ressenti; ainsi qu'aux Colonnes Corinthiennes du Portail de l'Église des Filles de Sainte Marie ruë Saint Antoine.

Vignole entend que sur les points donnés pour la *Diminution* & le *Renflement* des *Colonnes*, on pose à une ou plusieurs reprises, une règle mince d'une pièce s'il se peut, qui se courbe selon lesdits points; & que par cette règle on trace la ligne du Contour. Cette Opération se nomme l'*Épure*, (qui est le Dessein au trait du profil, qui sefait sur un mur enduit de plâtre).

De tous les Architectes Anciens & Modernes, Vignole est le premier qui ait donné des règles du Trait de *Diminution* & du *Renflement* des Colonnes ; sa manière est fort facile, elle est reçuë de tous les Architectes, & pratiquée de tous les Ouvriers de la grandeur effective de la Colonne. Si le *Fust* est de plusieurs pièces & par tambours, il faut marquer les assises sur l'Épure, afin de guider les Appareilleurs ; mais lorsqu'une telle Colonne est montée en pied, comme il est impossible que la Pose soit bien juste, il est nécessaire de la ragréer ; pour cela il faut prendre une règle, que l'on taillera suivant le Contour extérieur de la Colonne, & la poser de champ contre le *Fust* de la Colonne ; on l'y fera promener, & l'on ôtera le superflu du *Fust*, jusqu'à ce qu'on voye que la règle touche également par-tout ; cette règle doit être d'une pièce de bois sec, & également fléxible par-tout, ou de plusieurs pièces bien assemblées. *Daviler.*

3. Le *Chapiteau* est le Couronnement ou la Partie supérieure d'une Colonne. *Voyés la gravure. pag. 308.* f. Ceux qui sont sans ornemens, comme le Toscan & le Dorique, dont l'un qui est le plus simple, a son Tailloir quarré, & sans Moulures ; & l'autre a son Tailloir couronné d'un Talon & de trois Annelèts sous l'ove : ils s'appellent *Chapiteaux de Moulures*; & tous ceux où il y a des Feuilles ou des Ornements Taillés, s'appellent *Chapiteaux de Sculpture.*

Le plus agréable de tous est le *Chapiteau Corinthien*. Il est orné de deux rangs de Feuilles, avec huit grandes & huit petites Volutes, qui sont posées contre un corps que l'on appelle *Tambour*. On rapporte pour Origine de ce *Chapiteau*, que la nourrice d'une jeune fille morte dans ses plus belles années,

étant

étant allée la pleurer au lieu de sa sépulture, y porta dans une corbeille ou panier d'ofier certains petits vases que cette jeune personne avoit fort aimée pendant sa vie. Elle y laissa ce panier couvert d'une thuile, & une racine d'Achante s'étant par hazard trouvée dessous, la Plante quelque tems après poussa ses Tiges à l'entour ; & comme à mesure qu'elles croissoient, la thuile qui débordoit au-dessus de ce panier, empêchoit les Feuilles de monter en haut, elles se courboient vers la terre. Callimachus, excellent Sculpteur, passa par-là, & voyant l'agréable effet que faisoient ces Feuilles, il les dessina avec le panier ; & pour en faire l'ornement du *Chapiteau Corinthien*, il donna des mesures qui furent suivies par les Ouvriers de ce tems-là. *Voyés la gravure, pag. 308. f.*

Chapiteau vient du mot latin *Capitellum*, qui veut dire, le Sommet de quelque chose que ce puisse être. Le *Chapiteau Ionique* est distingué par ses Volutes & ses Oves ; le *Composite* par les deux rangs de Feuilles qui sont au Corinthien & par les Volutes de l'Ionique, & l'*Attique* a des Feuilles de refend dans le Gorgerin. *Trévoux.*

On appelle *Chapiteaux Symboliques*, ceux qui sont ornés d'Attributs de Divinités ; comme les *Chapiteaux Antiques* où l'on voit des Aigles pour Jupiter, & des Lyres pour Apollon ; ou qui portent les Armes & les Devises d'une nation, d'une dignité, &c.

Le *Chapiteau-Colonne*, est celui dont le plan est rond ; & le *Chapiteau-Pilastre*, celui qui est quarré par son plan ou sur une ligne droite. On appelle *Chapiteau Angulaire*, celui qui porte un retour d'Entablement, à l'encoignure d'un avant-corps ; & *Chapiteau refendu*, celui dont la Sculpture des Feuilles est terminée.

Il est encore des *Chapiteaux* de plusieurs sortes. Il y en a de *Pliés*, tels que celui d'un Pilaſtre, qui eſt dans un Angle rentrant droit ou obtus ; d'*Écraſés*, qui étant trop bas ſont hors de la Proportion Antique ; de *Galbés*, c'eſt-à-dire, dont on n'a fait qu'ébaucher les Feuilles ; de *Mutilés*, qui ſont ceux qui étant trop près d'un corps ou d'un angle, n'ont pas autant de Saillie d'un côté qu'ils en ont de l'autre. *Diction. de l'Académie.*

L'on trouve parmi les Antiquités de Rome une diverſité preſqu'infinie de *Chapiteaux* qui n'ont point de noms particuliers, & que l'on peut toutefois comprendre ſous le nom général de *Chapiteaux Compoſites* ; d'autant plus qu'ils ſuivent les principales meſures de ceux qui tirent leur origine de l'Ionique & du Corinthien.

Dans quelques-uns de ces *Chapiteaux*, il y a des Animaux au lieu de Tigètes & de Volutes ; & dans d'autres des Cornes d'Abondance, ou d'autres Ornements convenables au ſujèt auquel ils étoient deſtinés. Les Aigles qui tiennent lieu de Volutes, & les têtes de Jupiter qui ſont à la place des Fleurs avec des Foudres au-deſſous. Dans le premier des *Chapiteaux* qui ſont deſſinés en cet endroit, on montre qu'il eſt tiré de quelque Temple conſacré à Jupiter ; de même l'on peut dire que cet autre *Chapiteau* qui a quatre Griffons au lieu de Volutes, & quatre Aigles au milieu qui tiennent chacun un Chien dans leurs ſerres, étoit employé au Temple de quelqu'autre Divinité. La Proportion de ces *Chapiteaux* eſt la même que celle du Corinthien, dont il n'eſt différent que par ces Animaux qui y ont été ajoutés.

Les Égyptiens ont été les premiers qui ont gravés leurs penſées ſur les pierres, & qui faiſant parler les marbres par le moyen de leurs Hiéroglyphes, ont voulu tranſmettre à la Poſtérité les principes de leur Philoſophie. La Sculpture, quoique alors informe, ſignifioit beaucoup de choſe qu'elle ne pouroit pas éxprimer à préfent par de grands Bas-reliefs : ainfi cette Nation Sçavante a fait connoître, qu'on ne devoit jamais épargner ni travail, ni matière pour immortalifer les productions de l'Efprit. Les Anciens voulant perpétuer la mémoire de leurs Grands-Hommes, ont encore eu recours aux Monumens ; & pour mieux faire connoître à ceux qui viendroient après eux, quel avoit été leur deffein en conftruifant ces bâtiments ; non-feulement ils y ont placés les images de leurs Héros, mais ils fe font encore étudiés à les enrichir jufques dans les moindres parties d'Ornemens Symboliques & propres au fujèt.

Nous devons à cette Attention particulière des Anciens, une partie des Connoiffances qui nous ont fait pénétrer dans les Secrèts les plus cachés de l'Antiquité ; car après les Infcriptions, nous n'avons point de guides plus sûrs que les reftes de la Sculpture Antique, pour nous amener à cette connoiffance. C'eft par l'Infpection de ces Sculptures que nous jugeons que tel Temple a été confacré à telle Divinité, & en quelle occafion, & pourquoi les Arcs de Triomphes ont été érigés. Car châque Religion, ainfi que châque Peuple, a tâché de fe diftinguer, tant par les Symboles des Divinités qui étoient l'objèt de fon Culte, que par fes Armes & fes Devifes.

Après que les Grècs fe fûrent fait connoître par leurs Ordres Doriques, Ioniques & Corinthiens ; & que les Latins fe fûrent diftingués des Grecs par le Tofcan & le Compofite, ils affectèrent encore les uns & les autres d'ajouter aux Ornemens de ces Ordres les attributs de leurs Divinités ; comme on le peut voir par les *Chapiteaux* qu'on rapporte ici, & tant d'autres dont il feroit trop long de faire le dénombrement : & il eft arrivé dans la fuite que les Ordres n'ont retenu leurs noms qu'à caufe de leurs Proportions. Auffi Vitruve prétend-il que nul Ornement ne peut faire changer ces Proportions, quand il dit que l'on peut mettre fur la tige de la colonne corinthienne des *Chapiteaux* de toute efpèce ; ainfi les Pégafes ou Chevaux Ailés qui étoient aux *Chapiteaux* des colonnes du Temple de Mars rapportés par Palladio & Labacco, n'ont point fait nommer ces colonnes l'*Ordre de Mars* ; quoique dans les proportions de l'Ordre Ionique, elles n'ont point ceffées d'être réputées Corinthienes.

Sur ce Principe il feroit difficile de faire quelque Ordre Nouveau qui pût retenir le nom de la Nation qui l'a inventé, ou du Prince pour qui il a été fait. A l'égard du Choix des Ornemens, il dépend du Jugement de l'Architècte, qui doit y apporter le même foin que dans la Difpofition de toutes les parties de l'Édifice. Il doit même les adapter fi à propos, qu'il foit toujours prêt à rendre Raifon de la fin qu'il s'eft propofée, en les faifant de telles manières. Que fi le Sujèt n'eft pas capable d'Ornemens Significatifs, alors il fe peut contenter des Ornemens propres & particuliers à châque Ordre. Enfin quelque ingénieux & finguliers que foient les Ornemens, il les faut toujours renfermer dans les Proportions Antiques, defquelles il eft difficile de s'éloigner fans quitter la belle maniére. *M. Félibien.*

Volutes.

La *Volute* eft une partie des *Chapiteaux* des Ordres Ionique, Corinthien & Compofite ; on prétend repréfenter des écorces d'Arbres tortillées & tournées en lignes fpirales. Auffi *Volute* vient-il du latin *Volvere*, Tourner, tortiller. Les *Volutes* font différentes dans ces trois Ordres, & M. Félibien dit, que felon Vitruve, les *Volutes* qui font au-deffous des Caulicoles dans l'Ordre Corinthien, font au nombre de feize dans châque *Chapiteau* ; au lieu qu'il n'y en a que quatre dans l'Ordre Ionique, & huit dans le Compofite : mais que la *Volute* eft plus confidérable dans le *Chapiteau* de la Colonne Ionique. Elle repréfente une efpèce d'Oreiller ou de Couffin pofé entre l'Abaque & l'Échine, comme fi on avoit craint que la pefanteur de l'Abaque ou de l'Entablement qui eft au-deffus, ne rompît ou ne gâtât l'échine. C'eft ce qui a obligé Vitruve à l'appeller *Pulvinus*. Il dit dans fon Livre 4. Chap. 1. que les *Volutes* repréfentent la Coëffure des femmes, & les Boucles des Cheveux qui pendent de châque côté de leur vifage. Elles font appellées *Coquilles* par Léon-Baptifte Albert, à caufe qu'elles reffemblent à la Coquille d'un Limaçon. C'eft pour cela qu'il y a des Ouvriers qui les appellent *Limaces*. Elles font toutes dans la partie appellée *Baluftre*, à l'exception de l'Ionique Antique qui n'a des *Volutes* qu'à deux façes.

Vitruve appelle *Hélices* les petites *Volutes* qui font au milieu de châque face du *Chapiteau Corinthien*. Il y a encore des *Volutes* aux Confoles, aux Modillons, & à d'autres fortes d'Ornemens. Dans les Modillons, ce font les deux Enroulemens inégaux des côtés du Modillon Corinthien ; & dans les Confoles les Enroulemens des côtés de la confole, prefque femblable aux Enroulemens du Modillon. *Daviler.*

On appelle *Volute arafée*, celle dont le Liftel eft fur une même ligne dans fes trois Contours ; *Volute Angulaire*, celle qui eft pareille dans les quatre façes du Chapiteau ; *Volute à l'Envers*, celle qui fe contourne en-dedans au fortir de la Tigette ; *Volute évidée*, celle dont le Canal d'une circonvolution eft détaché du Liftel d'un autre, par un vuide à jour ; *Volute Fleuronnée*, celle qui a fon Canal embelli d'un Rinçeau d'ornemens ; *Volute naiffante*, celle qui femble fortir du Vafe par derrière l'Ove, & monte dans le Tailloir ; *Volute Ovale*, celle dont les Circonvolutions ont moins de largeur que de hauteur ; *Volute Rentrante*, celle qui a fes Circonvolutions rentrées en-dedans ;

Volute faillante, celle dont les Enroulemens se jettent en-dehors ; & *Volute à tige droite*, celle dont la Tige parallèle au Tailloir sort de derrière la fleur de l'Abaque. *Dictionnaire de l'Académie.*

ENTABLEMENT.

III. L'*Entablement* est la partie de l'Ordre, au-dessus du Chapiteau de la Colonne, qui se divise en *Architrave*, en *Frise*, & en *Corniche*. Voyés la gravure, pag. *308*. g. h. i.

C'est le sentiment des meilleurs Architectes, que la hauteur des *Entablemens* doit diminuer à proportion que les Colonnes sont grosses ; parce qu'elles sont moins capables de porter un lourd fardeau : ainsi selon cette opinion, si l'*Entablement* Dorique a le quart de la hauteur de la Colonne, le Corinthien ne doit avoir que le cinquième, & l'Ionique la moyenne proportionnelle entre les deux. Mais Vignole ne s'est point assujetti à cette règle, il a crû que les Exemples Antiques devoient être d'une plus grande autorité, s'attachant sur-tout à ceux qui étoient les plus universellement approuvés ; & sur ce principe, il a donné à son *Entablement* Corinthien le quart de hauteur de la Colonne. L'Architrave & la Frise sont de même hauteur, quoique la dernière soit ornée de sculptures. Ce qu'il y a dans la Corniche de remarquable, ce sont les Modillons & les Denticules ensemble, contre l'Opinion de plusieurs & de Vitruve même, qui prétend que ces deux Ornemens sont incompatibles. Mais la raison qu'il en apporte est bien foible, puisqu'elle est uniquement fondée sur la supposition que les Denticules tiennent la place des Chevrons ; & que les Modillons expriment les Forces. Aussi ne voit-on pas que les Anciens ayent fait difficulté de mettre ensemble ces deux Ornemens dans le même *Entablement*. Le Temple de Jupiter Stator dans le Marché Romain, celui de la Paix, celui de Jupiter Tonant, la Place de Nerva, l'Arc de Conſtantin, & quantité de bâtimens modernes, font autant d'éxemples qu'on peut citer du contraire. S'il y avoit quelque raiſon pour retrancher les Denticules, ce feroit, lorſque la Corniche eſt taillée, pour éviter la confuſion; comme on a fait au Portail du Louvre. *Daviler.*

De l'Architrave.

1. L'*Architrave* eſt une des parties de l'Entablement, qui repréſente une *Poutre*, & porte immédiatement ſur les Chapiteaux des Colonnes. Ce mot dans ſa définition, ſignifie *Principale Poutre*. L'*Architrave* eſt différent ſelon les Ordres; au Toſcan, il n'a qu'une Bande couronnée d'un Filèt; il a deux faces au Dorique & au Compoſite; trois à l'Ionique & au Corinthien. *Voyés la gravure, pag. 308. g.*

Les trois faces de l'*Architrave* doivent être tellement proportionées, qu'elles ſoient comme de cinq à ſept, & de ſept à neuf, ſelon l'origine de l'Architrave & de la Friſe. Sur ce principe, l'*Architrave* doit être plus haute que la Friſe; parce qu'elle repréſente la Poutre: la Friſe tient lieu des Solives qui portent ſur la Poutre, elles doivent être moins groſſes. Vitruve qui donne aux Friſes qui n'ont point de Sculpture, le quart de hauteur moins qu'à l'*Architrave*, ſemble s'être fondé ſur ce raiſonnement: cependant ſi on veut qu'une Friſe faſſe un bel effèt, il faut lui donner plus de hauteur qu'à l'*Architrave*; parce que la ſaillie de la Cimaiſe de cette *Architrave* cache une partie de la hauteur de la Friſe; outre qu'elle a toujours meilleure grâce lorſqu'elle eſt plus grande, quand même elle feroit ſans ornement. La proportion que Vignole donne aux Denticules eſt différente de celle de Vitruve, elle s'accorde plus avec l'Antique : leur plan est quarré, leur hauteur est sesquialtère de leur largeur, & l'espace a la moitié de cette largeur. *Trévoux.*

De la Frise

2. La *Frise* est une partie considérable de l'Entablement; elle forme l'intervalle qui se trouve entre l'Architrave & la Corniche. *V. la grav. p. 308.* h. Les *Frises* sont souvent ornées de sculptures en bas relief de peu de saillie, qui imite la Broderie.

Lorsque les Anciens ont enrichis leurs *Frises* de Rinçeaux d'Ornemens, ils ne leur ont pas donné un grand Relief, imitant l'effet de la Broderie; & l'on prétend même que c'est de-là que leur vient le nom de *Frise*, Nom emprunté des Phrygiens qui ont excellé dans l'Art de broder. Mais lorsqu'ils ont voulu y exprimer des Sacrifices & des Sujèts d'histoire, ils ont donné alors un très-grand relief aux Figures; comme on le peut voir à l'Arc de Titus, & à la Place de Nerva : ainsi on ne doit pas être surpris, si elles se sont si fort ruinées.

Ce grand Relief a été imité par Jean Goujon dans la Cour du Louvre à l'Ordre Composite; cet excellent Sculpteur y a représenté dans la *Frise* des enfans entrelassés avec des Festons qui sont taillés avec tant d'Art, que cette *Frise* est estimée par les Connoisseurs un des beaux Morceaux de Sculpture qui ait été fait. Mais il faut avouër, que cette Richesse apporte quelque confusion, pour peu que l'on soit éloigné de l'objèt. Les Ornemens que Michel-Ange a mis dans la *Frise* de son Ordre Ionique du Palais Farnèse, n'ont pas un si grand Relief; & je crois que la Sculpture des *Frises* n'en doit pas avoir davantage, que celle du Temple d'Antonin & de Faustine, que Vignole a imité dans son Ionique. Ce Relief doit être règlé par la grandeur de l'Édifice, par la distance du lieu d'où il doit être vû, par le Caractère de l'Ordre auquel il est employé. Il faut aussi

que

que les Ornemens y soient mis avec jugement & précaution, ensorte qu'ils caractérisent le genre d'Édifice : c'est ainsi qu'on connoît que trois Colonnes qui sont enterrées sur le penchant du Mont Capitolin, servoient à un Temple, parce qu'il y a dans la *Frise* des instrumens de Sacrifices ; & l'on pourroit citer beaucoup d'autres Bâtiments Antiques, & sur-tout des Temples, qu'on juge avoir été dédiés à telle ou telle Divinité par l'inspection de quelques Ornemens Symboliques qui en sont restés.

La *Frise* peut aussi reçevoir des Inscriptions, comme au Portique du Panthéon, & dans une infinité d'autres Édifices tant Anciens que Modernes ; mais lorsque l'Inscription ne peut tenir toute entière dans la *Frise*, on en peut graver la suite dans les faces de l'Architrave, comme au même Panthéon ; ou bien il faut rabattre les faces & les moulures de l'architrave, & les mettre au même arasement que la *Frise;* comme il a été pratiqué au Temple de la Concorde, & au Grand Porche de la Sorbonne dans la Cour. *Daviler.*

Triglyphes, Métopes.

On appelle *Triglyphe* un Ornement employé dans la Frise de l'Ordre Dorique. Les *Triglyphes* sont des Bossages quarrés longs, lesquels imitent assés bien les bouts de plusieurs Poutres, qui porteroient sur l'Architrave pour former un *Plancher.* Ils ont encore été définis des Ornemens composés de trois Bandes ou Règles séparées par des Cannelures. *Dictionnaire d'Architecture. Voyés la gravure, pag. 342. B. x. y.*

On nomme aussi *Métope*, un intervalle quarré, qui dans la Frise Dorique, fait la séparation de deux Triglyphes ou Bossages : on met souvent dans cet espace des Têtes de Bœufs, des Vases, &c. *Trévoux. Voyés la gravure, pag. 342. B. r. s.*

De la Corniche.

3. La *Corniche* eſt un Ornement d'Architecture en *Saillie*, qu'on place au-deſſus des Colonnes & des Friſes; & qui couronnent les Grands Ouvrages d'Architecture.

De toutes les *Saillies* qui décorent les Bâtiments, les *Corniches* font ſans contredit les plus utiles; parce que non-ſeulement elles conſervent les paremens des murs, en les garantiſſant de la pluie, mais qu'elles les couronnent encore avec grace. La Proportion générale de la hauteur & ſaillie des Entablemens, dépend de l'exhauſſement de l'Édifice, de la diſtance d'où il doit être vû, & de ſon caractère; s'il eſt ſimple, ou riche; ſi c'eſt un bâtiment de peu d'importance; ou ſi c'eſt la Maiſon d'un particulier. Un Architecte ſe rendroit mépriſable, s'il employoit dans un bâtiment de peu d'importance, un Entablement qui ne conviendroit que pour un Palais; auſſi y a-t-il différens genres de corniches. *Voyés la gravure.*

La *Corniche* ſe meſure depuis la Friſe, juſqu'à la Cimaiſe incluſivement. *Voyés la gravure.*

La *Corniche* Toſcane eſt la plus ſimple. *Voyés la gravure.*

La *Corniche* Dorique eſt ornée de Moulures, & de Denticules. *Voyés la gravure.*

La *Corniche* Ionique a quelquefois ſes Moulures taillées d'ornemens, avec des Denticules. *Voyés la gravure.*

La *Corniche* Corinthiene eſt celle qui a le plus de Moulures & de Modillons. Elle admèt auſſi les Denticules. *Voyés la gravure.*

La *Corniche* Compoſite a des Moulures taillées, des Denticules, & des Canaux ſous ſon Plat-fond. *Voyés la gravure.*

La *Corniche* de Couronnement eſt celle qui couronne le Bâtiment.

La *Corniche* en Chamfrain eſt une *corniche* ſimple & ſans Moulures.

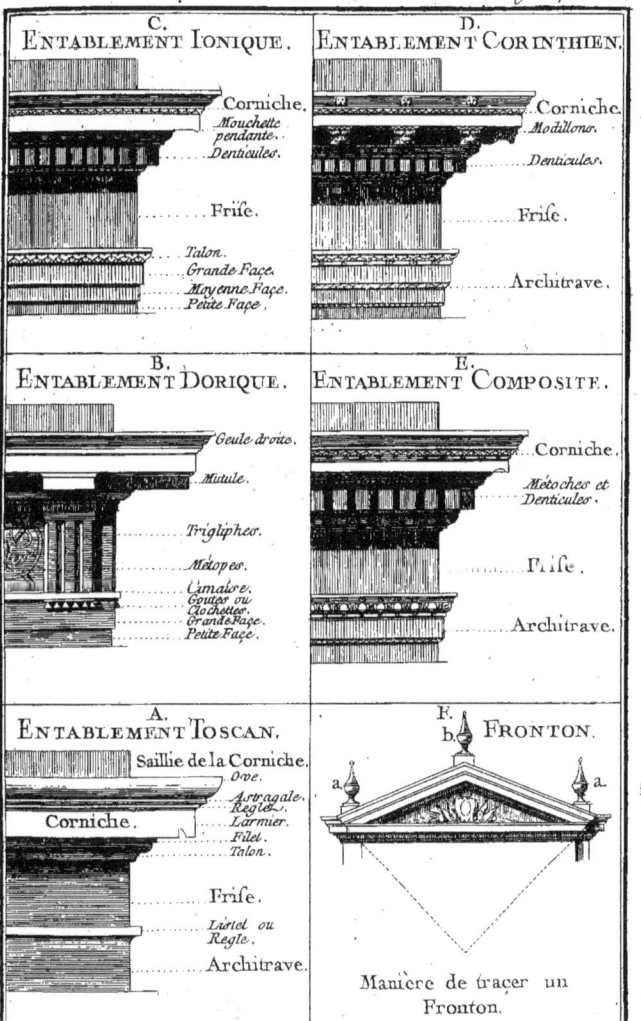

La *Corniche* Continuë eft celle qui dans toute fon étenduë & dans fes retours, n'eft interrompuë par aucun membre d'Architecture.

La *Corniche* Coupée eft une *corniche* interrompuë, & qui ne règne pas de fuite.

La *Corniche* Circulaire eft celle qui tourne au-dedans & au-dehors d'un Salon, d'un Dôme ; &c.

La *Corniche* Rampante eft la *corniche* d'un Fronton pointu. *Diction. de l'Académie.*

Obfervés quatre parties dans la Corniche :

Sçavoir ;

Modillon, Douçine, Moulure, Denticule.

1. Les *Modillons* font de petites Confoles renverfées fous les platfonds des Corniches Ioniques & Compofites, qui doivent répondre fur le milieu des colonnes. Les *Modillons* font particulièrement affectés à l'Ordre Corinthien, où ils font toujours taillés avec enroulement. *Voyés la gravure, pag. 342.* D. f.

2. La *Douçine* eft une Moulure placée au haut d'une Corniche ; elle a peu de faillie, & elle eft moitié convèxe & moitié concave. On la nomme encore *Cymaife* ; c'eft-à-dire, la dernière Moulure placée à la Cîme de la Corniche. Ce Terme à confulter fon étymologie, fignifie *Onde* ; & en effèt elle la repréfente par la finuofité flèxueufe de fon Contour ; c'eft une Moulure concave par le haut, & convèxe par le bas. *Voyés la gravure, pag. 342.* D. h.

3. Les *Moulures* font en général tous Ornemens en *Saillie,* dont l'Affemblage forme les Corniches, Chambranles, & autres membres d'Architecture.

La *Moulure* Couronnée, eſt accompagnée & comme couronnée d'un Filèt.

La *Moulure* Liſſe eſt une *moulure* remarquable, par la graçe de ſon Contour.

La *Moulure* Ornée eſt taillée de Sculpture, de Relièf, ou en Creux.

4. La *Denticule* eſt un Ornement dans une Corniche, taillé en forme de Dents. Les *Denticules* ſont affectées à l'Ordre Ionique. *Voyés la gravure*, pag. 342. C. d. d.

On nomme auſſi *Denticule*, le Membre de la Corniche ſur lequel les *denticules* ſont taillées. *Diction. des Beaux Arts*.

FRONTON.

IV. Le *Fronton* eſt un Ornement d'Architècture, quelquefois Rond; & plus ordinairement Triangulaire, en forme de petites Corniches qu'on applique ſur les Portes, ſur les Fenêtres, le long d'une Façade, & pour courenner une Ordonnance: le Champ ou panneau du milieu s'appelle Tympan.

Les *Frontons* augmentent beaucoup la beauté des Façades lorſqu'ils ſont mis à propos, comme au milieu d'une Loge, ou au porche d'un Temple; & le Corps qui en eſt couronné, doit toujours être en Saillie pour qu'on le diſtingue; & qu'il donne ſur les autres parties continuës de l'Édifice.

La Proportion des *Frontons* eſt que la Corniche de niveau, ſans la Cymaiſe, (qu'elle n'a jamais lorſqu'il y a un *Fronton*,) doit être diviſée en neuf parties; deſquelles il en faut donner deux, à la hauteur que le *Fronton* a juſqu'au ſommèt; cette Proportion étant, & plus agréable à la vûë que celle de deux dixièmes, plus commode pour faciliter l'écoulement des eaux, & plus conforme au *Fronton* du Porche de la Rotonde: enfin cet Ornement forme un Triangle, dont la baze ayant dix-huit parties, les deux côtés en ont chacun dix, moins un huitième; & la perpendiculaire fur la baze, quatre parties; l'angle fupérieur étant à-peu-près femblable à ceux d'un Octogone régulier.

Outre les Grands *Frontons* des Façades, on en peut encore mettre de petits fur les Fenêtres, Portes & Niches; & lorfqu'il y en a une fuite, il eft bon de les faire Ceintrés & Triangulaires alternativement : comme ils font à la Rotonde, & aux Bains de Tite. Leurs Tympans peuvent être ornés de Bas reliefs; comme celui du Temple de Caftor & Pollux à Naples; & comme on prétend, qu'étoit celui de la Rotonde, dans lequel on voit les trous où étoient fcellés les Crampons de bronze qui en ont été enlevés. Comme il faut que les Ornements conviennent à l'ufage des lieux, & aux perfonnes pour qui font faits les Édifices; on peut tailler dans ces bas reliefs, les Armes, Chiffres, Devifes, & autres chofes de cette nature. *M. Blondel.*

Le Fronton a trois parties :

Sçavoir,

Le Tympan,   *les Corniches,*   *les Acrotères.*

1. Le *Tympan* eft la partie du Fronton, qui répond au nud de la Frife; elle eft Triangulaire, pofée fur la corniche de l'Entablement, & recouverte de deux autres Corniches en pente.

2. La *Corniche* eft le Couronnement de l'Ordre entier, elle eft compofée de plufieurs Moulures, qui faillant les unes fur les autres, peuvent mettre l'Ordre à l'abri des eaux du Toît.

3. Les *Acrotères* font de petits Pié-deftaux, le plus fouvent fans baze; deftinés à porter des Figures, des Vafes, & autres affortiments au bas des Corniches rampantes, au milieu d'un fronton, & au-deffus d'autres parties élevées d'un Édifice. *Trévoux. Voyés la gravure, pag. 342. F. a, a, b.*

CHAPITRE V.

SEPTÉNAIRE DE L'ARCHITECTURE.

Arc, *Voûte*, *Pilaſtre*, *Pilier*, *Obéliſque* ou *Pyramide*, *Statuë*, *Bas-relièf* ou *Demi-Boſſe*.

ARC DE TRIOMPHE.

1. *ARC de Triomphe*, eſt une conſtruction de pierre ou de charpente, qu'on fait dans les Réjouiſſances Publiques, pour les entrées des Princes, &c ; & que l'on décore de divers Ornemens de Sculpture & de Peintures, d'Inſcriptions, de Bas-reliefs, &c ; tels que l'Arc de Conſtantin, l'Arc de Sévère, &c.

Ces ſortes de Monumens ont été appellés *Arcs de Triomphe*, ou *Arcs Triomphaux* ; parce que les Romains les élevèrent originairement en l'Honneur de ceux qui avoient mérité le Triomphe.

Au commencement ces *Arcs* n'avoient rien de Magnifique : ils étoient groſſièrement conſtruits de ſimple brique, comme celui de Romulus ; ou de groſſes pierres mal polies, comme celui de Camille : mais dans la ſuite le marbre y fut employé; comme à ceux de Céſar, de Druſus, de Trajan, de Gordien, de Gratien, & de Théodoſe : on y ajouta des Trophées taillés dans le marbre ; & des Inſcriptions, pour ſervir de Monument des Victoires remportées.

Ces *Arcs* eûrent pendant un tems la forme d'un demi-cercle, comme le *Fornix Fabianus* dont il eſt parlé dans Cicéron ; depuis on les fit quarés, de manière qu'au milieu s'élevoit un grand Portail voûté, accompagné de côté & d'autre d'une Porte de moindre hauteur.

ARCHITECTURE, CHAP. V.

Cette Magnificence commença du tems d'Augufte, & fut portée encore plus loin par fes fucceffeurs, à qui l'on érigea des *Arcs* fuperbes : tel fut l'*Arc* de Tite qui s'eft confervé. En l'une des Façades, on voit le Char de Triomphe du Prince avec une Victoire derrière qui femble vouloir le Couronner ; au-devant font des Officiers qui portent la Hache, & les Faifceaux : dans l'autre face, on voit le refte de la Pompe du Triomphe ; comme les deux Tables du Décalogue, la Table d'Or, les Vafes du Temple de Salomon, & le Chandelier d'Or à fept branches : tout cela avoit été enlevé du Temple de Jérufalem.

On voit aujourd'hui dans la Ville de Paris, plufieurs *Arcs de Triomphe*, bâtis pour laiffer à la Poftérité des monumens durables des Victoires de Louis XIV : comme ceux des Portes Saint Denis, de Saint Martin, de Saint Bernard, & de Saint Antoine. Si l'on eût achevé le Grand *Arc de Triomphe* (dont on avoit élevé le modèle au bout du Fauxbourg Saint Antoine, l'an 1660, pour l'entrée de la Reine Marie-Thérèfe, Époufe de Louis XIV, lequel a fubfifté jufqu'à l'an 1716) ; il eût furpaffé de beaucoup en magnificence, tous les plus fameux Ouvrages d'Architecture de l'Antiquité, & de notre tems. *Daviler.*

Il y avoit dans l'Ancienne Rome une infinité d'*Arcs de Triomphes*, dont les principaux étoient :

L'*Arc* de Romulus : il y en avoit deux à Rome, & ils étoient tous deux de brique.

L'*Arc* de Camille ; bâti de pierre de taille & fans Ornemens.

L'*Arc* de Scipion l'Afriquain ; au bas de la Montagne du Capitole.

L'*Arc* de Fabius, pour le cenfeur Fabius, après la Victoire remportée fur les Allobroges.

L'*Arc* d'Augufte, aux deux extrémités du chemin de Rome à Rimini, que cet Empereur avoit fait rétablir.

On érigea encore un autre *Arc de Triomphe* en l'honneur d'Augufte, fur le fommèt d'une montagne des Alpes ; après que les Habitans de ces montagnes eûrent été foumis.

L'*Arc* d'Octavius dreffé par Augufte.

L'*Arc* de Drufus, proche la Porte Capène.

L'*Arc* de Tibère, qui étoit de marbre, proche l'Amphithéâtre de Pompée.

L'*Arc* de Germanicus, au bas du Capitole.

L'*Arc* de Néron, dreffé par ordre du Sénat au milieu de la colline où étoit le Capitole.

L'*Arc* de Tite, dont il eft parlé ci-deffus.

L'*Arc* de Claude, dont on a trouvé les débris en 1641, en fouillant les fondemens du Palais des Colonnes.

L'*Arc* de Domitien, entre le chemin d'Appius, & celui de Domitien.

L'*Arc* de Marc-Aurele & de Fauftine, bâti par l'Empereur Commode, avec une Colonne pour fervir de Monument des Victoires que cet Empereur avoit remportées.

L'*Arc* de Lucius Vérus, dans la place Trajane ; en mémoire de la Victoire remportée contre les Parthes, par Avidius Caffius, fous les ordres de Lucius Vérus.

L'*Arc* de Trajan, dans la place Trajane, en mémoire de fes Victoires fur les Daces, les Arméniens, & les Parthes.

Un autre *Arc* de Trajan proche la porte Capène.

L'*Arc* de Gordien.

L'*Arc* de Gallien.

L'*Arc* de Septimus Sévérus au bas du Capitole.

L'*Arc* de Conftantin au bas du Mont-Palatin.

L'*Arc* des Bœufs, près du Mont-Palatin, bâti par des Marchands

Page 351.

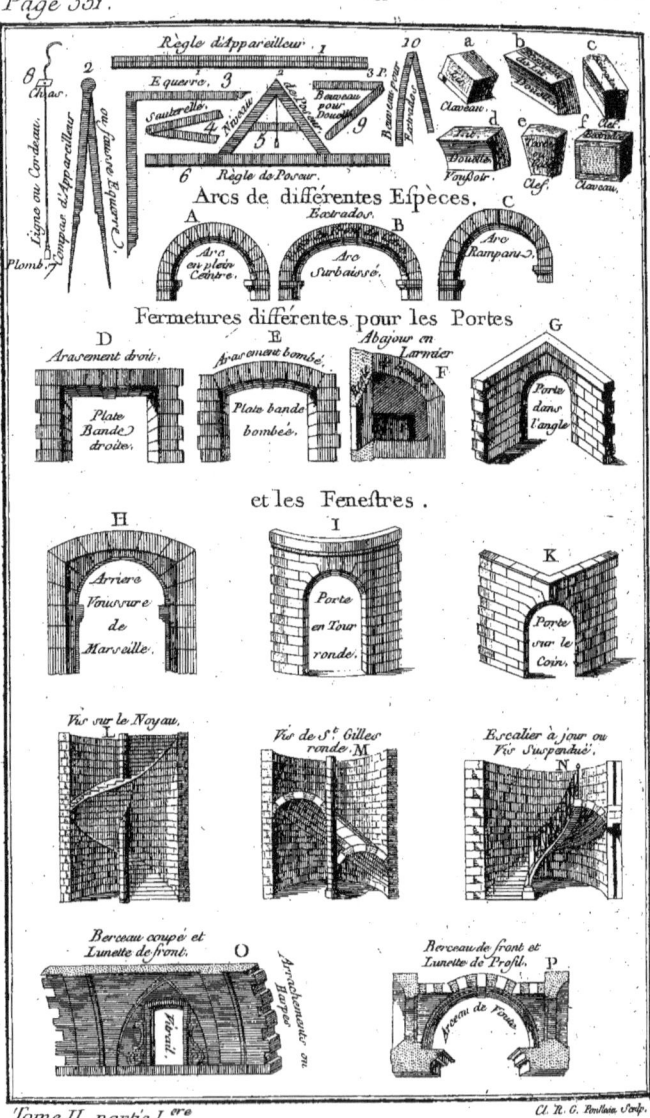

Tome II. partie I.ère

Architecture, Chap. V.

chands de bœufs du tems de Septimus Sévérus, où étoient repréſentés des Sacrifices de bœufs, avec tous les Inſtrumens ſervant à les immoler, &c. *Diction. d'Architecture.*

Voûte.

II. *Voûte* eſt en général le haut de quelque Ouvrage d'Architecture; comme des Égliſes & des Caves, qui eſt fait en Arc bandé. Saumaiſe ſur Solin, ſelon ce qu'obſerve M. Félibien, remarque trois eſpèces de *Voûte*; la première qui eſt en *Berçeau*, qu'il appelle *Fornix*; la ſeconde qui eſt en *Cul de Four*, qu'il appelle *Teſtudo*; & la troiſième qui eſt en *Trompe*, qu'il nomme *Concha*.

Ces trois eſpèces de *Voûtes* ſont encore ſubdiviſées par les Ouvriers, qui leur donnent divers noms, ſelon leurs différentes figures, & les lieux où l'uſage en eſt reçu. La plus commune eſt celle qu'ils nomment *Berçeau de Cave*, qui eſt ou *droite*, ou *rampante*, ou *tournante*. Il y a outre celle-là les *Voûtes règlées*, ou *preſque droites*, & les *Voûtes* ou *Trompes ſuſpenduës*; appellées *Trompes*, à cauſe de la reſſemblance qu'elles ont à une Trompette, qui étant étroite d'un bout, va en s'élargiſſant. Les *Trompes* forment comme la moitié d'un Cône ou d'un Cornèt. Il s'en fait quelquefois qui ſont *plates* ou *droites* ſur le devant, d'autres *Rondes* ou en *Ovales*, *Quarrés*, à *Pans*; & d'autres figures régulières ou irrégulières.

Il y a auſſi les *Voûtes d'eſcalier*, & les *Voûtes d'Égliſe* qui ſont, ou *Voûtes d'Areſtes*, ou en *Arc de Cloître*, ou à *Orgives*. Les *Voûtes d'Areſtes*, ſont celles dont les angles paroiſſent en-dehors. Elles tiennent auſſi quelque choſe des Berçeaux qui ſont faits avec Lunettes, faiſant à la rencontre des quatre quartiers dont elles ſont compoſées, deux Areſtes pleines qui naiſſent des angles de leur plan; & qui ſuivant la Courbure des plans de *Voûtes*, ſe croiſent à la clèf des mêmes *Voûtes*, & figurent

Tome II. Part. I. Yy

une Croix parfaite, lorſque le Plan eſt quarré; ou une Croix de Saint André s'il eſt Barlong.

Voûte en Arc de Cloître, eſt celle que forment quatre portions de Cercle, & dont les angles en-dedans font un effet tout contraire à la *Voûte d'Areſte*; c'eſt-à-dire, quand deux *Voûtes* en berçeau s'aſſemblent pour retourner en Équerre, ce qui fait que l'Arc qui va d'une encoignure à l'autre, eſt moitié à Areſte & moitié Creux.

Voûte d'Orgive, que l'on appelle autrement *Voûte à la Gothique*, ou *à la Moderne*, eſt celle qui eſt compoſée de Formerèts, d'Arcs Doubleaux, d'Orgives & de Pendentifs; & qui a ſon ceintre fait de deux lignes courbes égales qui ſe coupent en un point au Sommèt. Ces ſortes de *Voûtes* ſont avec des Nerfs qui ont une Saillie au-deſſous du nud de la *Voûte*. Les Nerfs d'Orgives ont différens noms, ſelon la figure qu'ils compoſent, & les lieux où on les place. Ce ſont des Corps Saillans ornés de différentes Moulures qui portent & ſoutiennent les Pendentifs, qui ſont les quartiers des *Voûtes*, compris entre les nerfs ou branches d'Orgives. On les fait quelquefois avec des Vouſſoirs faits avec coupe, & quelquefois avec des Briques, du Moëlon ou de petits Pendans de pierre de taille coupés à l'Équerre. *Acad. Franç.*

Palladio, ſelon la remarque de M. Félibien, reconnoît ſix différentes ſortes de *Voûtes*; ſçavoir à *Croiſettes* ou *Branches d'Orgives*; à *Bandes*; à la *Remençé*; (c'eſt ainſi que l'on appelle les *Voûtes* qui ſont des portions de Cercle, ſans arriver tout-à-fait à un demi-cercle), de *Rondes* ou *Cul de Four*; à *Lunettes*, & à *Coquilles*. Les quatre premières étoient en uſage chés les Anciens. Les deux dernières ſont d'Invention Moderne.

Les *Voûtes* peuvent être auſſi nommées régulières ou irrégulières dans leurs Formes, à cauſe des Sujettions de leur uſage & de leur Raccordement. On entend par *Voûtes Régulières*, celles qui n'ont ni biais, ni rampant, ni talut ; & par les *Irrégulières*, le contraire. Châque Voussoir a six faces, deux Panneaux de Douelle ; dont l'un est Intérieur ou d'intrados, & l'autre Extérieur ou d'extrados ; deux Panneaux de tête, dont l'un de Front fait parement de l'Arc par devant, & l'autre paroît derrière, si la pierre fait parpin, & deux Panneaux de lits qui sont cachés dans le corps de la maçonnerie ; tous ces Panneaux sont opposés. Les Joints sont de lits ou de tête, qu'on nomme aussi *Joints de Coupe*, qui sont les Joints en Rayons tirés du centre des Arcs de plein ceintre. *Voyés la gravure.*

Il y a aussi des Joints montans, & des Joints de lit ou de niveau dans les cours d'assises ; & ce dernier Joint doit suivre le lit de la carrière : car autrement la pierre seroit mise en délit ; ce qui s'observe aussi aux Arcs & *Voûtes* où les joints de lit sont ceux de la carrière, sans quoi la ruine des *Voûtes* & platte-bande arrive souvent par cette mal-façon. Le Coussinet d'un Arc ou *Voûte*, est la dernière pierre ou *Imposte* qui couronne le piédroit, & reçoit les premières Retombées. *V. la grav.*

On se sert de divers Instrumens pour tracer les *Voûtes* & leurs Voussoirs ; & outre la règle, la fausse & la vraie Équerre, le niveau, le plomb & les autres outils communs dans l'art de bâtir ; on met en usage la Sauterelle, qui est une équerre mobile pour prendre l'ouverture des angles, & le Beuveau, dont un bras sert à tracer la curvité du Panneau de Douelle, & l'autre le Joint de lit ; quelquefois les deux bras en sont creusés ou bombés, & toujours mobiles. Les Échasses sont des lattes ou règles minces, sur lesquelles on marque avec des hoches d'un côté les Voussoirs, & de l'autre les Retombées. *V. la gravure.*

On trace les pierres par Panneaux, ou par Équarrissement, ou Dérobement ; & l'on trouve dans les Auteurs, les opérations qu'il faut faire pour tracer une même pièce suivant ces deux manières. Celle par Panneaux est la plus ingénieuse, & elle est plus étenduë que celle par Équarrissement, avec laquelle on ne peut pas toujours faire ce qui se fait par Panneaux. L'Épure ou le Dessein de la pièce du trait, étant tracé aussi grand que l'Ouvrage, on en lève les Panneaux avec du carton, du fer blanc, ou quelqu'autre matière mince ; puis on les applique sur les pierres pour les tracer. Il faut aussi avoir recours à l'Épure pour tracer par Équarrissement ; parce qu'en posant le Beuveau sur la figure, on le rapporte sur la Tête du Parement pour y tracer la curvité de l'Arc ; & le Bras qui est droit, marque le Joint de lit ou de coupe. Dans les traits difficiles, on n'arrive pas tout d'un coup à tracer juste ; & comme il faut recouper de la pierre, il est à propos de laisser plutôt les Joints gras, que maigres. *Voyés la gravure, pag. 351. a. b. c. d. &c.*

Les *Voûtes* prennent leurs noms de différentes figures qu'elles reçoivent ; de leur plan, soit quarré ou barlong, rond ou ovale, droit ou biais ; & de leur profil, comme en plein ceintre, ou surbaissés & en anse de panier, ou rampant. Les *Voûtes* diffèrent des Plafonds, en ce qu'elles sont toujours Concaves, & leur profil ceintré ; & les Plafonds sont droits, ou en plate-bande quelquefois bombée. *Voyés la gravure, p. 351. A. B. C. D. E.*

La plus simple *Voûte*, & qui pousse le moins, est le Berçeau en plein ceintre ; & pour le décharger, & en empêcher l'écartement, aussi-bien que pour y donner un jour, si l'on en a besoin ; on y fait des Lunettes de diverses grandeurs. Lorsqu'un Berçeau est rampant par son profil, & qu'il n'est pas parallèle à la surface de la terre, il est appellé *Descente* ; qui est *Biaise*, quand les jambages de l'entrée & de la sortie ne sont pas d'Équerre avec les murs latéraux du Berçeau ; en *Talut*, quand le devant de l'entrée est incliné ; & *Rampant*, si le ceintre en est corrompu, & tracé avec une Cherche : ces *Descentes* rachètent ordinairement un Berceau en plein ceintre ; comme celui d'une Cave, d'une *Voûte* sphérique, ou sur le Noyau, ou de quelqu'autre figure. *Voyés la gravure, pag. 351.* O. P.

Il y a quelquefois des Sujettions qui obligent à prendre des Passages, ou des Jours de côtés ; pour cela on se sert d'un trait nommé *Biais passé*, dont le plan des piédroits parallèle est biais ; & l'arc, qui ferme la Baye, est aussi Biais & parallèle : la Corne de Bœuf en est différente, en ce qu'elle prend sa naissance d'un point, & s'augmente de la largeur du piédroit opposé, qui est Biais par son plan ; ainsi c'est une moitié d'un *Biais passé*.

Pour soulager les Larmiers & les Plattes-bandes, & retrancher du massif, depuis la feuilleure d'une porte ou croisée jusques dans son embrasure ; on les bombe par le dehors, ou bien on se sert de l'arrière voussure de Marseille, pour faciliter l'ouverture des Ventaux d'une porte mobile ceintrée par le haut. A l'égard de l'arrière-voussure de Saint Antoine, non-seulement elle décharge la Platte-bande ; mais sa figure, (qui est le plus souvent en plein ceintre, & bombée par son profil plutôt que réglée,) est plus agréable : & lorsque les murs sont épais, & que la fermeture dans l'embrasure des croisées est ceintrée, la lumière se répand plus abondamment vers le Ceintre ou le Plafond de la chambre. Ces Arrières-voussures rachètent quelquefois un Berceau droit, ou rampant.

Il faut remarquer, que souvent les plus beaux traits de la Coupe des pierres, n'ont pas toute la grace du Dessein ; & que le merveilleux qui s'y rencontre, semble répugner à la solidité, comme il paroît aux portes sur le coin, dont une Trompe porte l'encoignure en l'air ; & aux portes dans l'angle, qui sont encore quelquefois biaises : de sorte qu'elles paroissent difformes, à cause de leur Sujétion ; & moins naturelle que celles qui sont en tour ronde, ou en tour creuse. *V. la grav. p. 351.* G. I. K.

Pour les Trompes, il faut qu'il n'y ait que la néceffité qui les faffe mettre en Œuvre ; comme celle dans l'angle rentrant, qui fert à porter en l'air un Cabinèt ou un Dégagement, pour ne point repaffer par les principales pièces d'un Appartement.

Quant à la Trompe fur le coin, on s'en fert ordinairement, lorfque la Porte eft dans l'encoignure, pour faciliter le tournant aux Chariots ; elle porte en l'air l'encoignure d'une maifon, & eft fort hardie : mais elle tire au vuide. Il y a des Trompes de plufieurs Figures ; comme de rondes, d'ondées, ou à pans par le devant, & bombées ou règlées par leur profil, & même des rampantes ; & plus elles ont de montée, plus elles font folides : mais à bien confidérer ces fortes de traits hardis, ils fervent moins à décorer le Bâtiment, qu'à faire paroître l'induftrie de l'Ouvrier.

Les *Voûtes* d'*Arreftes* font, ou quarrées, ou barlongues ; comme celles en arc de cloître, qu'on nomme *Maîtreffes Voûtes*, & leur différence confifte en ce que les *Voûtes* d'*Arrêtes* font formées de deux Berçeaux qui fe croifent ; & qui, comme des Lunettes, forment des Arrêtes qui fe coupent en un point : & les *Voûtes* en Arc de Cloître, ont des angles rentrans en diagonales, à la place des Arrêtes faillantes.

Les vouffoirs fe font par Enfourchement, & elles font fermées par des Clefs en croix ; il y en a de droites, de biafes, de rampantes, & d'autres figures. Lorfqu'on ne veut pas furbaiffer ces *Voûtes*, & qu'elles n'ont pas affés de montée, pour leur donner le plein Ceintre, on en ferme le milieu par des Plafonds quarrés ou à Pans.

La plus parfaite *Voûte*, c'eft la *Sphérique*, ou en Plein Ceintre ; & quoiqu'elle forme un Hémicycle concave, elle fe ferme de diverfes manières ; comme en triangle, ou en quarré parfait ou barlong, ou à plufieurs pans ; & de même quand elle est surbaissée. Ces sortes de *Voûtes*, qui forment assés souvent la Coupe d'un Dôme, portent sur une Tour ronde décorée d'Architecture ; & cette Tour est soutenuë par quatre Pendentifs, fourches ou panaches, dont le plan de fond est quarré ; & de châque angle d'un ou de deux points naissent ces Pendentifs creusés en cul de four, qui terminent dans le haut & vers la fermeture des quatre grands Arcs qui portent le Dôme. Les Assises règnent de niveau, & les joints de lit sont en coupe ; comme ceux d'une *Voûte* en cul de four. C'est un des plus Parfaits, & des plus utiles Traits de Maçonnerie. On nomme *Voûte* sur le *Noyau*, lorsqu'un berceau règne à l'entour d'un Pilier en tout ou en partie ; comme en demi, ou en quart de Cercle sur son plan.

Entre tous les Ouvrages de Trait, les Escaliers sont les plus considérables, à cause de leur utilité ; à laquelle, nonobstant les sujétions, il faut joindre toute la grace dont l'Art est capable : le besoin qu'on a de la Coupe des pierres pour leur construction, fournit plusieurs moyens pour les rendre agréables, surprenans & solides, dans quelque Cage qu'ils soient renfermés. *Voyés la gravure, pag. 351. L. M. N.*

On les divise généralement en Grands & en Petits ; & ils sont quarrés ou barlongs, ronds ou ovales : les quarrés ou barlongs, sont ordinairement à repos ; parce qu'il n'y a rien de plus difforme & de plus incommode, que les quartiers tournans dans les Escaliers un peu considérables ; ils sont voûtés en Lunettes & en Arc de Cloître avec deux ou quatre noyaux, & les berceaux en descentes sur les rampes. Les plus Beaux sont suspendus en Arc de Cloître à repos, & sans ressauts en leurs retours.

Il y a dans les Grands Escaliers plusieurs accidens qui en rendent la construction difficile, comme lorsqu'on a peu de montée pour former un arc qui doit soutenir le grand palier de communication, qui reçoit la butée de la rampe, & qu'il y faut encore conserver dans le dessous des lunettes pour quelque jour ou passage ; car alors on est obligé de fermer en platte-bande bombée, les arcs dans le tiers au moins de leur étenduë. Pour les Escaliers ronds ou ovales, qu'on nomme à vis, les plus beaux sont à jour, & suspendus en l'air ; ensorte qu'il reste un vuide à la place du noyau ; ce qui non-seulement les rend plus aisés, mais aussi surprenans & agréables, lorsqu'on les voit du haut en bas. La Vis de Saint Gilles, qui est un des plus difficiles Traits, se fait ronde ou quarrée. *V. la grav. p. 351.* M.

Voilà le Dénombrement des *Voûtes* les plus usitées dans les Bâtimens. Sur les Principes qui servent à les construire, on en peut établir une infinité d'autres qui tiennent de la nature de celles-ci, & qui n'en différent que par la sujétion de quelque Raccordement. Quant à la Construction de leurs Traits, il faut consulter les Principaux Auteurs qui en ont traités. Philibert de Lorme est le premier qui ait ouvert le chemin à cette Science inconnuë aux Anciens, & qui l'ait réduite par Régle; mais il ne s'explique pas assés clairement. Mathurin Jousse s'est rendu plus intelligible aux Ouvriers ; & il paroît par son Traité, qu'il étoit consommé dans la Pratique. Quant à Girard Desargues, dont Abraham Bosse a mis les Écrits au jour, il semble qu'il ait voulu étant bon Géomètre, cacher la connoissance de ce qu'il enseigne par sa manière universelle, & par l'Affectation des termes dont il se sert, qui ne sont point en usage parmi les Ouvriers. Le meilleur de tous, au Goût de ceux qui joignent la Pratique à la Théorie, est le Père François Derand Jésuite, qui en a fait un ample Volume avec tous les éclaircissemens nécessaires par discours & par figures ; aussi est-ce celui que les Ouvriers recherchent le plus, & on le donne aux Apprentifs;

prentifs; comme le plus sûr Guide pour parvenir à la Connoissance de cette partie, qui n'eſt pas la moins difficile de l'Architecture : mais quoique ces Livres ſoient d'un grand ſecours, les Appareilleurs ont depuis peu trouvé des manières plus abrégées & plus faciles; comme il paroît dans les nouveaux Bâtimens. *Daviler.*

PILASTRE.

III. *Pilaſtre* eſt un nom qu'on donne à un Corps élevé ſur une Baſe quarrée, lequel fait ſouvent l'office d'une Colonne; & qui en a les meſures, la baze, le chapiteau, ſuivant l'Ordre dont il emprunte le Nom & les Ornemens.

Il y a des *Pilaſtres* Iſolés, & d'autres qui ne le ſont pas. Ceux travaillés dans le Mur, ſortent les uns d'un tiers, les autres d'un quart de leur largeur; ſelon les divers Ouvrages auxquels on les applique.

On donne ordinairement autant de largeur aux *Pilaſtres* en haut qu'en bas. Il y a pourtant de Célèbres Architectes qui les diminuent par le haut, comme on diminuë les Colonnes; principalement lorſqu'ils les placent immédiatement derrière des Colonnes. De Broſſe dans le Portail de Saint Gervais, & M. Manſard, au Grand Autel de Saint Martin-des-Champs, ont non-ſeulement diminué les *Pilaſtres* par le haut; mais ils leur ont de plus donné du Renflement, & le même contour qu'à une Colonne. Mais cette Méthode n'eſt tolérable, que lorſque les *Pilaſtres* ſont fort proche & derrière les Colonnes; car autrement on doit les élever à plomb de bas en haut. *Dictionnaire des Beaux Arts.*

PILIER.

IV. Le *Pilier* eſt une ſorte de Colonne ronde, & ſans proportion; ſorte de maſſif, qui ſert à étayer, à ſoutenir un plancher, une voûte, un édifice. Les planchers ruineux s'étayent avec des *Piliers*, des pièces de bois. Les *Piliers Boutans* ou Contreforts font nécessaires pour appuyer les Murs qui foutiennent des terrasses, ou des voûtes. Les Grandes Églises font foutenuës par plusieurs rangs de *Piliers*.

On appelle *Piliers de Carrière*, des masses de pierre qu'on laisse d'espace en espace, pour foutenir le Ciel d'une carrière. *Trévoux*.

OBÉLISQUE.

V. Les *Obélisques* font des Colonnes quarrées finissant en pointe, qui de tous côtés sont remplies de Caractères Hiéroglyphiques. Les Prêtres Égyptiens les appelloient *les Doigts du Soleil*, à cause qu'ils servoient de style pour marquer les heures fur la terre. L'Invention en est dûë aux Premiers Rois d'Égypte, qui ont porté le Nom de Pharaon; & c'est ce qui a fait, que les Arâbes les ont appellés *Messateis Pharaon*; ce qui veut dire les Aiguilles de Pharaon.

*Ce fut le Roi Manustar ou Seigneur de Memphis, qui fit dresser le premier *Obélisque* l'An 2604 de la Création du Monde. Sothis son fils, & un autre Prince qui lui succéda, en firent dresser Douze dans la Ville d'Héliopolis. On en voit encore un, près les Ruines de cette Ville; qui est au milieu d'un Grand Réservoir, & tout enrichi d'Emblêmes Hiéroglyphiques. La Gravure en est grossière, ce qui a fait douter qu'il soit de ceux de l'Érection du Roi Sothis, qu'on sçait avoir été travaillés avec plus d'Art. C'est assurément un des huit, que Pline dit avoir été érigés dans la Ville du Soleil, chacun de quarante-huit coudées de haut; quatre par Sothis, & quatre par Ramassés, sous le Règne duquel on prit la Ville de Troye. Le Roi Marrès ou Vafrès en fit dresser un tout nud l'an 3021, qui fut transporté à Rome, & placé dans le Maufole par l'Ordre de l'Empereur Claude. Ptolomée Philadelphe fit auffi tranfporter à Aléxandrie dans le temps d'Arfinoë, un *Obélifque ;* que le Roi Nectabanus avoit fait ériger à Memphis, vers l'An 3300. On en verroit davantage à Rome, où les Empereurs Romains les faifoient porter d'Égypte ; fi Cambifes, lorfqu'il s'empara de ce Royaume, n'eût détruit tous ceux qu'il put rencontrer ; & banni ou tué les Prêtres qui pouvoient feuls expliquer les Caractères Hiéroglyphiques que l'on y voyoit.

La Coûtume d'élever des *Obélifques* étoit fi générale en Égypte, par le Grand Zèle qu'avoient les Égyptiens pour le Culte du Soleil, auquel ils les confacroient ; qu'il y avoit auffi des Prêtres & d'autres Perfonnes confidérables, qui en faifoient ériger ; les uns de trente, les autres de foixante-dix pieds de haut ; & d'autres de cent, & de cent quarante : de forte qu'à peine rencontroit-on une Place qui ne fût embellie d'un *Obélifque.* Aux quatre côtés de ceux qu'érigeoient les Prêtres, il y avoit des Emblêmes & des Caractères Hiéroglyphiques qui marquoient de Grands Secrèts ; où plufieurs Myftères Divins étoient contenus. Leur Matière étoit d'un Marbre plus dur que le Porphire, & prefque auffi difficile à rompre que le Diamant ; ce Marbre marqueté d'un rouge fort éclatant, de violet, de bleu, de cendré, de noir, & de petites taches de cryftal ; figuroit l'Action du Soleil fur les quatre Élémens, felon les Égyptiens, qui admiroient ce Mêlange. Le Feu étoit marqué par le rouge, l'Air par la couleur du cryftal, l'Eau par le bleu, & la Terre par le noir. La Carrière étoit près de la Ville de Thèbes, & des montagnes qui s'étendent vers le Midi & l'Éthiopie, jufqu'aux Cataractes du Nil. Quand on trouve des *Obélifques* d'un autre Marbre, il y a fujèt de croire qu'ils ne font pas de la façon des Égyptiens ; ou du moins, qu'ils ne ne sont élevés qu'après que Cambife eut banni les Prêtres. Tel étoit celui qu'Héliogabale fit tranfporter de Syrie à Rome; & un autre que les Phéniciens avoient confacré au Soleil, dont le Sommet Sphérique, la matière & la couleur étoient fort différentes des *Obélifques* des Égyptiens.

Pour tirer des Mines ces Grands *Obélifques*, on creufoit un foffé depuis l'*Obélifque* déja taillé jufqu'au Nil; où étoient des Vaiffeaux prêts, chargés d'autant de pierre qu'il en falloit pour faire deux fois la pefanteur de cet *Obélifque*. Après cela on les conduifoit attachés enfemble au-deffous de l'*Obélifque*, que l'on vouloit tirer de la Mine. Cet *Obélifque* étoit fufpendu des deux côtés du foffé, & en déchargeant infenfiblement les pierres, jufqu'à ce qu'elles fuffent en équilibre avec l'*Obélifque*; on le tranfportoit de cette forte du foffé dans le Nil, & du Nil au lieu où on vouloit l'élever.

Il y avoit autrefois près de l'Ancien Palais d'Aléxandre, deux *Obélifques* longs de cent pieds, & larges de huit; tout d'une pièce, taillés d'un Marbre Thébain, jafpé de plufieurs couleurs. L'un eft gâté; & l'autre qui eft demeuré entier, eft enfoncé bien avant en terre. *Académie Françoife*.

STATUE.

VI. Les Sculpteurs donnent ce nom à une Figure en pied; parce qu'en effet ce mot vient de *Stare*, qui fignifie *être debout*: mais généralement, c'eft toute Repréfentation en relief & ifolée, en bois, en pierre ordinaire, en marbre ou en métal; d'une Perfonne recommandable par fa Naiffance, par fon Rang, ou par fon Mérite perfonnel. On diftingue plufieurs fortes de *Statuës*. 1°. Celles qui font plus petites que le naturel. 2°. Celles égales au naturel. 3°. Celles qui furpaffent le naturel. 4°. Celles qui vont jufqu'à triple, & encore plus au-delà du naturel; &

qu'on appelle autrement des *Coloſſes*. Les Anciens ont repré-ſentés des Figures d'Hommes, des Rois & des Dieux même, ſous la première eſpèce de *Statuës* ; la ſeconde étoit particuliè-rement conſacrée pour la repréſentation qu'on faiſoit, aux dé-pens du Public, des Perſonnes qui ſe ſignaloient par leur Sça-voir, par leur vertu ; ou qui avoient rendu quelques Services importans à l'État. La troiſième eſpèce de *Statuës* étoit pour les Rois & les Empereurs ; & celles qui avoient le double de la Grandeur Humaine, ſervoient à repréſenter les Héros. Quant à la quatrième, elle étoit deſtinée à repréſenter les Figures des Dieux ; enſorte que c'étoit anciennement une Entrepriſe de la part des Empereurs & des Rois, qui ſe faiſoient repréſenter ſous cette dernière forme.

Statuë Équeſtre, eſt celle qui repréſente un homme à Che-val ; comme la *Statuë* de Henry IV, celles de Louis XIII, & de Louis XIV. à Paris.

La *Statuë Équeſtre* de LOUIS XV, commencée l'An 1748, ne fut miſe en place qu'en 1763, après la mort de *Bouchardon*. Elle fut montée par le célèbre *le Vaſſeur*, & fut jettée en fonte par le ſieur *Gord*, originaire d'Angoulême, & miſe en place par le ſieur *Herbet*.

Le Cheval a quinze pieds de la queuë à la tête. La figure du Roi avec celle du cheval ſont d'un ſeul jèt, & d'une ſeule pièce ; & ont ſeize pieds de haut.

On avoit fondu cinquante milliers de métail ; il n'y en a eu que 25 milliers d'employés. Le Piédeſtal, qui ſera revêtu de marbre, a vingt-deux pieds d'élévation, à compter du rez-de-chauſſée.

Les figures Caryatides *, qui doivent être placées aux quatre

---

* *Caryatide* eſt une eſpèce de Pilaſtre, ou de Colonne, repréſentant

angles du Piédeſtal, repréſentent la *Prudence*, la *Juſtice*, la *Force*, & la *Paix* : elles auront dix pieds de hauteur. M. Bouchardon avoit fait les modéles de trois. M. Pigal, nommé par M. Bouchardon, fut chargé de continuer cet Ouvrage après lui; il a modelé la quatrième : elles feront en pláce d'ici à deux ans, & feront fonduës par le fieur *Haſcheman*.

Les quatre faces du piédeſtal feront ornées de deux bas-reliefs de bronze, repréſentant la Bataille de Fontenoy, & la Paix d'Aix-la-Chapelle. Sur le champ de face on lira cette Inſcription :

LUDOVICO XV,
OPTIMO PRINCIPI;
Quod ad Scaldim,
MOSAM, RHENUM, VICTOR,
Pacem Armis, Pace
ET SUORUM ET EUROPÆ FELICITATEM
QUÆSIVIT.

Sur le Champ de Revers, on lira :

HOC PIETATIS MONUMENTUM
PRÆFECTUS ET ÆDILES
Decreverunt anno
M. DCC. XLVIII.
Posuerunt anno
M. DCC. LXIII.

---

des figures de Femmes, vêtuës de longues robes, dont les Anciens fe font fervis pour faire le fût de la Colonne Ionique.

On voit au Louvre dans la Salle des Suiffes de fort belles figures de *Caryatides. Vitruve*, Liv. 1. Ch. 1.

Statuë Grècque est une *Statuë* nuë & antique ; ainsi appellée, parce que les Grecs représentoient de cette manière, leurs Divinités, les Héros, & les Athlètes des Jeux Olympiques.

Statuë Pédestre, est celle qui est en pied, ou debout ; comme celle élevée à la Gloire de Louis XIV. dans la Place des Victoires.

Statuës Romaines, sont celles qui étant vêtuës, reçoivent divers noms de leurs Habillemens. *Diction. des Beaux Arts.*

BAS RELIEF, ou DEMI-BOSSE.

VII. *Relief*, en termes de Sculpture, se dit des Figures en saillies, ou en Bosses, ou Élevées ; soit qu'elles soient taillées au cizeau, fonduës, ou moulées. *Relief*, c'est la saillie de tout Ornement. Dans un Bâtiment, elle doit être proportionnée à la Grandeur de l'Édifice qu'il décore, & à la distance d'où il doit être vû. On appelle Figure de *Relief*, ou de *Ronde Bosse*; celle qui est isolée, & terminée en toutes ses vûës. *Daviler.*

Il y en a de trois sortes. Le *Haut Relief*, ou *Plein Relief*, est la Figure taillée d'après nature. Le *Bas Relief* est un Ouvrage de Sculpture, qui a peu de saillie ; & qui est attaché sur un fond. On y représente des Histoires, des Ornemens, des Rinceaux, des Feuillages ; comme on voit dans les Frises. Lorsque dans les *Bas Reliefs*, il y a des parties saillantes & détachées ; on les appelle *Demi-Bosses*. Le *Demi-Relief*, quand une représentation sort à demi-corps, du plan sur lequel elle est posée. *Trévoux.*

AUTRE SEPTÉNAIRE DE L'ARCHITECTURE.

Les sept Merveilles du Monde :

Sçavoir,

Les Murailles & Jardins de Babylone.
Les Pyramides d'Égypte.
Le Phare d'Aléxandrie.
Le Maufole du Roi de Carie, bâti par Artémife.
Le Temple de Diane à Éphèfe.
Le Temple de Jupiter Olympien, à Pife.
Le Coloffe de Rhodes.

Les Murailles & Jardins de Babylone.

1. Un Voyageur Allemand nommé Ranwolff, qui paffa en 1574 par l'endroit où étoit l'Ancienne Babylone, parle ainfi des Ruines de cette Fameufe Ville. « Le Village d'Élugo eft
» fitué, où étoit autrefois Babylone de Chaldée. Le Port en
» eft à un quart de lieuë ; on y aborde pour aller par terre à la fa-
» meufe Ville de Bagdad, qui en eft à une journée & demie à l'O-
» rient fur le Tigre. Le Terroir eft fi fec & fi ftérile, qu'on ne le
» peut pas labourer ; fi nud, que je n'aurois jamais pû croire
» que cette Puiffante Ville, autrefois la plus Superbe & la plus
» Fameufe du Monde, & fituée dans le Pays fertile de Sennaar,
» eût pû y avoir été ; fi je n'avois vû par la fituation & par
» plufieurs Antiquités d'une Grande Beauté, quoique entière-
» ment négligées, qui fe voyent auprès ; qu'elle y étoit af-
» furément. Premièrement par le vieux Pont de l'Euphrate,
» dont il refte encore quelques piles & quelques arches de bri-
» ques ;

» ques ; fi fortes, que c'eſt une Merveille.... Tout le devant
» du Village d'Élugo eſt la Colline, ſur laquelle étoit le Châ-
» teau. On y voit encore les Ruines de ſes Fortifications, quoi-
» que démolies & inhabitées. Derrière & aſſés près de-là, étoit
» la Tour de Babylone.... On la voit encore, & elle a une
» demie-lieuë de Diamètre ; mais elle eſt ſi ruinée, ſi baſſe &
» ſi pleine de bêtes venimeuſes, qui ont fait des trous dans ſes
» maſures, qu'on n'en oſe approcher d'une demie-lieuë ; ſi ce
» n'eſt deux Mois de l'Année en Hyver, que ces animaux ne
» ſortent point de leurs trous. Il y en a ſur-tout une eſpèce que
» les Habitans appellent Églo dans la langue du Pays, qui eſt
» le Perſan, dont le poiſon eſt fort ſubtil : ils ſont plus gros que
» nos Lézards ».

On peut comparer à ce que dit ce Voyageur, la deſcription que fait Iſaïe de l'État où doit être réduite Babylone après ſa chûte. *Ainſi Babylone la Gloire des Royaumes, & l'excellence de l'Orgueil des Chaldéens, ſera comme quand Dieu détruiſit Sodome & Gomorre ; on ne l'habitera plus, l'Arabe n'y plantera plus ſes Tentes, les Paſteurs même n'y parqueront pas. Les Bêtes ſauvages du Deſert y auront leur repaire : leurs maiſons ſeront remplies de Dragons : les Autruches & les Boucs (ou les Satyres) y feront leurs demeures ; les Chats-huants y heurleront dans ſes Châteaux, & les Oiſeaux de mauvais augure dans leurs maiſons de Plaiſance.* Iſaïe. XIII. 19. 22.

Or voici quelle étoit Babylone dans ſon plus grand Éclat, ſoit qu'elle fût l'Ouvrage de Sémiramis ou de Nabuchodonoſor : car les Anciens ne conviennent pas entr'eux ſur cet Article ; nous tirerons principalement cette Deſcription d'Hérodote qui avoit été ſur les lieux, & qui eſt le plus ancien Auteur qui ait traité cette matière. La Ville étoit quarrée, de ſix vingt ſtades en tout ſens ; c'eſt-à-dire, de quinze milles, ou de cinq lieuës en quarré ; & de tour en tout 480 ſtades ou 20 lieuës. Ses Murs étoient bâtis de larges briques cimentées de bitume, liqueur épaiſſe & glutineuſe, qui ſort de terre en ce pays-là; qui lie plus fortement que le mortier, & devient plus dure que la brique, à laquelle elle ſert de ciment. Ces Murs avoient 87 pieds d'épaiſſeur, 350 de haut, & 480 Stades de circuit. Ceux qui ne leur donnent que 50 coudées de hauteur, en parlent ſelon l'état où elles étoient après Darius fils d'Hidaſpe, qui pour châtier la révolte des Babyloniens, fit raſer les Murailles à la hauteur dont nous venons de parler. *Hérodote. L. 1.*

La Ville étoit environnée d'un vaſte Foſſé rempli d'Eau, & revêtu de briques des deux côtés. La terre qu'on avoit tirée en les creuſant, avoit été employée à faire les briques, dont les murs de la Ville étoient bâtis : ainſi par l'extrême hauteur & épaiſſeur des Murailles, on peut juger de la grandeur & de la profondeur du Foſſé. Il y avoit Cent Portes à la Ville, vingt-cinq de chacun des quatre côtés. Toutes ces Portes étoient de bronze maſſif, avec leurs deſſus & leurs montans. Entre deux de ces Portes étoient trois Tours de diſtance en diſtance, & trois entre châque angle de ce grand quarré ; & ces Tours étoient élevées de dix pieds plus haut que les murs ; ce qu'il faut entendre ſeulement des lieux où les Tours étoient néceſſaires : car la Ville étant environnée en divers endroits par des Marais toujours plein d'eau, qui en défendoient l'Approche, elle n'avoit pas beſoin de Tours de ces côtés-là ; auſſi leur nombre n'étoit que de deux cens cinquante, au lieu que s'il y en avoit eu par-tout, le nombre en auroit été beaucoup plus grand. *Diodor. Sicul. l. 2.*

A châque Porte répondoit une Ruë, de manière qu'il y avoit en tout cinquante Ruës, qui alloient d'une Porte à l'autre, qui ſe coupoient à Angles droits ; & dont chacune avoit quinze milles, ou cinq grandes lieuës de long, & 150 pieds de large. Il y avoit quatre autres Ruës, qui n'étoient ornées de Maisons que d'un côté, étant bordées de l'autre par les Remparts. Elles faisoient le tour de la Ville le long des Murailles, & avoient chacune deux cens pieds de large. Comme les Ruës de Babylone se croisoient, elles formoient six cens soixante-seize quarrés, dont chacun avoit quatre Stades & demi de chaque côté ; ce qui faisoit deux milles un quart de circuit. Ces Quarrés étoient environnés par dehors de Maisons de trois ou quatre étages, dont le devant étoit orné de toutes sortes d'Embellissemens ; l'espace intérieur étoit occupé par des Cours ou des Jardins. *Hérodot. l. 1.*

L'Euphrate coupoit la Ville en deux parties égales, du Nord au Midi. Un Pont d'une Structure Admirable, d'une Stade ou 125 pas de long, & de trente pieds de large, donnoit la communication d'une partie de la Ville à l'autre : aux deux extrémités du Pont, étoient deux Palais ; le Vieux au côté Oriental du Pont, & le Neuf au côté Occidental opposé. Le premier contenoit quatre des Quarrés, dont on a parlé ; & l'autre en occupoit neuf. Diodore donne au premier trente Stades de tour, & au second soixante. Le Temple de Bélus qui étoit proche du Vieux Palais, remplissoit un autre de ces quarrés. La Ville entière étoit située dans une vaste Plaine, dont le Terroir étoit extrèmement gras & fertile. Pour peupler cette Vaste Ville, Nabuchodonosor y transporta une infinité de Peuples Captifs, du nombre de ceux qu'il avoit subjugués. *Beros. apud Joseph. Antiq. l. x. ch. xi. Hérodot. l. 1. Diodor. Sicul. l. 2.*

Il nous reste à dire un mot de ces Fameux Jardins suspendus, qui passoient pour une des Merveilles du Monde. Ils contenoient un espace de quatre cens pieds en quarré ; au-dedans de cet espace s'élevoient ces Fameux Jardins, composés de plufieurs larges Terraffes, pofées en Amphithéâtres; & dont la plus haute Plate-forme égaloit la hauteur des Murs de Babylone; c'eſt-à-dire, avoit trois cens cinquante pieds de haut. On montoit d'une Terraffe à l'autre par un efcalier large de dix pieds: toute cette Maffe étoit foutenuë par de Grandes Voûtes bâties l'une fur l'autre, & fortifiée d'une Muraille de vingt-deux pieds d'épaiffeur, qui l'entouroit de toutes parts; fur le Sommet de ces Voûtes, on avoit pofé de Grandes Pierres plates de 16 pieds de long, & 4 de large. *Diodor. Sicul. l. 2. Strabo. l. 16. Q. Curt. l. 5. ch. 1.*

On avoit mis pardeffus une Couche de Rofeaux, enduits d'une grande quantité de bitume, fur laquelle il y avoit deux rangs de Briques liées fortement enfemble avec du Mortier. Tout cela étoit couvert de Plaques de Plomb, & fur cette dernière Couche étoit pofée la terre du Jardin. Toutes ces Précautions avoient été prifes, pour empêcher que l'Eau & l'Humidité ne perçaffent point, & ne s'écoulaffent à travers les Voûtes. On y avoit amaffé une fi grande quantité de terre, que les plus Grands Arbres pouvoient y prendre racines. On y voyoit tout ce qui peut contenter la vûë, & la Curiofité en ce genre; de très-beaux & de très-grands Arbres, des Fleurs, des Plantes, des Arbuftes: fur la plus haute des Terraffes il y avoit un Aqueduc, dans lequel on tiroit l'Eau du Fleuve, apparement par une Pompe; & de-là on arrofoit tout le Jardin. On affure que Nabuchodonofor entreprit ce fameux & Admirable Édifice, par complaifance pour fon Époufe Amytis, fille d'Aftiage; qui étant native de Médie, avoit confervé beaucoup d'inclination pour les Montagnes & les Forêts. *Dictionnaire de D. Calmèt.*

Les Pyramides d'Égypte.

2. Les plus Superbes Monumens de l'Antiquité font les *Pyramides d'Égypte*. Ces *Pyramides* font à neuf milles du Caire ; & on commençe à les voir dès qu'on eft forti de la petite Ville de Dézize, qui en eft à fix milles. Ce qui les fait paroître de fi loin, c'eft qu'elles font fituées fur un terrein pierreux & infertile, qui eft beaucoup plus relevé que la plaine. L'on ne peut voir fans étonnement ces Énormes Maffes, que l'on n'admire pas tant pour la dépenfe incroyable qu'il a fallu faire pour achever un Bâtiment fi Prodigieux ; que parce qu'on ne peut comprendre, comment il a été poffible de monter fi haut des pierres auffi grandes que celles que l'on y voit, dans un tems où la plûpart des Belles Inventions étoient inconnuës.

Il y a trois groffes *Pyramides* diftantes l'une de l'autre d'environ cent pas ; mais l'on ne fçauroit entrer que dans la plus grande, qui eft du côté du Nord. Elle eft d'une Hauteur fi Prodigieufe, que fa Pointe paroît feulement un peu émouffée, quoiqu'il y ait une place confidérable au Sommèt. Quelques-uns affurent qu'elle fut bâtie il y a plus de 3000 ans, par un Roi d'Égypte appellé Chemmis ; qui employa pendant vingt années, trois cents foixante mille Ouvriers à ce travail. Pline qui en parle, ajoûte qu'il y fut dépenfé dix-huit cents Talens, feulement en raves & en oignons ; les Anciens Égyptiens étant Grands Mangeurs de raves & de Légumes. Il y a des pierres fi haut élevées, & d'une groffeur fi exceffive ; qu'il a fallu des Machines bien extraordinaires pour les placer. Plufieurs croyent que ces *Pyramides* étoient autrefois plus élevées fur la terre, qu'elles ne le font préfentement ; & que le fable a caché une partie de leur Bafe. Cela pourroit être, puifque le côté de Tramontane en eft tout couvert jufqu'à la Porte ; & que les trois autres côtés n'en ont point de même : ce qui donne lieu de croire que la Tramontane soufflant de ce côté-là avec plus de violence qu'aucun autre vent, y a plus porté de Sable que n'ont fait les Vents des autres côtés.

L'Ouverture de la Grande *Pyramide*, où l'on peut entrer, est un trou presque quarré d'un peu plus de trois pieds de haut. Il est relevé du reste du terrein, & l'on y monte sur des Sables que le Vent jette contre, & qui le bouchent souvent ; en sorte qu'on est obligé de le faire ouvrir. On dit qu'autrefois il y avoit auprès de l'Entrée, une grosse pierre qu'on avoit taillée exprès pour boucher cette Ouverture ; lorsque le corps qui devoit y être mis seroit dedans, & que cette pierre l'eût fermée si juste, qu'on n'auroit pû reconnoître qu'on l'eût ajustée ; mais qu'un Bacha la fit enlever, quelque grande qu'elle fût, afin qu'on ne pût fermer cette *Pyramide*. Sa forme est quarrée, & en sortant de terre elle a onze cents soixante pas, ou cinq cents quatre-vingt toises de circuit. Toutes les pierres qui la composent ont trois pieds de haut, & cinq ou six de longueur ; & les côtés qui paroissent en-dehors sont tous droits, sans être taillés en Talud. Chaque rang se retire en-dedans de neuf ou dix pouces, afin de venir à se terminer en pointe à la Cime ; & c'est sur ces avances que l'on grimpe pour aller jusqu'au Sommèt. Vers le milieu il y a à l'un des coins des pierres qui manquent, & qui font une Brèche ou petite chambre de quelques pieds de profondeur. Elle ne perce pourtant point jusqu'au-dedans. On ne sçait si les pierres en sont tombées, ou si elles n'y ont jamais été mises.

Il y a grande apparence qu'on se servoit de cet endroit, pour assurer les Machines qui tiroient les Matériaux en haut. C'est encore une raison, qui a obligé de bâtir la *Pyramide* avec des degrés à chaque rang ; puisque si les pierres eussent été taillées en Talud, & pofées l'une fur l'autre, fans qu'il y eût demeuré aucun rebord, il auroit été abfolument impoffible de conduire jufqu'à fon Sommet les lourdes maffes qu'on y a portées; on fe repofe ordinairement dans cette Brèche, le travail étant grand à s'élancer ainfi trois pieds chaque fois pour monter jufqu'au faîte. Il y a environ deux cents huit degrés formés par le rebord de ces groffes pierres, dont l'épaiffeur fait la hauteur de l'un à l'autre; ce qui femble être pointu d'en-bas, a quinze à feize pieds en quarré, & fait une Plate-forme qui peut contenir quarante perfonnes. Ceux qui y montent découvrent de-là une partie de l'Égypte, le Defert fabloneux qui s'étend dans le Pays de Barca; & ceux de la Thébaïde de l'autre côté. Le Caire ne paroît prefque pas éloigné de ce lieu, quoiqu'il en foit à neuf milles.

On entre auffi dans la même *Pyramide*, & il faut fe pourvoir de lumières pour cela.

On paffe la première entrée en fe courbant, & l'on trouve comme une Allée qui va en defcendant environ quatre-vingt pas. Elle eft voûtée en dos d'âne, & apparemment toute entière dans l'épaiffeur du Mur; puifqu'on n'y voit rien qui ne foit folide de tous côtés. Cette Allée a affez d'élévation & de largeur pour y pouvoir marcher; mais fon pavé baiffe encore quoiqu'en glaçis, fans avoir aucun degrés, & la pierre n'a que de légères piqueures de pas en pas pour retenir les talons; de forte que pour s'empêcher de tomber, on eft obligé de fe tenir avec les mains aux deux côtés du mur. Les pierres font fi bien unies enfemble, qu'à peine peut-on appercevoir les jointures.

Au bout de cette Allée on trouve un Paffage, qui n'a d'Ouverture que ce qu'il en faut pour laiffer paffer un homme. Il eft ordinairement rempli de fable, qui n'eft pas fi-tôt pouffé par le vent dans la première Ouverture, qu'il fuit le penchant de la pierre, & fe vient tout raffembler en ce lieu-là. Lorfqu'on a ôté ce fable, & qu'on a paffé ce trou, en fe traînant huit ou dix pas fur le ventre; on voit une Voûte à la main droite, qui femble defcendre à côté de la *Pyramide*.

On trouve auffi un grand vuide, avec un puits d'une grande profondeur. Ce Puits va en-bas par une pente perpendiculaire à l'horizon, qui ne laiffe pas de biaifer un peu; & quand ceux qui y defcendent font environ à foixante-fept pieds en comptant du haut en bas, ils trouvent une Fenêtre quarrée, qui entre dans une petite grotte creufée dans la Montagne, qui en cet endroit n'eft pas de pierre vive. Ce n'eft qu'une efpèce de gravier attaché fortement l'un contre l'autre. Cette Grotte s'étend en long de l'Orient à l'Occident; & de-là à quinze pieds en continuant de defçendre en bas, eft une couliffe fort penchante & entaillée dans le Roc. Elle approche prefque de la ligne perpendiculaire, & eft large environ de deux pieds & un tiers, & haute de deux pieds & demi. Elle defcend cent vingt-trois pieds en bas, après quoi elle eft remplie de fable & de fiente de Chauve-fouris.

On croit que ce Puits avoit été fait, pour y defcendre les corps que l'on dépofoit dans des Cavernes qui font fous la *Pyramide*. Après qu'on eft arrivé à ce grand vuide, où le puits eft à la gauche; on eft obligé de grimper fur un Rocher, dont la hauteur eft de vingt-cinq ou trente pieds. Au-deffus eft un efpaçe long de dix ou douze pas, & quand on l'a traverfé on monte par une Ouverture, qui n'eft pas plus large que le paffage où l'on eft obligé de fe traîner; mais qui a pourtant affez d'élévation pour y marcher fans que l'on fe baiffe. Il n'y a point de degrés non plus qu'au refte. On y fait feulement des trous de chaque côté, qui font de diftance en diftance. On y

mêt les

Architecture, Chap. V. 373

mèt les pieds en s'écartant un peu ; & l'on s'appuye contre les Murs, qui font de pierres de taille fort polies, & jointes enfemble avec autant d'adreffe que toutes les autres.

Les Niches vuides que l'on y voit de trois en trois pieds, & qui en ont un de largeur & deux de hauteur, donnent lieu de croire qu'elles étoient autrefois remplies d'Idoles. Ce Paffage eft haut de quatre-vingt pas, & on n'y fçauroit monter fans beaucoup de peine. On trouve au-deffus un peu d'efpace de plein pied ; & enfuite une chambre qui a trente-deux pieds de long, & feize de large. Sa hauteur eft de dix-neuf pieds ; & au lieu de Voûte, elle a un Plancher ou Lambris tout plat. Il eft compofé de neuf pierres, dont les fept du milieu font larges chacune de quatre pieds, & longues de feize. Les deux autres, qui font à l'un & l'autre bout, ne paroiffent larges que de deux pieds feulement. Cela vient de ce que l'autre moitié de chacune eft appuyée fur la Muraille. Elles font de la même longueur que les fept autres ; & toutes les neuf traverfent la largeur de cette chambre, ayant chacune un bout appuyé fur la Muraille, & l'autre fur la Muraille qui eft de l'autre côté.

Cette Chambre, dont les Murs font fort unis, n'a aucun jour ; & dans le bout qui eft oppofé à la Porte, il y a un Tombeau vuide fait tout d'une pièce. Il eft long de fept pieds & large de trois, & a trois pieds quatre pouces de hauteur & cinq pouces d'épaiffeur. La Pierre en eft d'un gris tirant fur le rouge pâle, & à-peu-près femblable au Porphyre. Quand on la frappe, elle rend un fon clair comme une Cloche. Elle eft fort belle, lorfqu'elle eft polie ; mais tellement dure, que le Marteau a peine à la rompre.

Il y a une autre Chambre à côté de celle-ci, mais plus petite & fans aucun fépulchre. C'eft-là le plus haut Endroit, où l'on puiffe aller au-dedans de la *Pyramide* ; qui n'a pour toute Ouverture que le passage d'en-bas, au-dessus duquel est une pierre en travers, qui a onze pieds de long & huit de large. Vers cette Entrée est un Écho, qui répète les paroles jusqu'à dix fois. Ce manque de jour dans toute la *Pyramide*, est cause qu'on y respire un air extrêmement étouffé. La flâme des Flambeaux que l'on y porte paroît toute bleuë, & l'on s'en fournit toujours d'un fort bon nombre ; puisque s'ils venoient à s'éteindre, lorsqu'on est monté bien haut, il seroit absolument impossible d'en sortir.

Les deux autres *Pyramides* ne sont ni si hautes ni si grosses, que la première. Elles n'ont aucune Ouverture, & quoiqu'elles soient aussi bâties par degrés, on n'y peut monter ; à cause que le Ciment dont l'une & l'autre est enduite, n'est pas assez tombé ; elles paroissent d'en-bas tout-à-fait pointuës dans leur Sommèt.

On attribuë ces Superbes Monumens à celui des Pharaons, qui fut englouti dans la Mèr Rouge. On prétend que les deux moindres étoient pour la Reine sa femme, & pour la Princesse sa fille ; & que leurs Corps y ayant été mis, on les a fermés ensuite : en sorte que l'on ne peut reconnoître, de quel côté en étoit l'entrée. La grande étoit destinée pour ce Malheureux Monarque ; & comme il n'a pas eu besoin de Tombeau, elle est toujours demeurée ouverte. *Dictionnaire des Arts & Sciences.*

Le Phare d'Aléxandrie.

3. Ce *Phare* étoit à sept Stades d'Aléxandrie ; c'est-à-dire, à près d'un mille. *Aléxandre le Grand* avoit entrepris d'y bâtir une Ville ; mais il n'y put réussir ; parce que le lieu étoit trop étroit, & il fit batir Aléxandrie vis-à-vis en terre ferme. Depuis on éleva dans cette Isle une Haute & Superbe Tour, qui a passé dans l'Antiquité pour une des Merveilles du Monde. Ce

fut Ptolomée *Philadelphe* Roi d'Égypte, qui la fit construire à son avénement à la Couronne, la 124ᵉ Olympiade, & l'An 470 de la Fondation de Rome. Il y employa 800 Talens, & se servit de Sostrate Gnidien fameux Architecte. Cette Tour qui fut nommée *Pharos*, de même que l'Isle où elle étoit située, servoit de Fanal à ceux qui navigeoient sur ces côtes pleines d'écueils & de bancs de sable. De-là vient, que l'on a donné le nom de *Phare* à toutes les tours semblables, où l'on tient la nuit un Fanal dans les côtes dangereuses.

Isaac Vossius dit, qu'un Scholiaste de Lucien, qui a été imprimé à Amsterdam en 1687, témoigne que cette Tour étoit quarrée, & qu'elle avoit la même enceinte que les Pyramides : & le Géographe Al. Édrias lui a donné trois cens coudées de hauteur. Il ajoûte que le Feu que l'on allumoit la nuit au sommet de cette Tour, éclairoit en Mer ceux qui étoient éloignés de cent mille pas.

Sostrate qui en avoit été l'Architecte, eut la liberté d'y graver son nom sur une pierre avec cette Inscription, à ce que l'on dit : *Sostrate de Gnide, fils de Déxiphane, aux Dieux Conservateurs, pour ceux qui navigent*. Lucien n'est pas d'accord que cet Architecte ait eu cette permission : il dit au contraire, qu'après avoir achevé la Tour, il grava son nom sur une pierre ; & que l'ayant enduite de mortier, il y écrivit le nom du Roi qui régnoit alors ; étant sûr que ce dernier disparoîtroit avec le temps, & que le sien paroîtroit ensuite. Mais il n'y a pas d'apparence que Sostrate ait été assez hardi, & assez ingrat envers un Prince qui l'aimoit : d'ailleurs Ptolomée étoit trop éclairé pour se laisser surprendre par une tromperie si grossière, & pour permettre que son Nom fût écrit sur du mortier.

Quelques Voyageurs rapportent, que cette masse prodigieuse étoit appuyée sur quatre Cancres de Verre, disposés aux quatre coins, ce qu'ils n'ont pû voir dans ce qui reste de cet Édifice; parce que les Turcs ont enterré la Base du *Phare* : mais ils ont tirés ce Récit d'un fragment d'un Ancien Auteur, lequel en parlant des Sèpt Merveilles du Monde, dit; qu'il y a de quoi s'étonner, comme on a pû faire des pièces de verre si grandes & si fortes, pour supporter une si lourde masse. Il se peut faire, que Sostrate mit ces quatre Cancres pour ornement aux quatre coins; comme si la Tour y eût été appuyée. Mais au lieu d'être de Verre, comme on le raconte; ils étoient sans doute de quelques pierres très-dures & transparentes, comme est un certain Marbre de Memphis, & une autre pierre qu'on tire d'Éthiopie. Jean-Baptiste Tavernier, célèbre Voyageur, a eu la Curiosité d'apporter de ces sortes de pierres du Levant, pour s'en faire un Tombeau dans sa Baronie d'Aubonne en Suisse. *Diction. Historique.*

Le Tombeau de Mausole, Roi de Carie.

4. Artémise Reine de Carie, & femme de Mausole, aima si tendrement ce Prince, que l'ayant perdu; elle voulut immortaliser son amour, par cet Admirable Tombeau qu'elle lui fit élever, qui a passé pour une des Sèpt Merveilles du Monde; & qui a mérité que tous les autres Ouvrages de cette nature soient appellés des *Mausolées*.

Pline a pris plaisir d'en faire la Description au liv. 36. c. 5, où il ajoûte que cette Reine avoit coûtume de détremper les cendres de son mari, dans les breuvages qu'elle prenoit; & qu'elle établit pour les Sçavans, qui travailleroient à l'Éloge de ce Roi, un Prix qui fut remporté par Théopompe, qui vint dans la Carie; aussi-bien que Théodècte, Naucrite, & même Socrate.

Artémise Reine de Carie fit donc bâtir au Roi Mausole son

mari, un Superbe Sépulcre qui fut nommé *Maufolée*. Il étoit élevé dans la Ville d'Halicarnaffe, Capitale du Royaume, entre le Palais du Roi & le Temple de Vénus. L'étenduë de ce *Maufolée* étoit de foixante-trois pieds du Midi au Septentrion, les faces étoient un peu moins larges ; & fon tour étoit de quatre cens onze pieds. Il avoit vingt-cinq coudées de hauteur, & trente-fix colonnes dans fon enceinte. Scopas entreprit ce qui regardoit l'Orient : Timothée eut le côté du Midi : Léocharès travailla au Couchant, & Briaxis au Septentrion.

Artémife mourut de déplaifir avant la Perfection de cet Ouvrage, que les Architectes ne laifsèrent pas de continuer. Pythis fe joignit à ces quatre fameux Architectes, & éleva une Pyramide au-deffus du *Maufolée*, fur laquelle il pofa un Char de marbre attelé à quatre chevaux. Ce Tombeau paffa pour une merveille du Monde, il n'y eut que le Philofophe Anaxagore de Clamomène, qui dit froidement quand il le vit : *Voilà bien de l'Argent, changé en pierres. Chevreau, Hift. du Monde.*

Le Temple de Diane.

5. Le *Temple de Diane* que l'on voyoit à Éphèfe, étoit une des Merveilles du Monde ; & l'on avoit employé deux cens vingt Années à mettre ce Fameux Ouvrage dans fa perfection, quoiqu'il fe fît aux Dépens communs de toute l'Afie Mineure. Pline remarque que la première invention de mettre les Colonnes fur un piédeftal, & de les orner de Chapiteaux & de Vafes, fut pratiquée dans ce Temple. Ses Portes étoient de bois de Ciprès, qui eft toujours luifant & poli : toute fa Charpenterie étoit de Cèdre, & Pline affure que l'on montoit jufqu'au haut du Temple par un efcalier fait d'un Sèp de Vigne apporté de Cypre. La Statuë de Diane étoit de Cèdre, felon Vitruve ; d'Or, fi l'on en croit Xénophon ; d'yvoire, felon

quelques autres : Mutien, Conful de Rome, dit qu'elle étoit de Bois de Vigne. Ce Magnifique Temple étoit rempli de Statuës & de Tableaux d'un prix ineftimable; & l'on y avoit épuifé l'Induftrie de tous les meilleurs Ouvriers pendant deux Siècles. Mais par un Malheur extraordinaire, il fut plufieurs fois ruiné. Xerxès, le plus opiniâtre ennemi des Grècs, qui avoit mis leurs Temples en feu, eut quelque refpect pour celui-ci; mais les Amazones ne l'épargnèrent pas. Ayant été réparé, il fut depuis embrâfé le même jour que l'on fit boire du Poifon à Socrate, fous le règne d'Artaxerxès, 400 ans avant la Naiffance de Jefus-Chrift.

La même nuit que nâquit *Aléxandre le Grand*, ce Temple fut encore brûlé, 356 ans avant la Naiffance du Meffie : fur quoi Timée l'Hiftorien dit, *qu'il ne falloit pas s'en étonner; puifque Diane étoit abfente, & qu'elle fe trouvoit alors occupée à l'Accouchement d'Olympias.* Mais les Devins, qui étoient dans cette Ville, publièrent; *qu'un Flambeau qui s'allumoit cette même nuit, devoit un jour embrâfer toute l'Afie.*

On rétablit depuis ce Temple, & Aléxandre offrit de fournir aux Éphéfiens tout ce qu'il faudroit, pour le rendre auffi Magnifique qu'il étoit; s'ils vouloient mettre fon Nom dans l'Infcription du Temple, ce qu'ils lui refusèrent. *Chevreau, Hiftoire du Monde.*

Le Temple de Jupiter Olympien.

6. La Structure de ce Temple étoit admirable, & il y avoit des Richeffes immenfes; à caufe des Oracles qui s'y rendoient, & des Jeux Olympiques qu'on célébroit aux environs en l'Honneur de ce Dieu : mais la Statuë de Jupiter faite par Phidias, étoit ce que l'on y eftimoit le plus; on l'a mife au nombre des Merveilles du Monde.

On voit le Dieu affis dans un Thrône, qui eft d'Or & d'Yvoire ; de même que la Statuë. Il a fur la tête une Couronne qui femble être de branches d'Olivier ; dans la main droite, il porte une Victoire d'Yvoire, laquelle a une Couronne fur fa coëffure qui eft toute d'Or ; il tient à la main gauche un Sceptre fait d'un alliage de tous les Métaux, & furmonté d'un Aigle. La chauffure de Jupiter eft toute d'Or, fur fa draperie, qui en eft auffi, il y a des Animaux & des Fleurs de Lys en grand nombre. Le Thrône eft enrichi d'Yvoire, d'Ébène, d'or, de pierreries, & de plufieurs Figures en bas relief : l'on voit aux quatre pieds de ce Thrône, quatre Victoires ; & deux, aux deux pieds de la Statuë. Aux deux pieds de devant du Thrône, on a mis encore d'un côté, des Sphinx qui élèvent de jeunes Thébains ; & de l'autre les enfans de Niobé, qu'Appollon & Diane tuent à coups de flèches. Entre les pieds de ce Thrône, on a repréfenté Théfée, & les autres Héros qui accompagnèrent Hercule, pour aller faire la guerre aux Amazones, & plufieurs Athlètes.

Tout le lieu qui environne le Thrône, eft enrichi de Tableaux qui repréfentent les principaux Combats d'Hercule ; & plufieurs autres Sujèts illuftres de l'Hiftoire. Au plus haut du Thrône, Phidias a mis d'un côté les Graces, & de l'autre les Heures ; parce que les unes & les autres font filles de Jupiter, felon les Poëtes. Sur le Marche-pied, où l'on a pofé des Lions d'Or, on voit encore le Combat des Amazones, & de Théfée. Sur la Bafe il y a plufieurs figures d'Or ; fçavoir, le Soleil montant fur fon char ; Jupiter & Junon ; les Graces, Mercure, Vefta, & Vénus qui reçoit l'Amour.

Outre ces Figures, on y trouve celles d'Apollon, de Diane, de Minèrve, d'Hercule, d'Amphitrite, de Neptune, de la Lune que l'on a repréfentée fur un cheval. Voilà ce qu'en dit Paufanias.

Quoique cet Ouvrage ait été l'Admiration de tous les Anciens, Strabon y a remarqué un Grand Défaut, en ce qui regarde la proportion ; parce que cette Statuë étoit d'une grandeur si prodigieuse, qu'elle n'avoit pû être debout sans percer la voûte. Dion, Suétone & Joseph ont écrit, que l'Empereur Caligula voulut faire enlever ce Jupiter ; & ces Historiens rapportent les Prodiges, qui le détournèrent de cette entreprise. Il faut encore ici remarquer, que dans ce Temple on y voyoit plusieurs Autels ; dont il y en avoit un dédié *aux Dieux Inconnus* : ce qui a du rapport à l'Autel d'Athènes, dont l'Inscription étoit, *au Dieu Inconnu. Chevreau, Hist. du Monde.*

Le Colosse de Rhodes.

7. Le *Colosse de Rhodes* étoit une Statuë d'Airain d'une si grande hauteur, que les Navires passoient à pleines voiles entre ses jambes. C'étoit une des Sèpt Merveilles du Monde ; il avoit septante coudées, ou cent cinq pieds de haut. Charès disciple du fameux Lysippe, l'avoit jetté en moule. Il y avoit peu de gens qui pussent embrasser son pouce ; il étoit consacré à Apollon, ou au Soleil.

Le Roi Démétrius, après avoir assiégé pendant un an la Ville de Rhodes, sans pouvoir s'en rendre maître, fit la Paix avec les Rhodiens ; & s'en retournant, il leur fit présent de toutes les Machines de guerre qu'il avoit employées à ce Siège. Ils les vendirent quelque tems après pour la Somme de trois cens talens ; qu'ils employèrent avec quelques autres Sommes qu'ils y joignirent à faire ce *Colosse*. Charès y travailla pendant douze ans. Il fut commencé l'An du Monde 3700, & renversé par un Tremblement de terre, soixante ans après qu'il eut été érigé. *Plin. L. 34. C. 7. Strabon. L. 14.*

Les Rhodiens feignant de vouloir relever le *Colosse*, firent des Quêtes

Quêtes chés tous les États Grècs ; & chés tous les Rois d'Égypte, de Macédoine, de Syrie, du Pont, & de Bithynie ; ils fçurent fi bien éxagérer leur perte, que la cueillette qu'on fit pour eux, alla pour le moins à cinq fois autant que leur véritable perte. Au lieu d'employer cet Argent à rétablir leur *Coloffe*, ils prétendirent que l'Oracle le leur avoit défendu, & gardèrent pour eux cet Argent. Le *Coloffe* demeura abattu pendant 894 ans ; au bout defquels l'An de Jefus-Chrift 672, Mœvias fixième Calife des Sarrafins, ayant pris Rhodes, vendit l'Airain du *Coloffe* à un Marchand Juif, qui en eut encore la charge de neuf cens Chameaux : ce qui en comptant huit Quintaux pour une charge, fe montoit encore à 7200 quintaux ; ou à 720000 livres. *Polib. L. 5. & Strab. L. 14.*

AUTRE SEPTÉNAIRE.

Les Sept Arts employés par l'Architecture.

Sçavoir,

La Sculpture. La Peinture. La Dorure. Les Glaçes. Les Marbres. La Serrurerie. La Menuiferie.

DE LA SCULPTURE.

1. La *Sculpture* eft un Art, qui, par le moyen du deffein & de la matière folide, imite les objèts palpables de la nature. Il eft difficile & peu important de démêler l'Époque de la naiffance de ce bel Art ; elle fe perd dans les Siècles les plus reculés ; & une réfléxion qu'on peut faire ici, c'eft qu'en général tous les Arts d'Imitation, comme la *Peinture*, l'*Architecture*, la *Sculpture*, la *Mufique*, &c. ont une Origine très-ancienne, & même inconnuë ; parce qu'étant les plus fenfibles, ils ont dû peu coûter à l'Invention.

Les Sculpteurs ont commencés à travailler fur la terre & fur la cire, qui font des matières flexibles & plus aifées à traiter, que le bois & la pierre. Bientôt on fit des Statuës, des Arbres, qui ne furent point fujèts à fe corrompre, ni à être endommagés des vers ; comme le Citronnier, le Cyprès, le Palmier, l'Olivier, l'Ébène, la Vigne, &c. Enfin, les Métaux, l'Yvoire, & les pierres les plus dures, furent employés ; le Marbre furtout, devint la matière la plus précieufe & la plus eftimée pour les Ouvrages de *Sculpture*.

Parmi les Peuples où ce bel Art fut le plus en honneur, les Égyptiens tiennent le premier rang. Cette Nation étoit ingénieufe à marquer fa reconnoiffance, & à conferver la Mémoire des Rois fes bienfaiteurs. Ce fut dans cette vûë qu'elle éleva, dès les premiers tems, deux Statuës Coloffales ; l'une à Mæris, & l'autre à la Reine fon époufe. Les Sculpteurs Égyptiens excellèrent principalement dans la juftefle des proportions ; les différentes parties d'une Statuë étoient fouvent travaillées par différens Artiftes ; & ces parties dans leur réunion, faifoient un tout parfait.

La *Sculpture* n'étoit point inconnuë aux Ifraëlites ; il en eft fait mention dans plufieurs endroits de l'Écriture. Dieu voulut être honoré par le miniftère des Sculpteurs, dans la conftruction de l'Arche d'Alliance ; il préfida en quelque forte, lui-même à l'Ouvrage, & fe forma un Ouvrier digne de travailler pour lui. *Exod. 31.*

Les Hiftoriens Grècs ont voulu placer la naiffance de la *Sculpture* dans leur Pays, & ils en ont attribué l'Invention à l'Amour. Une Amante frappée de voir le Portrait de fon Amant tracé fur le mur, par l'Ombre que faifoit une Lampe, en fuivit éxaƈtement les traits : voilà, difent-ils, l'Origine de la Peinture & de la *Sculpture*. Quoi qu'il en foit, il eft certain que les Commencemens de la *Sculpture* furent très-grossiers dans la Grèce ; mais Dédale ayant fait un séjour en Égypte, se perfectionna dans cet Art ; & forma à son retour, des élèves qui se firent admirer du Peuple, dont le goût n'étoit point encore éclairé par les Chefs-d'Œuvres que Phydias, Myron, Lysippe, &c. firent voir dans la suite, & qui sont encore recherchés ; soit à cause de l'Imitation la plus parfaite de la belle nature, soit par rapport à la vérité de l'Expression, & pour la correction du Dessein.

Les Grècs assujettis aux Romains, dégénérèrent insensiblement ; & les Arts, ennemis de la contrainte, les abandonnèrent. La *Sculpture* ne fit point à Rome des progrès bien considérables ; son plus beau règne fut, avec celui de tous les Arts, sous l'Empereur Auguste. Elle languit sous Tibère, Caïus & Claude ; & reprit ses forces sous Néron : mais cet Empereur avoit un goût pour les Statuës Colossales ; qui fit plus de tort à la *Sculpture*, que s'il l'eût entièrement négligée.

Nous ne parlerons point ici de la *Sculpture Gothique*, qui puisoit ses règles plutôt dans le Caprice de l'Imagination, que dans l'Étude de la Nature.

L'Époque de la *Sculpture* en France & en Italie, est la même. Michel Ange travailloit à Rome, sous le Pontificat de Léon X : Tandis que Jean Goujon se faisoit admirer à Paris, sous le règne de François I. Ce Bel Art se soutient encore avec éclat, chés ces deux Nations. *Diction. des Beaux Arts.*

De la Peinture.

2. Par le terme de *Peinture* dont on se sert ici, on ne prétend pas parler des diverses parties de l'Art de peindre ; mais seulement des Couleurs qu'on employe sur le bois, le fer, le plomb, & toutes matières qu'il convient Peindre, ou imprimer

d'une ou de plufieurs couches ; autant pour la conferver, que pour la rendre plus d'union par une feule Couleur.

La plus belle Couleur eft le Blanc ; parce qu'il augmente la lumière, & réjouit la vûë. Il y en a de plufieurs fortes. Le Blanc de Cérufe & le Blanc de Plomb s'employent à l'huile : pour les détremper, après qu'ils font broyés, on y ajoûte un poiffon d'huile de noix par livre de Couleur, ou demi-poiffon avec autant d'Huile de Thérébentine. Le Blanc de Roüen s'employe à détrempe avec la colle de gans ; & pour le rendre plus beau, on fait la feconde couche de Blanc de Plomb, ou de Cérufe.

Le Blanc qu'on nomme des Carmes, fe fait fur des murs bien fècs avec de la chaux de Senlis éteinte, où l'on mèt de l'Alun : on prend le deffus qui eft le plus pur, dont on mèt cinq ou fix couches ; & quand il eft fèc, on y paffe la main avec un gand blanc, pour le rendre plus luifant.

Le mélange du Blanc avec du Noir d'os, de charbon, ou de fumée produit la Couleur Grife. Il eft néceffaire de paffer un lait de chaux fur les vieux murs, avant que de les Peindre en détrempe.

Le Jaune fe fait d'Ocre, qui s'employe à l'huile & en détrempe : il faut plus d'un poiffon d'huile par livre de Couleur, & on en mèt deux couches ; dont la première doit être plus forte d'huile, que la feconde.

La Couleur d'Olive fe fait avec de l'Ocre jaune, du blanc & du noir de charbon. Le Brun rouge ou rouge brun, eft un Ocre brûlé, & il s'employe comme l'Ocre jaune. On peint avec du Bleu d'Inde, ou d'émail, ou avec de la cendre bleuë ; les Ornemens ou Grotefques que l'on veut Peindre en bleu fur des fonds blancs.

Le Verd, dont on fe fert pour Peindre les Treillages, les Portes, Grilles & Bancs des Jardins, fe fait de Verd de montagne ; on l'employe avec du Blanc de Cérufe, & l'on en peint la feconde couche ; (la première étant de blanc pur) : & après on met le Verd de montagne pur, qui devient plus beau avec le tems. Le Verd de Gris eft moindre, & noircit davantage que celui de montagne. Le tout s'employe avec l'huile de noix, qui eft meilleure que celle de lin : on fe fert d'huile graffe, de mine de plomb & de couperofe, pour faire fécher les Couleurs qui peuvent être couchées fur la Pierre, le Plâtre, le Bois, le Fèr & le Plomb. Tout ce qui eft expofé à l'Air fe fait à l'huile ; on réferve pour les dedans, les Couleurs à détrempe.

Lorfque la Menuiferie eft travaillée avec foin, & que le Bois en eft d'une belle couleur ; on y donne feulement quelques Couches de Vernis, qui fe fait avec de la Gomme Adragant & l'Efprit de vin, après y avoir paffé une colle de gands : on fuit la même Pratique pour le Vernis de Venife. On fait auffi un Vernis d'huile graffe & de litarge bouillis enfemble, lorfque les lieux font humides, & pour les dehors. *Louis Savot.*

DE LA DORURE.

3. Pour peu que les Appartemens foient décorés, on *Dore* les Moulures & les Ornemens, dont les Lambris font enrichis, laiffant les panneaux & le refte blanc, ou couleur de bois.

Voici en quoi confifte la Pratique pour *Dorer* d'Or en feuilles. Après avoir mis plufieurs Couches de blanc, on pofe une couche d'Ocre blanc, ou de Rouge brun ; & on paffe un Or couleur, fur quoi on applique l'Or en feuilles. Il fuffit qu'il y ait deux Impreffions fur le Bois, & trois fur le Plomb ; mais fur le Fèr, pour le garantir de la roüille, il en faut cinq ou fix ; dont la première eft de Blanc fort légère, & les autres d'Ocre ou de Rouge brun ; fur quoi on pofe l'Or couleur, enfuite l'Or en feuilles. Quant à l'Or bruni fur le bois, on mèt cinq ou fix

Couches légères de Blanc, puis l'affiette compofée de Bol d'Arménie ; les Ornemens de couleur peuvent être à fond d'Or mat, ou bruni.

Les Camayeux fe font d'une même couleur, en y obfervant les jours & les ombres ; mais les plus riches font ceux dont le fond eft d'Azur, & les figures rehauflées d'Or. Les Jaunes fe nomment *Criage* ; & on en peint de plufieurs fortes, felon le Goût de celui qui les fait faire, & l'Union que demande le refte des Ornemens.

On peut auffi imiter le Bronze, qui fe fait de plufieurs manières ; fçavoir, Rougeâtre, Jaunâtre & Verdâtre.

Pour faire le Bronze, on fe fert de Cuivre battu & broyé ; plus il eft au feu, plus il rougit. Cette Couleur fe peut employer fur le Plâtre, le Bois, le Fer & le Plomb. Pour la rendre Rougeâtre, on y mêle du Rouge brun ; pour la faire Jaunâtre, on fait la Couche d'Ocre jaune pure ; & enfin lorfqu'on la veut faire Verdâtre, & reffembler au Bronze Antique ; il faut y paffer une Couleur d'Ocre jaune, avec du Noir d'Os. *Monfieur Félibien.*

Des Glaces.

4. De tous les Secrèts de l'Art, nous eftimons qu'il ne s'en eft trouvé aucun qui approche de faire les Miroirs ; peut-on defirer rien de plus Beau, ni de plus Merveilleux, que de voir un fujèt, qui repréfente jufqu'aux moindres actions des chofes qui lui font oppofées ; qui étale notre mérite, & qui nous reproche nos défauts. Ces vérités font trop connuës de tout le monde, pour en dire davantage ; puifque ce Précieux Miracle de l'Art, eft aujourd'hui également entre les mains des grands & des petits ; fans que ni les uns ni les autres réfléchiffent à fes belles & rares Qualités.

Architecture, Chap. V.

Pour faire les *Glaces*, on employe les matières cryſtallines. La différence qu'il y a de ce Travail, à celui de la Verrerie; c'eſt que ces matières étant bien fonduës & purgées, ſe jèttent ſur la Table: au lieu que les autres ſe cueillent avec la Canne, & ſe ſoufflent.

La Manière de jetter la matière vitreuſe & cryſtalline pour faire les *Glaces*, n'a pas été miſe en uſage auſſi-tôt que les Miroirs; car d'abord que l'Invention en fut trouvée, on n'avoit pas encore celle d'en faire de Grandes. Ainſi, comme ces *Glaces* étoient fort petites au commencement, les Ouvriers ſe contentoient de former une grande boſſe de leur matière cryſtalline au four, de la tailler enſuite avec des cizeaux, après l'avoir bien maniée ſur le marbre; & d'en faire des morceaux quarrés de la grandeur qu'ils deſiroient, qu'ils mettoient ſur une palette de fèr au fourneau, où ils les laiſſoient tant qu'ils ſe fuſſent étendus & unis. Alors ils les retiroient, & les mettoient dans un petit Fourneau fait exprès pour les recuire; en les ſtratifiant avec de la cendre bien fine & tamiſée. Ce petit fourneau étant plein, ils y donnoient peu de feu, & le laiſſoient refroidir de lui-même; puis retiroient leurs *Glaces*, & les faiſoient travailler.

Les petits Miroirs ronds ſe faiſoient, & ſe font encore de même: on fait une Boſſe, on l'allonge en tournant, tant qu'elle ſoit de la groſſeur que l'on veut: puis on la coupe avec les cizeaux comme les autres, on les mèt ſur la Palette de fèr pour les unir; & on les fait enſuite recuire au petit fourneau, puis on les polit.

Depuis ce tems-là, voulant faire de plus grandes *Glaces*, on trouva le moyen de les jetter comme on fait le métail; c'eſt-à-dire, ſur un ſable préparé comme celui des Fondeurs, & on les faiſoit plus grandes, en paſſant un Rouleau de Métail pardeſſus cette matière, pour l'étendre & la rendre égale & unie.

Ceux qui sont parvenus à les faire d'une Grandeur extraordinaire, comme elles se font à Muran près Venise, & dans nos Manufactures Royales, ont encore cherchés des moyens plus aisés & plus solides que le sable, qui a ses difficultés. Ils ont d'abord fait faire de grandes Tables de cuivre polies, sur lesquelles ils ont jettés leur matière ; mais ces Tables n'étant pas assés épaisses, la chaleur de la matière les faisoit travailler, de manière que les *Glaces* n'étoient pas bien unies. Depuis cela, ils ont eu recours au fèr ; & ils en ont fait faire des Tables fort épaisses, capables de résister à tout, qu'ils ont renduës très-unies & polies ; de manière qu'elles ont une grande solidité, & qu'elles sont durables.

A ces Tables, qui sont de la grandeur des *Glaces* que l'on veut faire, il doit y avoir une espèce de coulisse, de l'épaisseur que la même *Glace* doit être, que l'on pousse promptement aussi-tôt que la matière est jettée sur la Table ; pour l'étendre par-tout, & la rendre égale & unie.

Voilà la Manière usitée pour faire les Grandes *Glaces*, qui ne sont pas moins surprenantes qu'elles sont belles. Et si on considère le Point où on est aujourd'hui parvenu, par la Grandeur extraordinaire que l'on donne aux *Glaces* de Miroirs ; on admirera à quel degré de Perfection le Génie de l'Homme se peut porter, & qu'il est capable de tout entreprendre ; pourvû qu'il s'applique sérieusement à l'Étude des Sciences Profondes.

Après que vous avés fait recuire vos *Glaces*, il faut les poser en un lieu préparé sur le sable, afin qu'elles portent par-tout ; autrement on pourroit les casser en les travaillant. Alors avec du Sable très-fin & de l'Eau, & une molette propre à ce sujèt ; l'Ouvrier leur donne la première façon, en les frottant & polissant bien par-tout. Ensuite avec l'Emeri en poudre, l'Eau &
la Molette ;

la Molette ; ils donnent à ces *Glaces* un second poliment, qui les rend fort unies. Et lorsqu'elles sont dans l'état qu'elles doivent être, ils leur en donnent un troisième avec le Tripoli, pour les rendre douces ; & toujours avec l'Eau & la Molette, de manière qu'ils rendent ces *Glaces* dans la perfection où nous les voyons. Il y en a qui passent encore la Chaux d'Étain pour une quatrième préparation, afin de leur donner plus de Lustre.

Pour *bizeler* ces *Glaces*, on se sert du Grès avec l'Eau, qui use le cryſtal autant que l'on veut, en le frottant un tems convenable ; & de telle largeur que l'on desire.

Voilà toutes les façons qu'il faut donner aux *Glaces*, pour les rendre dans leur perfection : mais elles n'ont pas encore la qualité de Miroirs, puisqu'elle dépend de celle du Tain qu'il faut lui donner.

Ce n'est pas la *Glace* qui fait le Miroir, mais c'est le Tain ; puisque sans lui il seroit impossible qu'il pût représenter les objets qui lui sont opposés, aussi distinctement qu'il fait ; c'est pourquoi, ce Tain en achève la Beauté & la perfection.

Pour bien appliquer ce Tain, il faut avoir une Table bien unie & polie, qui soit plus grande que la *Glace* ; puis étendre dessus cette Table une ou plusieurs feuilles d'Étain d'Angleterre du plus fin, épaisse comme une feuille de papier ; de manière qu'il n'y ait aucun pli, ni raye, ni macule ; autrement votre Miroir auroit un défaut. Cela étant fait, prenés du bon Mercure, & le versés dessus la feuille de cet Étain, ensorte qu'elle en soit toute couverte. Étant bien imbibée de votre Mercure, vous coulerés votre *Glace* dessus, & elle s'y attachera. Après cela retournés votre *Glace*, & mettés des feuilles de papier bien unies sur le Tain, que vous presserés doucement en coulant la main pour en faire sortir le superflu du Mercure ; ensuite vous ferés fécher ce Tain au Soleil, finon à un Feu fort doux, & il fera parfait.

Comme il n'eft pas poffible de pofer auffi aifément les grandes *Glaces*, comme on fait les petites fur les feuilles d'Étain; il faut d'abord les pofer fur la Table du côté bizelé, & que celui où on doit appliquer le Tain foit en haut; puis appliquer pardeffus les feuilles d'Étain bien uniment : enfuite y verfer le Mercure, enforte qu'il puiffe diffoudre toutes les feuilles ; & peu de tems après mettre des feuilles de papier pardeffus comme nous avons dit, & preffer doucement en coulant la main pour ôter le fuperflu du Mercure, puis faire fécher comme deffus.

Le furplus de l'Ouvrage dépend des Miroitiers ; qui eft de mettre ces Miroirs dans des Bordures, & de leur donner tels Ornemens qu'ils defirent. *Art de la Verrerie, Tom. II.*

DES MARBRES.

V. Le *Marbre* eft une Pierre éxtrêmement dure, folide ; qui reçoit un beau poli, qui eft difficile à tailler. On en fait les ornemens des beaux Édifices; comme les Colonnes, les Autels, les Statuës, & quelquefois des Églifes entières dans les lieux où il abonde.

Il y a une infinité de *Marbre*, qui n'eft diftingué que par fes différentes couleurs, ou par les Pays dont on le tire. Il n'y a que le *Marbre blanc* qui foit tranfparent, quand il eft débité par tranches minces. Sous le genre de *Marbre* on comprend le *Porphire*, qui eft le plus dur, qui fe tiroit autrefois de la Numidie en Afrique. Le plus beau eft celui dont le rouge eft le plus vif, & les taches les plus blanches, & les plus petites. Le *Serpentin*, qui eft d'un verd brun; le *Granite*, qui fe tiroit de la Thébaïde, & dont l'un eft rougeâtre taché de blanc, & l'autre bleuâtre tacheté de gris.

On considère les *Marbres*; ou comme Antiques, ou comme Modèrnes. Par les Antiques, on entend ceux dont les carrières font perduës, ou inacceſſibles à notre égard; & dont on ne voit plus que des morçeaux. Par les Modèrnes, on entend ceux dont les carrières font ouvèrtes, & dont on peut tirer des blocs d'échantillon. Celui qui eſt compoſé de diverſes couleurs s'appelle *Jaſpe*. Le *Marbre de Grèce* eſt extrêmement eſtimé pour ſa blancheur. On tire de très-beau *Marbre* des Montagnes de Gênes.

Le *Marbre Africain* eſt en partie rouge brun, avec quelques veines de blanc ſale; & en partie couleur de chair, avec quelques filèts verds. Le *Marbre d'Auvergne* eſt couleur de roſe, mêlé de violèt, de verd & de jaune. Le *Marbre de Bacalvaire* en Gaſcogne eſt verdâtre, avec quelques taches rouges, & un peu blanc. Le *Marbre Balzato* eſt d'un brun clair ſans taches, mais avec quelques filèts gris ſi déliés, qu'ils reſſemblent aux cheveux qui commençent à griſonner. Le *Marbre de Barbançon* en Hainaut eſt noir, veiné de blanc. Ce *Marbre* eſt aſſés commun. Le *Marbre de la Sainte Baume* en Provençe eſt blanc, & rouge mêlé de jaune. Le *Marbre gris noir* eſt Antique. Le *Marbre* blanc des Pyrénées vèrs Bayonne eſt moins fin que celui de Carrare, ayant de plus gros grains. Il reſſemble au *Marbre* blanc Grèc antique, dont les Statuës Grècques ſont ſculptées: mais il n'eſt pas ſi beau. On s'en ſert pour les Ouvrages de Sculpture. Le *Marbre* blanc veiné, eſt mêlé de grandes veines, de taches griſes, & de bleu foncé ſur un fond blanc. Il vient de Carrare. Le *Marbre* blanc & noir antique eſt très-rare; parce que les carrières en ſont perduës. Il eſt mêlé de blanc pur, & de noir très-noir par plaques. Le *Marbre bleu turquin*, eſt mêlé de blanc ſale, & vient des côtes de Gênes. Le *Marbre de Boulogne* en Picardie, eſt une eſpèce de Brocatelle; mais les taches en ſont plus grandes, & mêlées de quelques filèts rouges. Le *Marbre de Bourbonnois* est d'un rouge sale, & d'un gris tirant sur le bleu, mêlé de veines d'un jaune sale.

Il y a encore une sorte de *Marbre* qu'on appelle Brèche. C'est un nom commun à plusieurs sortes de *Marbre*, qui sont par taches rondes, de diverses grandeurs & couleurs, formées du mélange de plusieurs cailloux; & qui n'ayant point de veines comme les autres, se cassent par brèches: ce qui leur a fait donner ce nom par les Ouvriers. Voyés Daviler qui en compte jusqu'à 78 sortes.

En parlant des défauts du *Marbre*, on dit qu'il est Fièr; c'est-à-dire, trop dur, & sujèt à s'éclater: *Filardeux*, c'est-à-dire, qu'il a des filèts; *Pouf*, c'est-à-dire, qui ne retient pas ses arrêtes; *Terrasseux*, c'est-à-dire, qui a des tendres qu'on appelle *terrasses*, qu'il faut remplir avec du mastic. On dit que le *Marbre* est *Brut*, quand il est par blocs d'échantillon, & tel qu'il vient de la carrière: *Marbre dégrossi*, lorsqu'il est équarri avec la sçie, & avec la pointe; selon une forme d'échantillon de commande: *Marbre ébauché*, est celui qui est travaillé à la double pointe pour la Sculpture. *Marbre fini*, est celui qui est travaillé avec le petit cizeau, & la rape qui adoucit; dont les creux sont évidés avec le trépan, pour dégager les ornemens, & mettre l'ouvrage en l'air. *Marbre poli*, est celui qui après avoir été frotté avec le grais & le rabot; ensuite repassé avec la pierre de ponce, est enfin poli au bouchon de linge à force de bras avec la potée d'émeril, pour les *Marbres* de couleur; & de la potée d'étain pour les *Marbres* blancs. En Italie on polit le *Marbre* avec un morceau de plomb, & de l'émeril. *Dictionnaire de Trévoux*.

Par le dénombrement que je viens de faire des *Marbres*, on peut avoir connoissance de la plûpart de ceux qu'on employe aujourd'hui. Ils se vendent tous au pied cube, & leur prix dépend de la rareté du *Marbre*, & de la grosseur du Bloc : ils sont presque tous de même poids, mais de différente dureté. Le *Marbre* n'a point généralement de lit, & il est sujet à s'éclater, à cause des fils qui s'y rencontrent ; outre que l'inégalité de sa dureté, & les clouds qui s'y trouvent le rendent difficile à tailler ; particulièrement celui d'une même couleur, comme le blanc. Tous les *Marbres* reçoivent assés bien le poli ; mais il est nécessaire que les Paremens en soient bien dressés au cizeau, quoique sçiés ; parce qu'étant luisans, les Paremens gauches & par ondes y sont sensibles. *Diction. d'Architecture.*

DE LA SERRURERIE.

VI. Tout le Fèr qui s'employe dans les Bâtimens, sert, ou à la Solidité, ou à la Sûreté ; ou à l'un & à l'autre. Celui qui sert à la Solidité, est réputé gros fèr ; comme les Tirans, Ancres, Linteaux, Platte-bandes, Boulons, Manteaux de cheminées, Barres de Trémies, &c. Et celui qui sert à la Sûreté pour la fermeture des lieux, est appelé Fèr de menus Ouvrages ; comme Serrures, Pantures, Fiches, Targettes, Loquèts, &c. Ce n'est pas qu'il n'entre aussi du Gros Fèr, dans ce qui regarde la Sureté ; comme les Barreaux des croisées, les Barres & Fléaux pour fermer les portes.

Le Fèr dans les Édifices a cet avantage, que par son moyen un mur de moindre épaisseur subsiste mieux qu'un plus gros, où il n'y en a point. On mèt à présent les Ancres dans œuvre aux murs de façe, & entaillées dans les chaînes de pierres ; parce que lorsqu'elles paroissent au-dehors, quoique cette manière semble plus solide, les façades en reçoivent une grande difformité. Mais comme le Fèr, enfermé dans la pierre & le mortier est sujèt à se rouiller ; on se sert d'une Précaution dans les Édifices confidérables, qui eſt de l'envelopper de plomb mincé ; ce qui, à la vérité, le garantit un peu de l'humidité de la pierre ; mais ne peut cependant empêcher qu'il ne jètte ſa rouille au-dehors.

Pour revenir à l'uſage du Fèr, il eſt important de n'en mettre que dans les endroits qui en ont beſoin, & qu'il ſoit d'une groſſeur convenable ; parce que non-ſeulement la dépenſe en eſt grande, à cauſe du poids ; mais auſſi parce qu'il diviſe la liaiſon dans les petits murs. Ainſi la quantité du Gros Fèr n'eſt utile que dans les grands Édifices, où les pierres étant des plus gros quartiers, l'altération qui s'y fait pour les percer & boulonner, n'eſt pas ſenſible.

Le Fèr eſt principalement néceſſaire pour empêcher les Arcs & les Platte-bandes de s'écarter ; auſſi eſt-ce le ſeul remède pour retenir les Édifices qui menacent ruine, ce qui n'arriveroit pas ; ſi, par une judicieuſe précaution, on en avoit mis en les bâtiſſant. C'eſt par le moyen du Fèr, que les Ouvrages Gothiques, que nous appellons Modèrnes, ſubſiſtent avec admiration ; ce qu'on reconnoît par leur démolition, où il ne ſe trouve pas une pierre au-deſſus des maſſifs, qui ne ſoit ſcellée en plomb avec des Boulons ou des Goujons de Fèr.

La Solidité des Édifices demande que les groſſeurs ordinaires du Gros Fèr, tel qu'il eſt livré par les Marchands, ne ſoient pas diminuées ; il faut ſe contenter de le forger des longueurs & formes néceſſaires dans ſes éxtrémités ; car un Tiran ne manque pas par ſa groſſeur, qui eſt d'environ quinze lignes ; mais plutôt par l'œil ou le crochèt, lorſqu'ils ne ſont pas bien forgés. Or c'eſt dans le choix de ces groſſeurs, que conſiſte l'œconomie de celui qui conduit l'Ouvrage, d'autant que l'ouvrier ne s'attache qu'à multiplier les cents de Fèr ; ainſi il faut que l'Entrepreneur ſçache ce qu'un Ancre, un Tiran, & les autres pièces doivent avoir de gros; & par conséquent de poids fur leur longueur, à proportion de la grandeur de l'Édifice.

Les Manteaux de cheminées ont ordinairement de groffeur douze lignes fur quatre à cinq pieds de longueur, les Linteaux & Platte-bandes quinze lignes; & les Barres de Trémies, qui font de Fèr plat, trois pouces fur fix lignes d'épaiffeur : mais il eft impoffible d'écrire fur ce fujet, fans entrer dans un Détail ennuyeux, à caufe de la variété des Ouvrages, & de la différente pratique des Ouvriers.

Tout le Fèr qui paroît au-dehors doit être imprimé de quelque couleur, pour éviter la roüille : on le peint en verd dans les Jardins; & l'on peint en noir les Portes des Veftibules, les Rampes d'Efcaliers, les Balcons & les Clôtures de Cours, Chœurs d'Églifes & Grilles de Couvents; dont on peut dorer fort à propos les Liens & les Ornemens, tant de Fèr enroulé, que de Tôle relevée, felon la dignité du lieu & la dépenfe qu'on veut faire. *Daviler.*

Le Fèr des menus ouvrages qui fert à la Sureté, confifte en plufieurs pièces qui n'ont d'autre Ufage, que d'ouvrir & fermer les lieux; comme les Serrures, Verroux, Targettes, Loquèts, Fiches fimples, à Doubles Nœuds & à Vafes, Heurtoirs, Boutons, Rofettes, Entrées, Crampons & autres; qui doivent être proportionnés aux Portes, Croifées & Placarts où ils font appliqués. *Parfait Œconome.*

La Serrure eft un petit inftrument de fèr fort artifte, qu'on attache à la porte d'une maifon, au guichèt d'une armoire, à un coffre pour le fermer fi bien, qu'on ne le puiffe ouvrir fans avoir la clef propre à laquelle il a relation. C'eft la principale pièce des menus Ouvrages de Serrurerie, qui a différens noms, garnitures & formes, felon les portes qu'elle doit ouvrir & fermer; qui eft au moins compofée d'un pêne qui la fèrme, d'un reffort qui la fait agir, d'un faucèt qui couvre ce reffort, d'un canon qui conduit la clef ; & de plufieurs autres pièces renfermées dans fa cloifon, avec une entrée ou écuffon au-dehors. *Trévoux.*

Il y a différentes fortes de Serrures. Celles qu'on faifoit anciènnement, tant des portes que des coffres & des cabinèts, s'attachoient en-dehors ; & M. Félibien remarque, qu'il y a encore des lieux où les Ouvriers en cet Art font obligés d'en faire de femblables pour leur chef-d'œuvre, quand ils fe font paffer maîtres. On appelle *Serrures Befnardes*, celles qui s'ouvrent des deux côtés. Elles font garnies d'une, de deux ou de trois planches fenduës qui paffent par la clef ; *Serrures Treffières*, celles qui n'ouvrent que d'un côté ; *Serrures à houffette*, celles qui font ordinairement pour des coffres fimples, elles fe ferment à la chûte du couvercle, & s'ouvrent avec un demi-tour à droit. Il y a certaines Serrures qu'on nomme *un pêne en bord ;* parce que le pêne doit être plié en équèrre par le bout, & recourbé en demi-rond pour faire place au reffort ; & d'autres appellées *à deux fermetures*, à caufe qu'elles fe ferment par deux endroits dans le bord du palaftre. Les *Serrures à reffort* fe ferment en tirant la porte, & on les ouvre par le dehors avec un demi-tour de clef ; & par dedans avec un bouton qui fe tire avec la main. Les *Serrures à pêne dormant*, ne fe ferment & ne s'ouvrent qu'avec la clef. Il y a encore des *Serrures à clenche*, qu'on mèt aux grandes portes des maifons, & qui font ordinairement compofées d'un grand pêne dormant à deux tours, avec un reffort double par derrière. *Dictionnaire de l'Académie.*

Quant à la qualité du Fèr propre à ces fortes d'Ouvrages, on doit y employer le meilleur, qui ne foit ni aigre, ni caffant ; mais bien forgé, bien limé, poli & rivé ; les refforts & mouvemens en doivent être faciles & folides ; les clèfs des Serrures

ni trop

ni trop pefantes, ni trop courtes, & le panneton en doit être bien évidé. *Dićtion. de Trévoux.*

De la Menuiserie.

VII. L'Ufage de la *Menuiferie* eft plus fréquent à préfent qu'il n'a jamais été ; tant pour la fanté, que parce que les Compartimens de Lambris en peuvent être ornés de Peintures & de Sculptures, qui tiennent-lieu de Tapifferies. La plus Belle *Menuiferie* éxige que les panneaux foient grands, d'une bonne épaiffeur, & affemblés avec des Clèfs. Les Lambris font ou feulement à hauteur d'appui, où ils montent jufqu'à la Corniche de la gorge de la Cheminée ; ou enfin jufque fous le Plafond : il eft alors plus à propos d'en faire les Corniches de bois que de plâtre, dans les lieux médiocres.

Le Parquet eft un affemblage de *Menuiferie* ; il fe fait, ou en Échiquier, ou en Lozanges ; & fouvent on les mêle enfemble : il doit avoir un pouce & demi d'épaiffeur, fur trois pieds en tout fens ; pofés fur des Lambourdes de trois à quatre pouces, fçelées quarrément ou diagonalement. Quand même la Chambre ne feroit pas d'équerre ; le Parquet doit être quarré ; parce que les Frifes & les Plate-bandes qui l'enferment, rachèptent le biais. Il doit auffi être entretenu par des frifes, & arrêté avec des cloux à tête perduë.

Les Lambris & revêtemens de *Menuiferie* en compartiment, fe font pour la Décoration des Appartemens ; comme les Trumeaux de glaçes, les Portes à placarts, les Cheminées, les Buffèts, &c. Ces efpèces de Lambris fe réduifent à deux principales ; les Lambris d'appui, & les Lambris à hauteur de chambre.

Les premiers, qu'on ne plaçe qu'au pourtour des Salles & des Chambres tapiffées, n'ont que deux pieds & demi ; ou tout au plus trois pieds fix pouces de hauteur. Comme on exhausse beaucoup les Appartemens, on s'en sert pour revêtir les Murs au-dessous des Tapisseries, & empêcher que l'humidité ne les pourisse, & que les dossiers des chaises ne les usent.

Les seconds servent à Lambrisser ou boiser les Chambres dans toute leur hauteur, depuis le dessus du Parquèt jusqu'au-dessous de la Corniche. Comme la Continuité & la ressemblance des mêmes Panneaux dans un même Lambris, ne produit rien de fort satisfaisant pour les yeux ; on y introduit des Quadres, des Tableaux & des Pilastres disposés avec Simétrie de distance en distance ; & qui répondent aux parties qui leur sont opposées. Les Ornemens qu'on y distribuë à propos, concourent encore à en augmenter la richesse.

M. Félibien observe, que lorsqu'on attache des lambris contre les poutres ou solives, il faut laisser de petits trous ; afin que le vent y passe, & qu'il empêche que le bois ne s'échauffe étant l'un contre l'autre ; ce qui se fait pour prévenir les accidents qui peuvent arriver par les lambris attachés aux planchers contre les solives ou poutres, que la pesanteur du bois fait affaisser & arréner, & même se gâter & se corrompre, sans que l'on s'en apperçoive.

On affecte de donner beaucoup de Légèreté & de Variété à tout ce qui compose les Lambris. Les Ornemens doivent être fort délicats, & laisser beaucoup de vuide entr'eux. On en voit qui le disputent pour la Beauté du Travail, avec les Ouvrages de cizelure des plus recherchés.

Les Formes des Quadres se varient à l'infini, & il n'est pas nécessaire de leur donner beaucoup de Relief ; l'on en peut dire autant des parties de Lambris qui forment les Avant-corps, leur Saillie doit être peu considérable ; car rien n'est si désagréable, que de voir des ressauts trop marqués dans une même continuité de Lambris. Plus les Panneaux sont grands, plus ils font un bel effèt. C'étoit autrefois l'Ufage de les féparer par des Frifes ; & on ne fçavoit guères leur donner d'autre Forme que celle du Quarré. Les Connoiffances des Ouvriers n'alloient pas plus loin ; mais aujourd'hui que la *Menuiferie* s'eft extrêmement perfectionnée, & qu'il n'y a plus de Forme, quelque irrégulière qu'elle foit ; tant fur le Plan que fur l'élévation, qui ne s'éxécute facilement : on s'étudie tous les jours à en imaginer de nouvelles ; & nos Architectes ont affurément de quoi s'applaudir de leurs heureufes Découvertes. Mais ce qui relève particulièrement la Beauté & la Magnificence des Nouveaux Lambris, ce font les Grandes Glaces qu'on y incorpore, & qu'on place fur les Cheminées, en face de ces mêmes Cheminées, dans les Trumeaux des Croifées, & jufques dans les Angles des Chambres, que l'on forme pour cela en Pan coupé. Tant de Glaces dans un même lieu ne peuvent manquer d'y produire un coup d'œil charmant.

Plus les Portes des Chambres font hautes, plus elles font un bel effèt ; elles ont quelquefois jufqu'à douze pieds de hauteur. Le plus fouvent on les ferme Quarrément, mais lorfqu'elles font bombées dans leur Fermeture, & qu'on veut que les Ventaux des Portes fe rangent dans l'embrafure ; il eft néceffaire de remplir le Ceintre avec un Panneau. Souvent l'on répète le Placart des Portes aux éxtrémités des Enfilades d'Appartemens, pour faire croire qu'il y a par de-là d'autres pièces ; & ce qui eft très-commode, ces Placarts s'ouvrent, & forment des Armoires.

On enrichit le Deffus des Portes avec des Tableaux, l'on y peint quelquefois des Ornemens Grotefques ; & l'on y met un Panneau de *Menuiferie*, enrichi d'Ornemens de Sculpture ; & fouvent, pour une plus grande variété, on y place un Tableau au milieu de ces fortes d'Ornemens. *Daviler.*

CHAPITRE VI.

DUODÉNAIRE DE L'ARCHITECTURE.

Douze fortes d'Architecture :

Sçavoir,

La Ruſtique,	*la Toſcane*,	*la Dorique*,
L'Ionique,	*la Corinthienne*,	*la Compoſite*,
La Militaire,	*la Sacrée*,	*la Profane*,
La Publique,	*la Privée*,	*la Navale*.

I. L'*Architecture Ruſtique* eſt celle qui approche le plus de la Simplicité de la nature.

II. L'*Architecture Toſcane* eſt fort ſimple, & dépourvûë d'Ornemens : on la mèt rarement en uſage, ſi ce n'eſt pour quelque Grand Édifice, tel qu'un Amphithéâtre, &c.

III. L'*Architecture Dorique* a beaucoup de Solidité. C'eſt pourquoi on l'employe ordinairement dans les Grands & Magnifiques Édifices, où la délicateſſe des Ornemens paroît déplaçée; comme aux Portes des Citadelles, des Villes, aux dehors des Temples, aux Plaçes Publiques, &c.

IV. L'*Architecture Ionique* tient le milieu, entre la Manière ſolide & la délicate; on la diſtingue particulièrement, par des Volutes ou des Cornes de Bélier au Chapiteau; le fuſt de ces Colonnes eſt ordinairement cannelé : elle ont communément vingt-quatre cannelures. Quelquefois ces cannelures ſont mêlées de baguettes ou bâtons ronds au bas de la Colonne, à la différence du haut, qui eſt ſtrié & cannelé en creux ſans autre Ornement.

Page 400 bis.

Plan d'une ROTONDE, ou ÉGLISE DÉDIÉE A LA S.te TRINITÉ. de la Composition du Sieur LE GEAY Architecte.

Echelle de dix Toises

On présente ici sous les yeux des personnes studieuses, le Plan, la Coupe, et l'Élévation d'une ROTONDE, ou ÉGLISE d'une composition nouvelle, afin d'exciter de plus en plus, et réveiller l'attention des Amateurs pour l'Architecture. Qu'il seroit à souhaiter, qu'une semblable Église fut exécutée à Paris; il ne manque plus à cette Capitale qu'un morceau dans ce genre, pour réunir dans cette grande Ville, toutes les beautés en Architecture des Grecs et des Romains.

Tome II, partie I.re   Ch. R. G. Poulleau, delin. et sculp.

V. L'*Architecture Corinthienne* est la plus délicate & la plus riche. Son Chapiteau est orné de deux rangs de feuilles, de huit grandes Volutes, & de huit petites qui semblent soutenir le Tailloir. Sa Colonne avec sa base & son Chapiteau, a dix diamètres de hauteur, avec la Corniche.

VI. L'*Architecture Composite* est formée de l'Ordre Ionique, & de l'Ordre Corinthien; elle en rassemble tous les Ornemens. Son Chapiteau est orné de deux rangs de feuilles imitées de l'Ordre Corinthien, & de Volutes prises de l'Ordre Ionique. Sa Colonne est de dix diamètres de haut, & sa Corniche a des denticules ou modillons simples.

VII. L'*Architecture Militaire* est celle qui pourvoit à la Sûreté; en prescrivant des règles pour fortifier les Places.

VIII. L'*Architecture Sacrée*, est entièrement & spécialement destinée pour la plus Grande Magnificence des Églises.

Voici le Détail des parties nécessaires à une belle Église.

On entre dans une Vaste Nef voûtée, & accompagnée de Colonnes ou Pilastres très-hauts, qu'on nomme *Piliers*; ayant de chaque côté des Voûtes plus basses, qui forment deux Grands Corridors nommés les *Bas côtés*; dans toute la longueur desquelles sont espacées plusieurs Belles *Chapelles*.

Au-dessus de la principale entrée est un *Jubé* qui soutient un Buffet d'Orgue. Les Bas côtés de la Nef aboutissent à un retour d'Équerre que fait la Nef de chaque côté, qu'on appelle la *Croisée*; ce qui forme un grand espace avant le Chœur, qui est fermé par une Magnifique *Grille de fer* ornée de Pilastres & de dorures.

Quelquefois le *Maître Autel* est isolé, surmonté d'un Baldaquin, & fermé par une Baluſtrade ; il tient la place de la Grille, ayant le Chœur derrière lui.

Des deux côtés du Chœur ſont placés les *Stales* (qui ſont les Sièges des Prêtres) de la plus belle Menuiſerie ſculptée. Enfin le *Maître Autel* (lorſqu'il n'eſt pas iſolé, comme on vient de dire), fait le fond du Chœur, qui eſt fermé dans ſon pourtour par des *Grilles de Fer* à chaque Arcade.

Il y a des Chœurs couverts par *des Dômes* très-élevés. Les Égliſes des États Catholiques, ſous la protection de la Vierge, ont *une Chapelle de la Vierge* derrière le Chœur, où les bas côtés, qui prennent après la croix, & entourent le chœur, vont aboutir aux autres endroits qui ne ſont point ſous l'Invocation de la Vierge, c'eſt *la Chapelle de la Communion*.

Sous quelques-unes de ces Magnifiques Égliſes, on a pratiqué *une Égliſe Souterraine*. Ce qu'on nomme *les Charniers*, eſt certaines Galleries qui tiennent à l'Égliſe, en dehors ; on y donne quelquefois la Communion, on y place tous les Confeſſionaux, on y marie, &c. *Du Notionnaire.*

IX. L'*Architecture Profane*, eſt ſpécialement deſtinée pour les Spectacles.

Pour former une Salle de Spectacle, on bâtit un quarré long, ou bien on le trouve tout bâti, comme ſeroit un Jeu de Paulme ; on le ſépare tranſverſalement en pluſieurs parties, toutes de Charpente, ſçavoir :

Le Théatre.	*Pour les Acteurs.*
L'Orcheſtre.	*Pour les Muſiciens.*
Le Parquet.	
Le Parterre.	
L'Amphithéâtre.	*Pour les Spectateurs.*
Les Balcons.	
Les Loges.	
Le Paradis.	

COUPE DE LA ROTONDE.

ÉLÉVATION DE LA ROTONDE.

Echelle de 20. Toises.

Le *Théâtre* pour repréfenter les Pièces, tient environ le tiers de la longueur de la Salle; fon plancher eft élevé de terre de trois à quatre pieds.

L'*Orchéftre* eft à raze terre, entre la cloifon qui foutient le devant du Théatre, & celle du Parterre. On le fait fuffifant pour tenir plufieurs Violons & Baffes, qui jouent entre les Actes des Comédies, Tragédies, &c. qu'on y repréfente; mais fi c'eft un Théâtre où l'on repréfente des Opéra, l'Orcheftre eft bien plus large; parce qu'il contient quantité de Joueurs d'Inftrumens qui doivent accompagner les Voix, & jouër des airs pendant tout le Spectacle.

L'*Orchéftre du Public* eft dans quelques Salles, un Efpace derrière celui des Violons, entre lui & la cloifon du Parterre; on y place deux ou trois rangs de Banquettes pour les Spectateurs.

Le *Parquet* dans quelques Salles eft une féparation entre l'Orcheftre du Public, & la Cloifon du Parterre; où on eft affis fur des Banquettes.

Le *Parterre* eft, pour ainfi dire, le milieu de la Salle; on y eft debout, il a devant lui toutes les pièces dont nous venons de parler; & derrière lui l'Amphithéâtre, & des Loges à fes deux côtés.

L'*Amphithéâtre* eft vis-à-vis du Théâtre, & à l'autre bout de la Salle: il eft élevé au-deffus du niveau du terrein, de cinq à fix pieds; la Cloifon qui le foutient pardevant termine le Parterre. Il occupe tout le refte de la Salle; il eft garni de plufieurs rangs de Banquettes, où on s'affeoit; & couronné par les côtés & derrière par la continuation des Loges, qui cotoyent le Parterre.

Les *Balcons* font de grandes Loges élevées aux côtés de l'Orcheftre, ou les deux côtés du Théâtre même, garnis de rangs de Banquettes qui fe regardent ; lefquelles font bornées par des Grilles de fèr de deux pieds & demi de haut, laiffant le milieu du Théâtre libre pour le Jeu des Acteurs. On appelle ordinairement ces Plaçes, *les Plaçes du Théâtre*.

Les *Loges* font autant de Niches ouvertes du côté de la Salle feulement, ayant chacune une porte pour y entrer ; elles font depuis le Théâtre tout le tour de la Salle, paffant par-deffus les côtés du Parterre, & en tournant l'Amphithéâtre. Il y en a plufieurs rangs l'uns fur l'autres ; Premières, Secondes, Troifièmes Loges ; derrière lefquelles à chaque Étage règne un Corridor, où toutes les Portes s'ouvrent.

Le *Paradis* eft le plus haut Étage, & près du Plafond ; celui-ci n'a point de féparation, deux rangs de Bancs en Amphithéâtre règnent autour.

Plufieurs Luftres & Lampions qui bordent le devant du Théâtre, éclairent la Salle.

Les *Décorations du Théâtre*, font des Chaffis de diftance en diftance, debout aux côtés du Théâtre, fur lefquelles font clouées des Toiles peintes en détrempe ; qui forment une Perfpective, laquelle repréfente le lieu fuppofé de la Scène, relatif à la Pièce ou à l'Acte qu'on jouë ; car fouvent à chaque Acte, on change les *Décorations* ; c'eft-à-dire, on retire en arrière ces Toiles, pour leur en fubftituer de différentes, qui repréfentent d'autres objets. Les Intervalles entre chaque Chaffis fe nomment les *Couliffes*. Le fond du Théâtre qu'on nomme la *Ferme*, eft le point milieu de la perfpective de tout le Théâtre ; on le change comme les *Décorations*.

La Salle des Spectateurs n'a d'Ornement, que les faces des Loges qu'on enrichit de Peintures, Sculptures & Dorures.

La *Toile* eft réellement une grande pièce de Toile qui ferme tout le devant du Théâtre ; on la lève jufqu'au Ceintre ou Plafond,

fond, dans lequel elle difparoît ; fur le champ la Pièce commence, & on la laiffe retomber dans le moment qu'elle finit. Cette Toile eft ordinairement peinte, ornée de figures ou de quelque Sentence Allégorique.

X. L'*Architecture Publique* eft fpécialement deftinée pour des Halles, ou Places Publiques ; où on tient ordinairement les Marchés de toutes fortes de denrées : Maifons ou Hôtels de Villes, Ponts de Pierre ou de Bois, Digues, Acquéducs, Fontaines, Citernes, Puits.

Les *Ponts de Pierre ou de Bois* font néceffaires pour traverfer les Fleuves ou les Rivières. S'ils font de Pierre, ils font foutenus par des Arches ou Voûtes de pierre de taille, au travers defquelles le courant de l'eau s'échappe. S'ils font de Bois, ils font conftruits avec des Pièces de Bois équarris, nommés *Bois de Charpente*.

Les *Digues* font des Murailles épaiffes de pierre ou de bois enfoncés en terre, nommés *Pilotis* ; qu'on oppofe aux eaux courantes, pour les empêcher de s'épancher fur les terres voifines.

Les *Acquéducs* font de fortes Murailles qui foutiennent des conduits, par lefquels les eaux courantes viennent fe rendre à un endroit déterminé.

Les *Citernes* font néceffaires dans les endroits, où il n'y a ni Fontaine, ni Rivière ; ce font des Voûtes fous terre peu enfoncées, où on donne pente aux eaux de pluye qui s'y purifient fur du Sable, & deviennent bonnes à Boire.

Les *Puits* font des Trous ronds en terre, plus ou moins profonds, revêtus de murailles ; au fond defquels il y a de l'eau de fource qu'on tire dans le befoin.

XI. L'*Architecture Privée* s'applique à la Conftruction des

Tome II. Part. I. *Fff*

Grandes Maisons, des Hôtels, des Châteaux presque aussi complètement décorés que les Palais des Rois.

On nomme simplement *Grande Maison*, celle d'un homme riche, qui s'est appliqué à embellir sa Maison, bâtie sur un terrain spacieux, & susceptible de Belle Architecture.

Un *Hôtel* est la même chose ; mais la Maison acquiert le nom d'*Hôtel*, lorsqu'elle est occupée par un Homme distingué dans l'État.

Un *Château* est l'habitation du Seigneur d'une terre ; il doit sa Décoration à l'opulence du Propriétaire.

Le *Palais d'un Souverain* est bien plus considérable que tout ce que dessus ; par la grande quantité de Bâtimens qui le composent, & par l'étendue de tout ce qui l'accompagne ; comme Parcs, Jardins, Orangeries, &c. D'ailleurs une de ses Anti-chambres se nomme *la Salle des Gardes*, où se tiennent les Gardes de son corps. Il y a Salle des Ambassadeurs, Salle du Trône, &c. *M. de Garsault.*

Dans les *Maisons Particulières*, il faut remarquer deux choses : les Dehors, & les Dedans.

Les Dehors sont :

La Porte Cochère *ou* Grande Porte.
Le Corps de Logis. *Voyés la Planche* A. A.
La Porte d'Entrée du Bâtiment. *Voyés la Planche* B.
Le Péristile. *Voyés la Planche* C. C.
Les Avant-corps. *Voyés la Planche* D.
Les Perrons. *Voyés la Planche* E. E.
Les Demi-Souterreins. *Voyés la Planche* F. F.
Les Toîts *ou* Couvertures. *Voyés la Planche* G. G.
Les Guérites *ou* Belvedèrs. *Voyés la Planche* H. H.

La *Grande Porte*, ou *Porte Cochère*, ou *Grille d'Entrée*, est

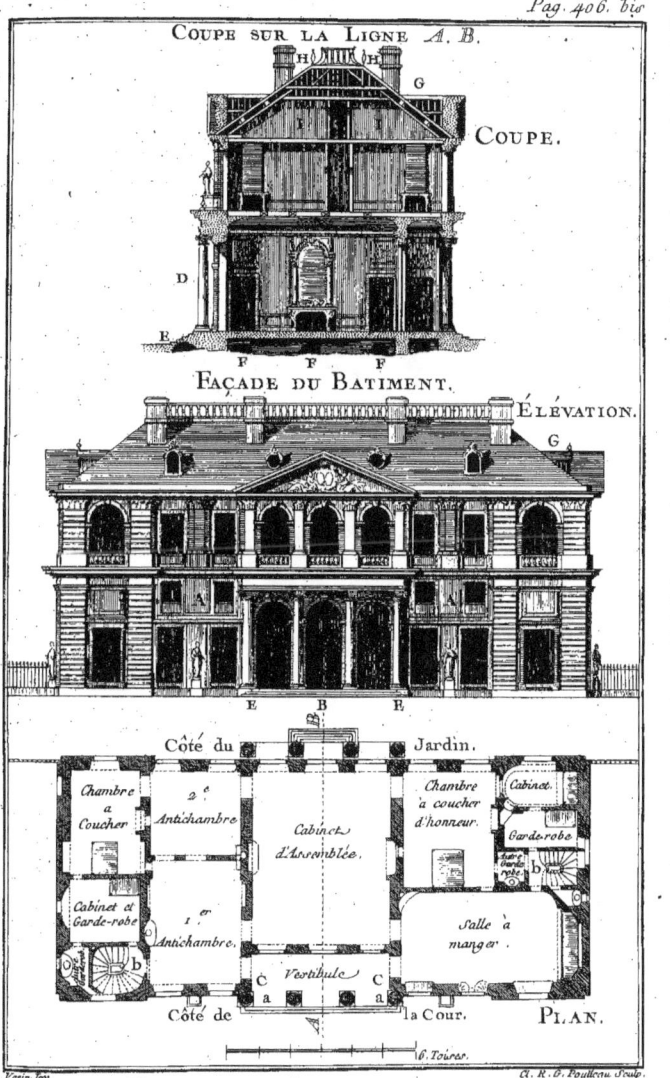

la Porte par où on entre dans toute l'enceinte. Elle eft communément ornée de Belle Architèéture & Sculpture. Si c'eft une Grille de fèr, elle eft également recherchée & décorée; la chambre du Suiffe ou la loge du Portier n'en eft pas loin.

Le *Corps de Logis* fe préfente en façe au bout des Cours, fes façades font rarement toutes unies; elles font ordinairement variées par deux Avant-corps aux deux bouts, & un au milieu; ce font des Saillies peu confidérables, conftruites pour interrompre l'uniformité du Bâtiment; lorfque les Avant-corps des bouts font plus fortans, & ont leurs toîts féparés du refte; on les nomme *Pavillons. Voyés la Gravure* A. A.

La *Porte d'Entrée du Bâtiment* doit être au milieu de l'Avant-corps du milieu; on y arrive communément par un Perron de quelques marches. Cette Porte éxèrce encore le Génie de l'Archiéte, qui la décore fuivant fon talent. *V. la Planche* B.

Le *Périftile* eft une efpèçe de Colonnade, accompagnée d'Arcades ouvertes, & placées en-dehors fur un Perron qui tient toute la façade du corps de logis, auquel il eft joint. Cette Décoration s'employe rarement. *V. la Planche* C. C.

Les *Perrons* viennent d'être traités en parlant de la Porte d'Entrée; on dira feulement qu'il fe fait des Perrons faillants & en dehors, d'une grande élégance pour defçendre dans des Jardins, ou fur des Terraffes. *Voyés la Planche* E. E.

Les *Demi-Souterrains* préfentent à la vûë un Étage de plus fur une façe, que fur l'autre. Ils fe pratiquent, lorfque l'on bâtit fur un terrein en pente, qui donne affés de profondeur du côté de la pente; pour y ajoûter un Étage, moitié fous terre, & moitié hors de terre. *Voyés la Planche* F. F.

Les Toîts ou Couvertures se construisent de bien des façons différentes,

Sçavoir :

En *Triangle Équilatéral*, ayant les deux côtés égaux à la base, ou plus pointus, ou plus plats.

En *Mansarde*, ou brisés dans le milieu de leur hauteur, le bas presque droit, & le haut presque plat.

A l'*Italienne*, ou presque plats, entourés d'un Attique ou Balcon de pierre, qu'on fait règner tout autour de l'Entablement.

En *Terrasse*, ou quasi plats, couverts de plomb, entourés de Balustres ; comme les précédens.

Les *Combles ronds* se font en Dôme ou à l'Impériale ; c'est-à-dire, qu'au-dessus du Dôme, ils se relèvent en pointe.

Tous ces dehors sont plus ou moins ornés d'Architecture ou de Sculpture ; comme Colonnes, Pilastres, Niches, Statuës, Masques, Bustes, &c.

Les *Guérites* ou *Belvedèrs* surmontent le haut du toît. C'est une seule Pièce quarrée ayant des jours des quatre côtés, surmontée d'une Terrasse entourée de Balcons, ou avec un Toît à l'ordinaire. Elles servent à découvrir au loin la vûë des Campagnes, ou à observer les Astres. *Voyés la Gravure* H. H.

Les Dedans sont :

Les Caves au vin, au bois, sous terre, & en demi-souterrains.
Le Rez de Chaussée, au niveau de l'entrée.
Les Escaliers pour monter aux Étages.
Les Entre-solles, qui coupent un Étage en deux.
Le Premier Étage.
Le Second, Troisième, Quatrième, &c. Étages.

Les Greniers fous les toîts. *V. la Planche*, *p. 406.* I. I.

Les *Caves* font voûtées ; quelquefois il y a double étage de Caves, des Caveaux, ou retranchemens dans les Caves ; fouvent les demi-fouterrains, dont on a parlé ci-deffus, fervent à y établir les Cuifines & les Offices.

Le *Veftibule* eft la première Pièce qu'on trouve en entrant dans le Bâtiment ; elle ne fert que de Paffage pour communiquer à toutes les autres. Le Veftibule traverfe quelquefois toute la largeur du Bâtiment. *V. la gravure, pag. 406. a. a.*

Le *Bas du Grand Efcalier* eft ou en face du Veftibule, ou à côté. Le Grand Efcalier monte jufqu'à l'Étage le plus haut, ou bien il ceffe au premier Étage ; & un Efcalier dérobé monte enfuite jufqu'au haut.

Les *Efcaliers* font des degrés de pierre commune, de marbre, ou de bois par lefquels on monte ; & l'on communique aux divers étages d'une maifon. Voici en quoi confifte la conftruction de cette partie effentielle d'un Édifice ; auquel, fuivant Scamozzi, elle eft auffi néceffaire que les veines au corps humain. Dans ce détail que j'ai tiré de *Palladio*, on trouvera tout ce qui a jamais été dit de plus curieux fur cette matière.

Les *Efcaliers* ont befoin de trois ouvertures, dont la première eft la porte où l'on y monte, laquelle aura d'autant meilleure grâce, qu'elle fera plus en vûë à ceux qui entrent dans la maifon : & j'approuve fort qu'elle foit placée dans un endroit, où, avant que d'y arriver, on puiffe voir la plus belle face de la maifon : car par ce moyen, quoique le Bâtiment foit petit, il paroîtra toujours grand ; mais il faut que cette porte foit apparente, & bien facile à trouver. L'autre ouverture, ce font les fenêtres néceffaires à porter le jour fur l'*Efcalier* : elles doivent être dans le milieu, & d'une forme affés haute, pour que la lumière fe répande par-tout également. La troifième eft l'ouverture par où l'on entre dans le grand Appartement ; celle-ci doit conduire dans les lieux les plus grands, les plus beaux, & les plus ornés de la maison.

Les *Escaliers* auront toutes les qualités requises à leur perfection, s'ils sont clairs, spacieux, & faciles à monter. Pour les rendre clairs, il leur faut donner un jour fort vif, & faire en-sorte comme j'ai dit, que la lumière se répande par-tout également. A l'égard de leur largeur, il suffit que, conformément à l'étenduë & à la qualité du Bâtiment, ils ne paroissent point étroits ni trop resserrés : néanmoins ils ne doivent jamais avoir moins de quatre pieds, afin que si deux personnes s'y rencontrent, elles puissent commodément passer sans s'incommoder. Ce sera une commodité dans la maison, que l'arcade de dessous l'*Escalier* puisse servir à retirer quelques meubles ; mais c'en sera une bien plus grande pour les personnes, que la montée ne soit ni trop droite, ni trop difficile : c'est pour éviter ce défaut, qu'il est à propos de lui donner deux fois sa hauteur en longueur. Les marches ne doivent pas excéder un demi-pied en hauteur ; & si on les veut tenir plus basses, principalement aux *Escaliers* continus & longs, ils en seront toujours plus commodes ; mais les marches ne doivent avoir jamais moins de quatre pouces. La largeur des marches ne doit jamais être moindre d'un pied, ni aussi excéder d'un pied & demi. Il suffit d'en mettre jusqu'à onze, ou tout au plus treize. Que si par-delà ce nombre il falloit encore monter plus haut, on y fera un *palier* ; que quelques-uns nomment *repos*, pour soulager les personnes foibles & lasses, qui y pourront prendre haleine ; & afin que si quelque chose venoit à tomber d'en-haut, elle puisse s'y arrêter.

Les *Escaliers* se font ou droits, ou à vis. Les droits se peuvent faire, ou mi-partie en deux branches, ou tout quarrés, enforte qu'ils tournent de quatre côtés. *V. la Pl. p. 406.* b. b.

Pour faire ceux-ci, on divise toute l'espace en quatre parties, deux desquelles sont pour les marches ; & les autres demeurent au vuide du milieu, duquel l'*Escalier* prendroit sa lumière s'il demeuroit découvert. On le peut faire avec le mur en-dedans ; & alors dans les deux parties qu'on donne aux marches, le mur même s'y enferme encore, quoiqu'il n'y ait point de nécessité de le faire. Ces deux manières d'*Escaliers* sont de l'invention de *Luigi Cornaro*, Gentilhomme Vénitien, Architecte célèbre, qui a donné le dessein d'une très-belle Gallerie, & d'un magnifique Palais qu'il a bâti à Padouë pour sa demeure.

Les *Escaliers* à limaçe, qui se nomment encore à coquille ou à vis, se font tantôt ronds, tantôt ovales, quelquefois avec un noyau ou colonne dans le milieu ; & d'autres fois vuides, principalement dans des lieux étroits, parce qu'ils occupent moins de place que les droits : mais ils sont aussi plus difficiles à monter. Ceux dont le milieu est vuide réussissent parfaitement bien, en ce qu'ils peuvent recevoir le jour d'en haut, & que tous ceux qui se trouvent au haut de l'*Escalier* voyent, & sont aussi vûs de tous ceux qui montent.

Les autres qui ont un noyau se font en cette manière. Le diamètre étant divisé en trois parties, on en donne deux aux marches, & la troisième demeure au noyau ; ou bien on divisera le diamètre en sept parties, dont le noyau du milieu en aura trois, & les quatre autres demeureront pour les marches ; ce qui a été précisément observé dans la montée de la Colonne Trajane : & si on faisoit des marches courbes, elles auroient fort bonne grace, & se trouveroient beaucoup plus longues que les droites.

Mais comme il peut arriver que pour une plus agréable ou plus commode disposition du terrein, on se trouve obligé de faire un *Escalier* à vis avec noyau, & que le terrain ne permette pas de garder éxactement les règles & proportions susdites ; alors on peut diviser le diamètre en treize parties, dont on donnera neuf aux marches, & quatre au noyau.

Mais le diamètre des *Escaliers* vuides étant divisé en quatre parties, on en donne deux aux marches, & les autres restent pour l'espace du milieu.

Outre toutes ces manières d'*Escaliers*, Marc-Antoine *Barbaro*, Gentilhomme Vénitien, & homme de génie, en a trouvé encore un autre à limaçe, dont on se peut très-utilement servir dans les lieux étroits : il n'a point de noyau ; & les marches étant courbes, paroissent fort longues : sa division est semblable à la précédente. Le compartiment de la forme ovale, est pareil à celui du rond. Cette figure est fort agréable, parce que toutes les fenêtres & les portes se rencontrent aux deux bouts & au milieu de l'ovale, ce qui est fort commode. *Palladio* en a fait un dans le Monastère de la Charité à Venise, qui est sans noyau ; il est d'une grande élégance.

On voit une autre belle manière d'*Escalier* à vis dans le Château de Chambor, bâti aux environs de Blois, par François I. en voici le dessein : ce sont quatre rampes d'*Escaliers* qui ont chacune leur entrée, & vont montant & tournant l'une dessus l'autre ; ensorte qu'étant placées au milieu du bâtiment, elles peuvent servir à quatre appartemens séparés, sans que de l'un on puisse passer dans l'autre ; & parce que le milieu est vuide, on voit monter & descendre tout le monde, sans qu'on vienne à se rencontrer.

On voit encore dans les Portiques de Pompée à Rome, proche le quartier des Juifs, trois *Escaliers* de la même espèce ; dont l'invention est très-belle, en ce qu'étant tous trois posés au milieu de l'Édifice, où le jour ne pouvoit venir que d'en-haut ;

l'Architecte

l'Architècte les avoit posés sur des colonnes, afin que la lumière se répandît également par-tout. A cette imitation, Brumante le plus fameux Architècte de son temps, en fit un semblable au Palais de *Belvéders* ; mais il n'y mit point de marches, il le composa des quatre principaux Ordres de Colonnes ; sçavoir, le Dorique, l'Ionique, le Corinthien, & le Composite. Pour faire les *Escaliers*, il divisa toute l'espaçe en quatre parties, deux desquelles étoient pour le vuide du milieu, & il en resta une à chaque côté des Marches & des Colonnes.

Il se trouve quantité d'autres manières d'*Escaliers* dans les bâtimens antiques ; comme de triangulaires, tels que ceux par où l'on monte à la coupe de la *Rotonde*, lesquels sont vuides au milieu, & prennent leur jour d'en-haut.

A Rome ceux de l'Église des Saints Apôtres, vers *Monte-Cavallo*, sont encore magnifiques : ces *Escaliers* étoient doubles, & ils ont servi d'éxemple à plusieurs qui les ont depuis imités : ils conduisoient à un Temple bâti sur le haut de la montagne. *Palladio* de qui j'ai extrait cet article, donne les desseins de ces différens genres d'*Escaliers au Livre Premier, Chap.* 28.

Les *Entre-solles* sont, pour ainsi dire, des demi-étages qu'on pratique dans un Étage ; lorsque ses planchers sont assés élevés pour qu'on puisse se tenir aisément debout dans l'Entre-solle.

Les *Anti-chambres* sont les premières Pièces où on entre ; il y en a quelquefois plusieurs de suite, première, seconde, troisième Anti-chambres. La seconde dans le Palais des Rois, est la Salle des Gardes ; parce que les Gardes s'y tiennent : la troisième est ou Salle à Manger, ou Salle d'Assemblée.

La *Chambre d'Assemblée*, ou *Sallon*, ou *Salle d'Assemblée* est ensuite, si on dispose ainsi les Appartemens.

Le *Cabinet d'Assemblée* est une grande Pièce dans l'intérieur de l'Appartement, qu'on destine à cet usage.

La *Chambre à coucher* est celle qui est destinée au Lit.

Les *Cabinets & les Garde-robes* sont de petites pièces, qui donnent ordinairement dans les Chambres à coucher ; & qui sont destinées les unes à se retirer pour travailler, les autres à serrer les hardes. *Du Notionnaire.*

XII. L'*Architecture Navale*, a pour objèt la construction des Vaisseaux.

AUTRE DUODÉNAIRE.

Douze Espèces ou sortes de Matériaux propres pour l'Architecture :

Sçavoir,

Les Pierres,	*le Sable,*	*la Chaux,*	*le Plâtre,*
le Bois,	*la Brique,*	*la Thuile,*	*l'Ardoise,*
le Bardeau,	*le Carreau,*	*le Pavé,*	*le Plomb.*

LES PIERRES.

I. Les Matériaux, ainsi que les manières de les employer, sont différens, selon les divers Pays : mais comme il seroit presque infini, & d'une trop longue discussion d'en faire le Dénombrement ; je ne m'attacherai qu'à parler de ceux dont on se sert à Paris. La situation avantageuse de cette Ville a beaucoup contribué à son accroissement ; les matières les plus nécessaires pour Bâtir n'en étant pas éloignées, & celles qui lui manquent y pouvant facilement être apportées par la Navigation. La Matière la plus utile dans les Édifices, c'est la *Pierre* ; & sous ce genre on comprend les Marbres de différentes couleurs ; les

Architecture, Chap. VI.

Roches de diverses espèces, & les *Pierres* de Carrières. Les dernières sont dures ou Tendres, & approchent plus de la blancheur que d'aucune autre couleur ; elles sont diversement employées selon leurs qualités & leurs grandeurs.

Entre les *Pierres Dures*, celle d'Arcüeil qui est proche de Paris, est la plus recherchée, à cause de ses bonnes qualités ; car elle résiste au Fardeau, s'entretient dans l'eau, & ne craint point les injures du Temps ; aussi s'en sert-on, par préférence, dans les Fondemens, & pour les premières assises des Bâtimens. La meilleure est la plus dure, la moins coquilleuse, sans moye ni molière. Il s'en trouve depuis quatorze jusqu'à vingt & vingt-un pouces de hauteur, nette & taillée. Le Bas Appareil est de neuf à dix pouces sans Bouzin. Il s'en trouvoit autrefois d'un pied de cette sorte, mais à présent il est rare ; ce Bas Appareil sert à faire des Marches, des Seüils, des Appuis, Tablettes & Cimaises. Il se trouve encore à Arcüeil un autre Bas Appareil appellé *Cliquart*, de six à sept pouces, plus blanc que l'autre, qui ressemble au Liais, & qui sert aux mêmes usages ; cette *Pierre* étant grasse, est sujette à la gelée ; c'est pourquoi il faut qu'elle soit tirée, & employée en Été.

La *Pierre de Saint-Nom*, qui se tire au bout du Parc de Versailles, est presque de même qualité que celle d'Arcüeil ; elle est grise & coquilleuse, son banc est presque aussi haut que le Saint-Cloud ; & on s'en sert pour les premières assises.

La *Pierre de Liais* se trouve hors de la Porte S. Jacques derrière les Chartreux : elle est pleine, dure & blanche, & reçoit bien le poli : elle sert à faire des Balustres, des Entrelas, des Appuis, des Tablettes, des Rampes, des Échifres d'escaliers & du Pavé : on en fait des Bases, des Chapiteaux & des Corniches dans les Ouvrages qui se font avec soin, & elle est aussi très-propre pour la Sculpture ; cette *Pierre* porte depuis six jusqu'à dix pouces de hauteur.

Le *Liais Rose* est le plus blanc & le plus plein. Le *Liais Féraut* est pris du premier Banc de la même Carrière : il est si dur & si difficile à tailler, que les pointes d'acier rebroussent en le travaillant ; il porte six, sept à huit pouces de hauteur.

Après la *Pierre* d'Arceüil, celle de Saint-Cloud est la meilleure de toutes ; elle est blanche, un peu coquilleuse, ayant quelques molières ; mais elle se délite difficilement : elle est bonne à l'eau, & résiste au fardeau : elle se pose sur l'Arceüil ; & sert aux Façades des Bâtimens : on en tire aussi des Colonnes d'une pièce de deux pieds de diamètre, & on en fait des Bassins & des Auges : il y en a depuis dix-huit pouces jusqu'à deux pieds de haut, nètte & taillée.

Outre la *Pierre* franche des Carrières ; il y a le *Moilon* qui en est la portion la plus tendre, & le *Libage* qui en est le plus dur ; le *Moilon* est quelquefois de la même qualité que la *Pierre* d'une carrière, & quelquefois plus tendre : le mieux équarri & le mieux gisant est le plus recherché ; y ayant moins à tailler. Il y a aussi des *Moilons* durs de *Meulière* ; comme celui de Versailles, qui tient de la nature du caillou ; il est bon pour les Fondations, n'étant pas sujèt à pourrir dans l'humidité.

Le *Moilon d'Arceüil* est de même qualité que la *Pierre*, il est bon pour les Fondations, & se tire des vieilles formes & Ciel de Carrières ; celui des Carrières de *Lambourdes* du Fauxbourg S. Jacques, est bon pour fonder, voûter & faire des puits. Le *Moilon de la Vallée de Fécamp* est de même qualité que la *Pierre* ; il est bien fait & bien gisant, comme celui d'Arceüil. Le *Moilon de Saint-Maur* est encore de bonne qualité.

Comme il n'y a point de Carrières où il n'y ait du *Moilon*, celui qui n'est pas bon pour bâtir sert à faire de la Chaux, ou du Plâtre ; dont le meilleur est celui de Montmartre. *Daviler*.

ARCHITECTURE, CHAP. VI.

Les principaux Outils pour l'appareil des Pierres.

Règle.

La *Règle* est un Instrument dont se servent les Architectes, les Dessinateurs, les Maçons, les Menuisiers, &c. pour tracer des lignes droites.

La *Règle d'Appareilleur*, est une *Règle* ordinaire de quatre pieds divisée par pieds, pouces & lignes, dont se servent les Appareilleurs. *Voyés la gravure, page 351. Chiffre 1.*

Marteau.

Le *Marteau* est un Instrument de fer qui sert à battre, & qui est nécessaire à presque tous les Ouvriers. Le *Marteau* est composé d'une tête & d'un manche. L'œil du *Marteau* est le trou où l'on fourre le manche. Les Tailleurs de pierres ont des *Marteaux* brettelés, qui ont des dents ; les Paveurs, de gros *Marteaux*, les Tapissiers, Vitriers & autres, des *Marteaux* à tête ronde & à panne, &c.

On rapporte que Cynira fille d'Agriope, inventa le *Marteau. Trévoux.*

Ciseau.

Le *Ciseau* est un Instrument de fer, dont on se sert pour couper & tailler le bois & la pierre ; les Maçons, Menuisiers, Charpentiers & Sculpteurs se servent fréquemment de cet Outil.

Maillèt.

Le *Maillèt* est un Marteau fait d'un gros billot de bois, qui sert aux Tailleurs de pierre. Les Sculpteurs travaillent aussi avec le *Maillèt* & le *Ciseau*.

Compas.

Le *Compas* est un Instrument, qui sert à tracer des Cercles, & à mesurer les distances.

Le *Compas d'Appareilleur*, est un *Compas* dont les branches sont plattes, & ont environ deux pieds de longueur : les Appareilleurs s'en servent pour tracer les mesures de la pierre qu'on doit tailler. *Voyés la gravure, page 351. Chiffre 2.*

Équèrre.

L'*Équèrre* est un Instrument qui sert à construire, & à mesurer un angle droit. Il est composé de deux règles, dont l'une est élevée perpendiculairement au-dessus de l'autre, & est immobile ; & quand ces deux règles sont mobiles par une charnière, on dit que c'est une *Fausse Équèrre*, qui sert à mesurer, & à construire toutes sortes d'angles aigus & obtus. *Voyés la Gravure, page 351. Chiffre 3.*

Sauterelle.

La *Sauterelle* est un Instrument composé de deux règles de bois d'égale largeur & longueur, & assemblées par un de leurs bouts en charnière, comme un Compas ; de sorte que ses bras étant mobiles, il sert à prendre & à tracer toutes sortes d'angles. On l'appelle quelquefois fausse-équèrre, ou équèrre mobile. *Trévoux. Voyés la Gravure, page 351. Chiffre 4.*

Niveau.

Le *Niveau* est un Instrument dont se servent les Architectes, pour tracer une ligne parallèle à l'horison, & pour dresser un terrain ; il y en a de plusieurs espèces.

Le plus commun & le plus usité dans l'Art de bâtir, est celui qu'on appelle *Niveau de Poseur* : c'est un Instrument composé de trois règles assemblées, qui forment un triangle isocèle & rectangle, dont la figure est semblable à un A romain. De l'angle du sommet, ou de l'angle supérieur, pend un cordeau avec un plomb, qui étant posé d'équerre, marque éxactement le *Niveau. Dictionnaire de Peinture & d'Architecture. Voyés la Gravure, page 351. Chiffre 5.*

Le *Niveau d'eau*, est un tuyau de cuivre emboîté dans deux ais creusés, qu'on joint avec de la colle forte, à chaque bout duquel il y a un trou en écrou, où entrent des entonnoirs de verre, dont les bouts sont garnis d'étain, & s'unissent : l'eau d'un entonnoir va en même temps dans l'autre, de sorte qu'étant arrêté par un bâton ferré, à la hauteur de quatre ou cinq pieds, en regardant par les deux entonnoirs de verre, on trouve dans l'instant les deux points de *Niveau. Trévoux.*

Règle de Poseur.

La *Règle de Poseur*, est une *Règle* longue, qui sert sous le niveau pour *Régler* un cours d'assise de Pierre. *Voyés la Gravure, page 351. Chiffre 6.*

Plomb.

Les Ouvriers appellent *Plomb*, un petit poids de *Plomb* ou d'autre métal, attaché au bout d'une corde, dont ils se servent pour juger de l'aplomb d'une muraille, & pour prendre avec justesse certaines hauteurs. Quand ce *Plomb* est au bout d'un filet tendu au haut d'une règle, & qui bat sur son échancrure, on l'appelle *Plomb à Règle*. Lorsqu'il est attaché au haut d'un triangle, & qu'il bat sur une base, on l'appelle *Plomb à talus*. Quand il passe seulement par le trou d'un petit ais, ou d'une petite plaque de cuivre, on l'appelle *Plomb à Chas*.

Le *Plomb* du niveau ordinaire coule le long d'une régle,

qui s'élève à angles droits du milieu d'une autre règle de cuivre ou de bois. *Voyés la Gravure, page 351 Chiffre 7.*

Chas.

Le *Chas* est aussi un terme de Maçon, qui signifie une pièce de cuivre quarrée, qui a diamétralement une pièce de métal ronde qu'on appelle *Plomb*. Cette pièce ronde pend d'une ligne qui passe à travers du *Chas*, & sert aux Maçons pour plomber les murs, & voir s'ils sont droits. *Trévoux. Voyés la gravure, page 351. Chiffre 8.*

Beveau.

Le *Beveau* est une espèce de Sauterelle, dont les deux règles, ou seulement une, sont courbées en-dehors ou en-dedans. On s'en sert pour transporter un angle mixtiligne d'un lieu dans un autre. *Dictionnaire de l'Académie. Voyés la gravure, page 351. Chiffre 9 & 10.*

Du Sable.

II. Il y a de trois sortes de *Sables*, de Mèr, de Rivière & de Terre : celui de *Mèr* ne vaut rien pour faire le Mortier destiné à Bâtir ; celui de *Rivière* est le meilleur de tous ; celui de *Terre* passe pour bon, lorsqu'il sonne en le faisant sauter dans la main ; & qu'il est employé au sortir de terre : on se sert de ce dernier à Paris communément.

Le *Sable* le plus graveleux est le plus propre, pour les Ouvrages de Maçonnerie.

Le *Sable* se mesure par Tombereaux. Le *Tombereau* doit avoir deux pieds de haut ; deux de large ; quatre pieds & demi de long ; vingt-quatre Tombereaux font une toise cube. Le Tombereau de *Sable* vaut depuis douze jusqu'à seize sols, selon la distance du lieu où on le charrie. *Parf. Œconom.*

De la Chaux.

III. La *Chaux* eſt faite d'une Pierre dure, compacte, & qui a été cuite au feu : car plus les Pierres ſont dures, & approchent de la nature des Marbres gris & noirs, plus elles ſont propres à faire de la *Chaux* ; mais elles demandent auſſi un plus grand feu. On doit obſerver une certaine proportion entre la quantité d'eau, & celle de la *Chaux* qu'on veut éteindre. Le trop d'eau empêche la *Chaux* de ſe diſſoudre, & fait ce qu'on appelle de la *Chaux noyée* : ſi on en mèt trop peu, on l'appelle de la *Chaux brûlée* ; parce qu'elle a été appauvrie par l'évaporation des Sèls, au lieu que l'eau étant miſe dans une proportion convenable, elle abſorbe & concentre une bonne partie des Sèls & des Eſprits pétrifiants.

La *Chaux* fait un meilleur effèt quand elle eſt nouvellement éteinte, encore toute chaude ; & qu'on la mêle avec un Sable ſec : car on ne peut l'employer ſeule, à cauſe que ſes parties ſont déſunies, & ne peuvent faire un corps. On ne devroit employer aucune *Chaux* qui ne fût en Pierre, avant que de l'éteindre.

La meilleure *Chaux* eſt celle qui ſe fait avec des Pierres fort dures : il eſt bon que les Pierres que l'on veut calciner demeurent quelque temps expoſées à l'Air, pour exhaler leur humidité. Quand on cuit la Pierre dans le four, il faut donner d'abord un feu modéré, de peur que l'humidité groſſière qui s'envole n'enlève avec elle les Sèls volatils ; mais cette humeur étant évaporée, il eſt bon de faire un grand feu pour rendre les particules des Sèls plus déliées & plus ſubtiles.

Lorſque la *Chaux* eſt cuite, il ne faut pas la laiſſer à l'Air, il faut l'éteindre dans l'inſtant qu'on la retire du four, la remuer continuellement quand on l'éteint, y verſer beaucoup d'eau une feconde fois ; & quand elle eft éteinte, la couvrir de terre pour la préferver de l'action de l'Air. La meilleure eft celle qui a été gardée en cet état.

La *Chaux vive* eft celle qui fort du Fourneau, & la *Chaux éteinte*, eft celle qu'on délaye avec de l'eau ; & dont on fait du Mortier. La meilleure eft celle qu'on éteint au fortir du Fourneau : celle qui eft bien cuite eft blanche, graffe ; & il en fort une fumée épaiffe quand on la mouille : il faut s'en fervir auffi-tôt qu'elle eft délayée. On la ramaffe en monçeaux, & on la couvre d'un peu de Sable, jufqu'à ce qu'on en ait befoin : alors on la détrempe avec du Sable & de l'eau. Pour blanchir les Murailles & les Plafonds, la *Chaux* doit être détrempée fort clairement ; par exemple fept ou huit livres d'eau chaude fur une livre de *Chaux* ; on la laiffe tremper fept ou huit heures, & paffer l'eau au tamis. *Parf. Œcon.*

Du Plastre.

IV. Le *Plâtre* eft une Pierre foffile de couleur grifâtre, & d'un grand ufage dans les Bâtimens. On employe ordinairement le *Plâtre* calciné au four, mis en poudre avec une batte, & délayé avec de l'eau : il fert à lier les Pierres, enduire les Murs, les Plafonds & les Cheminées. La cuiffon en eft bien faite, quand il a une certaine graiffe qui le colle aux doigts ; le meilleur eft celui qui eft employé au fortir du four : on ne doit pas le garder dans des lieux humides, ni trop aërés ; car il perd fa force. On ne doit pas l'employer pendant qu'il gêle.

Le *Plâtre* mis dans l'eau fait prife fur le champ ; ainfi on ne peut le gâcher qu'une fois, & on ne le doit faire qu'à mefure qu'on le veut employer. Le *Plâtre* n'eft excellent que pour les Plafonds & les enduits, ou murs qui font à couvert de la pluye & de l'humidité.

Dans les endroits où il eſt fort commun, comme à Paris, on l'employe indifféremment par tout ; mais c'eſt une fauſſe Œconomie ; car il eſt conſtant qu'il ne vaut rien pour faire le Mortier des gros Murs, ſur-tout ceux des Fondemens ; parce que étant mis entre des Pierres poſées les unes ſur les autres, dont les plus élevées compriment avec tout le poids des groſſes Solives celles de deſſous, les obligent de ſe rapprocher ; il ſe pulvériſe dans ſes parties, la liaiſon ſe détruit, & les murs s'affaiſſent : c'eſt ce qui fait que bien des maiſons durent ſi peu, au lieu que le Mortier de Chaux n'a pas cet inconvénient.

Le *Plâtre* cuit ſe vend au Muid, qui contient trente-ſix Sacs, & deux Boiſſeaux à chaque ſac : on le compte encore à la Voie, qui eſt de douze ſacs ; enſorte que trois Voies font le muid : il faut un Muid pour trois toiſes de mur de quinze à ſeize pouces d'épaiſſeur.

Le Muid de *Plâtre* coûte depuis 7 liv. 10 ſ. juſqu'à 9 livres : aux environs de Paris, il vaut 10 à 11 liv. *Parf. Œcon.*

DES BOIS.

V. Les Bois dont on ſe ſert ordinairement pour la Conſtruction des Édifices, ſont le Sapin, le Châteignier, & le Chêne. On fait des Solives & des Chevrons de Sapin, qui ne chargent point les Murs ; mais comme ce *Bois* ſe vermoule aiſément, on ne doit jamais l'employer dans les Bâtimens conſidérables.

Il n'en eſt pas de même du *Châteignier*, l'on prétend qu'il n'eſt ſujèt à aucune vermine ; & l'on en voit d'anciennes Charpentes qui ſe ſont merveilleuſement bien conſervées ; cependant l'on doit donner la préférence au *Chêne*, autant pour la bonté de ſa conſiſtance que pour ſa durée ; car il ſe maintient dans l'Eau, à l'air, & enfermé dans les Bâtimens ; ſelon qu'il eſt mis à propos en ſa place.

Toutes les espèces de *Chêne* se réduisent principalement à deux ; qui sont le *Bois* tendre ou gras, qui est propre pour les Ouvrages de Menuiseries ; & celui qui est rustique & dur, convient pour la Charpenterie : ses qualités dépendent autant du terrein où il est crû, que de l'exposition du Soleil qu'il a reçu. Le *Bois Tendre* est celui qui croît au-dedans des Forêts, dans un bon fond de terre, sans être beaucoup exposé aux rayons du Soleil ; & le *Rustique* au contraire vient dans une terre forte, ou dans un fond pierreux & sablonneux, & au bord des forêts ; où il est exposé à l'ardeur du Soleil une grande partie du jour.

Or comme le mauvais emploi des *Bois* dans les Bâtimens est fort dommageable, on ne sçauroit y apporter trop de précaution ; afin de n'être point obligé de retirer de méchantes pièces de *Bois*, pour en mettre de meilleures ; comme il arrive assés souvent, peu de temps après que le Bâtiment est achevé.

La mauvaise qualité du *Bois* procède de deux causes ; ou de sa propre Constitution, ou de ce que sa Coupe n'a pas été faite à propos. De tous les Défauts dans le *Bois*, la *Roulure* est le plus considérable. Le *Bois Roulé* se connoît, lorsqu'on y remarque plusieurs cornes dans son pied, & qu'il ne fait pas de liaison ; ensorte que la sève de la croissance d'une année, ne fait pas corps avec la précédente, & ainsi des autres. Le *Bois Gélif* est encore une espèce de Roulure, quand la gelée le fait gerçer ; & il n'est pas encore bon à Bâtir. Le *Bois Tranché* est celui qui n'étant pas de fil, est sujèt à se casser ; car il y a des nœuds vicieux qui coupent la Pièce, ainsi que les *Malandres*, qui sont des nœuds pourris. Pour le *Bois Mort* en pied, il n'est nullement bon ; parce qu'il se pourrit dans les lieux humides, & qu'il se pulvérise dans ceux qui sont sécs.

Quant à la *Coupe* des *Bois*, il est autant dommageable de

les abattre dans leur jeuneſſe, que lorſqu'ils ſont fort âgés, & ſur leur retour; c'eſt ce qui a donné lieu à pluſieurs Ordonnances de nos Rois pour la conſervation des Forêts. On a ſenti de quelle importance il étoit de ne pas laiſſer les Propriétaires des *Bois*, maîtres d'en diſpoſer ſelon leur volonté; ainſi on a établi des Loix qui preſcrivent l'âge & la ſaiſon, dans laquelle les *Bois* propres à Bâtir doivent être abattus; & qui empêchent qu'il n'arrive aucun dépériſſement dans les Forêts.

Le *Chêne* pour être de longue durée, & pour en avoir de Grandes Pièces, doit être coupé dans ſa force; depuis environ ſoixante ans juſqu'à deux cens: parce qu'il dépérit toujours au-delà de deux cens ans, la nature ne lui fourniſſant plus cette Sève, qui le faiſoit croître & l'entretenoit en bon état. Il faut auſſi obſerver qu'il doit être coupé dans le décours de la Lune, & pendant les mois de Décembre, Janvier & Février. Il peut être employé la même année pour la charpenterie; mais comme il ne ſçauroit être aſſés ſec pour la Menuiſerie, on ne doit s'en ſervir que trois ou quatre ans au moins, après qu'il a été coupé; & même lorſqu'il a été gardé douze ou quinze ans dans un lieu où il puiſſe ſe conſerver; il eſt encore meilleur, & plus facile à travailler.

Tous les *Bois* dont on uſe dans les Bâtimens; ſont ou de *Brin*, ou de *Sçiage*. On entend par le *Bois* de *Brin*, un Arbre dont la tige, de ronde qu'elle étoit, eſt équarrie & réduite à quatre faces, les quatre doſſes flaches en étant ôtées. Les Pièces les plus parfaites ſont les plus droites, ſans aubier, ni flaches, ni nœuds vicieux; & dont les Arrêtes ſont bien avivées: ſi la Pièce eſt forte, on peut des doſſes flaches, tirer quelques plattes-formes.

Le *Bois* en *Grume* eſt celui qui n'eſt point encore équarri; cet équarriſſement réduit la Pièce aux deux tiers de ſa groſſeur.

Le *Bois* est une matière si utile, qu'on tâche d'avoir peu de déchèt en le débitant; ainsi lorsque la Piéce n'est pas droite, ou qu'elle a quelques nœuds vicieux, on la débite; & de ce *Bois* tortu, on tire des Courbes qui servent aux Dômes, aux Combles arrondis, & aux Plafonds.

Il y en a de plusieurs Échantillons ou grosseurs ordinaires, dont on se sert dans les Bâtimens communs, & qu'on trouve chez les Marchands; car pour les Ouvrages extraordinaires, il faut envoyer dans les Forêts des personnes intelligentes, qui les fassent débiter des grosseurs dont on a besoin; & sur-tout observer que le *Bois* de Charpente ne se fasse point de Branchanges, si ce n'est pour quelques Courbes. *Daviler.*

De la Brique.

VI. La *Brique* est une terre glaise cuite au four, qui se fait à-peu-près comme la tuile : les *Briques* sont des espèces de Carreaux longs d'environ huit pouces, larges de quatre, & épais d'environ quatorze lignes. La *Brique*, ou plutôt la *Demi-brique*, sert pour construire des tuyaux de Cheminées, & paver les âtres.

La *Brique* vaut 10 liv. le millier à Brie-Comte-Robert, & quinze à seize par-tout ailleurs. Les *Briques* pour être bonnes & bien cuites, doivent n'avoir que huit pouces de long sur quatre de large, & deux d'épaisseur; mais comme la terre en se séchant & cuisant se retire, on donne quatre lignes de plus en tout sens aux Moules pour les Abriquer : on ne doit pas s'attendre que toutes les *Briques* d'une fournée soient également bien cuites : celles qui ne le sont pas au point qu'il faut, doivent être employées dans les Massifs des Murs, les Reins des Voutes, & autres endroits où elles ne fatiguent pas. *Parfait Œconome.*

DE LA TUILE.

VII. La *Tuile* se fait avec de la terre glaise pétrie, séchée à l'Air, & cuite au Fourneau : elle est bien faite quand elle est d'un rouge foncé, & qu'étant frappée en l'Air, elle sonne bien. Les *Tuiles* de grand moule ont treize pouces de long, huit de large, & quatre pouces trois lignes de pureau : celles du petit moule ont ordinairement neuf à dix pouces de long, six de large, & trois pouces & demi de pureau : c'est la partie de la *Tuile* qui reste découverte. Le Millier des *Tuiles* de grand moule fait sept toises de Couverture : le Millier de *Tuiles* de petit moule en fait environ trois. La hauteur de la Couverture de *Tuile* doit être des deux tiers de sa largeur, & on en met les Chevrons à deux pieds l'un de l'autre.

Le millier de *Tuiles* vaut 15 à 16 liv. aux environs de Paris.

La *Tuile* mise en œuvre coûte depuis 6 jusqu'à 8 livres la toise, si le Couvreur fournit Tuile, Plâtre, Cloux, Lattes ; & 14 sols s'il ne fournit rien. *Parfait Œconome.*

DE L'ARDOISE.

VIII. L'*Ardoise* est une Pierre bleuë, ou tirant sur le noir, qu'on trouve dans des Carrières, & qu'on coupe par feuilles en forme de quarré pour les Couvertures des Belles Maisons ; celle qui est d'un roux noir est la plus estimée : le Millier de la quarrée qui a douze pouces de largeur, fait quatre Toises de Couverture. L'*Ardoise* vaut 9 livres la Toise quarrée, en fournissant tout par le Couvreur. *Parfait Œconome.*

DU BARDEAU.

IX. Le *Bardeau* est un petit Ais dont on se sert au lieu de Tuile, pour couvrir les Maisons. On en fait souvent des Douves, ou d'autres Ais aussi minces. On les appelle autrement *Aissis* en plusieurs endroits, comme qui diroit des *Ais sciés*. Les Romains pendant 470 ans n'eurent leurs Maisons couvertes que de Chaume, ou *Bardeau*. *Vigen*.

Du Carreau.

X. Le *Carreau* est une espèce de Brique, dont on pave les Chambres. Ils sont de terre simple cuite au Four, & de la même manière que les Briques. Le Grand a sept pouces, on en pave les Cuisines, les Atres : le Moyen en a six ; le Petit quatre. Ces derniers sont ordinairement quarrés, & a six pans; les Bons *Carreaux* cuits sont d'un rouge foncé, & rendent un son clair, quand on les frappe en l'air. Le Petit *Carreau* étant fourni par l'Ouvrier, vaut 3 à 4 livres la Toise. Il y en a qui vont jusqu'à 6 livres. *Parfait Œconome*.

Du Pavé.

XI. 1°. Il y a le Gros, qui est le *Pavé* de Rue & des Passages Publics, qui a sept pouces en quarré, & qu'on n'employe qu'avec du Sable. 2°. Le Moyen, ou d'Échantillon ; qui est de la moitié de la grosseur de l'autre : on en pave les Cours à chaux & à sable. 3°. Le petit qui n'a que cinq pouces en quarré, & dont on Pave les Cuisines à chaux & à ciment.

Le prix du *Pavé* de Cour à chaux & à ciment, est de sept livres la Toise, à tout fournir par l'Ouvrier. Le *Pavé* commun à chaux & à sable, cinq livres dix sols la Toise. La seule façon du Gros *Pavé*, une livre cinq sols la Toise. Le Petit *Pavé* à tout fournir par le Bourgeois, vingt sols la Toise. *Parf. Œcon.*

Du Plomb.

XII. Le *Plomb* est un métal pliant, luisant, fort lourd & fort froid,

froid. Il naît dans des Mines d'Angleterre & de France ; d'où on le tire en forme de Pierre appellée *Mine de Plomb*. On le fait fondre dans un Fourneau, & étant fondu, on le jètte en moule : on appelle *Saumons* les Lingots qu'on apporte.

Le *Plomb* est d'une grande utilité dans la Construction des Maisons ; sur-tout de la campagne, pour les Goutières, pour les Lucarnes, les Réservoirs, les Tuyaux.

Le *Plomb* Laminé est plus estimé que celui en fusion des Plombiers, & il ne revient pas si cher que ce dernier. Prenons un exemple : le *Plomb Laminé* d'une ligne & demie d'épaisseur propre aux Goutières & Chaîneaux, pèse huit livres & un quart le pied quarré, à 6 sols la toise ; cela fait 2 liv. 9 s. 6 deniers : ajoûtés 6 den. par Livre pour la pose du Maître Plombier, c'est quatre sols un denier ; ces deux Sommes font 2 liv. 13 s. 7 d.

Le *Plomb* en *Fusion*, propre à ces mêmes usages, pèse treize à quatorze livres le pied quarré : en le supposant de treize liv. à 6 sols la livre, c'est 3 l. 18 sols ; par conséquent l'épargne par pied de *Plomb* pour le Particulier est 1 liv. 4 s. 5 den.

D'ailleurs on peut par un Calcul, en se servant du *Plomb Laminé*, connoître au juste la Dépense d'un Ouvrage qu'on veut faire ; & par le Toisé ce qu'il y entre de matière : or cela n'est pas possible avec le *Plomb Fondu*, à cause de l'inégalité de son épaisseur. *Parfait Œconome*.

Tome II. Part. I.   *I i i*

AUTRE DUODÉNAIRE.

Douze sortes d'Ouvriers servans à la Construction des Édifices :

Sçavoir ;

L'*Entrepreneur*. L'*Appareilleur*. Les *Sculpteurs*.
Les *Tailleurs de Pierre*. Les *Maçons* & *Manœuvres*.
Les *Carreleurs*.
Les *Charpentiers*. Les *Menuisiers*. Les *Vitriers*.
Les *Serruriers*. Les *Couvreurs*. Les *Plombiers*.

1. L'*Entrepreneur* est celui qui se charge de la Conduite & de l'Éxécution d'un Bâtiment, sur les Desseins de l'Architecte ; quelquefois l'Architecte lui-même devient Entrepreneur.

2. L'*Appareilleur* ne se mêle que des Pierres de Taille ; il en trace les Coupes aux Tailleurs de pierre, pour ensuite étant jointes, former les Voûtes, les Colonnes, &c.

3. Les *Sculpteurs* sont de deux sortes, en *Pierre* ou *Marbre*, en *Bois*.

Ce sont les *Sculpteurs* en *Pierre* qui font les Ornemens extérieurs, les Moulures, Agraffes, Masques, &c.

Les *Sculpteurs* en *Bois* travaillent aux Ornemens des Boiseries, Coquilles, Fleurs, Guirlande, &c.

4. Les *Tailleurs de Pierre* donnent aux pierres de taille, les formes tracées par les Appareilleurs.

5. Les *Maçons* construisent les Murailles, font les Enduits, les Crépis, les Plafonds, &c. On nomme *Manœuvres* des jeunes gens qui ne sont employés qu'à servir les Maçons.

6. Les *Carreleurs* employent les Carreaux, sur les Planchers.

7. Les *Charpentiers* conſtruiſent la Charpente des Toîts, le Bois des Planchers, les Cloiſons, les Grandes Portes, &c.

8. Les *Menuiſiers* font les Parquets, les Lambris, les Croiſées, &c.

9. Les *Vitriers* taillent & poſent le Verre des Croiſées.

10. Les *Serruriers* fourniſſent tout le Fèr des Bâtimens, font les Rampes d'Eſcallier, Grilles, Balcons, Serrures, &c.

11. Les *Couvreurs* lattent & couvrent les Toîts en ardoiſe, en tuile, &c.

12. Les *Plombiers* fourniſſent & poſent le plomb des Goutières, Terraſſes, &c. *Notionnaire.*

DISSERTATION;

Sur la Solidité, la Commodité, & la Bienſéance des Bâtimens.

DE LA SOLIDITÉ DES BATIMENS.

LA *Solidité* eſt la première qualité que doit avoir un Édifice. Il eſt trop diſpendieux & trop incommode d'en réitérer ſouvent la conſtruction, pour négliger aucune des précautions capables de lui aſſurer la plus longue durée poſſible. Les Anciens jaloux de laiſſer à la Poſtérité la plus reculée des traces de leur habileté, n'épargnoient rien pour donner à leurs Bâtimens cette force qui triomphe des accidens ordinaires. Nous avons des Bâtimens de ſix ou ſept cens ans, qui ne nous préſentent d'autres ſignes de Vétuſté, que leur couleur brune & enfumée. Il en eſt même qui, (antérieurs à l'Établiſſement de notre Monarchie, ſans que perſonne ſe ſoit jamais mêlé de leur entretien & de leur réparation, quoiqu'on ait même eſſayé plus d'une fois de les ébranler, & de les détruire,) subsistent encore à notre grand étonnemeut; & préparent de l'admiration à ceux qui naîtront plusieurs siècles après nous. Nos Artistes n'ont point aujourd'hui ce grand goût de *Solidité*. On doute que leurs ouvrages puissent soutenir l'assaut de trois siècles. On les accuse même d'éviter à dessein de les rendre durables, parce qu'on les suppose intéressés à en renouvéller le travail. Il est certain, qu'on voit assez souvent parmi nous des Bâtimens tous neufs qui menaçent ruine. Est-ce défaut d'intelligence, ou excès d'industrie dans l'Architècte? Nécessairement c'est l'un des deux; & quelquefois l'un & l'autre ensemble. Il importeroit qu'il y eût des règlemens en ce genre, qui entrassent dans le plus grand détail; pour empêcher, s'il étoit possible, que le Public ne fût incessamment la dupe de la malhabileté, ou de la friponnerie des Ouvriers.

La *Solidité* d'un Édifice dépend de deux choses: du Choix des matériaux, & du bon emploi qu'on en fait.

La Pierre, la Chaux, le Sable, le Bois, le Fèr, le Plomb, le Plâtre, la Brique, la Tuile, l'Ardoïse, font les Matériaux nécessaires pour la construction d'un Édifice. Rien n'est indifférent dans le choix de ces Matériaux. Il est du devoir d'un Architècte de connoître dans tous ces genres le mauvais, le médiocre, le bon, l'excellent. Communément cette Étude n'est pas bien difficile. Dans chaque pays on sçait à-peu-près d'où vient la meilleure Pierre, le meilleur Bois, le meilleur Fèr, &c. Il est de la probité d'un Entrepreneur de ne pas abuser de la bonne foi de ceux qui l'employent, jusqu'à faire passer pour bon ce qui est mauvais, & pour excellent ce qui n'est que médiocre. En vain pour excuser une pareille supercherie, dira-t-on que les Particuliers ne veulent pas mettre le prix aux choses. Je pourrois citer bien des Éxemples où l'on verroit des gens, qui

SUR L'ARCHITECTURE. 433

ont mis le prix, & plus que le prix, trompés un peu plus que les autres. D'ailleurs cette excufe ne convient qu'à un Ouvrier mercénaire, qui a le Profit plus en recommandation que l'Honneur. Je veux à un Architecte des fentimens plus nobles. Je veux un homme épris d'un véritable amour pour fon Art, qui préfère à toute autre récompenfe, la gloire de fe diftinguer ; & le bonheur de réuffir.

Un Homme poffédé de cette louable Ambition, n'aura ni rufe, ni fauffeté. Ne voulant rien faire à demi, il inftruira éxactement ceux qui l'employent, du meilleur & du moins bon, du néceffaire & du fuffifant ; foit pour la quantité, foit pour la qualité. Il s'oppofera avec fermeté à ces aveugles Œconomies, qui, pour éviter fur le champ une légère augmentation de dépenfe, n'en occafionnent après que plus de frais. Il ne fe chargera point d'un Bâtiment, à moins qu'il n'ait la liberté d'y employer des matériaux de la qualité & dans la quantité convenables. Dût il diminuer le nombre de fes entreprifes, il aimera mieux faire moins, & faire bien. Dès que l'Envie de s'enrichir domine, tous les fentimens d'honneur font pervertis. Les Arts fouffrent prefque autant de cette baffeffe, que les mœurs. Tout fe borne à attraper de l'Argent, & à faire des dupes dans la conftruction des Bâtimens ; il y a une foule de détails qui deviennent la matière de bien des voleries. On fuppofe des fournitures, on fait payer au plus haut prix de mauvais matériaux que l'on a choifi exprès ; on expofe tout cela dans des mémoires chargés, pires cent fois que des parties d'Apothicaire.

Il y a des gens fenfés qui prétendent, que les Beaux Arts font la ruine d'un État. Ce reproche ne convient qu'aux Artiftes avides, qui font métier & marchandifes de tromper le genre humain. Le defir de gagner leur fait inventer toute forte de projets faux, ils trouvent des fots qui les agréent ; & pour peu qu'on se livre à leur avidité, ils font capables d'épuiser un Royaume. J'ai cru qu'on me pardonneroit cette digreffion ; elle renferme une cenfure que les Artiftes trouveront amère. Je m'y fuis livré fans humeur, & uniquement par des vûës de zèle. D'ailleurs cette critique ne tombe que fur des gens, qui, bien-loin d'être les Maîtres de l'Art, n'en font que les mercénaires praticiens. Je n'ai garde de confondre avec eux, nos vrais Architèctes.

Les Matériaux ne font pas tous d'une même qualité. L'Étude d'un Architècte doit avoir pour but d'en connoître toutes les propriétés, toutes les différences, & de s'en faire une pratique, de manière qu'au toucher & au coup-d'œil, il en porte un jugement sûr, & à l'abri de toutes les fraudes des Marchands. Les Matériaux d'une même qualité ne font pas également bons pour toute forte d'Ouvrages. C'eft encore ici un objet de difcernement qui doit être familier à l'Architècte. Par-là il évitera, & les bévuës dangereufes, en donnant à chaque chofe la deftination qui lui convient ; & les dépenfes inutiles, en trouvant le fecrèt de tout mettre à profit. Dans un Bâtiment il y a des parties où il ne faut que du bon, d'autres où le médiocre fuffit ; d'autres enfin, où il faut de l'excellent. Il n'y a que le mauvais qui doit toujours être rejetté. Quand on fe hafarde à en faire ufage, on reconnoît bientôt fon tort, & on fe le reproche toujours trop tard.

Outre le Choix des matériaux, il y a la manière de les employer, qui contribue encore infiniment à la *Solidité* de l'Ouvrage. Dans tous les Bâtimens il faut diftinguer la partie qui charge, & la partie qui fupporte. Un Bâtiment aura toute la folidité néceffaire, fi la force de la charge n'excède point la force du fupport, & s'il y a entre les deux une jufte proportion. Confidérons une muraille détachée. Elle eft tout à la fois à elle-même sa charge & son support; parce que les parties supérieures pèsent sur les inférieures; & que les inférieures portent les supérieures. Examinons un Édifice entier. C'est un composé de plusieurs murailles que portent des voûtes, des planchers & un toît. Les voûtes, les planchers & le toît sont la charge du Bâtiment, & les murailles en sont le support. Un Architecte qui a fait son plan, doit apprécier au juste la force des charges, afin de régler sûrement la force des supports.

Il y a des fardeaux dont la pesanteur agit en ligne perpendiculaire, c'est-à-dire, en pressant de haut en bas; tels sont les massifs des murs qui portent directement sur leurs fondemens : pour en estimer la charge, il suffit d'en mesurer la hauteur & la largeur. Il y a des fardeaux dont la pesanteur agit en ligne oblique, c'est-à-dire, en poussant de droite & de gauche; telles sont les voûtes. Pour en estimer la charge, il faut en mesurer la convexité; plus elle est surbaissée, plus la poussée est forte. Enfin il y a les planchers & le toît, qui ont beaucoup de pesanteur en ligne perpendiculaire, un peu de poussée en ligne oblique. Tout cela doit être estimé très-soigneusement.

La *Solidité* de l'Édifice dépend donc principalement de la force de ses supports. Quiconque sçaura donner à une muraille simple, toute la force dont elle a besoin pour ne jamais se démentir, est en état de fournir des supports suffisans pour les plus grosses charges.

Il y a trois choses qui rendent une muraille forte & inébranlable. Le fondement sur lequel elle porte, son épaisseur, la liaison & l'aplomb de toutes ses parties. Le meilleur de tous les fondemens, c'est le rocher ou la pierre vive. Cependant on peut y être trompé. Il arrive quelquefois qu'en creusant la terre, on trouve des surfaces de rocher qui n'ont qu'une médiocre épaisseur. Ce sont des voûtes naturelles, qui ne manqueroient pas d'être écrasées par le fardeau d'un grand mur. Lorsqu'il s'agit donc d'un Édifice considérable, il est de la dernière conséquence de sonder l'épaisseur du roc qui se présente, pour s'assurer qu'il n'est point creux ; ou que, s'il y a une cavité, l'épaisseur de la calotte qui la couvre, est d'une force à porter les plus violentes charges. Au défaut du rocher, il faut creuser jusqu'au ferme, ou à la terre non remuée. Si l'on rencontre l'eau ou des profondeurs de sable, il faut employer les pilotis; sorte de fondement, qui, quand il est bien fait, est presque le meilleur & le plus durable. Il est essentiel de bâtir sur de bons fondemens, le principe est si trivial, qu'il sembleroit inutile d'en faire mention. Cependant les lourdes fautes qui se commettent en ce genre, montrent la nécessité de rappeller & d'inculquer ce principe. Croiroit-on que dans un Édifice comme celui de Saint Pierre de Rome, on ait négligé de s'assurer du Fondement. Une partie considérable de cette grande Basilique a été assise sur les ruines de l'Ancien Cirque de Néron ; & on ne s'est pas donné la peine de fouiller jusqu'au vif.

Voilà donc cet Édifice qui devoit être fait pour l'éternité sujet à un dépérissement inévitable. On en a eu la preuve, lorsque le Chevalier Bernin projetta d'élever deux Clochers sur les deux encoignures du frontispice de cette Église. Il en éleva un ; l'Ouvrage n'étoit pas encore bien avancé, lorsqu'il s'apperçut de l'affaissement dangereux, que ce surcroît de charge avoit opéré dans les murs inférieurs. Ces murs paroissoient d'une force à toute épreuve ; on conclut avec raison que le vice venoit du fondement. On fouilla pour s'en assurer, & on reconnut le défaut dont je parle. On a tâché d'y remédier par des épaulemens souterrains. Ce remède a arrêté le progrès du mal, sans en détruire le principe. Que cet exemple rende nos Architectes fort circonspects, & extrêmement difficiles sur la qualité du
sol

sol qu'ils prennent pour fondement. Les sûretés à cet égard ne peuvent être excessives.

Le fondement une fois bien choisi & bien préparé, les Matériaux doivent y être plaçés de manière ; 1°. que les assises soient dans un niveau éxact & un aplomb parfait. 2°. Que les pierres gardent la même situation qu'elles avoient dans la carrière, pour les lits d'assise & pour les lits de joints. 3°. Que les joints de l'assise inférieure soient toujours recouverts par le parement de l'assise supérieure. 4°. Qu'il n'y ait aucun vuide dans l'épaisseur du mur.

La paresse des Ouvriers a introduit en quelques endroits, une étrange façon de bâtir tout ce qui est dans terre. Après avoir creusé des tranchées de la longueur & de la largeur requise, ils remplissent ces tranchées de gros moilons jettés au hasard, pêle mêle avec des tas de mortier. C'est la plus détestable des pratiques. Outre qu'il est impossible qu'il ne reste de grands vuides dans un remplissage ainsi fait au hasard ; les moilons jettés confusément & sans ordre, prendront toute sorte de situations vicieuses ; ils seront assis les uns de champ, les autres sur leurs carnes ; ils seront infailliblement écrasés par les masses que l'on établira dessus, de-là les affaissemens & les couleuvres. Il est faux que la Maçonnerie qui doit rester cachée sous terre, n'éxige pas autant d'éxactitude de travail, que celle qui doit être exposée aux yeux.

Si l'on veut faire une bonne fondation, il faut y employer de la bonne pierre de taille, ou du moins de gros moilons de figure régulière. Il faut que tout soit fait au niveau, à la règle, & à l'aplomb. Il faut éviter les profusions de mortier. Dès que le mortier est employé à autre chose qu'à lier les pierres ensemble, & à remplir les très-petits vuides qui peuvent rester entr'elles, il ne peut que produire de mauvais effets. Un mur pour être bon, doit être par-tout également fort. Il n'eſt plus tel, dès qu'il a de grands intervalles de pierre & de mortier. On trouvera dans le Vitruve de M. Perrault des règles ſur la meilleure manière de bâtir. Si l'on a beſoin de Modèles, l'Obſervatoire, & les Nouveaux Bâtimens du Louvre en fourniront d'excellents.

Pour qu'un bâtiment ſoit ſolide, il faut que les murailles ayent une raiſonnable épaiſſeur. Cette épaiſſeur eſt aſſervie à des règles que l'on trouve communément dans les Traités d'Architecture; ainſi je me diſpenſerai d'en parler. J'éxaminerai ſeulement, ſi, quand les murs doivent être fort élevés, il eſt néceſſaire ou indifférent de faire des retraites à tous les étages. Ces retraites ſont fort en uſage, il me ſemble pourtant qu'on n'en a nullement beſoin. Si le mur eſt fait ſelon les règles & dans un parfait aplomb, quand il ſeroit du haut en bas de la même épaiſſeur, il n'en ſeroit que plus ſolide. J'avouë qu'il eſt extrêmement difficile de garder cette préciſion de l'aplomb dans toutes les parties d'un grand mur. A la vérité nous en avons des éxemples bien encourageans dans des édifices anciens, & à des hauteurs éxhorbitantes. Mais nos Ouvriers ne ſçavent que s'en étonner; & comme ils n'ont point la belle émulation d'imiter ce qu'ils admirent, & de valoir autant que leurs prédéceſſeurs; il eſt probable qu'ils s'en tiendront toujours à leurs routines imparfaites. Il eſt donc plus ſûr dans la poſition des choſes, de bâtir par retraites; en obſervant de les faire toujours égales de chaque côté du mur, de manière que le fardeau porte préciſément dans le milieu.

L'épaiſſeur des murs doit avoir des bornes. Il eſt eſſentiel de n'y rien mettre de ſuperflu, ſoit pour éviter la trop grande dépenſe; ſoit principalement, pour ne pas donner dans le lourd & dans le maſſif. Les deux extrêmes ſont également vicieux. Cependant s'il y avoit à choisir, l'excès de légèreté seroit préférable à ces maffifs énormes, que l'on trouve trop souvent dans nos Édifices modernes, & qui y sont certainement bien inutiles. Le grand secrèt, la vraie perfection de l'Art confiste à joindre la Solidité avec la Délicateffe. Quoi qu'en disent nos Artistes, ces deux qualités ne sont rien moins qu'incompatibles. Dans les Bâtimens d'Architecture Arabesque, on a porté quelquefois la délicateffe auffi loin qu'elle peut aller, au-delà même des bornes généralement reçûës. Ces bâtimens n'ont pas eu moins de solidité que les nôtres, leur longue durée en est le garant. Je voudrois qu'on prît du moins à cet égard l'esprit de cette ridicule Architecture; que l'on étudiât l'artifice surprenant de cette manière de bâtir, où rien ne se dément, quoique tout y soit extrêmement délié.

Les Anciens épargnoient la pierre, & prodiguoient le fer: par-là, & à l'aide du niveau & de l'aplomb, ils venoient à bout de joindre le délicat au solide. Quel inconvénient y aura-t-il à faire comme eux? Nous entendons infiniment mieux qu'eux la Décoration: mais ils étoient plus habiles que nous dans la Construction. Si nous voulons nous perfectionner, ne les consultons point, quand il s'agira de décorer des édifices; & ne ceffons point de les consulter, pour la manière de les construire.

Les Voûtes qui ont une pouffée de droite & de gauche, exigent une nouvelle force dans les murs qui doivent les porter. Jufqu'ici on n'a point imaginé de meilleur moyen pour les appuyer, que les contreforts ou arcboutans, qui empêchent les murs de s'écarter. On en use ainsi pour les Églises qui sont proprement les seuls Édifices, où il y ait de grandes voûtes sujettes & par leur charge & par leur hauteur, à une grande pouffée. Ces contreforts malheureusement néceffaires, rendent les dehors de nos Églises fort désagréables. J'expliquerai ailleurs mon idée, sur le parti que l'on pourroit prendre pour les dérober à la vûë. Ce que j'ai à observer présentement au sujèt de ces grandes voûtes ; c'est qu'il faut tâcher d'en diminuer le poids, autant qu'il est possible. Pour cela deux moyens sont avantageux. Le premier, c'est l'éxactitude du trait ; le second, c'est la médiocrité de l'Épaisseur.

L'éxactitude du trait contribue infiniment à là solidité des voûtes, & à en faciliter le support. Ceux qui ont la sçience des traits de voûte, font des prodiges à peu de frais. Non-seulement il leur est facile d'éxécuter des voûtes, tellement surbaissées qu'elles ressemblent à de vrais plafonds ; mais ils trouvent le secrèt de soutenir en l'air de très-grandes masses de pierre sans aucune apparence de voûte. L'Escalier des Prémontrés est un de ces morçeaux, dont la hardiesse a quelque chose d'effrayant : on le doit à la seule connoissance du trait. Un Architècte ne peut donc trop s'appliquer à acquérir une connoissance si précieuse. C'est la partie la plus mystérieuse de l'Art. Pour en avoir la parfaite intelligence, l'Ouvrage du P. Derrand Jésuite, sera d'un grand secours.

Le second moyen de rendre les voûtes légères, c'est d'en diminuer l'épaisseur. Qu'on éxamine les voûtes des Édifices à l'Arabesque, on trouvera que la plûpart ont à peine six pouces d'épaisseur. Qu'est-il besoin de leur en donner davantage ? Il me semble au contraire, qu'on pourroit encore leur en donner moins. Nous avons appris depuis peu, qu'on fait d'excellentes voûtes, qui n'ont qu'une seule épaisseur de brique. Cette invention ancienne dans certains pays & nouvelle pour nous, fait voir qu'il n'est point nécessaire qu'une voûte soit épaisse pour être solide. Profitons de cette découverte, & ce sera toujours autant de diminué du fardeau.

SUR L'ARCHITECTURE. 441

Il eſt bon de remarquer auſſi, que de quelque manière qu'un Bâtiment ſoit fait, ſi l'on veut qu'il dure ; on doit bien ſe donner de garde, d'en affoiblir jamais les ſupports. La groſſeur des maſſifs fait quelquefois illuſion ; on ſuppoſe qu'il y a de l'excédent & du ſuperflu : on conclut que d'en retrancher un peu, cela ne ſçauroit nuire ; & on a le chagrin de voir bientôt tout l'Édifice ébranlé. Ces fautes ſe commettent d'ordinaire pour des projets de dégagement & de décoration. Le Chevalier Bernin étoit aſſurément un grand homme ; il a cependant commis cette faute de la manière la plus funeſte. Une folle envie de décorer, lui a inſpiré la confiance de creuſer les quatre gros maſſifs, qui portent le Dôme de l'Égliſe de S. Pierre de Rome. Ces maſſifs paroiſſoient ſuſceptibles de quelques retranchemens ; l'expérience a montré, qu'il n'y avoit rien de trop. Depuis qu'ils ont été affoiblis, la calote du Dôme s'eſt fenduë en pluſieurs endroits ; & on aura toutes les peines du monde d'en prévenir la ruine. Quand un Bâtiment eſt fait, il eſt toujours dangereux d'y toucher.

On doit ſuppoſer, que celui qui a été l'Architecte ſçavoit ſon métier ; qu'il n'y a mis, que ce qui étoit abſolument néceſſaire ; & que toutes les épaiſſeurs ont été proportionnées à la quantité & à la qualité des charges. Il vaut bien mieux ſe tromper en penſant de cette façon, que ſe mettre en péril de tout détruire. Il faut très-peu ſe fier au rapport de certains Experts ; pluſieurs ne s'y connoiſſent que médiocrement : quelques-uns ont aſſés de mauvaiſe foi pour donner de fauſſes aſſurances contre des périls, qu'ils n'affectent de mépriſer ; que parce que bien loin d'en ſouffrir le dommage, ils en auront infailliblement le profit. Afin de prévenir toutes les friponneries qui ſont familières aux Entrepreneurs, il faudroit une bonne-fois pour toutes, qu'ils n'euſſent point d'impunité à eſpérer Une Loi qui les contraindroit à réparer à leurs frais tous les endommagements furvenus aux Édifices, autrement que par des accidens étrangers à leur Art ; une Loi qui les y contraindroit par la confifcation des biens & la faifie perfonnelle, feroit la plus néceffaire & la plus fage des Loix. *Effais fur l'Architecture.*

DE LA COMMODITÉ DES BATIMENS.

Les Bâtimens fon faits pour l'habitation ; & ce n'eft qu'autant qu'ils font commodes, qu'ils peuvent être habitables. Trois chofes font la *Commodité* d'un logement : la Situation, la Diftribution, & les Dégagemens.

Ou la Situation eft libre, ou elle eft contrainte ; fi elle eft libre, il faut choifir un lieu qui foit en bon air & en belle vûë. La fanté fouffre toujours d'un air mal fain. Une vûë trifte entretient ou fait naître la mélancholie. Il eft donc d'une affez grande conféquence, quand on eft maître de choifir ; de fe fixer à une Situation, qui réuniffe la falubrité de l'Air aux agrémens de la Vûë. Un Air n'eft véritablement fain, que lorfqu'il n'eft ni trop fec, ni trop humide. La trop grande fécherefle nuit à la poitrine, la trop grande humidité eft la fource de mille accidens. Sur les hautes montagnes on n'a point à craindre l'air humide : mais on y refpire un air trop vif & trop cru ; on y eft battu par les vents, communément on y manque d'eau ; & on eft fans ceffe expofé à monter & à defcendre. De pareilles Situations font évidemment pleines d'incommodité.

Dans le fond des vallées ou dans les plaines, on refpire un air gras ; mais il eft humide & marécageux. En hyver, ce font des brouillards continuels. En Été, on eft infecté de mauvaifes odeurs, & affiégé d'infectes. De pareilles Situations font encore bien incommodes. Un lieu affés élevé pour dominer la plaine, autour duquel il n'y auroit ni marais, ni eaux dormantes ; qui feroit à l'abri des grands vents par le voifinage de quelque forêt ou de quelque montagne ; qui feroit près d'une belle rivière, fans avoir rien à craindre de fes débordemens, un tel lieu fourniroit une habitation extrêmement faine. Si d'ailleurs on y avoit pour perfpective une plaine fertile, où les objets fuffent variés; & qui fans être d'une trop vafte étendue, fe trouvât agréablement terminée par des côteaux d'une élévation médiocre, on y jouiroit des avantages d'une Vûë toute propre à égayer l'imagination.

Dans les Villes, on ne peut pas choifir toujours une Situation qui ait les avantages, dont je viens de parler. On eft gêné pour l'emplacement, qui ne peut jamais être d'une grande étendue & d'une parfaite régularité. Tout ce qu'on a de libre, c'eft le choix du quartier, & de la ruë. Dans cette contrainte, il faut au moins fe fixer dans le Quartier le plus aëré & le plus propre ; à la Ruë la plus large & la mieux alignée : parce que l'abord en eft plus facile, & que l'Air s'y renouvelle plus aifément. En un mot, les Commodités du local dépendent d'une foule de circonftances, auxquelles il convient de faire une particulière attention. Il faut avoir de l'eau, & être à portée des chofes néceffaires à la vie. Il faut être éloigné du bruit. Il faut avoir fes entrées, & fes forties libres. Il faut que les jours foient avantageux ; & ils ne peuvent l'être, fi l'on n'a devant foi un grand découvert. Je ne rappelle ici toutes ces chofes, que pour inftruire ceux qui ont le pouvoir de fe les procurer. La multitude n'eft pas dans le cas.

L'emplacement une fois choifi, refte à décider la pofition de l'Édifice. Il s'agit de fe garantir & du trop grand froid, & du trop grand chaud. Généralement parlant l'Eft & l'Oueft, font deux pofitions incommodes. En Été, on eft brûlé par le foleil, qui plonge prefque la moitié du jour. Le Nord eft trop froid, & a toujours un peu d'humidité. Le Midy paroît la meilleure des pofitions. En Hyver, le foleil plonge & diminuë le froid; en Été, il rafe & ne donne pas un trop grand chaud. Mais dans chaque Pays, il y a communément un côté de l'Horifon; d'où viennent les plus grands vents, & les pluyes les plus conftantes. Si l'on veut être logé commodément, il faut bien fe garder de tourner fon Logement vers une partie du Ciel fi incommode. Il faut prendre la direction oppofée. La commodité de la pofition, dépend donc encore de plufieurs circonftances relatives au Climat; & dont aucune ne doit être ignorée d'un Architècte.

Après les avantages de la Situation, rien ne contribuë tant à la commodité d'un Bâtiment, que la Diftribution tant *extérieure*, qu'*intérieure*. La Diftribution *extérieure* a pour objèt, l'arrangement des Entrées, des Cours, des Jardins. Un Bâtiment eft toujours incommode, quand il n'y a pas au moins une Cour où les voitures puiffent entrer, & tourner à leur aife. Il eft privé d'une grande commodité, quand il n'y a pas de Jardin. Un Jardin dans une Ville eft d'une grande reffource; ne fût-ce que pour donner de l'air, & un peu de verdure : ce qui eft encore plus gracieux, eft d'avoir chez foi une promenade, qu'il ne faut point aller chercher; où l'on peut être à toute heure, & en deshabillé; où l'on ne rencontre point d'importun; où l'on ne voit que ceux que l'on veut voir. Si l'emplaçement a affés d'étenduë pour que l'on puiffe avoir Cour & Jardin, il faut fe procurer l'un & l'autre; en obfervant, autant qu'il eft poffible, de tourner le Jardin du côté où les voifins n'ont point de vûë deffus.

Pour rendre la Diftribution *extérieure* commode; il faut 1°. que le principal corps de logis foit au fond de la cour, & qu'il ait le Jardin en façe. Ainfi on fera à l'abri du bruit; on aura

un grand

un grand Air, & un grand Jour. 2°. La principale entrée sur la Ruë, doit être dans le milieu de la Cour ; l'entrée du corps de logis & du jardin doit lui répondre directement, de-là dépend la grande facilité des entrées & des sorties. 3°. Il faut se ménager à côté de la Cour principale, une autre Cour au moins, pour reçevoir toutes les saletés de l'écurie, de la cuisine, & de toute la maison ; il est même nécessaire, que cette basse Cour ait son issuë particulière en-dehors ; de-là dépend la propreté, qui influë infiniment sur la salubrité de l'air. 4°. Il faut que le rez-de-chaussée du principal corps de logis, soit élevé de quelques marches au-dessus du pavé de la Cour & du Jardin. Cet exhauffement est nécessaire, pour être à l'abri de toute humidité.

Il s'est introduit un usage contraire, à ce que je viens de dire au sujèt de l'entrée du Corps de Logis. Bien des gens ne veulent pas qu'elle soit dans le milieu ; parce qu'ils prétendent que c'est s'ôter la plus belle pièce de la Maison, pour en faire un vestibule qui n'est qu'un lieu de passage. Ils prennent donc le parti de rejetter l'entrée dans l'un des angles, ou sur l'une des aîles. Cette idée m'a toujours choqué. Il en résulte une grande incommodité ; c'est qu'un étranger en entrant dans la Cour, est obligé de demander par où l'on entre dans la maison. Dès qu'on rejette la porte d'entrée dans l'angle, il faut nécessairement pour la symétrie en feindre une pareille sur l'angle opposé. Dèslors quelqu'un qui n'est pas au fait, se trouve nécessairement dans le doute, & ne sçait plus de quel côté est la vraie ou la fausse entrée. On dira sans doute, que cet inconvénient est léger, en comparaison de l'avantage que l'on tire d'un appartement qui occupe toute l'étenduë du corps de logis, & qui n'est plus coupé par un vestibule. J'avouë que cet avantage a quelque chose de séduisant. Mais aussi dès-lors l'entrée du Jardin ne peut plus être plaçée, que d'une manière incommode ou mauſſade. Il faudra de deux choſes l'une ; ou traverſer l'Appartement pour y entrer directement par le milieu, ou n'y entrer abſolument que par le coin. Je dis plus ; ces Entrées rejettées dans l'angle de la cour ont un air de meſquinerie qui déplaît : elles annoncent que l'on eſt logé à l'étroit, & que l'on a été obligé de prendre la pièce qui auroit dû ſervir de veſtibule pour augmenter l'Appartement. D'ailleurs la porte d'entrée étant naturellement deſtinée à être l'iſſuë commune de tout le corps de logis, ſa plaçe eſſentielle, c'eſt le centre ; d'où elle diſtribuë également à toutes les extrémités.

La Diſtribution *intérieure* touche encore de plus près à la commodité du Logement que l'extérieure, & demande que l'on porte l'attention juſqu'aux plus petits détails. En ſuppoſant la porte d'Entrée au centre, ſi le corps de logis a un Étage au-deſſus du rez-de-chauſſée, il faut que l'eſcalier ſe préſente d'abord en entrant, & qu'il ſoit plaçé de manière que rien ne l'offuſque, & que lui-même il n'offuſque rien. La bonne manière eſt de le jetter à côté du veſtibule, & autant qu'il eſt poſſible au côté gauche ; parce que naturellement c'eſt du pied gauche que l'on monte. Il eſt difficile qu'un eſcalier plaçé directement dans le centre & ſur la porte d'entrée, n'entraîne bien des incommodités.

Pour qu'un Eſcalier occupe le centre ſans rien gêner d'ailleurs, il faut qu'il ſoit à deux rampes, une de chaque côté de la porte d'entrée, & qui ſe réuniſſent au premier étage par un grand pallier au-deſſus de la porte du Sallon, qui doit être entre le veſtibule & le jardin. Un eſcalier pareil ſeroit également magnifique & commode ; il conviendroit parfaitement à la Maiſon d'un Prince, ou au Palais d'un Roi. Dans les autres Maiſons où l'on ne doit pas faire une ſi grande dépenſe, il ſuffit d'un Escalier à une seule rampe ; & la meilleure manière de le placer, est celle que j'ai dit ; parce qu'alors rien ne l'offusque, & il n'offusque rien.

Pour rendre cet Escalier commode, il faut 1°. que les rampes soient en ligne droite. 2°. Que les marches soient larges & peu élevées. 3°. Qu'il y ait des palliers par intervalles. 4°. Qu'il soit parfaitement éclairé. Les rampes courbes ont toujours une incommodité ; c'est que les marches sont larges par un bout, & étroites par l'autre ; de sorte que d'une part le pied pose difficilement, de l'autre il faut de terribles enjambées. Les marches étroites causent de la frayeur, & sont vraiment périlleuses en descendant. Les marches hautes fatiguent, & mettent hors d'haleine ; une longue rampe sans pallier a le même inconvénient : cette suite de marches sans interruption & sans repos effraye en descendant, & fatigue en montant. L'escalier est la pièce de la Maison qui demande le plus de jour ; parce que c'est celle où les faux pas entraînent les plus grands risques. Un escalier placé comme je viens de le dire, suppose un corps de logis double. Aussi n'est-ce que dans le corps de logis double, que l'on peut être logé commodément.

Les grands appartemens doivent être composés au moins d'une anti-chambre, d'une pièce de compagnie, d'une chambre à coucher & d'un cabinet. Toutes ces pièces doivent être placées sur le Jardin, & en enfilade. Dans le double du corps de logis, il faut placer la salle à manger, les garde robes, les cabinets de toilette, les bains & les aisances. Je ne mets ici que les choses dont on ne peut se passer, sans manquer essentiellement de commodité. Il faut que la salle à manger soit à portée de l'Office & de la Cuisine. Ces deux dernières pièces ne sont commodément placées, que sur les aîles du corps de logis. Les souterrains sont trop obscurs, trop humides, trop difficiles à nettoyer, pour les deſtiner à autre choſe qu'à ſervir de cellier, de cave, de bûcher. Il faut que les garde-robes & les autres lieux d'aiſances ſoient à portée de la chambre à coucher ; & pour éviter toute mauvaiſe odeur, on doit ſe ſervir de lieux à l'angloiſe. Les autres Appartemens doivent avoir chacun un anti-chambre, une chambre à coucher, un cabinèt & une garde-robe. Je ne parle point des Salles, des Galleries, des Bibliothèques, & de toutes les pièces qui ne ſont que pour la magnificence. Elles ne conviennent qu'aux maiſons des grands Seigneurs ; elles doivent être ſéparées des Appartemens que l'on habite, & il eſt toujours facile d'en bien faire la diſtribution.

Pour rendre les Appartemens commodes ; il faut 1°. obſerver que les portes ne ſoient pas trop multipliées, elles donnent des vents coulis & pernicieux, gênent beaucoup pour l'ameublement ; qu'elles ſoient auprès des fenêtres, qu'elles s'ouvrent à deux battans, ſans déborder ſur l'épaiſſeur du mur ; qu'elles ferment aiſément & parfaitement. 2°. Que les fenêtres ſoient ſans appui, & ouvertes juſqu'au bas du pavé ; parce qu'alors elles éclairent infiniment mieux, & on a étant aſſis la vûë libre des Jardins ; qu'elles s'ouvrent comme les portes, ſans déborder ſur l'épaiſſeur du mur, & qu'elles ſe ferment avec la même éxactitude & la même facilité. 3°. Que les cheminées ne ſoient en façe ni des fenêtres, ni des portes ; & qu'on prenne toutes les précautions néceſſaires, pour qu'il n'y ait jamais de fumée. 4°. Que les lits ſoient dans de grandes alcoves, parce qu'on y eſt mieux renfermé, & plus chaudement. D'ailleurs l'ameublement de la chambre à coucher eſt plus facile & plus gracieux, quand il y a une alcove qui ſépare le lit de la chambre. La commodité ſeroit parfaite, ſi des deux côtés de l'alcove, il y avoit une porte & une allée de communication dans les garde-robes.

SUR L'ARCHITECTURE. 449

Pour être logé bien commodément, il faudroit n'avoir perfonne au-deſſus de ſoi, & n'être point obligé de monter. Le terrain eſt trop précieux dans les grandes Villes, pour réduire toutes les maiſons à un ſimple rez de chauſſée. Il n'y a que les Princes & les Rois à qui il ſoit poſſible de ſe loger bien au large, ſans avoir la peine de grimper par un eſcalier, & ſans mettre perſonne au-deſſus de leurs têtes. Pour les particuliers, il n'en eſt pas de même. Leurs emplaçemens bornés les mèttent dans la néceſſité de ſe loger les uns au-deſſus des autres. Dans cette contrainte il y a pourtant une attention à avoir : c'eſt de faire enſorte que dans l'Appartement ſupérieur, la chambre à coucher ne ſoit pas au-deſſus de celle de l'appartement inférieur; mais ſur quelqu'autre pièce, où il n'y ait point à craindre d'interrompre le repos de perſonne.

Dans la diſtribution d'un Édifice, un Architecte doit être attentif à mettre tout le terrein à profit, & à ne rien laiſſer d'inutile. Pour peu qu'il ait l'eſprit de combinaiſon, il tirera grand parti des irrégularités mêmes; & on verra ſous ſa main les moindres petits recoins, ſe métamophorſer en autant de commodités nouvelles. Rendons juſtice à nos Artiſtes : la Diſtribution eſt une partie qu'ils poſſèdent au ſouverain dégré. Ils ſçavent, dans de très-petits eſpaces, multiplier les logemens ; & dans chaque logement, ménager des commodités de toute eſpèce. Leur adreſſe en ce genre, a fait naître le goût des petits appartemens. Ce goût n'eſt pas abſolument mauvais. Il ſeroit pourtant dangereux qu'il devînt trop général; & qu'on vît déſormais les plus grands Seigneurs avoir pour tout logement, un Labyrinthe de petites cellules. Les petits appartemens conviennent aux petites fortunes; mais dans les grandes maiſons, ils ſont toujours déplacés : à moins qu'ils n'y ſoient tout au plus, comme des hors d'œuvres de fantaiſie.

Enfin les *Dégagemens* contribuent beaucoup à la commodité du Logement. Je ne m'étendrai par beaucoup fur cet article, qui n'eft pas un de ceux où nos Architectes excellent le moins. On comprend, fous le nom de *Dégagemens*, toutes les pièces qui fervent à donner des Communications fecrettes, du dedans d'un appartement dans les dehors. Ces *Dégagemens* font néceffaires pour éviter les longs circuits ; & pour que l'on ait à portée de foi, tous les fecours qui peuvent venir des offices & autres endroits communs : pour fe dérober quand on le fouhaite, pour aller & venir fans être gêné, & gêner perfonne. Il eft inutile ici d'entrer dans un plus grand détail. Il fuffit de dire que les *Dégagemens* font des chofes, qu'un Architecte ne doit jamais négliger dans la Diftribution d'un appartement. *L'Abbé Laugier.*

DE LA BIENSÉANCE DES BATIMENS.

La *Bienféance* éxige qu'un Édifice n'ait ni plus ni moins de magnificence, qu'il n'en convient à fa deftination ; c'eft-à-dire, que la décoration des Bâtimens ne doit pas être arbitraire ; qu'il faut qu'elle foit toujours rélative au rang & à la qualité de ceux qui l'habitent, & conforme à l'objèt que l'on a eu en vûe. Pour dire quelque chofe de moins vague, diftinguons les Édifices publics d'avec les Maifons particulières.

Je mets au rang des Édifices publics, les Églifes, les Palais des Princes, les Hôtels de Ville, les Tribunaux de la Juftice, les Hôpitaux, les Communautés.

Les Églifes ne peuvent être décorées trop noblement, elles font le Sanctuaire de la Divinité ; il convient de leur donner un air majeftueux, qui réponde à un objèt fi grand. On ne rifque donc jamais d'aller trop loin. On peut dire de nos Églifes, que plus on les rend magnifiques, mieux on fatisfait à la *Bienféance*. Il y a pourtant une chofe à obferver ; c'eft que toutes fortes d'ornemens ne conviennent point à la décoration de nos Églises. Il n'y faut rien de profane, rien de bizarre, rien d'immodeste; il y a eu des Architectes qui ont eu assez peu de jugement pour orner la frise d'une Église, de tous les instrumens propres des Sacrifices du Paganisme, ou des figures monstrueuses faites d'imamagination & de caprice. C'est pécher ouvertement contre toutes les règles de la *Bienséance*. Il ne faut dans une Église, rien que de simple, de mâle, de grave, de sérieux; rien qui puisse faire diversion à la piété; rien qui ne contribue à en nourrir, à en enflammer l'ardeur. Les nudités, surtout en peinture & en sculpture, en doivent être absolument bannies. Il est étonnant d'en voir quelquefois sur les Autels même, qui vont à l'indécence & au scandale.

Les Palais des Princes doivent être grands, vastes, magnifiquement décorés au dehors, richement meublés au dedans. Il leur faut à l'extérieur, de larges avenuës, des Cours d'une étenduë confidérable; dans l'intérieur, des salles, des galleries, de longues enfilades d'appartemens.

Pour donner à un Palais, un véritable air de noblesse, il faut un grand front de bâtiment, varié par des pavillons de différente hauteur & de diverse structure; il faut sur les aîles de grands Portiques à Colonnes sur un plan ou elliptique ou mixtiligne, qui fasse la communication d'un corps de logis à l'autre. Il faut qu'à travers ces Portiques, on puisse appercevoir les Jardins; ce qui donne à la Cour un dégagement, & une gayeté surprenante.

La Magnificence convient jusqu'à un certain dégré aux Maisons de Ville, aux Tribunaux de la Justice, aux Places, & aux autres Édifices publics de cette espèce.

Une Place, pour être belle, doit être un centre commun; d'où l'on peut se répandre en différens quartiers, & où de différens quartiers on peut se réunir : il faut donc que plusieurs Ruës y aboutissent, comme les routes d'une forêt dans un carrefour. La vraie décoration des plaçes, ce sont les Portiques ; & si on y joint des bâtimens de diverse hauteur & de différente forme, la décoration sera parfaite. Il y faut de la symmétrie ; mais il y faut aussi un certain désordre qui varie & augmente le spectacle. Les Plaçes peuvent être ornées de fontaines & de statuës. Nous n'avons proprement aucune belle fontaine. Il est décidé parmi les faiseurs de descriptions, qu'on mettra la fontaine des Saints Innocens au rang des merveilles de cette capitale. On peut vanter en effet, le cizeau qui a taillé les sculptures ; mais dira-t-on, que l'idée d'une Tour quarrée avec des fenêtres dans l'entredeux des pilastres, soit l'idée d'une Fontaine.

Les Italiens en ce point, l'emportent infiniment au-dessus de nous. Il faut aller à Rome pour prendre le goût des belles Fontaines. Elles y sont en grand nombre, & quoique fort différentes les unes des autres ; elles ont toutes un je ne sçais quoi de vrai & de naturel, qui enchante. Y a-t-il rien de si heureux, de si noble, de si caractérisé que la Fontaine de la Plaçe Navonne ? Voilà un modèle dont nous n'avons point encore approché.

Les Hôpitaux doivent être bâtis solidement, mais simplement. Il n'y a point d'Édifice où la somptuosité soit plus contraire aux *Bienséances*. Des maisons destinées à loger des pauvres, doivent tenir quelque chose de la pauvreté.

J'en dis autant à proportion des Séminaires ou Communautés séculières & régulières. Ces sortes d'Édifices doivent toujours avoir à l'extérieur, toute la simplicité convenable à l'état des personnes qui les habitent. Tout ce qui annonçe la superfluité dans la dépense, tout ce qui est de pur ornement, doit en être banni. Le Public, amateur des *Bienséances*, ne voit jamais qu'avec chagrin, les façades superbes qui ornent des maisons ; où ne

doit

doit règner que le mépris du monde, l'esprit de retraite & de pénitence.

Pour les Maisons des particuliers, la *Bienséance* veut que leur décoration soit proportionnée au rang & à la fortune des personnes. Je n'ai rien de particulier à observer à cet égard, sinon qu'il seroit à souhaiter, que chacun se rendît si bien justice, qu'on ne vît point des gens qui n'ont pour eux que l'Opulence, égaler, surpasser même par la magnificence extérieure & intérieure de leurs maisons, les premiers Seigneurs & les plus Grands du Royaume. J'avouë que les Architectes ne sont pas toujours les maîtres de suivre à la rigueur, les *Bienséances* dont je viens de parler. L'orgueil des particuliers leur prescrit des loix, auxquelles ils sont forcés de se soumettre. Cependant il dépend pour l'ordinaire, de l'Architecte qui fournit le dessein, d'y mettre plus ou moins de simplicité, selon que la *Bienséance* du sujèt l'éxige. Quand on le consulte, il ne doit proposer que ce qui convient. S'il est jaloux de sa réputation, il ne cherchera point par des desseins éblouissans, à flatter la vanité de gens à qui le faste ne convient point; & qui ne sont souvent que trop portés d'eux-mêmes à s'égarer au-delà des bornes. Un Architecte connoissant parfaitement ce qui convient à un chacun, étendra ou resserrera ses idées selon ce discernement, n'oubliant jamais ce principe vrai; qu'un Beau Bâtiment n'est pas celui qui a une beauté arbitraire: mais celui, qui, relativement aux circonstances, a toute la Beauté qui lui est propre, & rien au-delà.
Auteur Anonyme.

Tome II. Part. I.   M m m

DESCRIPTIONS
DES PLUS BEAUX ÉDIFICES,
ou Monumens Antiques et Modernes.

LA Ville de Nifmes en France dans le Bas-Languedoc, eſt célèbre par ſon antiquité, dont on voit encore de beaux monumens.

Quelques Auteurs ont avancé, que cette Ville fut bâtie par un fils d'Hercule ; mais ce ſentiment eſt bien difficile à établir. Il eſt ſûr qu'elle fut une Colonie des Romains, & qu'elle fut très-féconde en grands hommes. Sa ſituation eſt des plus charmante de la Province ; car elle a d'un côté des collines couvertes de vignes, & de toutes ſortes d'arbres fruitiers ; & de l'autre une campagne vaſte & fertile.

Les Voyageurs ſe font un plaiſir d'admirer les monumens antiques que Niſmes a conſervés ; le plus conſidérable eſt l'amphithéâtre que ceux du pays appellent les Arênes. Sa forme eſt ronde, & il eſt bâti de pierres de tailles d'une grandeur extraordinaire, avec pluſieurs ſièges pour la commodité des Spectateurs. Le dehors eſt environné de colonnes, avec leurs corniches ; où l'on voit des Aigles Romaines, & la figure de Rémus & de Romulus, allaités par une Louve.

La Maiſon, qu'on nomme *Quarrée*, eſt un ancien mauſolée : c'eſt un Édifice qui forme un quarré long, ayant 74 pieds de longueur, & 41 pieds ſix pouces de largeur ; ſelon les dimenſions qu'en a données Jean Poldo d'Albenos. Quelques-uns ont cru que c'étoit la Baſilique qu'Adrien fit bâtir à Niſmes en l'honneur de Plotine, femme de l'Empereur Trajan ; mais cette maiſon n'eſt pas un ouvrage auſſi magnifique, que les Baſiliques décrites par Spartien.

De plus les Bafiliques, comme le remarque M. Perault, dans Vitruve, avoient les colonnes en dedans, au lieu que les Temples les avoient en dehors; comme celles de la Maifon Quarrée.

D'autres ont cru que c'étoit un *Capitole*; c'eft-à-dire, une Maifon Confulaire, où s'affembloient les Magiftrats de la Ville; parce que le peuple lui donne encore le nom de *Capdeuil*, qui, dans le langage du païs, fignifie *Capitole*: & que dans des titres de quatre ou cinq cens ans, cette Maifon eft appellée *Capitole*, & l'Églife voifine, Saint Étienne du *Capitole*.

Palladio eft porté à croire que c'étoit un Temple, & il nous en donne une fçavante defcription, que je vais rapporter.

L'Aire du Temple eft à dix pieds cinq pouces du rez-de-Chauffée, & a pour embafement tout au tour, un piédeftal; fur la cimaife duquel font deux marches, fur quoi les bafes des colonnes font affifes. La bafe de ce piédeftal a moins de moulures, & eft plus maffive que fa cimaife; comme cela doit être. La bafe des colonnes eft attique, mais parce qu'elle eft augmentée de quelques aftragales un peu extraordinaires, elle peut paffer pour compofite; quoiqu'elle ne convienne pas mal aux colonnes Corinthiennes. Les chapitaux font taillés à feuilles d'olive, & ont l'abaque fort enrichi d'ornemens. La rofe, qui eft au milieu de chaque façe du chapiteau, occupe toute la hauteur de l'abaque, & de l'orlèt de la campane; ce qu'on remarque avoir toujours été obfervé dans les chapitaux antiques de cette efpèce. L'architrave, la frife & la corniche ont une quatriéme partie de la hauteur des colonnes, & tous leurs membres font chargés d'ornemens d'une très-belle invention. Les modillons font fort différens de ceux qu'on voit ordinairement; & néanmoins ce qu'ils ont d'extraordinaire eft fort agréable. Une autre remarque qu'on a faite; c'eft que ces modillons font ornés de feuilles de chêne, quoique les chapitaux aient de feuilles d'olive. Sur la gueule droite, au lieu d'un orlèt ; il y a un ovicule en sculpture, ce qui est assez rare. Le frontispice est précisément selon les règles de Vitruve ; car des neuf parties, faisant la longueur de la corniche, il s'en trouve une dans la hauteur du fronton sous la corniche. Les piédroits ou jambages de la porte, ont de front une sixième partie de la largeur de son ouverture. Cette porte est enrichie de plusieurs beaux ornemens bien travaillés ; sur la corniche, au-dessus des pilastres, il y a deux quartiers de pierre taillés en manière d'architrave, qui faillent hors de la corniche ; & dans chacun il y a un trou quarré large de dix pouces & demi en tous sens, dans lequel *Palladio* imagine que l'on ajustoit de longues pièces de bois ; qui, descendant jusques sur le pavé, servoient à attacher une porte faite exprès pour pouvoir s'ôter & se remettre selon le besoin : cette porte étoit en forme de jalousie, afin que le peuple pût voir de dehors ce qui se faisoit dans le Temple, sans embarrasser les Prêtres dans leurs fonctions.

On voit encore à Nismes un autre Temple, que les Habitans croient avoir été bâti en l'honneur de *Vesta*. *Palladio* croit que c'étoit le Temple de quelque Divinité infernale : quoiqu'il en soit, ce monument est très-précieux, & mérite une description détaillée.

La façade du dedans du Temple, vis-à-vis de l'entrée, se divise en trois parties. Le pavé de la partie du milieu est au même niveau que tout le reste du Temple, les deux autres sont pavées à la hauteur des piédestaux ; & l'on y monte par des marches qui commencent aux deux entrées, que j'ai dit être aux aîles du Temple. Les piédestaux ont un peu plus de hauteur, que le tiers de leurs colonnes. Les colonnes ont leurs bases composées de l'Attique & de l'Ionique, & ont un très-beau profil. Les chapitaux sont aussi composites, & fort proprement taillés. L'architrave, la frife & la corniche font toutes fimples, auffi bien que les moulures des Tabernacles, qui règnent autour de la Nèf. Derrière les deux colonnes qui font face à l'entrée, & qui formeroient dans nos Églifes ce que nous appellons le grand Autel, il y a des pilaftres dont les chapitaux font auffi compofites; quoique différens de ceux des colonnes, & même différens entre eux, en ce qu'aux pilaftres voifins des colonnes, les chapitaux ont leurs ornemens difpofés d'une certaine manière; ceux qui font plus en arrière, les ont d'une autre; tous font un bel effèt. L'invention en eft fi élégante & a tant de grace, qu'il n'en eft point de cette efpèce qui plaife davantage. Ces pilaftres portent l'architrave des Chapelles qui font au côtés, auxquelles on monte, j'ai déja dit, par les dégrés des entrées des aîles; de forte qu'en cet endroit ils font plus larges que les colonnes, ce qui eft à remarquer. Les colonnes d'autour de la Nèf, portent quelques arcs de pierre, & d'un de ces arcs à l'autre, commençe le ceintre de la grande voûte du Temple.

Tout ce bâtiment eft fait de pierre quarrée; il eft couvert de thuiles, couchées & enclavées l'une dans l'autre : de telle forte, que la pluïe ne peut pénétrer dans la couverture. Il eft aifé de s'appercevoir, que ce Temple ainfi que le premier, a été bâti dans un temps où la bonne Architècture fleuriffoit.

Saint Pierre de Rome.

L'Églife de Saint Pierre de Rome eft le plus vafte, & le plus fuperbe Temple du monde. Ce qu'il y a de fingulier, c'eft qu'en y entrant, on n'y trouve rien d'abord qui furprenne à un certain point. La fymétrie & les proportions y font fi bien obfervées, toutes les parties y font placées avec tant de juftefle, que cet arrangement laiffe l'efprit dans fa tranquillité : mais quand on vient à détailler les beautés de cet admirable Édifice, il paroît alors dans toute sa magnificence : en voici les principales dimensions.

Sa longueur est de 594 pieds, sans compter le portique ni l'épaisseur des murs. La longueur de la croix est de ### pieds. Le Dôme a 143 pieds de diamètre en dedans. La Nèf a ## pieds 8 pouces de largeur, & 144 de hauteur perpendiculaire. La façade a 400 pieds de profil. Du pavé de l'Église au haut de la croix qui surmonte la boule du dôme, on compte 432 pieds d'Angleterre : le Portail est digne de la majesté du Temple.

Ce sont d'abord plusieurs gros pilliers qui soutiennent une vaste Tribune. Ces pilliers forment sept arcades, qui sont appuyées de chaque côté sur des colonnes de marbre violet d'ordre Ionique : le devant de la Tribune est aussi orné de colonnes, & d'une balustrade de marbre : au-dessus sont des fenêtres quarrées, qui font un fort bel effet ; le tout est terminé par une balustrade, sur laquelle on a placé la statuë de Notre-Seigneur, & celles des douze Apôtres, qui ont dix-huit pieds de haut.

Toute la voûte du Dôme est peinte en Mosaïque par les plus grands Maîtres. Ce Dôme est soutenu par quatre gros piliers, au bas desquels on a placé quatre statuës de marbre blanc, plus grande que nature ; dont il y en a une (*Saint Longis*) du Cavalier Bernin.

Le grand Autel est directement sous le Dôme : il est de marbre, & quatre colonnes de bronze torses ornées de festons soutiennent un baldaquin de même métal : quatre Anges de même matière, plus grands que nature, posés sur chaque colonne, & plusieurs petits Anges distribués sur la corniche, donnent une majesté singulière à cet Autel; dont le dessein est du Cavalier Bernin.

La Confession de Saint Pierre (on croit que c'est l'endroit où cet Apôtre a été enterré) est directement sous cet Autel : ce lieu qui est interdit aux femmes, est tout revêtu de marbre ; il est magnifiquement décoré,

SUR L'ARCHITECTURE.

Tout reluit d'or & d'azur dans Saint Pierre de Rome. Tous les pilliers font revêtus de marbre le plus poli ; toutes les voûtes font de ftuc à compartimens dorés.

On trouve dans ce lieu des morceaux de peintures des plus grands Maîtres. Le Cavalier *Lanfranc* a peint la voûte de la première Chapelle. On voit dans la feconde un Saint Sébaftien du *Dominiquain*. Dans la Chapelle du St. Sacrement, eft un tableau de la Trinité de Pierre Cortone, &c.

Les morceaux de fculpture furpaffent peut-être tout le refte : le plus confidérable eft la Chaire de *Saint Pierre*. Cette Chaire qui n'eft que de bois, eft enchaffée dans une autre Chaire de bronze doré, environnée de rayons, & foutenuë par les quatre Docteurs de l'Églife ; S. Ambroife, S. Jerôme, S. Auguftin & S. Grégoire ; dont les ftatuës plus grandes que nature, font pofées fur des piédeftaux de marbre : le deffein de ce bel ouvrage eft du Cavalier Bernin. Aux deux côtés de la Chaire de S. Pierre, font deux fuperbes maufolées ; l'un d'Urbain VIII, & l'autre de Paul III.

Un plus grand détail me meneroit trop loin, & je m'apperçois que j'ai paffé dans cet article les bornes étroites que je me fuis prefcrites ; je dirai avant que de finir, que le Bramante fous Jules II, & Michel Ange fous Paul III, ont été les principaux Architectes de cette Églife. Le Cavalier Bernin ayant entrepris de creufer de petits efcaliers dans l'épaiffeur des piliers qui foutiennent le Dôme, les a tellement affoiblis, que le Dôme s'eft entr'ouvert, fuivant la prédiction de Michel Ange qui avoit défendu d'y toucher.

ROTONDE ou PANTHEON.

C'eft l'ancien Pantheon bâti fous Augufte, par Agrippa fon gendre. Boniface IV en fit une Églife, qu'il confacra à la Mère de Dieu & à tous les Saints Martyrs.

C'est un bâtiment qui a autant de largeur que de profondeur; il porte 158 pieds en tout sens. Il est sans fenêtres & sans piliers, & il ne reçoit de jour que par une ouverture pratiquée au milieu de la voûte ; cependant il est fort éclairé. On monte au toît par un escalier de 150 marches, & de-là jusqu'au faîte il y a encore 40 marches. Voici la description qu'en fait Palladio, & qu'il a accompagnée de plusieurs plans, qu'on trouve dans son quatrième Livre, Chap. XX.

De tous les Temples qu'on voit à Rome, dit-il, il n'y en a point de plus célèbre que le *Pantheon*, communément nommé la *Rotonde*, ni qui soit resté plus entier ; puisqu'il est encore aujourd'hui, au moins quant à la carcasse, presqu'au même état qu'il a toujours été. Mais on l'a dépouillé de la plûpart de ses ornemens, & particulièrement des excellentes Statuës dont il étoit rempli.... Ce Temple fut appellé *Pantheon*, parce qu'il étoit consacré à Jupiter, & à tous les Dieux ; ou peut-être à cause de sa figure, qui semble représenter le Globe du Monde : car sa rondeur est tellement compassée, que la hauteur depuis le pavé jusqu'à l'ouverture qui lui donne le jour, est égale à sa largeur prise diamétralement d'un côté de mur à l'autre. Quoiqu'à présent on descende par quelques marches dans ce Temple, cependant il y a de l'apparence qu'on y montoit par quelques degrés.

Parmi tout ce qu'on rapporte des choses les plus singulières de ce Temple, on dit qu'il y avoit une Minèrve d'yvoire faite par Phidias ; & une Vénus, à l'oreille de laquelle pendoit la moitié de cette précieuse perle, que Cléopatre but en un festin, à dessein de surpasser la somptuosité de Marc-Antoine. On assure que cette moitié de perle étoit estimée 250000 ducats. Tout ce Temple est d'Ordre Corinthien, tant par dehors que par dedans. La base des colonnes est composée de l'Attique & de l'Ionique ;

SUR L'ARCHITECTURE. 461

l'Ionique : les chapiteaux font de feuilles d'olive ; les architraves, frises & corniches ont de très-belles moulures, & peu chargées d'ornemens. Dans l'épaiſſeur du gros mur, qui fait l'enceinte du Temple, il y a de certains eſpaces vuides pratiqués exprès, tant pour épargner la dépenſe, que pour diminuer le choc des tremblemens de terre. Ce Temple a en face un très-beau portique, dans la friſe duquel on lit les mots ſuivans.

M. Agrippa. L. F. Cof. Tertium fecit.

Au-deſſus deſquels, c'eſt-à-dire, dans les bandes de l'architrave ; on lit une autre Inſcription, en plus petit caractère, qui fait connoître que les Empereurs Septime Sévère & Marc-Aurele réparèrent les ruines de ce Temple.

Le dedans du Temple eſt diviſé en ſept Chapelles avec des niches, qui ſont toutes pratiquées dans l'épaiſſeur du mur, dans leſquelles il y a apparence qu'il y avoit des Statuës. Entre deux Chapelles il y a un Tabernacle, de ſorte qu'il y en a huit. Pluſieurs croyent que la Chapelle du milieu, qui eſt vis-à-vis de l'entrée du Temple, n'eſt pas antique, parce que ſon fronton entrecoupe quelques colonnes du ſecond Ordre ; ils ajoutent, pour appuyer leur ſentiment, que ſous le Pontificat de Boniface, qui dédia ce Temple au Culte du vrai Dieu, il fut orné conformément à l'uſage des Chrétiens, qui ont toujours un Autel principal dans l'endroit le plus apparent de leurs Égliſes. Néanmoins conſidérant la grande manière de cet Autel, l'harmonie que ſes parties font avec le reſte de l'Édifice, l'excellent travail de tous les membres qui le compoſent, Palladio ne doute point qu'il ne ſoit auſſi ancien que tout le reſte. Cette Chapelle a deux colonnes, une de chaque côté qui ſont hors d'œuvre, & ont une cannelure toute particulière ; car l'eſpace qui ſépare chaque cannelure eſt enrichi de petits tondins fort proprement travaillés.

Les eſcaliers qui ſont aux deux côtés de l'entrée, conduiſent ſur les Chapelles, par un petit corridor ſecret qui règne tout autour du Temple ; & qui ſortant en-dehors, va rendre au pied d'un autre eſcalier qui règne tout autour du toît, & monte juſqu'au ſommet de l'Édifice.

TEMPLE DE LA FORTUNE VIRILE.

Ce Temple connu aujourd'hui ſous le nom de Sainte Marie Égyptienne, ſe voit à Rome du côté du Port Sainte Marie, anciennement nommé *Pons Senatorius* : il s'eſt conſervé preſque dans ſon entier. Sa façade eſt ornée de colonnes, & porte des demi-colonnes aux murs de la nef par le dehors qui accompagnent celles du portique, & ont toutes la même décoration : de ſorte qu'à voir ce Temple de côté, il ſemble un périptère entouré d'allées. Les entre-colonnes ſont de deux diamètres & un quart : ainſi ſa forme eſt ſiſtyle. L'aire du Temple eſt élevé de ſix pieds & demi du rez-de-chauſſée, & l'on y monte par des degrés qui ont pour appui l'embaſement qui règne tout autour de cet Édifice. Les colonnes ſont Ioniques, & leur baſe Attique, quoiqu'il ſemble qu'elle dût être Ionique ; mais cette baſe Ionique, dont Vitruve nous fait la deſcription, n'eſt trouvée nulle part parmi les Antiques : les colonnes ſont cannelées, & ont vingt-quatre cannelures. Les volutes des chapiteaux ſont éliptiques : & ce qu'il y a de plus remarquable, c'eſt que dans les angles du Temple & du Portique, les chapiteaux paroiſſent de front des deux côtés, ce qui peut-être, ne s'eſt jamais vû ailleurs, ſi ce n'eſt depuis Palladio, qui ayant trouvé cette compoſition belle & agréable, s'en eſt ſervi dans ſes Ouvrages. La porte du Temple a des ornemens d'un très-grand goût, &

est d'une proportion fort régulière. On trouve dans Palladio la description & les desseins de ce Temple ; au Livre quatrième, première Partie, pag. 28.

Temple de Mars.

On voit encore aujourd'hui de précieux vestiges de cet ancien Temple, dans un endroit de Rome appellé la *Place des Prêtres*, entre la Rotonde & la Colonne Antonine. Sa forme est périptère ; c'est-à-dire, qu'il est environné d'allées en forme de Cloître. Sa manière est piénostyle, ou à colonnes pressées. Les entre-colonnes ont un diamètre & demi : la largeur des Portiques qui l'environnent, excède celle des entre-colonnes de toute la saillie des antes, ou pilastres des murs ; les colonnes sont Corinthiennes, & leur base attique. Cette base a sous la ceinture de la colonne un petit tondin ou astragale ; le listeau de la ceinture a fort peu de saillie, & fait un très-bel effet. Le chapiteau est taillé en feuilles d'olives, & d'une bonne manière. L'Architrave au lieu du talon ordinaire qui la termine, a un avicule, & au-dessus un cavèt enrichi de beaux ornemens. La Frise est bombée, & la saillie de sa convexité est de la huitième partie de sa hauteur : les Modillons de la Corniche sont quarrés ; & le larmier est au-dessus sans denticules, suivant les règles de Vitruve, qui les fait incompatibles avec les Modillons, quoique cette règle soit rarement observée dans les Bâtimens antiques. Au-dessus de la grande corniche aux côtés du Temple, il y en a une autre petite, le vif de laquelle tombe à plomb sur celui des modillons, & elle devoit porter des Figures, qui par ce moyen eussent été vûës toutes entières ; au lieu qu'autrement les pieds & une bonne partie des jambes fussent demeurées couvertes par la saillie de la corniche.

Au-dedans du Portique il y a une Architrave de même hauteur que celle qui est en-dehors, mais néanmoins différente en ce qu'elle est à trois faces ; les moulures qui divisent chaque face, sont de petites douçines ornées de feuilles & de petits arcs. Cette Architrave soutient la voûte du Portique. L'entablement entier, fait une des cinq parties & demi de la hauteur des colonnes ; & quoiqu'il n'ait pas tout-à-fait la cinquième partie, cependant il a beaucoup de grace, & fait un bel effet. Les murs étoient incrustés de marbre, avec des niches entre les colonnes tout à l'entour. On voit une des ailes de ce Temple presque toute entière, par le moyen de laquelle, & de ce qu'on a pû tirer des autres ruines, Palladio nous a donné en entier le plan de cet Édifice : c'est sur ce plan que l'on s'est réglé dans cette description.

TEMPLE DE LA CONCORDE.

On trouve à la descente du Capitole des débris de ce Temple consacré à la *Concorde* par Camille. Il servoit anciennement de lieu d'assemblée pour traiter des affaires & des nécessités publiques ; d'où l'on infère qu'il avoit été consacré, d'autant que les Prêtres ne permettoient pas que le Sénat s'assembla en aucun Temple pour les affaires de la République, sans avoir été consacré ; c'est-à-dire, fait ou bâti en conséquence de quelque Vœu ou Augure. Cette espèce de Temple se nommoit *Curia*. Parmi le grand nombre de Statuës dont il étoit enrichi, les Historiens ont principalement remarqués celle de Latone, tenant dans ses bras Apollon & Diane ses deux enfans ; celle d'Esculape & de sa fille Hygie, celle de Mars, de Minèrve, de Cérès, de Mercure, & d'une Victoire qui étoit sur le fronton du Portique ; laquelle pendant le Consulat de M. Marcellus & de M. Valerius, fut frappée d'un coup de foudre. On voit par l'Inscription qui est encore dans la frise, que ce Temple ayant été confumé par une incendie, le Sénat & le Peuple Romain le firent rebâtir : voici l'Infcription.

S. P. Q. R. Incendio consumptum restituit.

C'eft-à-dire, le Sénat & le Peuple Romain l'a rebâti, après avoir été ruiné par un incendie. Les entre-colonnes ont moins de deux diamètres ; les bafes font compofées de l'Attique & de l'Ionique, & diffèrent en quelque chofe de la manière ordinaire, mais elles ne laiffent pas d'être belles. Les chapiteaux font auffi compofés de l'Ordre Dorique & Ionique, & font très-bien travaillés ; l'architrave avec la frife, dans la partie extérieure de la façade, ne font qu'une bande toute unie, fans aucune diftinction de leurs moulures ; ce qui fut fait pour y pouvoir mettre l'Infcription : mais par dedans, c'eft-à-dire, fous le Portique, ils ont toutes leurs moulures diftinctes, comme on peut le remarquer dans le deffein. La corniche eft fimple, fans ornemens ; il ne refte plus aucune partie antique des murs de la nef, & même ils ont été fort mal réparés : on peut encore néanmoins juger de quelle manière ils devoient être.

Église de Notre-Dame de Paris.

C'eft un ancien & grand Monument, qui commença d'être bâti l'an 1257, par les foins de Maurice de Sully Évêque de Paris, & fous le règne de S. Louis : le vaiffeau de cette Églife eft un très-bel Édifice d'Architecture Gothique, qui eft majeftueux par fa grandeur. Il a foixante-cinq toifes de long, vingt-quatre de large, & il eft haut de dix-fept. La façade eft remarquable par fa Sculpture, & par les Statues de vingt-huit de nos Rois, dont celle de Childebert eft la première, & celle de Philippe Augufte la dernière : elle l'eft encore plus par l'élévation de fes deux groffes Tours, qui ont trente-quatre toifes de haut chacune ; on y monte par un efcalier de trois cens quatre-vingt-dix marches. Mais le Chœur de cette Églife eft ce qu'on a de plus beau en ce genre, autant pour la Sculpture que pour la Peinture. Les huit Tableaux dont il eft orné à droite & à gauche font fort eftimés, & particulièrement celui de la Vierge, qu'on appelle le *Magnificat*, qui eft de Jouvenèt: le Sanctuaire eft fort décoré par des Statuës, des Bas-reliéfs, & des Ornemens Symboliques qui ont rapport à des Sujèts Sacrés. Ce qu'on y admire le plus, c'eft la Defcente de Croix au-deffus du grand Autel, Ouvrage de Sculpture de Couftou l'aîné. Les deux Statuës qui font aux deux côtés du même Autel, repréfentent l'une Louis XIII par Couftou le Jeune ; & l'autre, Louis XIV par Coyfevaux : la Boiferie & les Bas-reliéfs des Stalles font dignes d'attention. Les Chapelles remarquables de cette Églife font 1°. celles de la Vierge & de S. Denis à droite & à gauche de la principale entrée du Chœur, & du deffein de De Cotte : la Statuë de S. Denis eft de Couftou l'Aîné. 2°. La Chapelle de Noailles, où eft une Affomption en bas-relièf, par Fremin ; celle de Vintimille où eft S. Charles Borromée, de Carle Vanloo ; la nouvelle Sacriftie qui attire les régards des Curieux : enfin quantité de beaux Tableaux répandus autour de la Nèf.

LE LOUVRE.

C'eft un Édifice & Monument remarquable de nos Rois. Les chofes dignes d'attention font la façade du côté de S. Germain-l'Auxerrois ; Édifice fuperbe, élevé fur les deffeins de Claude Perrault, fous le règne de Louis XIV l'an 1665. Cette façade eft de 87 toifes & demi de longueur, elle eft divifée par trois corps avancés ; fçavoir, deux aux extrêmités, & un au milieu, où fe trouve la principale entrée : le tout porte un grand Ordre de Colonnes Corinthiennes, couplées avec des pilaſtres qui y répondent : ces belles Colonnes ſont cannelées, elles ont trois pieds ſept pouces de diamètre, & forment deux grands Périſtyles, dont les plafonds ſoutenus par des architraves en poutre ſont d'une grande beauté. Le corps avancé du milieu eſt orné de huit colonnes couplées comme les autres, & terminé par un grand fronton, lequel eſt formé de deux ſeules pierres d'une grandeur prodigieuſe ; elles ont chacune cinquatre-quatre pieds de long ſur huit de large, & dix-huit pouces d'épaiſſeur. La ſuite de l'entrepriſe du Louvre qui avoit été interrompuë pendant plus de ſoixante-dix ans, eſt continuée depuis quelques années avec beaucoup de ſoin, de dépenſe & de goût : l'intention du Roi étant qu'un des plus beaux Monumens d'Architècture qui ſoit en Europe ne demeure pas imparfait. Les autres parties du Louvre remarquables ſont les Ouvrages de Sculpture, que l'on voit au gros Pavillon de l'ancien bâtiment du Louvre, & entr'autres les Ornemens des frontons & de la friſe, la Salle des Antiques remplie des plus beaux morçeaux qui nous reſtent de l'Antiquité. A l'égard de ceux de Peinture, on y voit la Gallerie d'Apollon, les Batailles d'Aléxandre par le Brun, le Triomphe de Neptune & de Thétis, du même ; & les Salles de l'Académie de Peinture & de Sculpture, & autres beaux morçeaux.

Le Val de Grace.

C'eſt un Édifice ſacré & magnifique, célèbre ſur-tout par les Peintures de ſon Dôme : c'eſt un Monument de la piété de la Reine Anne d'Autriche, Mère de Louis XIV, commencé l'an 1645. L'Architècture eſt de Fr. Manſard, le Mercier, le Duc & Duval. Le grand Portail de l'Égliſe, au-devant de laquelle eſt une grande Cour, ſéparée de la ruë par une longue paliſsade ou grille de fer, est orné d'un Portique, soutenu de quatre Colonnes Corinthiennes avec une niche de chaque côté, dans lesquelles sont les Statuës de S. Benoît & de Sainte Scholastique en marbre; au-dessus de cet Ordre, il en règne un second qui est Composite, avec des enroulemens aux côtés : le tout est d'un grand extérieur. L'intérieur de l'Église est décoré d'un Ordre Corinthien en pilastres, & le pavé est un parquet de marbre divisé en grands compartimens : la Sculpture de la voûte est admirable. Le grand Autel est d'une invention singulière & magnifique : il est orné de six grandes colonnes torses d'Ordre Composite & de marbre noir, & posées autour de l'Autel en ligne formant un ovale : elles sont chargées de palmes de bronze doré, & soutiennent une espèce de Baldaquin formé de six grands courbes qui se réunissent en haut, & sont terminées par une Croix : des Anges de sept pieds de proportion, & tenant des encensoirs, sont posés sur des soubassemens de marbre : le tout est chargé de beaucoup d'Ornemens de bronze doré. Au-dessus du Sanctuaire règne le Dôme qui frappe les yeux des Spectateurs : il représente la gloire des Bienheureux dans le Ciel, disposés par groupes qui composent plus de deux cens Figures de seize à dix-sept pieds de proportion. Ce magnifique Ouvrage est de peinture à fresque, il est de Pierre Mignard; c'est dommage que les couleurs ayent perdu de leur vivacité. Les Ouvrages de Sculpture de l'Église & du Portail sont des Anguiers.

L'Hôtel Royal des Invalides.

C'est un Monument célèbre de la magnificence & de la piété de Louis XIV, élevé à Paris à l'extrémité du Fauxbourg Saint Germain, en faveur des Gens de Guerre; c'est-à-dire, pour y loger les Officiers & Soldats estropiés.

Cet

SUR L'ARCHITECTURE. 469

Cet Hôtel fut commencé en 1671 : les Bâtimens & les Cours forment un quarré régulier, qui occupe un terrain de dix-sept arpens, dans lequel il y a cinq Cours, & des logemens tout autour à trois étages, dont les combles sont ornés de Trophées. Les principales parties de ce grand Édifice, & qui méritent une plus singulière attention sont : 1°. la belle Promenade plantée d'arbres, qu'on a faite depuis quelques années sur tout le terrain qui est entre la Rivière & cet Hôtel, & qui forme une magnifique perspective. 2°. L'avant-Cour, qui est plutôt une sorte d'Esplanade fort spacieuse, & dans laquelle on entre par une porte en grille. 3°. La façade de l'Hôtel qui a cent deux toises d'étendue ; la Porte principale, & dans le ceintre au-dessus la Statuë équestre de Louis XIV en bas relief, avec deux Statuës à droite, l'une Minerve, & l'autre Mars. 4°. La Cour du milieu qui est oblongue, & en face de l'Église, avec des Galleries autour divisées par des arcades. 5°. L'Église, à la porte de laquelle est un corps avancé de huit colonnes, terminées par un fronton; l'intérieur de la nef qui a trente-deux toises de long, la beauté des pierres, les pilastres d'un Ordre Corinthien dont elle est décorée, la magnificence de la Chaire & des Orgues. 6°. Le Dôme, Édifice le plus magnifique qu'il y ait en France: c'est aussi le principal objet de la curiosité & de l'admiration de tous les Étrangers. Cet Édifice du dessein de J. H. Mansard, forme un quarré parfait, au haut duquel est le Dôme, dont les Peintures représentent une infinité d'Esprits Bienheureux en adoration. Les Auteurs qui ont fait la description détaillée de ce superbe Édifice, lui donnent cinquante toises d'élévation, depuis le rez-de-chaussée jusqu'à l'extrémité de la Croix, qui est posée sur le lanternin élevé au-dessus de la calote du Dôme : toutes les Peintures sont à fresque & d'un beau coloris. Les morceaux qu'on estime le plus, sont, les douze Apôtres & les quatre

Tome II, Part. I.   O o o

Évangelistes de Jouvenèt ; la Gloire ou la calote intérieure du Dôme de Ch. de la Fosse ; celles qui sont sur la voûte du Sanctuaire du Dôme de Noël Coypel, & les Anges qui sont sur les fenêtres de chaque côté, des Boulognes. 7°. La beauté des Colonnes qui environnent cet Édifice, & celles qui forment le magnifique Baldaquin du grand Autel, les Ouvrages de Sculpture répandus de côté & d'autre, & dont les plus estimés sont des Couftous & des Vancleves. 8°. Les Chapelles qui règnent autour du Dôme. 9°. La Porte principale du Dôme qui est du côté de la campagne, & la grande Architecture qui en décore la façade ; &c. *Manuël de l'Homme du Monde*.

VERSAILLES.

Personne n'ignore que c'est le lieu où le Roi tient sa Cour, & où Sa Majesté réside le plus longtemps. Versailles n'étoit autrefois qu'un petit Bourg, où Louis XIII avoit fait bâtir un Château assez simple ; mais Louis XIV y a fait de si grandes augmentations, & l'art y a tellement réparé & embelli le terrein ; que le Château est aujourd'hui un des plus magnifiques Palais qu'il y ait au Monde : le Parc est un lieu enchanté par le grand nombre de bosquèts, de statuës, des eaux jaillissantes, & par une infinité d'ornemens répandus de côté & d'autre avec une Magnificence vraiment Royale. Enfin le séjour ordinaire que fait la Cour de France à Versailles, a insensiblement fait de ce Bourg une petite Ville des plus gracieuses, par la quantité de belles maisons qu'on y a élevées, & dont la symétrie forme le plus bel aspect. Les endroits les plus dignes d'attention qu'on voit à Versailles, sont :

1°. La grande avenuë, la grande & petite écurie, la place d'armes de cent quatre-vingt toises de façe, l'avant-cour, dans les pavillons de laquelle logent les Ministres. 2°. La chapelle qui est bâtie de pierre de Liais, la plus belle & la plus dure après le marbre : la peinture du plafond représentant le Ciel des Bienheureux, ouvrage de Coypel ; les colonnes autour des travées, les glaces des croisées, les sculptures, les dorures, les deux tribunes & les oratoires. 3°. Les appartemens ; dont les pièces les plus remarquables en entrant du côté de la chapelle, sont le sallon d'Hercule, pièce des plus brillantes, & dont la peinture qui représente l'Apothéose d'Hercule est de *Le Moine* ; la salle de l'Abondance, à côté le cabinet des Curiosités & des Médailles : de suite les autres salles, & celle qui est destinée pour donner audience aux Ambassadeurs, où l'on voit un trône avec son dais. 4°. La grande gallerie, un des plus beaux morceaux du monde en ce genre, de trente-sept toises de long sur trente-deux pieds de large & quarante de haut, composée de neuf grands tableaux, & de dix-huit petits, qui forment la voûte & représentent les conquêtes de Louis XIV depuis la paix des Pyrénées en 1659, jusqu'à la paix de Nimègue en 1678 ; Ouvrages admirables de *le Brun*.

Les statuës antiques très-estimées qui ornent ce vaisseau, ainsi que les vases, les tables de porphire, & quantité de glaces en forme de croisées. A l'extrêmité de la gallerie, le sallon du jeu de la Reine, & en retour son appartement. 5°. L'appartement du Roi, la salle des Gardes, le grand sallon remarquable par les glaces, les tableaux, les dorures, la chambre du Roi, la salle du Conseil. 6°. Les petits appartemens composés de plusieurs cabinets, dont un pour les Livres qui est lambrissé d'une riche boiserie, & dont les armoires sont ornées de glaces ; un autre sert de salle à manger, & est orné de tableaux, un desquels représente un déjeûné d'huîtres, par *de Troy*, le tout éclairé par des fenêtres garnies de glaces, & par quatre petits dômes à quatre faces ; dont les vitraux sont en glaces & revêtus d'une boiserie de verd clair, dans laquelle les peintures sont encadrées & accompagnées de tous les attributs de la chasse. 7°. L'appartement de Monseigneur & de Madame la Dauphine, & celui de Mesdames.

Le Parc, ses principaux Ornemens sont :

1°. La façade du Château Longue de plus de trois cens toises, & ornées de statuës & de trophées. 2°. Les différentes pièces d'eau sur le parterre. 3°. Le bassin de Latone, où l'on voit des paysans métamophorsés en grenouilles, les vases de marbre & de bronze, le grand nombre de statuës à droite & à gauche dans toute la longueur du Parc. 4°. Le bassin d'Appollon au bout de l'allée du milieu, pièce formant un grand quarré long, au milieu de laquelle est un groupe représentant Neptune sur son char, tiré par quatres Coursiers, environné de Tritons & de Baleines. 5°. Le grand Canal immédiatement après cette pièce, long de huit cens toises, large de trente-deux ; & qui dans le milieu de sa longueur, se divise à droite & à gauche, en formant comme un second canal long de cinq cens vingt toises, & dont une des extrêmités se termine du côté de Trianon, & l'autre à la Ménagerie. 6°. Le parterre du Nord que l'on voit sur la droite en entrant dans le parc, où est la fontaine de la Pyramide, la Cascade de l'allée d'eau, la pièce du Dragon, grand bassin où le Roi a fait faire de grands changemens qui rendent cette pièce d'une grande beauté, & du milieu de laquelle s'élève un jêt d'eau de quatre-vingt cinq pieds de haut. 7°. Le parterre des fleurs & celui de l'orangerie, l'un & l'autre à la gauche du Château. La serre, dont l'architecture est très-estimée ; la pièce des Suisses qui termine la vûë de ce même côté, & à l'extrêmité de laquelle est une statuë équestre. 8°. Les bosquets autant de lieux charmans environnés d'arbres, & renfermés de côté & d'autre dans toute l'étenduë du Parc. Tels sont le labyrinthe où est à chaque détour une fontaine en rocaille, avec une fable d'Ésope représentée au naturel, & une inscription : il y en a trente-six. La salle du bal où est une belle cascade, le bosquèt de la Girandole, l'Isle Royale où est une grande pièce d'eau & quatre statuës colossales ; la salle des Maronniers ; la colonnade, beau péristyle de trente-deux colonnes, & au milieu un groupe représentant l'enlèvement de Proserpine ; le bosquèt des Dames ; le bosquèt d'Ençelade, au milieu duquel on voit ce Géant comme écrasé sous une montagne ; de sa main il sort un jèt d'eau de soixante-dix-huit pieds de haut : le bosquèt de l'obélisque de l'Étoile ; le bosquèt du Dauphin, grande pièce formant la figure d'un théâtre ; le jardin du Dauphin pièce faite en 1636 en fer à cheval, où est un pavillon & deux belles volières ; les bains d'Appollon où sont trois groupes de la dernière beauté, & de la main de *Girardon* ; l'arc de triomphe composé de trois portiques de fer doré, & sur une fontaine une statuë de bronze doré représentant la France ; le bosquèt des trois fontaines ; les bassins de Saturne, de Bacchus, de Cérès & de Flore. 9°. Trianon, petit Palais magnifique, bâti à l'Orientale ; c'est-à-dire, composant seulement un rès-de-chaussée de soixante-quatre toises de façe, la Cour environnée d'un péristyle soutenu par des colonnes de marbre verd ; l'appartement dit de Monseigneur, où l'on voit divers ornemens précieux & un cabinèt tout de glaces ; l'appartement du Roi où l'on voit, entre divers portraits, celui de M. le Comte de Toulouse, sous la figure de l'amour ; les jardins qui sont fort vantés par la grande quantité de fleurs qu'on y voit en tout temps ; la cascade, espèce de buffèt d'architecture incrusté de marbre & orné de figures de bronze doré, qui jèttent de l'eau ; le groupe de Laocon & de ses enfans.

10°. La Ménagerie, bâtiment de figure octogone en forme

de dôme, & qui contient deux appartemens & un fallon au milieu ; autour du bâtiment font plufieurs cours remplies d'oifeaux curieux & d'animaux fauvages de toute efpèce.

Meudon.

Le château de Meudon a anciennement appartenu au Cardinal de Lorraine, qui le fit bâtir par Philibert *de Lorme*. Il a paffé fucceffivement à Meffieurs de Servien & de Louvois, qui l'ont fort augmenté. Louis XIV l'acheta de M. de Louvois, & le donna au grand Dauphin, fous lequel on l'a mis dans l'état où on le voit aujourd'hui.

On arrive au château par une fuperbe avenuë de près de quatre cens toifes : enfuite fe préfente la magnifique terraffe qui a environ cent trente toifes de longueur, fur foixante & dix de largeur.

Cette terraffe qui eft revêtuë d'une muraille folide, a coûté des fommes immenfes : l'art a changé toute la forme de ce terrein, anciennement très-inégal plein de rochers qu'il a fallu couper, & de précipices qu'on a été obligé de combler.

Le château confifte en deux grands corps de bâtimens, dont l'un eft l'ancien château, & l'autre le château neuf. L'ancien château eft compofé d'un grand bâtiment en faillie à trois ordres d'architecture, avec un large fronton au haut ; & de deux aîles formées par deux ordres de fenêtres quarées, & décorées de pilaftres bien entendus : ces aîles qui font reculées font plus baffes que le bâtiment qu'elles accompagnent ; mais elles font flanquées toutes deux d'un pavillon quaré qui a la même hauteur que le corps avancé du milieu.

Aux deux côtés du château, règnent deux grands bâtimens ; au milieu defquels eft une gallerie découverte en forme de terraffe, qui foutiennent quatre arcades, ils forment un beau veftibule. Au fond de la terrasse est une gallerie couverte ; le tout est terminé par deux gros pavillons avancés qui font un fort bel effet.

Le château neuf, quoique beaucoup moins étendu, ne laisse pas d'être beau & magnifique ; il est même beaucoup plus commode, avantage qu'ont la plûpart des bâtimens modernes sur les anciens.

L'escalier est fort estimé, & les petits appartemens sont distribués avec goût & avec intelligence.

Les jardins sont beaux, les parterres d'un excellent goût ; les pièces d'eau, grandes, bien distribuées & en assez grand nombre ; les bosquèts fort agréables, surtout celui des *Plaisirs*: le parc spacieux, bien percé, peuplé de beaux arbres, orné de pièces d'eau, & fermé d'une bonne muraille.

Sa longueur, depuis la porte de la Ballissonnière du côté des Capuçins, jusqu'à la porte de Trivaux, est de dix-huit cens toises. *Description de Paris, par M. Pig.*

Au-dessous de Meudon & du côté de la rivière, est le château de Bellevûë appartenant au Roi ; Maison élevée depuis peu d'années, & d'une grande magnificence : les jardins forment un lieu enchanté par leur construction ingénieuse, & le bon goût qui y a présidé.

MARLY.

Maison Royale, & un des plus beaux lieux de plaisance qu'il y ait au monde en fait de jardins.

Ce qu'on voit de plus remarquable à Marly, c'est 1°. au bout de l'avenuë une première cour ronde, & deux pavillons : l'un pour la Chapelle, l'autre pour la salle des Gardes ; ensuite quatre autres pavillons pour loger les Seigneurs. 2°. Le Château ; c'est un gros Pavillon avec six petits à droite & à gauche, composés de quatre appartemens. Dans le Château, on voit divers tableaux qui repréfentent des Sièges de Villes, fous Louis XIV & fous Louis XV. Le plus bel ornement de ce Château eft le Sallon, grande pièce Octogone, décorée de feize pilaftres, de quatre cheminées & de glaçes de la plus grande hauteur.

3°. Les Jardins; & 1°. le Parterre où l'on voit ces beaux portiques de verdure, qui forment deux longues allées de tilleuls; dont les branches font pliées d'une manière admirable & dans une infinité de formes, qui font l'ornement le plus riant dont l'œil puiffe joüir, & qui fait l'admiration des Étrangers; la fontaine au milieu du parterre, deux baffins de rocaille, quatre grouppes de marbre blanc, & à l'extrêmité une baluftrade qui termine ce jardin enchanté. 2°. Les falles vertes d'où l'on découvre des points de vûë qui préfentent le plus beau payfage qu'on puiffe imaginer. 3°. Le petit bois découpé par plufieurs allées, & au milieu duquel eft une cafcade ruftique. La Fontaine d'Agrippine, les ftatuës Antiques, l'allée des Boules, le grand baffin, le beau cabinet de Treillage qui termine l'allée du côté de Lucienne, & le Belvedèr au-deffus du bofquèt qui préfente une perfpective charmante.

La Machine de Marly eft un ouvrage admirable de Méchanique, fait fous le règne de Louis XIV, & deftiné à faire paffer les eaux de la rivière de la Seine par-deffus une efpèce de haute montagne, & les conduire de là dans les refervoirs de Marly.

Elle eft fituée fur un bras de la Seine, entre Marly & le Village de la Chauffée : elle eft compofée de quatorze rouës, fept fur le devant & fept fur le derrière : ces rouës font mouvoir, par le moyen des manivelles & des chaînes qui y font attachées, foixante-quatre corps de pompes plongeants dans la rivière, foixante-dix-neuf à mi-côté dans un puifard, & quatre-vingt-deux vingt-deux au puifard fupérieur : & par le moyen des unes & des autres, les eaux de la rivière font élevées cinq cens pieds plus haut que les tuyaux afpirans : enfuite de gros tuyaux de fèr conduifent les eaux jufqu'à une tour ; de là elles entrent dans un Aqueduc fort élevé, long de trois cens trente toifes ; d'où elles font conduites à Marly. *Defcription des environs de Paris.*

ÉLÉVATION DU CHASTEAU DE CAPAROLE.

Il feroit difficile d'imaginer rien de plus magnifique, ni de plus régulier, que la décoration de ce Château. L'étage en talut fert comme de bafe à tout l'Édifice, & l'étage au-deffus, qui eft celui du rez-de-chauffée, a un caractère de folidité qui convient très-bien pour porter l'ordre Ionique qui règne au premier étage : & comme il eft naturel que plus le Bâtiment s'élève, plus il acquiert de la légéreté ; Vignole a imaginé ingénieufement d'y mettre un ordre Corinthien, avec un double rang de fenêtres. L'étage des Offices eft éclairé par des abajours pratiqués dans le talut, qui ont leur glaçis en dehors, ce qui fait une efpèce de décoration. Les Boffages qui ornent les façades dans l'intervalle des Baftions, font bien partagés. Les autres Ordres font diftribués avec toute la régularité poffible ; ils ne s'étendent point jufqu'aux encoignures du Bâtiment. L'Architecte les a fupprimés dans cette partie, & a préféré d'y mettre des boffages, prévoyant bien que des pilaftres ployés fur un angle obtus, tels que font les angles de cet Édifice, feroient un affez mauvais effèt ; outre que ces angles décorés de boffages, flanquent merveilleufement bien les façades, & en font paroître la décoration encore plus riche. L'entablement avec confoles & métopes prefque femblable à celui du couronnement, eft mis fort à propos pour couronner toute la maffe de l'Édifice, ainfi que la baluftrade pour le terminer. A chaque angle de cette ba-

Tome II. Part. I.   P p p

luſtrade, ſont placées les Armes du Cardinal Farnèſe.

L'intérieur de ce Palais eſt décoré avec le même goût & la même intelligence. Des pierres de réfend ornent le ſoubaſſement qui porte un ordre de colonnes Ioniques engagées du quart de leur diamètre, & la diſpoſition du plan circulaire de l'un & de l'autre étage eſt fort riche. On ne peut voir les combles du dedans de la cour. Ils ſont diſpoſés d'une manière que toutes les eaux ſe viennent rendre dans un canal qui les conduit dans des tuyaux de deſçente; de ſorte que les façades du dedans & du dehors ne peuvent être endommagées de l'eau qui eſt rejettée par des égoûts ou par des goûtières, & le Corridor de l'étage des galetas eſt ingénieuſement éclairé.

Quoique ce Bâtiment ne ſoit pas d'une grande étenduë, les parties en ſont ſi bien grouppées, qu'il renferme beaucoup de pièces, principalement dans le haut; de ſorte qu'on y peut loger un grand nombre d'Officiers. L'étage du premier, qui eſt le plus beau, contient autant de grandes pièces que le rez-de-chauſſée de la Cour, & l'on a ménagé dans l'un & dans l'autre pluſieurs entreſolles. Dans l'étage ou corridor il y a ſoixante chambres, trente-ſept à droite avec quarante entreſolles ou chambres en galetas, & à gauche vingt-trois chambres. La hauteur du Palais, depuis le cordon du talut juſqu'au-deſſus de la corniche du couronnement, eſt de quatorze toiſes, ſans y comprendre le Belvedèrs; & depuis le pavé de la Cour, juſques ſur la corniche Ionique, il y a neuf toiſes deux pieds.

Ce Palais n'eſt pas ſeulement conſidérable par la beauté de l'Architècture, il eſt encore enrichi de quantité de Peintures ingénieuſement imaginées, qui ſont répanduës dans toutes les pièces. Dans les grandes Salles ſont repréſentées les belles actions des Hommes Illuſtres de la Maiſon de Farnèſe, & leurs Alliances. La plûpart des chambres ont leurs noms, les unes sont dédiées au Sommeil, au Silence & à la Solitude ; & les autres aux Vertus, & aux Saisons, qui y sont représentées avec leurs attributs. Annibal Caro, Poëte fameux, & l'un des beaux Esprits de ce temps-là, fournit l'idée de tous ces sujets agréables, qui ont été amplement décrits par George Nazari, dans la vie de Thadée Zuccaro qui les a peints la plûpart avec son frère Fréderic. *Daviler.*

DISSERTATION
Sur les diverses Espèces de Colonnes extraordinaires & symboliques.

Les Colonnes, que la nécessité seule avoit fait imaginer, & qui n'avoient d'abord été employées dans les Édifices que pour les rendre plus solides, ne furent plus considérées dans la suite que comme une partie essentielle de la décoration : non-seulement on s'en servit pour porter des corps solides dans les Édifices les plus remarquables, mais on les plaça en une infinité d'endroits où l'on auroit pû s'en passer, si l'on n'eût consulté que les règles de la solidité ; on en fit de toutes sortes de grandeur, & l'on y employa toutes les espèces de matières ; l'on poussa même la magnificence si loin qu'on en fit des Collossales qu'on éleva pour servir de Monumens. De-là cette infinité de Colonnes singulières que les Architectes ont imaginé dans tous les temps, & que l'usage a fait approuver. On peut les diviser en trois classes ; la première est des plus grandes appellées Colossales, qui sont toujours solitaires, & qui font un ornement particulier détaché de toute ordonnance d'Architecture. La seconde, des moyennes qui entrent dans la composition des Bâtimens, & qui ont leur usage comme les ordinaires. Et la dernière, des petites qui servent à enrichir les Tabernacles, Cabinets de

Marqueterie, Buffets d'Orgues, Horloges, Pendules, & autres Ouvrages délicats.

Les Colonnes Coloffales font maffives ou creufes, Statuaires ou zophoriques ; Triomphales ou hiftoriques, ou enfin Aftronomiques. De toutes ces Colonnes, l'hiftorique peut paffer pour la plus augufte ; parce que outre la ftatuë d'un Homme Illuftre qu'elle porte, elle repréfente encore fes actions héroïques dans les bas-reliefs dont on l'enrichit : mais il faut avoüer, que nonobftant cet avantage, il y a quelque confufion dans la richeffe de fon travail ; principalement lorfque les fujèts y font traités dans un bas-relief continu en ligne fpirale, comme aux Colonnes Trajanne & Antonine : au lieu que fi ces fujèts en étoient féparés par bandes avec des infcriptions, les fujèts fe diftingueroient beaucoup mieux ; outre cela elle feroit encore Chronologique, parce qu'elle contiendroit les faftes d'une vie auffi heureufe que glorieufe.

Il n'eft pas néceffaire que la Colonne, que je nomme Triomphale, foit creufe ; on en enrichi le fuft de toutes les différentes couronnes qu'on décernoit dans l'Antiquité aux Guerriers qui s'étoient fignalés par quelque action d'éclat, & ces couronnes y font mifes fort à propos pour cacher les joints des tronçons ; mais on peut encore plaçer, pour plus de magnificençe, dans les intervalles qui font entre ces couronnes militaires, les Armes des Provinces & des Profils des Villes conquifes par le Prince ou le Héros, en l'honneur de qui cette colonne a été érigée ; ce qui peut encore faire donner à cette Colonne le nom d'*Honorable*.

Pour la Colonne Aftronomique, elle doit être creufe ; parce que ce n'eft proprement qu'une efpèce de Tour ronde, dont le fommèt doit fervir d'Obfervatoire pour y confulter le cours des Aftres. Il y a en une de cette efpèce dans l'Hôtel de Soiffons à

Paris, que la Reine Catherine de Médicis y a fait élever; & c'eſt ſur ſon modèle que je donne ce plan. La Colonne Zophorique eſt de même genre, & doit être auſſi Coloſſale : on peut même la faire d'une énorme grandeur ; la place qui lui convient eſt à la tête d'un mole, ou devant la chaîne d'une darçe ou d'un baſſin de Port de Mèr, pour y ſervir de fanal.

Quoique la Colonne Roſtrale qui eſt à Rome, (& qui eſt peut-être la ſeule qui ait été faite de cette eſpèce,) ſoit petite ; on pourroit néanmoins, ſur cette idée, en ériger une Coloſſale de marbre de couleur ; dont le piédeſtal, la baſe & le chapiteau feroient de marbre blanc, & les poupes & prouës de Vaiſſeaux & de Galères ; de même que la ſtatuë ſeroit de bronze doré. Il n'y a point de doute que ce monument érigé à la gloire du Roi dans quelque Ville maritime, devant un Arſenal, une Maiſon de Ville, ou quelqu'autre Édifice public, y conviendroit mieux qu'une ſtatuë équeſtre qu'on pourroit lui élever.

Or, comme les Colonnes Coloſſales ſont purement de magnificence, il eſt néceſſaire qu'elles ſoient élevées dans de grandes places, pour être vûës d'une diſtance proportionnée ; & que ces places aient une décoration conforme à la dignité du Monument. C'eſt ainſi que les Anciens l'avoient pratiqué dans le Marché de Nerva & dans celui de Trajan ; il étoit auſſi riche d'Architecture que la Colonne de cet Empereur ; il ſubſiſte encore, il eſt recommandable par le nombre & la beauté de ſes ſculptures.

On voit encore par les Ruines de pluſieurs Antiquités, combien ces Places accompagnées de Colonnes, étoient en recommandation chez les Anciens ; & même on juge par ce qu'en ont écrit les Hiſtoriens & par de certains eſpaces qui ſont reſtés vuides, de la figure & de l'uſage de ces Places. Elles leur tenoient lieu de nos Halles, de nos Foires, de nos Matchés ; mais quelque fois auſſi ils enviſageoient moins l'utilité publique que l'ornement de la Ville & le plaiſir du Peuple; alors ils en faiſoient des Hipodromes, des Cirques, des Xyſtes, des Paleſtres, des Naumachies, des Viviers, &c.

La beauté des Plaçes publiques procède de leur régularité & de la ſimétrie des parties qui ſervent à leur embelliſſement: par leur régularité, on entend l'eſpaçe, dans lequel elles ſont compriſés, qui doit être d'une figure parfaite; comme ronde ou ovale, quarrée ou oblongue: en ſorte que les angles & les côtés en ſoient droits. La ſimétrie demande que l'Architecture en ſoit uniforme; c'eſt-à-dire, qu'elle règne également à l'entour avec un Portique public, ou perſpective; les bâtimens des côtés oppoſés étant égaux, ou même différens; pourvû que ce ſoient des Palais, des Hôtels, & autres Bâtimens conſidérables. Quant à la ſituation d'une Plaçe, il eſt important qu'elle ſoit plutôt devant une grande ruë, comme celle qu'on a bâti à Paris, ſur le terrein qu'occupoit ci-devant l'Hôtel de Vendôme, ou celle des Victoires, à laquelle aboutiſſent pluſieurs grandes ruës; parce qu'on découvre la plaçe plus facilement, que ſi elle étoit renfermée dans un quartier, comme la Plaçe Royale, qu'il faut aller chercher.

La meilleure diſpoſition d'une Plaçe eſt quand elle eſt traverſée d'une grande ruë par le milieu, qui ſouvent eſt croiſée par une autre ruë, ainſi qu'on la pratiqué dans la Ville de Verſailles & dans les nouvelles Villes qu'on plante de Simétrie. Quant aux retranchemens qui ſe font, autant pour l'utilité publique, que pour l'embelliſſement des anciennes Villes, ſur le terrein des maiſons qu'on conſtruit de nouveau, afin de rendre les ruës plus larges & plus droites; il faut obſerver que non-ſeulement les Maiſons des ruës dreſſées d'alignement ſe bornoient, en ſupprimant les ſaillies & avançes ſuperfluës au-delà des murs de façe réglés par le Voyer; mais on doit auſſi faire des entre-coupes en certains carrefours, & des pans coupés aux encoignures des ruës; pour faciliter le tournant des charois, & en rendre les entrées & les iſſuës commodes.

Les Colonnes Milliaires étoient autrefois en uſage chez les Romains, qui les plaçoient ſur les grands chemins, ainſi que les Pierres & Termes milliaires; pour marquer les diſtances des lieux. Dans leurs carrefours, pour enſeigner les différentes routes. Ils ne leur donnoient pas les proportions des Colonnes ordinaires, mais ils les tenoient plus courtes & plus maſſives; afin de leur donner plus de ſolidité, & empêcher les vents, auxquels elles étoient expoſées, de les renverſer. Quelquefois ils leur faiſoient porter un globe; mais ſi l'on en rétabliſſoit aujourd'hui l'uſage, il me paroit qu'il faudroit, pour les rendre plus utiles, qu'elles fuſſent auſſi Gnomoniques par le moyen de Cadrans ſolaires, qui marqueroient encore les heures du jour aux Voyageurs. Les Colonnes Funéraires ou Sépulchrales ſont ordinairement ſeules & d'une moyenne grandeur, ainſi que les Limitrophes & les Indicatives. Il y a dans l'Égliſe de Saint Cloud près Paris, un exemple d'une Colonne Funéraire qui porte une Urne dans laquelle eſt renfermé le cœur du Roi Henri III; &c.

Les Colonnes extraordinaires de moyenne grandeur, qui ſont celles qui entrent, comme j'ai dit, dans la compoſition des Édifices, ſe peuvent varier de pluſieurs façons : on peut faire les Ruſtiques d'autant d'eſpèces qu'il y a de Boſſages. Les Colonnes Bandées ſont enrichies de ſculptures ſur leurs bandes, ce qui paroît du fût, eſt cannelé. Mais toutes ces Colonnes, de quelque matière qu'elles ſoient, même fuſibles, ne doivent être employées que par rapport au lieu qu'elles décorent; ainſi les Colonnes en baluſtre ne conviennent qu'aux clôtures qui ſe font en bois, en fer, ou en bronze. Les Belliques auxquelles on donne la forme de canons, font propres aux portes des Citadelles, des Arfenaux, & des Fonderies : celles qu'on nomme Menianes, aux balcons ou Menianes qu'elles foutiennent : les marines couvertes de glaçons ou de coquillages, aux Grotes, Fontaines, Nymphées & Pifcines : les Colonnes Feuilluës & Paftorales aux Portiques des Jardins, Grotes Satyriques, Laiteries & autres Bâtimens champêtres ; & celles de treillage aux Berçeaux, où les Pilaftres conviennent encore mieux, & font de moindre faillie & dépenfe. Enfin les Hydrauliques aux Cafcades, ces dernières fe font de plufieurs manières ; l'on peut faire fortir du haut un boüillon ou jèt d'eau, qui en retombant, forme des Napes droites ou en fpirales.

Les petites Colonnes fe font le plus fouvent de matières précieufes, comme de Lapis, d'Agathe, d'Avanturine, ou de divers jafpes rares ; fur quoi il faut obferver que les veines ou taches de ces pierres choifies foient petites à proportion des Colonnes, & que les couleurs détachent du fond contre lequel elles font pofées. Il y a auffi des Diaphanes, telles que font celles de criftal, d'albâtre, & d'autres pierres tranfparentes. Ces petites Colonnes font ordinairement faites au tour ; la plus fingulière eft la Torfe évidée à jour, qui fe fait de deux manières, ou de deux tiges torfes à l'entour d'un noyau, ou de trois tiges tournées en fpirale. Il s'en voit de marbre de cette dernière forte, qui peuvent paffer pour un chef-d'œuvre en ce genre. Il fe fait auffi des Colonnes fingulières pour les décorations de Théâtre ; & ce font celles où un homme qui a du génie, a un plus beau champ de s'étendre ; d'autres qui ne font pas moins fufceptibles d'invention pour les Fêtes & principalement pour les Illuminations, qu'on peut appeler Lumineufes ; j'en ai vû de cette dernière efpèce qui renfermoient des lumières au-dedans, & dont le nud étoit formé par des tranfparens peints

avec

avec art, qui faifoient la nuit un effet des plus furprenans.

Voilà une partie des Colonnes extraordinaires, qui méritent d'être reçûes dans la pratique; toutes les autres, qui paffent fous le nom de compofées, & qui non-feulement s'éloignent des proportions ordinaires, mais qui font encore chargées d'ornemens confus qui ôtent la grace de leur contour, font des productions trop méprifables pour éxiger qu'on en donne des éxemples. De ce nombre font les Colonnes qui ont des ceintures à l'endroit du renflement; comme il s'en voit à l'Églife de Saint Euftache à Paris: celles qui font ruftiquées avec de petits boffages en pointe de diamant, comme à la Maifon Blanche de Gallion près Roüen, & quelques autres d'auffi mauvais goût.

Le Chapiteau eft le principal ornement de la Colonne, & comme fa beauté confifte dans la proportion, le choix & l'arrangement de fes feuilles, il feroit fort mauvais de fubftituer, à la place de ces ornemens qui lui font propres, des Figures, des Animaux, des Trophées, des Mafques, & autres Caprices qui ne font que des productions imparfaites, fans deffein, ni rapport d'ufage; & dont les Bâtimens Gothiques, auffi-bien que plufieurs Livres, font remplis: mais il faut éxcepter de cette règle les Chapiteaux des Colonnes fymboliques, lefquels quoique compofés ont leur beauté particulière, à caufe des Attributs convenables dont ils font enrichis. Lorfqu'on regratte d'anciennes façades pour quelque racordement ou réparation, & que ces façades fe trouvent décorées dans un goût qui tient du Gothique, il faut retondre toutes les faillies inutiles; & s'il eft poffible, plutôt incrufter des bafes, chapiteaux, & autres membres; que de répéter ce qui eft de mauvais goût, dans la partie neuve qui eft à conftruire.

Il feroit aifé d'accommoder à nos ufages la plûpart des Colonnes extraordinaires ; l'on pourroit, par exemple, élever fort à propos une Colonne Militaire dans un endroit fignalé par une Victoire; parce que la Colonne, particulièrement l'Attique, étant un Monument durable & ifolé, elle reçevroit avec ordre fur fon fût & fon piédeftal, des Infcriptions & Trophées qui marqueroient les plus notables circonftances d'une expédition. On peut conclure de tout ce qui a été dit ci-deffus, combien il eft important à ceux qui ont la direction des Ouvrages, aux Architectes qui les inventent, & aux Sculpteurs qui les exécutent; d'avoir connoiffance de l'Architecture antique, foit par les Voyages, foit par l'Hiftoire; ou du moins de s'en faire inftruire : car ce n'eft ni la richeffe de la matière, ni l'excellence du travail, ni la grande dépenfe qui rendent les Ouvrages recommandables : ils ne le font, qu'autant que les convenances aux lieux, aux ufages & aux perfonnes y font gardées. *Cours d'Architecture, avec des Commentaires, fur Vignolle.*

FIN DE L'ARCHITECTURE.

SOMMAIRE DES SCIENCES,

Contenuës dans le second Volume, Ière. Partie :

Avec une Table raisonnée des Auteurs, laquelle a parû nécessaire, & fort Intéressante pour l'Usage & le Choix des Livres.

> Et vos, ô Lauri, carpam, & te proxima Mirthe,
> Sic positæ quoniam suaves miscetis Odores.
> *Virg. Eglog.*

ARCHITECTURE.

IL est hors de doute que le soin de bâtir des maisons a suivi de près celui de cultiver les terres, & que l'Architecture n'est pas de beaucoup postérieure à l'Agriculture. C'est pourquoi Théodoret appelle celle-ci la sœur aînée de l'Architecture. Les excessives chaleurs de l'Été, les rigueurs de l'Hyver, l'incommodité des pluyes, la violence des vents, ont bientôt averti l'homme de chercher des abris ; & de se procurer des retraites, qui lui servissent d'asyle contre les injures de l'air.

D'abord ce n'étoit que de simples Cabannes, construites fort grossièrement de branchages d'arbres, & assés mal couvertes. Du temps de Vitruve, on montroit encore à Athènes comme chose curieuse pour son antiquité, les toîts de l'Aréopage faits de terre grasse ; & à Rome dans le Temple du Capitole, la Cabanne de Romulus couverte de chaume.

Il y eut ensuite des Bâtimens de bois, qui ont donné l'idée

des Colonnes & des Architraves. Ces Colonnes ont pris leur modèle fur les arbres qui ont d'abord été employés pour foutenir le faîte : & l'Architrave n'eft autre chofe qu'une groffe poutre, comme fon nom le porte, pour être mife entre les Colonnes & le Comble.

De jour en jour, à force de travailler aux Bâtimens, les Ouvriers devinrent plus induftrieux, & leurs mains plus habiles. Au lieu de ces frêles cabannes dont on s'étoit contenté dans les commençemens, ils commencèrent à élever fur des fondemens folides des murailles de pierre & de brique, & les couvrirent de bois & de tuile. Dans la fuite, leurs réfléxions fondées fur l'expérience, les conduifirent enfin à la connoiffance de certaines règles de la proportion, dont le goût eft naturel à l'homme; & dont l'Auteur de fon être a mis en lui des principes invariables, qui devroient lui faire connoître qu'en tout il eft né pour l'ordre. De-là vient, comme le remarque S. Auguftin, que dans un bâtiment, où toutes les parties ont un rapport mutuel entr'elles, & font rangées chacune à leur place, cette fymétrie frappe agréablement la vûë, & fait plaifir : au lieu que, fi les fenêtres par exemple, font mal difpofées, que les unes foient plus grandes, les autres plus petites; les unes placées plus haut, les autres plus bas : ce dérangement bleffe les yeux, & femble leur faire une forte d'injure; c'eft l'expreffion de S. Auguftin.

C'eft donc par degré, que l'Architêêture eft parvenuë à ce point de perfection, où les Maîtres de l'Art l'ont conduite. D'abord elle s'eft renfermée dans ce qui étoit néceffaire pour l'ufage de la vie, ne cherchant dans les Édifices que la folidité, la falubrité, la commodité. Il faut qu'une maifon foit durable, qu'elle foit placée dans un endroit propre à conferver la fanté; & qu'elle ait toutes les commodités qu'on peut defirer. Enfuite l'Architêêture a travaillé à l'ornement & à la décoration des

Édifices, elle a appellé pour cela d'autres Arts à son secours. Enfin sont venuës la Pompe, la Grandeur, la Magnificence, fort louables en plusieurs occasions ; mais dont le Luxe a bientôt fait un étrange abus.

Ce n'est ni à l'Asie, ni à l'Égypte, que cet Art est redevable de ce degré de perfection où il est parvenu ; & il y a lieu de douter si les Bâtimens si vantés de l'une & de l'autre étoient autant estimables par la justesse & la régularité, que par l'énorme grandeur qui en faisoit peut-être le principal mérite. Les desseins que nous avons des Ruines de Persépolis, font voir que les Rois de Perse, dont l'Histoire ancienne nous vante si fort l'opulence, n'avoient à leurs gages que des Ouvriers médiocres.

Quoi qu'il en soit, il paroît par les noms mêmes des trois principaux Ordres qui composent l'Architecture, que c'est à la Grèce qu'on en attribue, sinon l'Invention du moins la perfection ; & que c'est elle qui en a prescrit les règles, & fourni les modèles. Il en faut dire autant de tous les autres Arts, & de presque toutes les Sciences. Pour ne point parler ici des grands Capitaines, les Philosophes de toute secte, les Poëtes, les Orateurs, les Géomètres, les Peintres, les Sculpteurs, les Architectes, & généralement tout ce qui a rapport à l'esprit est sorti de la Grèce ; & c'est là qu'il faut encore aller comme à l'École du bon goût en tout genre, pour se perfectionner.

Il est fâcheux, qu'il ne nous reste aucun Écrit des Grècs sur l'Architecture. Les seuls Livres que nous ayons d'eux sur cette matière, ce sont les Ouvrages de ces vieux Maîtres qu'on voit encore aujourd'hui en pied ; dont la beauté universellement reconnuë, fait depuis près de deux mille ans, l'admiration de tous les Connoisseurs : Ouvrages infiniment au-dessus de tous les préceptes qu'ils auroient pû nous laisser ; la pratique en tout étant préférable à la théorie. *M. Rollin. Histoire Ancienne,*

Tome XI. (*In omnibus ferè minus valent præcepta, quam experimenta.* Quintil.)

Dans tous les Ordres d'Architèéture, la Colonne eft compofée de trois parties, de la Bafe, du Fuft, ou de la Tige & du Chapiteau. Les piédeftaux ont été profcrits. Leur fort a été décidé une fois pour toutes. Ils ferviront donc à porter des Statuës, & jamais à porter des Colonnes. Il n'en eft pas de même de la bafe, qui, dans aucun Ordre, ne doit être retranchée; parce qu'elle fortifie la Colonne par le bas, & en augmente la folidité; parce qu'elle rend plus fenfible le bel effèt de la diminution & du congé de la Colonne. Il n'y a plus de prétexte qui puiffe en rendre l'ufage arbitraire, dès que les raifons de folidité & d'agrément en juftifient l'emploi; l'Ordre Dorique eft le feul, qui, dans l'origine ait eū des Colonnes fans bafes. On ne voit point de bafe dans le Théâtre de Marcellus, où cet Ordre eft exécuté. Vitruve lui-même ne donne point de bafe à la Colonne Dorique. Toutes ces autorités font bien foibles contre les motifs qui rendent la bafe néceffaire dans tous les Ordres. Ces motifs ont pour eux l'ufage prefque univerfel des Architèétes anciens & modernes, qui ont affeété à l'Ordre Dorique la bafe atticurge, comme les deux autres Ordres ont chacun la leur

Dans tous les Ordres d'Architèéture; l'entablement eft divifé en Architrave, Frife, & Corniche. De ces trois parties il n'y a que l'Architrave qui puiffe, & qui doive être employée feule; lorfqu'il y a différens étages d'Architèéture. La Frife & la Corniche ne peuvent jamais être employées, que conjointement entr'elles & avec l'Architrave; c'eft-à-dire, que toutes les fois qu'on mèt Frife & Corniche, il faut l'entablement entier. Bien des Architèétes, quand ils fe font vûs gênés pour l'élévation, fe font donnés la liberté de fupprimer la Frife, & de réunir la Corniche à l'Architrave. Cette faute a été commife bien hardiment dans l'immenfe Édifice de l'Abbaye de Prémontré, qui n'a pour lui que fon étenduë, & qui eft d'ailleurs un chef-d'œuvre de mauvais goût. Je dis que c'eft-là une très-grande faute, parce que l'entablement n'a plus fes proportions; parce que la Frife a été naturellement introduite pour marquer un intervalle entre les pièces qui compofent le plancher, & celles qui forment la charpente. On ne peut donc fupprimer la Frife fans pécher contre les règles; cette fuppreffion faifant certainement un fort mauvais effèt, n'annonce qu'un Architècte qui a mal pris fes dimenfions. Il fe préfente ici une autre queftion, que bien des gens n'ont ofé décider. On demande fi au-deffous du fronton, on doit laiffer l'entablement entier. Dans la pratique, je vois qu'on fuit affés indifféremment le pour & le contre. Si l'on confulte les vrais principes, la Corniche qui eft effentiellement affeêtée au toît, fera toujours retranchée de l'entablement qui eft au-deffous du fronton. De-là il réfulte plufieurs bons effèts. 1°. Il n'y aura de repréfentation de toît, que là où fe trouve le toît véritable. 2°. Le tympan du fronton ne fera plus effacé, par la grande faillie de la Corniche inférieure. 3°. On évitera le concours des deux Corniches faifant un angle très-aigu dans les deux extrêmités du fronton, concours tout-à-fait défagréable.

Dans tous les Ordres d'Architèêture, il y a deux fortes de moulures qui fervent à tous les ornemens; les moulures quarées, & les moulures rondes. Les premières ont par elles-mêmes quelque chofe de dur & de fèc; les fecondes ont beaucoup de douçeur & de graçe. Lorfque ces moulures fe trouvent affor-ties, mêlangées avec goût; il en réfulte beaucoup d'agrément. Quel eft donc le véritable goût de ce mêlange, ou affortiment? Une comparaifon que je hafarde, va éclaircir ce myftère. Les moulures rondes font en Architècture, ce que font en harmonie les accords confonans ; & les moulures quarées répondent aux accords diffonans. Le mélange des uns & des autres a le même objèt, & doit fuivre les mêmes règles. L'aigreur des diffonances eft un artifice qu'un fage Compofiteur doit employer, afin d'augmenter par le contrafte l'impreffion délicieufe de l'accord confonant. Une Mufique deviendroit fade & infipide, fi de tems en tems la diffonance ne s'y faifoit pas fentir ; elle écorcheroit les oreilles, fi la diffonance y étoit prodiguée ; de-là, la règle de n'employer aucune diffonance qui ne foit préparée & fauvée par un accord confonant. Appliquons ceci à l'Architècture, dont les Ornemens ont une harmonie qui leur eft propre. Les moulures rondes en font toute la douceur, & les moulures quarées la dureté. Afin donc de rendre cette harmonie parfaite, il faut que la dureté des moulures quarées interrompe de tems en tems la molleffe des moulures rondes, qui pourroit dégénérer en fadeur : mais il eft plus effentiel encore, que la molleffe de celles-ci vienne toujours corriger la dureté de celles-là. Préparons & fauvons la diffonance ; c'eft-à-dire, que toute moulure quarée foit toujours précédée & fuivie d'une moulure ronde. Alors l'ouvrage n'aura rien de fèc, & l'enfemble fera un enchantement pour les yeux.

Dans tous les Ordres d'Architècture, chaque membre particulier eft un champ, fur lequel la Sculpture peut s'éxercer. Mais en ceci comme en tout le refte, il faut éviter la confufion & l'excès. La Sculpture eft aux bâtimens, ce que la broderie eft aux habits. Quand la broderie eft légère, & qu'elle laiffe paroître fuffifamment le fond ; elle n'en a que plus d'éclat, & devient une parure vraiment noble : parce qu'elle conferve un Caractère de fimplicité. Si au contraire la broderie eft chargée & confufe, elle n'a plus d'autre mérite que celui de la richeffe

& du

& du travail. On dit en voyant un habit ainsi chamaré : voilà qui a dû coûter des sommes immenses, mais voilà qui n'est point beau. La Sculpture dans les bâtimens demande la même sobrieté. Si on n'a soin de l'y répandre avec œconomie & sans confusion, on aura beaucoup dépensé pour ne rien faire qui vaille. Qu'on se garde donc bien de sculpter généralement tous les membres d'un Ordre d'Architecture. Il faut des intervalles & des repos. Si l'on veut enrichir l'Ouvrage, & l'enrichir sagement; on n'en taillera jamais deux membres de suite : mais il y en aura toujours un sans sculpture, qui servira de fond au membre sculpté. Si l'on ne sçait pas se renfermer dans ces justes bornes, on donnera dans le colifichèt. *Essai sur l'Architecture.*

AUTEURS SUR L'ARCHITECTURE.

L'ARCHITECTURE, & l'Art de bien bâtir; du Seigneur Léon-Baptiste Albert. *Paris, Kerver, 1559 : in-Fol. Fig.*

L'ARCHITECTURE de Jacques Androuët du Cerçeau. *Paris, Prevost, 1559, in-Fol. Fig.*

LES ŒUVRES de Philibert de Lorme. *Paris, Chaudière, 1626, in-Fol.*

LE SECRÈT D'ARCHITECTURE, par Mathurin Jousse. *La Fleche, Griveau, 1627, in-Fol.*

LIVRE D'ARCHITECTURE, par Alexandre Francine. *Paris, Tavernier, 1631, in-Fol. Fig.*

L'ARCHITECTURE d'André Palladio, traduite en François. *Paris, Martin, 1650, in-Fol. Fig.*

RÈGLES DES CINQ ORDRES d'Architecture de Jacques Barozzio de Vignole. *Paris, Mariette, 1665, in-12. Fig.*

LA RÈGLE PRÉCISE pour décrire le profil élevé du fust des Colonnes, suivant une hauteur, grosseur & rétrécissement donné à discrétion : démontrée Géométriquement ; par Grégoire *Huret*, Dessinateur & Graveur en Taille douce. *Paris, R. de Nieuville, 1665.*

Dans l'avant Traité de ce Livre, l'Auteur veut montrer que la Géométrie ne sert dans le Dessein & dans l'Architecture, que pour la Perspective, & la coupe des pierres ; & qu'elle n'est d'aucune utilité pour la Portraiture des figures Humaines, des Animaux, des Paysages, ni même pour les Ordonnances historiques. Si l'Auteur avoit consulté Jean Cousin, de Saint Igny, & d'autres célèbres Dessinateurs de ce temps, qui ont réduit le Dessein en règle, il auroit assurément changé de sentiment; puisque les racourcissemens des figures de tous Animaux, sont assujettis à la Perspective ; & conséquemment à la Géométrie ; de même que le sont aussi les éloignemens qu'on représente dans les Paysages & dans les Ordonnances historiques. Il n'a pas aussi assez considéré que les membres, ou parties de l'Architecture de décoration, doivent être proportionnés géométriquement par le moyen de l'Optique, suivant leurs élévations, & leurs éloignemens du point le plus avantageux, auquel on pose l'œil qui les considère.

Les dix Livres d'Architecture de Vitruve, corrigés & traduits nouvellement en François, avec des notes. *Paris, Coignard, 1674, avec Fig. in-Fol.*

Comme les plus beaux Arts entrent dans la construction, ou du moins dans l'embellissement des Bâtimens ; Vitruve a rempli cet Ouvrage d'une infinité de différentes choses, qui en rendent la Traduction très-difficile.

Deux sortes de personnes y ont travaillé, les Sçavans & les Architectes. Les premiers ont bien expliqué les mots barbares, & les manières de parler qui sont particulières à cet Auteur. Mais, parce qu'ils n'avoient pas le génie de l'Architecture, ils n'ont sçu expliquer ce qui étoit propre à cet Art; parce qu'ils ne le comprenoient pas. Les Architectes au contraire ont réussi en ce point ; mais ils n'ont pas pu expliquer ce qui appartenoit aux autres Arts, dont ils n'avoient nulle connoissance.

Pour furmonter ces difficultés, deux grands Hommes travaillèrent de concert, il y a près de cent quatre-vingt ans, à la Traduction de Vitruve. Le premier étoit Secrétaire du Cardinal de Lenoncourt, très-fçavant dans les Belles-Lettres, & l'autre avoit été Architecte des Rois François I. & Henri II. : mais le peu de fuccès de leur travail a fait voir, que pour y réuffir, la connoiffance des Belles-Lettres & celle de l'Architecture doivent être jointes en une même perfonne, ce qui ne fe trouve pas aifément.

L'Auteur de cette Traduction a fait voir que fi la chofe étoit mal-aifée, elle n'eft pas du moins impoffible. Il eft conftant qu'on trouve dans la lecture de ce Livre, une facilité qui n'eft pas dans les autres Traductions ; par le foin que l'Auteur a pris de mettre à la marge les mots Grècs & Latins, qui ont pû être rendus par d'autres mots François dans le Texte : auffi-bien que les interprétations qu'il y ajoûte, ce qui les fait aifément diftinguer de celles du Texte, où il s'en trouve quelquefois. Notre Langue lui eft encore obligée de mille beaux mots, dont il l'a enrichie ; parce qu'il ne s'eft pas contenté, comme la plûpart des autres Interprètes, de traveftir les mots & les phrafes les plus difficiles qui fe trouvent dans cet Ouvrage.

Les Notes qu'on voit à la fin de chaque page ne contiennent pas feulement une explication néceffaire pour l'intelligence du Texte, que la fignification littérale des mots qui font à la marge ne peut pas donner toujours fuffifamment. On y trouve encore un grand nombre de corrections importantes fur les endroits de Vitruve, qui font manifeftement corrompus.

Il donne des Remarques très-amples, & très-fçavantes fur les endroits les plus difficiles de Vitruve, qui contiennent des préceptes néceffaires & utiles pour l'Architecture : comme font le renflement des Colonnes ; la difpofition des points ou Centres qui fe prennent dans l'œil de la volute Ionique pour la tracer ; la manière de bâtir au fond de la Mèr, pour les jettées & pour les moles des Ports. Il n'oublie pas non plus les autres endroits célèbres, par la peine que les Sçavans fe font donnée de les expliquer ; comme font les Piédeftaux de Colonnes appellés *Scamilli impares*, &c.

Il traite de même fort fçavament, quoique fuccintement pour l'ordinaire, quantité de chofes qui ne font pas de l'Architecture, & dont Vitruve a pourtant parlé ; auffi-bien que celles qui ne regardent pas l'Architecture d'aujourd'hui : comme ce qu'il rapporte de la Mufique des Anciens, pour les Vafes d'airain qui fervoient à l'écho des Théâtres : ce qu'il dit des appartemens des maifons des Grècs & des Romains, de leurs Paleftres & de leurs Bains ; la longue énumération qu'il fait des propriétés de toutes les eaux du monde, lorfqu'il traite dans le huitième Livre de la ftructure des Aqueducs, & des tuyaux de Fontaines; les raifons du Cours des Planètes, la defcription de toutes les Étoiles fixes pour fervir à faire des Horloges ; la Machine Hydraulique qui fait jouer des Orgues par le moyen de l'eau ; les Clèpfidres.

Il s'eft arrêté un peu au long fur cette dernière matière ; il apprend de quelle manière les Anciens faifoient avec de l'eau leurs Horloges d'hyver & leurs Horloges de nuit, ce qui eft quelque chofe de fort curieux ; il explique après, cette Machine ingénieufe dont parle Vitruve, qui marque des heures différentes chaque jour, par la progreffion d'un mouvement qui eft égal tous les jours ; tel qu'eft celui de l'eau, qui tombe toujours également. Mais il s'eft furpaffé dans ce qu'il nous a donné fur les Béliers, les Baliftes, les Catapultes. Jamais perfonne n'avoit fi bien expliqué cette dernière forte de Machine ; l'on peut dire qu'il a fait un chef-d'œuvre d'une chofe, qui jetta autrefois dans le défefpoir Céfar Céfaranus, qui a le premier commenté Vitruve ; & qui trouva cet endroit fi mal aifé, qu'il n'eut pas le courage de paffer outre.

Les Figures qu'on voit dans ce Livre le rendent encore infiniment beau. Vitruve les y avoit ajoutées, dans la confiance où il étoit qu'elles expliqueroient les chofes les plus obfcures. Elles ont été perduës par la négligence des premiers Copiftes, qui ne fçavoient pas deffiner; mais on les revoit ici dans toute leur beauté : on peut dire que c'eft la perfection de cet Ouvrage.

L'ARCHITECTURE FRANÇOISE des Bâtimens particuliers. Par M. Louis Savot, avec des Figures & des notes de M. Blondel. *Paris, chez l'Auteur, in-8°. 1676.*

Le détail de tout ce qui regarde les Bâtimens, que le Sçavant M. Savot a donné dans fon Livre de l'Architecture Françoife, n'eft pas moins utile pour ceux qui fe trouvent engagés à faire bâtir, que les précèptes qu'il y a laiſſés font néceſſaires aux Architectes. Il remarque jufqu'au prix des divers Matériaux dont on ſe fert à Paris, afin d'apprendre au jufte ce qu'un Bâtiment peut coûter. Il parle même des Toiſés, des prix faits, & des clauſes principales qui doivent être inſérées dans les Marchés. Mais comme cette matière a beaucoup changé depuis le temps que cet Auteur a écrit, & qu'on a maintenant le goût fort différent de ce qu'il enſeigne dans ſes Précèptes; M. Blondel a ajoûté à toutes ces choſes, des notes qui en marquant ce qui n'eſt plus conforme à notre uſage, apprennent ce qui ſe pratique aujourd'hui parmi nous; afin qu'on puiſſe ſe ſervir avec ſuccès de tant d'Inſtructions excellentes, que cet Auteur a ramaſſées & expliquées dans ſon Ouvrage.

Il a joint quelques Auteurs modernes qui ont écrit de l'Architecture, à ceux dont Savot nous avoit donné le Catalogue; & pour une plus grande utilité du Public, il a mis à la fin du Livre quelques Mémoires curieux pour ſervir d'éclairciſſement à certains articles de la Coutume de Paris, qui peuvent faire éviter les conteſtations & les difficultés qui arrivent tous les jours ſur ce ſujèt.

COURS D'ARCHITECTURE, enſeigné dans l'Académie Royale d'Architecture, première Partie; par M. Blondel, de l'Académie Royale des Sçiences. *Paris, chez l'Auteur, 1676, in-Fol.*

Cette première Partie du Cours d'Architecture, que M. Blondel a enſeigné publiquement dans l'Académie dont il a été Profeſſeur & Directeur, regarde purement la pratique. Après y avoir dit peu de choſe ſur l'origine & ſur les Parties de l'Architecture, dont la plus conſidérable eſt celle qui traite des Bâtimens; il vient à l'explication de ſes Ordres en général, dont il parle aſſez ſuccintement; parce qu'il prétend raiſonner à fond ſur ce ſujèt, dans la ſeconde Partie qui eſt plus ſpéculative. Enſuite il tâche de faire entendre, quelles ſont les Parties les plus correctes dont on peut ſe ſervir pour l'emploi des cinq Ordres d'Architecture, commençant par celles de Vitruve: & parce qu'on ne trouve pas dans tous les endroits de cet Auteur les choſes toujours aſſez bien expliquées, il y a inféré les uſages de ſes principaux Interprètes & de ſes plus habiles imitateurs.

Mais comme ceux qui ont suivi ce grand Homme, & les Romains mêmes ont beaucoup enchéri sur les inventions qu'il nous a laissées, M. Blondel a choisi entre les Modernes les trois Architectes qui nous ont donné les Préceptes les plus conformes à la beauté des Édifices anciens, & qui ont le plus de réputation; sçavoir, Vignolle, Palladio, & Scamozzi : afin de marquer leur sentiment sur chacun des Ordres, & donner des moyens faciles pour les mettre en œuvre.

Pour faire comprendre encore plus facilement leurs intentions, il a ajoûté quantité de petites choses dans les figures qu'il met à chacun des Ordres de ces Architectes. Il y a même des fautes dans leurs desseins qu'il a corrigés, Palladio & Scamozzi sur-tout, n'ayant pas toujours été fort soigneux ni éxacts dans le détail des mesures de leurs Moulures. Comme ce dernier s'est encore servi d'une manière de supputation fort extraordinaire pour mesurer les parties de ses Ordonnances, & qui pour être trop sçavante n'est nullement commode pour la pratique; il est facile de comprendre la peine que cet Auteur a eu d'en faire la réduction.

LES PRINCIPES DE L'ARCHITECTURE, de la *Sculpture*, de la *Peinture*, & des autres Arts qui en dépendent ; avec un Dictionnaire des Termes propres à chacun de ces Arts. *Paris, Coignard, 1676, in-4°.*

Cet Ouvrage enrichi de grand nombre de figures, & rempli de Secrets & de Remarques très-curieuses, est de M. Félibien, Historiographe des Bâtimens du Roi. Il est divisé en deux Parties suivant son titre. Sous celui de Principes, qui est la première Partie, cet Auteur rapporte en trois Livres ce qu'il y a de plus beau touchant l'origine, le progrés & la perfection où l'on voit aujourd'hui l'Architecture ; la Sculpture, la Peinture, & tous les Arts qui en dépendent. Et la seconde, est un Dictionnaire qui donne une parfaite connoissance des termes qui sont propres à chacun de ces Arts.

A l'occasion de l'Architecture Civile & Militaire, dont il explique les choses le plus brièvement qu'il se peut ; il traite de la Charpenterie, des Couvertures, de la Plomberie, du Pavé & Carrelage, de la Menuiserie, de la Serrurerie, de la Vitrerie, & des différentes manières de dorer à colle & à huile ; sur tout cela, il fait des remarques très-belles. Par exemple,

Il dit qu'il y a long-temps qu'on ne travaille plus le Porphyre, qui est la plus dure de toutes les pierres, avec la même perfection & la même facilité que faisoient les Anciens ; parce que les Ouvriers ont perdu le secrèt de tremper leurs Outils, & ne sçavent point quels étoient ceux dont on se servoit pour un travail si difficile. Léon-Baptiste Albert, qui est un de ceux qui a fait davantage d'épreuves, & qui a recherché plus soigneusement une bonne Trempe pour les Outils, se servoit avec succès du sang de Bouc; mais cette Trempe, quoique la meilleure de toutes, n'est pas de durée. En l'An 1555 le Duc Côme de Médicis distilla certaines herbes, & en tira une eau qui avoit tant de force qu'en y trempant les Outils tout rouges, elle donnoit une dureté extraordinaire. Francisco Talda fit des Ouvrages admirables par le moyen d'un secrèt si rare. Il y a de l'apparence qu'il est perdu, comme dit M. Félibien; aussi voit-on très-peu de personnes qui travaillent sur le Porphyre.

La manière qu'il donne pour mettre le fèr ou l'acier en couleur, est de mettre l'ouvrage lorsqu'il est bien poli, dans des cendres chaudes & passées auparavant par le sas ; de l'y laisser chauffer jusqu'à ce qu'il prenne telle couleur qu'on veut : car d'abord il paroîtra de couleur d'or, ensuite de couleur sanguine; puis violette, bleüe, & après de couleur d'eau. Lorsqu'il est de la couleur qu'on veut, il faut l'ôter & le laisser refroidir sur quelque fèr ou pierre froide.

Touchant la Vitrerie il remarque, que, quoique l'invention du verre soit très-ancienne, l'Art néanmoins de l'employer aux Vîtres n'est venu que longues années après. Du temps de Pompée on ne sçavoit encore ce que c'étoit, & les plus riches se servoient; pour former les ouvertures des lieux où ils vouloient être à couvert du froid & du vent, sans pourtant se priver de la lumière; des pierres transparentes : telles que sont les Agathes, l'Albâtre, & d'autres Marbres délicatement travaillés. On ne sçait pas si les Romains furent les premiers qui employèrent le verre blanc pour les vîtres, non plus que la dorure pour les planchers. Mais du moins Pline nous assure, que dans Rome on ne commença de dorer les planchers des Maisons, qu'après la ruine de Carthage ; & que les Lambris du Capitole furent les premiers Ouvrages qui parurent dans cette beauté.

La Sculpture fournit à cet Auteur des choses qui ne sont pas moins curieuses. Après en avoir cherché l'origine chez les Auteurs profanes, qui veulent que ce fut un Potier de Scione, nommé Dibutade, qui fut le premier Sculpteur ; & dont la fille donna commencement à la Portraiture, en traçant l'image de son amant sur l'ombre que la lumière d'une lampe marquoit contre une muraille. Il traite de la manière de modeler, de faire les Figures de terre & de cire ; de la Sculpture en bois, en marbre & autres pierres ; de quelle manière on jette les Figures en Bronze ; de celles de Plâtre & de Stuc ; du Tour & des ouvrages qu'on y fait ; des différentes manières de Graver de relief & en creux ; de la Gravure sur les pierres précieuses & sur les Cristaux : enfin de la Gravure en Bois & en Cuivre, dont le secrèt a été inconnu aux Anciens ; puisque l'impression des Figures & des Estampes n'ont commencé à être en usage, que sur la fin du quatorzième siècle. L'invention en fut trouvée par un Orphévre, qui travailloit à Florence ; elle fut perfectionnée par Albert Dure & Lucas. Presque dans le même temps, on trouva aussi l'invention de graver à l'eau forte.

PARALLÈLE de l'Architecture Antique avec la Moderne ; par Roland Fréart de Chantelou, Sieur de Chambray. *In-Fol. Paris*, 1677, *chez la Veuve Edme Martin.*

Nous avons plusieurs beaux Ouvrages de Roland Fréart de Chantelou, sieur de Chambray ; touchant l'Architecture, la Peinture, & la Perspective. Son idée de la Peinture est démontrée par les principes de l'Art ; par des exemples conformes aux observations que Pline & Quintilien ont faites sur les plus célèbres Tableaux des anciens Peintres, mis en parallèle avec quelques Modernes. Il a fait encore un Traité achevé, ou pour mieux dire un Commentaire fort sçavant & fort délicat sur la Perspective d'Euclide. Mais son parallèle de l'Architecture Antique avec la Moderne est assurément son Chef-d'œuvre ; les Sçavans l'ont toujours regardé comme un Ouvrage fort singulier. Il y donne d'abord l'idée, l'Histoire & l'invention de chacun des cinq Ordres de l'Architecture ; séparant les trois Ordres Grècs, d'avec le Toscan & le Composite, qu'on appelle Latins. Ensuite il en donne un, & quelquefois plusieurs modèles sur lesquels les Ouvriers peuvent se former ; qu'il

tire

tire de ce que nous avons de plus délicat fur cette matière : & pour ne laiffer rien à defirer là-deffus, il rapporte fur chacun le fentiment & les manières des dix principaux Auteurs qui ont écrit des cinq Ordres ; fçavoir, Palladio & Scamozzi, Serlio & Vignole, D. Barbaro & Cataneo, L. B. Alberti & Viole, Bullant & de Lorme. Il les compare entre eux avec beaucoup d'éxactitude & de difcernement. Enfin il réduit toutes leurs façons différentes de mefurer à un module commun, qui eft le demi diamètre de la colonne divifé en 30 minutes. Ce qui eft d'un grand fecours, pour approcher de la précifion le plus qu'il eft poffible.

Il a fait de plus une Traduction des quatre Livres de l'Architecture d'André Palladio, qu'il a enrichie des Planches originales de l'impreffion Italienne qu'il a trouvées en Italie ; ce qui ne rend pas peu confidérable cette Traduction.

ARCHITECTURA Civil Recta y obliqua confiderada y dibuxada en el Templo de Jerufalem ; par Dom Juan *Caramüel* Archobifpoobifpo de Vegeven ; &c. *In-Fol. En Vegeven.* 1682.

Après les beaux Commentaires que nous avons d'un Patriarche d'Aquillée fur Vitruve ; & ceux d'Euftatius Archevêque de Theffalonique, fur Homère, l'on ne doit pas s'étonner fi un grand Archevêque a bien voulu traiter à fond de l'Architecture ; d'autant plus qu'il en parle par rapport au Temple de Salomon, par où il commence fon Ouvrage. Il le divife en trois Tomes, & il l'enrichit de près de 200 Figures. Mais ce n'eft pas de la feule Architecture qu'il traite. Il n'y a prefque point de Science dont il ne parle, à l'occafion de la connoiffance qu'il prétend qu'en doit avoir un Architecte : ainfi il y fait venir tout à propos, & il y agite une infinité de queftions curieufes de Théologie, de Mathématique, de Géographie, d'Hiftoire, de Grammaire, &c.

Ce qu'il y a de plus particulier eft le détail qu'il fait de l'Architecture qu'il appelle oblique, & dont il foutient que perfonne n'a encore parlé, faute de quoi il prétend qu'il y a mille défauts dans les Bâtimens tant anciens que modernes ; ce qu'il prouve par plufieurs éxemples.

Pour bien juger de la vafte étenduë du génie de M. Caramüel, il n'y a qu'à lire un Difcours de Mathématique d'un Ingénieur de Milan, qui eft

Tome II. Part. I. S ſſ

inféré dans cet Ouvrage. On y verra un Catalogue fort éxact de tout ce que ce Sçavant Homme a publié sur toutes sortes de Sçiences : ce qui fait dire à celui qui l'a composé, que si Dieu permettoit que les Sçiences fussent perduës dans toutes les Univerfités du monde, elles pourroient renaître par le moyen du Livre de M. Caramüel. Cela est un peu fort à la vérité ; mais il est certain que depuis long-temps, on n'avoit pas ramassé tant de différentes connoissances en un seul volume.

ORDONNANCE des cinq espèces de Colonnes, selon la Méthode des Anciens. Par M. Perrault. *Paris, Coignard*, 1683, in-Fol. avec Figures.

S'il étoit vrai, comme Villalpande le prétend, que Dieu par une inspiration particulière eût enseigné toutes les proportions des Ordres d'Achitècture aux Architèctes du Temple de Salomon ; & que les Grècs, à qui on donne la gloire de les avoir inventées, les eussent apprises de ces Architèctes ; il semble que nous devrions avoir là-dessus des Règles fort sûres. Cependant il n'y a rien de si incertain que ces proportions, que les Architèctes font pourtant profession de suivre fort religieusement.

C'est pour nous donner quelque chose de fixe & de certain sur cette matière, que M. Perrault a entrepris cet Ouvrage ; qui est une espèce de supplément à ce qui n'a pas été traité assez particulièrement par Vitruve. Il avoüe d'abord qu'il n'invente point de nouvelles proportions, & que son seul dessein est de faire, que sans choquer l'idée que les Architèctes ont des proportions de chaque membre, on les puisse réduire toutes à des mesures facilement commensurables, & telles que les premiers Inventeurs des proportions de chaque Ordre les ont faites : ce qui lui fait avancer, que les restes que nous avons des Ouvrages de l'ancienne Architècture, ne sont point les Originaux ; ni même des Copies correctes des premiers Édifices faits par les Inventeurs des proportions : puisque ces proportions ne se trouvent point dans la dernière justesse, où il y a apparence que ces habiles Hommes les avoient mises. Aussi l'on trouve que dans cette nouvelle manière, ou plûtôt dans le renouvellement de l'ancienne méthode, toutes les parties dont les Colonnes sont composées ont des proportions qui se rapportent mutuellement ; les unes étant toujours réglées par les autres : ce qu'on ne voit point avoir été pratiqué dans aucun Édifice, tant des Anciens que des Modernes ; dans lesquels il manque toujours quelque chose à cette régularité.

Il y a encore cet avantage dans ces changemens de proportions, que les régulières, qui se réduisent facilement à un petit nombre, sont si faciles à retenir, qu'il est impossible de les oublier quand on les a sçuës ; au lieu que les autres ayant des différences & des irrégularités presque infinies, rendent par-là la science de ces proportions très-difficile. Il faut confirmer le tout par quelque exemple.

Dans cette nouvelle Méthode les proportions du Chapiteau de l'Ordre Dorique sont fondées sur la seule division de trois en trois ; c'est-à-dire, que divisant la hauteur du Chapiteau en trois, chacune de ces parties détermine la hauteur de chacune des trois parties dont il est composé ; & chaque partie divisée en trois, donne les hauteurs des membres qu'elle contient ; ces membres encore divisés en trois, déterminent la grandeur des parties qui les composent. De la même manière la hauteur de la base que les Anciens ont donné à l'Ordre Corinthien étant divisée en quatre parties, on en donne une au Plinthe ; le reste étant encore divisé en quatre, on donne une de ces parties au grand Tore : la quatrième partie du reste donne la hauteur du petit Tore. Ainsi divisant toujours le reste en quatre, on trouve toutes les hauteurs des Astragales, des Scoties & des Filèts ; dont cette Base est composée. De cette manière les mesures de tous les autres membres des Colonnes, de leurs Piédestaux & de leurs Entablemens sont régulièrement proportionnées ; & ce qu'il y a de beau en cela, c'est que ces proportions sont toutes fondées sur quelque exemple de l'Antiquité, ou de la pratique des plus célèbres Architectes modernes ; à la réserve de celles qui se trouvent dans quelques membres, dont les grandeurs sont dans l'Antique avec deux excès opposés : car alors cet Auteur prend le milieu de ces excès, comme il paroît dans les Tables qu'il a mises aux endroits nécessaires ; & qui contiennent les exemples des plus célèbres Bâtimens, où les grandeurs des parties sont dans des excès opposés.

A tous ces exemples, il a ajoûté deux Paradoxes sur deux des plus célèbres & des plus importans Problêmes de l'Architecture. Le premier qui est traité dans la Préface, est pour faire voir que la plûpart des proportions des Colonnes & de leurs parties, sont des choses dont la beauté n'est qu'arbitraire ; telle qu'est la figure & la proportion des habits, qui plaît également quoique différente selon le changement des modes ; qu'elle n'est point positive, immuable & convaincante comme il l'appelle, ainsi que la plûpart des Architectes le soutiennent. Il y en a même qui veulent qu'on croye, que quand on aura rencontré cette proportion dans l'Architecture, elle donnera un plaisir à la vûë, qu'il sera impossible de ne pas sentir ; de même qu'il ne se peut pas faire, que l'oreille ne soit touchée de la douceur d'un accord, quand il est juste.

Il traite l'autre Paradoxe dans le Chapitre sept de la seconde Partie, & il prétend que les proportions de l'Architecture étant une fois établies, il n'est pas permis de les changer sous prétexte que la différence des aspects le demande ; ainsi que tous ceux qui ont écrit de l'Architecture l'enseignent. Car après avoir montré que les Architectes qui ont donné des règles pour ces changemens, ne les ont point pratiquées dans leurs Ouvrages ; il apporte ensuite les raisons qu'il y a de rejetter cette pratique du changement des proportions, qu'il mèt au nombre des abus de l'Architecture ; desquels il traite dans un autre Chapitre à part.

LES CINQ ORDRES D'ARCHITECTURE, de Vincent Scamozzi, Vicentin, Architecte de la République de Venise. Par Aug. C. Daviler. *Paris, Coignard*, 1685, *in-Fol.*

L'Auteur donne dans cet Ouvrage, tout ce qu'il y a de plus nécessaire pour la Doctrine des cinq Ordres. On en a retranché ce qui regardoit la Physique, la Morale, & l'Histoire ; parce qu'on n'a travaillé que pour les Architectes, qui ne se mettent guères en peine de ces autres sortes de connoissances.

COURS D'ARCHITECTURE, qui comprend les Ordres de Vignole, avec des Commentaires ; les Figures & les Descriptions de ses plus beaux Bâtimens, & de ceux de Michel Ange,

SUR L'ARCHITECTURE.

Plusieurs nouveaux desseins & préceptes concernant la Distribution, la Décoration, la matière & la Construction des Édifices ; la Maçonnerie, la Charpenterie, la Couverture, la Serrurerie, la Menuiserie, le Jardinage, & tout ce qui regarde l'Art de bâtir ; avec une ample explication par ordre alphabétique de tous les termes. Par le S. Aug. Ch. Daviler, Architècte. *Paris, Langlois, 3 Vol. in-4°.* 1691.

Il semble que ce soit un défaut inévitable à ceux qui se mêlent d'expliquer les principes & les règles des Sciences & des Arts, d'avoir une telle sécheresse de style, qu'il n'y a que les génies que la nature porte d'elle-même à l'étude, qui en puissent surmonter le dégoût. Peu de gens sont capables de toute l'application que demandent les matières dogmatiques ; & les préceptes fatiguent presque toujours, si celui qui les donne n'a trouvé le secret de soutenir l'attention en les égayant.

Le Sieur Daviller a trouvé ce secret dans ce Cours d'Architecture. Cet Ouvrage est plein de lumière & de feu. On y trouve une variété infinie de tout ce que l'Architecture a de plus beau & de plus régulier ; quoiqu'il ne soit qu'une suite de règles & de préceptes touchant l'Art de bâtir, il ne laisse pas d'être écrit avec tant d'art, que dès qu'on l'a ouvert on a autant de peine à le quitter, qu'on en trouve à interrompre la lecture des Voyages les plus curieux.

Aussi dans ses Commentaires sur les Ordres & sur les Bâtimens de Vignole, sur ceux de Michel Ange ; & dans les sçavantes Dissertations qu'il a faites sur les différentes parties du Bâtiment, sur la matière, la construction, la décoration des Jardins ; en un mot sur-tout ce qui regarde la solidité, la commodité ou l'embellissement des Édifices publics & particuliers ; on y trouve renfermé ce que les Livres de Voyages ont de plus utile & de plus agréable. On y voit sans sortir de son Cabinet, la description des plus beaux morceaux de l'Architecture Ancienne & Moderne. Ceux qui voyageront avec ce Livre, auront le plaisir de voir ces fameux Bâtimens avec d'autres yeux, & d'y remarquer des beautés & des défauts qu'ils n'auroient peut-être pas apperçus, s'ils ne les trouvoient aussi judicieusement développés qu'ils le sont dans cet Ouvrage.

Ce qu'il y a de plus rare, c'est qu'on trouve le même agrément dans le Dictionnaire; où il explique, avec toute la netteté & la justesse possible, plus de cinq mille termes appartenans à l'Art de bâtir. On ne sçait en lisant ce Dictionnaire, si l'on doit être plus surpris; ou de la richesse de notre Langue, ou de la facilité avec laquelle tant de termes hors de l'usage ordinaire sont expliqués; ou de la variété des exemples, qui y servent à éclaircir les définitions & les préceptes.

C'est dans cette variété que les Architèctes & les Ouvriers peuvent se former le bon goût, si rare & si nécessaire dans l'Art de bâtir.

L'ARCHITECTURE PRATIQUE, qui comprend le détail de la Construction & du Toisé des Ouvrages de Maçonnerie, Charpenterie, Menuiserie, Couverture, Serrurerie, Plomberie, Vitrerie, pavé de grès, Peinture & Impression, &c. Par M. Bullèt, Architèéte du Roi, & de l'Académie Royale des Sçiences. *Paris, Michallet,* 1691, *in-8°.*

Ce Livre commence par une Géométrie Pratique, expliquée le plus intelligiblement qu'il est possible, pour l'instruction de ceux qui voudront s'appliquer au Toisé des Bâtimens.

Ce Traité n'est qu'un prélude : car l'intention de l'Auteur a été de donner un détail de la construction des différentes espèces d'ouvrages de Maçonnerie, avec une explication de leur Toisé dans tous les cas qui se peuvent rencontrer. Il a jugé à propos de faire précéder la construction à l'explication du Toisé, qui est le sujèt de son Livre ; non seulement pour en faciliter l'intelligence, mais aussi pour donner une connoissance utile de la bonne construction des ouvrages de Maçonnerie. Le meme Ordre est observé dans toutes les autres espèces d'ouvrages qui composent les Bâtimens ; comme la Charpenterie, la Couverture, la Menuiserie, & le reste : enforte que ceux qui font bâtir peuvent être instruits par la lecture de ce Livre, de la manière dont leurs Bâtimens doivent être construits & toisés.

Comme les Murs de remparts & de terrasses sont compris dans les ouvrages de Maçonnerie ; l'Auteur, avant que d'en donner le Toisé, s'étend sur les différentes manières de les fonder & de les construire; il donne une règle fondée sur les Méchaniques, pour sçavoir assez juſtement l'épaiſſeur de ces murs par rapport à la hauteur des terres qu'ils doivent ſoutenir ; ce qui n'avoit point été juſques-là décidé. Il y a enſuite une Méthode pour le Toiſé des terres cubes.

En traitant de la Charpenterie, il a pris occaſion de parler des Combles ; il a rapporté les différentes manières dont les Anciens les faiſoient, tant en Grèce, en Italie, qu'en France, avec les fautes qui s'y commettoient ; il donne enſuite les proportions que ces Combles doivent avoir. Les Ouvrages de Charpenterie, de Menuiſerie, de Couverture ſont traités à fond, chacun dans ſon ordre ; & le Toiſé de ces ouvrages, ou la manière de les compter eſt expliqué à la fin de chaque article.

On trouve enſuite une explication du Texte de la Coutume, ſur les ſervitudes & les rapports des Experts ; ce qui ſera très-utile à ceux qui auront quelques conteſtations en bâtiſſant, ou qui voudront les éviter.

Ce Livre finit par un modèle des Devis, par lequel l'Auteur fait entendre la manière dont il faut s'exprimer, pour empêcher qu'il n'y ait des équivoques ; par conséquent pour ôter les prétextes de différends qui arrivent ordinairement entre ceux qui font bâtir & les Entrepreneurs, quand on manque à ſpécifier toutes les circonſtances qu'on doit obſerver dans un Devis.

LES ÉDIFICES ANTIQUES DE ROME deſſinés & meſurés très-éxactement, par Antoine Deſgodèts, Architécte. *Paris, Aniſſon, 1695, in-Fol.*

DISSERTATION TOUCHANT L'ARCHITECTURE ANTIQUE & l'Architecture Gothique ; par M. Félibien des Avaux, Hiſtoriographe du Roi, de ſes Bâtimens, & Manufactures de France ; Garde des Antiques de Sa Majeſté. *Paris, de l'Aulne, 1699, in-12.*

La Diſſertation ſur l'Architecture antique & la gothique, donne des idées générales ſur les différentes manières de bâtir dont les hommes ſe ſont ſervies en divers temps, ſelon les connoiſſances qu'ils ont eûës des Sciences & des Arts.

MÉMOIRES CRITIQUES D'ARCHITECTURE, contenant l'idée de la vraye & de la fauſſe Architecture. Une Inſtruction ſur toutes les tromperies des Ouvriers infidèles, travaillans dans les Bâtimens. Une Diſſertation ſur la formation des minéraux, leur nature & leur emploi; ſur l'abus dans l'uſage du plâtre; ſur la qualité de la fumée, & des moyens d'y remédier; ſur des matières non encore éclaircies. *Paris, Saugrain, 1702, in-12.*

M*r*. Fremin Préſident au Bureau des Finances de Paris, pour ſe rendre plus intelligible à tout le monde, a jugé à propos de donner à ces Mémoires la forme de Lettres. Ce Volume en contient quarante-huit. Dans les premières, il donne une idée du vrai & du faux Architecte : dans les ſuivantes, il explique les principes de l'Architecture. Enſuite il parle des tromperies des Ouvriers, & des précautions que ceux qui font bâtir doivent prendre contre leurs ſurpriſes. Il décrit après cela la nature du plâtre, celle de la chaux, du ſable, du ciment, de la pierre, du bois; & généralement de tous les matériaux qui entrent dans la compoſition des Bâtimens. Il fait ſur chaque choſe en particulier des réfléxions utiles; il montre les fautes que font tous les jours les Architectes & les Ouvriers, ſoit par malice, ſoit par ignorance. Il ne ſe contente pas de donner des raiſons méchaniques du choix qu'il fait de la matière propre à bâtir, & de la ſituation avantageuſe qu'il faut donner aux Bâtimens. Il entre dans les raiſons phyſiques, & ne ſe détermine qu'après avoir examiné par une analyſe éxacte, la nature de chaque ſujèt qu'il traite. Il parle de la nature du feu, de l'air, du bois & de la fumée, à l'occaſion d'une nouvelle eſpèce de cheminée qu'il a inventée; moyennant laquelle on ne doit jamais être incommodé de la fumée, ni avoir froid au dos en ſe chauffant.

PARALLÈLE DE L'ARCHITECTURE Antique & de la Moderne; avec un Recueil des dix principaux Auteurs qui ont écrit des cinq Ordres; ſçavoir, Palladio & Scamozzi, Serlio & Vignola; D. Barbaro & Cataneo, L. B. Alberti & Viola, Bullant & de Lorme comparés entr'eux. Les trois Ordres Grècs,

Grecs, le Dorique, l'Ionique, & le Corinthien font la première partie de ce Traité : & les deux Latins, le Toscan & le Composite en font la dernière. Planches originales augmentées de dix autres, représentant en grand le piédestal de la Colonne Trajane de Rome, & de plusieurs autres Tailles douces. *Paris, Emery, 1702, in-Fol.*

Tout ce qu'on pourroit dire ici à l'avantage de ce Livre, seroit beaucoup au-dessous de l'approbation que M. Mansart lui a donnée.

La Perspective pratique de l'*Architecture*, contenant par leçons une manière nouvelle, courte & aisée, pour représenter en perspective les Ordonnances d'Architecture, & les Places Fortifiées ; ouvrage très-utile aux Peintres, Architectes, Ingénieurs, & autres Dessinateurs. Par Louis Bretez. *Paris, Miquelin, 1706, in-Fol.*

L'Auteur s'est ici uniquement attaché aux Ordonnances d'Architecture des anciens Auteurs ; il les a mis en perspective, de manière qu'en regardant les desseins qui les expriment, on peut aisément comprendre la construction de ces desseins, sans qu'il soit besoin d'aucune explication. On les trouve cependant expliqués séparément d'une manière fort claire.

Pour pouvoir profiter des leçons que l'Auteur donne ici, il est nécessaire de sçavoir mettre l'Architecture en mesure géométrale ; & comme on ne peut travailler sans le compas & la règle, M. Bretez commence son Traité par les premières leçons de la Géométrie pratique, dans lesquelles il enseigne les Traits quarrés & les Poligones réguliers. Sur la seconde planche, il donne un système pour faciliter l'intelligence de la Perspective pratique, avec une démonstration pour trouver les distances qu'il faut donner à toutes sortes de grandeurs de Tableaux en les traçant. Il en fait l'application démontrée dans la troisième planche, où on voit des Tables dans lesquelles les distances sont réduites par pieds & par pouces sur toutes sortes de grandeurs de Tableaux.

Enfuite il enfeigne à mettre en perfpective, les Plans géométraux ; puis les Piédeftaux, les Bafes, les Chapiteaux, & les Entablemens vûs de façe, vûs de l'angle, & déclinés de la ligne de terre. Il y mèt plufieurs Deffeins d'Architecture où les Piédeftaux, les Bafes, les Chapiteaux, & les Entablemens font vûs enfemble de front fur l'Angle & la Rotonde ; il y mèt la Colonne torfe en perfpective, & quelques autres Deffeins de fon invention, plufieurs Plafonds d'Architecture fur des Plafonds plats, à pans fur-baiffés & en plein ceintre ; plufieurs Efcaliers, plufieurs membres d'Architecture renverfés, les échelles de dégradations pour les élévations perfpectives, & à la cavalière ; plufieurs morceaux d'Architecture militaire en perfpective, vûs à vols d'oifeaux, la vûë de quelques développemens de pierres coupées à l'ufage de différentes portes, les ombres & les réfléxions fur l'eau ou fur les miroirs, quelques Places & Profils de Théâtres.

M. Bretez nous dit dans fa Préface, qu'il a mis ici des chofes qui n'ont jamais été dites ni enfeignées par aucun Auteur, mais qui viennent de fon génie & de fon travail : il ajoûte qu'il n'a voulu copier perfonne, & que c'eft ce qui a porté plufieurs Architectes, & plufieurs Peintres habiles à le prier de vouloir bien mettre fes Œuvres au jour.

NOUVEAU TRAITÉ de toute l'Architecture utile aux Entrepreneurs, aux Ouvriers, & à ceux qui font bâtir ; où l'on trouvera aifément & fans fraction la mefure de chaque Ordre de Colonne, & ce qu'il faut obferver dans les Édifices publics, ou particuliers. Par M. de Cordemoy, Chanoine Régulier de S. Jean de Soiffons ; & Prieur de la Ferté-fous-Jouars. *Paris, Coignard, 1706, in-12.*

M. de Cordemoy a cru que les défauts & le mauvais goût qu'il remarquoit dans la plûpart des Ouvrages qui dépendent de l'Architecture, venoient de ce que nos Ouvriers ignorent entièrement cet Art ; ou du moins n'en ont qu'une connoiffance fuperficielle, tirée de quelques Traités trop abrégés. C'eft ce qui lui a fait prendre la réfolution, non-feulement de donner une règle courte, certaine & aifée « pour conf-

» truire chaque Ordre d'Architecture, & bien établir ce qui convient
» le plus à le rendre gracieux à la vûë; mais encore de propofer cer-
» tains avis généraux, fur les différentes manières de Bâtimens ».

L'Architecture a trois parties principales, qui font auffi les trois parties de ce Traité; fçavoir l'*Ordonnance*, la *Difpofition ou la Diftribution*,
& la *Bienféance*.

» L'Ordonnance eft ce qui donne à toutes les parties d'un Bâtiment
» la jufte grandeur qui leur eft propre, par rapport à leur ufage. La
» Diftribution eft l'arrangement convenable de ces parties. Et la Bien-
» féance eft ce qui fait, que cette diftribution eft telle qu'on n'y puiffe
» rien trouver qui foit contraire à la nature, à l'*accoutumance*, & à
» l'*ufage des chofes* «.

Dans la première Partie, qui regarde l'*Ordonnance*, il eft parlé des
cinq Ordres d'Architecture; de leurs proportions, & de la manière de
les mefurer. La mefure s'appelle Module, & c'eft toujours le diamètre
du bas de la tige de la colonne. Par cette mefure divifée en 60 minutes,
& moyenne entre celles dont les Anciens, & dont les Modernes fe
font fervis, eft déterminée fans fraction » la hauteur des Piédeftaux, des
» Colonnes, des Entablemens, & de tous les divers membres qui les
» compofent; de même que la faillie de leurs Bafes, de leurs Chapi-
» teaux & de leurs Corniches «. Cette mefure entière eft nommée
grand Module; la moitié qui eft le demi-diamètre du bas du fût de la
Colonne, eft appellé *moyen Module*; & le tiers, *petit Module*. Le *petit
Module* eft divifé en cinq parties, & quelquefois en douze; il eft propofé par M. de Cordemoy, comme la mefure la plus commode pour
l'Ordonnance des cinq Ordres d'Architecture.

L'Auteur n'en reconnoît proprement que trois, qui font ceux que
les Grècs ont inventés; fçavoir le *Dorique*, le plus ancien de tous;
l'*Ionique*, & *le Corinthien*. Les chofes qui diftinguent ces trois Ordres
font fort confidérables, & fort fenfibles; mais le *Tofcan* & le *Compofite*, ajoûtés par les Romains, s'éloignent fi peu, l'un du Dorique &
l'autre du Corinthien, qu'ils ne méritent pas de faire deux Ordres différens. L'Auteur décrit les uns & les autres en cinq Chapitres, il entre
dans un affez grand détail fur toutes les parties qui leur conviennent.

Il paffe enfuite à la *Diftribution*, qui fait la feconde Partie de ce

Traité. Il nous y apprend d'abord les différentes manières de difpofer les Colonnes ; il donne un nouveau moyen de trouver la grandeur du Module, par rapport à chacune de ces diverfes difpofitions, & il détermine l'ordre qui leur convient. Les Anciens avoient cinq manières de difpofer les Colonnes. Les cinq difpofitions appellées *Pygnoftile*, *Syftyle*, *Diaftyle*, *Aræoftyle*, *Euftyle*, étoient principalement diftinguées par la différente grandeur de l'entrecolonnement ; mais dans toutes ces difpofitions, les colonnes n'étoient qu'une à une. Les Architectes modernes ont inventé une fixième manière de les difpofer ; ils les accouplent, c'eft-à-dire, qu'ils les joignent deux à deux, mettant ainfi l'efpace de deux entrecolonnemens en un. » Cette dernière manière, dit » nôtre Auteur, doit être préférée aux autres, puifqu'elle a feule ; & » cette beauté qui réfulte de l'aprêté, & du ferrement des Colonnes » qui plaifoit tant aux Anciens, & ce dégagement que les Modernes » recherchent avec tant d'ardeur «. Après quelques autres raifons, il ajoûte que cette nouvelle difpofition a plû dès qu'on l'a vûë ; & que c'eft-là le caractère de la vraie beauté, de frapper d'abord & de plaire.

Il employe encore ici quatre Chapitres à parler des Piédeftaux, des Colonnes, & des Pilaftres ; ainfi de ce qui leur eft propre : des Entablemens, & de ce qu'on y doit obferver. Enfin des Frontons, des Baluftrades, & des *Acrotères*. Il y a bien des articles, où l'Auteur n'eft pas d'accord avec nos Architectes.

La troifième Partie traite de la *Bienféance*, qui doit être gardée dans tous les différens genres d'Édifices.

Ce font divers avis généraux fur les Édifices des Particuliers, & fur les Édifices publics. On trouvera ici bien des Critiques raifonnables qui feront plaifir. On y verra entre autres chofes, ce que l'Auteur trouve à redire aux quatre façades du dedans de la première Cour du Louvre, à celle des Galeries, & à celle des Tuilleries du côté du Jardin. Ce qu'il blâme dans le Portail de S. Gervais à Paris, & dans l'Églife de S. Pierre de Rome ; dont il s'en faut beaucoup, qu'il n'ait une auffi grande idée que tout le monde en a. Les remarques qu'il fait fur les Statuës coloffales, & en particulier fur celle de la Place des Victoires, de la Place de Vendôme, & de l'Arc de Triomphe.

Comme en différens endroits de cet Ouvrage M. de Cordemoy marque avec affez de liberté les défauts, où il croit que font tombés nos plus grands Architectes ; il a foin de prévenir dans fa Préface, que fon deffein n'étoit pas de diminuer leur mérite : mais feulement d'empêcher, qu'on ne les fuivît aveuglément dans les fautes qui leur font échappées.

L'ŒCONOMIE DES BATIMENS, ou Defcription de tous les matériaux qui entrent dans un Édifice, avec les Prix des Ouvrages. *Bologne, Barbiroli, 1708, in-4°.*

L'Auteur, après avoir fait le portrait d'un Architecte habile, enfeigne les règles pour bien conftruire un Bâtiment de quelque nature qu'il foit ; il fait la defcription de tous les matériaux néceffaires, il fixe les prix de tous les ouvrages qui entrent dans la conftruction d'un Édifice.

M. Spinelli fait dans la feconde Partie une Critique de l'Ouvrage de M. J. B. Natali, intitulé *le Marteau du Maçon, ou Tarif général de tous les Ouvrages de Maçonnerie.* Il infére ce Tarif dans la feconde Partie de fon Livre : il relève cet Auteur prefque par-tout, & il a placé fes corrections à la fin de chaque article, où il prétend que M. Natali s'éft trompé ; afin que le Public connoiffe, dit-il, le peu de fond qu'il y a à faire fur l'Ouvrage de cet Auteur, qui étoit à la vérité très-habile dans le deffein, mais qui n'avoit aucune connoiffance de la pratique.

On trouve enfuite plufieurs inftructions fur la manière de bien conftruire un Bâtiment : ces inftructions peuvent être utiles à ceux qui commencent à s'appliquer à cet Art. L'Auteur a joint quelques figures à ces inftructions, pour les rendre plus claires & plus intelligibles. Il donne enfuite un nouveau Tarif des Ouvrages de Maçonnerie ; & pour faire connoître qu'on ne fe trompera pas en le fuivant, il rapporte plufieurs marchés conclus fur ces mêmes prix.

M. Spinelli a pourvû à tout : il a ajoûté à la fin du Livre quelques remèdes pour guérir les maladies & les bleffures que peuvent avoir les pauvres Maçons qui travaillent loin des Villes, & qui font par conféquent deftitués de tout fecours.

TRAITÉ D'ARCHITECTURE, avec des Remarques & des

Obfervations très-utiles, pour les jeunes gens qui veulent s'appliquer à ce bel Art. Par Sebaftien le Clerc, Chevalier Romain, Deffinateur & Graveur ordinaire du Cabinet du Roi. *Paris, Giffart, 1714, in-4°.*

M. le Clerc ne s'attache dans cet Ouvrage qu'à ce qui regarde la beauté, le bon goût, & l'élégance des parties principales qui entrent dans la compofition d'un grand Édifice. Il donne d'abord des Ordres de Colonnes & de Pilaftres, fous de nouvelles mefures & proportions; il y expofe enfuite les autres parties qui peuvent accompagner ces Ordres, avec les obfervations qu'on doit faire en les affemblant, & les remarques qu'il a cru néceffaires pour empêcher les jeunes gens de tomber en de certains défauts ordinaires dans les Bâtimens. Il ne parle donc dans cet Ouvrage, ni de la manière de préparer les fondemens des Édifices, ni de la manière d'en élever les murs & la charpente : la connoiffance des pierres, des bois, des fables & de la chaux, n'entre pas non plus dans fon deffein. On doit chercher ces détails méchaniques dans Vitruve, dans Palladio, dans Vignole, dans Savot, & dans les Traités de plufieurs autres Architectes.

Il donne d'abord une introduction qui renferme des inftructions néceffaires à ceux qui veulent profiter de fon Ouvrage. Elles roulent fur l'Architecture en général, fur la belle & noble manière de bâtir, fur les connoiffances qui conviennent à un Architecte qui veut fe diftinguer, & fur les différens Ordres de Colonnes. Après avoir obfervé qu'entre les Arts, celui de l'Architecture eft un des plus étendus & des plus difficiles; il indique les études qui contribuent le plus à ouvrir l'efprit, & à infpirer le bon goût, pour tout ce qui peut avoir quelque rapport aux Bâtimens.

» Un Architecte a befoin particulièrement de *Deffein* : car il en doit
» tirer fes plus nobles penfées, & toute la grace & la beauté qu'il
» prétend donner à fes Bâtimens; foit dans leur tout, foit dans leurs
» parties.

» La *Géométrie* lui eft abfolument néceffaire, pour avoir des prin-
» cipes affurés fur lefquels il puiffe fe conduire dans la pratique de
» fon Art.

« Il ne fçauroit se passer de l'*Arithmétique* ; il doit la posséder tout à
» fait bien pour faire ses Devis, & les supputations par lesquelles il
» peut connoître la quantité des matériaux, de l'argent, & du temps
» qu'il lui faudra pour exécuter ses desseins & ses entreprises.

» Il doit sçavoir *la Coupe des pierres* ; principalement pour construire
» les voûtes, les portes, les escaliers, les arcades, & toutes les parties
» d'Architecture élevés en l'air & hors d'aplomb.

» La perspective lui est très-utile pour connoître par un seul dessein,
» l'effet que fera un Bâtiment quand il sera élevé.

» Quel avantage ne tirera-t-il pas des *Méchaniques*, & des *Forces*
» *mouvantes* ; pour construire les machines qui doivent lui servir à
» élever un Bâtiment ?

» La connoissance du *Nivellement* & des *Hydrauliques* lui servira pour
» la conduite des eaux.

» Mais il faut sur toutes choses un bon goût, qu'il ne pourra avoir
» qu'en se rendant habile dans le Dessein ; qui lui fera distinguer les
» belles & grandes manières de bâtir qu'il doit préférer aux autres,
» s'il veut s'attirer de la réputation & de l'honneur «.

M. le Clerc fait ici paroître les cinq Ordres ordinaires sous de nouvelles proportions ; & il joint à ces Ordres un second Ordre Toscan, un Ordre Espagnol, & un Ordre François. Il place le second Ordre Toscan entre le premier & le Dorique. Cet Ordre a moins de pesanteur & de simplicité que le premier ; il a besoin d'une beauté mâle, selon l'Auteur, qui croit qu'on en pourroit orner la frise des Tourteaux, qui sont les Armes de Toscane. Toute la hauteur de l'Ordre est de 23 modules, 22 minutes : la Colonne en a 15, le Piédestal 5, & l'Entablement 3 & 22 minutes : de sorte que le Piédestal a de hauteur un tiers de la Colonne, & l'Entablement un quart moins quelques minutes.

On attribue à l'Ordre Espagnol un caractère particulier de force & de grandeur. La hauteur de la Colonne est de 19 modules 25 minutes ; celle du Piédestal de 6 & de 18 minutes ; & celle de l'Entablement de 4 & de 15 minutes : ainsi le Piédestal a de hauteur environ un tiers de la Colonne. L'Entablement a un peu moins de 14 minutes au-dessous du quart ; tout l'Ordre complet ayant 30 modules 28 minutes. Dans le dessein du Chapiteau, les cornes du tailloir sont soutenues de petites volutes, & le milieu du tailloir a pour Rose un mufle de Lion. » On » fçait, dit M. le Clerc, que ce noble Animal est le symbole de l'Es- » pagne ; & qu'il marque la force & la gravité, de même que la pru- » dence de la Nation «.

Il propose ainsi sa nouvelle composition de l'Ordre François.

» Je donne à cet Ordre autant de délicatesse, d'élégance & de ri- » chesse que j'ai cru pouvoir faire, sans tomber dans l'excès. La Colonne » 20 modules 5 minutes de hauteur ; le Piédestal 6 & 22 minutes ; » l'Entablement 4 & 15 minutes, tellement que le Piédestal a de hau- » teur environ un tiers de la Colonne ; & l'Entablement un quart » moins 16 minutes ; tout l'Ordre entier s'élevant de 31 modules 12 » minutes.

» Les ornemens du Chapiteau sont trois lys à chaque face, des » palmes ; le symbole de la France qui est un Coq, des armes au- » dessous & une lyre à l'ombre des palmes sous chaque corne du tailloir ; » qui sont autant d'ornemens symboliques, que les personnes d'esprit » expliqueront sans peine.

» Des couronnes font l'ornement de la Frise, avec un Soleil dans le » milieu ; qui fait voir que cet Ordre est consacré à la gloire de nôtre » Auguste Monarque. Cet Ordre dans son éxécution fera un effet » des plus beaux, des plus nobles & des plus gracieux ; j'en ai fait un » petit modèle en relief qui fait plaisir à voir.

» Au reste, ajoûte-t-il, mon intention étoit de finir cet Ouvrage » par les Plans, les Élévations, & les Coupes de divers Bâtimens ; mais » une foiblesse de vûë qui m'est survenuë tout à coup, m'a empêché de » passer outre «. Cet accident étoit un effet du grand âge de cet hom- me illustre, & une suite naturelle de son application infatigable au travail.

Remarquez en finissant cet Extrait, que le *Module*, qui dans ce Traité sert de mesure à M. le Clerc, est le demi-diamètre du bas de la Co- lonne, toujours divisé en 30 parties égales, appellées ici minutes.

TRAITÉ DES PONTS, où il est parlé de ceux des Romains & de ceux des Modernes, de leurs manières ; tant de ceux de Maçonnerie que de Charpente, & de leurs dispositions dans
toutes

toutes fortes de lieux. Des projets des Ponts, des matériaux dont on les conftruit, de leurs fondations, des échafaudages, des ceintres, des machines, & des bâtardeaux à leur ufage; de la différence de toutes fortes de Ponts, foit dormans ou fixes, foit mouvans & flottans, volans, tournans à couliffes, Pons-levis à flèches, & à bafcule, &c. avec l'explication de tous les termes des Arts qu'on employe à la conftruction des Ponts, & les figures qui démontrent leurs différentes parties. Les Édits, Déclarations, Arrêts & Ordonnances qui ont été rendus à l'occafion des Ponts & Chauffées, Rues, Bacs, Rivières. Des coutumes obfervées fur ce fait; de leur entretien, des garanties, des Péages, & des Réglemens fur les carrières. *Paris, Cailleau, 1716, in-12.*

Le fujet des Ponts n'avoit été traité à fond jufques-là par aucun Auteur. Scamozzi, Palladio, Serlio, &c. ont feulement donné des modèles de Ponts de Maçonnerie & de Charpente; Vitruve & Vignole n'en ont rien dit; enforte que cet Ouvrage peut être regardé comme quelque chofe de nouveau, perfonne avant M. Gautier, à qui on eft redevable n'ayant donné de règles pour la conftruction des Ponts. Le titre que nous venons de rapporter fait voir, que ce Traité eft très-étendu. L'Auteur après avoir parlé des Ponts en général, parle de la rapidité des eaux fous les Ponts; & des moyens de l'éviter. Il parle de l'abaiffement des eaux des rivières, & de la manière de les détourner pour établir les fondations d'un Pont; puis il vient aux outils dont on fe fert pour travailler aux Ponts; il paffe de-là à l'emploi des bois, aux qualités qu'ils doivent avoir, à leur coupe, à leur mefure, aux pillots, & pals à planches, aux ceintres, mortoifes & poutres armées, aux machines & engins à enlever, à conduire & à épuifer; aux parties des Ponts de Maçonnerie, & à leur proportion; aux culées & aux aîles; aux piles, aux avant-becs, aux angles, aux vouffoirs, & à un grand nombre d'autres matières dont le détail feroit trop long. Cet Ouvrage eft accompagné d'un Dictionnaire, où l'on trouve l'explication de tous les termes qui concernent les Ponts, & la conftruction des Ponts; ce

Tome II. Part. I.   V v v

que c'eſt, par exemple, que verrin, tourillons, vouſſoirs, &c. *Vouſ-ſoirs* ſont les principales pierres qui forment l'arche d'un Pont & ſon bandeau. *Verrin* eſt une machine compoſée de deux vis, laquelle ſert à élever de gros fardeaux. *Tourillon* eſt une groſſe cheville de fer, laquelle ſert d'eſſieu à toute choſe tournante, comme à un Pont-levis.

L'Auteur ne ſe contente pas d'expliquer tous les mots d'Art qui ſont uſités dans la conſtruction des Ponts, il donne encore, par des figures en taille-douce, une deſcription éxacte des choſes que ces mots ſignifient. Il a fait graver outre cela les Ponts les plus remarquables, tant de l'Antiquité que d'apréſent ; & on a le plaiſir de voir ici en vingt-ſix planches bien des curioſités ſur ce ſujet.

De tous les Ponts qui ayent jamais été, aucun n'a égalé en grandeur celui que Trajan fit élever ſur le Danube. Comme ce Fleuve eſt extrêmement large, il falloit que le Pont fut fort long. Auſſi étoit-il compoſé de vingt arches, hautes de 150 pieds ; leur ouverture d'une pile à l'autre étoit de 160 pieds, ce qui faiſoit une longueur de Pont d'environ 600 toiſes ; c'eſt-à-dire, de 490 toiſes de Paris, l'ancien pied Romain étant de douze pouces du pied de Paris. Les dimenſions d'un pareil ouvrage ſont preſque au-deſſus de toutes les idées des Architectes d'aujourd'hui : les piles de ce beau Pont qu'Adrien, ſucceſſeur de Trajan, fit abattre, de peur que les Barbares ne vinſſent porter leurs armes juſques dans l'Empire Romain, ſe voyent encore dans le milieu du Danube.

On met auſſi au rang des Ponts renommés dans l'Hiſtoire, celui que Darius fit faire ſur le Boſphore de Thrace ; celui de Xercès ſur l'Héleſpont, celui de Pyrrhus projetté ſur le Golfe Adriatique, & celui de Céſar ſur le Rhin. Les Romains, remarque notre Auteur, avoient encore à Rome de très-beaux Ponts ſur le Tibre. L'Empereur Adrien fit bâtir le premier, qui eſt le Pont *Ælius*, du ſurnom de l'Empereur Adrien, à préſent le Pont Saint Ange ; près le Mauſolée de cet Empereur, à préſent le Château Saint-Ange : il étoit garni au-deſſus d'une couverture de bronze, ſupportée par quarante-deux colonnes. Le deuxième Pont étoit le Pont Triomphal, repréſenté planche deuxième ; ce Pont n'eſt plus, on en voit les ruines dans le Tibre. Le troiſième étoit le Pont nommé *Janiculenſis*, à préſent Pont Sixte ; à cauſe que le Pape

Sixte IV. l'a fait rétablir : il étoit anciennement de marbre. Le quatrième, le Pont *Cæstius*, à préfent dit *de Saint Barthelemi*, rétabli par l'Empereur Valentinien : le cinquième Pont *Fabricius* ou *Tarpicus*, à préfent *Ponte Carpi*, repréfenté dans la planche troifième. Le fixième, le Pont *Suartorius* ou *Palatinus*, à préfent dit *Sancta Maria*, repréfenté planche quatrième. Le feptième, le Pont *Horatius*, un des plus beaux de Rome ; & dont on voit encore les ruines dans le Tibre. Notre Auteur dans la planche cinquième en rapporte l'élévation telle qu'un Auteur Italien l'a fait voir dans fon Ouvrage des Antiquités de Rome. Ce Pont reffemble à un Portique, ou à un Arc de Triomphe. Il fut plufieurs fois rétabli du temps des Romains, la première par le Roi *Ancus Martius*, puis par *Horatius Cœlis* : enfuite par *Emilius Lepidus* Préteur ; quelque-temps après par l'Empereur Tibère. Il fut encore renverfé fous l'Empire d'Othon, & puis rétabli par *Antonius Pius*. Le huitième enfin, nommé *Milvius*, eft hors de Rome, & au-deffus de deux mille fur la voie Flaminienne ; on en voit la figure planche fixième. Après avoir fait le détail de ces Ponts anciens, M. Gautier parle des Ponts modernes, il commence par ceux d'Avignon, du Saint-Efprit, & de Lyon fur le Rhône : le premier eft abattu, & il n'en refte que quelques arches ; le deuxième fubfifte en entier, & c'eft un des plus beaux Ponts de l'univers ; on en voit tout au long la figure dans la planche feptième. Une chofe particulière à ces trois Ponts, c'eft que leur plan n'eft pas en droite ligne, fur-tout dans ceux d'Avignon & du Saint-Efprit. L'angle eft peu fenfible dans celui de Lyon, mais pour les deux autres ils font une courbure très-vifible, dont la convexité s'oppofe au courant du Rhône. M. Gauthier rapporte l'Hiftoire de ces trois Ponts. Le Pont de Lyon fur le Rhône eft compofé de vingt arches, on l'appelle le Pont de la Guillotière. M. Gautier vient au Pont Royal des Thuilleries, & au Pont-Neuf de Paris ; au Pont de Londres, & à un grand nombre d'autres dont il a foin de donner les figures.

ŒUVRES D'ARCHITECTURE, contenant les Deffeins, tant en plans qu'en élévations, des principaux & des plus nouveaux Bâtimens, dans le dernier agrandiffement de la Ville d'Amfterdam, & autres endroits de ces Provinces ; ordonnées par

Philippe Vingboons, Architecte de la Ville d'Amsterdam. *Leyde,* *Pierre Vauder Aa*, *1717*, 2 *Vol. in-Fol.*

ARCHITECTURE HISTORIQUE. Par M. Fischers. *Leipsick*, *1725*, *in-Fol. Oblong*.

Cet Ouvrage représente en 93 grandes planches gravées en taille-douce, plusieurs Bâtimens Antiques, Juifs, Égyptiens, Syriens, Persans & Grècs; plusieurs autres Bâtimens Antiques moins connus que les premiers. Les plus célèbres Bâtimens Arabes & Turcs; comme aussi plusieurs desseins de l'*Architecture Persanne Moderne*, Siamoise, Chinoise & Japonoise; avec quelques Bâtimens de l'invention & de l'éxécution de l'Auteur. Divers Vases Antiques, Égyptiens, Grècs, Romains, & Modernes; avec une explication tirée des meilleurs Auteurs tant Anciens que Modernes.

NOUVEAU TRAITÉ de la Coupe des Pierres. Par M. de la Rue Architecte. *Paris, Imprimerie Royale, 1728.*

Cet Ouvrage, que l'Académie Royale d'Architecture a approuvé avec Éloges, est rempli de près de cent planches gravées; & pour donner une plus grande intelligence de la composition, des traits, des sections, & des développemens des corps solides, appliqués à l'usage de la *Coupe des Pierres*; l'Auteur y a joint un Traité de *Stéréométrie*, qui peut porter cette Science à sa perfection.

ARCHITECTURE MODERNE, ou l'Art de bien Bâtir pour toutes sortes de personnes, tant pour les maisons des particuliers, que pour les Palais; contenant cinq Traités: 1°. de la Construction & de l'emploi des matériaux. 2°. De la Distribution de toutes sortes de places; 3°. de la manière de faire les Devis; 4°. du Toisé des bâtimens selon la Coutume de Paris; 5°. des Us & Coutumes concernant les Bâtimens, & rapports des Jurés-Experts. *Paris, Jombert, 1728, 2 Vol. in-4.*

LE NOUVEAU TRAITÉ D'ARCHITECTURE, contenant les cinq Ordres suivant les quatre Auteurs les plus approuvés;

Vignole, Palladio, Philbert de Lorme & Scamozzi ; fur le principe defquels font compofés différens fujets fur chacun de leurs Ordres. Par le S. Nativelle Architecte. *Paris, Dupuis, 1729, 2 Vol. in-Fol. gr. pap.*

ARCHITECTURÆ CIVILIS *Théorico-praticæ, opus Andreæ Galluzzi, Placentini ex nobili Galluciorum familia, olim Bononiæ regenti, & nuper extincta, Academici Clementini & Sac. Maj. Reginæ Hungariæ Architecti;* &c. Modène, 1743, in-Fol.

On enfeigne dans cet Ouvrage d'une manière fort claire, l'Art de bâtir & de donner le Devis des divers Édifices, felon les cinq Ordres d'Architecture, même accompagnés d'ornemens à quelque hauteur donnée que ce foit ; fans y employer le calcul, ni d'autres inftrumens que le pied & la toife. On ajoûte à la fin une Critique des plus célèbres Ouvrages d'Architecture tant anciens que modernes, des principales Villes de la Lombardie ; pour l'inftruction du Public, & en particulier des Seigneurs.

L'ARCHITECTURE DES VOÛTES, ou l'Art des Traits & Coupes des Voûtes ; Traité très-utile & néceffaire, à tous les Architectes, Maîtres-Maçons, Appareilleurs, Tailleurs de pierres ; & généralement à tous ceux qui fe mêlent de l'Architecture, même Militaire. Par le P. F. Derand, de la Compagnie de Jefus; avec Fig. *Paris, Cailleau, 1743, in-Fol.*

LIVRE D'ARCHITECTURE, contenant les Principes généraux de cet Art ; les Plans, Élévations, & Profils de quelques-uns des Bâtiments faits en France, & dans les Pays Étrangers. Par le S. Boiffrand, Architecte du Roi ; &c. *Paris, Cavelier, 1745, in-Fol.*

L'Auteur de ce Livre ne fe propofe point d'y donner des Élémens d'Architecture, il n'entre même dans aucun détail des Arts & des Sciences néceffaires à un Architecte ; ces matières ont été traitées il y a long-temps, dans un grand nombre d'Ouvrages qui ne laiffent aujourd'hui rien à dire de nouveau à ceux qui en voudront écrire.

Avec toutes ces Connoiſſances, on peut être encore un fort médiocre Architècte : c'eſt le bon goût formé par l'expérience & par les réfléxions, qui ſeul peut faire un excellent Architècte ; & c'eſt à expliquer ce que c'eſt que ce bon goût, & à en développer les principes & les règles, que s'eſt appliqué M. Boiſſrand.

M. Boiſſrand eſt bien éloigné de croire, que le bon goût en Architècture ſoit quelque choſe d'arbitraire ; il eſt vrai qu'il n'eſt pas aiſé de le bien définir, & que ce n'eſt que dans les principes de l'Art qu'on peut trouver les raiſons démonſtratives, pourquoi un Ouvrage plaît ou ne plaît pas.

Notre Auteur définit le goût, une faculté qui diſtingue l'éxcellent d'avec le bon.

C'eſt une grande opération, ajoûte-t-il, de réduire un Art en principes ; ils ſont l'ouvrage de pluſieurs ſiècles, le fruit d'une profonde réfléxion ſur ce qui a plû ou déplû aux hommes les plus éclairés ; & l'effet d'une expérience ſouvent redreſſée. Telles ſont les règles fondamentales de l'Architècture trouvées & développées par les Grècs, qui ont été pour cet Art, ainſi que pour la Peinture, la Sculpture, &c. les maîtres des Romains & les nôtres.

Outre ces principes qui ont établi les belles proportions, il y en a d'autres auſſi néceſſaires, fondés ſur les raiſons de convenances, de commodités, de ſûreté, de ſanté, &c. Sans toutes ces règles un Édifice ne peut être réputé de bon goût ; il eſt vrai qu'on ne peut pas toujours les mettre en pratique, mais il faut les connoître pour s'en ſervir autant qu'il eſt poſſible ; de même qu'il faut être inſtruit des défauts qui leur ſont oppoſés, pour les éviter.

De ce que dit ici M. Boiſſrand ; il réſulte qu'on peut fort bien appliquer à l'Architècture, ce vers de la Poëtique d'Horace.

Omne tulit punctum, qui miſcuit utile dulci.

Celui-là a tout fait, qui a ſçu joindre l'agréable à l'utile.

Les hommes les plus groſſiers diſtinguent aſſez aiſément le bon du mauvais ; mais ſelon M. Boiſſrand, il y a pluſieurs degrés entre le bon & l'excellent : c'eſt à faire cette diſtinction délicate, que conſiſte le bon goût.

SUR L'ARCHITECTURE.

Dans les premiers siècles du monde, dit M. Boiffrand, on n'eut pour objet que de se garantir des injures de l'air, & de se défendre contre les animaux qui pouvoient nuire ; mais à mesure que la Société s'est perfectionnée, les habitations des hommes ont reçu une nouvelle forme, toujours fondée sur l'utilité & l'agrément. On donna aux Temples des Dieux une proportion convenable à leur Culte, & aux Mystères de la Religion ; ces ornemens passèrent au Palais des Souverains : afin qu'ils eussent quelque chose de la dignité des Temples, ainsi que les Rois ont aux yeux des hommes quelque chose de la majesté des Dieux.

La Nature a formé le germe des Arts, la réflexion & l'expérience les ont développés & nourris. Les troncs d'arbres, qui dans les premiers siècles soutenoient le couvert des Cabanes, ont donné l'idée des Colonnes qui ont soutenu les Portiques des Édifices. On leur a donné un contour plus élégant, que celui que la nature donne aux arbres. On a ajoûté une Baze qui y donne plus d'empatement, & un Chapiteau qui s'élargissant par le haut, semble porter plus solidement les Entablemens.

Callimachus vit sur le Tombeau d'une jeune Fille un panier dans lequel on avoit mis des vases qu'elle avoit aimés pendant sa vie, & qui étoit couvert d'une brique : du bas de ce panier il sortoit une plante d'Achante, dont les feuilles montoient le long du parois du panier, & dont la tige & la graine se recourboient sous la brique ; il en prit l'idée des feuillages qui ornent le dessus des Colonnes. Les sablières qui lioient le tronc des arbres par le haut, ont donné lieu aux Entablemens que l'Art a proportionnés à la hauteur des Colonnes, & qu'il a enrichi d'ornemens ; on trouvera dans toutes les parties des Édifices, qu'elles ont été suggérées par le besoin & par la nature, & qu'elles ont été ensuite perfectionnées par l'Art. Les Gaulois qui ignoroient les règles qu'ont suivi les Grècs & les Romains, en voulant enchérir sur ce que les Grècs & les Romains avoient fait, au lieu de prendre les troncs des arbres pour modèle des Colonnes, ont cherché à imiter les branches & les rameaux. Ils ont en conséquence fait des Colonnes menuës & hautes, qui se divisant par le haut en plusieurs branches d'ogives dans les voûtes, imitent les rameaux des arbres. Les arcs de ces voûtes, au lieu d'être en plein ceintre, qui est la figure la plus parfaite, ont été faits en triangle curviligne, imitant les branches des arbres qui se croisent par le haut en formant un angle.

Au lieu de suivre l'idée d'une solidité raisonnable, ils s'en sont écartés en faisant des choses hardies & étonnantes; comme s'il y avoit plus de mérite à faire des ouvrages qui paroissent prêts à tomber à tout moment, quoique également solides, que d'en faire qui paroissent devoir durer éternellement.

Mais l'Italie nous a à la fin ouvert les yeux, elle nous a remis dans le bon chemin; il est à souhaitter que l'envie de faire du nouveau, & que la mode, dont la tyrannie se fait sentir en France plus que partout ailleurs, ne nous fasse dégénérer du bon goût du siècle précédent.

La Mode, dit M. Boiffrand, est un grand obstacle à la perfection des Arts; elle est accompagnée de la folle nouveauté qui plaît dans le moment, mais qui cesse bien-tôt de plaire, & qui ne tarde pas à faire place à quelques nouvelles bizarreries; que les ignorans prennent pour l'effet d'un génie fécond & inventif, tandis que les gens de bon goût ne les regardent que comme des productions extravagantes & monstrueuses.

Le bon goût ne se fait pas voir seulement, dans les décorations de l'intérieur & de l'extérieur des Édifices. Comme il est toujours fondé sur la droite raison, c'est à lui à décider de la position de quelque Bâtiment que ce soit; d'en marquer l'exposition, & d'en déterminer la distribution.

Par rapport à la position d'une Maison, on doit être attentif à la pente naturelle du terrein, afin d'en écarter les eaux qui pourroient y causer de l'humidité; au ménagement de la vûë d'une Campagne, soit qu'elle soit ornée par la simple nature, soit qu'elle le soit par la culture; à l'agrément d'une Rivière qui parcourt des prairies, & qui fournit cent commodités; à la magnificence d'une Forêt, à l'utilité d'une source d'eau pure & saine; enfin à profiter autant qu'il est possible de tous les avantages que la nature peut offrir, & pour les délices, & pour l'utilité.

Par rapport à l'exposition d'une Maison; il faut faire ensorte que les appartemens en soient sains, gais, chauds, tempérés & frais suivant les saisons: que chaque partie soit tournée vers l'aspect du Ciel, qui convient à son usage.

Par rapport à la Diſtribution, une Maiſon doit être proportionnée au nombre des perſonnes qui doivent s'y rendre, & qui doivent l'habiter. La grandeur des Cours & des Chambres doit auſſi être proportionnée à leur uſage ; l'arrangement de toutes les parties doit avoir un enchaînement & une liaiſon convenable, & former un ſeul tout agréable en même-temps & commode.

Un bon Archiètête doit encore avoir attention à la qualité de celui pour qui il bâtit ; il faut qu'une Maiſon réponde à la dignité, aux emplois, à la profeſſion & à la façon de vivre de celui qui doit l'habiter.

M. Boiffrand pouſſe la choſe encore plus loin : il prétend que tout Édifice doit avoir un caractère particulier qui annonçe au premier coup d'œil ſa deſtination, & qu'il faut que par ſa compoſition il exprime comme ſur un Théâtre, que la Sçène eſt Paſtorale ou Tragique ; que c'eſt un Temple ou un Palais, un Édifice public ou une Maiſon particulière.

Enfin M. Boiffrand applique à l'Architècture tous les préceptes qu'Horace a donnés dans ſa Poëtique ; il fait voir que le même bon ſens qui doit guider le Poëte doit auſſi conduire l'Architècte : que les règles générales de la Poëſie & de l'Architècture ſont les mêmes. On pourroit encore ajoûter à ces deux Arts la Peinture & la Muſique, car tous ces différens Arts ont entre eux mille rapports, & ſont fondés ſur les mêmes principes.

Le Vitruve Danois. Par M. Thurah, Colonel d'Infanterie, & premier Architècte de Sa Majeſté le Roi de Danemarck & de Norvège. *Paris, Mariette, 1745, 2 Vol. in-Fol.*

Cet Ouvrage eſt important & fait connoître le bon goût d'Architecture qui règne dans le Danemarck.

On y trouve les Plans, les Élévations & les coupes bien détaillées de Palais, Bâtimens Royaux & Publics ; ainſi que des Maiſons des Particuliers ſitués tant dans la Ville Capitale, que dans les Provinces qui compoſent les États de la Couronne de Danemarck. L'on y voit avec plaiſir que la belle Architècture, qui n'habitoit autrefois que l'Italie, ne connoît plus préſentement de bornes, & s'eſt étenduë dans toute l'Europe.

L'ARCHITECTURE, *Poëme*. Par le P. Jean-Marie Borelly, de la Compagnie de Jesus. *Lyon, Delauſtre, 1746, in-8°.*

La propoſition de ce Poëme eſt conçuë en ces termes :

> *Saxa movere loco, motiſque imponere morem,*
> *Et dociles flecti rupes in celſa vocare*
> *Mœnia, Thebani quondam miracula plectri*
> *Aggredior, cauteſque iterum mollire canendo.*

« J'entreprends de renouveller par mes chants les prodiges de la Lyre d'Amphion ; c'eſt-à-dire, de donner du mouvement aux pierres, d'amollir les rochers, & de les rendre dociles aux règles de l'Art ».

L'Auteur invite enſuite ſa Muſe à prendre en main les Inſtrumens propres à cet Art pour conſtruire des Temples aux Dieux, & des Maiſons aux Hommes. Il l'encourage à ce travail par l'éxemple d'Appollon & de Neptune, qui ne dédaignèrent pas de bâtir les murs de Troye.

> *Non renuit liquidis Junus diſcedere regnis,*
> *Neptunus poſito trullam tractare Tridenti.*

Après cet invocation, il commence ſon Poëme par l'expoſition de l'état miſérable où étoient les hommes avant l'invention de l'Architecture. Il dit, que ne pouvant ſupporter l'éxcès du froid & du chaud, une partie d'entre eux chercha à ſe mettre à couvert des injures de l'air, en bâtiſſant des Cabanes de bouë ; qu'ils couvrirent de chaume de joncs & d'herbes marécageuſes. D'autres, dit-il, abbatirent des arbres & les jonchèrent les uns ſur les autres ; mais la fureur des vents ayant ſouvent renverſé leurs Maiſons de bouë, & la flamme ayant conſumé pluſieurs fois leurs tas de bois ; la néceſſité donna enfin la naiſſance à l'Architecture, en obligeant les hommes de chercher des moyens pour éviter ces ſortes d'accidents. Les Dieux de leur côté ennuyés d'habiter des Temples informes, & de reçevoir l'encens & les Sacrifices qu'on leur offroit ſur des Autels de gazon, ſe retirèrent dans les Cieux ; ils engagèrent Minerve à montrer aux mortels, l'art d'élever de beaux Édifices.

SUR L'ARCHITECTURE.

Les premiers que Minerve inftruifit furent les Doriens. C'eft donc aux Grècs, que notre Auteur attribue l'invention de l'Architecture. Ce n'eft pas qu'il ignore, que cet Art n'ait été connu & même porté à une grande perfection long-temps auparavant chez les Égyptiens. Mais comme les règles de l'Architecture, telle qu'on la pratique aujourd'hui, font les mêmes qui avoient été établies par les Grècs; & que les différens Ordres portent encore les noms de divers Peuples de la Grèce, qui font cenfés en avoir été les Inventeurs; il n'étoit pas du plan du Poëme, de remonter à des temps plus reculés pour y trouver les commencemens de cet Art.

Les Doriens, continue notre Poëte, animés & inftruits par Minerve, élèvent en l'honneur de cette Déeffe un Édifice inconnu jufqu'alors.

Pars vifcera terræ
Effodiunt, & prima folo fundamina ponunt.
Pars rupem excidunt, crebris fonat ictibus Æther;
Tum faxa imponunt faxis, jamque ardua furgit
Machina, marmoreis centum librata columnis.

De-là le Poëte paffe à la defcription du Piédeftal, de la Baze, de la Colonne, du Chapiteau, du Tailloir, de l'Architrave, de la Frife & de la Corniche; où tous les termes de l'Art font placés fi à propos, & expliqués avec tant de clarté, qu'ils répandent beaucoup de graces dans la verfification. Pour donner une idée plus diftincte de l'Ordre Dorique & de l'Ordre Ionien, & pour éviter la monotonie du ftyle didactique; il infère adroitement les éloges que Louis XV. & le Prince de Conti ont mérités par leurs Victoires.

» Si vous voulez, dit-il, rendre des honneurs au Prince de Conti,
» pour avoir forcé le paffage des Alpes, employés l'Ordre Dorique,
» qui eft plus maffif qu'il n'eft varié par les ornemens de l'Art; dreffez-
» lui un Temple immenfe au fommet d'une Montagne, qui foit l'objèt
» de la joie des François, & qui répande la terreur & l'inquiétude
» dans le cœur des Peuples qui habitent la rive de l'Éridan «.

Si quos meditaris honores
Contio, ob evictas clauftris obftantibus Alpes,

Pone alacer Dorum inconcuſſo ex ordine Templum,
Templum immune, ſedens ſuperato in vertice montis,
Quòd læti inſpiciant Galli, quòd lumina torvo
Eridanus cernat lauratus pectora curis, &c.

Mais s'il s'agit de célébrer les Victoires de Louis XV, & de lui élever un Temple ſur les bords du Rhin, ou de l'Eſcaut, ou de la Liſſe, pour y plaçer ſes Trophées ; le Poëte veut qu'on ſuive l'Ordre Ionien.

Tercentum Ioniæ fundabunt Templa columnæ,
Seu Rheni ſedeant, trepidivè ad littora ſcaldis,
Seu Legiæ, LODOICE, tuis loca plena Trophæis.

Il faut voir dans l'Ouvrage même la deſcription de ce Temple, & de tous les ornemens dont il doit être décoré. L'Auteur explique enſuite plus préciſément en quoi conſiſte l'Ordre Ionien. Il dit, que les divers Peuples de la Grèce ayant accouru de toutes parts pour voir le Temple que les Doriens avoient bâti en l'honneur de Minerve, les Ioniens trouvèrent que les Colonnes étoient trop nuës ; & que l'on pouvoit ajoûter différens ornemens ſur les Chapiteaux, qui en rendroient le coup-d'œil plus agréable.

Utque invento addere promptum eſt.
Ionias ornatu habiles fecere columnas
Et cinnos capiti, criſpati imitamine crinis
Quatuor involvunt, aptè qui à verticè ſummo
Pendent, ſpirali dicuntur ab orbe volutæ,
Eminet has inter, truncato corpore, longa
Ovorum ſeries, telis diſtincta triſulcis.
Flos abaci exhilarat frontem ; flos nobilis arte :
Qualis ubi Nympha ornatus arceſſit, &c.

Callimaque enchérit encore ſur ces ornemens ; ayant remarqué un jour avec quelle grace les feuilles d'un Achante plioient & ſe recourboient ſous une corbeille que l'on avoient placée au-deſſus, & admirant l'effet agréable que produiſoient les feuilles courbées autour de la corbeille, forma le deſſein de tranſporter cet ornement dans l'Architéture, en revêtiffant les Chapiteaux des Colonnes par les feuilles de l'Achante ; c'eft ce qui rendit Callimaque Auteur d'un nouvel Ordre, qu'on appella Corinthien, du nom de la Patrie de celui qui l'avoit inventé.

Le Poëte continue à rapporter les diverfes imaginations des Grècs, pour varier les ornemens de l'Architèture ; il fait mention des Cariatides, des Colonnes torfes, & des Colonnes canelées. Il donne une idée fuccinte de l'Ordre Compofite, & de l'Ordre Tofcan. Quoique les Eutririens n'ignoraffent pas jufqu'à quel point de perfection les Grècs avoient porté l'Art de l'Architèture, ils ne voulurent cependant pas imiter la délicateffe de leur goût, ni faire ufage des ornemens que les Grècs avoient inventés. Ils aimèrent mieux retenir la fimplicité de leurs ancêtres dans la conftrution des Colonnes ; & Trajan lui-même lorfqu'il fit élever la fameufe Colonne qui porte fon nom & fes trophées, choifit l'Ordre Tofcan par préférence ; foit par amour de la fimplicité, foit, dit le Poëte, par un effèt de l'orgueil naturel aux Romains ; qui les portoit à méprifer, ou du moins à ne pas vouloir employer des Ordres d'Architèture imaginés par des Étrangers.

Après avoir décrit ces différens Ordres ; le Poëte peint la ruine de Rome par les Barbares, la deftrution des beaux Monumens que cette Capitale du Monde contenoit dans fon enceinte, le nouveau goût d'Architèture introduit par les Goths ; il repréfente la Barbarie comme une Reine impérieufe, qui contrefaifant fort mal la Déeffe Minerve, donne les Loix d'une Architèture maffive, informe, & ridicule.

Immanes peregrino habitu fine lege Columnas
Attolit furfum, variafque in vertice formas
Adjicit infuetas, hominumque, canumque, ferarumque
Omne genus, Lepidos ornatus ordine nullo
Agglomerat multos, fummofque cacuminat arcus
Fornicis, informes arcus, curvamine frado.

Le mauvais goût de l'Architèture Gothique ne dura que trop longtemps ; mais enfin, il fe trouva en Italie d'heureux génies, qui, ne pouvant fupporter la vûë de ces Édifices informes élevés par les Barbares, firent fouiller dans les ruines de l'ancienne Rome, en tirèrent des Colonnes entières avec tous leurs ornemens, & copiant ces beaux modèles, rétablirent l'Architecture dans son ancien lustre. *Vignole* fut le premier qui éleva sur les ruines des Édifices Gothiques, des Palais & des Temples où règne le bon goût de l'ancienne Architecture. Notre Poëte regrette de n'avoir pas vu les beaux ouvrages des Grècs & des Romains. » Quelle aménité, dit-il, n'auroit pas répandu dans mon » Poëme la description de ces superbes Monumens «. Au défaut des anciens Édifices, dont il ne peut donner une idée détaillée, il décrit l'Église de Saint Pierre de Rome, le plus magnifique Édifice que l'Architecture ait inventé depuis son rétablissement. Il donne à Michel Ange & au Cavalier Bernin, les éloges qui sont dûs à leurs grands talens. De-là il passe en France, & il montre quel étoit l'état de l'Architecture dans ce Royaume du temps de François I. Il parcourt tous les Édifices remarquables, qui font aujourd'hui l'ornement de la Ville de Paris. Il s'étend de-là dans les Provinces, & il parle de tous les Ouvrages célèbres, qui ont illustré le règne de Louis XIV ; comme du Canal de Languedoc, de la Grotte de Malpas, & du Cap de Sette. Enfin, il termine son Poëme par une courte description des principaux Ouvrages, que l'on a imaginés pour fortifier les Places de Guerre ; à sçavoir des Bastions, des Courtines, des Fossés, des Chemins couverts & des Mines. » Je me serois étendu davantage, ajoûte-t-il, sur tout » ce que l'Art a produit de merveilleux en ce genre sous la conduite » de M. de Vauban. Mais à quoi bon d'insister si long-temps sur des » Ouvrages, dont la force de l'Artillerie & la valeur des François » vient de montrer l'inutilité dans la prise de Tournai « ?

ARCHITECTURE HYDRAULIQUE, qui comprend l'Art de diriger les eaux de la Mèr & des Rivières, à l'avantage de la Défense des Places, du Commerce, & de l'Agriculture ; par M. Belidor, Colonel d'Infanterie, Chevalier de l'Ordre Militaire de S. Louis. *Paris, Jombert, 1750, in-4°.*

De tous les Arts auxquels les hommes se sont appliqués, il y en a peu qui soient plus intéressans que celui par lequel on a trouvé le moyen de régler, & d'assujettir le cours des eaux d'une manière propre à augmenter les avantages de la Société. Il seroit naturel de penser que cette nécessité de pourvoir aux besoins de la vie, auroit excité les Méchaniciens à composer plusieurs Ouvrages sur une matière si utile : cependant le nombre des bons Livres sur l'Architecture Hydraulique est très-rare ; si la Théorie est expliquée dans quelques-uns, on y chercheroit en vain les règles d'une Pratique sûre & éclairée ; c'est ce qui a déterminé M. Belidor à s'appliquer, depuis plusieurs années, à faire beaucoup de recherches sur tout ce qui regarde les Ouvrages qui se font dans l'eau : il a rassemblé de toutes parts des richesses qu'il convient avoir puisé chez les plus célèbres Ingénieurs. Mais si les matériaux n'appartiennent pas en entier à l'Auteur, du moins l'arrangement & la méthode sont de lui ; & l'on sçait combien il est difficile de faire un juste emploi des morceaux les plus estimés. Il faut une main intelligente pour en faire l'application ; c'est une entreprise considérable que de former un Corps d'Ouvrage sur une matière qui embrasse tant de détails, l'ordre & la clarté doivent y tenir le premier rang.

Cet Ouvrage est orné d'un grand nombre de Plans parfaitement bien gravés. La précision & l'exactitude avec lesquelles ils sont exécutés, servent beaucoup à rendre intelligibles les différens sujèts que l'on y traite. On peut appliquer à l'Auteur ce qu'il dit d'un autre ; c'est que les matières qui paroissent les plus ingrates & les plus séches, cessent de l'être, quand elles sont écrites & maniées par une main habile & délicate.

DICTIONNAIRE ÉTYMOLOGIQUE des termes d'*Architecture*, & autres termes qui y ont rapport : suivi de l'explication des Pierres précieuses, & leurs étymologies. Par M. Gastelier. *Paris, Veuve Pissot, Sebastien Jorry, & Duchéne, 1753, in-12.*

Les Étymologies que l'Auteur tire du Grèc & du Latin, quelquefois de l'Italien ; & qu'il joint aux explications des termes d'Architecture, ne peuvent manquer de les éclaircir, & de les graver encore plus profondément dans la mémoire. On ajoûte à chaque terme son genre, ce qui a bien son utilité, sur-tout pour les termes d'Art. M. Gastelier suit la même méthode dans la description des pierres précieuses, qu'il a mise à la fin de son Dictionnaire.

AUTEURS

ESSAI SUR L'ARCHITECTURE. *Paris, Duchêne, 1753, in-12.*

Les premiers principes de tous les Arts font puifés dans la nature; tout le monde croit les connoître, mais ce font des fecrèts qu'elle ne révèle qu'à une petit nombre d'âmes privilégiées; peu de gens fçavent s'élever jufqu'à cette fource primitive des vraies beautés & des défauts heureux. Ouvrons la plûpart des Livres compofés pour l'inftruction des Artiftes en tout genre, qu'y trouvons-nous? Des modèles propofés plûtôt que des préceptes infpirés par le goût; mais ces modèles ofe-t-on les difcuter? N'éxige-t-on pas pour eux un refpect trop fervile? N'étend-t-on pas trop loin le confeil de les imiter? Ce qu'ils ont fait n'eft-il pas trop fouvent donné, pour unique règle de ce qu'il faut faire? Cette méthode timide & rempante rend les productions de l'Art trop uniformes, confacre prefque également les grands défauts & les grandes beautés, confond les idées du goût, & charge le génie d'entraves rigoureufes qui retardent fa courfe, qui le tiennent dans une enfance perpétuelle, qui l'empêche de s'élancer au-delà des bornes de la médiocrité. Si quelque nouveauté fublime s'introduit, ce ne peut-être qu'en violant ces règles importunes; mais le trop docile Artifte n'ofe les violer, toûjours difciple, toûjours imitateur, il n'ofe devenir Maître & modèle lûi-même. L'Auteur de l'agréable & utile Ouvrage que nous citons ici, croit que cette Théorie imparfaite & fondée fur l'imitation, eft le partage de la feule Architecture; il fe trompe, c'eft un malheur commun à tous les Arts, malheur qui ne doit être attribué qu'à l'extrême rareté des génies originaux.

Vitruve, dit-on dans la Préface, ne nous a proprement appris que ce qui fe pratiquoit de fon temps; les Modernes n'ont fait que commenter Vitruve & le fuivre dans fes égaremens, M de Cordemoy feul a apperçû la vérité; fon court Traité d'Architecture renferme des principes excellens, & des vûës extrêmement réfléchies : notre Auteur eft fâché qu'il ne les ait pas développés un peu davantage, & qu'il n'en ait pas tiré des conféquences qui auroient répandu un grand jour fur les obfcurités de fon Art.

Après s'être fervi d'un tour élégant & ingénieux pour faire entendre avec modeftie, qu'il fe propofe d'achever l'Ouvrage ébauché par M. de Cordemoy; il rend compte de la méthode qu'il a fuivie, & nous

ofons

SUR L'ARCHITECTURE. 533

olons aſſûrer que c'eſt la ſeule qui ſoit digne d'un homme de génie & de goût, diverſement affecté à l'aſpèct des monumens que l'Architècture offroit à ſes yeux, il a interrogé ſon ame ſur toutes les impreſſions qu'elle éprouvoit ; tantôt c'étoit une admiration impétueuſe, mêlée de reſpect & d'enthouſiaſme ; tantôt une volupté douce, une eſtime tranquille ; quelquefois une indifférence parfaite, trop ſouvent de l'averſion & du dégoût ; après s'être bien aſſûré par des expériences réitérées que ces mouvemens étoient naturels, que la prévention n'y avoit aucune part, il a voulu en pénétrer les cauſes ; cette recherche n'entraînoit d'abord qu'embarras & qu'incertitudes, mais quelques réflexions ſur les procédés ſimples de la nature diſſipèrent toutes les ombres, un jour nouveau éclaira ſon eſprit ; bientôt il ſentit qu'une ſimplicité mâle & ſublime, une hardieſſe ſenſée, de grands traits avoient enlevé ſon admiration, qu'il avoit donné ſon eſtime à des ornemens d'un goût délicat, d'une douceur touchante, diſtribués avec ſageſſe ; qu'une indifférence parfaite étoit dûe à l'inſipidité d'un deſſein plat & languiſſant ; qu'enfin ſon averſion avoit été excitée par ces monſtres éblouïſſants, qui étalent avec fracas des hardieſſes ſans objèt, & des beautés d'un goût bizarre, ſi le nom de beauté peut convenir à ce que la nature déſavoüe : ainſi l'Auteur a commencé par ſentir, il a fini par raiſonner ; le ſentiment l'a averti de ce qui étoit bon, de ce qui étoit mauvais, & lui a même indiqué avec préciſion le degré de mérite & d'imperfection de chaque Ouvrage ; la raiſon lui a enſuite développé les cauſes de ce qu'il avoit ſenti, & lui a prouvé que l'habitude des ſens, la convention des hommes, ſont ſouvent des guides infidèles ; mais que le ſentiment n'égare jamais.

L'Architecture eſt un Art utile, né des beſoins de l'homme, érigé par le goût en Art agréable. L'Auteur accoutumé à préſenter ſes idées ſous des images ſenſibles & frappantes, conſidère l'homme ſortant des mains de la nature ſans ſecours, ſans lumières, ſans idées ; ſes beſoins l'inſtruiſent par degrés ; un gazon s'offre à lui ſur le bord d'une onde pure, il s'y repoſe délicieuſement ; rien ne lui manque, il ne déſire rien, mais bien-tôt l'ardeur exceſſive du Soleil l'oblige de chercher un aſyle ; une forêt lui offre ſon ombrage, il s'enfonce dans ſon épaiſſeur favorable, il rentre dans ſa première volupté ; mais la pluye qui le pénètre à travers le feuillage le chasse encore de ce séjour, il trouve une caverne & s'applaudit de cette découverte; mais de nouveaux désagrémens l'y assiégent, il se voit dans les ténèbres, il respire un air mal sain; il est fort résolu de se procurer par son industrie ce que la nature lui a refusé; il lui faut un logement qui le couvre sans l'ensevelir. Quelques branches abatuës dans la Forêt servent à son dessein, il en choisit quatre des plus fortes qu'il élève perpendiculairement, & qu'il dispose en quarré; au-dessus il en met quatre autres en travers, & sur celles-ci, il en élève encore d'autres qui s'inclinent, & qui se réunissent en pointe; cette espèce de toît, ainsi que le vuide qui est entre les pilliers, est garni de feuilles assez serrées, pour que le Soleil ni la pluie ne puissent pénétrer dans cette enceinte; voilà du moins l'homme garanti des principales injures de l'air; d'autres besoins feront naître d'autres découvertes: mais enfin cette habitation rustique est, selon l'Auteur, le modèle de toute bonne Architecture; les pièces de bois élevées perpendiculairement, sont les Colonnes; les pièces horisontales qui les surmontent, sont les Entablemens; les pièces inclinées qui forment le toît, ont donné l'idée des Frontons: voilà toutes les parties qui entrent essentiellement dans un Ordre d'Architecture. La Maison quarrée de Nîmes, ce monument immortel de la reconnoissance d'Adrien pour Plotine, & du génie sublime des Romains, n'en admet point d'autres dans sa composition; un quarré long où trente Colonnes supportent un Entablement, & un toît terminé aux deux extrêmités par un Fronton; voilà en quoi consiste cet Édifice, dont la magnificence frappe les yeux les moins connoisseurs. L'Auteur tire de ce premier principe des conséquences très-lumineuses; il distingue trois sortes de parties, qui entrent dans la composition d'un Ordre d'Architecture; les unes y entrent essentiellement, ce sont celles dont nous venons de parler; les autres y entrent par besoin, comme les Portes & les Fenêtres; les troisièmes n'y ont été introduites que par caprice, comme les Voûtes, les Arcades, les Piédestaux, l'Attique, &c. C'est dans les parties essentielles, que consistent toutes les beautés; dans les parties introduites par besoin consistent toutes les licences; dans les parties ajoûtées par caprice, consistent tous les défauts: c'est ce qu'il développe par une suite de raisonnemens délicats,

& d'éxemples bien choifis. Il établit par-tout des principes dont il rend la folidité palpable, & dont il fait une application hardie & fenfée aux monumens les plus refpectés ; s'il louë quelquefois avec un jufte enthoufiafme, il cenfure fouvent avec une équité févère : on voit règner dans tout fon Livre cette liberté impartiale, apanage du vrai génie, fource heureufe du progrès des Arts. En recommandant l'ufage des Colonnes, il avertit de les tenir ifolées autant qu'il eft poffible ; il s'irrite contre l'affectation de les engager dans le mur, lorfque cela n'eft pas abfolument néceffaire ; croit-on, dit-il, » que » le Portail de Saint Gervais ne feroit pas plus parfait, fi les Co- » lonnes de l'Ordre Dorique étoient ifolées, comme celles des Ordres » fupérieurs « ? C'eft pour acquérir le droit de ne rien épargner que l'Auteur commence par ce trait critique, contre un Ouvrage regardé généralement comme un chef-d'œuvre ; après cela on n'eft pas furpris de l'entendre appeler l'Églife des Jéfuites de la ruë Saint Antoine ; *un Ouvrage monftrueux, où on a eu foin de n'oublier aucune des fautes groffières, qu'on peut faire en Architeêture* ; M. de Cordemoy n'avoit guères mieux traité cet Édifice. Notre Auteur condamne abfolument l'ufage des Pilaftres de toute efpèce, fubftitués aux Colonnes. » Convertiffez, » dit-il, en Pilaftres les Colonnes accouplées du Portique du Louvre, » & vous lui ôterez toute fa beauté. Comparez les deux côtés de ce » fuperbe Portique, avec les Pavillons en avant-corps qui le termi- » nent ? Quelle différence « ! Il n'a pas plus d'indulgence pour les Colonnes à boffages ; Philibert de Lorme qui en a rempli le Palais des Thuilleries, n'avoit pas, felon lui, un goût affez épuré ; pour que fa feule autorité doive les faire admettre. Les Ouvrages de cet homme célèbre fe fentent encore du goût dépravé des fiècles antérieurs. Le beau Palais du Luxembourg n'eft pas médiocrement défiguré par ces Colonnes à boffage ; les Colonnes torfes font bien pis encore » J'ad- » mire, dit l'Auteur, les Baldaquins de Saint Pierre de Rome, du » Val-de-Grace & des Invalides ; mais je ne pardonnerai jamais aux » grands hommes qui en ont donné le deffein, d'avoir fait ufage des » Colonnes torfes «. Un défaut qui le révolte encore, eft celui de guinder les Colonnes fur des Piédeftaux ; le Portique de l'Hôtel de Soubife lui paroît infupportable, à caufe de fes affreux Piédeftaux ; fi les Colonnes prenoient depuis le bas, ce feroit un Ouvrage charmant.

L'Entablement doit toujours porter fur ces Colonnes en platte-bande; il ne doit former aucun angle, ni reffaut.

La forme du Fronton doit toujours être triangulaire; les Frontons ceintrés, les Frontons brifés, les Frontons à volutes font autant d'inventions contraires à la nature. Un très-grand défaut eft celui de mettre plufieurs Frontons les uns au-deffus des autres. Un Fronton fuppofe un toît; or on ne mèt point deux toîts l'un fur l'autre. Le Portail de Saint Gervais eft encore dégradé par ce défaut.

L'Auteur enveloppe dans une profcription générale une foule d'ornemens dont le mauvais goût, felon lui, a rendu l'ufage prefque univerfel; fi on lui reproche de faire par-là le Procès aux Artiftes les plus célèbres, l'amour de l'Art, le défir de contribuer à fes progrès lui fervent d'excufe; fi on fe plaint qu'il retranche aux Architectes leurs reffources les plus ordinaires, il répond qu'en leur enlevant ces foibles reffources de l'imagination, il ouvre un champ plus vafte à leur génie & à leur invention. Enfin il n'admèt point de beauté, fi elle n'eft parfaitement conforme aux principes les plus fimples & les plus naturels, fi cette conformité n'eft pas fenfible, fi elle ne peut pas être démontrée; c'eft aux maîtres de l'Art à décider s'il n'étend pas trop loin la rigueur de fes cenfures, & fi fes démonftrations font toujours auffi completes qu'elles font fpécieufes. Tout ce que nous pouvons affurer, c'eft qu'au moins elles ont tout l'éclat de la vérité, & qu'elles portent l'empreinte du goût & du génie.

ARCHITECTURE-PRATIQUE, qui comprend la conftruction générale & particulière des Bâtimens, le Détail, Toifé & devis de chaque partie; fçavoir, Maçonnerie, Charpenterie, Couverture, Menuiferie, Serrurerie, Vitrerie, Plomberie, Peinture d'impreffion, Dorure, Sculpture, Marbrerie, Miroiterie, &c. avec explication de 36 articles de la Coutume de Paris, fur le titre des fervitudes & rapports qui concernent les Bâtimens, & de l'Ordonnance de 1673. Par M. Bullèt, Architecte du Roi, & de l'Académie Royale d'Architècture. *Paris, Hériffant, 1755, in-8°. avec Fig.*

Cette nouvelle Édition a été revûe, corrigée & augmentée confidérablement, fur-tout des détails effentiels à l'ufage actuel du Toifé des Bâtimens, aux Us & Coutumes de Paris, & aux réglemens des Mémoires. Par M. *** Architècte, ancien Infpècteur-Toifeur de Bâtimens.

Cet Ouvrage eft très-utile aux Architèctes & Entrepreneurs, à tous Propriétaires de maifons, & à ceux qui veulent bâtir.

ARCHITECTURE FRANÇOISE; ou Recüeil des Plans, Élévations, Coupes & Profils des Églifes, Maifons Royales, Palais, Hôtels, & Édifices les plus confidérables de Paris; ainfi que des Châteaux, & Maifons de Plaifance fitués aux environs de cette Ville, ou en d'autres endroits de la France, bâtis par les plus célèbres Architèctes, & mefurés éxactement fur les lieux; avec la defcription de ces Édifices, & des Differtations utiles & intéreffantes fur chaque efpèce de Bâtiment. Par Jacques-François Blondel, Profeffeur d'Architècture. *Paris, Jombert, 1754, 3 Vol. in-Fol.*

M. Blondel expofe d'abord fon deffein dans une Préface modefte & judicieufe. Il entreprend de donner l'idée la plus éxacte de l'Architècture Françoife, & il a cru pouvoir compter fur une expérience de trente ans; il n'adopte d'ailleurs que des principes généralement avoués, & il ne revendique même dans fon Livre, que plufieurs obfervations que fon projèt rendoit indifpenfables. Il juftifie fes critiques par les motifs qui les ont infpirés. La cenfure eft inféparable de l'inftruction, & les éloges qu'il prodigue fouvent aux Artiftes, juftifient affez l'impartialité de fes jugemens. Il cherche les caufes des beautés & des vices dans l'Architècture; il développe ces caufes; il rapporte les préceptes établis; il compare les Ouvrages; il cite l'éxemple des Architèctes es plus célèbres; & c'eft ainfi qu'il remplit fon entreprife.

Les Lecteurs trouveront d'abord dans le premier Volume, l'hiftoire abrégée de l'Architècture.

M. Blondel, après cette hiſtoire abrégée, paſſe aux principes généraux de l'Architècture. Il remarque d'abord nos avantages ſur les Anciens dans la diſtribution des parties. Les Romains ne s'appliquoient dans leurs Bâtimens particuliers qu'à les rendre ſalutaires & ſolides; l'intérieur de leurs demeures ne raſſembloit pas ces commodités, que les Architèctes François recherchent aujourd'hui avec tant de ſoin. L'Auteur obſerve que depuis cinquante ans, ils paroiſſent avoir créé un Art nouveau; nos Édifices juſqu'alors, n'offroient aux yeux qu'une Décoration extérieure digne ſans doute de beaucoup d'éloges; mais ils étoient dénués de commodités, & on ſembloit affecter même d'y ſupprimer la lumière. On cherche aujourd'hui le mérite de la diſtribution dans l'arrangement naturel des pièces; on y cherche encore la nobleſſe, la grandeur, la proportion, & les convenances; les appartemens ſont moins vaſtes, mais ils ſont mieux percés, & leur ſymétrie eſt beaucoup plus régulière. Si nous ſurpaſſons les Anciens dans la Diſtribution, M. Blondel avouë que nous devons convenir de leur ſupériorité dans la Décoration extérieure de leurs Édifices. Les fragmens de l'Antiquité que nous connoiſſons nous forçent à cet aveu, & la plus belle Architècture du dernier ſiècle n'eſt reconnuë telle, qu'autant qu'elle approche de ces excellens originaux. La Diſtribution & la Décoration ſont les deux parties les plus importantes dans les Bâtimens; elles ſont portées aujourd'hui l'une & l'autre au plus haut degré de leur perfection; mais l'Auteur reproche à l'Architècture moderne de réunir très-rarement les avantages de ces deux parties; on voit dans nos bâtimens, ou l'ordonnance extérieure ſacrifiée à la Diſtribution avantageuſe des appartemens, ou les rapports des pièces intérieures entièrement négligés pour favoriſer l'élégance des décorations. M. Blondel cherche les ſuccès de l'Architècture dans l'accord de ces deux parties, & il établit à cet égard des règles très-ſimples.

Il réduit les principes généraux de l'Architècture à l'art de réunir la convenance, la proportion, la ſymétrie, l'ordonnance & l'harmonie; l'aſſemblage de ces différentes parties peut ſeul nous conduire au beau. C'eſt par lui que les Grècs & les Romains ſont parvenus juſqu'à l'éxcellence de l'Art; leurs principes, confirmés de ſiècle en ſiècle, ont enfin produit des Loix abſoluës dans l'Architècture. Il eſt vrai que les siècles d'ignorance ont introduit des licences dans l'Art de bâtir, & qu'elles paroissent encore aujourd'hui autoriser les Architectes à n'avoir qu'un goût arbitraire ; mais M. Blondel soutient que ces licences ne subsistent encore, que parce qu'on néglige de comparer les Édifices du même genre. Cette comparaison lui paroît indispensable pour distinguer le médiocre & le bon, le bon & l'éxcellent. Il cherche ensuite quel est le bon goût dans l'Architecture, & il le fixe dans l'ordonnance la plus conforme à la nature, tant dans les masses que dans la liaison des parties. L'ordre & l'harmonie sont le fondement du beau dans tous les genres, d'où l'Auteur conclut qu'un Édifice plaît & aux connoisseurs & au vulgaire, lorsque la similitude de ses parties réduit le tout à une espèce d'unité qui satisfait notre raison. » Il est vrai, » dit-il, que le goût dont je veux parler ici, éxige la connoissance » des principes de la bonne Architecture, mais il n'est pas moins cer- » tain que ces principes étant une fois connus, l'on peut s'écarter des » règles, suivant le genre des Édifices que l'on a à ériger ; lequel de- » mande, suivant l'occasion, plus ou moins d'essor, & dont le mé- » rite capital ne consiste le plus souvent que dans une succession na- » turelle d'idées, dont l'enchaînement est plus aisé à sentir qu'à prononcer «. M. Blondel établit ensuite, que le bon goût consiste à réunir la commodité, la solidité, & la beauté ; & il parcourt les différens caractères de beauté selon l'espèce différente des Édifices. Il donne des préceptes sur la Distribution ; elle doit être le premier objet de l'Architecte, & la Décoration même dépend d'un plan déterminé ; c'est la Distribution qui décide des longueurs, des largeurs, & des hauteurs d'un Édifice. Lorsque l'Artiste néglige la rélation intime de l'extérieur & de l'intérieur d'un Bâtiment, il ne sçauroit plaire aux personnes intelligentes, & elles ne sont frappées que par l'accord des parties avec le tout. M. Blondel suit la distinction établie des appartemens ; il les distingue en appartemens de Société, de parade, & de commodité. Nous ne le suivrons pas dans les règles qu'il établit à leur égard ; elles sont toujours relatives à ses principes. L'Auteur après avoir épuisé les règles sur la Distribution des appartemens, passe aux escaliers ; il éxamine leur situation, leur grandeur, leurs différentes formes, la lumière qu'on doit y ménager, leur décoration & leur construction. Il s'arrête enfuite à la Diſtribution des Jardins, & il établit quatre Maximes fondamentales. La première, de corriger l'irrégularité du terrein par le ſecours de l'art; la ſeconde, d'affecter, autant qu'il eſt poſſible, de prolonger le coup d'œil que forment les enfilades principales d'un Parc; la troiſième, de ne pas mettre toutes les parties à découvert; la quatrième exige enfin, qu'en donnant de la variété aux différentes pièces de verdure, on tâche qu'elles imitent la nature dans ſes productions; imitation, ajoûte M. Blondel, toujours préférable à la contrainte de l'art, & qui dans toutes les occaſions, & chez preſque tous les Peuples, eſt regardée comme le principal objet du jardinage. On reconnoîtra les avantages de cette préférence, par la comparaiſon des Jardins de Marly, de Verſailles, & de Trianon; où l'art paroît contraindre & ſoumettre par-tout la nature: au lieu que la nature ſemble préſider elle-même aux Jardins de Meudon, de Sçeaux, de Chantilli, & de Liancourt; & n'avoir appellé l'art que pour favoriſer la régularité. M. Blondel parcourt ici les différentes parties qui peuvent embellir nos Jardins.

L'ARCHITECTURE DES ANCIENS, développée dans ſes vraies proportions; ou découverte d'une Méthode qui en détermine avec préciſion toutes les diverſités poſſibles; le tout accompagné d'éxemples & de figures au ſimple trait, appliqués aux Ouvrages de Vitruve & de Vignole. Par M. Silvy, Architècte. *Paris, Jombert, 1759.*

Cet Ouvrage, qui a coûté à l'Auteur vingt années de travail & de recherches, conſiſte dans une Méthode qui, par une Opération de calcul très-ſimple, produit, offre même au Lecteur attentif toutes les proportions dont l'Architècture peut faire uſage.

RECUEIL ÉLÉMENTAIRE D'ARCHITECTURE, contenant pluſieurs Études des Ordres d'Architècture d'après l'opinion des Anciens, & le ſentiment des Modernes. Différens Entre-colonnemens propres à l'ordonnance des façades. Divers éxemples de décorations extérieures & intérieures, à l'uſage des Monumens

numens sacrés, publics, particuliers, composé par le Sieur de Neufforge, Architecte & Graveur; approuvé le 5 Septembre 1757, par MM. de l'Académie Royale d'Architecture. *Paris, chez l'Auteur, ruë S. Jacques, au Chariot d'Or, in-Fol.*

Chaque Tome est partagé en un certain nombre de Cahiers, & chaque Cahier, qui représente un Bâtiment entier, comprend un certain nombre de feuilles, dont chacune en représente une partie, selon les différentes grandeurs des Bâtimens.

Le Livre troisième, regarde divers Bâtimens Bourgeois, depuis trois toises de façade, jusqu'à quinze; & chaque feuillet met sous les yeux le plan de chaque étage, & de la distribution des différentes pièces qui composent chaque Bâtiment.

ESSAI SUR LES PONTS ET CHAUSSÉES, la Voyerie, & les Corvées. *Amsterdam, Chastelain, 1759, in-12.*

ÉLÉMENS DE STÉRÉOTOMIE, à l'usage de l'Architecture pour la *Coupe des Pierres*; par M. Frézier, Lieutenant Colonel, Chevalier de l'Ordre Militaire de S. Louis, Directeur des Fortifications de Bretagne. *Paris, Jombert, 1760, in-8°.*

Le mérite du Traité de *Stéréotomie*, ou de la Coupe des pierres & des bois par M. Frézier, est connu de tous ceux qui aspirent à réunir la théorie & la pratique de cet Art. Mais la longueur de cet Ouvrage en 5 Volumes in-4°. le rendoit peu propre au commun de ceux qui pratiquent la Coupe des Pierres. Cette raison a déterminé M. Frézier lui-même à abréger la partie théorique de son Ouvrage, en rapprochant davantage les principes, & en évitant des détails plus satisfaisans quelquefois pour le Géomètre que pour l'Artiste. M. Frézier a parfaitement rempli son objet, & les vûes du Public à cet égard. Ses Élémens, au moyen de la clarté & de la précision qui y règnent, ne peuvent que beaucoup faciliter la théorie de la Coupe des pierres, & la rendre par-là beaucoup plus commune. Quant à la pratique détaillée du trait, ce sera toujours à son grand Traité qu'il faudra recourir; mais elle ne sera plus qu'un jeu pour tous ceux qui auront saisi les principes dévelopés dans cette Introduction.

TRAITÉ ET TARIF GÉNÉRAL DU TOISÉ DES BOIS DE CHARPENTE, quarrés & mi-plats ; en Grume, Cylindrique, Pans, Courbes, & à Sections coniques ; par N. Ginèt, Arpenteur à la Maîtrise des Eaux & Forêts. *Paris, Prault, Vallat-la-Chapelle, Briasson, Delormel, 1760, in-8°.*

Ce Traité est calculé suivant les Us & Coutumes de Paris, & sur les longueurs effectives : avec un Tarif du débitage des mêmes bois, à toise courante ; un autre des fers quarrés & mi-plats, & un dernier pour le prix du cent de bois de charpente, avec plusieurs Devis. Le tout précédé d'une instruction sur les qualités, dénominations, âge & coupe des différens bois.

Ce Volume est terminé par un grand nombre de figures très-bien gravées, qui facilitent l'intelligence du plan détaillé de l'Ouvrage.

TRAITÉ DU TOISÉ, contenant la réduction des Ouvrages de Maçonnerie en toises quarrées, cubes ou solides, les Us & coûtumes de Paris ; un traité du Bois quarré réduit au grand cent. Par M. Thomas de Bleville. *Paris, Hérissant, 1758, in-12.*

Ce Volume est utile aux Ingénieurs, Architectes, Maçons, & même aux Particuliers ; il consiste en Tables de réduction des prix de la toise, du pied & du pouce ; elles sont précédées d'un Avertissement nécessaire pour bien les entendre, & pour se servir de ces Tables suivant les différens usages que l'on veut en faire. On y donne la manière de toiser tous les Ouvrage d'Architecture, de Maçonnerie & de Charpente. Les articles de la Coutume de Paris, concernant les Murs mitoyens, les Fours, les Foyers, les Fourneaux, les Cheminées, les Aisances, les Cloaques, les Puits, &c. On comprend par-là de quelle utilité peut-être cet Ouvrage.

ARCHITECTURE-PRATIQUE, qui comprend la Construction générale & particulière des bâtimens, le Détail, les Toisés & devis de chaque partie ; sçavoir, Maçonnerie, Charpenterie,

SUR L'ARCHITECTURE.

Couverture, Menuiserie, Serrurerie, Vitrerie, Plomberie, Peinture d'impression, Dorure, Sculpture, Marbrerie, Miroiterie, Poëlerie, &c. avec une explication & une conférence des 36 articles de la Coûtume de Paris, sur le titre des servitudes & rapports qui concernent les Bâtimens, & de l'Ordonnance de 1673. Par M. Bullèt, Architecte du Roi, & de l'Académie Royale d'Architecture.

Édition nouvelle, revûë & corrigée avec soin : considérablement augmentée sur-tout des détails essentiels à l'usage actuel du Toisé des bâtimens, aux Us & coûtumes de Paris, aux règlemens des mémoires ; on a joint à cette Édition un tarif & comptes faits de toutes sortes d'Ouvrages en bâtimens, un autre tarif pour connoître le poids du pied de fer, suivant ses différentes grosseurs ; par M***. Architecte, Ancien Inspecteur-Toiseur de Bâtimens : Ouvrage très-utile aux Architectes & Entrepreneurs, à tous Propriétaires de maisons, & à ceux qui veulent bâtir. *Paris, Hérissant, Savoye, Durand, Nyon; Barrois; Veuve Damonneville; Musier; Debure; Didot; Saugrain; Babuty.* 1763, *in*-8°.

Les différentes Éditions qu'on a faites de l'*Architecture-Pratique* de M. Bullet, prouvent assez l'utilité de cet Ouvrage, dans lequel, avec la méthode de toiser les Bâtimens, on trouve celle d'une construction solide & agréable. Mais si dans ces Éditions le mérite de l'Ouvrage s'étoit accru par les additions dont on l'avoit enrichi, on peut dire qu'il est porté dans celle-ci à un degré de perfection, auquel il n'étoit pas encore parvenu. L'Éditeur, à qui le Public est redevable de cette nouvelle Édition, annonce dans le Frontispice des augmentations considérables, avec des corrections faites avec soin ; & il tient parole. L'Ouvrage à certains égards n'étoit ni assez exact, ni assez complèt : il reclamoit encore le secours d'une main habile, qui lui donnât plus de précision, & suppléât à ce qui lui manquoit. C'est ainsi que dans la Géométrie pratique, après les propositions sur les superficies planes, on a ajoûté la Méthode de trouver le diamètre d'un cercle, dont on connoît la corde & la flèche d'un fegment, & même fans cette flèche : de trouver le grand & le petit côté, avec la fuperficie d'un triangle-rectangle, dont la diagonale & le fommèt des deux côtés font connus : de déterminer la perpendiculaire d'un triangle, dont on connoît la bâfe & la fuperficie : d'indiquer en nombre fur la bâfe d'un triangle quelconque, le point où tombe la perpendiculaire abaiffée du fommèt.

M. Bullet n'avoit point parlé du toifé des Fours de Cuifine & d'Office, aux Us & Coutumes de Paris : c'eft à quoi on a fuppléé par un article féparé. La partie de l'Ouvrage qui concerne les Planchers, les Cloifons & Pans de bois, les Lambris, les Lucarnes, les Efcaliers & Perrons, les Chauffes d'aifance, eft éclaircie, complétée, ou réformée dans de bonnes notes placées au bas des pages. L'article des fcellemens eft précédé d'une difcuffion, où l'Auteur montre un abus qui s'eft introduit dans les Bâtimens au préjudice des Entrepreneurs. Il confifte dans le refus qu'on fait de compter les arrachemens des cheminées en plâtres dans les murs neufs ; le fcellement des marches d'efcaliers de Charpenterie en mur neuf, qu'il faut néceffairement fceller après coup. La règle *en mur neuf point de fcellement*, ne s'entend, dit-il, que des bois, fers, ou autres qui ont été, ou ont dû être pofés & fcellés lors de l'élévation des murs ; ou des trous que l'Entrepreneur a dû laiffer pour les fcellemens, à mefure que le mur s'élevoit. Il penfe que tout fcellement fait après-coup en mur neuf, fans avoir été prévu, ou fans qu'on ait pû en prévoir la place, doit être compté & payé par celui qui les a fait faire. Mais c'eft au Charpentier, au Serrurier, ou à celui qui par fon délai a occafionné ces après-coups, & non au Bourgeois à les payer. Cet article & celui des réformés & ravalemens, font enrichis de notes amples & inftructives.

Le Toifé des murs de façe & des différentes efpèces de voûtes, eft accompagné d'additions & d'obfervations très-utiles : celui des murs de rempart & de terraffe a été modifié par des changemens néceffaires ; & pour rendre les nouvelles démonftrations plus faciles, on a deffiné une planche qui repréfente une partie de Baftion avec les développemens de fes différents angles. L'article de la Charpenterie eft préfenté avec des additions confidérables : nous y remarquons en-

SUR L'ARCHITECTURE. 545

&'autres trois Tables, qui ont chacune leur utilité particulière. La première fait connoître *d'un coup d'œil le produit de tel morceau de bois de 6 pieds de long, fur plufieurs groffeurs*; c'eft-à-dire, depuis un jufqu'à 24 pouces de gros. Après avoir donné un précis de la méthode de M. Bélidor; pour connoître le poids que peut porter dans fon milieu une folive mé-platte, pofée de chan horifontalement, & engagée entre deux murs, l'inftant avant que de fe rompre. On préfente une Table qui *fait voit la pefanteur des bois de différentes groffeurs fur des longueurs en progreffion de 3 pieds en 3 pieds: les quarrés des pièces & de leurs méplats; enfin les poids qu'elles peuvent fupporter dans leur milieu, l'inftant avant que de fe rompre.* Les pefanteurs y font calculées à raifon de 60 livres le pied cube de bois, & l'on avertit que les bois dont il s'agit ici, font de chêne & de la meilleure qualité; c'eft-à-dire, qui ont crû fur un terrein arride, fablonneux & pierreux.

L'ufage des Débitans dans les Forêts eft d'équarrir les bois le plus qu'ils peuvent, parce que cet équarriffement leur produit davantage que les méplats: il étoit donc à propos d'inftruire ceux qui font débiter des bois pour leur ufage; de leur indiquer une méthode certaine & avantageufe pour faire des bois méplats. Une raifon d'œconomie doit les engager à la mettre en pratique: dans le bois méplat il entre moins de matière, & il porte un plus grand poids, pofé de chan. On le prouve par la comparaifon d'une folive de 12 pieds de long, fur 6 pouces de gros en tout fens, avec une autre de même longueur fur 5 & 7 pouces. La première pèfe 5 livres de plus que la feconde, & porte 2175 livres de plus. Il eft donc de l'intérêt du Particulier de fe ménager cet avantage dans l'équarriffement du bois. Pour cela, il faut que le quarré du plus grand côté foit double, ou à peu près, du quarré du petit côté: ainfi dans un arbre dont on pourroit tirer un quarré de 12 pouces, on en tirera un méplat de 10 & 14 pouces; qui pofé de chan fera d'un fervice bien fupérieur au gros de 12 pouces de largeur & d'épaiffeur: d'ailleurs en débitant à la coignée les petits côtés de ce méplat, on lève à la fcie deux doffes, dont on peut encore tirer deux membrures de chacune 6 pouces fur 3 pouces, & 4 chevrons de 2 & 3 pouces. On avertit, qu'il eft bon de prendre un des grands côtés à la partie de l'arbre expofé au Nord; ce qui fe connoît aifément fur la coupe horifontale, où les contextures des cercles font les plus ferrées. Maintenant pour trouver le côté, dont le quarré eft double, du quarré de l'autre côté, on partage le diamètre d'un cercle, qui repréfente celui du gros de l'arbre, en 3 parties égales, & aux points de divifion, on élève & abaiffe deux perpendiculaires jufqu'à la circonférence, où les deux points qu'elles déterminent, avec les deux extrêmités qu'elles déterminent, donnent le méplat qu'on cherche. Il faut chercher la groffeur de l'arbre vers le milieu de fa hauteur, déduction faite de l'écorce, obfervant que l'aubier ne foit point confervé dans le débit. C'eft fur ces principes qu'eft conftruite la *Table Œconomique*, pour le débit des bois de charpente dans les Forêts. On y voit ce que les différens pourtours d'un arbre à un pouce, & à un pouce & demi d'écorce, peuvent produire ; foit en quarrés, foit en méplats réguliers dans la raifon de 5 à 7, foit en méplats modifiés & réduits, ayant mêmes pourtours que leurs quarrés. On y apprendra, par exemple ; qu'un arbre, ayant 98 pouces de pourtour, avec un pouce & demi d'écorce, peut fournir un quarré de 20 pouces, ou un méplat de 17 & de 23 pouces.

Le Toifé des couvertures eft aufli accompagné de quelques additions utiles aux Entrepreneurs, & fur-tout aux Particuliers ; parce qu'on leur préfente un état de la dépenfe, & une eftimation des Ouvrages en ce genre. On traite enfuite du carreau de terre-cuite, & des poëles de terre-cuite fayancée, aujourd'hui fort communs. On entre dans le détail de leurs différentes grandeurs, & de leur prix. Les fupplémens qui fuivent, regardent la Menuiferie, la Ferrure, la Groffe-Fonte ou fèr fondu, la Plomberie, la Vitrerie, la Miroiterie, la Peinture d'impreffion, la Dorure, la Sculpture, la Marbrerie, les Lieux à l'Angloife, le Pavé de grais, & la garantie des Édifices tant publics que particuliers. Nous ne pouvons qu'indiquer tous ces objèts, & nous borner à dire qu'on trouvera fur chacun d'eux des inftructions & des obfervations, qui méritent d'être lûës & pratiquées.

Les trente-fix articles de la Coutume font fuivis chacun d'une *conférence*, ou de la comparaifon des autres Coutumes avec celle de Paris : de forte qu'un coup-d'œil fuffit, pour voir en quoi elles s'accordent, & en quoi elles diffèrent.

SUR L'ARCHITECTURE.

A la suite des Devis des différens Ouvrages qui entrent dans la conſ-truction d'un Bâtiment; on a inféré un *Tarif & Comptes faits de toutes eſpèces d'Ouvrages en Bâtimens, qui ſe meſurent à la toiſe quarrée, à com-mençer à un quart de pied juſqu'à 18 pieds, qui eſt la demi-toiſe; depuis un ſol la toiſe juſqu'à deux cens livres;* & cela pour la commodité de ceux qui ont des Mémoires à régler. Ce Tarif eſt ſuivi d'un autre, qui montre ce que peut peſer le pied de fer, ſuivant ſes différentes épaiſ-ſeurs & largeurs, depuis une ligne juſqu'à 4 pouces; & qui par ce moyen peut abréger le travail de ceux qui ont à toiſer des Ouvrages de Ferrure.

Le détail dans lequel nous venons d'entrer, juſtifie le ſoin qu'on a pris pour porter cette Édition à un dégré de perfection & d'utilité, dont les Éditions précédentes ſont un peu éloignées. Nous nous per-mettons néanmoins une remarque, que nous hazardons ſeulement comme un doute incapable de rabaiſſer le mérite de l'Ouvrage. Comme un Traité n'eſt pas pour les ſeuls Artiſtes, mais qu'il eſt encore deſ-tiné à l'uſage des Particuliers qui forment le projet de conſtruire des Bâtimens, n'eût-il pas été à propos de commençer par leur donner une définition courte, claire, & préciſe des différens termes uſités en cette matière? Ce n'eſt pas qu'à cet égard la Table qui termine l'Ou-vrage ne puiſſe être d'un grand ſecours; mais outre que tous les ter-mes dont on pourroit déſirer l'explication, n'y ſont pas marqués; il n'eſt pas fort commode pour les Lecteurs embarraſſés de recourir fré-quemment à la Table, pour ſçavoir dans quel endroit du Livre ils trouveront l'interprétation dont ils ont beſoin. Ils n'auroient pas à ſe plaindre, ſi dans le cours de leur lecture, l'explication du terme qu'ils ignorent, avoit précédé ou accompagné l'uſage & l'emploi qu'on en fait. Mais le mot ignoré paroîtra bien des fois à leurs yeux, avant qu'ils tombent ſur l'endroit qui leur en développe le ſens. Ce n'eſt, par exemple, qu'à la page 124 que le terme *Gobetage* eſt expliqué; quoi-qu'il eût déja employé cette expreſſion pluſieurs fois auparavant.

DESCRIPTION de l'Égliſe Royale des Invalides. *Paris, Jacques Quillau, 1706, in-Fol.*

M. Félibien, de l'Académie Royale des Inſcriptions & Médailles, étoit Hiſtoriographe des Bâtimens de Sa Majeſté ; il entreprend dans ce Livre de faire une deſcription complette de ce Temple Auguſte, l'un des plus beaux monumens que l'on verra jamais de la grandeur & de la piété de Louis XIV. Le Livre eſt partagé en douze Chapitres, à la tête deſquels l'Auteur, dans une eſpèce de Préface, parle de la Fondation des Invalides ; pour la ſubſiſtance de dix mille Officiers ou Soldats, que leur grand âge ou leurs bleſſures, mettent hors d'état de ſoutenir les fatigues de la guerre. L'Égliſe dont il s'agit ici, eſt conſacrée à la Trinité, ſous l'invocation de la Sainte Vierge, & ſous le titre de Saint Louis Roi de France. M. Manſart, Surintendant & Ordonnateur général des Bâtimens, Arts & Manufactures du Roi, en a donné le deſſein, & ordonné l'éxécution. En voici le plan général. Toute l'Égliſe a quatre cens vingt pieds de longueur. La partie la plus conſidérable, & qu'on appelle la nouvelle Égliſe, contient dans un quarré parfait un Dôme très-ſpacieux, ſitué au milieu de quatre Chapelles rondes, ſéparées les unes des autres par une Croix Grècque. Le Sanctuaire eſt en ovale, & ſert à unir enſemble la nouvelle Égliſe & l'ancienne ; dont la largeur hors d'œuvre eſt de quatre-vingt pieds, & la longueur environ de deux cens. Le grand Autel a deux Tables ſacrées, dont la plus baſſe regarde le Chœur des Invalides au Septentrion, & la plus haute regarde le Midy.

L'Architècture & les ornemens du dehors ſont magnifiques. La principale Façe a dans le milieu deux différens Ordres ; ſçavoir le Dorique & le Corinthien, il paroît beaucoup d'entente dans les ornemens des Colonnes & des Pilaſtres Doriques, & toute la pureté qu'éxige cet Ordre, eſt admirablement bien conſervée. Des deux Statuës qui ſe préſentent aux yeux, l'une eſt Saint Louis, l'autre Charlemagne. Les Colonnes Corinthiennes ſont accompagnées des autres Statuës, qui repréſentent la Juſtice, la Tempérance, la Prudence, & la Force. On en voit auſſi quatre aux côtés du Fronton, la Conſtance, la Magnanimité. On découvre du haut de l'Attique ſur la Baluſtrade, quatre grouppes, chacun de deux Figures. Ce ſont les quatre Docteurs de l'Égliſe Latine, & les quatre de l'Égliſe Grècque : Saint Auguſtin, S. Ambroiſe, S. Jérôme, & S. Grégoire ; S. Baſile, S. Jean Chryſoſtôme, S. Grégoire de Naziance, & S. Athanaſe.

M. Félibien

SUR L'ARCHITECTURE. 549

M. Félibien fait une description éxacte du Dôme, l'un des plus superbes Édifices qui soient en Europe. Mais il est aussi peu possible de rapporter ici tout ce qu'il en dit, que de l'abréger. On y voit entre autre chose seize grandes Statuës, qui sont les douze Apôtres, & avec eux Saint Paul, Saint Barnabé, Saint Jean-Baptiste, & un ancien Prophète.

Il vient ensuite à l'Architecture & à la Sculpture du dedans. Tout est expliqué avec une parfaite intelligence. L'Autel, dont on ne voit à présent que le modèle, doit être tout de marbre, & enrichi de bronze. Dans le Sanctuaire deux figures de femmes en bas-relief, sont assises sur les bandeaux de chaque fenêtre basse. Du côté de l'Occident, c'est la Charité, & la Libéralité; de l'autre côté, la Foi, & l'espérance. Dans la Chapelle de la Vierge, la Prudence, & la Tempérance; & dans celle de Sainte Thérèse, la Force, & la Justice. La plus grande partie des morceaux de Sculpture expriment des endroits de l'Histoire de France, & principalement les grandes actions qui ont consacré la mémoire de S. Louis. Ici il reçoit la bénédiction du Pape avant le voyage d'outre-mer; là il reçoit l'Extrême-Onction. Dans une autre endroit, il combat devant Damiète; ailleurs il est occupé à fonder des Hôpitaux, & à signaler sa charité envers les Pauvres, ou son zèle pour la propagation de la Foi. On le voit aussi portant en procession la Couronne d'Épines, & d'autres Reliques qui ont donné lieu à la construction de la Sainte-Chapelle de Paris, dont elles sont le plus précieux trésor. On y a aussi placé des groupes d'Anges. Les uns apportent du Ciel l'Écu de France, les autres la Sainte Ampoule, l'Oriflamme, une Épée, un Casque, & un corps de Cuirasse. Tout y ressent la grandeur du Royaume. Douze de ses plus fameux Rois, sont en autant de médailles: Clovis I., Dagobert, Childebert II., Charlemagne, Louis le Débonnaire, Charles le Chauve, Philippe-Auguste, S. Louis, Louis XII, Henri IV, Louis XIII & Louis le Grand. La voûte du grand Sanctuaire est peinte, ou couverte de dorure. Nous ne ferons ici qu'en indiquer les tableaux, dont M. Félibien donne l'explication en détail, & d'une manière très-sçavante. Le premier représente la Sainte Trinité, de la façon qu'il est permis & usité de la représenter: le second est une Assomption, ou plûtôt la réception de la Sainte Vierge dans le Ciel.

Les peintures du Dôme viennent ensuite ; elles sont différentes du projèt dont l'Auteur en avoit exposé le plan dans sa première Description. Une gloire remplit la Coupe ou la partie supérieure de la voûte ; cette grande composition occupe plus de cinquante pieds de diamètre, qui font à-peu-près cent cinquante pieds de circonférence. On y voit entre tous les objets la personne de Saint Louis accompagné d'Anges, & avec tout l'appareil que l'art du Peintre a pû imaginer pour le faire reconnoître. La voûte inférieure du Dôme est un très-beau & très-riche spectacle. On y a placé les douze Apôtres peints avec une variété infinie, aussi-bien que les Anges qui les environnent; ils ont, dans des attitudes particulières, des expressions très-convenables, qui font un fort bel effet par rapport au tout-ensemble.

Des cartouches triangulaires où sont peints les quatre Évangélistes, occupent les pendentifs au-dessus des Tribunes. » Il n'y a personne, »' dit l'Auteur, qui ne se sente ravi hors de soi, en regardant à la fois » toutes les Peintures que nous venons de décrire «.

Chacune des quatre Chapelles a trois Statuës. Dans l'une, on voit Saint Grégoire, Sainte Sylvie sa mère, & Sainte Émiliane sa tante. Dans une autre, Saint Ambroise, Saint Satyre son frère, & Sainte Marcelline sa sœur. Dans la troisième, Saint Augustin, Saint Alipe, & Sainte Monique. Dans la quatrième, Saint Jérôme, Sainte Paule, & Sainte Eustochie sa fille.

Venons aux Peintures des Chapelles. Elles ont chacune six Tableaux. Le premier des six qui composent celle de S. Grégoire, représente le Saint lorsqu'après avoir fondé divers Monastères, il vendit le reste de son bien, dont il distribue le prix aux Pauvres. Dans le second, Eutychius convaincu par S. Grégoire, condamne ses erreurs, & brûle lui-même le Livre qu'il avoit écrit pour les soutenir. Le troisième est l'Éxaltation de Saint Grégoire au Pontificat. Une apparition miraculeuse d'un Ange à S. Grégoire est le sujet du quatrième. Ce fut à l'occasion d'une aumône considérable que le Saint avoit faite à un Pauvre, à qui après avoir donné trois fois de suite des marques de sa charité, la quatrième fois il lui donna un vase d'argent très-riche. » On doit, dit » M. Félibien, considérer ce Tableau comme un des plus beaux par » l'excellence du pinçeau, & par la composition du sujet «. Le cinquième est une Apparition de Notre-Seigneur à S. Grégoire : & le sixième, la Translation de ses Reliques. L'enlèvement du Saint dans le séjour des Bienheureux, est dans cette Chapelle-ci comme dans les suivantes ; ce qu'on a peint pour en orner la Coupe.

L'Auteur en décrivant les Tableaux qu'on voit dans la Chapelle de S. Ambroise, a suivi l'ordre chronologique pour rapporter les faits qui font la matière des Tableaux, quoique le Peintre ne se soit pas assujetti à le suivre ; n'ayant songé qu'à poser ses Tableaux dans leur véritable jour. On y voit de quelle manière Saint Ambroise fut élu Évêque de Milan ; un enfant, comme par miracle, l'ayant nommé tout haut. On voit ensuite comme il excommunia l'Empereur Théodose ; comment il dispute contre un Arrien : comment par une révélation divine faite à Saint Ambroise, on découvrit les Reliques de Saint Nazaire. Dans le cinquième Tableau, il chasse le Démon du corps d'un Énergumène. Et dans le sixième, le Saint est peint au lit de la mort. La Coupe le fait voir porté au Ciel par les Anges.

La Chapelle de Saint Augustin. Le moment où se convertit Saint Augustin, & ce mot fameux : *tolle, lege*, sont le sujèt du premier Tableau. Son Baptême, sa prédication devant l'Évêque Valère, & son Sacre, font les trois autres. Le cinquième est la conférence de Carthage, où Saint Augustin confondit les Évêques Donatistes. Le dernier, est le miracle que fit le Saint, en guérissant un jeune homme qui étoit sur le point d'expirer. Dans la Coupe, on l'a peint montant au Ciel sur des nuages, & porté par des Anges.

Dans la Chapelle de Saint Jérôme, on le voit d'abord qu'il n'est encore que Cathécumène, occupé à visiter les corps des Saints Martyrs, & des premiers Chrétiens dans les Catacombes, aux environs de Rome : On voit ensuite dans deux Tableaux différents, la cérémonie de son Baptême, & son Ordination au Sacerdoce. La punition qu'il crut recevoir du Ciel pour son attachement à la lecture des Livres profanes & ses occupations dans sa grotte, remplissent le quatrième & le cinquième Tableau ; sa mort remplit le sixième. La Coupe de la Chapelle, le montre porté au Ciel.

Le reste de ce Livre fait connoître en détail ce qui regarde les fondemens, les degrés pour aller aux Tribunes, l'art qu'on a employé pour ménager l'écoulement des eaux, &c. mais ce qu'il y a de plus remarquable, c'est le pavé tout de marbre de divers couleurs, & ajusté avec tant de proportion & de régularité dans le deffein, qu'après avoir confidéré à loifir toute l'Églife, & s'être raffaffié les yeux d'un fi beau fpectacle; on peut encore les arrêter à terre avec un très-grand plaifir.

ARCHITECTURE FRANÇOISE, ou defcription des Maifons Royales & des plus beaux Édifices de Paris, avec des Differtations Hiftoriques & Critiques fur chacun de ces Monumens; par M. Blondel, de l'Académie d'Architecture, in-Fol. grand papier, enrichis d'un très-grand nombre de Planches.

ARCHITECTURE MODERNE, ou l'Art de bien bâtir pour toutes fortes de perfonnes; où il eft traité de la Conftruction des Efcaliers, des Devis, Du Toifé, des Us & Coûtumes, & de la Diftribution : Nouvelle Édition totalement changée & augmentée, par Charles-Antoine Jombert, en deux Vol. in-4°. grand papier, enrichis de plus de 150 Planches, 1764.

DE LA DÉCORATION EXTÉRIEURE ET INTÉRIEURE des Édifices modernes, & de la Diftribution des Maifons de Plaifance. Par M. J. Fr. Blondel, Architecte du Roi, 2 Vol. in-4°. grand papier, avec 150 Planches.

COURS D'ARCHITECTURE, qui comprend les Ordres de Vignole, avec un Commentaire, & des Inftructions & préceptes fur ce qui regarde l'Art de bâtir. Nouvelle Édition, enrichie de quantité d'Exemples & de Deffeins de toutes les parties de l'Architecture. Par le Sieur Daviler, in-4°. grand papier, avec plus de 200 Planches.

DICTIONNAIRE D'ARCHITECTURE CIVILE ET HYDRAULIQUE, où l'on explique les termes de l'Art de bâtir, & de fes différentes parties, comme la Décoration extérieure & intérieure des Édifices, le Jardinage, la Menuiferie, la Charpenterie, la Serrurerie, la Conftruction des Éclufes & des Canaux, &c. Par Auguftin-Charles Daviler, Nouvelle Édition confidérablement augmentée, in-4°. grand papier.

BIBLIOTHÈQUE PORTATIVE d'*Architecture Élémentaire*, à l'ufage des Artiftes; par Charles-Antoine Jombert, divifée en 6 Tomes in-8°.

1°. Règles des cinq Ordres d'*Architecture*, par Jacques Barozzio de Vignole, augmentées de plufieurs Remarques & Éclairciffemens, avec 67 Planches, in-8°. grand papier.

2°. *Architecture* de Palladio, où il eft traité des cinq Ordres, de la manière de bien bâtir, & de la Conftruction des Chemins & des Ponts; avec 75 Planches.

3°. Œuvres d'*Architecture* de Vincent Scamozzi, contenant les cinq Ordres fuivant cet Auteur, & une grande partie des Bâtimens de fon invention; avec 82 Planches.

4°. Parallèle des principaux Auteurs qui ont écrit fur l'Architecture, par M. de Chambray. On y a joint des piédeftaux pour chaque Ordre, & les proportions des cinq Ordres, fuivant MM. Perrault & Evrard; avec environ 70 Planches.

5°. *Élémens Généraux* de l'Architecture, de la Peinture & de la Sculpture; des Arts & Métiers qui en dépendent, avec la defcription & la repréfentation des principaux Outils & Machines néceffaires dans chaque profeffion; avec environ 72 Planches.

6°. Manuel des *Artiftes*, ou Dictionnaire abrégé des termes propres à l'Architecture, Peinture, Sculpture, &c. ainfi qu'aux Arts qui y ont rapport, in-8°.

MANIÈRE DE BATIR pour toutes fortes de perfonnes. Par M. le Muèt, in-Fol. Fig.

MANIÈRE DE DESSINER les cinq Ordres d'Architecture, & les parties qui en dépendent, fuivant l'Antique; par Abraham Boffe, *in-Fol.* en plus de 100 Planches.

ŒUVRES D'ARCHITECTURE d'Antoine le *Pautre*, Architecte du Roi, contenant la Defcription de plufieurs Châteaux,

Églises, Portes de Ville, Fontaines, &c. de l'invention de l'Auteur, *in-Fol.* avec 60 Planches:

L'ART DE LA CHARPENTERIE, de Mathurin Jouffe. Nouvelle Édition corrigée & augmentée de ce qu'il y a de plus curieux dans cet Art, & des Machines néceffaires à un Charpentier. Par M. de la Hire, *in-Fol.* 1751.

TRAITÉ DE CHARPENTERIE & du Bois de toutes efpèces, avec un Tarif Général des Bois de toutes fortes de longueurs & groffeurs, dans un goût nouveau; avec un Dictionnaire des termes de Charpenterie. Par M. Méfange, en 2 Volumes in-8°. avec Fig. 1753.

NOUVEAU TARIF DU TOISÉ de la Maçonnerie, tant fuperficiel que folide; où l'on trouve les Calculs tout faits fans mettre la main à la plume: avec le Toifé des Bâtimens fuivant la Coûtume de Paris; & le Toifé à bout-avant. in-8°. 1746.

DÉTAILS DES OUVRAGES DE MENUISERIE pour les Bâtimens, où l'on trouve les différens prix de chaque efpèce d'Ouvrage, avec les Tarifs néceffaires pour le Calcul de leur toifé. Par M. Potain, in-8°. 1749.

ŒUVRES D'ARCHITECTURE de Jean Marot, appellé le *Grand Marot*; contenant les Plans, Élévations, Coupes & Vûës, Perfpectives des plus beaux Édifices de fon tems, *in-Fol.* grand papier, avec 260 Planches.

LE PETIT MAROT, ou Recüeil de Morçeaux d'Architecture deffinés & gravés par *Jean Marot*; contenant les Plans & Élévations des divers anciens Édifices de Paris, plufieurs petits Temples dans le goût antique, de fa compofition; l'Ancienne Sépulture des Valois à Saint-Denis, & diverfes fuites de Tombeaux, Épitaphes, Chapelles, retables d'Autels, Tabernacles, Portes Cochères, & autres; in-4°. grand papier, avec 222 Planches, 1764.

SUR L'ARCHITECTURE.

Les Délices de Paris, & de fes environs; ou Recüeil de vûës, perfpectives des anciens Monumens de Paris, & des Maifons de Plaifance fituées aux environs de cette Ville, en 210 Pl. deffinées & gravées par *Perelle*, *in-Fol*. gr. pap.

Les Délices de Versailles, & des Maifons Royales; ou Recüeil de Vûë, Perfpectives des plus beaux endroits des Châteaux, Parcs, Jardins, Fontaines & Bofquèts de Verfailles; la Ménagerie, Trianon, Marly, Meudon, Saint-Cloud, Fontainebleau, Chantilly, Sçeaux, Maifons, &c. On y a joint les Vûës les plus remarquables de Rome, & de fes environs; in-Fol. grand papier, avec 220 Planches deffinées & gravées par *Perelle*, *Sylveftre*, *Marot*, &c. *1764*.

Œuvres d'Architecture de Jean le *Pautre*, contenant des Deffeins d'ornemens de toute efpèce, & divers exemples des différentes parties de l'Architecture qui font fufceptibles de décoration; en 3 Vol. *in-Fol*. petit format, contient 782 Planc.

Répertoire des Artiftes, ou Recüeil de différentes Compofitions d'Architecture, & d'Ornemens Antiques & Modernes de toute efpèce qui ont rapport aux Arts; par divers Auteurs, dont les principaux font, Marot, Loire, le Pautre, Androuët du Cerceau, Cottart, Pierretz, Cotelle, le Roux, Berain, &c. 2 Vol. *in-Fol*. petit format, contient 686 Planches, *1764*.

Plans, Élévations, & Profils du Temple & des Palais de Salomon. Par M. Mallet, Conful à Smyrne; en 22 Planches, avec des Figures de Sebaftien *Le Clerc*.

Architecture Hydraulique. Première partie, qui contient l'Art de conduire, d'élever & de ménager les Eaux, pour les différens befoins de la Vie; en 2 Vol. in-4°. grand papier, avec 100 Planches.

Architecture Hydraulique. Seconde partie, qui comprend l'Art de diriger les Eaux de la Mer & des Rivières, à l'avantage de la Défense des Places, du Commerce & de l'Agriculture ; en 2 Vol. in-4°. grand papier, enrichis de 120 Planches.

OBSERVATIONS SUR L'ARCHITECTURE. Par M. l'Abbé Laugier, des Académies d'Angers, de Marseille & de Lyon. Se trouve à Paris, chez *Saillant, Libraire,* rue Saint Jean de Beauvais, 1765, *in-12.*

Tout n'est pas dit sur l'Architecture. Il reste un vaste champ aux recherches des gens de l'Art, aux découvertes des hommes de génie. Il a fallu beaucoup de tems, pour qu'un raisonnement juste écartât de cette belle invention les désordres & les irrégularités d'une imagination licencieuse.

Les Égyptiens ont esquissé l'Architecture pesamment, les Grecs l'ont dessinée avec beaucoup de grace, les Romains l'ont exécutée avec force & majesté. Les premiers ont étonné par la grandeur des masses, & leurs formes ont été sans agrément. Les seconds ont brillé par la pureté des contours, & ont inventé les plus belles formes. Les derniers, simples imitateurs des précédens, n'ont fait que profiter de leurs inventions, & les adapter à leurs usages. Le Génie avoit atteint la perfection de fort près sous le Règne d'Alexandre ; l'imitation avoit mis la copie presqu'à l'égalité du modèle sous le Règne d'Auguste. On trouve pourtant dans les Monumens les plus beaux de ces temps fameux, des preuves que l'Art n'avoit point été suffisamment assujetti à l'empire de la raison & du goût.

Ceux qui inventent ont trop de difficultés à vaincre, pour qu'il ne leur échappe ni imperfection, ni défaut. Ceux qui ne font qu'imiter prennent le bon & le mauvais du modèle ; sans se douter qu'il soit dans le cas d'être rectifié, croyant au contraire que tout est justifié par l'autorité de l'éxemple. Voilà pourquoi les Grecs & les Romains ne nous ont pas transmis une *Architecture* sans tache. Il auroit fallu qu'après eux, de nouveaux progrès attirant un raisonnement plus juste, eussent éclairé leurs défauts, introduit la critique dans l'observation de leurs ouvrages ; & empêché que leur célébrité ne donnât lieu à l'erreur d'usurper le crédit des Règles.

Il arriva

Il arriva une révolution toute contraire. Comme c'est le sort de tous les imitateurs de demeurer au-dessous de leur modèle, lorsqu'ils ne voyent pas au-delà ; comme en toutes choses l'éxécution ne va jamais aussi loin de marcher en avant vers la perfection, ils firent plusieurs pas en arrière ; & la décadence étant toujours bien plus rapide que le progrès, l'*Architecture* avoit déja beaucoup dégénéré sous Constantin, Fondateur à Rome des Basiliques du Sauveur & de S. Pierre : elle n'étoit presque plus reconnoissable sous Justinien, qui fit bâtir Sainte Sophie à Constantinople : elle devint tout-à-fait barbare dans les Siècles suivants.

Sous Charlemagne, il n'étoit plus question ni de choix dans les formes, ni d'éxactitude dans les proportions, ni de pureté dans les ornemens. Tout étoit sauvage & abatardi. Trois Siècles après, il se fit un effort général pour sortir de cet état d'ignorance & de grossièreté. On n'avoit pratiqué jusques-là qu'une manière lourde, dont on voit encore le mauvais effet dans nos plus anciennes Églises. On passa tout-à-coup à l'extrêmité opposée. On n'employa dans l'Art de bâtir que le ton le plus léger, la manière la plus svelte, la hardiesse la plus intrépide. Ce furent des Édifices artistement percés à jour, des murs en découpure, en filigrane, où tout est d'une solidité incompréhensible.

Cette singulière *Architecture* supposoit un oubli total des anciens Ordres Grècs. C'étoit un Système tout différent, un Caractère tout opposé. La seule fantaisie de l'Architecte déterminoit les formes, les proportions & les ornemens. Pour faire mieux que les autres, il ne falloit qu'enchérir sur leur hardiesse, & chamarrer l'ouvrage un peu plus.

Enfin une révolution inespérée fit renaître l'*Architecture Antique*. Les ruines de l'Ancienne Rome en avoient heureusement conservé les traces. On les éxamina, on en approfondit les rapports, on trouva ce Système préférable à tout autre. Cette découverte coincida avec le projet de rebâtir la Basilique de Saint Pierre du Vatican. Les Bramantes, les Perugin, les Sangalle, les Raphaël, les Michel-Ange employèrent toute la force de leur génie à égaler dans la construction de cet Édifice les merveilles de l'Antiquité. Leur éxemple excita l'émulation, & leur succès fit loi. La France reçut de l'Italie ce nouveau Code d'*Architecture*, & toutes les autres Nations l'adoptèrent après elle.

La révolution fut assés prompte, malgré les préjugés à vaincre, &

les obstacles à surmonter: tant le vrai Beau a d'empire sur nos sens!
Mais en restaurant ainsi l'*Architecture Grècque*, il a fallu deux Siècles de tentatives & d'essais, avant de parvenir à la remonter au point où elle étoit anciennement. La France a eu la gloire de produire le premier morçeau qui pût soutenir le parallèle avec les Monumens antiques les plus célèbres ; c'est la Colonnade du Louvre. Ce bel Art déja perdu en Italie, & qui par-tout ailleurs a fait jusqu'à présent peu de progrès, s'est maintenu, a même beaucoup gagné en France ; & nous pouvons nous flatter d'en être aujourd'hui au moins, où l'on en étoit à Rome du temps de Vitruve.

C'est donc à nous de faire présentement ce qui auroit dû être fait après lui. Jugeons sévèrement les bons Ouvrages de nos Artistes. Ne leur passons aucun défaut. Éxigeons qu'ils nous rendent raison des formes, des proportions, des ornemens; ou plutôt tâchons de leur applanir les difficultés de la Théorie. Joignons nos réfléxions à leur expérience, afin que l'espace qui est entre nous & la perfection, soit parcouru plus aisément & plutôt.

C'est ainsi que s'éxprime excellemment bien M. l'*Abbé Laugier*, dans l'Avertissement de son Ouvrage. Telles sont les Observations qu'il donne au Public. Il y traite d'un grand nombre de choses qui concernent l'*Architecture*, & sur lesquelles peut-être on n'a pas eu jusqu'à présent des idées assés précises. Ce Livre est impayable, on le lit avec bien du plaisir ; l'Édition en est déja épuisée, je présume qu'on travaille à une seconde.

FIN DES AUTEURS SUR L'ARCHITECTURE.

TABLE
DES MATIÈRES

DU SECOND VOLUME : PARTIE PREMIÈRE.

A.

Abattement de l'âme, 90.
Abréviation sur la Division, 231.
Achéron, 151.
Acrotères, sont de petits piédestaux, le plus souvent sans base, 345.
Acquéducs, 405.
Addition de Fractions, 197.
Addition, première règle d'Arithmétique, 196.
Aëllo, l'une des trois Harpies, 182.
Alecton, l'une des trois Furies, 173.
Allégorie de l'enlèvement de Proserpine, 134.
Alphabet du grand Livre, 296.
Alphabet de Lettres capitales pour l'Écriture, 282. bis.
Altération de la Santé, 70.
Amour de l'Esprit, 26.
Amour de la Gloire, 120.
Amour des Hommes, c'est la Bénignité, 98.
Amour des Plaisirs, 120.
Amour propre, 120.

Amour propre & Tempérament, source des passions, 39.
Amphithéâtre, 403.
Amour des Richesses, 120.
Amour de la Sagesse, 16.
An, 261.
Ancien monument des visages de Méduse, 180.
Ancre de fer, 393.
Anti-chambre, 413.
Appareilleur, 430.
Pour rendre les *Appartemens* commodes, 448.
Apathie, 109.
Arc d'Auguste, 348.
Arc de Camille, 347.
Arc de Claude, 348.
Arc de Cloître, ou à Ogives, 349.
Arc de Constantin, 348.
Arc de Domitien, 348.
Arc de Drusus, 348.
Arc de Fabius, 347.
Arc de Gallien, 348.
Arc de Germanicus, 348.
Arc de Gordien, 348.
Arc de Marc-Aurele, 348.
Arc de Néron, 348.

B b b b ij

TABLE DES MATIÈRES.

Arc d'Octavius, 348.
Arc de Romulus, 347.
Arc de Scipion l'Africain, 347.
Arc de Septimus Séverus, 348.
Arc de Tibère, 348.
Arc de Tite, 348.
Arc de Trajan, 348.
Arcs Triomphaux, 346.
Arc de Triomphe, 346.
Architecture des Anciens, par M. Silvy, Architecte, 540.
Architecture d'André Palladio, traduite en françois, 493.
Architecture de Jacques Androuët du Cerçeau, 493.
Achitecture, & l'Art de bien bâtir; du Seigneur Léon-Baptiste Albert, 493.
Architectura Civil recta y obliqua, par Dom Juan Caramüel, 501.
Architecture Composite, 401.
Architecture Corinthienne, 401.
Architecture Dorique, 400.
Architecture Françoise des Bâtimens particuliers, 496.
Architecture Françoise, par Jacques-François Blondel, Professeur d'Architecture, 537.
Architecture Françoise, par M. Blondel, 552.
Architecture Historique, par M. Fischers, 520.
Architecture Hydraulique, 555.
Architecture Hydraulique, par M. Bélidor, 530.
Architecture Ionique, 400.
Architecture Militaire, 401.
Architecture moderne, par Charles-Antoine Jombert, 552.
Architecture Moderne, ou l'Art de bien bâtir pour toutes sortes de personnes, 520.
Architecture Navale, 414.
Architecture, Poëme. Par le P. Jean-Marie Borelly, de la Compagnie de Jesus, 526.
Architecture Pratique, par M. Bullet, Architecte du Roi, & de l'Académie Royale d'Architecture, 536.
Architecture Pratique, par M. Bullet, Architecte du Roi, & de l'Académie Royale des Sciences, 506.
Architecture Pratique, par M. Bullet, 542.
Architecture Privée, 405.
Architecture Profane, 402.
Architecture Publique, 405.
Architecture Rustique, 400.
Architecture Sacrée, 401.
Architecture Toscane, 400.
Architecture des voûtes, par le Père F. Derand, de la C. de Jesus, 521.
Architrave, est une des parties de l'entablement, qui représente une poutre, 339.
Ardoise, 427.
Arpent, 160.
Arrogance, troisième espèce d'Orgueil, 52.
Art (l') de la Charpenterie de Mathurin Jousse, par M. de la Hire, 554.

TABLE DES MATIÈRES.

Atropos, une des Parques, 169.
Aunages, 266.
Aune d'Amſterdam, 260.
Aune de Paris, 260.
Aune de Troyes, 260.
Auteurs ſur l'Architecture, 493.
Avare, eſt un fripon, 56.
Avares, leur comparaiſon, 56.
Avarice, foibleſſe du cœur, 55.
Avarice, oubli de l'Honneur & de la Gloire, 57.
Avarice (l') rend effronté, 58.
Avis ſur l'Écriture, 274.
Avis Généraux ſur l'Écriture, 281.

B.

*B*ABYLONE dans ſon plus grand éclat, 365.
Balcon, 403.
Bardeau, 427.
Barreaux de croiſées, 393.
Barres & fléaux pour fermer les portes, 393.
Barres de trémies de fer, 393.
Bas-Appareil, 415.
Bas-reliefs, ou demi-boſſe, 363.
Batarde, Écriture, 274. bis.
Baze, 325.
Baze ; eſt compoſée de quatre parties, 326.
Baze Attique, 329.
Baze de la Colonne, 329.
Baze de la Colonne Ionique ne ſe rencontre à aucun Édifice Antique, 325.
Beau, défaut, 108.

Beau naturel ſans étude, 19.
Beaux traits de la coupe des pierres, 353.
Belle manière d'*Eſcalier* à vis, dans le Château de Chambor, 412.
Belle Menuiſerie éxige que les Panneaux ſoient grands, 397.
Belvedèrs, 408.
Bénignité, 98.
Berçeau de Cave, 349.
Berçeau, terme d'Architecture, 349.
Béveau, Outil de Maçon, 420.
Bibliothèque portative d'Architecture Élémentaire, par Charles-Antoine Jombert, 553.
Bien de toute la Société, 60.
Bien-être en général de l'Homme, 1.
Bien-être eſt une Perfection, 7.
Bienſéance des Bâtimens, 450.
Billet de Change, 294.
Billet d'Honneur, 294.
Billet à Ordre, 294.
Binaire de l'Architecture, 307.
Binaire de l'Arithmétique, 190.
Binaire de la Mythologie des Enfers, 141.
Binaire de la Sageſſe, 21.
Bizarrerie, 97.
La plus belle couleur eſt le *Blanc* dans les Bâtimens, 384.
Blanc des Carmes dans les Bâtiments, 384.
Blanc de Céruſe, 385.
Blanc de Céruſe, & *Blanc* de plomb pour les Bâtiments, 384.

TABLE DES MATIÈRES.

Bois, 423.
Bois de Brin, 425.
Bois Gélif, 424.
Bois en Grume, 425.
Bois Mort, 424.
Bois Roulé, 424.
Bois Tendre, 424.
Bois Tranché, 424.
Bois d'Avoine, 257.
Boisseau de Blé, 256.
Boisseau de Charbon, 257.
Bon mot de Philippe, Roi de Macédoine, 99.
Bonheur de l'Homme n'est pas toujours, où il le cherche, 12.
Bonté, 101.
Bonté de l'Ame, 102.
Bonne-foi, 114.
Bornes sont une imperfection, 7.
Boulons de fer, 393.
Brique, 426.
Pour faire le Bronze, 386.
Buffets, 397.

C.

Cabinet, 414.
Cabinet d'Assemblée, 414.
Célæno, l'une des trois Harpies, 182.
Calomnie, compagne inséparable de l'envie, 67.
Camayeux, 386.
Carreau, 428.
Carreleurs, 430.
Caryatide, 361.
Caractère de l'esprit du jour, 25.
Carte analytique de l'Architecture, 301.
Carte analytique de l'Arithmétique, 185.
Carte analytique de la Mythologie des Enfers, 129.
Carte analytique de la Sagesse, 1.
Cause de la Bonté, 101.
Caves, 409.
Cérémonie des anciens dans les Funérailles, 137.
Chambre d'Assemblée, 413.
Chambre à Coucher, 414.
Champs Élisées, 141.
Change, 288.
Change, (Billèt de) 294.
Change, (Lettre de) 291.
Chapelle de la Communion, 402.
Chapelle de la Vierge, 402.
Chapiteau, 333.
Chapiteau est le couronnement ou la partie supérieure d'une Colonne, 332.
Chapiteau Angulaire, 333.
Chapiteau Antique, 333.
Chapiteau-Colonne, 333.
Chapiteau Composite, n'a pas la même délicatesse, ni la même légèreté que le Corinthien, 312.
Chapiteau Corinthien est un Chef-d'œuvre, 322.
Chapiteau Dorique, est le plus simple & le moins élégant de tous les Chapiteaux, 317.
Chapiteau Ionique, est la partie de tout l'Ordre, où il règne plus d'invention, 319.

TABLE DES MATIÈRES.

Chapiteau-Pilastre, 333.
Chapiteaux de plusieurs sortes, 333.
Chapiteau Refendu, 333.
Chapiteaux Symboliques, 333.
Charité, sa définition, 84.
Charniers, 402.
Charpentiers, 431.
Chas, Outil d'un Poseur, 420.
Chasteté, 124.
Chasteté, est de tous les tems, de tous les âges, & de tous les états, 125.
Chasteté, Vertu Morale, 124.
Château, 406.
Châteignier, 423.
Châtiment des Danaïdes, 165.
Chaux, 421.
Chaux brûlée, 421.
Chaux éteinte, 422.
Chaux noyée, 421.
Chaux vive, 422.
Chaux, fait un meilleur effet, quand elle est nouvellement éteinte, 421.
Chêne, 423.
Chêne, pour être de longue durée, doit être coupé dans sa force, 425.
Cheveux (les) de Méduse ont une vertu toute particulière, 181.
Chien Cerbère, 149.
Chiffres Arabes, 186.
Chiffres de Bureau, 276. bis.
Chiffres de Finances, 189.
Chiffres Romains, 188.
Chiffres Romains en Écriture, 276. bis.
Chopine, 258.
Chrétien véritable, 85.
Les cinq Ordres d'Architecture, de Vincent Scamozzi, 504.
Circonspection, Vertu, 123.
Ciseau, Outil de Maçon, 417.
Citernes, 405.
Citoyen fidèle, 85.
Cliquart, 415.
Clotho, une des Parques, 169.
Cocyte, Fleuve des Enfers, 150.
Colère, (passion de la) 72.
Colère (la) est engendrée par l'Impatience, 73.
Colosse de Rhodes, 380.
Colonne, est composée de trois parties, 329.
Colonne Dorique, 313.
Colonne Dorique a la plus belle & la plus parfaite des bases, 316.
Commodité des Bâtiments, 442.
Compas, 418.
Compassion, sa définition, 85.
Compassion Chrétienne, 69.
Compassion Naturelle, 69.
Composition du Corps humain, 29.
Composite de Vitruve (le), 311.
Connoissance de nous-mêmes, 16.
Continence, 65.
Continence, vertu nécessaire dans un état populaire, 66.
Corniche ; terme d'Architecture, 327.
Corniche, est le couronnement de l'Ordre, 345.
Corniche, se mesure depuis la frise, jusqu'à la cimaise inclusivement, 342.

TABLE DES MATIÈRES.

Corniche de Chamfrain, 342.
Corniche Circulaire, 343.
Corniche Composite, 342.
Corniche Continuë, 343.
Corniche Corinthienne, 342.
Corniche Coupée, 343.
Corniche de Couronnement, 342.
Corniche Dorique, 342.
Corniche Ionique, 342.
Corniche Ionique est sans comparaison la mieux prise & la plus avantageuse de toutes, 320.
Corniche Rampante, 343.
Corniche Toscane, 342.
Corps humain, 28.
Corps liquides, 268.
Corps de logis, 407.
Coudée géométrique, 260.
Coudée simple, 260.
Coulisses, terme de Théâtre, 404.
Coulée, Écriture, 274. bis.
Couleur grise pour les Bâtiments, 384.
Couleur jaune pour les Bâtiments, 384.
Couleur d'olive dans les Bâtiments, 384.
Coupe des bois, 424.
Cours d'Architèâture par le S. Aug. Ch. Daviler, Architèâte, 505.
Cours d'Architèâture par le Sieur Daviler, seconde Édition, 552.
Cours d'Architèâture, par M. Blondel, 497.
Coussinet d'un Arc, ou Voûte, 351.
Coûtume d'élever des Obélisques étoit générale en Égypte, 359.
Cœur de l'homme (le) est infini dans ses desirs, 6.
Couvreurs, 431.
Couverture à l'Italienne, 408.
Couverture en Mansarde, 408.
Couverture en Terrasse, 408.
Couvertures en Triangle équilatéral, 408.
Cri de toute la Nature pour la gloire du Créateur, 6.
Criminel absous, 85.
Cruauté, 103.
Deux espèces de Cruauté, 104.
Cul de four, terme d'Architèâture, 349.

D.

Danaides (les), 164.
Dé, terme d'Architèâture, 326.
Décoration extérieure & intérieure des Édifices modernes, par M. Blondel, 552.
Décoration du Théâtre, 404.
Déesses inéxorables (les), 170.
Défauts, 49.
Défauts du corps, 49.
Défauts du visage, 49.
Dégat que les Sauterelles font à la Campagne, 183.
Délicatesse des repas opposée à la Profusion, 70.
Délices de Paris, 555.
Délices de Versailles, 555.
Démarche, 260.
Demeure des trois Gorgones, 176.

Demi-

TABLE DES MATIÈRES.

Demi-muid, 258.
Demi-quarteaux, 258.
Demi-queuë, vin de Champagne, 258.
Demi-septier, 258.
Demi-soutterains, 407.
Denier, Poids, 255.
Denier, petite monnoye, 191.
Denier, valeur d'Argent, 256.
Denier, valeur de l'Or, 256.
Du Denier de tant pour cent, & du Change, 287.
Dénomination des nombres & dixaines, 187.
Denticule, est un ornement dans une Corniche taillée en forme de dents, 344.
Denticules, sont affectées à l'Ordre Ionique, 344.
Dépense (Livre de), 298.
Descriptions de l'état des âmes des Héros après leur mort, selon les Poëtes, 144.
Description d'Isaïe de l'état où doit être réduite Babylone après sa chûte, 365.
Description des Champs Élisées selon les Poëtes, 142.
Description du Temple de la Concorde, 464.
Description de la demeure des Enfers, 130.
Description de l'Église de Notre-Dame de Paris, 465.
Descriptions des plus beaux Édifices, ou Monumens antiques & modernes, 454.

Description de l'Église Royale des Invalides, 547.
Description fabuleuse, explication de la Luxure, 61.
Description du Temple de la Fortune Virille, 462.
Description de l'Hôtel Royal des Invalides, 468.
Description du Louvre, 466.
Description de Marly, 475.
Description du Temple de Mars, 463.
Description de Meudon, 474.
Description du Parc de Versailles, & ses principaux ornemens, 472.
Description de la Rotonde, ou Panthéon, 459.
Description de Saint Pierre de Rome, 457.
Description du Tartare, selon plusieurs Poëtes, 141.
Description du Val de Grâce, 467.
Description de Versailles, 470.
Destin (le), Divinité, 153.
Destruction totale de la Santé, 70.
Détails des ouvrages de Menuiserie pour les Bâtiments, par M. Potain, 554.
Détail des parties nécessaires à une belle Église, 401.
Dévorer son cœur, & desséchèr son âme, 88.
Dictionnaire d'Architecture civile & hydraulique, par Augustin-Charles Daviler, 552.
Dictionnaire Étymologique des termes d'Architecture, 531.

Tome II. Part. I.   C c c c

TABLE DES MATIÈRES.

Dieu n'est qu'Ordre, 2.
Dieux célestes, ou Dieux des vivans, 135.
Dieux Infernaux, ou Dieux des morts, 135.
Dieux (les) Manes, 135.
Dieux Pénates, 136.
Différence de l'Homme fragile, avec l'Homme foible, 49.
Différence des poids entre les Métaux & autres matières, 261.
Différence des poids des principales Villes de l'Europe, 265.
Différentes sortes de Serrures, 396.
Digues, 405.
Diminution des Colonnes, 330.
Discours préliminaire sur l'Architecture, 303.
Discours préliminaire sur l'Arithmétique, 185.
Discours préliminaire sur la Mythologie des Enfers, 129.
Discours préliminaire sur les principes fondamentaux de la Philosophie Morale, 1.
Discours téméraire des Libertins, 63.
Discorde (la), Divinité malfaisante, 154.
Dissertation sur les diverses espèces de Colonnes extraordinaires, & Symboliques, 479.
Dissertation sur le Change, Billet à ordre, Parties doubles, & tenuë des Livres de Comptes, 287.
Dissertation sur la valeur des Poids, des Mesures, & des Monnoyes, 255.
Dissertation touchant l'Architecture antique, & l'Architecture gothique; par M. Félibien des Avaux, 507.
Dissertation sur la Solidité, la Commodité, & la Bienséance des bâtiments, 431.
Disposition de la Règle de Compagnie, 236.
Disque, 261.
Distance entre chaque lettre, pour l'Écriture, 286.
Distance entre les lignes, pour l'Écriture, 286.
Distance entre les mots pour l'Écriture, 286.
Distribution d'un Édifice, 449.
Distribution intérieure, 446.
Diverses sortes d'Écritures, 286.
Division, quatrième Règle de l'Arithmétique, 216.
Division à l'Espagnole, 225.
Division à la Françoise, 228.
Division à l'Italienne, 227.
Division du tems, 261.
Dix Livres d'Architecture de Vitruve, 494.
Doigt, 261.
Doigt Écliptique, 261.
Doigt, mesure Romaine, 261.
Dômes, 402.
Domicile du Sommeil selon Ovide, 157.
Ordre *Dorique* ne doit point s'em-

TABLE DES MATIÈRES.

ployer que dans des Bâtiments grands & folides, 315.
Deux Ordres Romains (les) 307.
Dorure, 385.
Douceur, Vertu, 110.
Douceur de Cœur, 111.
Douceur de Conduite, 111.
Douceur de Converfation, 111.
Douceur d'Efprit, 111.
Douceurs de l'Étude, 20.
Douceur de Mœurs, 111.
Douçine, eft une Moulure plaçée au haut d'une Corniche, 343.
Douleur (la), Fille de la Nuit, 153.
Douze (les) Imperfections oppofées aux douze Fruits de la Sageffe, 83.
Douze (les) Fruits de la Sageffe, 83.
Douze fortes d'Architecture, 400.
Douze efpèces ou fortes de Matériaux propres pour l'Architecture, 414.
Douze fortes d'Ouvriers fervants à la conftruction des Édifices, 430.
Dragme, Poids, 255.
Duodénaire de l'Architecture, 400.
Duodénaire de l'Arithmétique, 254.
Duodénaire de la Mythologie des Enfers, 168.
Duodénaire de la Sageffe, 83.
Durée de l'Œconomie animale, 72.

E.

ÉAQUE, 147.
Écriture, 273.
Écriture (Avis généraux), 281.
Édifices, 306.
Édifices antiques de Rome, deffinés & mefurés très-éxactement, par Antoine Defgodèts, Architecte, 507.
Effèt de la Bonté, 101.
Églife fouterraine, 402.
Élémens de Stéréotomie, par M. Frézier, 541.
Élévation du Château de Caparole, 477.
Embraffade, Mefure, 260.
Enfers (les) furent affignés à Pluton, 132.
Entablement eft la partie de l'Ordre au-deffus du Chapiteau de la Colonne, 338.
Entablement Compofite ne répond pas à la beauté de fon Chapiteau, 312.
Entablement Corinthien a beaucoup de reffemblance avec l'Ionique, 323.
Entablement Ionique répond à l'élégante fimplicité, 319.
Entrepreneur, 430.
Entre-folles, 413.
Envie, 66.
Envie (l'), fa peinture felon Ovide, 152.

TABLE DES MATIÈRES.

Envieux (l') devroit être banni de la *Société*, 67.
Envie d'apprendre & de sçavoir dès notre naissance, 17.
Époque de la *Sculpture* en France & en Italie, 383.
Équerre, 418.
Escaliers, 409.
Escaliers, ont besoin de trois ouvertures, 409.
Bas du Grand *Escalier*, 409.
Escaliers à Limaçe, 411.
Escalier à Vis avec noyau, 412.
Espèces de Chêne, 424.
Esprit, de (l') 21.
Esprit, son extrême délicatesse est une espèce de foiblesse, 24.
Esprit (les personnes de beaucoup d') doivent témoigner beaucoup de Bonté aux autres, 24.
Esprit, ses Défauts, 27.
Esprit, son Incertitude, 27.
Esprit du Jour, 25.
Esprit de l'Homme borné, 24.
Esprit, ses maladies, 26.
Esprit, ses Nécessités, 26.
Essai sur l'Architecture, par M. l'Abbé Laugier, 532.
Essai sur les Ponts & Chaussées, 541.
Estampe Allégorique de l'Architecture, avec son explication, 300.
Estampe Allégorique de l'Arithmétique, avec son explication, 184.
Estampe Allégorique de l'Écriture, & son explication, 272.
Estampe Allégorique de la Mythologie des Enfers, & son explication, 128.
Estampe Allégorique de la Sagesse, & son explication, 1.
Estime des Hommes, 60.
Euryale, l'une des trois Gorgonnes, 176.
Exemple d'Écriture bâtarde, 284. *bis*.
Exemple d'Écriture coulée, 284. *bis*.
Exemple d'Écriture ronde, 284. *bis*.
Exercices pour la Ronde, 286.

F.

Fable de M. de la Fontaine ; le Meûnier, son Fils, & leur Ane, 35.
Faire sécher les couleurs qui peuvent être couchées sur la pierre, le plâtre, le bois, le fer & le plomb, 385.
Faire (Que), pour bien s'occuper, 81.
Fameux jardins suspendus, qui passoient pour une des Merveilles du monde, 367.
Fainéantise, 78.
Fatale nécessité, 153.
Faux jugemens, 37.
Fèr, est principalement nécessaire pour empêcher les arcs & les platte-bandes de s'écarter, 394.
Fèr de menus Ouvrages, 393.
Fèr qui s'employe dans les Bâtimens, 393.

TABLE DES MATIÈRES.

Félicité dans les Créatures, trompeuse, 15.
Ferme, terme pour les Théâtres, 404.
Feuillette, 258.
Fiches, 393.
Figures radicales pour l'Écriture ronde & bâtarde, 286.
Fille (la) de la Débauche, 153.
Quelle *Fin* plus digne d'un Dieu, 2.
Fleuves de l'Enfer, 150.
Fierté, 53.
Foiblesse, 47.
Fonctions des trois Furies, 173.
Fonctions des Parques, 470.
Fractions, 241.
Fractions de l'Addition, 242.
Fractions cubiques, 246.
Fractions de la Division, 245.
Fractions de la Multiplication, 244.
Fractions quarrées, 246.
Fractions de la Soustraction, 243.
Fragilité, 47.
Fraude (la), Fille de la Nuit & des Ténébres, 155.
Frise, est une partie considérable de l'Entablement, 340.
Fronton, est un ornement d'Architecture, 344.
Fronton à trois parties, 345.
Frugalité (la), est la gardienne de la Chasteté, 72.
Fureur (la) des Duëls, 113.
Furies (les) des Anciens ne sont que les Passions de l'âme: explication de ce, 175.
Funérailles, 137.
Funérailles des Empereurs & des Consuls, 137.
Fust de la Colonne, 330.

G.

GARDE-ROBES, 414.
Glaçes, 386.
Pour bizeler les *Glaçes*, 389.
Pour faire les *Glaçes*, 387.
Grandes *Glaçes*, 387.
Manière de jetter la matière vitreuse & cryftalline pour faire les *Glaçes*, 387.
Manière ufitée pour faire les Grandes *Glaçes*, 388.
Gourmandife, 69.
Goût des choses singulières, 97.
Grain, Poids, 255.
Grain, valeur d'Argent, 256.
Grain, valeur en Or, 256.
Grande Coudée, 260.
Grande Maison, 406.
Grande Perche, 160.
Granite, 390.
Graver les Injures sur l'onde, & les Bienfaits sur l'airain, 88.
Grècs ont voulu plaçer la naissance de la *Sculpture* dans leurs Pays, 382.
Gros, Poids, 255.
Guérites, 408.

TABLE DES MATIÈRES.

H.

Habillement des Parques, 171.
Haine, 111.
Deux sortes de *Haine*, 112.
Haine, & fuite du travail, 76.
Harmonie constante de l'Univers, 1.
Harmonie (l') de toute la Societé, 80.
Hauteur de l'Écriture, 286.
Hauteur des têtes pour l'Écriture, 286.
Hélices, ou petites Volutes, 337.
Heure, 261.
Héroïne de l'Innocence & de la Pureté des mœurs, 12.
L'*Homme* a une pente invincible vers son bien-être en général, 1.
L'*Homme* dans l'exercice de sa liberté, est agité de combats intérieurs ; qui peuvent être pour lui, la source des plus grandes vertus, 8.
L'*Homme* est véritablement libre sur le choix des biens, créés tels & déterminés ; & sur celui des différentes voyes, qui peuvent le conduire à la possession de ces mêmes biens, 5.
Homme chaste, 65.
Hommes fragiles, 48.
Homme raisonnable est le Centre des créatures, 32.
Homme (l') sensible est souvent d'un commerçe fort difficile, 106.
Homme (l') tendre est d'un humeur assés égale, 107.
Honneur & Vertu, rien de si désirable en cette vie, 19.
Honneur (Billèt d'), 294.
Hôtel, 406.
Humanité, 98.
Humilité, 54.
Humilité, diffère de la Modestie, 54.
Humeur, 47.
Hypocrisie, 117.

I.

Idées des âmes, selon les Anciens Payens, 136.
Indiction, 261.
Indifférence, 109.
Ingrats, de trois sortes, 86.
Ingratitude, 86.
Inimitié (l') est capable des plus grands crimes, 113.
Impatience, 98.
Imposture & ruse, compagnes de l'Envie, 67.
Insolence d'Ixion, 162.
Instructions sur l'Écriture, 274.
Intempérance, ses effèts, 70.
Invention des Pompes & des Puits, 165.
Ixion, 161.

J.

Jaspe, 391.
Jeune Marquis jouissant de ses droits, & de soixante mille livres de revenu, 13.

TABLE DES MATIÈRES.

Joie, 89.
Joints de Coupe, 351.
Jour, 261.
Journal, 296.
Jugement, faculté de l'Esprit, 35.
Jugemens des Hommes ne font souvent dictés, que par leur passion & leur tempérament, 37.

K.

KARAT, 255.

L.

LACHÉSIS, une des Parques, 169.
Lambourdes, 416.
Lambris & revêtemens de Menuiserie en compartiment, 397.
Lambris d'appui, 397.
Lambris à hauteur de Chambre, 397.
Lares domestiques, 136.
Largeur de l'Écriture 286.
Lemures, Divinités, 135.
Lettre de Change, 291.
Lettres numérales des Romains, 233.
Liais féraut, 416.
Liais rose, 416.
Libage, 416.
Libéralité, 59.
Liberté de l'homme sur le choix des biens créés, 5.
Lieuë commune, 259.
Lieuë de France, 259.

Ligne, 259.
Linteaux de fer, 393.
Livre, Poids, 255.
Livre d'Apoticaire, 255.
Grand Livre, 296.
Autres Livres, 295.
Livre d'Architecture, par le Sieur Boiffrand, Architecte du Roi, 521.
Livre d'Architecture, par Aléxandre Francine, 493.
Livre des Bordereaux de Caisse, en débit & crédit, 297.
Livre des Bordereaux de caisse en crédit, 297.
Livre des Bordereaux de caisse en débit, 297.
Livre des Comptes courans, 297.
Livre de la Dépense, 298.
Livre de Factures, en débit & crédit, 297.
Livre de Factures en crédit, 297.
Livre de Factures en débit, 297.
Livre des Mois, 297.
Livre des Mois, Traites, & Remises, 297.
Livres de Monnoye, 190.
Livre des numeros, 298.
Livres principaux (les trois) 295.
Livre des remises, 297.
Livre des traites, 297.
Loges, terme de Théâtre, 404.
Loix de la Clémence, 103.
Longanimité, 97.
Longueur des queuës pour l'Écriture, 286.

TABLE DES MATIÈRES.

Loquèts, 393.
Luftre, 261.
Luxure, 61.

M.

Maçons, 430.
Maillèt, 417.
Maifons particulières, 406.
Maîtreffes voûtes, 354.
Malédiction attachée à ceux qui violent la Charité, 85.
Manière aifée de tailler la plume, 273.
Manière de bâtir pour toutes fortes de perfonnes, par M. le Muèt, 553.
Manière de deffiner les cinq Ordres d'Architecture, par Abraham Boffe, 553.
Manfuétude, 102.
Manteaux de cheminées de fèr, 393.
Marbre, 390.
Marbre Africain, 391.
Marbre d'Auvergne, 391.
Marbre Balzato, 391.
Marbre de Bacalvaire, 391.
Marbre de Barbançon, 391.
Marbre Blanc, 390.
Marbre Brèche, 392.
Marbre brut, 392.
Marbre de Boulogne, 391.
Marbre de Bourbonnois, 392.
Marbre de la Sainte Baume, 391.
Marbre dégroffi, 392.

Marbre ébauché, 392.
Marbre filardeux, 392.
Marbre fini, 392.
Marbre de Grèce, 391.
Marbre gris noir, 391.
Marbre poli, 392.
Marbre Pouf, 392.
Marbre terraffeux, 392.
Marc, Poids, 255.
Marc d'Argent, 256.
Marche (la), & les progrès de la Douleur, 91.
Marque d'un Efprit faux, 97.
Marteau, outil de Maçon, 417.
Médifance, compagne de l'Envie, 67.
Médufe, l'une des trois Gorgones, 178.
Mégère, l'une des trois Furies, 172.
Meilleure Chaux eft celle qui fe fait avec des pierres fort dures, 421.
Mémoires Critiques d'Architecture, 508.
Mémorial, ou Brouillard, 295.
Menfonge, 116.
Menfonge d'action, 117.
Menfonge officieux, 118.
Menuifiers, 431.
Menuiferie, 397.
Mère de la bonne fanté, 72.
Mérite effentiel de l'*Ordre Ionique*, confifte dans une certaine médiocrité d'agrément, 318.
Mefures pour la Bierre, 270.
Mefures des corps liquides, 268.
Mefures des corps ronds, 270.

Mefures

TABLE DES MATIÈRES.

Mesures servant au Commerce de la Hollande, 267.
Mesures des Eaux-de-vie, 269.
Mesures d'huile de Baleine, ou de Poisson, 269.
Mesures d'huile d'Olive, 269.
Mesures pour le Miel, 270.
Petites *Mesures*, 270.
Mesure du Sel, 271.
Mesures des Vaisseaux ou Navires, 271.
Métope, est un intervalle quarré, qui dans la Frise Dorique, fait la séparation de deux Triglyphes ou Bossages, 341.
Mille, 188.
Mille de lieuë, 259.
Miliasses, 188.
Millier, 255.
Millions, 188.
Mine de Blé, 256.
Mine de Charbon, 257.
Mine de Plomb, 429.
Ministère des Parques, 169.
Ministres (les) du Destin, 154.
Minos, Juge des Enfers, 146.
Minot de Blé, 256.
Minot de Chaux, 257.
Minot de Charbon de bois, 257.
Minot de Charbon de terre, 257.
Minot de Sel, 257.
Minute, 261.
Précieux *Miracle* de l'Art, 386.
Mithologie des Enfers, 129.
Modération, 74.
Modestie, 119.

Modestie de langage, 119.
Modestie dans les habits & dans les ameublemens, 120.
Modillons, sont de petites consoles renversées sous les platfonds des Corniches Ioniques & Composites, 343.
Moilon, 416.
Moilon d'Arcüeil, 416.
Moilons durs de Meulière, 416.
Moilon de la Vallée de Fécamp, 416.
Moilon de Saint Maur, 416.
Mois, 261.
Monnoyes anciennes, 264
Monnoyes de France, 262.
Mort (la), Divinité, 159.
Moulures, sont en général tous les ornemens en *Saillie*, dont l'assemblage forme les Corniches, 343.
Moulure couronnée, 344.
Moulure lisse, 344.
Moulure ornée, 344.
Moyen humain capable de conserver la Paix avec les hommes, 94.
Moyenne perche, 160.
Muid d'Avoine, 257.
Muid de Blé, 256.
Muid de Charbon de bois, 257.
Muid de Chaux, 257.
Muid de Plâtre, mesure, 258.
Muid de Plâtre, valeur, 423.
Muid de Sel, 257.
Muid de Vin, 258.
Multiplication, troisième Règle de l'Arithmétique, 207.

Tome II. Part. I.   D d d d

TABLE DES MATIÈRES.

Murailles & Jardins de Babylone, 364.

N.

Naissance de Pégase, 179.
Nature inspire à tout animal de veiller à conserver son être, 17.
Nécessité absoluë du Travail, 80.
Niveau, outil d'Appareilleur, 418.
Niveau d'eau, 418.
Niveau de Poseur, 418.
Nombre (le), 186.
Nombre des ingrats est fort petit, 86.
Nouveau tarif du Toisé de la Maçonnerie, 554.
Nouveau Traité d'Architecture, par le S. Nativelle Architecte, 521.
Nouveau Traité de la Coupe des pierres, par M. de la Ruë Architecte, 520.
Nouveau Traité de toute l'Architecture, par M. de Cordemoy, 510.
Nuit (la), Divinité la plus ancienne de toutes, 156.

O.

Obélisque, 358.
Objèts de l'Arithmétique & de l'Algèbre, 190.
Obole, 255.
Observations qu'il faut faire avant que d'extraire la Racine quarréë, 246.
Observations sur l'Architecture, par M. l'Abbé Laugier, 556.
Obstacles à la Chasteté, 125.
Œconomie, 56.
Œconomie des bâtiments, ou Description de tous les matériaux qui entrent dans un Édifice, avec le prix des Ouvrages, 513.
Occupation (de l'), 79.
Occupations criminelles, 79.
Occupations différentes dans le monde, 79.
Ocypeté, l'une des trois Harpies, 182.
Olympiade, 261.
Ombres (les), 140.
Once, Poids, 255.
Once d'Apoticaire, 255.
Opinion, naissance des passions, 39.
Première Opération de la Division, 219.
Seconde Opération de la Division, 220.
Troisième Opération de la Division, 220.
Orchestre, 403.
Orchestre du Public, 403.
Ordonnance des cinq espèces de Colonnes, selon la méthode des Anciens, 502.
Ordre invariable de l'Univers, 1.
Ordre (Billèt à), 294.
Ordre Composite, 309.
Ordre Corinthien, son origine, 320.
Ordre Corinthien est le chef-d'œuvre de l'Architecture, 321.
Ordre Corinthien est sans contredit

TABLE DES MATIÈRES.

le plus magnifique des Ordres, 321.
Ordre Dorique, 313.
Ordre Dorique aura toujours la prédilection des Architectes, qui aiment à signaler leur habileté, 315.
Ordre Ionique, 317.
Ordre Ionique plus léger & plus délicat que le Dorique, 317.
Ordre de Mars, 336.
Ordre Toscan, 307.
Orgueil, 50.
Orgueil (d') deux espèces, 51.
Origine de l'Architecture, 301.
Origine des Ordres d'Architecture, 304.
Origine de la Peinture & de la Sculpture, 382.
Œuvres (les) de Philibert de Lorme, 493.
Œuvres d'Architecture d'Antoine le Pautre, 553.
Œuvres d'Architecture de Jean le Pautre, 555.
Œuvres d'Architecture de Jean Marot, 554.
Œuvres d'Architecture, par Philippe Vingboons, Architecte de la Ville d'Amsterdam, 520.
Principaux *Outils* pour l'appareil des pierres, 417.
Outrage d'Ariste, 10.

P.

Paix (de la), 94.
Palais d'un Souverain, 406.
Panneau de Menuiserie, 399.
Pantures, 393.
Papiers de commerce qui contraignent par corps; c'est-à-dire, par la prison, 289.
Parabole ingénieuse du supplice d'Ixion, 163.
Paradis, terme du Théâtre, 404.
Parallèle de l'Architecture antique avec la moderne, 500.
Parallèle de l'Architecture antique & de la moderne, 508.
Paresse, 76.
Paresse, la plus chère sœur de la Luxure, 78.
Paresse, nuit à la Santé, 77.
Parques, leur pouvoir absolu, 168.
Parquèt, place de Théâtre, 403.
Parquèt, est une assemblage de Menuiserie, 397.
Parties Aliquotes, 253.
Parties Doubles, 295.
Parterre, place de Théâtre, 403.
Passages pour les Enfers, selon les Poëtes, 129.
Pas commun, 259.
Pas géométrique, 259.
Passes pour délier les doigts, 276. *bis*.
Passions, 39.
Passions, leurs Fruits, 40.
Pavé, 428.

TABLE DES MATIÈRES.

Pauvreté (la) mise au rang des Dieux, 153.
Payement d'une Lettre de Change, (le tems) 290.
Payens (les) étoient vivement persuadés, que les Dieux ne pouvoient pas laisser une trahison impunie, 100.
Peinture dans les Bâtiments, 383.
Pente des Écritures, 286.
Perche, 160.
Père de nos espérances & de nos avantages, 81.
Perfidie, 99.
Perfidie (la) est un Monstre dans un État, 99.
Péristile, 407.
Perrons, 407.
Perspective Pratique de l'Architecture, par Louis Brétez, 509.
Petite lieuë, 259.
Petit Marot (le), ou Recüeil de morceaux d'Architecture, 554.
Petite perche, 260.
Pérophile ruiné par le Jeu, 4.
Phare d'Aléxandrie, 374.
Philosophie, sa définition, 16.
Phlégéton, Fleuve des Enfers, 150.
Pied, 259.
Pierres, 414.
Pierre d'Arcüeil; 416.
Pierres de carrières, 415.
Pierres dures, 415.
Pierre de Liais, 415.
Pierre de Saint-Nom, 415.
Pierres par panneaux, ou par équarrissement, ou dérobement, 351.
Pilastre, 357.
Pilastres disposées avec symétrie, 398.
Pilier, 357.
Piliers boutans, 358.
Piliers de carrière, 358.
Pilotis, 405.
Pinte, 258.
Pitié, 68.
Pitié, ses intérêts, 68.
Places du Théâtre, 404.
Plans, Élévations & Profils du Temple & des Palais de Salomon, par M. Mallet, 555.
Plâtre, 422.
Platte-bandes de fer, 393.
Plinthe, terme d'Architecture, 326.
Plomb, Métal, 428.
Plomb, outil pour l'appareil, 419.
Plomb en fusion, 429.
Plomb laminé, 429.
Plombiers, 431.
Poids de marc, 263.
Poids servant au Commerce de la Hollande, 267.
Polinias n'est que brave, 11.
Polinias succède aux biens immenses de son père, 11.
Politique, 115.
Ponts de pierre ou de bois, 405.
Portes à placarts, 397.
Porte d'entrée du Bâtiment, 407.
Porphire, 390.
Portrait d'un jeune Ambitieux, 89.
Portrait de l'Amour propre, en vers, 121.

TABLE DES MATIÈRES.

Portrait de l'Avare, 57.
Portrait de la Charité, 83.
Portrait de la Colère, 72.
Portrait des Furies, 175.
Portrait du Gourmand, 70.
Portrait de l'Homme libéral, 60.
Portrait de l'Homme sensible, 107.
Portrait de l'Impatience, en vers, 98.
Portrait de l'Ingrat, 87.
Portrait de la Joye, en vers, 90.
Portrait de la Paresse, en vers, 77.
Portrait du Paresseux, 78.
Portrait de la Raison, ses avantages & ses abus, par M. de Boissi, 33.
Portrait de la Tristesse, 91.
Portrait de la Volupté, en vers, 127.
Positions de la Plume à traits, 286.
Posture du corps en écrivant, 274.
Pouce, Mesure, 259.
Pratique pour *dorer* d'or en feuilles, 385.
Préceptes de la Modération, 75.
Présomption, fille de l'Orgueil, 52.
Preuve de la Division, 228.
Prime, Poids, 255.
Prime, valeur en Or, 256.
Principes de l'Architecture, de la Sculpture, de la Peinture, & des autres Arts qui en dépendent, 498.
Principes de l'Art d'écrire, par M. Paillasson, 286.
Principe (le) de toutes nos Actions, 120.
Principe (le) des fortes Passions, 123.
Principe des O pour l'Écriture, 286.
Privation volontaire des Plaisirs, 65.
Propriétés de la Division, 231.
Propriété de la Multiplication, 214.
Protêst, 292.
Prudence, 115.
Puits, 405.
Punition d'Ixion, 163.
Pyramides d'Égypte, 369.

Q.

Quadres, 398.
Qualité (la) d'une chose, 190.
Qualité de l'eau de la Fontaine de Styx, 151.
Quantité (la), terme de l'Arithmétique, 190.
Quart de blé, 256.
Quarte, 258.
Quarteau, 258.
Quarteau, Vins de Champagne, 258.
Quaternaire de l'Architecture, 325.
Quaternaire de l'Arithmétique, 191.
Quaternaire de la Mythologie des Enfers, 150.
Quaternaire de la Sagesse, 39.
Quatre parties dans la Corniche, 343.
Quenouille & Fuseau des Parques, 171.
Queuë ou Pipe, 258.

TABLE DES MATIÈRES.

Quiconque cherche sa félicité dans les Créatures, se trompe sur le véritable objet de ses desirs, 14. & 15.

Quintal, 255.
Quotient (le), 245.

R.

RACINE quarrée, 246.
Raison, image de Dieu sur la terre, 31.
Raison, ses précieux avantages, 31.
Raison de l'Homme, 29.
Raison de l'homme, son Impuissance, 31.
Raison de l'homme, son Prix, 31.
Raison, Trésor le plus précieux, 31.
Recüeil Élémentaire d'Architecture, 540.
Réduction des Aunages, 266.
Réduction des milles ou lieües des Provinces de l'Europe, conformément aux pieds Romains, qui sont égaux aux pieds Rhénaux dont on se sert par-tout le Septentrion, 259.
Réduction des Poids des principales Villes de l'Europe, 265.
Règle, outil d'Appareilleur, 417.
Règle d'alliage, 236.
Règles des cinq Ordres d'Architecture de Jacques Barozzio de Vignole, 493.
Règles, (les quatre premières) de l'Arithmétique, 191.
Règle précise pour décrire un profil élevé du fust des Colonnes, 493.
Règle de Compagnie, 235.
Règles préparatoires sur l'Écriture, 286.
Règle de Fausse position, 239.
Règle de Poseur, 419.
Règle de Trois, 233.
Remarques sur la Division, 230.
Remèdes aux attaques de la Volupté, 65.
Remède contre la Colère, 73.
Remède contre l'Inimitié, 114.
Renflement des Colonnes, 331.
Répertoire des Artistes, 555.
Réputation de *Bizarre* est dangereuse, 97.
Retenuë, 122.
Retenuë dans les Actions, 123.
Retenuë dans les Paroles, 122.
Rhadamanthe, Juge des Enfers, 148.
Rien de plus malheureux que l'Envieux, 66.
Rien de plus vil que l'Envieux, 66.
Ronde, Écriture, 274. bis.

S.

SABLE, 420.
Sacs de Plâtre, 258.
Sage (le) doit faire peu de cas des Jugemens de certaines gens, 35.
Salle d'Assemblée, 413.
Salle des Gardes, 406.
Salle de Spectacle, 402.

TABLE DES MATIÈRES.

Sallon, 413.
Santé (la) & l'Innocence font les vrayes fources de la Joye, 89.
Saumons de plomb, 429.
Sauterelle, outil des Maçons, 418.
Sauterelles, leur fignification avec les Harpies, 182.
Science des Nombres, 186.
Scrupule, Poids, 255.
Sculpteurs, 430.
Sculpteurs en Bois, 430.
Sculpteurs en Pierre, 430.
Sculpture, n'étoit point inconnuë aux Ifraëlites, 382.
Sculpture des Bâtiments, 381.
Seconde, mefure du temps, 261.
Secrèt (le) d'Architècture, par Mathurin Jouffe, 493.
Semaine, 261.
Senfibilité, Imperfection, 106.
Senfualité, Imperfection, 123.
Sentiment des anciens Poëtes & Philofophes fur la nature du châtiment de Tantale, 160.
Sentimens des Philofophes fur les Enfers, 129.
Sentiment des Rabins fur les âmes des Morts, 145.
Sentiment (le) réfléchi du Plaifir, 126
Sèpt Arts employés par l'Architècture, 381.
Sèpt demeures des Enfers, felon Virgile, 131.
Sèpt jours de Cérémonie pour les Funérailles, 137.
Sèpt Lettres numérales, 233.
Sèpt Merveilles du monde, 364.
Septénaire de l'Architècture, 346.
Septénaire de l'Arithmétique, 233.
Septénaire de la Mythologie des Enfers, 152.
Septénaire de la Sageffe, 50.
Septier, 258.
Septier d'Avoine, 257.
Septier de Blé, 256.
Septier de Sel, 257.
Serment, le plus inviolable des Dieux, 150.
Serpentin, 390.
Serrure, 395.
Serrures, 393.
Serrurerie, 393.
Principale pièce des menus Ouvrages de *Serrurerie*, 375.
Serrurier, 431.
Serrure Befnarde, 396.
Serrures à Clenche, 396.
Serrures à Houffette, 396.
Serrures à Pêne dormant, 396.
Serrures qu'on nomme un Pêne en bord, 396.
Serrures à Reffort, 396.
Serrures Treffières, 396.
Les deux *Sèxes* s'acoufant réciproquement d'Inconftance, 173.
Siècle, 261.
Silique, Poids des Anciens, 255.
Sincérité, Vertu, 114.
Sifyphe, fa Punition, 166.
Situations de la Plume, 286.
Sobriété, Vertu, 71.
Quoi de plus contraire à la *Société*, 110.

TABLE DES MATIÈRES.

Quoi de plus contraire aux intérêts & aux liens de la *Société*, 116.
Socle, terme d'Architecture, 326.
Sol ou *Sou*, 191.
Solidité des Bâtiments, 431.
Solidité des Édifices demande que les groffeurs ordinaires du gros fèr, ne foient pas diminuées, 394.
Sommaire des Sçiences contenuës dans le fecond Volume, 487.
Sommeil (le) fils de la Nuit, & frère de la Mort, 157.
Soulagement des Malheureux, 60.
Sourçe (la) du Génie, 123.
Sourçe funefte des Actions les plus noires, 113.
Sourçe des Paffions, 39.
Sourçe des plus grandes Vertus, 8.
Souftraction, feconde Règle de l'Arithmétique, 200.
Souftraction & Addition oppofées l'une à l'autre, 204.
Stales, 402.
Statuë, 360.
Statuë Équeftre, 361.
Statuë Grècque, 363.
Statuë Pédeftre, 363.
Statuës Romaines, 363.
Statuës des Furies felon Échile, 174.
Sthéno, l'une des trois Gorgones, 176.
Strophe de M. Rouffeau fur l'abus de la Raifon, 34.
Styx, Fleuve d'Enfer, 150.
Styx, Fontaine de l'Arcadie, 151.
Superbes monumens de l'Antiquité, font les Pyramides d'Égypte, 369.
Supplice particulier de Sifyphe, 166.
Supplice de Tantale, 159.

T.

TABLE fur l'Addition, 191.
Table fur les Parties Aliquotes, 249.
Table de la Divifion, 217.
Table fur la Multiplication, 205.
Table de Pytagore, 254.
Table fur la Souftraction, 199.
Tablette Méthodique de l'Architecture, 301.
Tablette Méthodique de l'Arithmétique, 185.
Tablette Méthodique de la Mythologie des Enfers, 129.
Tablette Méthodique de la Sageffe, 1.
Tailler la Plume, (manière aifée de) 273.
Tailleurs de Pierre, 430.
Pour bien appliquer le *Tain*, 389.
Targettes, 393.
Tartare, féjour affreux, 141.
Temple de Diane, 377.
Temple de Jupiter Olympien, 378.
Temple des Furies, 174.
Temple des Parques, 171.
Tems du payement d'une Lettre de Change, 290.
Tendreffe (la) eft une Senfibilité agiffante, 107.
Tentale, fon fupplice dans les Enfers, 159.

TABLE DES MATIÈRES.

Tenuë de la Plume pour l'Écriture, 286.
Ternaire de l'Architecture, 313.
Ternaire de l'Arithmétique, 190.
Ternaire de la Mythologie des Enfers, 146.
Ternaire de la Sageſſe, 29.
Théagènes eſt un Héros, 11.
Théâtre, 403.
Timante refuſe un emploi brillant, 4.
Tirans de fer, 393.
Tiſyphone, l'une des trois Furies, 173.
Toile (la), terme de Théâtre, 404.
Toiſe, outil de Maçon, 259.
Toiſe, & ſes meſures, 198.
Toits ou Couvertures ſe conſtruiſent de bien des façons différentes, 408.
Tombeau de Mauſole, Roi de Carie, 376.
Tout ce qui éxiſte, peut être conſidéré ſous le double rapport du Bien ou du Mal, 12.
Tout eſt fini dans les Créatures, 7.
Traité d'Architecture, par Sébaſtien le Clerc, Chevalier Romain, 514.
Traité de la Charpenterie & du Bois de toutes eſpèces, par M. Méſange, 554.
Traité des Ponts, 516.
Traité & Tarif général du Toiſé des bois de Charpente, par M. Ginèt, Arpenteur à la Maîtriſe des Eaux

Tome II. Part. I.

& Forêts, 542.
Traité du Toiſé, par M. Thomas de Bléville, 542.
Travail (le), fils de la Nuit, 154.
Tréſor (le) du Sage, 74.
Triglyphe, ornement employé dans la Friſe de l'Ordre Dorique, 341.
Triſteſſe, 90.
Trois Furies (les), 172.
Trois Gorgones (les), 176.
Trois Harpies (les), 182.
Trois Juges des Enfers (les), 146.
Trois Livres principaux, 295.
Trois grands mobiles de toutes les Actions des Hommes, 120.
Trois manières de bâtir; la *Solide*, la *Délicate*, & la *Moyenne*, 304.
Trois Ordres Grècs (les), 313.
Trois Parques (les), 168.
Trois ſortes de Sables, 420.
Trois (les) têtes du Chien Cerbère, ce qu'elles expriment, 149.
Trompe, terme d'Architecture, 349.
Trompes ſuſpendues, 349.
Trumeaux de Glaces, 397.
Tuile, 427.
Tympan eſt la partie du Fronton, qui répond au nud de la Friſe, 345.

U.

UNITÉ de l'Architecture, 306.
Unité de l'Arithmétique, 186.
Unité de la Mythologie des Enfers, 135.
Unité de la Sageſſe, 16.

E e e q

TABLE DES MATIERES.

Usage de la Division, 232.
Usage du Fer, 394.
Usage modéré du Vin, 71.
Usage de la Table de Pytagore, 254.
Usure du soin que nous prenons de cultiver notre esprit, 24.

V.

Véritable Bonté, 102.
Véritable (la) Volupté, 126.
Verd, Couleur dans les Bâtiments, 384.
Vestibule, 409.
Vieillesse (la grande) des Parques, 171.
Vins, Mesure (des), 268.
Visage affreux & terrible de Méduse, 180.
Vitriers, 431.
Vitruve Danois (le), par M. Thurah, 525.
Voie, Charbon de terre, 257.
Volonté, sa Puissance, 39.
Volonté détermine toujours nos Actions, 38.
Volonté, mouvement de l'Ame, 38.
Volupté, Passion, 125.
Volupté, ses effets les plus ordinaires, 62.

Volutes, 336.
Volutes représentent la coëffure des femmes, & les boucles des cheveux qui pendent de chaque côté de leur visage, 337.
Volute Angulaire, 337.
Volute Arasée, 337.
Volute à l'Envers, 337.
Volute Évidée, 337.
Volute Fleuronnée, 337.
Volute Naissante, 337.
Volute Ovale, 337.
Volute Rentrante, 337.
Volute Saillante, 338.
Volute à Tige droite, 338.
Voûte, terme d'Architecture, 349.
Voûtes d'Arestes, 349.
Voûte en Arc de Cloître, 350.
Voûtes d'Escalier, 349.
Voûtes à la Gothique, ou à la Moderne, 350.
Voûtes Règlées, 349.
Voûtes Régulières, 350.
Voûte Sphérique, 353.

X.

Y.

Z.

FIN DE LA TABLE DES MATIÈRES DU TOME II. PART. I.

www.ingramcontent.com/pod-product-compliance
Lightning Source LLC
Chambersburg PA
CBHW050324240426
43673CB00042B/1529